MYTHOLOGIE DER GERMANEN

E. H. MEYER

MYTHOLOGIE
DER
GERMANEN

VON

ELARD HUGO MEYER
Professor an der Universität Freiburg i. B.

ATHENAION

Ungekürzte Neuauflage
der Ausgabe Straßburg 1903.

Gesamtherstellung : Millium Media Management
Printed in Germany

ISBN 3-88851-206-9

MEINER LIEBEN FRAU!

Vorwort.

Seit dem Erscheinen meiner „Germanischen Mythologie“ (Berlin 1891), die zum Lehrbuch für Studierende bestimmt war, regte sich in mir der Wunsch, denselben Gegenstand auch für einen weiteren Leserkreis darzustellen. Der Wunsch wurde seitdem um so lebhafter, je mehr das Interesse für den Glauben unserer Vorfahren durch manche tüchtige Forschung, sowie durch die idealisierende Kunst Richard Wagners gesteigert wurde. Aber erst nach zwölf Jahren konnte er verwirklicht werden in dieser „Mythologie der Germanen“.

Dem verschiedenen Zweck der beiden Bücher entspricht die verschiedene Anlage. Auf einige Abschnitte des älteren Buches, die dem rein wissenschaftlichen Studium des Gegenstandes gewidmet sind, wurde hier verzichtet; statt ein Quellenverzeichnis, das Vollständigkeit anstrebt, zu bringen wie das alte Buch, hebt das neue nur die wichtigsten Urkunden hervor, betont aber dafür ihren Zusammenhang mit der Zeitgeschichte; es dringt tiefer in den Totenkultus, die Elfensage, den Götterdienst und den Baldermythus, um schließlich das im älteren Buch gleichsam versprengte heidnisch-christliche Mischmaterial in einer Erläuterung der Völuspa zusammenzufassen.

Aber der wichtigste Unterschied der beiden Bücher liegt in der mehr gelehrten Darstellungsweise des einen und der gemeinfaßlichen des anderen. Die „Germanische Mythologie“ ist ein Repertorium, darum wird Satz für Satz von Zitaten getragen; die „Mythologie der Germanen“

sucht durch Schilderung zu wirken und verweist die selteneren Anmerkungen für gründlichere Leser in den Anhang. Das ältere Buch fordert den Studierenden zur Mitarbeit auf, indem es ihm ein taugliches Werkzeug in die Hand gibt; das neue lädt den Gebildeten zu freiem Genusse wissenschaftlicher Erkenntnis ein.

Im übrigen durchmessen die beiden Bücher dieselben Stadien, wie sie meine Grundanschauung vom Aufsteigen einer älteren niederen Mythologie zu einer jüngeren höheren vorschreibt. Wie in jenem Buch verfolge ich ferner in diesem das Fortleben des Mythus bis in die neuere Zeit, weil er nicht mit der Bekehrung zum Christentum aufgehört hat; ich verfolge ihn aber auch geeigneten Orts, im Gegensatz zu meinem früheren Buch, zurück bis in die indogermanische Vorzeit, um sein Alter nachweisen zu können.

Ich bemerke noch, daß im Text oft die dem deutschen Auge und Munde bequemeren Namensformen an Stelle der strengeren altnordischen verwendet sind; aber im Register stehen nur diese.

Zum Schlusse ist es mir ein Bedürfnis, dem Herrn Verleger für seine andauernde Teilnahme an der Korrektur und Registrierung meinen besten Dank auszusprechen.

Möge das Buch zum Verständnis des inneren Wesens der Germanen beitragen!

Freiburg, März 1903.

Elard Hugo Meyer.

Inhaltsverzeichnis.

Erstes Kapitel.

Die Quellen der germanischen Mythologie.

Über dem Beginn der griechischen Geschichte steht wie ein Morgenrot die homerische Poesie. Hellenische und asiatische Fürsten verlassen ihre schimmernden Stadtpaläste, um zehn Jahre hindurch auf dem Gefilde zwischen dem schiffbedeckten Gestade, Priams hoher Feste und dem waldigen Idagebirge um schöne Weiber, Waffen, Schätze und Ruhm mit einander zu ringen. Dann fahren sie von Trojas rauchenden Trümmern in ihren dunklen Schiffen heim, manche von Insel zu Insel, von einem Abenteuer zum andern verschlagen, bis in die Tiefe des Hades hinab. Über alles ragt der Berg Olympos, auf dessen Gipfel unter Vater Zeus' Lenkung die glanzvolle Götterfamilie wohnt, ewig und selig und doch oft von Liebe und Haß unter sich entzweit und in Liebe und Haß dem Treiben der Sterblichen dort unten zugewandt. So schwingen sie sich denn auch hilfreich oder verderblich zu ihnen herab oder empfangen droben den Fettdampf ihrer reichen Schlachtopfer oder die Gebete, die aus einfachen Tempeln zu ihnen aufsteigen. Auf einer nicht weiten und fest umrissenen Bühne, den Wogen und Inseln und Küsten des östlichen Mittelmeers, bewegen sich diese Menschen und diese Götter, nach Alter und Geschlecht, Geburt und Schicksal, Wuchs und Gemüt, Rang und Beruf scharf von einander geschieden. Ihre klare, milde, freie Schönheit, die reife und doch so frische Frucht einer langen Kultur, erquickt uns fremde Ungläubige noch heute, und ihr phantastisches Bild schwebt noch heute uns vor Augen wie eine zwar zerronnene, einst aber lebendig gewesene Wirklichkeit.

Und nach Homer verkündeten den Glauben an diese Wunderwelt und viele andere Götter und Dämonen und ihre mannigfachen Schicksale, Dienste und Feste Hunderte von hochbegabten Dichtern, Geschichtschreibern, Reiseschriftstellern und fast lauter noch zahllose Baumeister, Bildhauer und Vasenmaler durch unvergleichliche Werke, jeder in seiner, jeder aber in echt griechischer Weise. Schier unerschöpflich fließen die reinen Brunnen hellenischer Überlieferung.

Der Urkundenschatz unsrer germanischen Mythologie ist weit ärmer an alten, vollen heimischen und echt heidnischen Zeugnissen und ist untermischt mit viel fremdem Gut. Denn er ist bunt zusammengesetzt aus Berichten römischer Offiziere, Inschriften fremder Steinmetzen, Straf- und Bußparagraphen kirchlicher Synoden und Mönchsorden und aus Anekdoten christlicher Bekehrungsgeschichten, aus deutschen Zaubersprüchen, nordischen Götterliedern und isländischen Romannotizen, aus noch heute nicht verschollenen Sagen und still geduldeten Bräuchen unsrer Bauern. Es fehlt ein klares, echtes zusammenfassendes Bild, denn die altnordische Völuspa, die von der Götterdämmerung singt, ist voller Rätsel und noch dazu aus christlichen Ideen erwachsen; es fehlt auch fast völlig der Schmuck der Bildnerei. Aber überall, wo er nicht zu stark verschüttet ist, bricht auch aus germanischem Boden ein reicher Strom von Glaubenspoesie hervor, die denn doch trotz aller Renaissance und allem Humanismus uns oft tiefer ergreift als alle andre Heidenpracht, weil sie aus einem Geist geboren ist, von dem wir noch immer einen Hauch in uns selber verspüren.

Die wirre, zerstückelte Masse germanischer Glaubensurkunden ordnet sich in 1. Zeugnisse der Römerzeit von 50 v. Chr. bis 400 n. Chr. 2. Zeugnisse aus der Zeit der Bekehrung der Südgermanen oder Deutschen und Angelsachsen von 400 bis 1000 n. Chr. 3. Zeugnisse aus der Zeit der Bekehrung der Nordgermanen oder Skandinavier von 800—1300 n. Chr. 4. Nachklänge in der späteren Literatur und der Volksüberlieferung.

1. Die Zeugnisse der Römerzeit lehren uns sofort, daß nicht nur im schönen Hellas und im weltbeherrschenden Italien, sondern auch in den Mooren und Wäldern des armseligen germanischen Hirten- und Bauernlandes mit seinem trüben Himmel mächtige Götter verehrt wurden. Aber nicht führen uns heimische Sänger mit stolzen Heldengesängen in die deutsche Göttergesellschaft ein, sondern zwei fremde, unsern Altvordern noch dazu feindselig gesinnte Historiker gönnen ihr einige teilnahmlose kurze Worte, der ältere sogar gänzlich verständnislose. Freilich waren es zwei Römer ersten Ranges, der größte Römer aller Zeiten, Caesar, und ihr größter Geschichtsschreiber, Tacitus.

C. Julius Caesar war wohl der erste antike Mensch, dem die wesentliche Verschiedenheit der keltischen und der deutschen Nation, seiner großen auswärtigen Hauptfeinde, zum Bewußtsein kam, inmitten eines langen Kriegs, an der Völkerscheide des Rheins. Freilich ist seine Erkenntnis unselbständig und getrübt; denn seine auf die Germanen so eifersüchtigen gallischen Gewährsmänner haben ihn ungünstig beeinflußt. So übertrieb er in seinem Buch über den gallischen Krieg (IV. 1) das Nomadentum der Germanen und weiterhin VI. 21–die Rückständigkeit ihres Glaubens. „Die Germanen“, sagt er, „haben keine Druiden (Priester), die den Gottesdienst verwalten, noch befleißigen sie sich der Opfer. Zu den Göttern rechnen sie nur diejenigen, die sie mit Augen sehen und durch deren Kräfte sie offenkundig unterstützt werden, nämlich Sol, die Sonne, Vulcanus, das Feuer, und Luna, den Mond. Von den andern haben sie nicht einmal durch die fama (d. h. die Sage, den Mythus) etwas vernommen“. Der erste Satz ist nur insoweit richtig, als die Deutschen allerdings nicht, wie die Gallier in ihrer Druidenkaste, eine mächtige nationale Priesterhierarchie mit einem Oberpriester, Lehrpriestern und Priesterzöglingen besaßen, die auf einem alljährlichen Konzil in Chartres die Dogmen hütete und festsetzte, über ein geordnetes Schulwesen und ein blutiges Opfersystem, über Bann und Interdikt verfügte und trotz ihrer Auflösung durch die römischen Kaiser noch Jahrhunderte lang ein hohes Ansehen behauptete. Aber Priester von nicht unbedeutendem Einfluß und Opfer, wenn auch von minderem Umfang und Prunk, hatten auch die Germanen. Noch mehr führt Caesar durch seine Gegenüberstellung der Mythologie beider Völker irre. Die Gallier verehrten nach ihm als höchsten Gott den Merkur, ferner Apoll, Mars, Jupiter und Minerva d. h. menschengestaltig gedachte und dargestellte Wesen, die nach der römischen Auslegung etwa diesen römischen Gottheiten entsprachen. Aus dem Mangel irgendwie auffälliger Heiligtümer und Bilder jenseits des Rheins schloss er auf die Anbetung bloßer unpersonifizierter Naturkräfte, und zwar des Sol, der Luna und des Vulcan. Ob er gerade auf diese drei verfiel, weil ihnen in Rom, als einfacheren sabinischen Gottheiten, der Sabinerkönig Titus Tatius Altäre geweiht haben sollte? Oder ob er eigentümliche Bräuche, wie sie seine vortrefflichen germanischen Reiter im römischen Lager geübt haben mögen, auf sie deutete? Rief doch der Ampsivarier Bojocalus die Sonne als Zeugin an. Noch ums Jahr 1000 verbeugte sich der angelsächsische Bauer vor dem ersten Pfluggange neunmal gegen Osten, um dann zu beten, und noch begrüßt hie und da das deutsche Volk die Ostersonne, wenn sie in der Morgenfrühe über den Rand des Waldes oder den Kamm des Gebirgs heraufzutanzen scheint. Seine Toten bettete der deutsche Heide in die Erde mit dem Angesicht gegen Osten. Derlei alte Bräuche ließen Caesar vorschnell an einen Sonnendienst denken. Ferner weckten die verschiedenen Mondphasen: die Wiederkehr der jungen Sichel, die Pracht des vollen und das morgenliche Verschwinden des abnehmenden Mondes auch bei den Germanen ungleiche Empfindungen und dem Caesar auffällige. Gerade vor seinem ersten Zusammenstoß mit den Deutschen, vor der Schlacht bei Mülhausen (Besançon), vernahm er, daß die suebischen Frauen, nachdem sie das Los befragt, seinem Gegner Ariovist vom Kampfe vor dem Neumond abgeraten hätten. Die Opfer, die die auf den Neumond oder den Vollmond anberaumten großen Volksversammlungen einleiteten, konnten leicht mißverständlich auf den Mond bezogen werden.

Der Lärm und das Geschrei, womit man bei Sonnen- und Mondfinsternissen die Ungeheuer, die dann den beiden Gestirnen nachstellen sollten, von ihnen abzuwehren suchte, konnte diese im Licht geliebter Gottheiten erscheinen lassen. Endlich war urgermanischer Brauch, zu gewissen Opferzwecken die Flamme nicht an einem beliebigen Herdfeuer zu entzünden, sondern aus zwei unter feierlichem Schweigen gedrehten oder an einander geriebenen Hölzern mühsam hervorzulocken. In Rom geschah dasselbe, wenn einmal das heilige Feuer der Vesta erloschen war oder zur Zeit des Jahresanfangs, am 1. März, erneuert wurde, oder auch, wenn die Hirten der Campagna am 21. April Bohnenstroh in Brand setzen wollten, um der Reinigung halber durch die Flamme zu springen. Außerdem nannten die Römer ein feierliches Sommerfeuer, in das der Familienvater Fische als Opfer warf, nach Vulcan die Vulcanalia. Sah Caesar nun auch die Germanen mehrmals im Jahr im Freien nach jenem alten mühsamen Brauch Festfeuer anzünden, die sie gleichfalls jauchzend übersprangen und in die sie gleichfalls Opfer warfen, so mochte er auf den Einfall kommen, daß auch sie einen Feuergott, einen Vulcan, besonders hoch hielten.

Aber Caesars Charakteristik der allgemeinen Götterauffassung der Germanen geht ebenso fehl wie die ihrer einzelnen Gottheiten. Denn zahlreiche und oft sehr genaue Übereinstimmungen der deutschen und der skandinavischen Götter und Göttermythen lehren, daß die Deutschen schon vor ihrer Trennung von ihren nordischen Brüdern, also viele Jahrhunderte vor Caesars gallischem Krieg, an wesentlich dieselben menschengestaltigen, mit Mythen ausgestatteten göttlichen Wesen, nicht an bloße Naturkräfte glaubten. Auch stimmt Caesars Ansicht nicht zu einer gleich zu erwähnenden Notiz des etwas jüngeren Vellejus Paterculus und steht mit der des genau unterrichteten Tacitus in schroffstem Widerspruch. Dieser Widerspruch kann nicht etwa durch die Annahme eines inzwischen eingetretenen Fortschritts der germanischen Religion gelöst werden. Solche Revolutionen vollziehen sich nicht in der kurzen Frist von anderthalb

Jahrhunderten, auch kann man weder eine tatsächliche Spur davon, noch auch nur einen in den Verhältnissen begründeten Anlaß dazu ausfindig machen. Ferner spricht kein sonstiges Zeugniß es deutlich aus, daß die Deutschen der Sonne, dem Mond und dem Feuer göttliche Verehrung erwiesen hätten. Jene Angaben Caesars sind also nur das Ergebniß flüchtiger Wahrnehmungen und falscher Schlüsse. Stammt wirklich eine Bemerkung des im 2. Jahrhundert n. Chr. lebenden Geschichtsschreibers Appian, daß Ariovists Leute auf ein anderes Leben nach dem Tode hofften, aus Caesars Zeit, so hätte dieser sogar diesen wichtigen religiösen Zug übersehen oder verschwiegen. Und wie entschieden die Germanen sich ihre Götter von glänzendem menschlichem Aussehn dachten, erweist eine Anekdote eines Offiziers des Tiberius, jenes Vellejus Paterculus, der ein halbes Jahrhundert nach Caesar mit seinem Herrn an der Elbe stand. In einem Einbaum, erzählt er, fuhr ein hoher fürstlich geschmückter Greis über den Strom nach dem römischen Lager hinüber, betrachtete lange schweigend Tiberius und brach dann in die Worte aus: „Heute habe ich, o Caesar, die Götter gesehen, von denen ich früher nur gehört hatte.“ Unverwandten Blickes auf ihn zurückschauend fuhr er über den Strom zu den Seinen zurück. Ein paar Jahre später brach diese römische Herrlichkeit in Germanien in der Varusschlacht zusammen, und in den um die Walstatt gelegenen Hainen wurden die fast vergötterten fremden Offiziere den heimischen Göttern hingeschlachtet.

Wiederum 100 Jahre darauf, um 100 n. Chr., schrieb Tacitus seine Germania. Wie hatte sich das Verhältnis der Römer zu den Deutschen verändert! Zahlreiche deutsche Söldner dienten im römischen Heer, namentlich in der kaiserlichen Leibgarde der Hauptstadt selbst. Römische Kaufleute durchzogen besonders des Bernsteins halber die deutschen Weiler bis an die Ostsee. Von ihren rheinischen Standquartieren aus beobachteten die fremden Offiziere scharf ihre schlimmsten Feinde. Eine Traumerscheinung des in Germanien umgekommenen Drusus bat ihrer einen, den älteren

Plinius, sein Andenken zu verewigen, und so schrieb dieser, der bis in die täglich zweimal überfluteten Marschen der Chauken vorgedrungen war, 20 Bücher germanischer Kriege. Aus seinem mit nüchternem, auf das Reale gerichtetem Sinn gesammelten Schatz von Beobachtungen hat Tacitus sicher manches uns erhalten. Einem andern unterrichteten Gewährsmann, der weit über die römische Einflußsphäre hinaus im fernen Nordosten wohl bewandert war, ist es zu verdanken, daß wir die ausgiebigsten und intimsten Götterkunden, die über Nerthus, den semnonischen Allwalter und die dioskurenhaften Alcis, gerade aus den von der römischen Reichsgrenze entlegensten Strichen Germaniens empfangen. Tacitus selber scheint übrigens auch einige Jahre in der rheinischen Armee gedient und unser Land mit eigenen Augen gesehen zu haben. Schon hatten die Römer viele Siege über die Germanen errungen, aber auch durch den Cherusker Armin und den Bataver Claudius Civilis blutige Niederlagen erlitten. Sie hatten ihre Feinde nicht nur gründlicher kennen, sondern auch achten, ja fürchten gelernt, und gerade tieferblickende Menschen, wie Tacitus, sahen die schlimmste Gefahr nicht so sehr in deren Leibeskraft und Tapferkeit, als in deren Freiheitsliebe, Sittenreinheit und Glaubensstärke. Denn seine Römer fand er versunken in Knechtssinn, Unzucht und Unoder Aberglauben. Obgleich ihm die Rauheit und Roheit des germanischen Lebens nicht entging, war es ihm doch auch von einem gewissen verklärenden Schimmer umgeben, mit dem Kulturvölker von sinkender Lebenskraft das Dasein von Naturvölkern zu idealisieren lieben.

So durchzieht seine Germania, die ursprünglich wohl nur auf eine geographische Skizze angelegt war, leise die weltgeschichtliche Ahnung, daß die idealste Richtung dieser zersplitterten armseligen Völklein, das Heldentum, noch dereinst den festgefugten reichen riesigen Soldatenstaat Roms zertrümmern werde. Schon als Jüngling sehnt sich Tacitus mit ganz modernem Naturgefühl aus der Gerichtshalle, dem Senatssaal, dem ehrerbietigen Klientengedränge hinaus in die Haine und Forste zu jenen schuldlosen Stätten und heiligen Ruhesitzen, wo das „secretum“ wohnt. Damit meint er nicht etwa einen heimlichen Musensitz, ein secretum museum, wie ihn der jüngere Plinius in seiner Villa am Meer preist. Es ist vielmehr dasselbe „grande secretum“, von dem im 4. Jahrhundert der Verteidiger der Christen, der edle Stadtpräfekt von Rom, Symmachus, vermittelnd versicherte, mehr als ein Weg führe zu diesem secretum, zu dem weltabgeschiedenen, unbekannten Gottheitsgeheimnis. Eben dieses secretum glaubt nun Tacitus in seinen Mannesjahren von den Germanen verehrt. Denn nach der Germania Kap. 9 scheine es ihnen der Erhabenheit der Himmlischen unangemessen, sie in Wände einzuschließen oder sie mit Menschenantlitz abzubilden. Nur Haine und Forste weihten sie ihnen und bezeichneten mit der Götter Namen jenes „secretum“, das sie nur in ihrer „reverentia“, ihrer frommen Phantasie, sähen. Hier glaubten sie das große Unbekannte, Undarstellbare, die Gottheit waltend. Tacitus ist nahe daran, seine eigne weltflüchtige, schwermutvolle Andacht in die Brust der derben deutschen Jäger und Bauern zu verpflanzen, weil er, wie Caesar, keine ragenden Tempel und keine Bildsäulen bei ihnen sieht. Allerdings im Sturmesrauschen des Waldes vernahmen sie den Jagdritt ihres Gottes Wodan, und ein geheimnisvoller Schauder mochte selbst sie in ihren mit blutigen Tier- und Menschenopfern behängten Hainen überkommen. Aber weder hat sich ihnen jemals die Waldesstille in einem Gotte verkörpert, noch hielt sie die Scheu vor dessen Erhabenheit davon ab, ihn durch Tempel oder Bild zu ehren. Wir wissen leider nur zu gut, daß sie dies aus ganz anderen Gründen unterließen, nämlich aus dem Unvermögen ihrer damaligen Baukunst und Bildnerei. Sobald sie, von Fremden unterrichtet, jene Fähigkeiten gewannen, errichteten sie wie andre Völker ihren Göttern Tempel und Bilder, nicht zur Erniedrigung, sondern zur Verherrlichung. Ja sie hatten sogar schon vor Tacitus' Zeit nach seiner eigenen Aussage damit angefangen. Denn wenn man auch den Tempel der Nerthus Germ. Kap. 40 als heiligen Hain und ihr „innerstes Heiligtum“ als ihren Wagen, auf dem

Kühe im Frühling sie durch das Land ziehen, erklären will, ihr im heiligen See gebadetes „numen“ d. i. wörtlich Gottheit, kann doch wohl nur ihr Bild bedeuten. Noch sicherer ist der Tempel der marsischen Göttin Tanfana in Westfalen ein Bauwerk gewesen, denn es wurde nach Tac. Ann. 1, 51 dem Erdboden gleich gemacht. Unscheinbare Götterbilder und Heiligtümer, wenn auch bloße festungsartige Ringwälle, sogenannte Burgen, wie sie noch bis heute erhalten sind, und dergleichen, müssen schon damals in Deutschland bestanden haben, und jedenfalls ist Tacitus' obige Motivierung des Mangels falsch. Auch erwähnt er Symbole der Götter, wie z. B. das Schiff einer isisartigen Göttin, und Bilder ihnen heiliger Tiere, die, in den heiligen Hainen hangend, bei Kriegesanfang herabgenommen und dem Heere voran unter Schildgesang in die Schlacht getragen wurden. Denn die Gottheit wohnte dem Kriege bei und so auch deren Diener, der Priester. Im zauberischen Glanze der Mitternachtssonne aber sahen die Nordgermanen ihre Götter mit strahlenden Häuptern.

Einen gewaltigen Fortschritt hat das Verständnis der einzelnen deutschen Götter bei den Römern gemacht! Die vorgebliche Göttertrias Caesars: Sol, Vulcanus, Luna löst sich vor der besser begründeten des Tacitus in eitel Dunst auf. Der oberste Gott heißt bei ihm Mercur, die beiden andern Hercules und Mars Kap. 9, einer von diesen wird Kap. 39 von den Semnonen Allwalter genannt. Es unterliegt keinem Zweifel, daß mit Mercur und Hercules die deutschen Götter Wodan und Donar gemeint seien, und wahrscheinlich soll Mars den Tiu oder Ziu, der auch wohl Saxnôt hieß, bezeichnen. Diesen Göttern fügt Tacitus einige Namen einer Göttin hinzu, den fremden der Isis und sogar zwei deutsche: Nerthus, die Mutter Erde, und Tanfana. Wahrscheinlich bedeuten alle drei eine und dieselbe Göttin der Fruchtbarkeit. So unvollkommen auch diese zweite, taciteische, Formel der römischen Auslegung deutscher Götter den Charakter derselben aussprechen mag, so ist doch darin zuerst die Hauptgruppe leibhaftiger Götter klar vor Augen gestellt, in denen die Germanen den höchsten Ausdruck ihres Glaubens gefunden haben. Die germanischen Gardereiter des Kaisers in Rom dankten bei ihrem Abschied auf ihren Votivsteinen im 2. Jahrhundert n. Chr. zunächst der kapitolinischen Trias: Jupiter, Juno und Minerva, dann aber einer anderen, wahrscheinlich auf ihre heimischen Götter zu deutenden Trias: Mars, Hercules und Mercur, die also genau mit der taciteischen übereinstimmt. Auch nach den späteren Zeugnissen haben drei große persönliche Götter und mindestens eine große persönliche Göttin von dem durch Tacitus wenigstens angedeuteten Charakter alle etwaigen andern Gottheiten, ferner die Riesen- und Zwergvölker, die Schwärme der Luft-, Wasser-, Wald- und Feldwesen und die uralten Ahnengeister in historischer Zeit hoch überragt. Auf diesen vier Ecksteinen hat immerdar der Oberbau der germanischen Mythologie, die germanische Götterwelt, geruht. Außerhalb dieses Götterkreises kennt Tacitus noch ein jugendliches Brüderpaar der Alcis oder Alci, von ihm mit Castor und Pollux verglichen, das jenseits des Riesengebirges der Stamm der Naharnavalen bildlos verehre. Einen Gott nennt er auch noch Kap. 2 den in alten Liedern gefeierten Tuisco, der selber aus der Erde hervorgekommen den Mannus d. i. Mensch zum Sohne hatte, den Vater der drei Ahnherren der drei germanischen Stammverbände der Ingwäonen, Istwäonen und Herminonen. Diese Stammsage sollte die auch von Tacitus an derselben Stelle betonte Autochthonie der Germanen, ihre Erdwüchsigkeit, beweisen, wie denn ähnliche Stammsagen von erd-, stein- und baumentsprungenen Volksstämmen namentlich auch die Griechen in zahlreichen Varianten erfunden hatten.

Und aus den Berichten des Tacitus darf man weiter entnehmen: zu bestimmter Zeit versammelten sich mehrere Stämme jener grossen Germanenverbände um ein gemeinsames Heiligtum, ingwäonische an der Ostsee im Nerthushain, istwäonische am Rhein um den Tanfanatempel und von den herminonischen die Sueben der Spreegegend im Walde des Allwalters.

Tacitus widerlegt auch jenes absprechende Urteil Caesars über das Priestertum und Opferwesen der Germanen. Zwar weiß auch er nichts von einem Priesterstande oder von priesterlichen Geschlechtern, aber er umschreibt mit sicherer Hand den Kreis seiner Gewalt, wie sie neben der fürstlichen oder königlichen bestand. Dem priesterlichen Rate folgen willig Volk und Fürst, sie trauen aber auch gewissen Weibern, die aber darum nicht Priesterinnen sind, Sehergabe zu, deren Aussprüchen sie sich unterwerfen. Eine unter ihnen, Welĕda, erlangte dadurch im Bataveraufstand ums Jahr 70 n. Chr. eine hohe geschichtliche Bedeutung.

Tacitus kümmert sich nur um die deutsche Götteraristokratie, nicht um das niedere Volk der Dämonen. Und doch schwärmten sie, ohne die die Götter, ihre späteren idealsten Mitglieder, undenkbar sind, schon damals vielgestaltig durch Berg und Wald und Feld und nisteten in den Hauswinkeln. Endlich ahnen wir kaum aus dem 27. Kapitel seiner Germania die Macht des deutschen Totenkultus.

Dennoch gebührt Tacitus das Verdienst, die erste umfassende Skizze von der germanischen Religion, freilich hie und da mit fremder Farbe abgetönt, doch in den großen Linien treu und fest gezeichnet zu haben, die erste und — sagen wir es gleich — auch die letzte, die aus der Heidenzeit stammt. Denn die römischen und griechischen Schriftsteller des folgenden halben Jahrtausends erwähnen wohl gelegentlich eine Seherin oder einen Priester, ein Opfer und die Umfahrt eines Götterbildes, im übrigen schweigen sie sich, allen Verständnisses fremder Eigenart und schärferer Beobachtungsgabe bar, über den germanischen Glauben aus und überlassen es den Steinen zu reden: durch die lateinischen Inschriften des Rheinlands und Britanniens. Steinmetzen römischer Schulung haben nämlich für die ihren Göttern dankbaren Soldaten oder auch für Kaufleute an den germanischen und britischen Militärstationen zahlreiche Altar- und Votivsteine ausgemeißelt und mit römischen Skulpturen und Inschriften versehen, glücklicherweise auch für deutsche Leute.

Nicht alle, wenn auch die meisten, waren römischen Gottheiten gewidmet, auf manchen Steinen aber überraschen mitten im Latein Götternamen von halb oder ganz unlateinischem, barbarischem Klange, und die Stifter mehrerer dieser Denkmäler tragen gallische oder germanische Namen oder bekennen sich als Genossen eines gallischen oder germanischen Stammes. Es sind wertvolle Zeugen der häufigeren Verschmelzung von römischem und keltischem und der selteneren von römischem und deutschem Religionswesen, die aber wegen der Schwierigkeit der Scheidung der zwei oder gar drei verschmolzenen Elemente mit Vorsicht benutzt werden müssen. So wurden früher die paar Dutzend lateinischen dem *Hercules Saxānus* gewidmeten Inschriften im Brohltal, aus dem die Legionare und die Pferde der römischen Reiterei die geschätzten Tuffsteinblöcke in die Schiffe der Rheinflotte herabholten, um daraus z. B. die Mauern des Trajanlagers bei Xanten am Niederrhein zu erbauen, auf einen germanischen Donar bezogen, der mit dem Sachs d. h. mit einem Messer oder kurzen Schwert bewaffnet gewesen sei. Aber Hercules ist hier der römische Gott mühseliger Arbei tund zwar als Saxānus, das vom lateinischen saxum Stein stammt, der Gott der schweren Steinbruchsarbeit. Darum votierte man ihm im 1. Jahrhundert n. Chr. Inschriftsteine auch in Kalksteinbrüchen bei Metz und in dem Steinbruch bei Tivoli, der für die nahe Stadt Rom die ungeheuren, noch von uns angestaunten Travertinmassen des vespasianischen Kolosseums lieferte. Hier ragte auch ein Tempel des Hercules Saxanus hoch über den schäumenden Wasserfällen. Auch der am Niederrhein verehrte *Hercules Magusanus* ist wohl seinem Kerne nach römisch und seinem Beinamen nach eher keltisch als deutsch. Man hat auch in den (drei) *Matronen* oder *Matres,* den Müttern, denen namentlich im rheinischen Niedergermanien ein paar hundert Steine gesetzt worden sind, deutsche Schutzgöttinnen erkennen wollen, aber sie haben sich durchweg als keltische Ortsgöttinnen erwiesen, die allerdings später Germanen, insbesondere die kölnischen Ubier, in ihren Kultus hinübernahmen. — An der stürmischen Küste der seeländischen Insel Walcheren sind viele der Göttin *Nehalennia* gewidmete Steine durch Wind und Wellen bloßgespült worden. Sie ist als Göttin des Fruchtsegens und der Schiffahrt dargestellt, im Matronengewand aufrechtstehend oder auf einem Thronsessel sitzend, Fruchtkörbe oder Früchte im Schoße oder im Arm, ihr zur Seite ein Hund. Auf einigen Steinen stellt sie den linken Fuß auf den Steven eines Schiffs und stützt sich dabei auf ein Ruder. Auch werden ihr wohl Neptunus und Hercules beigesellt. Ein Kreidehändler dankt ihr für den Schutz einer von Britannien herübergebrachten Ware, ein andrer Händler für den Aufschwung seines Geschäfts, ein Vater für die Rettung seines Sohnes. Aber diese wie die andern Dedikanten sind Römer oder Kelten, wie denn die ganze See- und Niederrheinschiffahrt wahrscheinlich damals in keltischer Hand lag, wenn auch die Römer für ihre Rheinflotte gern germanische Bataver verwendeten. Jene Darstellung der Nehalennia ist genau nach der der römischen Isis zugeschnitten. Der dunkle Name, der nach deutschem Sprachgesetz schwerlich eine „Nachengöttin" bedeuten kann, klingt mehr gallisch als deutsch. Dagegen ist auf vier Inschriftsteinen bei Münstereifel, bei Xanten, in Geldern und in Westfriesland eine echt deutsche Göttin *Hludana* entdeckt, der am letzten Orte Fischereipächter einen Altar setzten. Dann sind zwei Inschriften am Hadrianswall bei Housesteads in Nordengland gefunden, die von römischen Soldaten friesischen Stammes aus Twenthe die eine dem Mars und den beiden *Alaisiagen*, die andre dem *Mars Thingsus* und den beiden *Alaesiagen Beda und Fimmilena* unter Kaiser Alexander Severus geweiht waren, d. h. wahrscheinlich dem Kriegs- und Volksversammlungsgotte und seinen beiden viktorienhaften Genossinnen. Diesen Soldatengöttinnen werden verwandt sein *Hariasa* die Verheererin (?), *Harimella* die Heerglänzende und *Vihansa* die Kriegsgöttin. Da die großen germanischen Göttinnen nie zusammengesetzte Namen führen und nach allen späteren Nachrichten ein kriegerisches Wesen an ihnen kaum hervortritt, so sind diese wohl nur walkürenhafte Idisi oder Siegweiber gewesen, welche, wie wir bald hören werden, sich auf das Schlachtfeld herabließen und die Feinde fesselten und angriffen, die gefangenen Freunde aber von den Banden befreiten. Doch ist die Möglichkeit nicht ausgeschlossen, daß sie der fremden Kriegsgöttin Bellona oder Victoria, den angebeteten Lieblingen des römischen Lagers, nur nachgebildet und keine echt germanischen Wesen waren. Noch ein paar andre Namen, wie der *Requalivahanus*, der im Dunkel Lebende oder dem Dunkel Überlassene, scheinen deutschen Ursprung zu beanspruchen. Aber auch sie halten sich meistens für uns noch im Dunkel zurück, und eine ganz andre Macht als der römische Militärstaat war dazu berufen, neues Licht über die Geheimnisse des deutschen Heidenglaubens zu verbreiten, die christliche Kirche, deren Zeugnisse wir jetzt vernehmen müssen.

2. Zeugnisse aus der Zeit der Bekehrung der Deutschen und Angelsachsen. Die christliche Kirche war dazu berufen. dem deutschen Heidenglauben viel energischer zu Leibe zu gehen, als die römische Kaisermacht. Freilich beweisen ein paar hundert lateinische Lehnwörter der altgermanischen Sprache, wie viel die Germanen der rheinischen und britischen Römerkultur verdankten, Wein-, Obst- und Gemüsebau, manche neue Kornart und manches neue Ackergerät. Von ihr lernten sie das Steinhaus, Maß- und Gewichtswesen, eine genauere Jahreseinteilung, selbst die Namen der Wochentage und manche römische Sitten und Bräuche. Unleugbar ging das Leben der rheinischen Germanen aus dieser Berührung mit der fremden Zivilisation verschönert und bereichert hervor. Doch dürfen alle diese wirtschaftlichen und sonstigen Anleihen und die erwähnten Versuche einer Annäherung römischen und germanischen Glaubens über die Tatsache nicht täuschen, daß die große Masse der deutschen Nation, zum schärfsten Unterschied von der gallischen, nicht nur die Herrschaft, sondern auch die Sprache und Kultur und insbesondere die Religion der Römer damals von sich abwies. Was in Gallien glückte,

z. B. die Verknüpfung des neuen Gauverbandes mit der göttlichen Verehrung des Kaisers am Augustusaltar zu Lyon und die Verschmelzung der vielen Götter beider Nationen, das schlug in Germanien fehl. Der Augustusaltar in Köln, die Ara Ubiorum, gewann nie größere Bedeutung, weil er unter den unsicheren Germanen des rechten Rheinufers nie ganz sichere Sprengel gewann. Und fast möchte man einen symbolischen Akt darin erkennen, daß Segests Sohn Segimund, ein Schwager Armins, der zum Priester jenes ubischen Altars ernannt war, bei der Nachricht von der befreienden Varusniederlage seine römischen Priesterbinden vom Kopf riß und zu seinen Cheruskern zurückfloh. Denn was irgend von fremdem Glauben die Germanen angenommen haben mochten, das warfen sie wieder von sich seit dem 3. Jahrhundert, wo sie immer tiefer und verwüstender in die baufällige Römerwelt einbrachen. Langsamen Ganges schoben die Bauernstämme der Franken, Alemannen und Hermunduren ihre Siedelungen über den Rhein und die Donau vor. Zwischen ihnen hindurch und über sie hinweg stürmten die noch in beweglichen Heerlagern lebenden Wanderstämme der Burgunder, Sueven und Vandalen gewaltsamer südwestwärts. Weiter ab auf beiden Flügeln dieses unwiderstehlichen Zentrums gründeten die Goten und später die Langobarden südlich von den Alpen und den Pyrenäen, die Angelsachsen jenseits des Kanals ebenfalls auf römischem Reichsboden neue germanische Staaten. So fand sich der größte Teil unseres heidnischen rauhen Krieger- und Bauernvolkes aus unwegsamen Wäldern und Weiden des Nordens in mildere Landschaften versetzt, deren Grenzen von Türmen und Wällen beschirmt, deren Inneres mit Villen, Bädern und Grabmonumenten, mit Tempeln, Theatern und Fabriken bedeckt war, deren treffliche Straßen uralte Handelsstädte mit einander bequem verbanden. Aber wie ihnen Berg und Tal fremd waren, waren ihnen die ummauerten, enggassigen Städte gleich Tierkäfigen verhaßt, die sie am liebsten zerstörten, um sich außerhalb ihrer Trümmerstätten in Hof und Dorf niederzulassen. Das Unverständlichste hier in der

Fremde war ihnen aber die jugendliche christliche Kirche mit ihrem Herrn und Meister, dem an einem Kreuze verblichenen und wiederauferstandenen Gott. Sollte auch dieser neurömische Glaube von ihnen scheinbar aufgenommen und alsbald wieder abgeschüttelt werden, wie der altrömische von den rheinischen Germanen? Oder wie wollte sich das germanische Heidentum mit dem Christentum abfinden? Die äußere und innere Lage dieser Germanen war doch eine ganz andere als dort am Rhein. Nicht als ob sie, wie ihnen so oft nachgerühmt wird, der christlichen Lehre ein besonders offenes und tiefes Verständnis entgegengebracht hätten. Aber erstens erleichterte gewiß die Versetzung vom heimischen Boden und Leben in ein fremdes und noch dazu meistens schon christianisiertes Land die Entwurzelung ihres Heidenglaubens. Zweitens traf die großartige christliche Gottesidee, die sich im ganzen Weltall von Ewigkeit zu Ewigkeit und wiederum in dem tief lyrischen Epos des Lebens Jesu kundtat, ob auch nur teilweise verstanden, die eigene zersplitterte, vergängliche und nicht durchweg erbauliche Götter- und Dämonenwelt mit viel wuchtigeren Stößen, als es der bunte zerfahrene römische Polytheismus vermocht hatte. Dazu trat ein drittes, mehr politisches Moment, das die Wendung entschied. Die unter den Romanen schon einflußreich gewordene christliche Geistlichkeit forderte von den Führern der Stämme auf ihrer gefahrvollen Wanderung durch das meist schon bekehrte Römerreich gebieterisch Unterwerfung oder drohte mit ihrer Feindschaft. Die germanischen Fürsten nahmen gewöhnlich unter solchem Zwange die Taufe und, indem sich ihnen ihre Getreuen anschlossen, erschien diesen auch Christus mit seinen Jüngern wie ein von Getreuen dicht umgebener Gefolgsherr. Mit Belohnungen und Drohungen lockten und schreckten die Christen wie die Heiden. Religiöse Bewegungen, die still und insgeheim das Gemüt ergreifen, entziehen sich freilich oft schon dem Auge der Gegenwart, wie viel öfter den Blicken der späten Nachwelt. Doch darf man behaupten, daß eine wachsende Sehnsucht nach der erlösenden, beseligenden Gewalt des Heilands, oder eine plötzliche Erleuchtung über die eigene Sündenschuld auf germanischem Gebiete sich selten kundgab. Selbst nach der Annahme der Taufe drang nicht einmal die Überzeugung von der völligen Nichtigkeit der Götter durch. In der Regel entschied die allmählich und kühl gewonnene Ansicht, daß denn doch Christus und der allschaffende Gott stärker sein müßten als Wodan und Donar, und das Heidentum wucherte meist noch Jahrhunderte unter dem Kreuze Christi weiter.

Indem nun die Welt- und Klostergeistlichkeit die Taten der Bekehrer der südgermanischen Stämme erzählte, in ihren Predigten den alten Göttern Christus gegenüberstellte, auf ihren Synoden und in ihren Bußbüchern den Götzendienst mit harten Strafen belegte und sogar Zaubersprüche verzeichnete, erschloß sie uns eine Reihe neuer, allerdings oft stark getrübter Quellen der Erkenntnis des germanischen Heidenglaubens.

Zuerst regte sich christliches Wesen bei den Westgoten an der unteren Donau. Ihr König Athanarich verfolgte im Jahre 348 die Christen seines Volkes grimmig, indem er auf einem Wagen ein Götterbild vor jede Tür fahren ließ. Weigerte sich der Bewohner, diesem zu opfern, so wurde ihm das Haus über dem Kopf angezündet. Doch Wulfila, ein Kappadocier, führte die bedrängten Christen wie ein zweiter Moses über die Donau in die schützenden Balkantäler und übertrug das Wort Gottes zum erstenmale in eine germanische Sprache. Ein anderer Gote, Radagais, der mit Hunderttausenden wilder Germanen ums Jahr 400 in Italien eingebrochen war, gelobte das Blut des ganzen römischen Volkes seinen Göttern, und schon flüchteten die Einwohner Roms, an der Macht des Christengottes verzweifelnd, aus den Kirchen zu den verlassenen Götzenaltären. Da zog die feindliche Wetterwolke vorüber. Lange bäumte sich der harte Frankenkönig Chlodovech gegen den Glauben an den milden Friedensfürsten Jesus, bis dieser ihm als der stärkste Schirmherr seines Reiches erschien oder, wie die Sage das bald ausdrückte, auf sein Gebet seiner schwankenden Schlachtreihe Halt und Sieg über die Alemannen verlieh. In seiner Taufe zu Rheims 496 vollzog sich der folgenreichste Akt der ganzen germanischen, ja abendländischen Bekehrungsgeschichte. Von hier aus drang die christliche Lehre in Deutschland ein, oft durch Wunder unterstützt, selbst durch das gewiss schwer empfundene einer plötzlichen Bierentziehung. Dem König Chlothar I, dem Sohne Chlodovechs, und seinem Gefolge veranstaltete der Franke Hozin ein Gelage mit Bierkrügen für die Christen und für die Heiden. Weil die der letzteren nach Heidenbrauch geweiht waren, wurden sie durch ein Wunder des hl. Vedastus ihres dämonischen Inhalts beraubt. Die Missionare des hl. Hilarius von Poitiers, des hl. Remigius von Rheims und am kräftigsten die des hl. Martin von Tours drangen seit der völligen Unterwerfung der Alemannen unter die Franken in den „Königsboden", das vom Frankenkönig beanspruchte Krongut, ein. Da gab es einen Bischof neben dem Herzog, bekehrte Alemannen waren Pfarrer. Überall noch ein seltsames Gemisch des Alten-Heidnischen und des Neuen-Christlichen.

Die eigentliche Missionsarbeit auf deutschem Boden durchlief drei Stadien. Sie wurde begonnen in Süddeutschland von irischen Mönchen und fand hier wenig Widerstand, doch war sie oft ohne dauernden Erfolg, da die Glaubensboten ohne festeren Zusammenhang unter sich und ohne den Rückhalt eines stärkeren Kirchenwesens wirkten. Aber die von ihnen gegründeten Klöster blieben meist als wichtige Pflanzstätten der Bildung bestehen. Am Schluß dieser ersten Periode griffen auch wieder fränkische Bischöfe in die süddeutsche Mission bis Regensburg ein. In der zweiten Periode, dem 8. Jahrhundert, ordnet sich die Bekehrungsarbeit der geschulteren und weltklügeren Angelsachsen der fränkischen und somit der römischen Kirche unter, ihre Hauptgebiete sind Hessen, Thüringen und Friesland. Dort herrscht lange ein bedenklicher christlich-heidnischer Mischglaube, hier kommt es wiederholt zu blutigen Aufständen. In der dritten Periode stellt Karl der Große die Kräfte eines geordneten Staatswesens der Mission zur Verfügung, zumal die Militär- und die Polizeigewalt; nur diese können die Sachsen bezwingen, die nicht nur für ihr Land, sondern auch für ihren Glauben streiten. Daß der Widerstand vom Süden nach Norden wuchs, lag zum Teil im Stammcharakter, in dem bei den Sachsen die rauhe Abgeschlossenheit hervorgehoben wurde, zum größeren Teil in der geschichtlichen Lage. Im Süden hatte die römische Kultur schon viel Einheimisches zersetzt, und die beweglicheren Stämme hatten ihren Verband mit den alten Landesheiligtümern längst aufgegeben, während die Sachsen, unberührt von fremdem Wesen, auf ihrer Scholle sitzen blieben und sich zu Angriff oder Abwehr kampflustig um ihre alten Göttertempel scharten.

Der erste Missionar, der tiefer in deutsches Heidenvolk vordrang, war Columban. Er kam aus Irland, einer von der Völkerwanderung unberührten Stätte des Friedens und christlicher und antiker Wissenschaft. Als er im Frankenlande das Unheil des Goldes kennen lernte, trug er kein Bedenken, dasselbe durch lauter heidnische Mythen in Versen zu bekämpfen. Den Becher, in dem man ihm am Hofe der lasterhaften Frankenkönigin Brunhild Wein reichte, zerschlug er voll Zorns, ein furchtloser, unbequemer Bußprediger. Verjagt aus einem Vogesenkloster, führte er mit der neuen Heilslehre klösterliches Heiligkeitsleben in das entlegenere Alemannengebiet. Auf einer Wanderschaft am Züricher See traf er auf Christen und Heiden, wie sie um eine riesige Bierkufe beim Wodansopfer zechten, und sein Schüler Gallus stürzte bei Bregenz drei in eine Kirche eingemauerte Götzenbilder in den Bodensee. Der Stifter des Klosters Reichenau im Untersee, der Abt Pirmin oder vielmehr Primin, fand im Anfang des 8. Jahrhunderts nur getaufte Alemannen, für die er eine Art Musterpredigt, die Dicta abbatis Priminii, ausarbeitete, die dann Jahrhunderte hindurch mit mannigfachen Änderungen den germanischen Gemeinden immer wieder gehalten wurde, da sowohl ihr einer Teil, die Heilsgeschichte der Welt, gleichsam ein Mythus edelster gewaltigster Art, als auch ihr anderer, der in einer Kriegserklärung gegen den alten Glauben gipfelte, einen tiefen Eindruck auf die germanischen Gemüter nicht verfehlen konnte:

Gott schuf Himmel und Erde und im Himmel die Engel. Doch diejenigen Engel, die sich gegen ihn erhoben unter der Führung des ersten Erzengels, welcher Gott gleich sein wollte, stürzte er in den Luftraum hinab, wo sie Teufel und Dämonen wurden. Erst nach dem Engelsturz schuf Gott den Menschen, der sich vom neidischen Teufel zum Ungehorsam gegen Gott verleiten ließ. Adam und Eva taten den Sündenfall, ihre Nachkommenschaft versank immer wieder in Sünden trotz der großen Flut, der zehn Gebote und der Propheten, bis Gott Jesus schickte, der für die Menschen gekreuzigt wurde und durch das Blut und das Wasser, das aus seiner Seite floß, Sündenvergebung und Taufe verlieh. Dann fuhr er zur Hölle, um Adam, die Erzväter und Propheten ihr zu entreißen, den Teufel aber darin zu binden. Auferstanden entsandte er die zwölf Apostel und fuhr auf gen Himmel. Die Zwölf setzten das Glaubensbekenntnis fest. Nun wird die Bedeutung der Taufe und der feierlichen Abschwörung alles Teufelsglaubens in die Erinnerung gerufen, die ganze Reihe der Sünden zieht auf, zuletzt die Götzenanbetung, mag sie nun an Steinen, unter Bäumen, an Quellen, auf Kreuzwegen stattfinden. Auch an die Spruch- und Loszauberer, die Wahrsager, die Vorzeichen und bösen Geister soll man nicht glauben. Auch nicht heidnische Festzeiten, die Vulcanalien und Kalenden, beobachten, noch die Tische bereiten, Lorbeer anbringen, über einen Baumklotz Kornfrucht und Wein ausgießen und Brot ins Wasser werfen, beim Weben eine Göttin (Minerva) anrufen, bestimmte Tage für die Hochzeit und die Reise wählen, Zauberzettel und -kräuter und Bernstein anhängen, Wettermacherinnen und Leuten, die, auf das Dach gestiegen, die Zukunft aus dem Feuer, etwa einem brennenden Scheit weissagen, Glauben schenken. Endlich verbot Primin Neujahrsaufzüge in Hirsch- und Kuhverkleidung, Aufzüge der Weiber in Männertracht und umgekehrt. Auch sollen aus Holz gemachte Glieder nicht an Kreuzwege und auf Bäume, um Heilung zu erlangen, gelegt, die Mondfinsternis nicht angeschrieen werden. Teufelsspiele und -scherze, -tänze und -lieder sind überall zu vermeiden. Aber der Kirche sind Weihrauch, Wachs und Öl zu opfern, man soll Zehnten von Frucht und Vieh bringen, ferner Almosen spenden, die Sonn- und Feiertage beobachten, eifrig Messen hören und in die Beichte gehen. So muß der alte Adam ausgezogen werden, damit die Auferstehung zum Gericht, die ein jeder in der vollen Kraft eines Dreißigjährigen erleben wird, zum Paradiese führe und nicht zum ewigen Feuer.

Der von Primin angegriffene Aberglaube ist nur teilweise echt alemannisch, wie z. B. das Steigen des Weissagers aufs Dach, meistens aber entweder ganz fremd, aus älteren kanonischen Büchern zusammengetragen, wie das Vulcanalienfest, oder wie die Kalendenfeier mit dem julianischen Kalender erst neuerdings im südwestlichen Deutschland eingebürgert.

Das mächtige Thema der Heilslehre aber, das die irischen Missionare um 700 in Schwaben und Baiern verkündeten, stellten dann auch ihre angelsächsischen Nachfolger in den Mittelpunkt ihrer Predigt, und Karl der Grosse schärfte eine ähnliche Musterpredigt seiner Geistlichkeit ein. Im Norden diente sie der Völuspa zum Vorbild.

Über die Zustände des englischen Heidentums und die Anfänge des Christentums belehrt uns am besten Beda († 735) in seiner Kirchengeschichte Englands und in anderen Schriften. Nach ihm und späteren Chronisten brachten die Angelsachsen die Stammbäume und Stammsagen ihrer vornehmsten Geschlechter nach der britischen Insel aus Deutschland mit herüber. Der Gott Woden bildet darin den lebendigen Mittelpunkt, von dem in den verschiedenen 7 oder 8 angelsächsischen Reichen verschiedene Götter oder doch vergötterte Helden als Ahnen auf- und als Nachkommen bis zur Gegenwart absteigen. Die Bekehrer versuchten dann diese edlen Heidengeschlechter an Adam und Noah zu knüpfen. Diese Genealogien zerlegen oft den Inhalt eines Mythus in seine einzelnen Momente und verteilen sie auf mehrere Personen. So wird in der Reihe Skeáf, Skeldwa und Beáw, die von der Garbe, dem Schilde und dem Anbau ihren Namen haben, die Einführung des Ackerbaues, des Kriegswesens und der weiter um sich greifenden Kultur wiedergegeben. In den angelsächsischen Chroniken treibt auf einem steuerlosen Schiffe der neugeborene Skeáf, bald auf einem Strohbündel liegend, bald von Waffen umgeben, schlafend an die Küste von Angeln in Schleswig und wird von den Einwohnern freudig aufgenommen. Der Verfasser des Epos vom Beowulf, der dem Beda etwa gleichaltrig ist, schiebt diesen Mythus von Skeáf auf dessen Sohn Skyld ab, und Beowulf tritt an Beáws Stelle. Mächtig kommt dieser als Hauptheros aus dem dunklen Hintergrund seiner Ahnenwelt hervor und schlägt, ein Schutzheros seines Volkes, den Sumpfunhold Grendel samt dessen Mutter und einen Feuerdrachen. Vielleicht liefert das angelsächsische Runenlied noch eine andere Spielart jenes Kulturmythus; es weiß von einem göttlichen Helden Ing, der zuerst bei den Ostdänen war und dessen Wagen über das Meer ihm nachfuhr. Kein Zweifel, bei keinem anderen Germanenstamme zeigt sich eine so vielgestaltige, die Menschheit mit der Gottheit verbindende Heroenwelt, wie bei den Völkern der norddeutschen Halbinsel.

Doch auch diese stolzen Wodenssöhne konnten sich nicht des Gefühls der Nichtigkeit ihres Glaubens erwehren, wie uns Beda erzählt. Im Jahre 627 saß eines Abends König Edwin von Northumberland in seiner erleuchteten Halle. Ein Sperling schlüpfte zur Tür herein und flatterte scheu durch den hellen, warmen Raum hin, um durch eine andere Tür in der Winternacht wieder zu verschwinden. Bei diesem Anblick rief ein Hofmann aus: „So rasch wie dieser Sperlingsflug durch die Halle vergeht das menschliche Leben mit seiner Lust. Was diesem aber vorangegangen sei und was ihm folgen werde, ist uns so dunkel, wie die Nacht dorten vor den beiden Türen. Darum, o König, nimm die neue Lehre der Christen an, die uns über unsere Zukunft nach dem Tode Sicherheit gibt.“ Der König befolgte den Rat, und der bereits für die neue Religion gewonnene heidnische Oberpriester schleuderte, auf des Königs Streithengst sitzend, einen Speer durch den Zaun in den großen Göttertempel bei York, um seinem Herrn die Ohnmacht der Heidengötter recht augenscheinlich zu machen, und das alte Heiligtum wurde mit allen seinen Höfen durch Feuer vernichtet.

Als die Bekehrung der Angelsachsen etwa um 650 vollendet war, zogen manche ihrer Mönche nach dem Vorbild der irischen ins Ausland, und ihre Mission erstreckte sich über den größten Teil Deutschlands von den friesischen Inseln bis zu den Alpen. Ihre Hauptführer waren Willibrord, der Apostel der Friesen, dann Winfried, den man übertreibend den Apostel der Deutschen nennt, und später Liudger. Auf seiner Rückfahrt von Dänemark ums Jahr 700, wohin Willibrord kühn vorgedrungen war, taufte dieser auf einer von den nordischen Seefahrern dem Gotte Fosete geweihten Insel, Helgoland, die Heiden in einem heiligen Quell, aus dem sie nur schweigend Wasser zu schöpfen wagten. Um diesen Frevel zu rächen, führten ihn die Ungetauften vor den wilden Friesenkönig Ratbod (fries. Redbad), aber das dreimal über ihn geworfene Los traf ihn nicht: die Götter wollten seinen Tod nicht. Denen diente man dort in schatzreichen Tempeln, deren Beraubung ein schmerzhafter Tod an der Stelle des Meeresstrandes büßte, wo ihn die Flut täglich zweimal überströmte. Willibrord entkam. Aber die Götter forderten später ein größeres Opfer. Das war jener Winfried oder Bonifacius, der Organisator der fränkisch-römischen Kirche. Er begann 716 in Friesland zu predigen, wandte sich dann namentlich Thüringen und Hessen zu, wo bereits Brittenmissionare, die Nachfolger jener irischen Mönche, und ketzerische Priester, die der Unzucht, Trunksucht und Jagdlust ergeben waren, das Evangelium in unsauberer Weise verkündet hatten, wo sie auf heidnischen Opferplätzen unter großem Zulauf des Volkes christlichen Gottesdienst hielten und Donarspriester christliche Taufen vollzogen. Auch brachten die Bekehrten nach heidnischer Sitte den Toten eifrig Opfer dar, und diese deutschen

„Dummköpfe“ verwiesen noch 742 die entrüsteten Missionare trotzig auf die ebenso ausgelassene und schwelgerische Feier der Januarkalenden, die in Rom selber vor der St. Peterskirche betrieben würde. Aber Bonifacius wußte nicht nur durch die Predigt des Evangeliums das Gemüt zu ergreifen, sondern auch nach der ausführlichen Direktive des Bischofs Daniel von Winton durch Vernunftgründe den Verstand zu gewinnen. Die Existenz der falschen Götter soll der Missionar nicht bestreiten, wohl aber deren echt göttliche Natur, da sie doch nach ihren eigenen Angaben geboren und erzeugt seien ganz nach Menschenart. Wenn also die Götter einen Anfang haben, so soll er fragen, ob auch diese Welt einen Anfang oder ohne Anfang immer bestanden habe. Im ersten Falle: wer die Welt geschaffen, da doch ohne Zweifel vor der Erschaffung für die noch nicht geborenen Götter ein Wohnort nicht gefunden werden könne. Behaupten die Heiden aber, die Welt habe immer bestanden, so forsche weiter, wer denn über die Welt vor den geborenen Göttern geherrscht und wie diese später die eigenmächtige Welt ihrer Herrschaft unterworfen hätten. Noch durch manche andere Fragen nach der Herkunft und Geburtszeit der Götter, nach dem zeitlichen oder ewigen Sinn und Nutzen der Opfer, deren die Gottheit doch nicht bedürfe, und warum denn die Götter trotz der Opfer den Christen die fruchtbaren Länder ließen, ihren heidnischen Verehrern die kalten Länder der Erde zugewiesen, möge Bonifacius sie weniger zur Erbitterung, als zur Scham über ihren törichten Glauben bringen. Der kluge Bischof hatte die wunden Stellen des Heidenglaubens wohl erkannt. Er wußte wohl, daß auch die gebildetsten Heiden auf diesem dogmatischen Gebiete sofort in die Enge getrieben werden mußten, weil ihrem lockeren Polytheismus eine Schöpfungslehre, überhaupt eine begründete und zusammenhangende Weltanschauung völlig abging. Und mit der heiligen Donarseiche, die Bonifacius bei Geismar fällte, krachte auch dieser Polytheismus zusammen, und aus ihrem Holz wurde eine christliche Kapelle gezimmert. Vom gewaltigen Werk der

Reorganisation der verkommenen fränkischen Kirche, aus der Pracht seines Mainzer Erzbistums sehnte sich Bonifaz hinweg nach Friesland, um dort Willibrords und seiner eigenen Jugend Arbeit wieder aufzunehmen. Hier wurde er im Jahre 755 am Flusse Borne bei Dokkum während der Firmung Neubekehrter von den Heiden erschlagen, indem er vergeblich sein Haupt gegen das Schwert im Tode mit dem schützte, was ihm im Leben die schönste Erquickung geboten, mit dem Evangelienbuch. Aber nicht lange darauf wurde an der Stätte, wo sein Blut vergossen wurde, nach dem Beschluß der Gemeinde und eines großen Teils des friesischen Volkes ein hoher Erdwall als Schutz gegen die Einbrüche des Meeres errichtet und auf diesem eine Kirche erbaut. Und wie der Friesenfürst Abba den neuen Bau besichtigte, wurde plötzlich eine Quelle süßen Wassers entdeckt. Dennoch wucherte noch zu Karls des Großen Zeit der heidnische Glaube im Friesenvolke wieder üppig empor, doch der beliebte, alte, blinde Sänger Bernlef, der in den Dörfern des Hunsegaues die Kämpfe der Friesenkönige zum Saitenspiele sang, wußte dabei die Zuversicht zum Heiland bei seinen Zuhörern lebendig zu erhalten. Um das Jahr 786 taufte Liudger ohne Hindernis aus dem heiligen Quell auf Helgoland und ließ auf der verwüsteten Opferstätte des Gottes Fosete christliche Kapellen zurück. Doch Seeräuber verjagten bald wieder die christlichen Einwohner und fingen die christlichen Kauffahrer ab, und erst im 11. Jahrhundert wurde die Insel dauernd dem Christentum gewonnen, nicht früher als das ferne Island.

Den zähesten Widerstand in Deutschland leisteten die benachbarten Sachsen. Bei ihnen lag das heidnische Priestertum in der Hand eines hochangesehenen Adels, und so stark war der Wille der Götter über sie, daß ohne deren Befragung nichts unternommen wurde. Stimmten diese aber zu, so sammelte sich sofort ein kampflustiger Heerbann in den heiligsten Bezirken, den Grenzbezirken, in deren einem der rohe Baumstamm der Irminsäule ragte und die Eresburg, doch wohl der Sitz eines Gottes, als Ausfallstor diente. Aber den sächsischen Heiden war der gewaltigste Christ zum Zuchtmeister bestimmt, der Franke Karl der Große. Ihre Aufstände schlug er einen nach dem andern nieder — vergebens! Mehr als viertausend ihm ausgelieferte Sachsen vernichtete er durch die blutige Massenhinrichtung bei Verden a. d. Aller im Jahre 782 — vergebens! Endlich unterwarf sich 785 Widukind der Taufe auf der königlichen Pfalz zu Attigny. Karls Capitulatio de partibus Saxoniae, ein Glaubensgesetz vom Jahre 787 oder 788, bestimmte die härtesten Strafen für Hexen- und Leichenverbrennung, die nicht auf dem Kirchhof, sondern draußen auf der Heide vollzogene Hügelbestattung der Toten, die Quellen- und Baumverehrung und die Menschenopfer. Den Königsboten, die als Aufseher durch den Gau ritten, und den Missionaren wurde ein 30 Nummern starkes Verzeichnis der abergläubischen Bräuche, ein Indiculus superstitionum etwa vom Jahre 800, mitgegeben, auf die sie im Sachsenlande ganz besonders achten sollten. Das ist nun alles echt germanisch und nicht aus fremden Bußbüchern herübergeholt, und wir sehen hier zuerst die großen Glaubensgruppen rein hervorsteigen: den Seelenglauben mit seinen Totenopfern und Totenzauberliedern (dadsisas), den Elfenglauben mit seiner Verehrung der Quellen und Wälder (nimidas), vereint mit dem Glauben an die mächtigsten Götter Jupiter und Mercurius d. i. Donar und Wodan. Das Notfeuer wird (bei Seuchen) angezündet, ein Yrias d. h. ein Umzug in zerrissenen Kleidern und Schuhen (zur Vertreibung des Winters) durch das Dorf unternommen und Unwetter durch Blasen in Hörner und Muscheln verscheucht. Nach einer dritten ungefähr gleichzeitigen Schrift, einem wahrscheinlich ostfälischen Taufgelöbnis, mußte der Täufling dem Teufel und aller Teufelsgilde und allen Teufelswerken und -worten: Thunaer, Woden und Saxnot und allen den Unholden, die ihre Genossen sind, feierlich absagen. Diese drei Schriften zusammengefaßt bestätigen also einerseits die Meldung des Tacitus von den drei Hauptgöttern und ergänzen andererseits durch ihre Hinweise auf das mythologische Kleinleben seine in dieser Beziehung so mangelhafte Auskunft.

Trotz allen Maßregeln Karls und seiner Nachfolger dauerte der Heidenglaube in den abgelegenen Marschen noch im Beginn des 11. Jahrhunderts fort, wo Erzbischof Unwan von Bremen dort die heiligen Haine umhauen ließ, und jenseits der Elbe lebte der holsteinische Adel noch im 12. Jahrhundert in Vielweiberei und Verachtung der Fasten und des Klerus dahin, und das Volk verehrte Haine und Quellen.

Dieser mehrhundertjährige Kampf des fremden Christengottes mit den nationalen Göttern, in dem so viele plötzliche Scheinbekehrungen und noch mehr wirkliche schwere Rückfälle vorkamen, lehrt uns, wie der Religionswechsel des deutschen Volkes sich nicht mit der Raschheit einer jäh aufleuchtenden Damaskusvision, sondern in langsamen und oft stockenden Übergängen der Meinungen und der Stimmungen vollzog. Im Gegensatz zu wenigen Einzelnen, die mit dem neuen Glauben ein neues Leben anfingen, brach die Mehrzahl der Getauften den Verkehr mit den verlassenen Göttern keineswegs ganz ab. Sogar die christlichen Geistlichen, in der kirchlichen Dämonenlehre aufgezogen, leugneten den Bestand dieser Götter nicht, sie galten ihnen für Teufel und böse Geister, gegen die sie mit ihren Exorcismen zu Felde zogen. Dem Volke aber blieben die Götter noch lange die altvertrauten Freunde, die im Hause und draußen in Feld und Wald über Wind und Wetter mehr Gewalt hatten, als der ferne vornehme Kirchengott in der Stadt. Der heilige Martin von Tours schlug sich mit Jupiter, Mercur, Venus und Minerva, die er für Teufel hielt, ähnlich derb wie sein großer Namensgenosse Martin Luther mit dem leibhaftigen Teufel auf der Wartburg herum. Dies geschah allerdings auf wesentlich romanischem Keltengebiet. Aber wir hörten soeben, wie in Hessen christliche Geistliche nicht vor Wuotanopfern zurückscheuten, und der heilige Liudger sah doch auch mit eignen Augen auf Helgoland die Heidengötter, wie sie vor dem emporgestreckten Kreuz gleich einem Nebel dahinfuhren. Das Volk aber blieb auch nach seiner Bekehrung dabei, daß seine Fürsten von den Göttern oder doch überirdischen Geistern abstammten. Jordanes nennt die Vorfahren des berühmten ostgotischen Königsgeschlechts der Amaler Anses d. h. Halbgötter. Die Herrscher der verschiedenen angelsächsischen Reiche leiteten sich auf ihren ausführlichen Stammtafeln von Woden ab, sogar Friedrich Barbarossas Zeitgenosse König Heinrich II. von England hielt noch im 12. Jahrhundert an dieser Herkunft fest. Nach einer Frankengeschichte aus dem 7. Jahrhundert hatte Merowech, der Ahnherr der Merowinger, einen dämonischen Ursprung; sein Vater war ein plötzlich aus der Meerflut aufgestiegener Stier des Neptunus, also ein germanisches Wasserwesen. Anmutig erzählt der Langobarde Paulus Diaconus im 8. Jahrhundert, daß Wodan den Winilern, wie ein Vater seinem neugeborenen Sohne, den Namen „Langbärte" und mit dem Namen auch eine Gabe, nämlich den Sieg, verlieh.

Obgleich nun auch noch das christliche Volk die Götter für die Ahnherren seiner Könige hielt und sich mancherlei Gaben von ihnen versah, war doch der Glaube an sie nicht das widerstandsfähigste Element des südgermanischen Heidentums. Denn sie zeigten sich doch zu deutlich dem neuen Gottesideal, der Christengottheit, nicht gewachsen. Und wenn die drei schwersten kanonischen Verbrechen, für die die Kirche Beichte und Buße verlangte, in früherer Zeit Mord, Unzucht und Götzendienst waren, so meinte man mit dem letzten nicht gerade vorzugsweise die Verehrung der großen Heidengötter, sondern vielmehr die der vielartigen Elfen, die täglich die Menschen umspielten, und die der Seelen, die doch noch immer mit den Hinterbliebenen verkehrten. Die einfachen, aber eifrigen Kulte dieser Wesen vermochte man nicht aus dem Leben des gemeinen Mannes herauszureißen; mit jeder neuen Jahreszeit, mit jeder neuen Weide-, Feld- und Waldarbeit erneuerten sich unausrottbar die alten feierlichen oder heiteren Festgebräuche wie die Blumen auf den Wiesen. Dem Götzendienst solcher Art trat nun die Geistlichkeit durchaus nicht immer streng strafend entgegen, sondern schlug den verhängnisvollen Weg des Kompromisses ein, der streng genommen bis auf den heutigen Tag von ihr, namentlich vom katholischen Klerus, nicht verlassen worden ist. So lebt denn noch heute gar manches Heidentum auch unter dem Schutze der Kirche fort und ist sogar in ihr Inneres eingedrungen. In den Synodalbeschlüssen der Geistlichen, in den Bußbüchern der alten irischen Mönche, wie der jüngeren angelsächsischen und fränkischen Bischöfe und in den Strafsatzungen der Könige, insbesondere Karls des Großen, überwog die Strenge, bis zu dem letzten großen Bußbuch des gelehrtesten Kanonisten seiner Zeit, des Bischofs Burchard von Worms († 1025). Mit dieser Richtung kreuzte sich aber eine andere milde, versöhnliche, die schon um 600 Papst Gregor der Große in seinem bekannten Briefe an den Abt Mellitus einschlug. Um die Angelsachsen leichter zum Christentum zu bekehren, rät er, solle man wohl ihre Götzenbilder, nicht aber ihre Tempel zerstören, diese vielmehr mit Weihwasser besprengen und mit Altären und Reliquien versehen. An den gewohnten Stätten, die nun Gott geweiht sind, werde die Menge sich gemütlicher fühlen und sich Laubhütten um diese Kirchen machen, um darin fröhlich die früher zu Opfern bestimmten Rinder zu verzehren. Das älteste heidnisch-christliche Kirchweihbild! Seitdem suchte man unabhängig viele nationale Bräuche und Vorstellungen mit den Riten und Dogmen der allumfassenden katholischen Kirche möglichst zu verschmelzen: das lehrt außer dem ganzen Festwesen namentlich der Dämonenglaube und das Segnen und Beschwören.

Ob nun gehegt, geduldet oder verfolgt und gefährdet, das Heidentum umstrickte im Frühmittelalter das ganze Leben der schon christianisierten Sueven in Gallizien, der Burgunder und Westgoten im Rhonetal und in Südfrankreich, der Franken im übrigen Frankreich, wie die im 5. und 6. Jahrhundert gehaltenen Synoden von Bracara, Arles, Auxerre und andere feststellten. Dem Heidentum dieser Völker waren aber manche nichtgermanische Elemente beigemischt, auch sprach die Hauptanklagen ein Kanon dem anderen nach, doch meist wohl nicht ohne Grund, weil der alte gleiche Aberglaube überall fest haftete. Aus den einigermaßen als echt beglaubigten Mitteilungen dieser bis zu jenem Burchard von Worms reichenden Literatur setzt sich etwa das folgende umfassende Bild zusammen, das eine freilich jüngere höchst willkommene Ergänzung zu dem älteren Glaubensbilde des Tacitus liefert.

Drei große Götter stehen, wenigstens im Sachsenlande, noch voran: Thunaer, Woden, Saxnot. Der Indiculus bekämpft die Opfer an den Tagen der beiden ersten, die er Jupiter und Mercur nennt, und Burchard noch die Donnerstagfeier. An diesen Tagen werden die Menschen geschlachtet sein, auf deren Opferung Karl der Grosse Todesstrafe setzte, und werden sich die zum Götterdienst zugehörigen Reigentänze auch noch in die christlichen Kirchen gedrängt haben. Neben jenen zwei oder drei Göttern gedenken Primin von Reichenau und Spätere einer Minerva, die man beim Weben anrief, was an den späteren Anruf der Holda oder Bertha beim Spinnen erinnern könnte. Wie man diese deutsche Göttin sausend durch die Luft fahren hörte, so ritten auch nach Burchard Weiber in der Nacht mit einer Holda oder Frigaholda durch die Luft. Aber noch beliebter scheint bei den meisten Stämmen der Dienst jener Unholde gewesen zu sein, die jenes Taufgelöbnis die Genossen der Götter nennt, die in (gute) Hulden und (böse) Unhulden geschieden werden. Auf die verschiedenartigen Elfen müssen sich auch die so oft erwähnten Opfer und Gelübde beziehen, die an alten Bäumen, frischen Quellen, mächtigen Steinen und auf Kreuzwegen dargebracht werden, wobei man Mahlzeiten hielt, Lichter anzündete und aus Holz nachgebildete Glieder aufhängte. In kleinen Laubhütten betete man um den Schutz der Flur und trug segnende Bilder über sie hin. Den brennenden Holzklotz auf dem Herde beschüttete man, um seine Asche zu befruchten, mit Früchten und Wein. Den Hof umzog man nach wohl schon indogermanischem Brauch mit einer Furche, wie es scheint, gegen Hexen, und man bereitete Schicksalsschwestern und Hausgeistern trank- und speisebesetzte Tische oder legte diesen Spielzeug und Schuhe hin. Zu Beginn des Jahres jagte man eine Hindin oder eine Kalbe unter lärmendem Unfug durchs Dorf; schon gegen Ende Februar klopfte man den Winter mit seinen Molchen, Mäusen und Motten aus den Türpfosten. Mondfinsternis verscheuchte man durch Kübel- und Kesselschlagen, Hagelschauer durch Hornblasen. Das fiebernde oder neugeborene Kind wurde auf den Herd gesetzt und mit Wasser aus siedendem Kessel begossen, Vieh gegen Krankheit durch einen hohlen Baum oder ein Erdloch gezogen. Man legte Zauberbinden und Halsamulette an und gewann für nicht genauer bezeichnete Zwecke durch Hölzerreibung das Nied- oder Nodfeuer. In der Nacht, zumal in der Neujahrsnacht stieg ein Weib, oder feierlicher ein schwertumgürteter Mann aufs Dach, die Zukunft zu erspähen, die man ebenfalls nachts auch auf dem Kreuzweg zu ergründen suchte. Man achtete auf Vogelflug, Pferdegewieher und Niesen, hörte gern Wahrsagern und Wahrsagerinnen und traute Hexen die Kraft des Wettermachens zu. Jedermann aber sprach Zauberformeln über Kräutertränke und Trinkhörner und bei zahlreichen anderen Anlässen. Den Toten zu Ehren sang man die ‚dadsisas', lange Totenzauberlieder, und hielt Schmäuse an ihren in der Heide fern abgelegenen Grabhügeln. Leichen von Kindbetterinnen und ungetauften Kindern durchstieß man mit einem Pfahl, daß sie zu den Lebenden nicht wieder zurückkehren könnten. Aber man verehrte auch nach dem Indiculus die Ahnen wie Heilige, wie göttliche Schutzmächte.

Die Kirche nahm sich als Verwalterin und Spenderin allen Segens und aller Beschwörung gern der alten Zauberformeln und -bräuche an, die sie schwächer oder stärker umänderte. Ihr Anteil an der Ausbildung der Segensformeln ist noch keineswegs genügend beachtet: er erstreckt sich bis in die neueren noch heute gangbaren Zauberbücher, wie z. B. den Wahren Geistlichen Schild, ein Sammelsurium von Gebeten an die Heiligen und altheidnischen Formeln. Benediktionen sprach der Priester über Bräutigam und Braut, über die Wöchnerinnen bei ihrem ersten Kirchgang, über Kranke, über Haus und Brunnen, Brot und Salz. Der kirchliche Segen schützte das Kornfeld und den Obstgarten und weihte Banner und Schwert vor dem Kampf. Zu Ostern stellte man Speck und Brot, Eier und Käse auf den Altar wider Unwetter. Vom Getreide schnitt man zu Himmelfahrt einige Halme und trug sie zur Segnung um den Altar; dasselbe geschah zu Jakobi (25. Juli) mit dem Obst, zu St. Sixt mit den Trauben. Durch die Synode von Cloveshoe, die Erzbischof Cuthbert von Canterbury 747 berief, erfahren wir, daß die schon länger übliche römische Litanei der drei Tage vor Himmelfahrt, wobei die Heiligenreliquien vorangetragen wurden, mit Spielen, Pferderennen und Mahlzeiten ausgestattet war, wie sie wahrscheinlich bei der Umfahrt einer alten Flurgöttin, wie der Nerthus, gebräuchlich waren. Christliches, Römisches und Germanisches durchdringt viele der angeführten Bräuche.

Aus diesem Kreise hohen und niederen Heidenglaubens, den die lateinischen Aufzeichnungen beschreiben, schlagen nun zum erstenmale ein paar ureigene Brusttöne, echt germanische Klänge, in einem Dutzend *altdeutscher und angelsächsischer Segen und Zaubersprüche* an unser Ohr.

Höchst eigenartig tragen sie zunächst ganz episch einen typischen Fall vor, in welchem sich der Spruch gleichsam zum erstenmale wirksam gezeigt hat, dann erst die eigentliche Zauberformel. Die ältesten sind die beiden nach ihrem Fundort sogenannten Merseburger Zaubersprüche, zwei in nicht immer genauem Stabreim verfaßte, im 10. Jahrhundert aufgezeichnete Gedichte, die seltsam genug einem Missale vorangestellt sind. Den einen spricht ein Kriegsgefangener, der erzählt, wie von drei Haufen zur Schlacht herabgeflogener Idisi d. h. göttlicher Weiber der eine hinter dem Heer der Landsleute die gefangenen Feinde fesselt, der zweite sich dem feindlichen Heer entgegenwirft und der dritte hinter diesem Heer ihn selber entfesselt und ihm zuruft: „Entspring den Haftbanden, entlaufe den Feinden!“ Nach dem zweiten Segen, der über ein lahmes Pferd gesprochen wurde, verrenkte auf einem Ritt Phols und Wodans zum Walde das junge Tier Balders (d. i Phols?) seinen Fuß, worauf vier offenbar göttliche Weiber Sinthgunt und Sunna, Fria und Volla und endlich der zauberkundige Wodan mit einer alten indogermanischen Formel Bein zu Beine, Blut zu Blute, Glied zu Gliede erfolgreich besprachen. Die ungefähr gleichzeitigen angelsächsischen Zauberlieder sind zum Teil von ausführlichen Anweisungen in Prosa umgeben. Das eine fleht die Siegweiber an, nicht zum Walde fortzufliegen, sondern sich zur Erde herabzulassen. Nach einem andern ritten mächtige Frauen, Hexen, über den Berg und sandten gellende Speere, Götter-, Elben- und Hexengeschosse, die in den Körper des Beschworenen gedrungen ihn (durch Milzstiche?) krank gemacht haben. Der Beschwörer hat ihnen einst, als sie ihn bedrohten, ein Messer entgegengeworfen, er fleht, das Hexengeschoß solle schmelzen, die Zauberin in die Wildnis fliehen. Der Herr möge helfen!

Auch war die Kirche bereit, heidnische Beschwörungen mit ihren christlichen Exorzismen zu verschmelzen. So bannte sie z. B. die Dämonen nach altdeutscher Weise gern in das Meer, und es ist möglich, daß sie schon im Frühmittelalter die seit dem 12. Jahrhundert bezeugten Tiermalediktionen und -exkommunikationen vorbereitete, welche, wie aus dem 2. Kapitel deutlicher werden wird, den Heidenglauben an die in gewissen schädlichen Tiergattungen wohnenden Menschenseelen oder Dämonen vorauszusetzen scheinen. Das erste umfassendere Beispiel der Verschmelzung heidnischer und christlicher, beziehungsweise antiker Vorstellungen liefert die große angelsächsische Ackerbuße ums Jahr 1000, die einen unfruchtbaren, verhexten Acker bessern soll. Die Kirche erkennt darin die heidnische Heiligung des ersten Pfugganges, die den indogermanischen Völkern gemeinsam war, dadurch gern an, daß sie diese, aber nur teilweise, verchristlicht. Gott und Maria werden neben (den Göttinnen?) Erke und Folde in einem „gealdor" Zauberspruch angerufen. Mit dem Weihrauch und den Weiheformeln der Kirche mischt sich der Duft heiliger indogermanischer Ackerpoesie. Der Neunkräutersegen, der über jedem der neun empfohlenen Heilkräuter dreimal gesungen wird, bevor dem Kranken die daraus gefertigte Salbe aufgestrichen wird, schwelgt in echt angelsächsischer breiter Ausmalung, ohne römische Gelehrsamkeit und christlichen Einfluß zu verleugnen.

Nicht so weit ist dieser Verschmelzungsprozeß in der deutschen und englischen Poesie gediehen. Doch schlüpften nicht nur in ihre christlichen Epen einzelne heidnische Züge, sondern auch umgekehrt in die Mythen und Sagen ihrer Heldendichtung manche christliche Züge ein.

Christlichen Einfluß in dem schon angeführten angelsächsischen Epos Beowulf verraten namentlich die Reden, die eine weiche, fast unheroische Stimmung durchzieht. Umgekehrt nähern sich im etwas späteren Heliand, der altsächsischen Messiade vom Jahre 830, Christus und sein Gefolge deutscher Weise. An den Himmel und die Engel des Evangeliums setzt sich ein leiser deutscher Duft; von der grünen Gottesaue rauschen die Engel in vollen Federhemden herab. Altheidnisch heißt das Schicksal Wurd oder auch Metodo Giscapu die Beschlüsse der Messenden. Noch ums Jahr 1200 übertönt all die christlichen Hymnen und Legenden, all die innigen und sinnigen Minnelieder und all die feinen und tiefen Ritterepen das Nibelungenlied vermöge der überwältigenden heidnischen Leidenschaft einer uralten Heroensage. Zwar das einstige Hauptthema, der Drachenkampf, ist zu einem eindruckslosen Nebenmotiv eingeschrumpft, die Riesen und Zwerge sind zurückgedrängt und Brünhild hat ihren Walkürenglanz eingebüßt. Aber die heidnische Blutrache durchzuckt noch mit furchtbarem Leben das Ganze, und eine der schönsten Scenen des Gedichts atmet noch das volle frische heidnische Naturgefühl. Es sind doch noch zwei echte Idisi, die der grimme Hagen an der Donau belauscht, wie sie sich in einem stillen Waldquell kühlen, gleich Vögeln auf der Flut schwebend. Da spricht die eine listig, um ihr von ihm geraubtes Gewand wieder zu bekommen, daß die Burgunder in Etzels Land zu großen Ehren reiten; da spricht die andere wahrhaftiger und fliegt mit dem wiedergewonnenen Kleide davon —: „Ihr habt alle den Tod an der Hand!“ Ein letztes Meisterstück deutschheidnischer Poesie mitten im Mittelalter! Doch zahlreichere und noch vollere suchen wir nun im germanischen Norden auf.

3. Zeugnisse aus der Zeit der Bekehrung der Nordgermanen von 800—1300. Gerade um das Jahr 800, als die Bekehrung der Deutschen mit der Taufe der letzten Friesen und Sachsen einen gewissen Abschluss gefunden hatte, tat sich den christlichen Glaubensboten eine neue, bis dahin kaum bekannte germanische Heidenwelt auf. Die dänischen Buchenwälder, die schwedischen Seenplatten, die tief eingeschnittenen norwegischen Felsenfjorde waren seit unvordenklicher Zeit von germanischen Bauern und Schiffern besiedelt, und ihre kühnen Fahrzeuge beherrschten früh die Ostsee und dann auch die Nordsee. Um 800 begannen die Wikinger in dichteren Geschwadern in die mitteleuropäischen Kulturstaaten einzudringen.

Damit treten sie ins historische Licht. Aus der vorangegangenen, der rein heidnischen, Zeit wissen wir fast nichts. Selbst die Inschriften der Runensteine, deren älteste bei den Norwegern wohl erst nach ihrer Berühruug mit den Briten vorkommen, liefern nur spärlichste Nachrichten über das nordische Heidentum. Wir lesen von diesen Grabsteinen keine Hoffnung auf ein Jenseits ab, nur selten mehr als den Namen des Runenritzers und den des Begrabenen. Doch sind einige unter Thors des Donnergottes Schutz gestellt nicht nur durch ein Abbild seines Hammers, sondern auch durch den Heilsspruch: „Thor weihe diese Runen“, oder „Thor weihe diesen Hügel“, wie denn ein „Weihe, Thonar“ auch auf eine deutsche zu Nordendorf bei Augsburg gefundene goldene Spange eingeritzt ist. Kleine silberne Thorshämmer, die wie die christlichen Kreuze an einer Halskette getragen wurden, sind häufig gefunden worden. Schon im 9. Jahrhundert aber rühmt sich der dänische König Harald Blåtand auf einem Grabstein, den er bei Jellinge in der Mitte Jütlands seinen Eltern, Gorm und Thyra, errichtet hatte, daß er sich ganz Dänemark und Norwegen unterworfen und die Dänen zu Christen gemacht habe. Und wie ein heiliger Zeuge breitet auf dem Stein das Bild des Heilands seine mit Bänderschmuck umschlungenen Arme aus. Die heidnische Skulptur hatte auch bei den Nordgermanen nur ein kurzes Leben!

Die Zeugnisse der nordischen Literatur sind erst viel später aufgezeichnet, jedoch zum Teil noch in der Heidenzeit oder in der Bekehrungszeit, also im 10. und 11. Jahrhundert, entstanden und seitdem durch mündliche Überlieferung mehr oder minder treu bewahrt. Unsere Überraschung darüber, daß wir aus ihren drei Hauptgruppen, der isländischen Saga, der norwegisch-isländischen Skaldendichtung, der dänischen Geschichtschreibung des Saxo Grammaticus, von dem untergehenden Heidenglauben keineswegs ein einheitliches Bild gewinnen, wird schwinden, wenn wir der historischen Entwicklung des Nordens gedenken.

Vor dem überwältigenden Eintritt der Nordgermanen in die Weltgeschichte war ihr Heidentum zwar in seinem Kerne dem deutschen ähnlich, doch nicht mehr gleich. Namentlich seine alten Riesenmythen verraten, daß es in einer durchweg wilderen und großartigeren Natur als das deutsche, mitten unter Felsen und auf Meeren, groß geworden ist. Die starken Gegensätze zwischen der düsteren Schroffheit und der lachenden Freundlichkeit dortiger Landschaften mögen auch den Gegensatz des unterweltlichen und des himmlischen Jenseits gesteigert haben. Auch hatten die Skandinavier fast ein halbes Jahrtausend länger als die Deutschen Zeit, ihre Götterwelt, bevor der Christenglaube zerstörend in sie hineinfuhr, feiner und personenreicher auszugestalten. Dazu gewann oder behauptete in Dänemark Odin, der deutsche Wodan, dagegen in Norwegen und Island Thor, der deutsche Thunar, und in Schweden, wie es scheint, Frey(r), ein den Deutschen unbekannter Gott, die Obergewalt. Auch war die zwar vielnamige, aber doch gleichartige Hauptgöttin der Deutschen im Norden in zwei verschiedene Göttinnen, Frigg und Freyja, gespalten. Die drei großen Ereignisse aber, welche die nordischen Stämme in die Weltgeschichte einführten, lenkten nun auch ihre Mythologie in neue Bahnen. Die Eroberung des weiten Länderringes der Nordsee machte sie namentlich in Irland und Großbritannien mit den dortigen heimischen oder fremden Mythen, Sagen und Dichtungen bekannt, von denen sie manche in ihren alten Mythenbestand herübernahmen. Das ums Jahr 900 stolz sich erhebende Reichskönigtum Harald Schönhaars, das alle die kleinen norwegischen Fürstentümer verschlang, umgab sich mit vornehmen, streng geschulten Skalden oder Hofdichtern, die den alten Volksglauben immer mehr in freie und dazu oft sehr gekünstelte Poesie verwandelten. Endlich griff schon im 9. Jahrhundert der Christenglaube das nordische Heidentum an, das denn auch ums Jahr 1000 fast überall erlag oder sich scheu in die Verborgenheit zurückzog.

Von den Sagen oder Sögur sind die wichtigsten die sogenannten Fornaldarsögur Nordrlanda die alten Sagen der Nordlande und die Aettarsögur die Geschlechtersagen, von denen jene von den nordischen Königsgeschlechtern vor Harald Schönhaar, diese meistens von den Schicksalen isländischer Familien um das Jahr 1000 erzählen. Beide sind aber erst etwa zwischen 1200 und 1500 aufgezeichnet. Die alten Nordlandssagen, die aus noch älteren Liedern entsprangen, beginnen gern mit der Rächung des Todes des Vaters durch seinen heldenhaften Sohn, fahren dann mit dessen Werbungsabenteuern fort, um mit seinem Tode als tragischem Hauptereignis zu schließen. Von übernatürlichem Wesen tritt fast nur Odin auf, um sein menschliches Lieblingsgeschlecht zu seinem Ziel zu führen. Die Völsungasaga, die wir gewöhnlich die Nibelungensage nennen, ist das großartigste Beispiel. In den späteren Nordlandssagen wird der mit dem Tode spielende Wiking das Königsideal, dessen Leben aus einer ununterbrochenen wilden Heerfahrt besteht. Nicht nur Menschen bald in der Schlacht, bald im Zweikampf erlegt der Held, sondern auch Riesen. Immer mehr wird die Sage zum Märchen, das immer mehr erstarkende Motiv der Liebe macht sie zum Roman, so die berühmte

Fridthiofssage. Aber noch ragt hie und da das mythische Element hinein: der Held bringt einen Teil seiner Jugend bei Riesen zu, und sein Vertrauen auf eigne Kraft und Stärke versagt oft gegenüber den höheren Mächten. Die spätesten Heldensagen sind „Lügensagen", die uns bis nach Indien zu allen möglichen Ungeheuern führen.

Weit wichtiger und noch weit weniger von fremdem Einfluß berührt ist die isländische Familiensage. Sie entstand aus den Ahnengeschichten, mit denen man sich auf den einsamen Höfen die langen Winterabende vertrieb. Sie reifte zur Kunst heran, wenn sie bei Hochzeiten, Erbmählern und in den hellen Mittsommernächten auf dem Althing, in der großen Volksversammlung, die Menge ergötzte. Diese aus der isländischen Gesamtsaga hervorgehobene Geschlechtersaga drehte sich um das Jahr 1000, das Jahr der Bekehrung, als Angelpunkt, um die Schicksale der ersten Ansiedler und ihrer Familien. Das Sterbemotiv der alten Heldendichtung kehrt in ihr oft als Grundzug wieder. Von einem Geschlecht dem andern mündlich überliefert, wurden die Sögur, wenigstens die meisten, wahrscheinlich von christlichen Geistlichen bearbeitet und niedergeschrieben, aber nicht von fremden, sondern aus dem heimischen Adel entsprossenen Geistlichen. Daher die staunenswerte Unparteilichkeit, mit der der heidnische Glaube und Brauch behandelt wird, daher das tiefe Verständnis der vielen so eigenartigen Charaktere der Saga, und endlich die nur aus langer Schulung erklärbare Darstellungskunst. So entwerfen diese ausführlichen historischen Prosaromane ein Bild jener leidenschaftlichen, gewalttätigen Ahnenzeit auf dem Hintergrunde des sinkenden Götterglaubens. Es wird gleichsam von den Seiten her beleuchtet, namentlich durch zwei große Geschichtswerke, die Landnamabok, das Buch von der Besitznahme Islands, und durch die Heimskringla, den Weltkreis Snorre Sturlusons im 13. Jahrhundert, die einen Cyklus meist älterer norwegischer Königssagen enthält.

Im letzten Viertel des 9. Jahrhunderts suchten viele

Nordleute, meist vornehmen Geschlechts, die entweder durch Harald Schönhaars Druck aus Norwegen oder durch die Übermacht der Kelten aus Irland vertrieben waren, das ferne Island auf. Beim Abschied von der Heimat brach der Häuptling aus seinem „Hof", dem Tempel seines stärksten Gottes, des Donnergottes Thor, die heiligsten Balken heraus und trug sie samt einiger Tempelerde und dem Hochsitz, dem Ehrenstuhl des Hausherrn, in sein Schiff. Kam dann nach etwa achttägiger Fahrt die isländische Küste in Sicht, so warf er die mit Thors Schnitzbild verzierten Stuhlpfeiler über Bord. Wo sie antrieben, wies ihnen der Gott die neue Heimstätte an. Mit einem Feuerbrand umlief der Hausherr möglichst viel Weideland für Pferd, Rind und Schaf. Das war nun sein Eigen. Neben den Wohn- und Wirtschaftsgebäuden zimmerte er einen neuen „Hof", in dem er als Gode d. h. Priester, Richter und Gesetzgeber in einer Person den Dienst besorgte, und für dessen Benutzung er von seinen Freunden und Nachbarn einen Zoll erhob. Aus 39 solcher Godengemeinden bildete sich ums Jahr 930 der isländische Freistaat. Diese heidnische Grundlage des Staats wurde aber bald bedroht. Schon unter den Landnahmemännern gab es einige Freidenker, die nicht auf die Götter, sondern nur auf ihre eigene Kraft vertrauten. Hjörleif, der Pflegebruder Ingolfs, des Entdeckers der Insel, wurde von seinen eigenen Knechten erschlagen, wobei Ingolf ausrief: „So mag es jedem ergehen, der den Göttern nicht opfern will!" Aber auch Christen begegnen schon in dieser ersten Landnahmezeit, Christen oft sonderbarer Art. Helgi, der Magre, ein Enkel des Irenkönigs Kjarval, glaubte an Christus, aber vor dem Kampf oder der Seereise rief er Thor an. Die reiche Christin Auđr wurde später von ihren Nachkommen, die wieder ins Heidentum zurückgefallen waren, wie eine Göttin durch Opfer geehrt. Der blutbefleckte Vigastyrr ließ, ohne seine Gesinnung zu ändern, eine Kirche bauen: so viele darin Platz fanden, so viele konnte ein Kirchenstifter zum Himmelreich kiesen. Erst im Jahre 1000 vollzog sich das allgemeine ‚siđaskipti', der Sitten- oder Glaubenswechsel, auf Island. Auf dem Althing dieses Jahres ging der Gesetzsprecher Thorgeir, der höchste Beamte des Freistaats, dem die Entscheidung über diesen Wechsel übertragen war, in sein Zelt, legte sich auf den Boden nieder und verharrte so, ein großes Tuch über sein Haupt gebreitet, schweigend darin einen ganzen Tag und eine ganze Nacht. Dann aber sprach er vom Gesetzberg des Thingfeldes herab: „Mir scheint es ein Unglück, wenn die Männer hier im Lande nicht ein und dasselbe Gesetz haben, denn wenn wir das zerreißen, so zerreißen wir den Frieden.“ Darum schlug er den Vergleich vor: Alle Isländer empfangen die Taufe. Aber nach wie vor ist erlaubt die Kinderaussetzung — die in der Not angewendet wurde —, ferner der zumal beim Götteropfer übliche Genuß des Pferdefleisches und drittens sogar das Götteropfer selber, falls es insgeheim geschieht. Die Annahme dieses seltsamen Vergleichs rettete das Land vor dem Bürgerkrieg. Im Dom zu Bremen weihte ein halbes Jahrhundert später, 1056, der gewaltige Erzbischof Adalbert den Isländer Isleif zum ersten Bischof der Insel.

In diesen bewegten Zeiten spielen die meisten wichtigsten isländischen Sögur oder Sagen. Sie haben durchweg keinen streng geschichtlichen Charakter. Aber indem sie die Schicksale von Königen, Häuptlingen, Goden, Skalden und hervorragenden Bauern, deren Rechtshändel, Fehden und Liebschaften, Gilden- und Thingränke, Blutsbrüderschaften, Blutrachen und Brandlegungen, Bekehrungen und Treubrüche mit oft überraschender Seelenkunde und Realistik und einem über dem oft so dunklen Grunde schwebenden grausamen Humor erzählen, geben sie uns ein unvergleichlich wahres Kulturbild. Sie stellen uns mitten in die scharfe Luft des Nordens, auf seinen harten Boden, mitten in das rauhe Treiben und Glauben seines Volkes. Die durch heiligen Frieden geschirmten Tempelhöfe stehen jetzt in klarem Umriß vor uns mit ihren Götterbildern, eisenbeschlagenen Altären, Eidringen, Kesseln, um die sich zu mancherlei Opfern die Gemeinde unter ihrem Goden in der hohen Holzhalle versammelt. Vor dem Tempel lag wohl auch ein blutbesudelter Stein des Gottes Thor, der Thorstein, auf dessen Kante dem zum Opfer bestimmten Verbrecher das Rückgrat zerbrochen wurde. Von Heiligtümern Odins, den wir doch als Wodan an der Spitze der deutschen Götter fanden, ist kaum die Rede, aber überall von Thorshöfen, Thorsbildern, Thorsfesten und nach Thor genannten Örtern und Personen. Ein Thorshof war der berühmteste norwegische Tempel zu Maeri in Throndheim, wie denn auch in Norwegen von allen Heidengöttern der Bauerngott Thor am stärksten den Bekehrern widerstand; auf Island war der Thorshof der Mittelpunkt fast aller Godengemeinden. Thor heißt der ‚Meist-Ausgezeichnete', auch kurzweg der As d. i. Gott oder der Landesgott, der allmächtige Gott, der Asenfürst. In den Götteranrufen bei Schwüren, Flüchen und Minnetrinksprüchen fehlt Thor am seltensten. In Not und Gefahr wendete man sich am liebsten an seinen starken und raschen Beistand, in Ungewißheit über die Zukunft an sein Orakel. Ein Thorsbild trug man gern bei sich in der Tasche oder umging mit diesem das Land, um Widerwärtigkeiten davon wegzuscheuchen. Nicht einmal die zweite Stelle wurde Odin zuteil, sondern jenem, den Deutschen unbekannten Gotte Frey(r). Dieser galt für den Ahnherrn des berühmten nordischen Königshauses der Ynglinger. Namentlich auf der Wintergilde wurde er begrüßt; ihm fielen Stieropfer. Auf Island war sein leidenschaftlichster Verehrer der Gode Hrafnkel, der ihm all sein Bestes, seine Waffen und seinen stolzen Schecken, den Freysfaxi, weihte. Da er aber trotzdem in Unglück gestürzt wurde, verzweifelte er an allen Göttern. Auch Freys Vater Njörd(r) wurde gefeiert; auch Freys Bildchen hatte man gern bei sich.

Höchstens in der Heimskringla tritt neben Thor und Frey Odin bedeutender hervor. Nach volkstümlicher Art findet er sich hier als ein einäugiger Greis zu nächtlichem Gespräch beim christlichen König Olaf Tryggvason ein, um im Morgengrauen, ein Bild hinschwindenden Heidentums, plötzlich spurlos zu entweichen. Daneben wird er von Snorre nach der damals beliebten euhemeristischen Auffassung, die in den alten Göttern bloße ungewöhnlich begabte Menschen der Vorzeit sah, in das falsche Licht eines großen Zauberers und Oberkönigs gerückt, der die andern Götter zu seinen Hofpriestern einsetzt. Älter ist wieder, wenn er in einigen Sagen den todweihenden Speer oder Rohrstengel über die Feinde wirft. Vom Gotte Balder, der in der Skaldenpoesie eine so wichtige Rolle spielt, weiß diese ganze reiche Sagenliteratur nichts, ausgenommen die junge und willkürlich erfundene Fridthiofssage des 13. oder 14. Jahrhunderts, die auch zum erstenmal die Liebe in den Mittelpunkt stellt. Sie weiß somit auch nichts von dem geheimnisvollen Bunde des Vaters Odin und seines Sohnes Balder, um den sich in der Skaldenpoesie das Schicksal der Götter, ja der ganzen Welt dreht. Die Odinsbrüder Hoenir und Lođur und vollends Vili und Vé, sowie die Balderbrüder Höđ(r), Váli und Víđar sind unbekannt, aber auch Heimdall und Loki.

Von Göttinnen verlautet auch nicht viel, doch speisen nach der Egilssage die verstorbenen Weiber bei der Göttin Freyja, die auch öfter in Schwurformeln vorkommt. Dafür ist der Glaube an halbgöttliche Weiber, die Disir, deren Opfer mehrfach erwähnt wird, stark entwickelt. In der Njalssage weben die Walküren unter grausigem Gesang das bluttriefende Gewebe des Schicksals. Thorgerd und Irpa, zwei Begleiterinnen Thors, schleudern walkürenhaft aus jedem Finger Hagel, Sturm und Pfeile den Feinden ihres Schützlings entgegen. Luft und Erde wimmeln von Geistern oder Wichtern, die dem Menschen viel Böses zufügen, aber auch als Landwichter die Heimat schützen, sowie von mannigfachen Alfen Elfen, denen man gern opfert, denn sie haben auch hilfreiche Gemütsart. Unholdinnen und Hexen, Abendreiterinnen (Kveldriđur) genannt, fahren im Dunkel daher. Zauberer bewirken durch Schwingen eines Ziegenfells schweres Unwetter, umziehende Wahrsagerinnen (Völur) künden die Zukunft, die sie draußen sitzend auf Kreuzwegen erfahren haben. Tiefer noch greifen ins persönliche Dasein die Fylgjur oder Hamingjur, die weiblichen Folge- oder Schutzgeister, ein und die schwarzen und weißen Traumweiber.

Mehrere Helden sind Halbtrolle oder Halbriesen oder deren Nachkommen, manche Männer können Tiergestalt annehmen oder sind Berserker. Zu betonen ist, daß die Toten nicht nach Walhall, sondern in die Berge fahren und in deren Schoße Gelage halten. Leidenschaftliche oder während ihres Lebens zu kurz gekommene oder ermordete Menschen stehen aus ihrem Grabe auf, um sich als unheilstiftende Wiedergänger zu rächen, von denen namentlich die Eyrbyggjasaga und die Grettissaga grausige Beispiele zu erzählen wissen.

Dieser Gesamtglaube der Saga stimmt genau zu dem der historischen Nachrichten des Nordens, weil er aus dem echt nationalen Seelenleben der Ostskandinavier quillt, und deshalb klingt er auch in mehreren Hauptzügen mit dem von Tacitus und den karolingischen Kirchenmännern geschilderten Glauben der Südgermanen zusammen. Freundlichere Züge sind mit schrecklicheren untermischt, und das dumpfe Grausen aller älteren Dämonenverehrung scheint im Volke noch der hingebungsvollen Andacht des Götterdienstes die Wage zu halten. Nur hin und wieder ist ein Zug des christlichen Glaubens eingeschlüpft, und vielleicht ist der Brauch, an gehobenen oder dramatischen Stellen den Fluß der Prosa durch metrische Monologe oder Dialoge zu unterbrechen, der Fremde entlehnt, da die gesamte Literatur der übrigen Germanen kein derartiges Beispiel darbietet, wohl aber die irische Sagenerzählung denselben eigentümlichen Wechsel kennt.

Weit stärkere Einflüsse der irischen und der angelsächsischen Kultur zeigt die Skaldendichtung. Schon im 7. Jahrhundert wurde eine Wikingerflotte nach Irland verschlagen, schon um 725 zogen sich die irischen Einsiedler vor den nordischen Seeräubern von den Färöern zurück. Seit dem Ende des 8. Jahrhunderts, dem Beginn der eigentlichen Wikingerzeit, standen namentlich Norweger in bald friedlichem, bald feindlichem Verkehr mit dem irischen Volk, dessen leicht entzündlicher Geist schon im 5. Jahrhundert den christlichen Glauben feurig ergriffen hatte. Die gelehrten Sänger an den Höfen seiner Teilkönige und die Mönche seiner überaus zahlreichen Klöster hatten bereits in der vor 800 liegenden 200 jährigen Periode eine nationale und daneben eine christliche-klassische Literatur unter Virgils und Ovids Einfluß zur Blüte gebracht. Irland war damals der Zentralherd des abendländischen Geisteslebens, dessen Flamme auch die Nordleute erwärmte. Denn da diese die grüne Insel nicht bloß verheerten, sondern auch besiedelten und Reiche auf ihr gründeten, mit der einen irischen Partei sich gegen die andere oder auch gegen ihre dänischen Stammverwandten verbrüderten und häufig Ehen mit irischen Weibern schlossen, so daß schon um 850 zahlreiche Mischlinge, die Gall-Gaedil d. h. Wikingeriren, dort lebten, so mußten sie mit der damals aller andern abendländischen weit überlegenen Kultur Irlands genau vertraut werden. Gewiß bereicherten auch die Skandinavier des 9. und 10. Jahrhunderts den irischen Heldencyklus mit einzelnen heroischen Zügen, die irische Sprache mit manchen Ausdrücken der Bewaffnung, der Schiffahrt und des Gelages. Aber deutlicher und bedeutender war jedenfalls der entgegengesetzte Einfluß, den die Kelten auf ihre normännischen Mitbewohner übten. Die normännische Kleidertracht wurde nach der irischen umgewandelt, der ältere Stil der Ornamentik der trefflichen irischen Metallarbeiten drang bis nach der Insel Gotland vor, und der jüngere beherrschte den ganzen Norden. Auch der Aufschwung der altnordischen Holzbaukunst wurde durch irische Muster geweckt. Olaf der Pfau ließ um 1000 durch irische Handwerker einen Palast aufführen, dessen bunt bemalte Schnitzereien u. a. den Fischzug des Thor und den Leichenbrand Balders darstellten. Konnte es da ausbleiben, daß Sprache, Dichtung, überhaupt die innere Welt der Skandinavier ebenfalls die Gewalt dieser überlegenen Bildung verspürte? Neben manchen angelsächsischen Wörtern finden wir einzelne kulturbedeutsame irische nicht nur in der alten nordischen Kunstpoesie, sondern auch noch in den heutigen norwegischen Mundarten. Irische Namen bürgerten sich bei Nordleuten ein, und Kormak z. B. ist ein berühmter irischer Sänger, ein File, und zugleich ein berühmter isländischer

Skalde. Eine der südländischen Schwanjungfrauen im eddischen Wielandslied heißt Tochter König Kjars von Walland d. i. des 887 verstorbenen südirischen Königs Kjarvals, der die Wikinger bald heranrief, bald bekämpfte. Aber was wichtiger ist: an den irischen Höfen hatten vor Alters sorgfältig geschulte und besoldete Dichter eine künstliche Lob- und Preispoesie auf ihre Fürsten ausgeklügelt. Das Emporkommen solcher höfischen Dichtung wurde gewiß auch in Norwegen durch des Einwaldi oder Monarchen Harald Schönhaar prunkenden Hofstaat befördert. Die nordische Skaldenpoesie wäre an sich auch ohne fremden Einfluß begreiflich. Aber wenn nun diese Skalden, auch die ältesten, nicht in schlichten germanischen Volksweisen die Helden der Vorzeit besingen, sondern wie die irischen gelehrten Dichter, die File, in gekünstelten, nicht nur mit dem Stab-, sondern auch dem End- und Binnenreim geschmückten Versmaßen den lebenden Fürsten, von dessen Freigebigkeit auch sie lebten, und wenn sie diesen Fürsten auch wie die irischen den Mäster der Wölfe nennen und ihn mit dem wohl in Irland, nicht aber im Norden heimischen Eber vergleichen, so fällt es schwer, die Annahme einer starken Einwirkung der älteren irischen Hofpoesie auf die jüngere ihrer Landesfreunde und Landesgenossen abzuweisen. Kühne Bilder und Umschreibungen liebte auch der altgermanische, namentlich der angelsächsische Dichter. Aber die Gewaltsamkeit und Übertriebenheit des Ausdrucks, zu der allerdings alle Hofpoesie drängt, mochten die Skalden wohl von den in Schwulst schwelgenden irischen File gelernt haben, vielleicht auch die Sucht, auf bekannte oder entlegene Mythen anzuspielen. Unleugbar: die Technik, der Stil, die Tendenz der skandinavischen Skaldendichtung ist keiner andern, auch keiner germanischen Dichtart so nahe verwandt wie der Kunst der irischen File. „Irische Gedichte aus dem 10. Jahrhundert und noch früherer Zeit stimmen nach Form und Inhalt so genau mit einem der ältesten skaldischen Gedichte, dem Ynglingatal, daß sie geradezu als Vorbilder desselben betrachtet werden müssen.“

Schon die ältesten Skalden des 9., geschweige denn die weitumgetriebenen und in der Fremde geehrten Skalden des 10. Jahrhunderts, konnten nicht ohne alle Kunde von der neuen Religion Christi bleiben, der die von ihnen gefeierten Könige ergeben waren. Im 9. Jahrhundert näherte sich aber auch schon Harald Schönhaar dem Christentum, als dessen gewaltigste Vorkämpfer dann die beiden norwegischen Könige Olaf Tryggvason und Olaf der Heilige auftraten. Alle drei waren von den berühmtesten Skalden umgeben. Die Haraldsskalden waren noch ausnahmsweise Norweger, nicht Isländer. Sie zehrten noch ausschließlich vom alten Mythus und stellten die Taten ihrer Fürsten auf den Hintergrund der Drachen- und Riesenkämpfe Thors, und das Königshaus der Ynglinger leiteten sie vom Gotte Frey(r) ab. Also beherrschte sie noch der volkstümliche Sagaglaube. Das änderte sich alsbald mit dem Übergang der Skaldenkunst auf die isländischen, in der Fremde bewanderten Sänger. Diesen wurde im Gegensatz zum heimischen Volksglauben Odin der höchste Gott, wie er es schon länger den Angelsachsen gewesen, den in England angesiedelten Dänen noch war. Er wurde das Skaldenideal, ein Gott der Dichtkunst, und ein Wikingerideal, ein Gott des Kriegs. Aber zugleich begann der Glaube an den Gekreuzigten das Verhältnis zu den heimischen Göttern erst leise ins Wanken zu bringen, um es dann im Innersten zu erschüttern. Egil, der Sohn Skallagrims, geboren auf Island ums Jahr 900, eine volle Dichternatur, ist der erste germanische Heide, der uns in sein haß- und liebeheißes Gemüt einen tieferen Einblick vergönnt. Am Hofe des angelsächsischen Königs Äthelstan empfing er zwar nicht die Taufe, doch die Kreuzbezeichnung (prímsigning), die ihm eine bequeme Mittelstellung zwischen Christen und Heiden verschaffte. Aber seine barbarische Wildheit blieb. Wie ein Tier biß er einem niedergeworfenen Berserker die Kehle durch, erschlug erbarmungslos in einer Fehde mit dem norwegischen König Erich Blutaxt dessen blutjungen Sohn und pflanzte darnach auf einer Felsklippe eine Haselstange mit einem Pferdehaupt als Neid- oder Schimpfstange auf, indem er sprach: „Ich schneide diese Neidrunen gegen die Landgeister, daß sie alle fahren wilde Wege und keiner sein Heim finde, bevor sie nicht König Erich und seine Gemahlin aus dem Land vertreiben“. Sein Fluch erfüllte sich; aber auch ihn traf das furchtbare Geschick, dem verjagten, aber in Northumberland zum König erhobenen Erich in die Hände zu fallen. Hier feierte die Dichtkunst einen ihrer höchsten Triumphe, indem Egil durch ein Loblied auf Erich, „die Hauptlösung“, sein wolfsgraues Haupt aus der Todesnot löste. Er durfte nach Island entweichen. Da traf den Sechzigjährigen der Verlust zweier Söhne; der zweite war ein Raub der Meereswellen. Im Lied vom „Verlust der Söhne“ (Sonatorrek) stimmt er eine ergreifende Klage an: sein Geschlecht ist wie ein vom Sturm zerschlagener Wald. Er wütet, daß er nicht mit dem Schwert am Meerriesen sich rächen kann, ja er kündigt Odin die Freundschaft auf. Da gedenkt er reumütig der „Hauptlösung“, der Odinsgabe des Gesanges, des Balsams allen Leides, und ruhig sieht er der Hel, der Herrin der Unterwelt, entgegen, die draußen auf einem Eiland, wo er seinen Vater und seinen Sohn begraben hat, auf ihn wartet.

Schon mehr Gewalt gewann der neue Glaube über den etwas jüngeren im Jahre 1014 verstorbenen Isländer Hallfred Vandraedaskald. Als dieser an der Küste Norwegens vernahm, der glaubenseifrige Christ Olaf Tryggvason sei hier König geworden, gelobte er Geld und drei Eimer Bier dem Frey, falls ihn günstige Winde nach Schweden, und dem Thor und Odin, falls sie ihn nach Island dem verhaßten Christentum entführten. Aber durch Gegenwind zurückgehalten, empfing er bald darauf aus des Königs eigner Hand die Taufe, behielt indes für den Notfall ein kleines Thorsbild in der Tasche. Denn er gestand, nur widerwillig die lieben Götter zu verlassen und zu Christus, dem einen Vater und Gott, zu beten. Später dichtete er sein berühmtestes Lied auf Christi Auferstehung. Bis an sein Ende dauerten diese religiösen Schwankungen fort. Sterbenskrank sah er ein hohes gepanzertes Weib über die Wogen hinter seinem

Schiffe herschreiten, seine Fylgja, den weiblichen Folge- oder Schutzgeist, der den nordischen Heiden unsichtbar durchs Leben begleitet, um ihm in der Todesstunde plötzlich sichtbar zu werden. Und doch war, unter dem Schatten dieser tiefheidnischen Vorstellung, sein letztes Gedicht ein christliches Sterbegebet.

Die Hallfredssaga erkennt noch, der Wirklichkeit des Lebens entsprechend, neben oder über Odin die Götter Thor und Frey(r) an; in der Hallfredsdichtung aber, wie überhaupt in der Skaldenpoesie des 10. Jahrhunderts, steigt das Ansehen Odins über das Thors immer höher hinauf und zugleich mit ihm der Einfluß des Christentums. Zwei schöne Gedichte zeigen damals besonders klar, wie Odins Machtkreis immer prächtiger ausgebildet wird. In den von unbekannter Hand um 950 verfaßten Eireksmál empfangen Odin und bereits ein zweiter Gott der Dichtkunst, Bragi, und die Helden Sigmund und Sinfiötli feierlich jenen Gegner Egils, den in der Schlacht gefallenen König Erich Blutaxt, in Walhall, einen christlichen König. In einer Nachbildung, den Hakonarmál des Skalden Eyvind, holen auf Odins Befehl zwei Walküren den verstorbenen frommen Christen Hakon zu den grünen Welten der Götter ein, aus deren Tor ihm Bragi und Hermod höflich entgegenschreiten. Wie König Erich sich Walhall nähert, krachen darin die Bänke, als ob Gott Balder zu Odins Saal zurückkehrte. Zum erstenmal tritt hier Balder hervor und zwar in der höchst auffälligen Eigenschaft eines machtvoll zum Himmel heimkehrenden Gottes. Zum erstenmal wird außerdem in beiden Gedichten die Furcht vor einem gräulichen Wolfe laut, der, noch in der Hölle gefesselt, dereinst losgebunden über Himmel und Hölle herfallen wird. Woher diese Neuerungen, diese unerhörten Gedanken? Wie man sich nicht scheute, jene Christenkönige als freudig erwartete Freunde Odins in das heidnische Heldenparadies einziehen zu lassen, scheute man sich auch nicht andererseits, christliche Vorstellungen z. B. von Christi Himmelfahrt und dem Weltuntergang mit heidnischen Figuren zu verquicken. Eilif Gudrunssohn nennt ums Jahr 1000 in einem Gedicht auf Christus den Heiland den starken Besieger der Bergriesen, als ob er Gott Thor selber wäre, und weist ihm einen Wohnsitz am Urdarbrunnen an, also am Brunnen der heidnischen Schicksalsgöttinnen, der Nornen, deren vornehmste Urd hieß.

Ums Jahr 1000 etwa gabelte sich die Skaldenpoesie in zwei Hauptäste. Der eine trieb wie der alte Stamm auch noch fernerhin höfische Preislieder hervor, die sich jedoch aus Rücksicht auf die immer strengere christliche Richtung der Fürsten immer mehr der Mythenerzählung, wenn auch nicht völlig der Mythenanspielung entäußerten. Schönere Früchte trug nun der zweite neue Ast, zum Teil erhalten in der sogenannten Älteren Edda, die mit Unrecht Edda d. h. Poetik heißt. Sie ist keine Poetik, sondern eine Liedersammlung, welche Gedichte dreier Jahrhunderte, des 10., 11. und 12. enthält. Sie liegt uns in zwei ums Jahr 1300 aufgezeichneten Pergamenthandschriften vor. Die Verfasser sind unbekannt, die Heimat der meisten wird auf Island und in Norwegen zu suchen sein, ein paar stammen nachweisbar aus Grönland und vielleicht von den Orkneys. Da es ihnen nicht um Fürstenruhm zu tun war, konnten sie den aller Hofpoesie anhaftenden Schwulst mäßigen, anspruchslosere Versmaße wählen und sich ihrer Hauptaufgabe, der Mythen- und Sagenerzählung, die von den Hofdichtern bereits fallen gelassen wurde, um so freier hingeben. Es wuchs in ihnen noch die Liebhaberei der Hofskalden des 10. Jahrhunderts, die alten Stoffe durch freie Erfindungen oder fremde erst seit dem 10. Jahrhundert eingewanderte novellistische und Märchenmotive zu verschönern und zu vertiefen, oder auch wohl mal zu verderben. Auch christliche Gedanken werden reichlicher aufgenommen, ja ein ganzes christliches Ideensystem, wie die von der Kirche ausgebildete Heilsgeschichte, wird in die mythologische Sprache der nordischen Dichtkunst umstilisiert. Überhaupt wissen diese Dichter auch dem Fremdesten vermöge ihrer alten nationalen Kunstübung einen echt nordischen Charakter aufzuprägen. Die Mythen flößen ihnen nicht mehr reine, gläubige Andacht ein, sie sind ihnen überwiegend interessante Kunstobjekte poetischer Natur. Doch macht sich hie und da noch wirkliche Nordlandsreligiösität Luft. Durchweg werden die Götter wie schöne, mit Kraft und Geist reich ausgestattete Menschen aufgefaßt, oft sogar mit Humor behandelt. Das mag auch noch Heiden anstehen. Aber man kritisiert sie auch, und in einzelnen Gedichten verachtet man sie mit fast lukianischer Keckheit, wie nur Leute es vermögen, die sich bereits anderen Glaubensidealen zugewandt haben. Eifrig ist man bemüht, die überlieferte Mythenweisheit in katechismusartigen Dialogen, die ein Gott mit einem Riesen, Zwerg oder König führt, darzutun. Und selbst diesen lehrhaften Gedichten gibt man eine lebensvolle Einfassung und kunstvolle dramatische Steigerung. Die Verschmelzung verschiedener Mythen ist nicht immer gelungen, wie z. B. in der Hymiskvida nicht. Aber wie manche Gedichte stehen einzig in ihrer Art da, so die Hammerholung Thors, und welche weihevolle Stimmung ist über die Völuspa gebreitet!

Die Gedichte der älteren Edda zerfallen in Götter- und Heldenlieder. Durch die Götterliedergruppe geht ein tiefer Riß, auf der einen Seite preisen sie die Körperkraft in ihrem Hauptträger, dem Gotte Thor, auf der anderen die Geisteskraft in ihrem Hauptträger Odin.

Der starke Hauptgott der isländischen Sagendichtung, der in den eddischen Heldenliedern gar keine, in den Götterliedern eine nicht immer würdige Rolle spielt, holt in seinem vielleicht ältesten Lied, der einfach epischen, plastisch schönen *Thrymskvida*, seinen Hammer von Thrym heim und zwar als Freyja verkleidet. So ist er mehr eine lustige, groteske, als eine gewaltige Figur, und schon erscheint hier in Loki ein tückischer Gott der Lüge. Im skaldisch überladenen *Hymislied*, in dem der Donnergott mit dem aus dem Meer grausig auftauchenden Midgardswurm streitet und dem Riesen Hymir, den durstigen Göttern zur Labe, einen Braukessel entführt, schwankt er zwischen Majestät und Komik. Im *Alvislied* fällt er aus seiner Rolle; er wird hier nach Odins Muster als ein überlegener Geist in einem

Gespräche mit dem Zwerge Alvis über die Geheimnamen, die die Weltdinge bei Göttern, Riesen, Wanen, Alfen und Zwergen führen, dargestellt. In der *Lokasenna* d. h. Loki's Lästerrede stößt er mit Loki, im *Harbardslied* mit Odin zusammen. Dort erwirbt sich Thor das Verdienst, dem Loki, der die um jenen Hymirkessel zum Gelage versammelten Götter und Göttinnen mit den ehrenrührigsten Schmähungen überhäuft, durch Androhung körperlicher Strafe das Maul zu stopfen. Hier wird er von Odin, dem blasierten Frauenbesieger, wie ein dummer Junge mit dem schlimmsten Spott heimgeschickt. — Von Odin werden hier und im Havamal zwar auch einige leichtfertige Liebesabenteuer, ein mißlungenes und ein frivol geglücktes, erzählt, aber durchweg ist er ein erhabenes weises Wesen. Im *Havamal*, dem Lied des Hohen, gibt er eine lange Reihe von Reise- und Umgangsregeln, die noch die verständige heidnische Moral atmen und das Lebensglück im guten Wissen suchen. Jedoch in einem Teil dieser Dichtung, im Runatal d. h. Runenverzeichnis, scheint er sich selber als ein Abbild des am Kreuzgalgen gemarterten, dann sich selber opfernden und zu neuem Leben mit Gott erwachten Gottessohns darzustellen. Auch in den übrigen, didaktischen Odinsliedern, die die alte Rätselfreude verraten, sind mehrfach heidnische Motive mit christlichen Vorstellungen von Schöpfung, Verschuldung, Tod eines lichten Gottessohns, Erlösung und Weltuntergang frei verschmolzen. In *Vafthrudnismal* und in *Grimnismal* überschaut der höchste Gott alle Wesen Himmels und der Erden, alle Räume und Zeiten, das ganze Schicksal der Welt, von ihrem Anbeginn bis zu ihrem Untergang. In den *Baldrsdraumar*, den Baldersträumen, holt sich Odin, von seines Sohnes Balder schweren Träumen beunruhigt, aus der Hel, der Hölle selber, Auskunft über dessen nahen Tod und den fernen Weltuntergang. Weit großartiger faßt die *Völuspa*, der Seherin Weissagung, die gesamte christliche Heilslehre, von der Schöpfung an durch die Leidens- und Todesgeschichte des Herrn hin bis zum jüngsten Gericht, in eine Prophezeihung heidnischen Stils zusammen. Das kühnste Rätselgebilde der so rätselreichen Skaldenkunst! In zwei Gedichten ist weder Thor, noch Odin, sondern Frey und Heimdall die Hauptperson. In *Skirnismal*, das schon einen sentimental-romantischen Ton anschlägt, wirbt Frey, oder vielmehr dessen Diener Skirnir für seinen Herrn, erfolgreich um die schöne Riesentochter Gerd und gewinnt sie durch seine Runenkunde. Nach der *Rigsthula* gründete Heimdall, der sich mit dem keltischen Titel „Rigr“ König nennt, auf seiner Erdenwanderschaft die drei Stände der Knechte, Bauern und Adligen, aus denen dann der König hervorgeht. Im *Hyndlulied* gibt die Riesin Hyndla der Freyja und deren Günstling Ottar Auskunft über seine Vorfahren.

Die eddischen Heldenlieder, namentlich die wichtigsten und zahlreichsten, die *Nibelungenlieder*, haben einen viel reicheren mythologischen Hintergrund als das deutsche Epos (S. 34). Aber ihre Sage stammt zum größten Teil aus der Fremde, und der Mythus ist später hinzugefügt. Die Hauptpersonen des ältesten Heldenliedes, der *Völundarkvida* des Wielandliedes, der zauberkundige Schmied und die Schwanjungfrau sind echt mythisch, jedoch aus angelsächsischer oder norddeutscher Sage herübergenommen. In den Nibelungenliedern und noch mehr in deren vollständigerer Prosadarstellung, der *Völsungasaga*, greift Odin als Schicksalsmeister mehrmals in die Handlung ein; die Heldinnen Svava, Sigrun, Sigrdrifa-Brunhild haben ganz walkürisches Wesen. Wie ein alter Mythus wirkt die Versenkung der letzten in todesartigen Schlaf durch einen Dornstich und ihre Umwallung durch die Waberlohe. Aber der Leichenbrand, der Sigurd und seine Geliebte verzehrt, und der Höllenritt Brunhilds scheinen Scenen des späten Baldermythus nachgebildet zu sein. Noch sicherer ist, daß erst die Eddaskalden die Vorgeschichte des verfluchten Nibelungenhorts in die Götterwelt hinübergespielt und Sigurd und Brunhild verwandtschaftlich mit Odin verbunden haben. In den *Helgiliedern*, die der heimischen Sage angehören, gibt die herrlichste von den neun daherreitenden Walküren dem stummen, namenlosen Helden seinen Namen. Er erschlägt den Riesen Hati, seine Flotte wird von dessen Tochter bedroht. Nornen knüpfen die Schicksalsfäden, Walküren sprengen über das Schlachtfeld, das Götterpaar Aegir und Ran haust im Meer, Odin, der Walter des Verderbens, bringt Streitrunen zwischen die Verwandten und bietet seltsamer Weise dem Helgi an, mit ihm in Walhall über alles zu herrschen. Reiten die Einherier von dort herab, so glaubt man die Götterdämmerung hereinbrechen zu sehen. So unbekümmert tasten die Dichter dieser eddischen Heldenlieder den alten deutschen oder heimischen Sagengehalt an oder setzen sich in Widerspruch mit dem neuen Glauben, nur um ihr skaldisches Gelüste nach mythologischem Ausputz zu befriedigen.

So hat denn auf Kunst, Sage, Mythus und Glauben der Eddaskalden in der letzten Zeit des Heidentums und in der ersten Zeit des Christentums die Fremde bald schwächer, bald stärker eingewirkt, und eine gedanken- und sinnreichere, von tieferen ethischen Gegensätzen bewegte, aber künstliche, widerspruchsvolle Mythenwelt geschaffen. Ihren Elementen nach zum Teil unnordisch, ist sie ihrer Gesamtkomposition nach völlig nordisch. Mehr Poesie als Mythologie, schwebt sie über der volkstümlichen Mythenwelt des Sagaglaubens wie eine schöne, aber flüchtige Fata Morgana, der freie Dichtertraum einer religiösen Übergangszeit, die das Alte noch nicht abgeschüttelt hat und das Neue nicht abzuwehren vermag.

Vorzugsweise aus diesen eddischen und vielen andern skaldischen Gedichten stellte dann später Snorre Sturluson † 1241, selber Skalde und Verfasser jener norwegischen Königsgeschichte Heimskringla, die eigentliche und einzige Edda, die sogenannte jüngere Edda d. h. eine Poetik, ein Handbuch für angehende Skalden, zusammen. Es enthält unter anderm einen Überblick über den gesamten nordischen Skaldenmythus in Prosa. Dieser größte Isländer, in dem die wissenschaftlichen, dichterischen und politischen Bestrebungen seiner Insel gipfelten, wußte der Vergangenheit ebenso energisch zu leben wie seiner Gegenwart. Unablässig auf Ehre, Macht und Reichtum mit mehr Klugheit, als Tapferkeit bedacht, fühlte er doch die Mächte der Vorzeit, seine norwegischen königlichen Ahnen und selbst noch die alten Götter über und um sich. War er als Gesetzsprecher mit tausend Mann im Gefolge von seinem burgartigen Haus Reykjaholt zum Althing hinübergeritten, so ließ er hier eine Bude für sich und die Seinigen aufschlagen, der er den stolzen Namen Walhall gab. Auch er hielt die Götter für einst wirkliche Persönlichkeiten, zu deren Ehren denn auch er nach herkömmlicher Skaldenmanier die nordischen Mythen mit allerlei fremder Weisheit vermischte.

Gleich im Eingang der Edda erteilen im Götterheim Asgard von einem dreistufigen Hochsitz herab der Hohe, der Gleichhohe und der Dritte, mit welchen Namen in der mittelalterlichen Theologie auch die drei Personen der heiligen Dreieinigkeit benannt wurden, dem wißbegierigen Schwedenkönig Gylfi ihren mythologischen Unterricht. Darin ist das oben angedeutete geschlossene Ideensystem der Völuspa zu einem weitsperrigen Gerüst auseinander gedehnt und in dessen Fächer und Lücken der nordische Göttermythus, so gut es gehen wollte, hineingebaut. Bei solcher Anlage wäre die Edda nie ein fertiger, harmonischer Bau geworden, auch wenn Snorre nicht mitten in seiner Arbeit ermordet worden wäre. Die Konsequenzen der skaldischen Mythenbehandlung treten nun ins grellste Licht. Nur Thor und Frey haben einen älteren Mythenkranz bewahrt, die Odinsgeschichten tragen einen stark gemischten Charakter, und gar der Mythus von Balder und Loki ist bis in die Wurzel hinein christianisiert. Ein anderes fremdes Element, das märchenhafte Beiwerk, das schon in der Liederedda benutzt wird, drängt sich viel stärker vor. Von dem Kultus der Götter, von dem das Volk so tief bewegenden Seelen- und Geisterglauben, von den zahlreichen reizvollen Elfensagen berichtet der letzte große Skalde, wie Hunderte seiner Vorgänger, nichts oder fast nichts. Dennoch birgt diese Edda manches kostbare, auch ältere Schatzstück, das wir in der sogenannten Liederedda vermissen.

Snorres älterer Zeitgenosse war Saxo Grammaticus, der um 1200 in seiner Dänischen Geschichte, wie vor ihm Galfrid von Monmouth in seiner brittischen Chronik, ein nationales Werk in lateinischer Sprache schuf, das zugleich Chronik und Roman, ein Lehrbuch und ein Ritterepos sein sollte. Er ist ruhmrediger Patriot, kühler Rationalist und dabei in schwärmerischer, fast sentimentaler Romantik befangen. Seine lateinische Prosa sucht die seines römischen Vorbildes Justin an Redeschmuck zu überbieten, und seine antiken Strophen, aus denen noch deutlich die altnordische Skaldenpoesie zu uns herüberklingt, wollen es den horazischen Versen gleich tun. Den Sagenreichtum der Isländer, den er ausdrücklich bewundert, verbindet er mit den norwegischen Schiffermären, den einfacheren dänischen Lokalsagen und allerlei weitgewanderten Märchen. Er mischt antike und moderne Motive ein, aber er vermeidet die Verschmelzung heidnischer und christlicher Mythen. Dem alten Götterglauben steht er ferner als Snorre. Wie dieser faßt er die Götter und auch die von ihnen verdrängten Riesen und die Zwerge als Menschen der Vorzeit und zwar als sogenannte Mathematiker d. h. Zauberer auf. Aber er geht weiter: sie haben Liebschaften mit sterblichen Weibern und kämpfen auf Erden mitten unter Menschen und werden von diesen sogar in die Flucht getrieben. Ja Odin, der oft in altsagenhafter Verkleidung und unter einem Beinamen auftritt, erkennt er durchaus nicht immer als solchen, und den nächtlichen Besuch, den die Walküren ihren bedrohten Helden machen, findet er dreist. Dennoch ist ihm, dem Dänen, Odin der Hauptgott. Freilich erscheint er nur einmal seinem Schützling, dem Helden der Sage, mit seinem eignen Namen und mit „göttlicher Kraft“. Aber oft steht er wie ein stets wacher Heldenschutzgeist unter anderen Namen, als bloßer unermüdlicher Wanderer in Hut und Mantel, als einäugiger, bärtiger Alter im entscheidenden Augenblick plötzlich da, seltener fliegt er als Reiter durch die Luft, obgleich ihn so die dänische Volkssage kennt. Seine Gattin und er wahren sich gegenseitig ihre Treue nicht. Die Walküren stehen zu ihm in keiner Beziehung.

Vollends von seiner Himmelsburg Walhalla finden wir keine Spur. Dagegen liegt jenseits des Ozeans ein gartenartiges Paradies mit herrlichen Speisen und verlockenden Mädchen, die dem eingedrungenen Sterblichen verderblich werden, und dicht daneben eine von Schmutz starrende Hölle, beide von je einem Riesen beherrscht. Auch in Saxos Haddingssage stoßen diese beiden Welten, ein finstres Nebelreich und ein sonniges Gefilde, unter der Erde an einander, und jenseits eines Speere wälzenden Flusses setzen zwei Kämpferscharen ihr irdisches Kriegerleben fort. Hier scheinen germanische und antike Vorstellungen in einander zu spielen, wie denn Saxo an einer anderen Stelle das Elysium, den Phlegethon, Pluto's Reich das Ziel der Helden nennt, die trotz ihrer Todeswunde lachend fallen. Auch von Odins Dichtungstranke, seiner kosmischen Allweisheit, einem durch ihn und seinen Sohn Balder bedingten Götterschicksal, vom Weltuntergang hören wir nichts, obgleich die Gelegenheit, davon zu reden, sich wiederholt darbot. Allerdings ist Balder auch bei Saxo ein Sohn Odins, aber im Gegensatz zu dem schuldlosen, reinen und durch seinen Tod die Weltkatastrophe herbeiführenden Gotte der Skalden ein liebeskranker, wollüstiger Jüngling, dessen Tod nichts bedeutet. Thor kommt selten zur Geltung und nicht immer günstig. Außer Walküren und Waldmädchen, dem Waldschrätel Miming und dem heilkundigen Witolf spielen Riesen und Riesinnen eine wichtigere Rolle. Im Krachen der an die isländische Felsküste anprallenden Eisschollen glaubt man den Jammer verstorbener Verbrecher zu vernehmen. Ein Toter kann durch Zauber zum Reden und, falls er sich zu Untaten aus dem Grabe erhebt, durch Köpfen und Pfählen seines Körpers zur Ruhe gebracht werden.

Der mythologische Gesichtskreis ist in der isländischen Familiensage ein wesentlich andrer als in der Skaldendichtung und der alten Heldensage und wiederum als in Saxo's Geschichte. Nicht so sehr die Verschiedenheit der Darstellungsform, als der Unterschied der Stände und Stämme, denen die Verfasser angehörten, hat dies verursacht. Die

Erzähler der einfachen Familiensaga hielten an der altväterischen volkstümlichen Tradition ihrer abgelegenen Insel fest, die meistens an christlichen Höfen verkehrenden Skalden und die gelehrten eddischen Dichter hatten andere Ideale, die Helden und ihren Heldengott Odin, und wurden stärker von der christlichen Bilder- und Ideenwelt Mitteleuropas ergriffen. Der dänische Geistliche benützt die Mythologie mehr zur bloßen Verzierung.

Nur wer eine allmähliche Verschmelzung christlicher und heidnischer Gedanken bis etwa zum Jahre 1000 und eine darauf folgende durchgreifendere Verarbeitung derdelben vermittelst des altmythologischen Skaldenstils anerkennt, wird begreifen, wie sich ein ganz neuer Ideenstaat in dem älteren Mythenorganismus einnisten konnte, neu und christlich seinem Wesen, alt und heidnisch der Form nach. Da in Deutschland und England einerseits die Bekehrung zum neuen Glauben von vornherein planmäßiger, direkter und priesterlicher war, andererseits die Dichtkunst den hohen Grad der Technik, insbesondere auch die Widerstandsfähigkeit der mythologischen Darstellungsform, der nordischen Skaldenpoesie nicht erreicht hatte, so konnte hier ein so merkwürdiges Mischprodukt, wie z. B. die Völuspa, nicht zustande kommen. Begreiflich wird erst dadurch auch die andre merkwürdige Erscheinung, daß der nordische Volksmythus trotz seiner verschiedenen skandinavischen Eigenheiten dem fernen deutschen Mythus näher steht als dem Kunstmythus seines eigenen Landes, und daß er mit jenem alle wesentlichen Züge des Götter-, Geister- und Seelenglaubens teilt und wie jener auch der leisesten Anklänge an die durch den Kunstmythus pulsierenden sittlichen und metaphysischen Hauptideen bar ist, die dieser wieder mit der mittelalterlichen Kirchenlehre gemein hat. Auch in ihrem Schicksal weichen jene beiden Überlieferungsarten übereinstimmend vom Kunstmythus ab: während dieser nach einigen Jahrhunderten seines Bestandes in der gebildeten Welt, auf die er beschränkt bleibt, abgestorben ist, lebt der Volksglaube ununterbrochen, wenn auch immer zerrissener und gedrückter, bis auf den heutigen Tag weiter. So treten wir denn jetzt an diese vierte, noch heute fließende Quelle unserer germanischen Mythologie heran.

4. Die Volksüberlieferung der Germanen vom Jahre 1200 bis zur Gegenwart. Im Hochsommer des Mittelalters leuchtete noch einmal ein Abglanz des alten Heidentums auf: in Saxos dänischer Geschichte, in Snorres isländischer Edda, sowie in gewissem Sinne im deutschen Nibelungenliede. Noch einmal wurde der heimische Mythen- und Sagenschatz um das Jahr 1200 im Mittelpunkt der germanischen großen Literatur weithin sichtbar. Seitdem sank er langsam in die Tiefe, die hohen Götter- und Heldengestalten wichen nun überall den Rittern und Klosterleuten mit ihren neuen, streng kirchlichen oder ketzerischen Idealen, und in den neugegründeten Städten kam bürgerliche, freiere gelehrte Bildung auf. Schon mit dem Ende des 11. Jahrhunderts wurde die Lust an Märchen, Fabeln und Erzählungen, die schon vor der Kreuzzugszeit immer massenhafter aus dem Morgenland ins Abendland, bis in den hohen Norden drangen, unstillbar, ihre bunten Fäden wurden vielfach in das einfachere Gewebe der heimischen Mythen geschlungen. Aber viel stärker und bedenklicher als früher wurde nun die Vermischung des altgermanischen Aberglaubens mit orientalischem, griechischem und römischem. Er bemächtigte sich auch der christlichen Vorstellungen und Bräuche, er mißbrauchte selbst die Sakramente der Taufe und der Kommunion zur Zauberei, er ahmte die kirchlichen Benediktionen und Beschwörungen frevelhaft nach. Die sogenannten Mordbeter, die noch heute vorkommen, konnten durch ein Gebet jemandem Schaden zufügen. Um die Mitte des 13. Jahrhunderts war der Aberglaube, wie Bertholds von Regensburg Predigten zeigen, mitten auf dieser verhängnisvollen Bahn, die später zu dem furchtbaren Akt der Kirche, zum „Hexenhammer“ vom Jahre 1489, führte. Das quälende Schauspiel, wie die Kirche seit der Bekehrung der Germanen zum Christentum immer wieder den heidnischen Aberglauben mit strengen Strafen verbietet und ihm in der Beichte eifrigst

nachstellt und ihm doch wieder durch ihre eigene Dämonenlehrer und ihre Benediktionen und Exorzismen stärkt, setzt sich in großem, oft grausigem Stile fort. Gar mancher Geistliche machte selber das Volk mit abergläubischen Formeln und Bräuchen bekannt, und der Pariser Kanzler Gerson fand mit seinen Versuchen, abergläubische Übungen aus den Kirchen zu verdrängen, gerade beim Klerus den hartnäckigsten Widerstand und wurde von ihm ausgezischt. Nach Hartliebs Buch aller verbotenen Kunst 1456 waren selbst Könige und Erzbischöfe solchem Wahn ergeben. Es mußte zu einer Katastrophe kommen.

Ein noch ziemlich harmloses, aber doch dumpfiges Buch ist Cäsarius' von Heisterbach Dialogus miraculorum, ein „geistlicher Novellenschatz" aus dem ersten Viertel des 13. Jahrhunderts, der auch für weibliche Leser bestimmt war. Was für geschmacklose Spukgebilde gingen aus der schönen buchenumrauschten Abtei im Siebengebirge hervor! Man erkennt in manchen Teufelsgestalten den alten Wodan und die Riesen, in den abgefallenen Engeln die Elfen wieder. Und noch bis ins 15. Jahrhundert werden diese Geistergeschichten zu ergötzlicher Erbauung der Cisterziensermönche bei der Mahlzeit vorgelesen. Um dieselbe Zeit verfaßte Gervasius von Tilbury seine „Kaiserlichen Mußestunden" (Otia imperialia), die Kaiser Otto IV in seiner Harzburger Verborgenheit mit allerlei Anekdoten und Kuriositäten, darunter manchen Zwerg- und Wichtelsagen, unterhalten sollten. Seit der Mitte des Jahrhunderts aber wettert der gewaltige Franziskaner Landprediger, Bruder Berthold von Regensburg († 1272), oft von einer Linde herab gegen all das Götzentum. Zwar glaubt er selber an Werwölfe, und die alten Götter hält er für einst wirkliche heroische Menschen oder für noch wirkliche Dämonen. Zu den alten bayrischen Götzen rechnet er eine Astaroth, als ob er mit diesem hebräischen Namen eine deutsche Ostara meinte. Bei seiner Deutung der Wochentagsnamen ahnt er aber nichts mehr von einem Zusammenhang eines Teils derselben mit deutschheidnischen Götternamen. Den Glauben an die Nachtfahren,

Truten und Maren und an die „felices dominae", die seligen Fräulein, an den Angang, an Vorzeichen u. dgl. verdammt er, und schrill ertönt sein Pfi! über die vielartigsten Zauberer und Zauberinnen. Dann plaudert er wieder kindlich vom Spiegelberg, dem Glasberg des Märchens, und denkt sich, daß die kleinen Kindlein im Sternbild des Wagens auf gen Himmel fahren.

Der Volksaberglaube war nur ein Gebiet, das der Reform bedurfte, die anderen waren besonders seit dem Schisma das päpstliche Regiment und die geistige und die sittliche Verkommenheit des Klerus. Nicht so sehr die amtierende Geistlichkeit, als die wissenschaftliche Theologie ergriff nun die Waffen gegen Mißstände aller Art. Namentlich aus den ersten deutschen Universitäten: Prag (1348), Wien (1365) und Heidelberg (1386) ging eine Reihe streitbarer Magister hervor, die bald das Sündenleben im eigenen Lager beleuchteten, bald gegen die Wiclefiten und Hussiten, die Juden und die Vehmrichter und vor allem auch gegen den im ganzen Volk verbreiteten Aberglauben kämpften. Der älteste dieser Widersacher des deutschen Aberglaubens war wohl Nicolaus von Jauer (1355—1435), der kein Bedenken trug, die Verbrennung eines Ketzers mitzubewirken, der aber auch 1417 vor den Konzilsvätern in Konstanz Besserung der Sitten des Klerus forderte. An den Prozeß, der im Jahre 1405 dem Klosterlektor Werner von Freiburg in Heidelberg wegen seiner Predigten und unerlaubten Besegnungen gemacht wurde, schloß Nicolaus seine Schrift de superstitionibus 1405. Aber diese wie die verwandten Schriften seiner Zeitgenossen Matthäus von Krakau, Johannes von Frankfurt, Nicolaus von Dinkelspühel und Thomas von Haselbach sind mit Vorsicht für die Beurteilung des heimischen Glaubens zu benutzen, denn sie stehen alle unter dem Einfluß eines fremden Dämonologen, des Pariser Bischofs Wilhelm von Auvergne († 1249), dessen Schriften „de universo" und „de fide et legibus" alle möglichen abergläubischen Bräuche besprechen. Wilhelm ist sogar noch eine Hauptautorität für die Verfasser des Hexenhammers. So tief fand auch Nicolaus den Aberglauben in der Kirche eingenistet, daß er fast mehr auf dessen Ausrottung in den Gotteshäusern als im Volke drang. Denn dort wurden die alten Segen und Beschwörungen immer mehr christianisiert, die Götter nicht allein durch Christus, die Dreieinigkeit, Maria, die vier Evangelisten und die Apostel, sondern nun auch durch die hl. drei Könige, die vier Patriarchen, den ersten Blutzeugen Stephan und die späteren Heiligen ersetzt. Im Norden schweißte man noch in neuerer Zeit noch naiver heidnische und christliche Namen der Gottheit aneinander. In einem jütischen Segen wirken Frau Frey und Maria mit Christus und in einem neuisländischen Christus und Thor zusammen. Aus dem ekelhaften Gemenge des heidnischen Alpdruck- und Zauberglaubens mit dem kirchlichen Glauben an einen persönlichen Verkehr des Teufels mit Ketzern und aus den herabwürdigenden mönchischen Vorstellungen vom weiblichen Geschlecht schoß immer üppiger der Hexenwahn empor. Einst von den langobardischen Königen und den Karolingern als vernunft- und gottwidrig geächtet, wurde er durch die Bulle Innocenz' VIII 1484 und den Hexenhammer (Malleus maleficarum) 1489 kirchlich anerkannt, um wie kaum eine andre Geistesverwirrung Leib und Seele der germanischen Völker zu verwüsten, bis weit über die Reformation hinaus, ja bis in unsre Tage hinein.

Der heidnische Mythus hinterließ aber auch freundlichere Spuren, namentlich in der Poesie, in den Fastnachtsspielen und den Volksliedern, die in Deutschland ungefähr gleichzeitig im 14. Jahrhundert aufkamen. Die 40 tägige Fastenzeit vor der Passion des Herrn hatte die altgermanische Lenzfeier in zwei Feiern weit auseinander gesprengt. Die eine fiel nun schon in den Schluß des Februars, die andre auf Ostern oder den ersten Mai oder gar erst auf Pfingsten. Zu der frühen Lenzfeier gehörte der heidnische Mummenschanz, das Bärenumführen, das Hahnschlagen, der Schwerttanz, das Pflugumführen durch eingespannte Mädchen und vor allem der unter Spruch und Lied ausgefochtene Kampf des Winters und des Sommers, aus dem sich das Fastnachtsspiel entwickelt hat. Holzmänner und -weiber kommen aus ihrer Waldeinsamkeit auf die Bühne, böse Weiber rauben dem Teufel das Vieh, das der Hirt Gumprecht vor der Hölle hüten muß, der aber lieber mit dem Teufel Pinkepank in dessen Taverne zecht und würfelt. Hinter der Hölle liegt ein Stein, der von keinem Sonnen- oder Mondstrahl, keinem Wind, keinem Glockenklang erreicht wird. Hört man, daß sich junge Paare, eng umfaßt, vom Heuboden bis zur Tenne hinabwälzen, so gedenkt man des Rollens junger Paare von einem Hügel herab, wie es in England und Deutschland im Frühjahr, später auch zur Erntezeit stattfand.

In der Balladengruppe des deutschen Volkslieds tauchen der wilde Mann und der Wassermann aus Wald und Fluß plötzlich schreckhaft auf, im englischen das Meermädchen. Möglicherweise steckt auch in dem englischen Wilderer Robin Hood einer der vielen Hood oder Hoody genannten neckischen Waldgeister und im zauberisch singenden Ritter Ulinger ein alter Elf, wie er denn in den Niederlanden Halewyn (Elfenfreund!) und in England Elfknight Elfenritter hieß. Frau Venus, eine latinisierte Elfin, lockt den Tanhäuser in den Berg. Den Deutschen, wie den Engländern ist der Wiedergänger, der seine Geliebte ins Grab holt, bekannt, den Bürgers Lenore später verklärt hat. Noch frischeres Heidentum atmet der nordische Volksgesang, der in Dänemark schon in Saxos Zeit, um 1200, sich regt. Die „Trollenweisen“ zeigen uns das ganze alte Dämonenpersonal: Trolle, Riesen, Zwerge, Necke und Nixen, Meermänner und -frauen, auch Werwölfe, am häufigsten aber Elfen, deren Freundschaft verlockend, aber gefährlich ist, deren Geschoß tötet und deren Sang bezaubert. Noch im Anfang des vorigen Jahrhunderts tanzten schwedische Bauern nach dem „Elfenleich“, einer sommernächtlichen Elfenreigenmelodie. Im Norden sind der hammerholende Gott Thor und der Held Fjölsvinn als Tord und Jung Svendal aus der eddischen Kunstpoesie ins Volkslied geraten, noch in den färöischen Liedern erscheinen die Götter hie und da auf Erden, und die Riesen haben, wie in den isländischen und norwegischen Volksweisen, abenteuerliche Verhältnisse zu den Menschen.

Einige sinnvollere deutsche Sagen wurden um das Ende des Mittelalters abgerundet, so die nationale vom Kyffhäuser, die die byzantinische Legende vom Kampf eines Kaisers gegen den Antichrist am Ölberg mit dem Mythus von Wodan, der aus Bergesschoß mit seinem Heere herausstürmt, wirkungsvoll verknüpft. Auch die Sage vom Faust und die fremde vom ewigen Juden raffen einige altdeutsche Mythenelemente an sich, jene die Mantelfahrt durch die Luft, diese den Sturm der wilden Jagd. Überhaupt werden viele alte Rollen mit modernen Figuren besetzt: die Zwerge verwandeln sich in Bergmönche und Venediger, Götter und Dämonen in Jesuiten und Freimaurer, der alte Fritz, Napoleon und selbst Bismarck schreiten durch unsere heidnische Sagenwelt.

Das Mittelalter wird abgeschlossen durch die Reformation, die Entdeckung einer neuen Welt, neuer Länder und Völker und durch den Humanismus. Alle diese Ereignisse wirken auf den Aberglauben und dessen Auffassung ein, aber keines durchgreifend. Namentlich wird der Hexenwahn und die ganze Wut der Hexenverfolgung von der alten Kirche auch der neuen eingeimpft, auch die Protestantenwelt wird von den Hexenbränden überall unheimlich beleuchtet. Der Reformator selber, Martin Luther, der doch heißer als alle anderen nach einem reinen Christentum rang, konnte sich nicht von diesem in seiner Kindheit eingesogenen kirchlichen Heidentum frei machen. Seine Mutter hatte dem Knaben viel Schreckliches von Hexen und Alben erzählt, und vom Teufel meinte er, voll alten Nixenglaubens, er zöge Mädchen ins Wasser und zeugte mit ihnen Wechselkinder oder Kielkröpfe, die er dann zur Plage der Leute an der rechten Kinder Statt legte. Und wenn er dem Fürsten von Anhalt rät, Kinder solcher Zucht zu ersäufen, so brach die heidnische Härte des altnorwegischen Frostathingsgesetzes, das das mißgeformte Kind an der Teufelsbucht, wo weder Mann, noch Vieh geht, einzugraben empfiehlt, mitleidslos aus dem großen Reformator hervor. So nistete neben Gott, seiner festen Burg, das häßlichste Dämonengezücht. Aber er glaubte auch noch ganz altkirchlich und im Gegensatz zur späteren protestantischen Lehre an Schutzengel. Jeder besäße je nach seinem großen oder geringen Stande oder Geschäfte einen demgemäß starken Engel, der dem Teufel wehre. Und wie innig empfindet er auch wieder den liebreichen Zauber der alten Märchen: „Ich möcht mich der wundersamen Historien, so ich aus zarter Kindheit herübergenommen, oder auch wie sie mir vorgekommen sind in meinem Leben, nicht entschlagen, um kein Gold!"

Im Gottesdienst aber räumten die ernsten lutherischen Kirchenordnungen des 16. und 17. Jahrhunderts ziemlich gründlich mit den zahlreichen Bräuchen des Festjahres auf, so mit den „heiligen Gottestrachten", den Hagelfeuern, den kirchlichen Weihen von Wasser, Salz, Fleisch, Eiern, Käse u. s. w. und mit den Totengedächtnisfesten. Nur Erntepredigten, Erntebitt- und -dankfeste blieben übrig und einzelne Totensonntage, und die Kirchweihfeste überdauerten alle Konfessionsstreitigkeiten und -kriege, obgleich Luther sie ganz austilgen wollte. Noch härter traf das ausschließliche strenge Luthertum der skandinavischen Lande die alte kirchliche Festherrlichkeit und am härtesten der kunst- und schmuckscheue Kalvinismus in Holland, in England und in der Schweiz. Die wechselvolle britische Reformationsgeschichte spiegelt sich im wechselvollen Schicksal des Maifestes wider. Schon 1566 verbot das schottische Parlament die Maispiele, und unter der Regierung der Königin Elisabeth verfolgten die englischen Puritaner die Maikönigin, die Maid Marian, als die leibhaftige babylonische Buhlerin. Das von ihnen gestürzte Sinnbild des Old merry England, den Maibaum, richteten die Stuarts wieder auf; aber eine Ordonnanz des langen Parlaments 1864 warf ihn wieder überall nieder. Cromwells „Hexenfindergeneräle" verbrannten Hexen und Maibäume mit einander. Nach der Restauration der Stuarts aber standen sie fröhlich wieder auf und prangten mit ihren bunten Bändern und Laubgewinden bis ins 19. Jahrhundert, wo ihrer einen Washington Irving bei Chester freudig begrüßte.

Durch die geo- und ethnographischen Entdeckungen der Reformationszeit wurde das Interesse an fremden Völkern lebendig, und man wandte sogar dem Leben des eigenen Volkes seine Aufmerksamkeit zu, nicht ohne kirchliche oder humanistische Tendenzen. So Joannes Boemus Aubanus (von Aub im Würzburgischen), ein Deutschordenspriester, in seinem Buch ‚Omnium gentium mores, leges et ritus' 1520, das im 16. Jahrhundert eine Lieblingslektüre in fast ganz Europa war. Ihn schrieben aus der Wiedertäufer Sebastian Frank in seinem Weltbuch 1534 und vor allen der lutherische Pfarrer Naogeorgus oder Kirchmaier in seinem Regnum papisticum 1553. Alle drei fühlten wohl das Heidnische aus vielen beliebten Festbräuchen heraus, alle drei verglichen z. B. den Tanz, den man in Franken um das auf den Altar gebettete hölzerne Christkindlein zu Weihnachten aufführte, mit dem wilden Reigen der Korybanten um den neugeborenen Jupiter auf dem Ida, freilich ohne zu ahnen, daß darin germanische, nicht antike Festfreude sich Luft machte.

Eine vom Aberglauben ungetrübte wissenschaftliche Auffassung war im 16. Jahrhundert den Germanen noch schwer. Im Reformator der Naturwissenschaft, Theophrastus Paracelsus, wogte wie in Luther altes und neues durcheinander. Er entriß die Naturforschung den Scholastikern und legte sie den Medizinern in die Hände. Aber in seiner ‚Verborgenen Philosophia' begegnen Berggeister im Schoß der Erde dem Bergmann freundlich oder übel, oder sie verkünden ihm den Tod. Er erzählt auch das liebliche Undinenmärchen. Auch die Geschichtsschreibung konnte sich oft noch immer nicht des alten Heidenglaubens erwehren, die Zimmernsche Chronik von 1566 ist voll davon. Das Geschlecht der Freiherren von Zimmern selber hatte unter seinen Ahnfrauen eine „Meerfai". Vielerorts spuken Erdwichtelmännchen und Schutz- und Hausgeister, wie der geheimnisvolle Zwergkönig Goldemar auf dem

Hardenstein an der Ruhr, und das Nebelmännchen der Bodmans am Bodensee. Das Wutesheer braust durch die Luft, und der Glaube an Zauberwesen und Zauberschlösser und allerhand altheidnischer Brauch ist auch bei Gebildeten an der Tagesordnung. Wie es aber erst in den dumpfen Spinnstuben dieser Zeit aussah, das läßt „Der Alten Weiber Philosophey“ 1612 und (I. G. Schmidts) Gestriegelte Rockenphilosophie 1705, 1709 ahnen. Jetzt wurden aber auch die Regierungen, protestantische wie katholische, besorgt. Zahlreiche Verordnungen wurden gegen den gelehrten, wie gegen den volkstümlichen Aberglauben erlassen, die umfassendste war wohl das Landgebot des Herzogs Maximilian in Bayern 1611. Der dreißigjährige Krieg schreckte aber unser unglückliches Volk nur immer tiefer in den wüsten Aberglauben hinein. Das beweisen uns die satirischen Schriften des Altmärkers Johannes Praetorius 1630—1680, insbesondere seine ‚Neue Weltbeschreibung von Alpmännern, Schröteln, Nachtmähren‘ u. s. w. 1666, 1667. Seinen Aussagen ist aber nicht immer zu trauen, da er selber ganz offen gesteht, daß er vieles darunter ‚erdichtet und fingieret‘ habe. Auch werden von ihm bereits und dann von jener Gestriegelten Rockenphilosophie die Vorstellungen und Bräuche der verschiedenen deutschen Landschaften durch einander gemischt, so daß man nicht mehr ein reines Bild eines landschaftlich begrenzten Glaubenszustandes gewinnen kann.

Da nahte die Aufklärung des 18. Jahrhunderts, und gleich ihr erster großer Wortführer Thomasius drang auf Abschaffung der Hexenprozesse, so daß seitdem, wie Friedrich der Grosse rühmte, das weibliche Geschlecht in Frieden alt werden und sterben konnte. Doch nicht überall! Noch 1775 wurde im Stift Kempten eine Taglöhnerin als Hexe verbrannt, 1783 in Glarus der letzte Hexenprozeß geführt. Aus den Kreisen der Gebildeten wich der alte Glaube mehr und mehr, das Volk aber hielt dessen Grundzüge noch weiter fest, und unsre Dichter erweckten die alten Gestalten in der Lenore, dem wilden Jäger, dem Erlkönig, dem

Fischer, dem getreuen Eckart zu neuem, wenn auch nur poetischem Scheinleben. Jedoch erst mit dem 19. Jahrhundert retteten die beiden edelsten Romantiker, die Brüder Grimm, durch ihre Märchen- und Sagensammlung unsern nationalen Glauben aus der Vergessenheit, dessen ganzen Reichtum dann der ältere, Jakob, in seiner Deutschen Mythologie 1835 (²1844, ³1854, ⁴1875—78) den erstaunten Blicken erschloß. In jeder Landschaft rührten sich nun zahlreiche Hände, kundige wie unkundige, um bei der Ernte der Volksüberlieferungen zu helfen und der Nachwelt die letzten Urkunden des versinkenden germanischen Heidentums zu übergeben. Die sich anschließende Volkskunde der Gegenwart zeigte, daß die Spannkraft des alten Glaubens noch immer nicht ganz erlahmt war, und enthüllte die alte Gliederung der heidnischen Glaubenswelt in bestimmte Vorstellungsgruppen, in vielen Stücken vollständiger und sicherer als die altnordische Literatur. Von dieser gleichsam doppelt bezeugten Gliederung habe ich mich bei der Anordnung dieses Buches leiten lassen, nicht von einer Systemsucht.

Endlich tat sich noch ein neues weites Quellgebiet außerhalb der Grenzen unserer Nationalität auf, die Mythologie der stammverwandten Indogermanen, d. h. der Inder, Perser, Griechen, Römer, Kelten, Letten und Slaven. Der vergleichenden Mythologie gebührt trotz mancher Verirrungen und Fehlgriffe das bleibende Verdienst, dargetan zu haben, daß das mythische Wurzelwerk, der Glaube an die niederen Dämonen, in wesentlich denselben Formen allen jenen Völkern gemeinsam war und daß selbst der daraus aufgestiegene Stamm, der Göttermythus, dieselben oder ähnliche Hauptäste über sie ausbreitete. Erst dieser große Zusammenhang weist unsrer oft so lückenhaften und unverständlichen Überlieferung die richtige Stelle an.

Zweites Kapitel.

Der Seelenglaube.

Mythologie ist uralte religiöse Naturpoesie, die die Menschheit mit einer zaubervollen Märchenwelt umgab. Die Mythen wurden nicht wie unsre Kinder- und Hausmärchen nur von den Kindern geglaubt oder daheim zur Unterhaltung erzählt, sondern vom ganzen Volke wie etwas Wirkliches geschaut und empfunden und in Furcht und Hoffnung heilig gehalten. Denn sie waren aus seinem innersten Eigen geboren, geistige Spiegelbilder gewisser Naturvorgänge, sei es des engeren Menschenlebens, sei es der weiten Welt ringsum, in denen ein geheimnisvolles übermenschliches Wesen zu leben und zu weben schien. So verflochten sich bereits mit diesen ältesten traumhaften Vorstellungen jene ältesten religiösen Gefühle der Furcht und der Hoffnung und somit der Abhängigkeit von etwas Übermenschlichem. Sie trieben den Menschen dazu, diesen Phantasiegebilden Ehren zu erweisen, ihnen zu opfern, auch ihr Tun und Treiben im Kultus dramatisch darzustellen. Die daraus entsprungenen Riten wurden dann zum Teil wieder in die Erzählung des Mythus aufgenommen und gestalteten sie oft eigenartig um. Doch finden wir im germanischen Mythus kaum sichere Spuren davon. Dagegen mit der Hebung der Kultur, dem wachsenden Schwung der Phantasie, der Verfeinerung des Gemütes und der Schärfung des Verstandes flossen reichere, freiere, sinnvollere Mythen zu, welche Kulturzustände oder geistige Tätigkeiten personifizierten und eine Erklärung der mancherlei Rätsel des Lebens und der Welt zu geben suchten. Diese schwollen, mit den alten vereint, je nach Schicksal, Begabung und Richtung der Völker zu mehr oder minder breiten, trüberen oder helleren Strömen, zu ganzen Mythologieen an, bis sie teilweise in das umfassendere Gedankenmeer einer monotheistischen Religion mündeten.

Die menschliche Einbildungskraft, die Haupttriebfeder der Mythologie, vermag zwar auch das toteste, unpersönlichste Ding bis zu einem gewissen Grade vorübergehend zu beleben und zu beseelen. Aber nur eine Auslese von Dingen und Erscheinungen war imstande, sie zu eigentlich lebensfähiger, personifizierender, eindrucksvoller und allgemein anerkannter Mythenbildung aufzuregen, nämlich solche, in denen drei Eigenschaften vereinigt waren: ein geheimnisvolles, rätselhaftes und darum staunenerweckendes Äussere, ein sinnenfälliger, den Schein persönlichen Lebens tragender Formen- oder Kraftwechsel und ein starker Einfluß auf das Wohl und Wehe des Menschen. Nur diesen erkannte man die Bedeutung und Lebenskraft eines übermenschlichen Wesens zu. Solche Erscheinungen sind im Menschendasein vor allem der Tod, dann der Traum und im weiteren Weltraume die Luft- und Himmelserscheinungen: das Gewitter, der Wind, der Wolkenzug, das Himmelslicht, die Tageshelle und die großen Gestirne, endlich auch die sprossende Erde.

Wer mag bestimmen, welche von den erwähnten Erscheinungen zuerst die Phantasie wie mit einer Zauberrute aus ihrem Schlummer weckte? Sie mögen in unvordenklicher Zeit gleichzeitig gewirkt haben. Aber so viel ist gewiß, daß der Anblick des Sterbens, das dem Naturmenschen ebenso unverständlich war wie das Leben selbstverständlich, und die Folgen, die der Tod für die Angehörigen der Verstorbenen hatte, gerade in der unsrer Kunde erreichbaren ältesten Zeit einen besonders wichtigen und umfangreichen Mythenkreis veranlaßt haben. Dessen hohes Alter wird auch durch den Einklang der Vorstellung nicht nur der germanischen und indogermanischen, sondern auch der niedrigsten Völker der Erde bezeugt, der auf keinem mythologischen Gebiete so überraschend genau ist wie auf diesem. Noch ein anderes auffälligeres Zeugnis für diesen alten Bestand darf man anführen, das nämlich, daß der aus diesem Gebiete entsprungene rohe und ärmliche Geister- und Gespensterglaube üppiger als irgend welcher andre Heidenglaube noch heute fortwuchert. Denn es ist ein durchgreifendes Gesetz der Psychologie, daß eine Vorstellung je älter, desto unverwüstlicher ist. Die Götterwelt, das Letzte und Schönste des Heidentums, ist längst vor den Augen des Volkes versunken. Für zerstäubt in nichts gilt auch schon lange wenigstens der Mehrheit das Elfenwesen; die Gespenster aber leben in der Einbildung gar vieler noch heute fort und feiern sogar Triumphe in gebildeten Spiritistenkreisen. Fast möchte man sagen, der Same des Gespensterglaubens rege sich in uns Allen, wo die Nähe einer Leiche und das tiefe Dunkel der Nacht in einem Sterbezimmer, auf einem Friedhof, an einer Mordstätte sich vereinen, oder auch sogar mitten im hellerleuchteten vollen Theater, wenn ein wirklicher Dichter an ihn appelliert. „Auch kommt es nur“, sagt Lessing in seiner Dramaturgie, „auf die Kunst des Dichters an, diesen Samen zum Keimen zu bringen; nur auf gewisse Handgriffe, den Gründen für die Wirklichkeit von Gespenstern in der Geschwindigkeit den Schwung zu geben. Hat er diese in seiner Gewalt, so mögen wir im gemeinen Leben glauben, was wir wollen, im Theater müssen wir glauben, was Er will. Vor dem Gespenste in Shakespeares Hamlet richten sich die Haare zu Berge, sie mögen ein gläubiges oder ein ungläubiges Gehirn bedecken“. Wenn es uns rührt und erhebt, daß schon die Urmenschen hinter dem Tode ein Leben witterten und der erbarmungslosen Tatsache des Sterbens ein durch den Tod ununterdrückbares Leben entgegenstellten, so erfüllt es uns fast mit Scham, oder soll ich lieber sagen, mit Demut, daß ihre tiefsten Geheimnisse auch noch die unsrigen sind: Leben, Tod, Seele. Gerade darum haben diese der ältesten Religion den Boden aufgewühlt, sie sind die starken Pflugscharen noch unsers Glaubens.

Um den Begriff der Seele oder des Geistes dreht sich dieser alte Mythenkreis. Dieser Begriff ist ursprünglich keine Abstraktion, herausgezogen etwa aus der zusammenfassenden Beobachtung der vielen Einzelerregungen des eigenen Inneren, er ist auch nicht das Produkt der Sehnsucht nach einem höheren, freieren Dasein. Er ist dem schmerzlichen Anblick der seltsamen, wechselnden Wandelungen, die der Sterbende in seinen letzten Stunden durchmacht, abgerungen. Da wird der Atem immer schwerer und langsamer, um dann plötzlich still zu stehen, das Auge bricht und starrt unheimlich, Wärme und Farbe verlassen den Leib, kalt, bleich, steif und lautlos liegt er da, wie ein Stein. Nach unsrer gegenwärtigen Gemeinauffassung ist mit diesen Vorgängen das physische Leben und gleichzeitig mit ihm, aber losgelöst von ihm, das psychische Leben, die Seele, entflohen. Jenes besteht überhaupt nicht mehr und läßt den Leib als tote Masse zurück, die Seele aber lebt für sich in einer anderen Welt unvergänglich weiter. Eine alte weitverbreitete und auch germanische Auffassung war eine ganz andre. Nicht nur gleichzeitig mit, sondern in dem physischen Leben, in dem Atem, der Bewegung, der Wärme und Farbe entwich die Seele. Das physische Leben selber war ein Wesen, das im Tode sich löste, so daß es gleichsam zweimal da war, neben seinem lebendigen Ich ein im Tode erst frei werdendes andres Ich beherbergte. Dieses letzte, das im Kopfe wohnt, ging beim Sterben als ein Bewegliches, ein Hauch, ein Wind, ein Nebel, ein Licht oder gar als ein Tierchen aus dem Munde davon. Die Seele blieb also ein körperliches, wenn auch ein verflüchtigtes oder zusammengeschrumpftes Wesen. Sie hielt sich auch möglichst dicht an den verlassenen Leib, wohnte bei ihm im Grabe oder in dessen Nähe, oder auch in dem von ihm verlassenen Hause, oder in benachbarten Bäumen und Hügeln. Sie war auch nicht unvergänglich, sondern starb mit dem Zerfall der Leiche, zu der sie gehörte, oder welkte mit der Erinnerung der Überlebenden an den Toten auf immer dahin. Dazu stimmt, daß in den dänischen Steingräbern die Knochen der älteren Leichen bei Seite geschoben und über einander aufgestapelt wurden, um Platz für die neu beigesetzten Gerippe zu gewinnen. Viele neue Gräber sind auf fränkischen und merovingischen Gräberfeldern in und quer durch ältere gelegt.

Die Seele ist nach der germanischen Anschauung vor allem das Bewegliche. Denn die beiden Wörter Seele, gotisch *saiwala,* und See, gotisch *saiws* sind beide derselben Wurzel entsprungen, die etwas Bewegliches bezeichnet haben muß. Der Begriff einer noch heftigeren Beweglichkeit möchte im Worte Geist stecken, was besonders die nordischen Worte *geisa* = brausend einherfahren, wüten, *geistr* = heftig, feurig, *geist* = brausend, schnell verraten. Die deutsche Sage erzählt wiederholt von brausenden Geistern. Aus einer Wurzel an = hauchen entwickelte sich das indische anas Hauch, anilas Wind, das griechische anemos Wind, das lateinische anima Wind und Seele, vergleichbar dem griechischen Psyche Hauch und Seele. Zur Wurzel an gehört das althochdeutsche *unst* = Wind, Sturm und möglicherweise auch das althochdeutsche *ano,* unser Ahne, das ursprünglich einen, der ausgehaucht hat, einen Verstorbenen und darnach den Vorfahren bezeichnet hätte. Auch das gothische *us-anan* bedeutet aushauchen und das aus derselben Wurzel erwachsene nordische *önd* Seele, Leben, *andi* Geist und *ör-endr* todt, eigentlich ausgehaucht.

Noch sicherer als die Sprache bezeugt der Volksglaube die Windnatur der Seele. Die plötzlich gewaltsam ausgepreßte oder auch die beim Tode unruhige Seele fährt folgerichtig nicht als Wind, sondern als Sturm davon. Darum heißt es noch durch ganz Deutschland, daß sich ein Sturm erhebe, wenn sich jemand erhängt, und sich erst nach dessen Bestattung lege. „Welcher Lump mag sich nun wieder erhängt haben!“ sagt man am Lechrain bei plötzlich losbrechendem Sturm. So sauste einmal an Hans Sachs im Walde bei Osnabrück das wütende Heer der kleinen Diebe vorbei, das aus lauter Erhängten bestand, und darunter ein erst desselbigen Tags Gehenkter, mit dem er sich in ein Gespräch einließ, fuhr dahin „als ein scharpfer Wind“. In Schwaben fahren auch die im Rausch Gestorbenen mit dem Muetisheer d. h. dem stürmischen wilden Heer. Von den Geistern Verstorbener heißt es in England, daß sie Hindernisse auf ihrem Wege umwerfen wie „a furious whirlwind“.

Rührend ist, daß eine im Kindbett und noch dazu ohne Beichte, also mit doppelt unruhiger Seele gestorbene Frau im Wirbelwind dahinfliegt. Dagegen wenn ein Mensch ruhig verscheidet, bewegt sich nach Schweizer Glauben die Luft im Sterbezimmer mit leisem Wehen. In Devonshire kann ein Verschluß im Hause das Sterben eines Kranken verzögern, und so öffnet man in Bayern wohl das Fenster oder deckt einige Dachschindeln ab, um einem Menschen das Sterben zu erleichtern. Gemeindeutscher Brauch, der sich noch an zahllosen Orten erhalten hat, war es, beim Eintreten des Todes ein oder mehrere Fenster, die Türe, die Luke oder gar die „Dachblatte“ zu öffnen, daß die Seele bequem hinwegfliegen könne. Man jagt sie sogar bisweilen durch Wehen mit Tüchern hinaus und ruft ihr nach „Geh hin und pfludere“ d. h. flattere. Hat das Dach im Aargau keine „Heiterlöcher“ d. h. Luftlöcher, so sucht die Seele des verstorbenen Hausbewohners gewaltsam Einlaß, indem sie es mit Sturm abdeckt. Darum muß in einigen Orten der Schweiz immer ein Fenster oder eine Stelle des Dachs offen bleiben, damit der „Geist“ aus- und eingehen könne. Im Unterinntal fahren noch heute die armen Seelen im sogenannten Allerseelenwind und anderswo in Deutschland nach älterem, schon von Geiler v. Keisersperg um 1500 bezeugten Glauben alle eines gewaltsamen Todes Gestorbene oder vor der Taufe gestorbene Kinder im wütenden Heer oder in der wilden Jagd, namentlich während der Zwölften, der zwölf heiligen Nächte der Jahreswende. Dieser Jagdzug der Seelen hat im höheren Norden im Geisterzuge der norwegischen Aaskereia, Oskerei, die ebenfalls in den Julnächten durch die Dörfer und Häuser tobt, noch den niedrigeren rein dämonischen Charakter bewahrt. Sie hat keine Gottheit an ihrer Spitze, die doch in Deutschland und Dänemark den Zug führt: nämlich Wodan oder auch Bertha oder Holda. In dieser Verbindung mit der Gottheit erreicht die Vorstellung vom Windseelenzuge ihren höchsten mythologischen Ausdruck. Ähnliche Stadien durchläuft der griechische Seelenglaube: in der Odyssee werden die dicht vor ihrer Hochzeit gestorbenen Töchter des Pandareos durch Stürme hinweggeführt, offenbar ursprünglich ihre, über ihr Los zürnenden windförmigen Seelen. Ein paar Verse weiter heißen diese Stürme schon Harpyien, sind also dahin raffende Winddämonen geworden. Später sausen vor ihrer Hochzeit verstorbene Mädchen im Heer der Jagdgöttin Artemis oder in dem ganz jagdartig dargestellten, von Hunden umbellten Schwarm der Hekate. In Indien fahren die Bhûtas, die Seelen von Bösewichtern, im Gefolge des Sturmgottes Rudra durch die Luft. Selbst in den höchsten Mythen von der Windseele berühren sich also die verschiedenen indogermanischen Völker.

Verdichtet sich der Hauch, so wird er zum Nebel, Dunst, Rauch oder gar zur Wolke. Schon bei Homer geht die Seele als Rauch oder Schatten dahin. Nach dem neueren germanischen Aberglauben schwebt in Tirol die Seele eines Tugendhaften als weißes Wölkchen aus dem Munde. Wo man ihr im schlesischen Dyhernfurth beim Sterbefall nicht das Fenster öffnete, sah man sie am nächsten Morgen als Rauchwölkchen an der Zimmerdecke. In Ostpreußen können manche den Gestorbenen noch vierzig Tage nach dem Tode als eine nebelartige Gestalt erkennen. Und nicht nur im Tode, sondern auch im Traume des todähnlichen Schlafs wird jenes andere Ich, die Seele, lebendig und kann durch den atmenden Mund herausspazieren, um am Schluß des Traumes wieder zum Körper des Schläfers zurückzukehren. Diese Traumseele entschlüpft als Dunst dem Munde eines Schlafenden nach hessischer wie oldenburger Sage; nach dieser kehrt sie zurück und mit ihr das Leben, nach jener bleibt sie aus und der Tod erfolgt. Diese Sage lebt voll ausgebildet in Island weiter und war schon vor mehr als einem Jahrtausend bekannt. Nur gilt, was man in Island von einem bläulichen Dunst erzählt, im altfränkischen Bericht von einem Tierlein. Der gute Frankenkönig Gunthram, der um 600 lebte, war einmal auf der Jagd im Schoß eines Dieners eingeschlafen. Da schlich aus seinem Munde ein Tierlein in Schlangenweise hervor und wollte gern über den nahen Bach. Der Diener legte sein Schwert hinüber, auf dem das Tierlein das Wasser überschritt. Drüben schlüpfte es in einen Berg und lief nach einigen Stunden wieder über die Schwertbrücke in den Mund des Königs zurück. Erwacht aber erzählte dieser, er wäre im Traum über die eiserne Brücke eines großen Flusses gegangen und hätte in der Höhle des drüben gelegenen Berges einen unsäglich reichen Schatz gefunden.

Bevor wir aber die vielerlei Seelentierchen näher betrachten, müssen wir des Lichts oder Feuers als Seelenformen gedenken. Die Seele läßt den toten Leib kalt zurück oder, wie es Freidank derber ausdrückt: „die Seele fährt von mir wie ein Blaas (Hauch, Windlicht) und läßt mich liegen wie ein Aas.“ Wenn über dem Schlafenden oder am Dach eines Hauses ein Flämmchen schwebt, ein Licht von selbst erlischt oder eine Sternschnuppe in der Richtung eines Hauses fällt, so kommt nach deutschem Aberglauben der Tod, und der Sterbende „verzeigt sich“ gern Abwesenden durch einen plötzlichen Lichtschein. Die Seele macht sich dann gleichsam zeitig davon und kündet dadurch die Nähe des Todes des bereits von ihr verlassenen Leibes an. Das „Totenlicht“ setzte sich schon im Mittelalter an Haar und Kleidung der Nordleute, wenn sie sterben sollten. Manche altnordische Gräber umgab ein Feuer; nach der Hervararsaga zeigten sich Angantyr und seine Brüder nachts als Flammen auf ihren Gräbern, und noch heute erscheinen isländische Gespenster vom „Totenfeuer“ umleuchtet. In Deutschland flattert der Irrwisch, das Irrlicht, der Brünnlig, Pütz- und Wiesenhüpfer, in England der Willy with the wisp (Wisch), in Dänemark der blaas- oder lygtemand, der Feuer- oder Lichtmann, in Schweden der eldgast der Feuergeist über Sümpfen, feuchten Wiesen oder Feldrainen. Im Aargau gibt es Irrlichter beiderlei Geschlechts, Füersteinmannli wie Zunselwibli. Das sind die Seelen derer, die wie die noch ungetauften Kinder, die Erhängten, die Ertrunkenen, vor der Zeit das liebe Leben eingebüßt, oder solcher, die ihr Leben mit einer beunruhigenden Tat beschlossen hatten und nun die Stätte derselben wieder aufsuchen, z. B. Grenzsteinverrücker und unehrliche Landmesser, die dann den Grenzstein auf der Schulter tragen müssen, oder Geizhälse, die irgendwo ihr Geld verscharrt hatten. Auch irrlichtern die von den Tirolern erschossenen und zerschmetterten Franzosen bei Mittenwald im Herbst auf ihren in fremder Erde bereiteten Gräbern umher. Die irrlichternden Landmesser schlagen im Badischen wohl mit glühenden Meßstangen auf einander los, und bis ins Hochgebirge hinein, auf dem Streitgampen unter dem Pazinkopf in Tirol, befehden sich die feurigen Pütze. Reizbar ohrfeigt der Irrwisch den Wanderer, der ihn neckt, führt ihn irre, springt ihm auf den Rücken, zündet ihm das Haus an und bedroht sogar sein Leben. Seltener leuchtet er ihm dienstfertig heim. Wie andere Seelen fahren auch die Irrwische mit der wilden Jagd um.

Die flüchtige Seele als Vogel aufzufassen, lag nahe. Die indischen Ahnen, die Pitaras, fliegen in Vogelgestalt umher, weshalb beim Totenopfer den Vögeln ein Kuchen gegeben wurde. Den Griechen zeigte sich die Seele bei der Totenbeschwörung als Uhu oder Fledermaus. Germanische Seelen von Ermordeten und Selbstmördern fliegen als Raben und Krähen umher, diejenigen unschuldig Getöteter als weiße Tauben und Schwäne. Doch scheinen die Taubenfiguren bei Paulus Diaconus, die bei Pavia von Grabstangen nach der Richtung schauten, wo der in der Fremde gestorbene Langobarde seine Ruhestatt hatte, nicht die Toten, sondern deren klagende Verwandte zu bedeuten. In Westfalen sagt man Mädchen, die nicht heiraten: „Ihr sollt die Kibitze heiraten," und auf dem wilden Gieritz(Kibitz)moos an der Aare in der Schweiz werden die alten Jungfern wirklich zu Kibitzen. In Schweden heißt der Schmetterling „Altweiberseele", und in Deutschland sagt man, daß man vor der Geburt mit den „Feifaltern" d. h. Schmetterlingen fliege. Auch in den Motten, Bienen, Käfern und sonstigem fliegenden Getier stecken Seelen, auch in der Hausgrille.

Aber andre Hausgenossen spielten unter den Seelentieren eine viel bedeutendere Rolle, die unschädliche Ringelnatter, die Maus, das Wiesel und die Kröte. Der Wohnung der Menschen zugetan, leise aus der Erde kriechend oder huschend und wieder still und plötzlich darin verschwindend, erschienen sie wie geheimnißvoll in ihrem alten Heim fortlebende Seelen der Verstorbenen, deren Leiber früher in dessen unmittelbarer Nähe oder sogar in dessen Innerem bestattet wurden. Wir blicken in den dunkelsten Winkel indogermanischer Hausreligion mit all ihrer Heimlichkeit und Unheimlichkeit, wie sie durch zahllose neuere, aber auch viele ältere nicht nur germanische, sondern auch andere indogermanische Zeugnisse enthüllt wird.

Früh wird auf attischen Grabdenkmälern und spartanischen Votivreliefs eine Schlange dargestellt, die als Opfergaben Honig und Brei zu sich nimmt, also nicht Schlangen-, sondern Menschennahrung. Verschiedene Seelenformen, Flügelwesen und Schlangenwesen, vereinigt die Darstellung einer Totenklage auf einem attischen Gefäß: am oder im Grabhügel flattern beschwingte Menschenfigürchen über einer Schlange, der Seele des Verstorbenen, von dem die Inschrift spricht. In Theophrasts Charakteren 16 errichtet der Abergläubische an dem Ort seines Hauses, wo er eine heilige Schlange gesehen, sofort ein Heroon, ein Ahnenheiligtum. Am Grabe des Heros wurde häufig eine Schlange als dessen dämonische Erscheinung gehegt. Wie er, hütet diese „Haushüterschlange" Tempel, Haus und Grab; beleidigt aber bringt er, wie sie, Verderben. Nach dem neugriechischen Volksglauben lebt im Grunde jedes Hauses eine Schlange als Hausherr oder Hausherrin. Ihr Erscheinen im Innern desselben bedeutet Glück, besonders die unerwartete Rückkehr des Hausherrn. Verscheucht oder beleidigt zieht sie Unheil herab; man steckt Brot in ihr Erdloch und schmeichelt ihr mit dem Gruße: „Schönes Dingel!" — Die Römer weihten ihrem Genius einen von einer Schlange umwundenen Altar und hielten im Schlafzimmer ein paar Schlangen, die für die Genien des Hausherrn und der Hausfrau galten, und zwar in so vielen Häusern, daß Plinius besorgte, die Schlangenbrut würde in Rom den Menschen noch über den Kopf wachsen, wenn ihr nicht die Feuersbrünste Einhalt täten. Starb eine solche Schlange, so galt das als böses Vorzeichen dem Vater der Gracchen, wie dem Kaiser Tiberius. Umwand eine Schlange fest das Haupt eines Schlafenden, das war den Römern ein gutes Vorzeichen; die Seele dachte nicht daran sich abzulösen. Die Schlangen aber, die Pompejus beim Verlassen seines Schiffes in Dyrrhachium erblickte, bedeuteten seinen nahen Untergang; als Seelen, die schon ihn und die Seinigen aufgegeben hatten. — In Litthauen hatte jeder Familienvater im warmen Winkel eine Schlange, der er Speise auf Heu darbrachte.

Die Ringelnatter heißt bei den Germanen Hausschlange, Hausotter, Hausunk, Hauswurm, schwedisch gårds- oder lyckoorm, Hof- oder Glücksschlange. Das altschwedische Erbauungsbuch, ‚der Seelentrost', verbot schon um 1400 den tief gewurzelten Glauben an Tomptorma d. h. Hausschlangen. Aber von Siebenbürgen und der Schweiz bis nach Skandinavien wurde diese da und dort noch neuerlich trotz ihres nicht angenehmen Geruchs im Stalle oder auch unter den Stubendielen gern geduldet und ihr im Herdwinkel wie in Griechenland eine für Schlangen ungeeignete offenbare Ahnenopferspende, nämlich Semmelmilch, vorgesetzt. Am Lechrain hielt noch um die Mitte des vorigen Jahrhunderts jedes Haus eine Hausotter, deren Geräusch den Tod eines Hausbewohners anzeigte. Auf den Betten, wenn sie gesonnt wurden, in der Küche und auf dem Rande des Brunnentrogs konnte man sie liegen sehen. Im Fricktaler Dorfe Magden in der Schweiz vermutete man noch um dieselbe Zeit fast in jedem Keller eine Hausschlange, die sich nur bei außergewöhnlichen Fällen sehen ließ und durch ihr Geräusch, wie am Lechrain, einen Trauerfall der Familie anzeigte. Manchmal hatte ein Haus, ganz wie das römische, ihrer zwei, die mit Hausvater und Hausmutter lebten und starben. In Mittelschlesien wird die von niemand gesehene, in den Grund des Hauses sich einwühlende Hausotter für einen Schutzgeist angesehen. Doch in der ‚Tunkelstunde' kommt die schlesische ‚Otterkönigin', die Ahnfrau, gern einmal aus der Mauer herfür. Als der Hofbauer des sogenannten Schlangenhofes im badischen Schappacher Tal starb, starb auch der Schlangenkönig mit all den anderen Schlangen des Hofes, und von diesem wich seitdem der Segen. In der Liederedda gräbt sich die über den Tod ihres Sohnes Atli trauernde Mutter offenbar als Natter dem Gunnar rächend ins Herz. Gleich der Seele liegt auch die Hausotter gern unter der Türschwelle, auf der man wegen dieses Tieres in Bayern und im Voigtland allen Lärm, z. B. Holzspalten, möglichst vermeidet. Wie in Rom bedeutet das Erscheinen der männlichen Hausschlange im Spreewald den Tod des Vaters und der Mutter. Ja in einigen böhmischen Familien gab es ganze Schlangenfamilien, von der jedes Glied ein Glied der Hausbewohnerschaft vertrat, so daß, was einer der Schlangen geschah, auch dem entsprechenden Familiengliede widerfuhr. Mögen wir auch die beiden letzten Nachrichten den Slaven verdanken, die wie die Litthauer einen reichen Seelenschlangenkultus hatten, dieselben oder ähnliche Vorstellungen waren jedenfalls auch germanisch, z. B. nähert sich eine Schlange dem Hause, so bedeutet das nach norwegischem Glauben Glück, kriecht sie dagegen über die Straße, Unglück, wie in Rom. Wer im Bayreuthischen ein Erdhuhn oder eine Hausotter beschädigt oder sieht, muß selbigen Jahres sterben. Im innigsten Verhältnis steht dies Seelentier zum Kinde: Kinder werden wohl mit einer Schlange um den Hals geboren, wie in Rom. Die Hausschlange spielt in der Sage gern mit dem Kind des Hauses, teilt mit ihm Speise und Trank, schläft mit ihm in der Wiege und gibt ihm Gedeihen. Als aber einst das Kind, das mit ihr aus einem gemeinsamen Napf Milch und Brocken aß, sie schlug und ärgerlich rief: „Iß auch Brocken!", da siechte es schnell dahin. Seine eigene Seele war getroffen. Die Schlange verwandelt sich also aus der Seele des lebenden und des verstorbenen Menschen zu einem Schutzgeist der Mitlebenden und der

Überlebenden, zu einem Schutzgeist des Hauses. Sie wird die schützende ‚Muhme‘ der ganzen Familie, wie auch das Wiesel und die Kröte. Um 1400 erzählt Nikolaus von Dinkelsbühl von der Muma, daß sie die Häuser besuche und aus offenen Gefäßen esse oder trinke, die dann die Leute alsbald wieder nachfüllten, denn sonst käme Unglück übers Haus. Mit der Muhme wird die Hausotter gemeint sein, der man ja noch viel später einen Milchnapf hinsetzte.

Das Wiesel heißt gemütlich nicht nur Mühmlein, sondern in Spanien auch comadreja Gevatterin, Hebämmelein. Wie der Neugrieche die Hausschlange als „schönes Dingel“ begrüßt, so nennt der Oberbayer sein Hauswiesel „Schöntierlein oder Froie“. In andern deutschen Gegenden heißt es das Jüngferchen, bei den Griechen des Mittelalters „Bräutlein“. Obgleich es den Griechen und Römern ein bekanntes Haustier war, das etwa unsre Katze vertrat, erregte doch sein plötzliches Erscheinen bei einem außergewöhnlichen Unternehmen oder an ungewöhnlicher Stelle Furcht vor Unglück oder Tod. In Athen löste sich die Volksversammlung, in der es sich zeigte, auf; ließ es sich auf dem Dach blicken, so war das ein böses Zeichen wie das Flämmchen auf dem Dach in Deutschland (S. 75). Kommt ein Wiesel mehrmals nacheinander in die Nähe derselben Wohnung, so beruft es jemand daraus ab. So gilt auch seine Vertreterin, die Katze, für einen Hausgeist. Im Aargau „stirbt die schwarze Hauskatze ihrem Herrn vor“. Wieseln oder schwarzen Katzen begegnen, ist im Lechrain und anderswo ein böser Angang. Bläst ein Wiesel den Menschen an, nachdem es die Springwurzel gefressen, so muß er nach Tiroler Glauben sterben.

Ob die Kröten auch jenen andern Indogermanen für Seelentiere galten, ist mir nicht bekannt. Doch wagen die toskanischen Bauern eine Kröte nicht zu töten, weil so oft ein Mensch darin verwandelt ist, und in Sicilien füttert man Kröten im Hause mit Brot und Wein, weil diese „mächtigen Feen“ oder „unbegriffenen Genien“ Glück bringen. Die Germanen sahen in ihnen arme Seelen, namentlich in den

Ostalpen. Aber auch im Badischen ächzt der Geist eines Wirtes als Kröte unter dem Ofen oder auch der eines Geizhalses auf dem mit ihm vergrabenen Geldsack. In Tirol darf man Kröten am Allerseelentage nicht töten, „weil arme Seelen darin sind“, wie sie denn auch an den Quatembertagen gleich armen Seelen zu Kapellen wallfahrten. Wie die römischen Laren oder Ahnengeister in Genien und sogar in Penaten Vorratsgeister übergehen, so hießen die Kröten in Schweden „bolvaetter“ Hausschutzgeister, im Aargau aber „Nahrungshunde“. Diese hielten im Keller die Lebensmittel in gutem Zustand und wurden mit Milch gepflegt. Mißhandelt bringen sie in Skandinavien Unglück und Alpdruck. Dagegen fing man sie am Lechrain wie die Wiesel im Frauendreißigst (15. Aug. bis 13. Sept.), spießte sie und opferte sie in Kirchen.

„Mäusen pfeifen“ heißt „den Seelen ein Zeichen geben“. So pfiff ein schlecht behandeltes Bergmännchen Mäuse und Kinder in den Tannenberg bei Lorsch, der Hameler Rattenfänger Ratten und Kinder in den Koppelberg. Ein Windgeist pfeift den Kindern und ihren Seelen voran. Die von Hatto von Mainz in einer Scheune verbrannten Armen wimmeln als Mäuse aus dem Feuer hervor und verfolgen ihn bis zum Mäuseturm bei Bingen, wo sie ihn auffressen. Eine Mausheilige war die hl. Gertrud, die im krainischen Bauernkalender und im Gertrudenbüchlein als Spinnerin dargestellt wird, an deren Rocken Mäuse und Ratten hinauflaufen, offenbar Seelen, denn man nahm an, daß die Seelen in der ersten Nacht nach dem Tode bei dieser Heiligen herbergten.

Der Sinn dieses Tiermythus ist jetzt klar. Auf ihrer Suche nach Seelenbildern stellte die Phantasie einen überraschenden Zusammenhang zwischen Tier und Mensch, einem kleinen Haustier und dem Edelsten, was er hat, seiner Seele her. Schon von den Indogermanen wurden jene der menschlichen Wohnung anhänglichen Erdtiere als Seelen der Toten des Hauses gedacht. Sie gehörten zum Ingesinde als einflußreiche Ahnengeister, mit deren Wohl und Wehe das der Nachlebenden auf das innigste verknüpft war. Daher die freundliche Pflege und die Furcht, sie zu verletzen oder gar zu töten. So erhob sich das Tierlein mehr und mehr zum Heros, Genius, Schutzgeist der Person und des Hauses. Aus dieser und ähnlichen Seelenvorstellungen erwuchs der namentlich im Norden so reich ausgebildete Glaube an die Folge- und Schutzgeister (siehe unten).

Aber die Verwandlungsfähigkeit der Seele ist eine viel mannigfaltigere. Mochte sich der gemeine Mann mit einem Weiterleben als Haustierchen begnügen, so verlangte die Seele des Vornehmen für ihr öffentliches Auftreten vornehmere Tierformen. In Griechenland zeigte sich der wieder erwartete Ahnherr, der Heros, hier und dort in Wolfsgestalt, in eben dieser oder in Bärengestalt die Fylgja oder der Schutzgeist tapferer Nordleute. Während der kühne Bjarki noch schlummert, kämpft seine Fylgja schon vor seinem Zelte draußen in der Schlacht als Bär, um zu verschwinden, sobald er aufgewacht heraustritt. Die Traumseelen in Tierform schweben dann auch in die Träume Anderer, in denen das Schicksal ahnungsvoll aufsteigt. Kriemhild träumt von ihrem Falken (Siegfried), daß ihn zwei Adler erkrallten (Hagen und Günther), und ähnlich sieht im Anfang der Gunnlaugssaga der träumende Thorstein auf dem Hausfirst einen schönen Schwan (Helga) sitzen, um den zwei Adler (Gunnlaug und Hrafn) kämpfen, bis sie beide im Streit tot herabfallen. Mit einem Falken aber (ihm selber) flieht endlich der Schwan davon. Öfter stürzen im Traum Scharen von Wölfen und Eisbären heran, welche Landesfeinde bedeuten. Andere Verstorbene nehmen je nach ihrem Charakter oder ihrer Lebenslage diese oder jene größere Tierform an. Den Bewohnern der Färöer und Rügens sind die ins Wasser sich werfenden rundköpfigen Seehunde Menschen, die sich ertränkt haben. Auf den Färöern kriechen sie in der Epiphaniasnacht mit ihren Menschenleibern aus dem Balg, um sich mit Tanz und Spiel in den Klippenhöhlen zu ergötzen. Nach dänischem Glauben legt der Seehund jeden neunten Tag seine Haut ab und wird ein Mensch. Auf der Tiroler Alm müssen Hirten, die ihr Vieh mißhandelten, nach ihrem Tode als Stiere, Säue, Hunde umgehen. Beim weinreichen Dorfe Oberflachs poltert das Gespenst eines unredlichen Trottenmeisters, das Trottentier, im Hause herum. Und viele Dorftiere, die abends in der Nähe der Dörfer dem Wandrer aufhocken und ihn irreführen in Kälber-, Hunde- und Schweinegestalt, sind die Seelen von Übeltätern, haben aber oft den Charakter von Wettergeistern.

Auch lebendige Menschen können sich in Tiere verwandeln durch Zauberei. Die Königstöchter des eddischen Wielandsliedes machen sich zu Schwanjungfrauen, und der Iarl Franmar in dem einen Helgeliede nimmt Adlersgestalt an. Die bekannteste und schlimmste Tierform aber ist der Wolf. Er heißt althochdeutsch *Weriwolf,* bei Berthold von Regensburg *werwolf,* in England *werewulf*, *werwolf*, im Norden *vargulfr* (Verbrecherwolf), *varulf.* Noch heute sprechen wir vom Werwolf. Man schwankt, ob man den Werwolf als Mannwolf aus ags. ahd. *wër* Mann oder als Kleidwolf, Wolfsfellbekleideten aus ags. *were*, ahd. *weri* erklären soll. Für die erste Deutung spricht der griechische Werwolfsname: lykanthropos, Wolfsmensch, der bretonische denbleiz Mannwolf und vor allem der inselschwedische folkwarg Menschenwolf, ja auch der entlegenere, aber in seinem Wesen gleichartige indische „Menschentiger". Die zweite Deutung empfehlen die altnordischen Ausdrücke ulfshamr Wolfskleid als Hülle des vargulfr und ulfheđinn wolfsbekleidet, das im ahd. Eigennamen Wolfhetan wiederkehrt. Auch der westfälisch-hessische Werwolfsname Böxenwolf d. h. Hosenwolf, wohl ein Wolf, der eigentlich Hosen trägt, spricht dafür. In Italien galt das allgemeine Wort Versipellis der Fellwechsler, altnordisch hamrammr, der sein Kleid, sein Äußeres zu wechseln vermag. Das erste Zeugnis für Deutschland bringt Bonifacius im 8. Jahrhundert bei, wo er in einem Sermon verbietet, an Hexen und „ficti lupi" d. h. fingierte Wölfe zu glauben; ausführlicher bekämpft Burkhard von Worms, wie es scheint, denselben Glauben an die sogenannten Parzen oder drei Schwestern, die einem Neugeborenen die Gabe verleihen könnten, sich jederzeit in einen Werwolf zu verwandeln. In einigen Familien galt diese Eigenschaft für erblich: ein gewisser Ulfheđinn hat einen Vater Ulfhamr und vielleicht noch einen Großvater Ulfhamr. Aber die nordische Sage (S. 46) von jenem geschilderten, selber so werwölfisch gesinnten größten Skalden, Egil Skallagrimsson, verbreitet noch mehr Licht über die unheimliche Art eines solchen Tiermenschen. Es ist des Dichters eigener Großvater Ulf, der vom ersten Morgengrauen an seine Wirtschaft mit kluger Tatkraft fördert und unablässig seine Knechte zur Arbeit antreibt. Abends aber kann ihn niemand zum Sprechen bringen, er wird in sich gekehrt und schlaftrunken. Nun zeigt er sich im Dunkel seines einsamen Lagers als hamrammr, er nimmt eine andere Gestalt an. Sein Arbeitsdrang erwacht von neuem, schlägt aber nun eine andre, furchtbare Richtung ein. Als Wolf fällt er mit unwiderstehlicher Stärke und Wildheit die Menschen draußen in der Nacht an. Ist die Wut gewichen, so liegt er andern Morgens tief erschöpft im Bette. Man nannte ihn von dieser abendlichen Vertierung Kveldúlfr den Abendwolf. In der Wölsungensage legen zwei mit dicken Goldringen versehene Männer auf neun Tage Wolfsfelle an, um aus ihnen am 10. Tage herauszuschlüpfen und sie vor dem Schlaf an die Wand zu hängen. So finden Sigurds Vater Sigmund und Stiefbruder Sinfjötli diese Felle, ziehen sie über und fahren dann unter Geheul im Walde umher, „mit Wölfen schwelgend und mit eisigem Atem Wunden saugend“. Statt neun Tage muß der Werwolfsmensch nach pommerschen Sagen drei, sieben oder neun Jahre im Wolfsleib beharren. Sieben Jahre dauert diese Verwandlung in der Normandie, in Irland und Armenien. Nach deutschem Werwolfsglauben, der noch immer nicht im Norden und Osten (Hinterpommern), auch da, wo längst die Wölfe ausgestorben sind, erloschen ist, müssen namentlich die in den

Zwölfnächten, zwischen Weihnacht und dem heiligen Dreikönigstage, geborenen Kinder Werwölfe werden. Die Kunst der Werwolfsverwandlung können auch, wie uns Burkhard von Worms soeben gelehrt hat, die Schicksalsweiber den Neugeborenen geben. Nach deutschem Aberglauben wird der siebente Sohn eines Ehepaares ein Werwolf, nach dänischem bringt die Frau, die sich behufs leichter Geburt eines Zaubers bedient, Knaben zur Welt, welche Werwölfe, oder Mädchen, welche Nachtmahren werden. Kenntlich im Norden sind die Menschen, die sich in Werwölfe verwandeln, an zusammengewachsenen Augenbrauen. Zum Werwolf kann sich derjenige selber machen, der einen aus Wolfsleder oder Menschenhaut verfertigten Wolfsgürtel um den Leib schnallt. Er geht nachts aus, um Menschen zu zerfleischen und Vieh zu verschlingen, der Böxenwolf springt den Leuten auf den Rücken.

Die Nennung seines Taufnamens, oder ein Wurf von Stahl und Eisen über ihn weg, westfäl. Blankmaken genannt, oder eine gegen ihn gerichtete Degenspitze oder eine Verwundung entzaubert ihn. Doch wirkt die Verletzung oft nicht sofort, aber sie verrät ihn dann später, indem auch der wieder Mensch gewordene Körper an der entsprechenden Stelle die Wunde trägt. Eine Wolfsfalle, in die man drei Kreuze vom Holz von einem Osterfeuer steckt, fängt ihn. Verfolgt wird er wohl schon wieder zwar als Mensch im Bette angetroffen, aber noch hängt der Wolfsschwanz heraus. In Schleswigholstein galt er auch wohl als „gefroren“ d. h. unverwundbar. Im 16. Jahrhundert bis ins 17. hinein blühten die Werwolfsprozesse namentlich in Nord- und Mittelfrankreich, aber auch in Deutschland. Noch 1589 wurde in Köln Peter Stube, der Werwolf von Epprath, hingerichtet, weil er bekannte, in Wolfsgestalt 13 Kinder zerrissen und ihnen das Gehirn aus dem Kopf gefressen zu haben. 1610 wurden in Lüttich zwei Werwölfe wegen gleicher Untaten hingerichtet.

Dieser allen europäischen Indogermanen und auch den indogermanischen Armeniern gemeinsame, dagegen bei den

Persern und Indern nicht nachweisbare Glaube reicht hoch über die ältesten germanischen Zeugnisse in die Vorzeit hinauf. Schon das alte Griechenland kannte die Werwolfskrankheit, sie spielt schon in die Sage von dem altertümlichen Kultus des Zeus Lykaios hinein. Wer diesem Gotte auf dem hohen arkadischen Berge Lykaion ein Kind opferte, wurde zur Strafe in einen Wolf verwandelt. Enthielt er sich aber neun Jahre des Menschenfleisches, so nahm er im zehnten wieder Menschengestalt an, was an die neuntägige, beziehungsweise neunjährige Werwolfszeit bei den Germanen erinnert. Ferner stimmt zum deutschen Glauben, daß der neugriechische struppige, krallenbewehrte Kalikantsare oder Werwolf, der wie der westfälische Böxenwolf jedem Begegnenden aufhockt und das Gesicht zerfleischt, ebenfalls in den Zwölfnächten geboren wird. Diese Zeit ist auch seine eigentliche Raubzeit, wie die der livländischen und polnischen Werwölfe. Während der russischen und rusinischen Weihnachtsfeier rennen in Wolfspelze Vermummte umher und peinigen in Haus und Hof, wen sie erhaschen, und auch in Deutschland gab es Leute, die sich in der Weihnachtszeit in Wölfe verwandelten.

Der germanische Norden brachte noch eine eigentümliche Abart dieser halb wirklichen, halb eingebildeten Vertierung des Menschen hervor, den Berserkergang d. h. die Berserkerwut. Die Vertierung nahm nämlich in der Wikingerzeit, in der so viele Nordleute ihre Sache auf Raub und Mord und Krieg stellten, einen militärischen Charakter an. Die Berserker d. h. Bärenkleider waren Soldaten, die statt des Panzers ein Bärenfell trugen. Angesichts des Feindes überkam sie eine unsinnige Kampfeswut, die ihnen ungewöhnliche Stärke und außerdem Empfindungslosigkeit gegen allen Schmerz verlieh. Sie scheuten weder Eisen, noch Feuer, zerbissen den Rand ihrer Schilde, stürzten sich mit geschwungenen Schwertern gleich Wölfen heulend in die Schlacht und hieben, was ihnen in den Weg kam, Menschen oder Bäume, nieder. Nach einem solchen Ausbruch fielen sie, wie nach einer schweren Krankheit, in tiefe Erschöpfung. Wie aus dem Krieg, machten sie aus dieser Wut ein Gewerbe und verdangen sich bandenweise dem Könige, der am meisten bot. Die zwölf Berserker des sagenhaften Dänenkönigs Hrolf Kraki kämpften bald an der sächsischen Grenze, bald auf dem Eise des schwedischen Waenersees. Noch Harald Schönhaar um 900 hatte Berserker, die über ihren Panzern Wolfspelze trugen, in seinem Dienst, und sein Skalde Thorbjörn Hornklofi feierte diese brüllenden Helden samt dem Hofnarren und dem Lieblingshunde des Königs. Aber obgleich sie sich oft als Schützlinge Odins ausgaben, wurden sie von den übrigen „Kämpen" mit Mißgunst oder gar mit Verachtung angesehen. So verrauchte die alte wilde Leidenschaft in einer anmaßlichen gewinnsüchtigen Schauspielerei, und was einst vielleicht mehr eine Plage der Ergriffenen gewesen war, wurde nun zu einer schlimmeren Plage ordentlicher Leute. Darum straften die Isländer mit Recht den Berserkergang mit Friedloslegung, wenn aucht nicht mit völliger. Deute ich eine Stelle im Paulus Diakonus 1, 11 richtig, so hätten Südgermanen schon Jahrhunderte vor der nordischen Wikingerzeit solche Krieger gekannt. Als nämlich die Langobarden auf ihrer Wanderung nach Süden auf die Assipiter stießen und die große Zahl dieser ihrer Feinde und ihre eigne geringe sahen, da sprengten sie listig aus, sie führten Hundsköpfe im Lager bei sich d. h. ungeheure Menschen mit Hundsköpfen, die nach Menschenblut dürsteten und, wenn sie keinen Feind erreichen könnten, ihr eigenes tränken. Der aus der gelehrten Literatur des Plinius und Solinus bekannte Name der Kynokephalen, eines fabelhaften hundsköpfigen Volkes, ist an die Stelle der in Wolfs- oder Bärenfell gekleideten langobardischen Vorkämpfer getreten. Im bayrischen oder Tiroler Raufer, der, wenn er keinen Gegner findet, wie ein Stier den Rasen ausrauft, lebt die alte Kampfeswut fort.

Auf diese Nachtseiten menschlichen Geisteslebens fällt vom Seelenglauben her einiges Licht. Denn der eingebildete Wechsel der Hülle oder des Überwurfs, das altnordische „hamskiptast", woran das deutsche „Ausderhautfahren" anklingt, deckt sich im wesentlichen mit der griechischen Ekstasis, dem Austritt nämlich der Seele aus dem Körper. Verläßt die Seele diesen im Tode dauernd, im Traume oder auch in der Ohnmacht vorübergehend, so macht sie sich auch in der Verzückung frei von ihm oder wird vielmehr seine Herrin. Sie reißt ihn mit sich in ihr neues fremdartiges Treiben hinüber. Der tiefeingewurzelte Wahn, daß bei Tod und Traum die Seele eines kampflustigen Mannes als Kampftier, Wolf oder Bär, zum Vorschein komme, mochte im aufregenden Dunkel des Abends einen ruhelos tätigen Mann dazu aufstacheln, sich selber in ein solches Tier verwandelt zu fühlen. Er mochte seinen Sinnen und Gliedern eine melancholische Wildheit aufzwängen, wie sie den Wolf zu erfüllen schien, wenn er in der Stille der Nacht einsam die Herde würgte. Von demselben Wahn beherrscht konnten Leute das nächtliche Treiben ihres rücksichtlos rührigen Herrn leicht nach dieser Richtung hin deuten und seine etwaigen Erzählungen für wahr halten. Bis wie weit die Wirklichkeit dem Glauben entsprach? Man behauptet, den Werwolf könne man morgens mit bleichem Gesicht und Blut im Bart heimkehren sehen. Hieß doch auch der Verbannte, der wegen Friedensbruchs aus der menschlichen Gesellschaft Gestoßene, schon bei den Goten und den salischen Franken ein Warg, ein Wolf, oder ein Waldgänger, der im dunklen Wald ein Wolfsleben führte, ein Wolfshaupt, ags. wulfes heáfod, trug und überall auch im Heiligtum als „vargr í veum", Wolf im Tempel, gehetzt wurde, gehetzt, so weit der Himmel sich wölbt und Menschen wohnen. Denn Bär und Wolf sind nach dem altnordischen Gesetz, wie nach dem Sachsenspiegel überall, selbst im Bannforst, friedlos.

Die Werwölfe trieben in der dunkelsten Zeit des Jahres, in den Zwölfnächten, ihr Unwesen oder waren in dieser Zeit geboren. Legt ein Werwolf am 9. Tage oder auch erst im 3., 7. oder 9. Jahre sein Fell ab, so hängt das wieder mit dem Seelenglauben zusammen. Soeben ist mitgeteilt worden, daß der in einen Seehund verwandelte Ertrunkene jeden neunten Tag seine Haut abstreife, um wieder Mensch zu werden, und überhaupt pflegt der Verstorbene, insbesondere der vorzeitig Verstorbene, am neunten Tag nach seinem Tode in Deutschland wie in Altgriechenland wiederzuerscheinen, wann nämlich die Zeit der ersten Versöhnungsopfer für die Toten abläuft. In Pommern heißen solche Wiedergänger Neuntöter, weil ihr werwölfisches Treiben neun Jahre dauert, ein Zeitraum, den in Griechenland die Selbstverbannung, das Wolfsleben, nach einem Morde erheischte. Ja der aus dem Grab gestiegene Wiedergänger geht nun geradezu als Werwolf um, wie im Jahre 1685 der verstorbne Bürgermeister von Ansbach. Die umgehende Leiche also nimmt nun wirklich die Gestalt des zauberisch verwandelten lebenden Menschen an. In Pommern namentlich werden nicht zur Rechenschaft gezogene Verbrecher nach ihrem Tode Werwölfe, die sich von Menschenfleisch nähren, sowie in der Normandie die Leichen Verdammter in Werwolfsgestalt Sarg und Hügel durchbrechen. Der englische König Johann ohne Land soll nach seinem Tode ebenfalls als Werwolf umgegangen sein. Wenn nun außerdem in Danziger Sagen dieser Gräberwerwolf zum Vampyr wird, so erkennt man wiederum, in wie alten Geleisen dieser düstre Glaube fährt. Denn der griechische Heros kehrt auch in Wolfsgestalt wieder und verübt Vampyrtaten. Auffallend erzählt die inselschwedische Sage, daß die Wölfe die Wiedergänger zerreißen, wo sie dieselben nur finden. Als ob sie in ihnen Nebenbuhler witterten.

Die Berserkerwut aber gleicht mehr jener Ekstase der Bacchantinnen, die in der nächtlichen Feier des thrakischen Gottes Dionysos durch heftige Wirbeltänze zur Raserei gesteigert wurde. Mit geschwungnen Dolchen oder Thyrsosstäben, Schlangen würgend und zerreißend, trugen sie Feuer auf ihrem Lockenhaupt, ohne dessen Brand oder eine andere Wunde zu empfinden, und zerrissen mit ihren Zähnen das blutige Fleisch der Opfertiere, bis auch sie erschöpft zusammenbrachen. Hier haben wir die weibliche, griechische, dort die männliche, nordische Form der Ekstase; der wilde Tanz ist hier, der wilde Kampf dort die Triebfeder der Raserei.

Von dieser Episode aus dem Seelentaumel Lebendiger rufen uns nun die Seelen der Toten wieder zu sich zurück. Denn außer dem Reiche der Lüfte und dem der Tiere sucht die Seele sich auch noch die gleichsam mitteninne liegende Pflanzenwelt dienstbar zu machen, diese jedoch nur mit halbem Erfolg. Die Bäume und Büsche, die um die Wohnung wuchsen, gehörten zwar auch, fast wie die Haus- und die besprochenen Seelentiere, mit zur Familie. Aber auf einen Fleck gebannt, zeigten sie doch kein ausreichendes Maß der Lebendigkeit, daß auch sie für wirkliche, vollgiltige Seelenverkörperungen gelten konnten. Um so besser eignete sich ihr dichtes, bald stummes, bald leise flüsterndes oder laut rauschendes Laub zum Aufenthalt der Seelen, namentlich solcher Verstorbener, die von ihrer heimlichen grünen Warte herab das Wohl der hinterbliebenen Ihrigen wachsam behüteten. Am längsten hat sich diese gewiss einst gemeingermanische Vorstellung im schwedisch-norwegischen Vård- oder Boträd Wacht- oder Hausbaum erhalten. Wir erinnern uns des Vård, wie er als Schlange oder auch als Licht oder als des Menschen Scheinbild, also immer als Seele, sich offenbart, und der Boträd wird auch geradezu der Baum der Tomtegubber, der Gehöftsahnen, genannt, die im altschwedischen ‚Seelentrost‘ sogar (tadelnd) Tomtegudha d. h. Gehöftsgötter heißen. Ein solcher Baum wurde durch Opfer und Gebet geehrt und von Schwangeren in ihrer Not umklammert, nicht weil er selber eine Seele oder ein Gott, sondern weil er der Sitz einer Ahnenseele, eines Schutzgeistes des Hauses, war. Darum leiteten manche schwedische Familien von einem solchen Baum ihren Namen ab, unter andern von einer dreistämmigen Hoflinde die drei Familien Lindelius, Tiliander (d. i. Lindemann) und die weltberühmte des Linnaeus oder Linné. Aber der Glaube an eine eigentliche Verwandlung der Seele in einen Baum oder eine Blume, den Koberstein für altindogermanisch hält, scheint ein später zarter Seitenschößling des markigen Wiedergängerglaubens zu sein. Hin und wieder hört man z. B. von drei verfluchten und vom Blitz erschlagenen Jungfern, deren Seelen in drei große Bäume fuhren. Nach vielen Volksliedern und Ortssagen sprießen die Seelen Ermordeter oder unschuldig Gerichteter oder jung gestorbener Liebender aus dem Grabe oder dem hinströmenden Blut als weiße Lilien, rote Rosen, Myrthen und Epheu, ja als Eichen und Ebereschen hervor. Ruhen zwei Liebende darunter, so neigen und verzweigen sich die Gewächse, ‚wär'n gern einander nah'. In der englischen Ballade von Margret und William klettern die Rosenranken aus ihrer Brust sogar bis zur Turmspitze der Kirche, in der sie begraben liegen, empor und verschlingen sich hier in einen Liebesknoten. „Das Gemüt vermag es nicht zu tragen, daß zwei jugendliche Wesen, deren Dasein soeben eines in dem andern erst erfüllt und vollendet werden sollte, so auf einmal auseinandergerissen oder beide zugleich der Zeitlichkeit entrückt sein könnten. Es ruft die Phantasie zu Hilfe, daß sie aus dem Tode ein neues Leben hervorgehen lasse, in dem sich das alte fortsetze, an das sich das Gemüt sinnlich halten, das es anschauen könne". Man könnte auch in den Grabesblumen gewaltsam oder unschuldig Getöteter ununterdrückbare Zeugen der Unschuld sehen, die das von einer späteren Naturauffassung Tieren und Pflanzen beigelegte Mitgefühl unwiderstehlich aus der Unglücksstätte hervorgetrieben hätte. So wächst denn auch hinwiederum an solchem Ort kein Gras, und eine Fichte bleibt dort stets klein und dürr. Trostlose Trauer hängt darüber wie eine ewige Strafe. Aus dem Munde eines in der Schlacht gefallenen Königs wächst eine hohe Eiche, aus dem Grabe eines Selbstmörders ein Dornbusch oder eine Distel. Unter den alten Hagebuttensträuchern der nordfriesischen Gräber hausen Wiedergänger.

Alle bisher besprochenen Seelenformen überbot an tiefer Gemütswirkung und poetischer Triebkraft weitaus die Erscheinung der Seele in Menschengestalt. Aus dem Traumbild oder auch dem wachen Phantasiebild, wie es im gram-

oder schreckerschütterten Gemüte der Überlebenden nach dem Tode eines verehrten, geliebten oder eines gefürchteten, gehaßten Angehörigen aufzusteigen pflegt, wurde ein mit voller Lebensgröße des Verstorbenen ausgestatteter Geist. Zuweilen schwebt er nur als ein Schatten vorüber wie der Geist von Hamlets Vater. Öfter aber ist der Wiederkehrende von Grabesdunst umwittert, entstellt oder verklärt, abgeblaßt oder gedunkelt, zuweilen ins Riesenhafte ausgereckt. Bald schwebt er still und flüchtig herbei, bald tritt er mit festem Fleisch und Bein in seiner leibhaftigen Gebärde und mit seiner Gemütsart mitten unter die Menschen, namentlich nach nordischer Sage mit übermenschlicher Höllenkraft ausgerüstet. In ihm, dem meist furchtbaren Heimsucher, aber auch wohl dem Helfer und Tröster der Überlebenden, dem phantastischen Wiedergänger, hat der Seelenmythus seinen höchsten, gleichsam klassischen Typus geschaffen und zugleich eins der wertvollsten Zeugnisse urältester Menschenkunde hinterlassen. Der an die Elemente, Tiere und Pflanzen geknüpfte Seelenglaube hatte entweder einen unbestimmten oder doch einen überwiegend ruhigen idyllischen Charakter, der Wiedergängerglaube legt wie kaum ein andrer das innerste Wurzelwerk der ältesten menschlichen Seele bloß. Aus ihm strömt eine leichenduftige und doch zum Leben drängende Poesie hervor, welche die ganze Tonleiter menschlicher Gefühle von der jämmerlichsten Gespensterangst durch die heißesten Gewissensqualen und die ergreifendsten Muttersorgen hindurch bis zu dem andachtsvollen Schauer durchläuft, den auch wir vor einer überirdischen Geistermacht empfinden.

Der Ursprung dieses wilden, lebenssehnsüchtigen Glaubens, der doch auch ausnahmsweise so innig und zart sein kann, liegt in jener fernen Steinzeit, wo man die Toten, ihre ganzen Leiber, begrub, nicht in der späteren Zeit des Leichenbrandes, der nur ein paar Knochen in einem Häufchen Asche zurückließ. Er liegt in jener Zeit roher Gewalttat, Blutrache und Selbsthilfe, in der der Mörder nach seiner Untat zwar Gewissensangst nicht empfinden mochte, wohl aber das verwandte unbezwingbare Gefühl, daß der Gemordete ein Recht auf Vergeltung habe und zumal, wenn dieser keine rächenden Erben besaß, als Ungesühnter sich selber zu blutiger Sühne erheben müsse. Denn seine ergrimmte Seele lebte und vermochte den begrabenen Leib zu vorübergehendem Nachleben mit sich fortzureißen, wie die Werwolfsseele den lebendigen in die ihr entsprechende Gestalt zwang. Aber nicht nur Ermordete kamen wieder, sondern alle, die im Leben oder im Tode nicht ihr Recht bekommen hatten, die, vor der Zeit gestorben, vom Leben nicht lassen wollten, oder die ungenügend bestattet waren. Wiederum liegt uns in der Wiederkehr solcher Toten ein indogermanisches Glaubensstück vor.

Schon im alten Indien plagten Wiedergänger ihre Hinterbliebenen und fuhren die Seelen ungeborener Kinder als Blutsauger um. Die Preta d. h. die Hingegangenen irrten zunächst hungernd auf Erden umher, bis sie durch ein besonderes Opfer zu den Pitaras oder Ahnen ins Jenseits geführt waren. Die Pitaras aber schützten oder straften ihre Nachkommen, je nachdem sie geehrt oder vernachlässigt wurden. Ein aus Kummer über die Untreue seiner Frau gestorbener Mann kommt jede Nacht, sie zu peinigen. Doch man verwarf den Glauben, daß Hausväter nach ihrem Tode als Dämonen ihre Gräber aufsuchten. Für das Kastenwesen ist dieser alte Glaube verwertet, wenn im Mahabharata die Brahmanenhasser nach dem Tode zu Unholden werden. — Die Perser dachten offenbar ähnlich. Denn Xenophon scheint ihren Glauben richtig aufgefaßt zu haben, wenn er den sterbenden König Kyros daran erinnern läßt, daß die Seelen derer, die Unrecht erlitten, den Mördern Schrecken einflößten. In Griechenland spielte der Glaube an die Wiederkehr der Toten in verschiedenen Farben. In der Ilias fleht die Seele des Patroklos, in Euripides' Hekuba der Schatten des ermordeten Polydoros um Bestattung, beide, weil sie Ruhe finden möchten. Nach Hesiod werden die Menschen des ältesten, goldenen Geschlechts nach ihrem Tode Dämonen auf der Erde, Wächter der Menschen, die ‚in Nebel gehüllt' d. h. unsichtbar Recht und Unrecht beobachten. Plato gab, wenn er auch etwas von seiner Philosophie hineinvernünftelte, doch deutlicher den volkstümlichen Grund der Unruhe gewisser Toten an. Seelen, die ihre Sinnlichkeit nicht ablegen, meint er, umschweben längere Zeit ihre Gräber, da die sinnliche Leidenschaft die Seele wie mit einem Nagel an den Körper hefte und sie selber fast körperlich mache. Der Gemeinglaube aber kannte zwei große Klassen von Wiedergängern, nämlich die Aoroi, die vor der Zeit Gestorbenen, und die nach dem Tode Vernachlässigten. Zu jenen gehören die eines gewaltsamen Todes, sowie die kinderlos oder unverheiratet Gestorbenen, zu diesen die Unbestatteten, auch die ohne die gebührlichen Totenopfer Gelassenen. Was ihnen lebend oder tot entzogen wurde, suchen ihre Seelen einzubringen, indem sie entweder einzeln als rachgierige Irrgeister Alastores umgehen oder scharenweise im Heer der Hekate beängstigend einherziehen. Namentlich die Heroen mit ihrem reizbaren Ehrgefühl machen gefürchtete Angriffe auf ihre Beleidiger. Sie quälen mit vampyrartigem Alpdruck, stürzen ganze Familien ins Verderben, erwürgen jeden, der ihnen begegnet, und verhängen sogar über weite Landschaften Dürre und Seuche. Darum spielen sie im Zauberwesen einst wie heute eine bedeutsame Rolle. Aus dem Grabe trieb es noch die widerwillig zum Christentum bekehrte „Braut von Korinth", den ihr genommenen heidnischen Bräutigam zu umarmen und seines Herzens Blut zu saugen. Der neue Glaube vermochte nicht diesen mächtigen Zug nach Vergeltung und Befriedigung zu ersticken: die Manes, die Ahnen, auch noch christlicher Römer wurden durch Rachsucht oder Mitleid auf die Oberwelt zurückgeführt.

Bei allen Germanen hieß oder heißt dieses Wesen der *Wiedergänger*, französisch *revenant*, oder allgemeiner *Gespenst*, *Draugr*, Trugbild, mundartlich *Ungeheuer*, *Nachzehrer*, *Neuntöter*. Sein Tun ist der Wiedergang, der Nachspuk, das Umgehen. Groß ist die Schar der germanischen Wiedergänger: Ermordete, Ertrunkene, Verhungerte, Liebende,

Kindbetterinnen und diejenigen, die in ihrer Sterbestunde nicht den Beistand ihrer Söhne oder nicht ein ehrliches Begräbnis gefunden haben; aber auch solche, denen noch im erkalteten Herzen der Gedanke an ihre Untat oder auch die Sorge um Hab und Gut brennt, oder denen ein Gelübde oder auch die Lust am Saus und Braus der Jagd keine Ruhe läßt, oder Kinder, die hilflos oder, wie man später sagte, ungetauft dahingerafft sind. Nach diesen ihren verschiedenen wirklichen Schicksalen gestaltete sich das Nachschicksal, das Schein- und Trugleben des Wiedergängers, das ihn rächen, sühnen, trösten, befriedigen, schadlos halten soll, sehr verschieden. Und so bekommt jeder dieser so schroff abgerissenen Lebensläufe ein meist unheimliches, zuweilen aber unsäglich rührendes Nachspiel; der schrille Schlußakkord ihres Lebens klingt noch einmal dumpf wider.

Die ältesten Wiedergänger scheinen die Seelen von Ermordeten und Mördern gewesen zu sein, von denen der eine den andern zum Bruch der Grabesruhe aufregt. Schon die bloße Nähe des Mörders, des „Mortmeilen“, macht das starre Blut des auf der Bahre liegenden Erschlagenen fließen. Als Hagen an Siegfrieds Bahre trat, „flossen die Wunden sehr“. Als Richard Löwenherz sich der Leiche seines königlichen Vaters näherte, da brach aus dessen Nase das Blut hervor, als ob es zu Gott über den schreien wollte, der für die Ursache seines Todes gehalten wurde. Im Jahr 1503 troff das Blut einer aufgegrabenen Baslerin durch die Bahre, als ihr Mann ihre Ermordung abschwören wollte. Der schon indische Glaube an dieses in Mitteleuropa freilich erst in den französischen Artusromanen des 12. Jahrhunderts bezeugte Bahrgericht scheint im badischen Volke selbst heute noch nicht ganz erloschen. — Ermordete und andere Verunglückte müssen nach ostdeutschem Glauben so lange umgehen, als sie noch hätten leben können. Nach altnordischem Gesetz begrub man mit Tod gestrafte Verbrecher auf der Flutgrenze, als ob das wiederkehrende Wasser seine Wiederkehr hindern solle. Die Bedeckung, das Hüllen „hylja“ der Leiche, wurde später im Norden gesetzliche Pflicht eines jeden, der den Leichnam fand; sogar der Mörder hatte sie an seinem erschlagenen Gegner zu erfüllen. Unterließ er sie, so wurde er eben deswegen geächtet und fühlte sich selber der Rache des wiederkehrenden Gemordeten nun aus doppeltem Grunde preisgegeben. Nach dem angelsächsischen Gesetz soll der Mörder dem Getöteten nichts nehmen, sondern ihn auf den Schild legen, das Haupt nach Westen, die Füße nach Osten gerichtet. Mit solcher Strenge wahrte das bajuwarische Volksrecht die Unverletzlichkeit der Toten, daß selbst derjenige, der beim Wegschießen der Aasvögel die Leiche mit dem Pfeil verwundete, in Todesstrafe verfiel. — Unter den Mördern sind vorzugsweise die Selbstmörder zur Wiederkehr geneigt; sie müssen fort und fort nach dem Ort ihrer Entleibung hinwandeln, der für so unheimlich gilt, daß man dort nicht ruhig sterben kann. Nach altschwedischem Gesetz sind sie zu verbrennen, damit sie nicht nach ihrem Tode andres ehrliches Volk heimsuchen. Geschwächt kommt der Wiederkehrsgedanke zu neuerem Ausdruck, wenn die Hand des Vatermörders, ja des Kindes, das nach den Eltern geschlagen hat, sowie die des Meineidigen, Diebes, Baumfrevlers sich aus dem Grab emporstreckt. — Ertrunkene wollen ihr Teil am Totenmahl: so tritt der ertrunkene Isländer Thorodd noch naß mit seinen Unglücksgefährten neun Tage nach seinem Untergang in die Halle, wo man bereits zu seinem Totengedächtnis das Erbbier trinkt. So behält auch in Schwaben das Wasser den Ertrunkenen neun Tage, um ihn dann wieder auszuwerfen. In Steiermark wandelt der Ertrunkene so lange in der Nähe seiner Unglücksstätte, bis er einen verlockt hat, ebenfalls zu ertrinken. — Furchtbar rächen sich die nicht gebührlich Bestatteten. Nach der altisländischen Eyrbyggjasaga schieden eines Abends der herrische Thorolf und sein Sohn in Groll von einander. Heimgekommen setzte sich der Alte in seinen Stuhl, sagte nichts, aß nichts; seine Leute gingen schlafen. Als sie andern Morgens wieder eintraten, sitzt Thorolf noch immer da — tot! Als der herbeigerufene Sohn bemerkt, wie das Gesinde über den auf dem Antlitz des Toten lagernden Unmut erschrocken ist, nähert er sich dem Stuhle von hinten, zieht den schweren Greis rückwärts auf seine Schultern und schlägt seinen Mantel um dessen unversöhntes Haupt. Darauf läßt er die Wand durchbrechen, und durch das Loch, das dann wieder geschlossen wird, schleift er ihn ins Freie. Wozu das alles? Zu der germanischen Totenbesorgung, den nordischen „nábjargir Totenhilfen“, wie zu den griechischen gehörte es, gleich nach dem Eintritt des Todes dem Verstorbenen die Augen zuzudrücken, wie es scheint, damit nicht der unheimlich gebrochene Blick als „böser Blick“ Unheil stifte. In Deutschland belegte man noch dazu Augen und Mund mit einem Steinchen oder Geldstück, das ursprünglich ebensowenig wie die griechische Beigabe des Naulon oder Fährgelds für einen unterirdischen Fergen bestimmt, sondern eine Geldabfindung für den Toten war. Dem gefürchteten Verstorbenen zog man in anderen altnordischen Sagen auch eine Haut über den Kopf. Ähnlich wie den Thorolf im Norden, schleifte man in Deutschland einen toten Missetäter unter der Schwelle hindurch, damit er den Heimweg nicht fände, ja noch heute wird hie und da aus demselben Grunde die Leiche nicht durch die Türe, sondern durch das Fenster hinausgebracht. Aus Furcht vor der Wiederkehr bricht man auch im fernen Indonesien eine Öffnung durch die Mauer. Aber den vernachlässigten Thorolf bezwangen alle solche Vorsichtsmaßregeln nicht; nach Sonnenuntergang tobte er furchtbar unter Mensch und Vieh und verwüstete selbst den Acker, bis er umgebettet und sein neues Grab hoch umzäunt wurde.

Viele brechen ihren eigenen Grabesfrieden aus unstillbarer Kampfbegier, Waidlust, Habgier und aus Geiz. Gleich den marathonischen Kämpfern erheben sich die Gefallenen der katalaunischen Schlacht zu neuem Waffengange. Hilde, Högnis Tochter, weckt auf der Insel Haey durch Zauber die samt ihren Waffen zu Stein gewordenen Erschlagenen wieder auf, und so sollen sie immer wieder kämpfen bis zur Götterdämmerung. Nach einer deutschen Sage sprangen einmal Tote aus den Gräbern den Ihrigen bei, als diese schon unterliegen wollten. Leidenschaftliche Jäger, später namentlich solche, die ruchlos den Feiertagsfrieden nicht geachtet haben, gesellen sich als Wiedergänger der wilden Jagd bei. Leidenschaftliche Hauswirte kommen wieder. Der Isländer Vigahrapp ließ sich dicht unter der Küchentür stehend begraben, um von dort aus nach seinem Tode die Wirtschaft bequemer überwachen zu können. Weil ihm aber die Knechte nicht genügten, quälte und tötete er sie voll Zorns, ja er verödete dann seine ergibigen Äcker, Lachs- und Seehundweiden. Darum grub man ihn wieder aus, verbrannte ihn und streute seine Asche ins Meer. Milder als der Isländer verfuhr der Geist eines oberschwäbischen Bauern, der seiner Kinder wegen gern nach Scheuer und Stall schaute und jeweils den saumseligen Knechten eine „Humse" Ohrfeige versetzte. Fridthiofs Vater will dem Grabe seines Königs gegenüber am Strande begraben sein, daß sie sich bequem über den Fjord hinüber zurufen können, wenn Wichtiges bevorsteht. — Endlich haben Geizhälse, Wucherer, Betrüger, Wortbrüchige, ja in Norwegen selbst Trunkenbolde und Spötter keinen Grabesfrieden, sondern gehen um. Zumal in den langen Winternächten um Weihnachten. Da läßt sich der gottlose Fastenverweigerer anfangs undeutlich sehen. Die Kühe, die ihn erblicken, werden wild und stoßen einander, die Menschen verlieren den Verstand, mit zerbrochenen Knochen findet man sie am andern Morgen. Und selbst der furchtloseste aller Menschen, Grettir, ist einer Ohnmacht nahe, als er den von ihm besiegten Wiedergänger bei seinem Fall seine grauen Augen starr auf den Mond richten sieht. Um ihn dann unschädlich zu machen, wird sein abgeschlagener Kopf gegen seinen Hintern gesetzt und auf „kalten Kohlen" verbrannt.

Mit versöhnendem Glanz leuchtet in dieses Reich düsterer Vorstellungen die Liebe hinein, die Brautpaars-, die Gatten- und die Mutterliebe. Die Mitglieder eines eng verbundenen Menschenpaars treibt es zu einander, aus dem Leben zum Tode, aus dem Tode zum Leben, mit unwiderstehlicher Sehnsucht, mit unverbrüchlicher Treue. Der Wiedergängerglaube verklärt sich zu unvergänglicher Poesie. Im zweiten Eddaliede von Helgi, dem Hundingstöter, nimmt Odin den gefallenen Helden in Walhall auf. Aber es wird ihm eine „Heimfahrt“ erlaubt, und die Magd seiner Witwe Sigrun sieht ihn mit stattlichem Gefolge zu seinem Grabhügel reiten und berichtet der Herrin, das Grab Helgis sei offen, der Fürst sei gekommen und bitte sie, das Bluten seiner Wunden zu stillen. So ging denn Sigrun ins Grab zu Helgi und sprach:

„Nun will ich küssen dich leblosen König,
Bevor du die blutige Brünne abwirfst.
Dein Haar ist, mein Helgi, von Reif durchdrungen,
Ganz bist du von Leichentau bespritzt.“

Darauf er:

„Du allein verschuldest, Sigrun von Sefafjöll,
Daß Helgi mit Leidestau benetzt ist.
Du weinst, Goldgeschmückte, grimme Zähren,
Du Sonnenhelle, eh' schlafen du gehst.
Jede fällt blutig auf die Brust des Helden,
Naßkalt, tiefdringend, kummerschwer.“

Und nun trinken sie zusammen im Hügel köstlichen Trunk, und selig ruht sie die Nacht dem Toten im Arme, bis es Zeit für ihn ist, auf fahlem Rosse die morgenroten Himmelswege zu reiten. Es war ein alter, nun den alten Weibern überlassener Glaube — so heißt es in einem Prosazusatz zum Gedicht —, daß die Beiden wiedergeboren seien, er als ein anderer Helgi und sie als Kara. Es ist der höchste Schluß des Wiedergängertums, der auch noch hie und da im Norden gezogen wird: die Wiedergängerseele kommt nicht zu einem bloß scheinbaren, sondern zu einem vollen neuen Leben wieder. Und zwar kann sie auch nach dem Prosazusatz in einer andern Person wiedergeboren werden, sich also auf die Seelenwanderschaft begeben. Denn auch die Seelenwanderung war dem Norden nicht ganz fremd. Das Gedicht aber gibt der alten einfachen Wiedergängersage, die offenbar an das irdische Grab als alleinigen Wohnsitz des Toten gebunden war, ebenfalls eine andre neue Wendung. Sie spielt sich nun, der Einheitlichkeit des Schauplatzes beraubt, auf dem prunkvolleren Hintergrund des später erfundenen Totenreiches, der Walhalla, ab. Das germanische Volkslied aber bewahrt überall die ältere einfachere und wohl ergreifendere Fassung. Der dänische Ritter Aage kehrt aus dem schwarzen Grund zu seiner herzwunden Braut Else zurück, die ihn fragt, wie es in seinem Grabe sei, indem sie unter Tränen seine welken Haare kämmt. Er antwortet:

„Jedesmal daß du dich freuest
Und dir ist froh dein Mut,
Da ist mein Sarg gefüllet
Mit Rosenblättern rot:
Jedesmal daß du voll Sorgen
Und dir ist schwer dein Mut,
Da ist mein Sarg gefüllet
Ganz mit geronnenem Blut."

So folgt sie dem wieder Versinkenden in den schwarzen Grund, sowie in Schottland Margarete, bis an die Kniee geschürzt, dem Geist ihres Wilhelm durch die lange Winternacht nacheilt, bis der Hahn kräht und er verschwindet im Nebel und läßt sie ganz allein. Da bricht ihr holder Leib tot zusammen. Und nun steigt vor uns jenes unvergleichliche Stimmungsbild des deutschen Volksliedes auf, aus dem Bürgers Lenore hervorgegangen ist:

Der Mond scheint so helle,
Die Toten reiten schnelle.
„Feins Liebchen, graut dir nicht?"

Im Volkslied des mährischen Kuhländchens nässen die Tränen der Witwe das Hemde des Eheherrn im Grabe so sehr, daß sie, wie sie davon hört, hineindringt, um immer bei ihm zu bleiben. Umgekehrt kommt in Pommern die heißgeliebte Frau allnächtlich aus ihrem Grabe ans Bett ihres Gatten, um ihm freundlich zuzusprechen, bis er eines Morgens auf ihrem Grabe gefunden wird, lang ausgestreckt, als ob er das Gras hätte küssen und mit seinen Armen umfangen wollen. Milder und behaglicher äußerte der Iarl Thorgnyr seine Anhänglichkeit an die verstorbene Gattin, wenn er gern auf ihrem nah bei der Wohnung gelegenen großen Grabhügel bei guter Mahlzeit saß, Rat erteilte und den Spielen zusah. Wie leidenschaftlich tanzt dagegen die tote Braut im Aargau auf dem Kreuzweg so lange fort, bis ihr der Bräutigam nachstirbt! Man mag sie im Wirbelwind, der die Kreuzwege liebt und Windsbraut heißt, zu sehen geglaubt haben.

Alt ist auch die rührende Geschichte von der Wiederkehr der im Kindbett verstorbenen Mutter zu ihrem hinterbliebenen Kinde. Wochenlang kommt sie in jeder Mitternacht mit leisen Tritten, das Licht verlischt, und bald hört man das Kind an ihrer Brust begierig saugen, oder sie kocht ein Müslein und wäscht die Windeln. Sie wiegt und singt es ein, bei ihm wachend bis zum ersten Hahnschrei. In Oberelsaß tränkt die Mutter Gottes, auf die die Mutterpflichten übertragen sind, in stillen Nächten gütig das mutterlose Kindlein am Milchbrunnen. Dann lächelt es am Morgen in der Wiege mit seinem Milchbärtchen. In Schlesien bereitet man solcher Kindbetterin das Bett. Wo man aber ihre Wiederkehr nicht wünscht, breitet man die Windeln ihres Kindes, mit Steinen beschwert, über ihr Grab. So bleibt sie dort. Grausam hielt man zu Burchards Zeit, um das Jahr 1000, eine samt ihrem Kinde in den Wochen gestorbene Frau fern; man heftete beide mit einem Pfahl im Grabe fest. Auch ein ungetauft gestorbenes Kind durchbohrten Weiber mit einem Pfahl, damit es sich nicht aus dem Grabe erhöbe und Schaden anrichte. Nach der neueren Sage tritt das Kind in seinem Totenhemdchen vor der weinenden Mutter Bett und fleht: „Ach Mutter, höre doch auf; ich kann in meinem Sarge nicht einschlafen, mein Hemdchen ist noch immer naß von deinen Tränen!“

Leichenpfählungen trafen nach Saxo Grammatikus auch

den blutsaugenden Wiedergänger Asvit und sollen noch in neuerer Zeit in Pommern tote Kindbetterinnen und ungetaufte Kinder getroffen haben. Oder man trennte des Wiedergängers Kopf ab oder durchschlug ihm die Sohlen. Oder man grub ihn, wie Thorolf und Vigahrapp (S. 97. 98), wieder aus und verbrannte ihn. Erklärt sich daraus, daß so manchen Toten Kopf, Hände und Füße, abgeschnitten und verbrannt, neben den übrigen Gliedern beerdigt wurden und in andern Gräbern wiederum nur der Schädel vorhanden war? Das waren übrigens nicht besonders germanische Maßregeln, sondern z. B. die Griechen ergriffen gleich erbarmungslose. Die Inder legten der Leiche nur eine Fußfessel an, um sie an der Wiederkehr zu hindern. In Altgriechenland aber schnitt der Mörder wohl dem Erschlagenen einzelne Glieder ab, um ihn zu schwächen, und hängte sie sich um den Nacken. In Neugriechenland nagelte man die Hände und die Füße des Wiedergängers fest, oder man riß ihm das Herz aus, zerstückelte und verbrannte es, oder man verbrannte den ganzen Körper. Den Wiedergänger unschädlich zu machen, beabsichtigt auch der uralte weltweite Brauch, Steine auf eine Mordstätte zu werfen. Zauberer, Räuber, Geächtete, selbst noch nicht ganz tote, steinigten die Nordleute, um sie von weiterer Untat abzuhalten, und warfen noch später beim Vorübergehen Steine auf solche Haufen in demselben Sinne. In Schweden fürchtete man andernfalls von dem Erschlagenen irregeführt zu werden. Nach oldenburgischem und voigtländischem Glauben schafft am besten eine tiefe Einsenkung der Leiche oder eine feste Rasendecke der armen Seele Ruhe. Ein geistigeres Mittel war die Beschwörung, mit der man in England Wiedergänger feierlich in die See und in Deutschland später ein Geistlicher in den Wald oder auf einen hohen Berg z. B. den Feldberg bannte.

Aber nicht nur gegenüber den zur Wiederkehr durch ihr Schicksal bestimmten Toten, sondern auch gegenüber den unter gewöhnlichen Umständen Verstorbenen und gebührend Begrabenen überwog die Furcht oder doch die

Vorsicht die hingebende Verehrung, die sich erst später und auch dann nur vorzugsweise unter den höheren Ständen breitere Bahn machte. Hingen doch auch die gutmütigen und ungekränkten Sterbenden so fest am Leben, daß ihnen schon jedes Bedauern der Anwesenden das Sterben schwer machte. Die Furcht war der Grundzug der altgermanischen *Totenbehandlung*, wovon Burchard von Worms ums Jahr 1000 das erste vollere Zeugnis ablegt. Er erwähnt nicht nur jene schauerlichen Pfählungen von Mutter und Kind, sondern auch lustige Leichenwachen, Körnerverbrennen und Kammklappern im Sterbehause, Aufsetzen des Sarges auf die Mitte eines auseinander gezogenen Wagens, Schütten von Wasser unter die Totenbahre und anderes. Aber auch die Volksüberlieferung ist hier besonders reich und fest. Durch ganz Deutschland und auch im Norden wurde der Seele des Verstorbenen alsbald das Fenster zu freiem Davonflug geöffnet, wo sie nicht etwa leicht von der freien Diele aus durch ein Loch im Dache oder den Schornstein entkommen konnte. Jeder Topf wurde umgekehrt, daß sie unterwegs nicht unterschlüpfe, das Geschirr des Toten zerschlagen, daß es ihn nicht festhalte. Nichts im Hause durfte rundum gehen, kein Spinn-, noch Wagenrad, etwa um ihn nicht aufzuregen. Andererseits wurde alle Frucht gerüttelt, Wein und Bier geschüttelt, damit das nicht abstände, alles Vieh im Stalle aufgejagt und diesem, wie auch den Bienen, ja selbst den Bäumen der Tod angesagt und alle Schlafenden im Sterbehause geweckt, damit sie nicht mitstürben.

So lange der Tote auf seinem Bett oder auf Stroh oder auf einem Brett im Hause lag, mußte er durch die Leichenwache nicht nur behütet, sondern auch ergötzt werden. Sie dauerte schon im Nibelungenlied drei Tage und drei, jetzt meistens zwei Nächte. In guter Laune sollte er von den Lebenden scheiden, auch vielleicht derbe Scherze ihr Grausen betäuben. Singen und Lachen, Tanz und Vermummung bei Leichenwachen hatten im 10. und 11. Jahrhundert Regino von Prüm und Burchard von Worms zu verdammen, und im 13. sah sich das alte Stadtrecht von Zwolle genötigt, die Zahl der Wächter auf zwölf Männer und nur vier Frauen zu beschränken. Die Kurfürsten von Köln wiederholten im 18. Jahrhundert ihre scharfen Verbote gegen die Gelage und unzüchtigen Spiele der Leichenwachen, die man noch neuerdings im westfälischen Sauerlande untersagte wegen ihrer Stelldichein und tollen Pfänderspiele. In Tirol und im Schwarzwald beten die Wächter meistens, aber sie spielen und trinken auch dazwischen und erzählen sich lustige Geschichten. Auch in Skandinavien dauern die Leichenwachen fort.

Daß in dem Hause, wo ein Toter lag, nach Burchard Korn verbrannt wurde, scheint auch germanisch, wenigstens werden noch in Westfriesland, freilich mit Bezugnahme auf die Dreieinigkeit, drei Handvoll Gerstenkörner um den Toten ausgestreut, in deutschen Sagen wird Korn auf die Gräber geworfen, und man hat auch im Innern derselben Korn gefunden. Burchard verbietet ferner den Frauen, ihre Weberkämme über der Leiche zusammenzuschlagen, was wohl die Seele verscheuchen sollte wie jenes Wehen mit Tüchern (S. 73). Die Leiche darf noch an vielen Orten in Deutschland, Holland und Schweden nur so aus dem Bett oder dem Hause getragen werden, daß ihre Füße in der Richtung der Tür bleiben; so wird sie den Rückweg nicht finden. So lag schon Patroklos' Leichnam mit dem Gesicht der Zelttüre zugewandt. Nach Burchard goß man, wenn die Leiche aufgehoben wurde, schweigend Wasser unter die Bahre, wie man dem Sarge heute in einzelnen Gegenden Wasser, hie und da auch Mehl, Asche, Feuer nachwirft, sogar dreimal. Oder man stellte, namentlich in Niederdeutschland und Ostholland, eine Schüssel Wasser unter oder an das Bett. Daraus hat sich auch wohl ein Seelenbad entwickelt, das man dem Toten ans Fenster setzt. Auch wird die Stube hinter der Leiche ausgefegt oder auf die Schwelle zur Abwehr ein Besen oder Stahl oder eine Axt gelegt. Die Leiche darf nicht höher als kniehoch in Westfriesland gehoben werden, nach Burchard aus Gesundheitsrücksichten. In Holland setzt man die Leiche noch hie und da auf einen sogen. ‚Lankwagen', der aus zwei durch einen langen Wagenbaum verbundenen Rädergestellen besteht; einen solchen auseinander geteilten Leichenwagen kennt auch Burchard. Das Reve- oder Leichenstroh ließ man bis vor kurzem in Westfalen auf dem Leichenweg, in Österreich auf dem Acker des Verstorbenen, in Holland auf einen Kreuzweg fallen und verbrannte es auch wohl vor dem Begräbnisplatz. So wurde die letzte Verbindung zwischen dem Toten und seinem Hause verweht und zerstört. Ausschließlich nur mit Leichen befahren wurde auch in Bayern der Totenweg, in Holland der Lijk-, Nood- oder Reeweg.

Dem Toten gebührt die Totenklage, über die schon Tacitus in scharf zugespitzten Antithesen sich äußert. „Die Deutschen legen das Jammern über den Tod schnell, den Schmerz langsam ab. Doch gilt bei den Frauen die Klage für ehrenvoll, bei den Männern die treue Erinnerung.“ Freilich übermäßige Klage stört die Totenruhe (S. 100). Aber Klagen wurden angestimmt bei der Bestattung der Westgotenkönige Alarich und Theoderich und des Langobardenkönigs Alboin, und Beowulfs Grabhügel umritten zwölf Edelinge und priesen trauernd der Männer mildesten. Der Indiculus des 8. Jahrhunderts bekämpfte die „dadsisas“ die Totenklagen, die im 10. Regino von Prüm „Teufelsgesänge“ schimpfte. Man könnte fremden Einfluß vermuten, wenn bei den Deutschen in Siebenbürgen, Ungarn und Krain eigens bestellte Klageweiber ihre Weisen beim Begräbnis absingen. Aber im elsässischen Münstertal stürzen wohl noch nach einem Todesfall sofort laut schluchzende Weiber ins Sterbehaus, sowie bei Mülheim a. d. Ruhr noch kürzlich Frauen aus der Totenklage ein Gewerbe machten. In Schlesien aber darf man keine Träne auf die Leiche fallen lassen, weil sonst ihre Ruhe gestört oder der Weinende ihr nachgezogen wird.

Weitaus die ältesten Zeugnisse für den Seelenglauben, ja für den Glauben der Germanen überhaupt liefert die Totenbestattung. Die Anlage, die Bauart und der Inhalt der Gräber geben mannigfachen Aufschluß über die Sinnesweise der näheren und der fernsten Vorzeit. Freilich sind aus der ältesten Steinzeit, in der die Menschen sich mit plumpen, grob zugehauenen Werkzeugen aus Feuerstein behalfen, Gräber nicht mit Sicherheit nachweisbar, vollends nicht germanische; die Leichen scheinen damals ohne besondere Bräuche nachlässig verscharrt worden zu sein. Mit der jüngeren Steinzeit aber begann eine sorgsame Beerdigung des Körpers, die nach vielen Jahrhunderten ihres Bestandes der Leichenverbrennung wich, um diese dann wieder überall zu verdrängen, so daß der Leichenbrand in dieser mehrtausendjährigen Geschichte gleichsam nur eine Episode bildet. Auch scheint er bei einigen Stämmen der Germanen nicht recht emporgekommen zu sein, wenigstens nicht bei den niederen Ständen. In der jüngeren Steinzeit baute man aus Steinen dem Toten zuerst kleinere Stuben, erweiterte sie dann zu den großen Riesenstuben oder Hünenbetten und ging dann mit Beginn der Bronzezeit, etwa seit 1500 v. Chr., zu der Steinkistenform über, einem bloßen Sarge. Meistens im norddeutschen oder dänischen Flachlande gelegen, wurden diese Steinhäuser aus mühsamst zusammengeschleppten Findlingsblöcken hergestellt. Nichts kann den schwermütigen Reiz der Heide oder der Waldeinsamkeit mehr erhöhen als ein Hünengrab, dessen Felssteinmauern, halb oder ganz mit Erde bedeckt, von einem weiteren Steinkreise wie ein Heiligtum umzäunt sind. Dennoch war dieses ursprünglich wohl weniger ein eigentliches, der Andacht geweihtes Denkmal, als vielmehr ein festes Haus, das die Toten schützen, aber auch einschließen und von der Wiederkehr zu den Lebenden zurückhalten sollte. Die Gerippe liegen oder hocken in den geräumigeren Gräbern in größerer oder kleinerer Gemeinschaft, neben sich hochhalsige Krüge, trefflich geschliffene Steinbeile und oft auch schon gebrauchtes, ziemlich wertloses Gerät. Brandreste in den Kammern scheinen darauf hinzuweisen, daß man die Toten von Zeit zu Zeit durch Feuer erwärmte, um ihnen ihre dunkle Wohnstatt möglichst behaglich zu machen. Man dachte sich also die Toten noch fortlebend, doch nur eine Weile fortlebend. Denn wenn Gerippe später Verstorbener hineingelegt wurden, so wurden die älteren bei Seite geschafft und unordentlich aufeinander gestapelt. Nach dem Schädelbefund waren sie Germanen.

Diese ältesten Germanengräber bedecken den nördlichsten Teil eines ungeheuren bogenförmigen Steingräberstreifens, der von Indien bis nach Spanien und von da durch Westeuropa bis an die Weichsel und nach Schweden reicht. Man vermutet, daß die im Morgenland üblichen einfachen Felsengräber die Vorbilder dieser zwar künstlicheren, aber immerhin noch einfacheren Steingräber gewesen seien, die in den ägyptischen Pyramiden und den mykenischen Kuppelgräbern ihre höchste Kunstform gefunden hätten. Wie dem sei, jedenfalls ist der Glaube an jene sehr bedingte Unsterblichkeit mit der von Volk zu Volk getragenen alten Kulturmitteilung der Steingräber nicht so fest verknüpft, daß er nicht auch schon vorher hätte gewonnen werden können. Doch mag er in dieser eingeführten fremden Grabform eine neue Stütze gefunden haben. Noch bis in die ältere Bronzezeit hinein, in der die Steingeräte den Bronzegeräten wichen, bis etwa zum Beginn des letzten vorchristlichen Jahrtausends, wurden die Leichen unverbrannt in Steingemächern oder nun auch in Steinsärgen beigesetzt.

Nicht lange vor der jüngeren Bronzezeit aber, die im Norden etwa mit dem 8. Jahrhundert v. Chr. anhob, wurde der ebenfalls aus dem Orient herübergebrachte Leichenbrand bei den Germanen üblich. Er scheint aus einem Umschwung des Glaubens hervorgegangen zu sein. Wollte man die Seele vom toten Leibe entschiedener loslösen und aus der dumpfen Grabesruhe befreien, ihr einen anderen lichteren Raum zum Weiterleben schaffen? Nach der ältesten indischen Urkunde, dem Rigveda (10, 14 ff.), gibt es unverbrannte und verbrannte Ahnen. Für den unverbrannten wird bei der Totenfeier gebetet: „Spring auf, o Erde, presse dich nicht nieder. Umhüll ihn, Erde, wie den Sohn die Mutter hüllt in ihr Gewand" (10, 18, 11). Dagegen fährt die Seele des Verbrannten auf dem Feuer leicht wie auf einem Wagen ins Reich des Totengottes Iama und vereint sich mit ihm und den Ahnen, mit neuem Leibe glänzend (10, 14, 8). Nach der Ilias 7, 410 werden die Toten erst durch ihre Verbrennung besänftigt, nach der Odyssee 11, 222 vernichtet das Totenfeuer die Sehnen, die Fleisch und Gebein zusammenhalten, die Seele aber fliegt frei davon. Von Kleinasien, wo die homerische Dichtung entstand, kam der Leichenbrand erst im 7. Jahrhundert nach Attika, und die römischen Zwölftafeln des 5. Jahrhunderts kannten beides, das Beerdigen und das Verbrennen. Die Germanen legten die verbrannten Gebeine in einem Tongefäß in einem kleinen von Steinen umgebenen Raum oder auch in einer Holzkiste oder auch ohne Behälter in der Erde nieder. Aber dann wurde nach altem Brauche, wie früher über den unverbrannten Gerippen, auch über den verbrannten ein Hügel gewölbt.

Weit jünger als die germanischen Aschenurnen der jüngeren Bronzezeit ist das älteste literarische Zeugnis, das des Tacitus: „die Leichen berühmter Männer werden auf bestimmten Holzarten samt ihren Waffen und auch wohl ihrem Rosse verbrannt." Aber gerade bei den westdeutschen Stämmen, die Tacitus am genauesten kennt, ist dieser Brauch schon vor dem 5. Jahrhundert wieder erloschen. Das salische Gesetz spricht nur von Beerdigung. Nicht einmal die deutsche Heldensage, die doch in der Völkerwanderung wurzelt, weiß von Verbrennung, und auch in den Geschichts- und Rechtsbüchern der Burgunder, Bayern, Langobarden und Goten fehlt jeder Hinweis darauf. Im Gegenteil, die großen historischen bekannten Leichenfeiern sind Beerdigungen: die Westgoten senkten ihren König Alarich mit vielen Schätzen in das trocken gelegte Busentobett und beerdigten hernach ihren greisen König Theoderich in vollem Waffenschmuck angesichts des feindlichen Heers auf dem katalaunischen Schlachtfeld. Der Frankenkönig Childerich († 481) und der Langobardenkönig Alboin wurden in voller Wehr beerdigt, der erste sogar mit seinem Rosse. Noch Kaiser Otto III soll Karl den Großen in der Domgruft zu Aachen in voller Kaiserpracht thronend gesehen haben. Nur die Sachsen hielten am Leichenbrand zäher fest, nicht nur in der Poesie. Beowulfs „Beinhaus" wird auf einem mit Waffen behängten Scheiterhaufen verbrannt, so daß der Rauch über das nahe Meer hinzieht, und dann die Brandstätte mit einem hohen breiten Hügel, einer „den Seefahrern weithin sichtbaren Burg", zugedeckt, und noch Karl der Große setzte auf den Leichenbrand und solche Hügelbestattung der Sachsen Todesstrafe.

Die westlichen Nordleute gaben, wie die Gräberfunde lehren, schon seit der Völkerwanderungszeit das Brennen nach und nach wieder auf, so daß z. B. auf der seit etwa 900 n. Chr. besiedelten Insel Island keine Spur mehr davon zu finden ist. Die östlichen Nordgermanen blieben beim alten Brauch noch im 10. Jahrhundert. Aber auch in der Sage und Dichtung der Norweger und Isländer wurden noch viele Jahrhunderte nach dem Aussterben der Sitte Scheiterhaufen für die gefallenen Helden angezündet, offenbar, um ein so altes malerisches Motiv nicht zu verlieren. Der Deutsche Siegfried, der nach seiner heimischen Sage beerdigt wird, verbrennt in der nordischen auf einem Holzstoß, und mit ihm verbrennen seine Brynhild, Knechte und Mägde, zwei Hunde und zwei Habichte, ein stattliches Gefolge, damit dem zum Totenreich voranziehenden Fürsten die hinter ihm zuschlagende Tür der Hel nicht auf die Fersen fallen könne. Aber die nordische Überlieferung schwankt auch in ihren Berichten von der Bestattung echt nordischer Götter und Helden. Nach dem Dänen Saxo erhielt Balder ein königliches Begräbnis, nach der isländischen Prosaedda aber einen großartigen Leichenbrand auf einem auf das Land gezogenen Schiffe. Als er hinaufgetragen wurde, brach seiner Gattin Nanna das Herz. Mitverbrannt wurde sein Roß in vollem Reitzeug, das Schiff wurde auf das Meer gestoßen. Auch der verstorbene Dänenkönig Harald

Hilditönn wurde nach Saxo mit Roß, Wagen und Waffen auf einem Schiffshinterteil verbrannt und seine Urne in Lethra beigesetzt, dagegen ließ nach andrer Sage König Hring die Leiche Haralds, gewaschen und ausgerüstet, auf einem Wagen in den aufgeworfenen Hügel führen, das Roß töten und seinen eigenen Sattel zu dem Toten legen, damit dieser nach eigener Wahl nach Walhall reiten oder fahren könne. Waffen und Ringe warfen Hrings Krieger hinein. Die Schweden wollten den toten Frey nicht verbrennen, sondern begruben ihn, um ihrem Lande seine Gaben, gute Zeit und Frieden, zu erhalten.

Nach den nordischen wie deutschen Gräberfunden wurden in dem Brennalter der Bronzezeit nicht Waffen und anderes Kriegs- oder Jagdzeug, sondern nach der Mode des klassischen Altertums vollständige Speise- und Trinkgeschirre in den Grabhügel gelegt. Die Herkunft dieser charakteristischen Beigaben aus dem Süden bezeugt am deutlichsten die häufige ungermanische Verzierung der Gefäße mit Mäanderbändern. Man suchte dem Verstorbenen das Dasein nach dem Tode möglichst genußreich zu gestalten. In jenen meist späteren Bestattungsberichten sind also die Bräuche verschiedener Zeitalter, das Brennen der Bronzezeit und die kriegerische Ausstattung der jüngeren Wikingerzeit, durcheinander geworfen. Tacitus zwar fand nach seiner obigen Aussage schon im Brennalter die Beigaben von Waffen und Roß vor, im Norden aber drang erst in der Wikingerzeit der neue kriegerische Geist in die Gräber, die Leichen wurden erst damals für ein weiteres Kampfleben, für Walhall ausgerüstet. Und die Ynglingasage verheißt jedem in Walhall den Besitz alles dessen, was auf seinen Scheiterhaufen gelegt ist. So fand man in den Bornholmer Gräbern, die der jüngeren Eisenzeit angehören, volle Waffenrüstung, auch Messer, Schere und Wetzstein und wiederum des Toten Reitpferd und Hund, einen Hund von großer, dänischer Rasse.

So bargen die Grabhügel über verbrannten wie unverbrannten Leichen allerhand Schätze, die die Lebenden oft zum Nachgraben reizten, zum „Haugbrot“ oder Hügelbruch. Wer an der langen norwegischen Küste hinsegelte, sah ihrer viele, und die Schiffer verkürzten sich gern die Zeit mit Geschichten von ihren Insassen. Dafür dankbar trat einmal einer von ihnen, der tote König Vatnar, aus seinem Grabe, um dem Erzähler im Traume zu erscheinen und ihm zu sagen: „Du hast meine Sage erzählt; nun will ich dich belohnen. Suche nach Gütern in meinem Grabe, und du wirst noch etwas finden.“ Er suchte und fand viel.

Eigenartig germanisch, wenigstens nordgermanisch, ist die Ausstattung des Toten mit einem Schiff, das bald unversehrt mit ihm aufs Meer gestoßen oder beerdigt, bald brennend mit ihm aufs Meer gelassen oder verbrannt mit ihm gleichfalls mit Erde zugedeckt wurde. Wie oben bemerkt, wurde Balder auf brennendem Schiff den Wogen übergeben, Harald Hilditönn aber auf einem Schiffshinterteile verbrannt und dann mit einem Erdhügel bedeckt. Den Stammvater der dänischen Könige, Skyld, legten nach dem Beowulfgedicht seine Leute nach seinem Tode reichgeschmückt beim Maste in den Schoß eines Schiffes, befestigten ein goldnes Banner hoch über seinem Haupt und schoben das Fahrzeug ins Meer hinaus auf eine ungewisse Fahrt. Die Völkerwanderung scheint die Schiffsbestattung tief ins Binnenland gebracht zu haben: im 15. Jahrhundert fand man im Berner Oberland ein Totenschiff mit vielen Gerippen tief in der Erde. Aber die wichtigsten zwei Zeugnisse, ein antiquarisches und ein historisches, sind noch nicht gegeben. Vor einiger Zeit ist ein mit Erde bedecktes Schiffsgrab, das etwa aus dem Jahre 900 n. Chr. stammt, bei Gokstad in Norwegen gefunden worden; es barg ein mit einem Mast und 32 Rudern versehenes Schiff, dessen Bord mit Schildern behängt war, und dem darin liegenden unverbrannten Toten waren Pferde und Hunde beigegeben. Andere solcher Schiffsgräber sind außer in Norwegen noch in Schweden, aber nicht in Dänemark gefunden worden. Aber um dieselbe Zeit berichtet der Araber Ibn Fadlân von Schiffsbestattungen der skandinavischen Russen, d. h.

der östlichen Nordgermanen, die den russischen Staat gründeten. Er traf ihre Kaufleute in den Jahren 921 und 922 unter den Wolga-Bulgaren. Einen Armen legen sie nach seinem Tode in ein eigens dafür gebautes kleines Schiff und verbrennen es. Beim Tode eines Reichen aber teilen sie seine Habe in drei Teile, von denen der eine der Familie zufällt, der zweite für die Ausstattung des Toten verwendet wird, während sie für den dritten berauschende Getränke kaufen, um es an dem Tage zu trinken, an dem ein Mädchen (die Lieblingskebse?) sich dem Tode preisgibt und mit dem Herrn verbrannt wird. Denn sie ziehen ein Schiff auf das Land und legen darin den prächtig gekleideten Toten auf eine mit Tüchern und Kopfkissen bedeckte Ruhebank. Dann bringen sie ihm berauschendes Getränk, Früchte, Basilienkraut, Brot, Fleisch und Zwiebeln, auch seine Waffen. Dann werfen sie das Fleisch eines in zwei Teile zerschnittenen Hundes und zweier müde gehetzter und zerstückelter Pferde ins Schiff, endlich einen geschlachteten Hahn und ein Huhn. Das Schiff wird mit seinem Inhalt verbrannt und ein Hügel darüber aufgeworfen.

Fast durch ein Jahrtausend kann man als stets wiederkehrende Grabbeigaben Waffen, Pferd und Hund verfolgen; ein kampf- und jagdfrohes Geschlecht ruht zwischen ihnen. Je nach der Mode der Zeit, dem Stande, dem Vermögen und vielleicht auch je nach dem Charakter des Verstorbenen wurden zu seiner Rüstung noch Schmucksachen, Hausrat, Nahrungsmittel und Amulette hinzugefügt. Von letzteren z. B. enthielt ein schönes seeländisches Grabgefäß aus Bronze ausser einem Pferdezahn und Ebereschenzweig Reste eines Vogels, eines Wiesels, einer Natter, als ob diese uns schon (S. 76) bekannten Seelentiere dazu ausersehen wären, das Seelenleben des Toten zu schützen und zu fristen. Die seefahrenden Nordleute brachten das Schiff hinzu, das auch in ihrem Götterkultus und in ihrer Kunst eine viel wichtigere Rolle spielte als bei den Binnenlandsbewohnern. In einem jütischen Sandhügel der jüngeren Bronzezeit fand man, in einem Tongefäß in einander gesteckt, etwa 100 kleine

Goldboote, die wahrscheinlich Votivgaben für die Götter waren, und viele südskandinavische Felsenzeichnungen derselben Zeit zeigen uns neben bewaffneten Männern und Wagen mit Pferden am häufigsten Schiffe mit hohen „Hörnern" oder Steven, oft zu ganzen Flotten vereint. Später, in der jüngeren Eisenzeit, verwendete man das Schiff auch für den Totenkultus. Man richtete namentlich in Dänemark zahlreiche Schiffssteinsetzungen auf, zwei schwach um das Grab ausgebogene Steinreihen. Tiefer griff, wie wir gesehen, die eigentliche Schiffsbestattung ein. Das Schiff war wahrscheinlich nicht nur dazu bestimmt, dem Verstorbenen in einer anderen Welt zu dienen, sondern ihn auch sicher über etwaige hemmende Gewässer dahin zu geleiten, gerade wie auch das mitbegrabene oder mitverbrannte Pferd oder dessen Stellvertreter, das Rind. Die Reise nach Walhall mochte Harald Hilditönn zu Wagen oder Roß machen (S. 110), und die auf jütischen Leichen gefundenen Kuhhäute sollten ihnen die Hilfe der geopferten Tiere sichern. In christlicher Zeit, zuerst nach einer St. Galler Urkunde von 806, fiel auf germanischem, wie keltischem Boden das dem Sarge voranschreitende oder nachfolgende Rind oder Pferd der Kirche statt dem Grabe zu, um dem Seelenheil des Toten zu dienen. Man gedenke dabei des indischen Bestattungsgebrauches, den Schwanz einer Kuh, mit deren Fell der Tote Glied für Glied belegt wurde, ihm in die Hand zu geben, damit er auf schwindelndem Wege nicht falle.

Noch heute führt man dort an das Lager des Sterbenden eine reich geschmückte Kuh, damit dieser sie beim Schwanz ergreife und sicher zur anderen Welt hinübergeführt werde. Merkwürdigerweise haben alte Leute in Mecklenburg gehört, daß kurz vor dem Abscheiden eines Familienmitglieds ein Stück Vieh ins Zimmer gebracht worden sei, damit der Sterbende seine Seele in dasselbe hineinhauche. Die deutschen Redensarten: ‚die schwarze Kuh drückt ihn' oder ‚hat ihn getreten' bedeuten so viel als: ‚er ist todkrank' oder ‚er ist gestorben'. Das norwegische Gedicht Draumakvaeđi preist den glücklich, der in dieser Welt den Armen eine

Kuh gibt, er braucht nicht schwindlig auf der Gjallarbru, der Totenbrücke, zu gehen.

Und auch den preist es glücklich, der in dieser Welt den Armen Schuhe gibt, er braucht nicht barfuß die Dornenheide zum Totenreich zu durchwandern. Der Holsteiner Godeskalk sieht auf seiner um 1190 unternommenen visionären Reise zuerst eine breite Linde, die über und über mit Schuhen behangen war, die denjenigen, die im Leben barmherzig gewesen, gereicht wurden, um darnach eine weite Dornenheide zu durchschreiten. Diese Jenseitsschuhe sind nach dem Volksglauben von Yorkshire dieselben, die man im Leben Armen geschenkt hat. So wurde denn auch dieses wichtigen Reisebedarfs bei der Bestattung nicht vergessen. Es war im Norden Sitte, den Toten *Helschuhe* zu binden, in denen sie nach Walhall gehen konnten. Auch in Deutschland wurden sie mit Totenschuhen versorgt, um unverletzt über die spitzen Steine und durch die Dornen der Unterwelt schreiten zu können. Nach einem rührenden, noch nicht völlig erloschenen deutschen Volksbrauch bedenkt man die im Kindsbett Verstorbene mit Schuhen, damit sie zu ihrem zurückgelassenen Kind kommen und es säugen könne. Statt Schuhe den Toten ins Grab zu geben, spendete man sie in christlicher Zeit den Armen als *Gottesschuhe, Lukasschuhe, Hedwigssohlen*, oder auch in Gebildbrote für die Armen verwandelt.

Diese oft reiche, oft ärmliche Aussteuer der Toten war gewohnheitsrechtlich genau bemessen. Ein Drittel der Habe jenes russischen Nordmanns an der Wolga wurde dazu verbraucht, dem Toten Kleider zuzuschneiden. Aus diesem für die Totenbestattung bestimmten Drittel wahrscheinlich nur der fahrenden Habe wurde nach der Christianisierung in England, Frankreich und Deutschland *the deads part, la partie au mort, der Totenteil*, oder der *sáwlsceat* oder *Seelschatz, Seelgerät, Seelteil,* ursprünglich ebenfalls ein Drittel der fahrenden Habe, das aber nun der Kirche oder den Armen zufiel, nicht im Grab erstarb. Daher erklärt sich auch, daß der Seelschatz noch bei offenem Grabe geleistet und daß die altheidnischen Beigaben des toten Kriegers, Waffen und Streitroß, der christlichen Kirche zugewendet wurden. Doch kehrte man sich schon in der Heidenzeit nicht immer an solche strenge Teilungsvorschriften: in der Vatnsdaelasaga wird alles, was der Held im Krieg erobert hatte, nicht vererbt, sondern als sein eigenstes Eigen mit ins Grab gesenkt.

Der höchsten Totenbeigabe ist noch nicht gedacht, des mit dem Toten im Leben eng verbundenen Menschen. Die Gefolgsleute eines deutschen Fürsten verschmähten es nach Tacitus, ihren in der Schlacht gefallenen Herrn zu überleben. Sie mögen mit ihm ein gemeinsames Grab gefunden haben. Nanna folgt ihrem Gatten, Brynhild mit Knechten und Mägden ihrem Geliebten auf den Scheiterhaufen, aber dies scheint reine Poesie, der die Wirklichkeit nicht entsprach. Blutsbrüder schwuren sich nach Saxo gegenseitig zu, daß nach dem Tode des einen der andere sich begraben lasse. Auch sitzt nach einer anderen Erzählung der Überlebende wohl bei dem Verstorbenen drei Nächte im Hügel.

Reste der Sitte, dem Toten allerhand Sachen zu weiterem Gebrauch mit in den Sarg zu legen, bestehen im Widerspruch mit der christlichen Lehre bei allen germanischen Stämmen bis auf den heutigen Tag.

Nicht nur durch solche einmalige Liebesgaben, sondern auch durch wiederkehrende Totenopfer wurde für Nahrung und Ehrung des Verstorbenen gesorgt. Die Stiere und Böcke, die die Deutschen nach Papst Zacharias' Angabe um 748 den Göttern beim Totenopfer schlachteten, galten wohl eigentlich nicht den Göttern, sondern den Toten. Papst Gregor III. im Jahr 739 und kurz darauf der erste Artikel des Indiculus und später Burkhard von Worms bekämpften diese deutschen Opfer, durch die manche Tote ebenso wie Kirchenheilige gefeiert wurden. Im Norden wenigstens opferte man dem König Olaf Geirstaðaalf um Fruchtbarkeit an seiner Grabstätte wie einem Alf d. h. Halbgott, und man verteilte die Gebeine Halfdans des Schwarzen gerade wie die Reliquien eines griechischen Heros oder eines christlichen Heiligen, damit sie mehreren Landschaften zum Schutz und Segen gereichten. Nach Rimberts Leben des H. Ansgar erhoben die Schweden ihren König Erich sogar unter die Götter, bauten ihm einen Tempel und opferten ihm darin. Schon die Brandstätten der mykenischen Kuppelgräber und der germanischen Riesenstuben, welche unverbrannte Leichen bergen, scheinen Opferstellen gewesen zu sein. Kunstloser angelegte Gruben auf Grabfeldern der Merowingerzeit sind mit Asche, Kohlen, Gefäßscherben und Tierknochen angefüllt zum Beweise, daß in ihnen die den Toten dargebrachten und auf den Gräbern genossenen Mahlzeiten zubereitet wurden. Da der altgermanische Opferhof häufig zum Gerichts- und Versammlungsplatz diente, so erklärt sich, warum man noch im Mittelalter auf großen Grabhügeln, als auf früheren Totenopferstätten, Gerichte und Versammlungen abhielt; so auf dem Gunzenlê bei Augsburg und dem Birtinlê bei Rottenburg am Neckar. Bei dem schifförmigen Grab von Blomsholm in Südschweden steht ein „dómhringr" ein Gerichtssteinring mit einem mächtigen (Opfer?)stein in der Mitte. Die Totenopfer wurden später von den heidnischen Friedhöfen auf die christlichen übertragen, und mit ihnen drangen Gelage, Gesänge und Tänze sogar in die Kirche, namentlich in deren Vorraum, das „Paradies". Im Jahr 1348 wurden diese Lustbarkeiten auf den Gräbern am Niederrhein unterdrückt; noch 1638 hielt in England die Kirchenbehörde darnach Umfrage.

Einflußreicher als die Übertragung der Totenopfer von heidnischen Gräbern auf christliche war ihre schon früh aus praktischen Gründen vorgenommene Verlegung vom Grabe ins Sterbehaus. Hier wurde das Leichenmahl gehalten, seltener vor dem Hinaustragen der Leiche, meistens nach der Beerdigung. Es ist das niederdeutsche *Tröstelbier* oder *Rüeaten* Reu-, Traueressen, das nord- und mitteldeutsche *Fell-*, *Haut-*, *Bastversaufen* oder *-verzehren*, das Sachsenhäuser *Totenvertanzen*, das bayrische *Eindaichteln,* das gemeinhochdeutsche *Totenvertrinken*. Die englischen *„minnying days“* Gedächtnistage, das jütische *‚der seligen Leiche Heil trinken‘* und das altnordische *‚drekka erfi‘* das Erbe trinken oder *‚erfiöl‘* Erbbier weisen schon auf einen höheren Sinn.

Im Norden wurde die Erbteilung am Begräbnistage oder am 7. oder am 30. Tage nach dem Tode, oft aber auch wegen der gewaltigen Entfernungen erst am Jahrestage des Begräbnismahls vorgenommen. Dann strömten wie zum Julgelage oder zum Thing von nah und fern die Gäste zu der Feier herbei, die drei Nächte dauerte. Die nächsten Verwandten aber, z. B. die Söhne Hjaltis, gingen zu ihres Vaters Erbgelage so schön gekleidet, daß die Leute glaubten, die Asen kämen. Am ersten Abend saß der Erbe auf einer Stufe des Hochsitzes, den man für den anwesend gedachten Ehrengast, den Geist des Verstorbenen, frei hielt. Dann aber nach einem Minnetrunk auf diesen und die Götter, mit dem er vom Toten freundlich Abschied nahm, bestieg er den leeren Hochstuhl und nahm damit sein Erbe in Besitz. Dann wurde ein Preisgedicht auf den Toten vorgetragen. Diese Teilnahme des Toten an seinem eigenen Gedächtnismahl tritt bei den einfacheren deutschen Leichenschmäusen zurück. Doch verweilte noch nach neuerer Aussage in Ostpreußen der „Geist“ während dieses Mahls hinter einem breiten Handtuch, womit der Sarg in die Tiefe gesenkt war, oder er setzte sich ungesehen mit zu Tische, an den man ihm Stuhl, Licht, Speise und Trank hingestellt hatte. Erst mit den Gästen entfernt sich auch er. Dieser Stuhl war auch in Schlesien gebräuchlich. In Oldenburg kehrte der Tote drei, im Voigtland neun Tage nach seinem Tode zum Hause zurück, wahrscheinlich um sich wie der ertrunkene Therodd (S. 96) seinen Anteil am Totenmahl zu sichern.

Ein kleiner Zug ist noch bezeichnend, weil er ähnlich im alten Griechenland wiederkehrt. Die Verstorbenen haben namentlich Anspruch auf das Haus- oder Heimbrot. Wenn jemand in Tirol Brosamen auf die Erde fallen läßt, so sagt er: „Arme Seelen, rappet, daß 's der Tuifel nit dertappet“, und wenn er Brosamen ins Feuer wirft, so kommen sie armen Seelen zu. Auch in Griechenland gehörten vom Tisch gefallene Brosamen den Verstorbenen, den Heroen.

Wieder stoßen wir hier auf einen den Indogermanen gemeinsamen eigentümlichen Festbrauch. In Indien stimmten die verschiedenen Provinzen in der Wahl und Zahl der Totengedächtnistage nicht immer genau überein. Aber der 1., 3., 7., 9. nach dem Tode springen als die beliebtesten Tage der Wasserspenden an den Verstorbenen und der 30. als ein Haupttotenopfertag deutlich heraus. Am dritten, später am 10. (9.?) Tage lud der Erbe den Verstorbenen zum Kloßopfer ein und trat damit seine Erbschaft an. Die Seele der toten Perser blieb bei ihrem Leibe noch drei Tage bis zum Schaf- oder Ziegenmahl, und während neun Tage durfte kein Feuer im Hause brennen. Am 30. Tag war das Totenopfer. Nachdem die Griechen am 3. Tage das Grabesopfer der Trita dargebracht hatten, nahmen sie das Perideipnon, das Rundmahl, ein, wobei in die Runde getrunken und der Verstorbene, der für den Wirt galt, gepriesen wurde. Auch noch am 9. oder 10. Tage setzte man Speisen, die Ennata oder Neunten, aufs Grab und schloß in Athen am 30. die Trauerzeit. Die Römer reichten dem Toten am 3. oder 7. Tage das Silicernium, Schweigemahl, am Grabe und feierten am 8. und 9. Tag in großer Stille daheim das Novemdiale, das Neuntagsopfer. Älter war wahrscheinlich die Circumpotatio, der Rundtrunk, den das Zwölftafelgesetz verbot. Doch der Grundsatz blieb: „Keine Erbschaft ohne Totenopfer“. Beide klassischen Völker brachten auch ein Jahrestotenopfer. Die littauische Totenfeier endet mit dem 9. Tag.

Diese heidnischen Festsetzungen eignete sich, auf biblische Stellen gestützt, auch die Kirche für ihre Seelmessen an, und so sind auch im deutschen Mittelalter der 3., der 7. und der 30. oder 40. Tag durch feierliche Seelgottesdienste ausgezeichnet. Und manche Geistliche hatten die Neigung, diese Totenfeste nicht nur in christlichem, sondern auch in heidnischem Stil mitzufeiern, so daß die Wormser Synode von 868 den Priestern verbieten mußte, an den Totengedächtnistagen des 3., 7., 30. oder am Jahresgedächtnis sich zu berauschen, zu Ehren der Heiligen zu beten und der Seele des Verstorbenen zuzutrinken, Klatsch- und Lachgeschichten zu erzählen oder zu singen und sich garstige Scherze mit einem Bären und mit Tänzerinnen und Maskenspiele, talamascae, vorführen zu lassen. Noch im Scherzgedicht vom Frankfurter Borgerkapitän trinkt man beim Leichenmahl des ‚Gestorbenen Gesundheit'.

Nicht nur eine Privatfeier des Einzeltoten, sondern auch eine umfassendere gemeinsame Feier mehrerer Toten eines Geschlechts oder einer ganzen Gemeinde kannte bereits das indogermanische Altertum. Drei Generationen Ahnen bis zum Urgroßvater wurden geehrt; „einen vierten Ahnen gibt es nicht" sagte ein indisches Gesetzbuch. Später opferte man den Ahnen bis ins zwölfte Glied hinauf und empfahl endlich auch dringlich die Ehrung der verstorbenen Mütter. Ahnenopfer brachte auf der Hochzeit das junge Paar, wenn es zum Zeichen der Fruchtbarkeit mit Reis bestreut war, und wenn die Braut sich dem häuslichen Feuer und den Ahnen verneigte. Die indischen Hausregeln setzten für die allgemeinen Haupttotenfeste den Nachmittag der zweiten Monatshälfte am Ende und am Anfang des Winters an. Nachdem die herangekommenen Ahnen mit Speis und Trank gestärkt waren, wurden sie entlassen mit den Worten „Nun gehet fort, ihr Väter, auf euren tiefen alten Pfaden", und wurden auch wohl bis zur Dorfgrenze begleitet. — Die Perser spendeten zu Ende Februar den Ahnen und den Armen ein Mahl. — Auch die Griechen opferten den Toten gegen Abend an den drei letzten Monatstagen im Frühling, wie im Herbst. Auch sie vertrieben bei der Darreichung ihrer Gaben die Seelen mit den Worten: „Aus der Türe, ihr Seelen". In Attika beteten die Neuvermählten, die auch mit Früchten überschüttet wurden, zu den Drittvätern um Kindersegen. — Die Römer öffneten beim Eintritt des Bräutigams ins Haus, der dabei Nüsse ausstreute, die Schreine, in denen die Ahnenbilder standen. Auch sie feierten im Frühling wie im Herbst ein Totenfest, vorzugsweise gegen Ende des Tags und Monats. Im Mai entließ man die Lemuren, die unruhig umgehenden Verstorbenen, nach einem Bohnenopfer mit dem neunmaligen Rufe: „Geht hinaus, ihr Ahnen."

In denselben Bahnen bewegte sich die Seelenfeier der heidnischen Germanen und verließ sie auch nicht nach der Bekehrung. Auch sie schoben sie gern auf das Ende eines Zeitabschnitts. In der Oberpfalz und am Rhein kommen die armen Seelen jeden Samstag aus dem Fegfeuer in ihr Haus, und an diesem Tage wird ihnen im Zillertal ein Stück Butter auf den Dreifuß des Herdes gelegt, um ihre Brandwunden zu salben. In Tirol und Böhmen bleiben sie vom Mittag- oder Abendläuten des Allerheiligentags bis zum Morgenläuten des folgenden Allerseelentags. Am Schluß der Ernte, im Herbst, feierten die Marsen beim Tempel der Tanfana ein großes Erntefest, an dem als Teilnehmer wahrscheinlich auch die Toten gedacht wurden. Denn zu derselben Zeit ehrten die Sachsen nach ihrem Sieg bei Scheidungen im Jahre 531 drei Tage lang ihre Toten, offenbar nach älterer Sitte. Die Kirche verlegte auf den 29. September das Fest ihres Seelenpatrons St. Michael, und in der damit verknüpften Festzeit, der ‚*Meinweke*' oder ‚*Gemeinen Woche*', wurden täglich Seelmessen gelesen. Im Norden trank man auf dem Herbstfest zu Ehren der Götter und der Verstorbenen einen Gedächtnistrunk, der später die Mikjalsminni hieß, und Michaelis' Kirchweih ist nach oberbayrischer Anschauung in Himmel und auf Erden, d. h. wird von den Verstorbenen im Himmel, deren Minne getrunken wird, wie von den überlebenden Freunden auf Erden gefeiert. Odilo von Clugny setzte im 10. Jahrhundert diesen allgemeinen Seelenkult in Novembersanfang. Besonders in Tirol ist der neue christliche Kult mit altheidnischen Bräuchen stark verschmolzen. Wie man vor Jahrtausenden den Toten in ihren kalten Steingräbern Feuer anmachte (S. 106), heizt man hier noch für die

Allerseelennacht ein, damit die armen Seelen sich wärmen können, stellt Krapfen oder besonders geformte Kuchen für sie auf den Tisch, auch Milch. In Schweden empfängt man die Verstorbenen erst am Julabend in möglichster Stille in gewärmter Badstube, überläßt ihnen den Hochsitz und erquickt sie mit Julspeise. In Norwegen räumt man ihnen am Julabend die Betten ein.

Auch die bei jenen vier indogermanischen Völkern bemerkte Frühlingsfeier der Toten fehlte den Germanen nicht, insbesondere nicht der bezeichnende Zug, die Verabschiedung der Seelen, wenn er auch verdeckt erscheint. Schon die zweite Synode von Tours 567 mißbilligt diejenigen, die an der Stuhlfeier Petri den Toten Speisen opfern und nach der Messe daheim sich heidnischen Mißbräuchen hingeben. Man muß bedenken, daß dieses Fest in der römischen Kirche bis mindestens ins 12. Jahrhundert ausschließlich an dem altrömischen Totentag, dem 22. Februar, den sogenannten Caristia begangen wurde. Lorichius tadelte noch im 16. Jahrhundert den heidnischen Unfug in Schwaben, Fleischspeisen am ersten Fastensonntag, also um dieselbe Zeit, durch die ganze Nacht für die Seelen bereit zu halten. Dann kochte man auch im Odenwald und am Niederrhein leckere Speisen für die lieben Englein d. h. Seelen und ließ sie bei offenem Fenster über Nacht auf dem Tisch stehen. Um dieselbe Jahreszeit, in den Anthesterien, rief man in Athen nach der Seelenbewirtung: „Aus der Tür hinaus, ihr Seelen!“, und die Inder und Römer kannten ähnliche Verabschiedungen der Seelen (S. 19). Derselbe Ruf scheint versteckt in der bis in unsere Tage hineinreichenden Petri Stuhlfeier Westfalens und der badischen Ortenau, die zwar jene bereits von der Wormser Synode bekämpfte Totenspeisung aufgegeben hat, aber auch auf eine Vertreibung, wie die athenische Feier, gerichtet ist. Mit lautem „Herausruf“ und Hämmern an die Pforten werden Kröten, Schlangen, Mäuse und Motten, die wir alle als Seelentiere kennen, aus der Türe hinausgejagt. Und wiederum ist es doch nur eine Verschleierung des seelischen Inhalts dieser alten Bräuche, wenn Schwaben, Bayern und Franken am etwas späteren Frühlingsfest des Laetaretags: „Daraus, daraus, Tod naus, Tod naus“ singen.

Die Kirche hat endlich auch den schönen Familienzug der Ahnenbegrüßung durch das Brautpaar, den wir in Indien, Griechenland und Rom fanden, nicht ausmerzen können oder wollen. In der schwedischen Landschaft Wärend trinkt der Bräutigam auf das Wohl seiner verstorbenen Voreltern und seiner Schwiegervoreltern. Am Lechrain, in Oberschwaben, Baden und um Saarlouis geht das Paar vor oder nach der Trauung mit den Freunden an die erblichen Grabstätten, um dort zu beten. Dies Betreten der Gräber nannte man bei Saarlouis „zu Gaste laden“. Das Gebet zu den Ahnen mag auch hier vorzugsweise auf Kindersegen gerichtet gewesen sein, wie bei jenen andern Völkern, wenigstens kommt die dort damit verbundene Beschüttung mit Früchten auch in Deutschland in demselben Abschnitt des Festverlaufes vor. Wenn das junge Paar aus der Kirche trat, überreichte man ihm in der Zwickauer Gegend Getreideähren, in Oberelsaß und in Mecklenburg aber begoß man es mit Korn oder Leinsamen. Nicht nur bei der Eheschließung, sondern auch bei andern wichtigen Entschlüssen suchte man die Stätten der Ahnen auf. So forderte der mächtige Gode Snorri einen ratsbedürftigen Freund auf, mit ihm hinauf aufs Helgafell, den heiligen Berg seiner Vorfahren, zu gehen, denn die dort geratenen Ratschläge seien gewöhnlich nützlich gewesen. Offenbar, weil die Toten für Schutzgeister der Familie galten.

Wie sich der Totenkultus aus dem engeren Geschlechtsverbande zu einer umfassenderen Geltung emporarbeitete, lehrt am deutlichsten die germanische *Gilde*, namentlich im Norden, wo sich diese Art der Genossenschaft, gleich dem für ihre Hauptfeier maßgebenden Erbmahl, in der altertümlichsten und vollsten Form erhalten hat. Die nordische Gilde war eine nicht auf Blutsverwandtschaft, sondern auf einen feierlich beschworenen Bund gegründete Brüderschaft, deren Mitglieder in ältester Zeit die der Sippe zustehende Pflicht übernahmen, den Totschlag eines Mitglieds zu rächen, oder das Wergeld dafür zu empfangen und den Kultus des Toten zu besorgen. Sie führte ihren Namen von dem aus gemeinsamen Beisteuern, Geldern, bestrittenen regelmäßig wiederkehrenden Opfergelage, altnordisch *gildi*, altsächsisch *geld*, angelsächsisch *gild*, das ursprünglich dem Verstorbenen von der Genossenschaft verrichtet wurde. Der Erbe fügte bei diesem Mahl der Minne des Vaters die Minne der Götter, in christlicher Zeit aber Gottes, Christi und seiner Heiligen bei, die nach der Sage der Bischof Martin von Tours in einem Traum dem König Olaf Tryggvason statt der Götter beim Minnetrunk anzurufen geboten hatte. So trank denn auch z. B. König Svein als Erbe die Minne seines Vaters, des großen Knut, mit dem Gelübde, den Angelsachsen König Äthelred zu töten, dann die Minne Christi und endlich die des heiligen Michael. Der Totenminnetrunk wurde in den christlichen Gilden, z. B. den schwedischen, durch ein Gebet aller Brüder und später auch Schwestern für das Seelenheil der verstorbenen Mitglieder verdrängt, dann folgte aber der Rundtrunk auf das Gedächtnis Gottes im Himmel, der Dreieinigkeit oder des Schutzheiligen Erich oder Olaf oder aller Heiligen. Der altheidnische mit Blutrache und Totenverehrung verquickte Seelendienst mag vorzugsweise Karl den Großen im Jahr 779 bewogen haben, den sächsischen Gildebrüdern die gegenseitige Eidleistung zu verbieten und ihnen nur bei Feuers- und Wassersnot gegenseitige Hilfe zu gestatten.

Man verkehrte aber mit den Toten nicht nur durch Opfer, sondern auch durch *Zauber*, eine uralte Kultart, die gerade in diesem Verkehr ihre starke Stammwurzel hatte. Die Toten, an Alter den Lebenden überlegen und in andre Kreise entrückt, wußten mehr als die Hinterbliebenen. Schon die Sterbenden vermochten in die Zukunft zu schauen, wie der todeswunde Sigmund den Ruhm seines noch ungeborenen Sohnes Sigurd voraussagte, und dieser scheute sich, dem von ihm erlegten Drachen Fafnir seinen Namen zu nennen, aus Furcht vor des Sterbenden Fluch. Dem Verstorbenen vollends traute man übermenschliche Fähigkeiten zu und suchte sich in Zweifeln und Nöten seines Rats und Beistandes zu versichern. Man ging an sein Grab und weckte ihn durch feierliche Rufe, Beschwörungen und Runensprüche, die *Hellirunen* d. h. Unterweltsrunen. Als Sacrileg bekämpfte solches Totenwecken und -befragen schon der fränkische Indiculus im 8. Jahrhundert bei den Sachsen. Swipdag rief vor seiner Brautfahrt seine Mutter Groa, ihn aus dem Grabe mit ihrer Zukunftskunde in Zaubersprüchen zu beraten. Hervör erwirkte durch ihren Weckruf, daß ihr toter Vater Angantyr ihr das fluchbeladene Schwert Tyrfing aus seinem Grabhügel warf. Wie im 12. Jahrhundert ein Norweger auf den Orkneys auf die Gräber ging, um von den Toten Ratschläge und Kunde verborgener Dinge zu empfangen, so legten in Deutschland „weise Leute" noch vor kurzem den Toten nachts auf dem Friedhof Fragen über die Zukunft vor. Auch ging der alte Nordmann wohl zum Galgen, um mit dem vom eddischen Havamal überlieferten Runenspruch den daran schwebenden Leichnam zum Gehen und Sprechen zu bringen. Die Völur oder Seherinnen aber setzten sich nachts draußen auf das Feld, wo viele Geister schwärmten, und holten sich von ihnen ihre Weisheit (siehe unten). Also auch die Weissagung stammt aus dem Bereiche des Seelenkultus, und selbst der oberste Gott bedarf ihrer Hilfe. Durch Balders böse Träume erschreckt, ritt Odin zur Hel hinab und zwang durch seinen Leichenzauber eine längst tote Wölwa, auf die schon viel Schnee und Regen gefallen war, zur Auskunft über der Götter Schicksal.

Wie die christlichen Gräber unter dem Zeichen des Kreuzes oder auch unter einer frommen Inschrift stehen, so wurden die nordischen Grabsteine und Urnen nicht nur durch eingeritzte Hammerfiguren und Hakenkreuze, Thors

Blitzwaffen, sondern auch noch deutlicher durch Runeninschriften wie: „Thor, weihe dieses Grab!“ geschützt (S. 35). Im Bronzezeitalter aber stellte man im Norden große inschriftlose Steine bei und zuweilen in dem Grabe auf, die sogenannten *Bautasteine,* wahrscheinlich ursprünglich, um den Toten darin festzuhalten. Doch wurden diese Steine später durch Runen zu Gedenksteinen umgebildet. Dem Bautastein innerlich verwandt scheint die *Heersäule* (*Haristado*) oder der *Stappel* des Salischen Gesetzes, der ins Grab eingelassen wurde, und ziemlich klar liegt die Geschichte des bayrisch-alemannischen *Toten-, Leichen-* oder *Rebretts* vor. Man legte den Verstorbenen gleich nach dem Tode auf ein Brett, brachte ihn auf diesem zum Grabe, ließ ihn in die offene Erde hinabgleiten und legte das Brett über ihn. Dies letzte bezeugt das bajuwarische Gesetz. Auf der Züricher Landschaft und in der Ramsau ließ man noch später die Leiche vom Brette hinab, nahm dieses aber mit, um es als Gedenkladen über einen Bach zu legen oder am Wege aufzurichten. Noch später richtete in Bayern der Tischler zuerst das Brett, dann den Sarg und das einfache Holzkreuz. Das Brett wird noch im Salzburgischen beim Leichenzuge mitgetragen und bei der „Totenrast“, am ersten Feldkreuz oder alten Baum, woran ein Heiligenbild hing, unter kurzem Gebete niedergelegt. Oder es wird im Pinzgau nach der Heimkehr vom Begräbnis an der Scheune der Familie des Verstorbenen wagerecht befestigt oder senkrecht in die Erde gepflanzt. Sie sollen den, der über diese Rebretter oder Gedenkläden schreitet oder an ihnen vorbeigeht, zum Gebete für die arme Seele mahnen. Mitten in der freien stillen Natur oft in größerer Anzahl aufgerichtet, ergreifen sie als eigenartige Totengedächtnismäler einer anderen Welt mächtig das Gemüt, wie jene hohen unbehauenen Bautasteine, die in Schweden und Bornholm meistens auch in größerer Anzahl beisammenstehen.

Das bunte Wirrsal aller dieser oft widerspruchsvoller Vorstellungen und Bräuche indogermanischer Völker durchzieht wie ein roter Faden ein Urgefühl, ein Grundgedanke: die Seele ist ein nach dem Tode mehr oder minder sinnlich fortlebendes, wenn auch nur einige Zeit, etwa drei Menschenalter, nicht ewig fortlebendes Wesen. Sie fährt als Wind dahin, wohnt als Tier im Hause, streift in Wolfsgestalt umher oder kehrt als Wiedergänger in Menschengestalt zurück. Sie kann sich zu einem Heros, zu einem Rache- oder Schutzgeist steigern, wie wir noch hören werden. Sie kann mächtig auf das Dasein der Hinterbliebenen einwirken. Weil sie reizbar ist, wird sie meistens abgewehrt oder zu versöhnen gesucht, doch macht sich später auch liebevolle Verehrung bemerkbar. Zumal am 3. Tage nach dem Tode, ferner am 9. (10.), später am 7., dann am 30. und endlich am Jahrestage des Todes verlangt die Seele ihr Opfer, die Seelengesamtheit im Herbst und im Frühling, wenn, wie es scheint, ihre Lebensweise mit der Jahreszeit sich ändert. Ein fleißiger Verkehr entsteht zwischen den Lebenden und den Toten und unterhält, wie z. B. namentlich beim Gebet zu den Ahnen auf der Hochzeit, einen festen Familienzusammenhang. So ist auch vielfach noch der Aufenthalt der Seele das Haus, das sie als lebendiger Mensch bewohnte, oder doch die Umgebung desselben, das nahe Grab oder ein benachbarter Berg. Noch Snorres Vorfahren nimmt der heilige Fels Helgafell auf, und Holger Danske, Siegfried und die drei Grütlimänner gehen in den Berg. Doch bewohnen die Seelen auch abgelegene Heiden- und Waldhügel oder fahren unruhig in nebelnder oder sausender Luft einher. Wie es keine ewige Fortdauer, gibt es auch kein eigentliches Jenseits für sie. Doch besteht schon früh ein Vergeltungsglaube. Das ist der Urglaube der indogermanischen Völker, der zwar durch den Elfen- und den Götterglauben erweitert und veredelt wird, aber trotz aller Poesie und Philosophie und selbst trotz der Bekehrung zum Christentum noch immer wie ein Bleigewicht an den höheren Unsterblichkeitsvorstellungen unseres Volkes hängt.

Der Seelenglaube hat auf die anderen Gebiete der heidnischen Religion einen starken Einfluß geübt. Die Seele als Wind z. B. griff vielfach in den Kreis der Winddämonen und der Windgötter hinüber. Die Seele als Tier, das vor dem Todesmoment erscheint, und als Wiedergänger mußte den Glauben an besondere Schutz- oder Rachegeister wecken oder stärken. Vereinigte sich die Seele schon im Winde mit den Dämonen und Göttern, so lag es nahe, sie auch in deren Rast- und Wohnörter einzuführen und diese zu Höllen und Paradiesen zu gestalten. Die alten Totenopferzeiten und -bräuche wurden zum Teil auch den Naturgeistern und den Göttern zugewendet. Der Seelenglaube wurde eine Vorschule gar mancher höherer Mythenbildungen und Kultusformen. Diese sind weiten, teilweise später angelegten Schonungen vergleichbar, die im Schutze eines älteren Waldes aufwuchsen, um endlich hoch über jenen emporzuschießen. Wir betrachten nun diese anderen Bestände.

Drittes Kapitel.

Der Alpglaube.

Das Sterbelager und das Grab waren die Geburtsstätten des reichen Seelenglaubens, und schon dort war unter andern Erlebnissen und Eindrücken auch der Traum bei der Mythengeburt tätig. Das Traumbild des Toten aber, so wirksam es sich zeigte, war nicht die leitende Macht jenes Glaubensgebietes. Dagegen wenn der Traum sich krankhaft bis zum Alpdruck steigerte, wurde er allerdings die Haupttriebfeder einer anderen Vorstellungsmasse, des Alp- oder Mahrenglaubens. Auch dieser ist uralt.

Das Alpdrücken erklärte schon ein Hofmann Kaiser Ottos IV. für eine aus Verdickung der Säfte entstandene krankhafte Phantasie. Es wird durch eine akute Luftvergiftung oder, laienhafter gesagt, durch schwere Atemnot des Schlafenden hervorgerufen, wie sie etwa nach einer überreichlichen Mahlzeit namentlich in einem dumpfen Schlafraum aus der Verengerung oder dem Verschluß der Luftzugänge der Nase und des Mundes entsteht. Vom Fußende des Bettes fühlt der Schläfer eine unbehagliche Beklemmung allmählich auf den Leib, die Brust, den Hals, ja sogar den Mund vorrücken. Verwandelt sie sich also mehr und mehr in einen Erstickungsvorgang, so befreit sich der Betroffene endlich durch einen raschen Ruck, der auch die geschlossenen Lippen öffnet, oder häufiger noch durch ein Stöhnen oder einen Aufschrei der Angst und des Hilfsbedürfnisses, der ihm die erlösende Luft wieder zuführt. Er erwacht mit Herzklopfen und Schweiß. Nicht nur die Pein des Drucks ist es, die seine Nerven stark erregt, sondern auch die wilden Visionen, die gerade diese Traumart mit den durch betäubende Getränke erzeugten Hallucinationen teilt. Beim höchsten Grade des Alpfiebers reißt ein Taumel den Geplagten über Meere und Länder, von den höchsten Spitzen in die tiefsten Abgründe; feurige Kugeln umschwirren ihn, Flammen umlodern ihn, bis ein furchtbarer Knall die Irrfahrt urplötzlich abbricht.

In früheren roheren Zeiten mußte ein solcher Alpanfall viel öfter und stärker auftreten als in der unsrigen, weil namentlich bei einer auf die Jagdbeute angewiesenen Bevölkerung Speisemangel und Speiseüberfluß oft rasch wechselten und der letzte zu unmäßiger Magenüberladung und damit zu krankhaften Traumzuständen führte. Solche begünstigte ferner die dumpfere Enge der rauchigen Schlafstelle und das dichtere Zusammenleben und -schlafen mit den menschlichen und auch tierischen Hausgenossen. Wie oft mochten sich Hund und Katze dem Schlafenden lastend auf Brust oder Leib legen! Auch die Unordnung des Lagers verstärkte den Alpdruck, denn die Erfahrung hat gelehrt, daß ein Zipfel des Bettzeugs oder eine Bettfeder oder ein Halm des Bettstrohs, dem Träumenden zwischen die Lippen geraten, sich ihm leicht als rauhaariges, befiedertes, stachliges Lebewesen fühlbar macht. Und das beängstigende Dunkel der Nacht, das schon der wachen Phantasie, wie wir im vorigen Kapitel sahen, allerhand Gespenster vorgaukelte, steigerte die Schrecken dieses qualvollen Halbschlafs.

Der Alpdruck vereinigt alle Erfordernisse eines zur Mythenbildung aufregenden Vorgangs in sich, die Rätselhaftigkeit, die volle Beweglichkeit eines körperlichen Wesens und die Macht eines wirklichen Einflusses auf des Menschen Befinden. Nicht nur sein Drücken, sondern auch sein Kommen, sein stilles, sicheres, unentrinnbares Heranschleichen, wie sein plötzliches, spurloses Verschwinden war unerklärbar. Und doch war der Alp soeben noch ein dicker, schwerer Körper, der an Leibhaftigkeit, an sinnenfälligster Wirklichkeit, alle gewöhnlichen Traumbilder, ja alle Bilder der Phantasie überhaupt, bei weitem übertraf.

Man sah und hörte ihn nicht nur, man fühlte ihn auch dreist und erbarmungslos dicht über sich gedrängt, und noch, wenn er beim Erwachen sich aus dem Staube gemacht hatte, troff man von Schweiß, und laut pochte das Herz. Es war fast unmöglich, die Erlebnisse eines solchen Schlafes und die des wachen Zustandes auseinanderzuhalten, jene waren ebenso wirklich wie diese! Aber der Alpdruck blieb denn doch wohl immer auf einzelne Personen und seltenere vorübergehende Momente ihres Lebens beschränkt. Darum hat seine Mythenbildung sich immer in engeren Grenzen bewegt und früh das Bedürfnis gefühlt, sich an andere Mythenkreise anzuschließen, um von ihnen Haltung und Fülle zu borgen.

Der Alp war vor Jahrtausenden und ist noch allen Indogermanen unliebsam bekannt. Die Inder klagten die etwa unseren Elfen vergleichbaren Gandharven an, daß sie aus dem Walde herantanzten, um sich wie ein Hund, ein Affe, ein ganz behaartes Kind dem Schlafenden aufzuhalsen. Die Griechen nannten den Alp Ephialtes den Aufspringer, die Römer Inuus den Aufhocker oder Incubus den Auflieger, die Litauer Aitvars, der unglaublich große Hände und Füße hat, die Letten Leeton, der namentlich Pferde matt reitet. Der jetzt in Deutschland schriftgemäße Name Alp gehörte etwa bis zu Luthers Zeit als Alpdrucksbezeichnung nur Mitteldeutschland an, galt aber bei allen Germanen ursprünglich einer ganz anderen Klasse mythischer Wesen, den elfischen Naturdämonen, und ist daher wahrscheinlich erst am Schluß des Mittelalters von diesen auf jene übertragen, da auch diese eigentlichen Albe oder Elfen vermittelst der Gewitterschwüle und des Wirbelwindes körperliches Unbehagen, ja Druck und Atemnot hervorzubringen vermochten. Der ältere und einst durchgreifende, schon althochdeutsche und altnordische Name ist *Mara*, zum Unterschied von Ephialtes, Incubus, Aitvars und Leeton weiblich, wie auch die rheinfränkische Mahr, während das angelsächsische *mara*, das englische *nightmare,* das niederdeutsche *moor* männlich ist und im mittelhochdeutschen *mar*, *mare*, im pommerschen Mahrt, das Geschlecht schwankt. Neuhochdeutsch überwiegt das weibliche. Die Holländer haben *nachtmerri*, die Franzosen *cauchemar* die Tretmare vom lateinischen calcare treten, die Slaven *mora*, *mura* femin., aber böhmisch daneben auch *morous* masc., denen sich der andere pommersche Name Murraue nähert. Trotz einer lautgesetzlichen Schwierigkeit wird das vielgestaltige Wort wohl auf althochdeutsches marren, hemmen, hindern, altnordisch merja pressen zurückgehen und die Presserin bedeuten. Ähnlich weist der Ausdruck der Östreicher, Bayern und einiger mitteldeutscher Stämme: die *Trŭd, Trŭde, Drŭde* auf ein gotisches trudan d. i. treten, ebenso wie die althochdeutsche truta Trotte, Presse und trutâre der Springer. Die Trude ist also eine Treterin, Trotterin. Diese drei weitest verbreiteten Namen: Alp, Mare und Trude sind von zahlreichen mundartlichen umgeben. Die Franken nennen sie *Trempe* d. i. Tramplerin, die Tiroler *Stempe* d. i. Stampferin. Die Schwaben und Alemannen haben das unerklärte Wort *Schrättele* dafür, außerdem *Toggeli* d. i. Drückerlein, ferner *Rätzel, Druckerl* und *Lork* d. i. Kröte; Ausdrücke, die das Geschlecht dieses Wesens unentschieden lassen. Doch sagen die Züricher: „'s *Nachtfräuli* hat mi drückt!" Dieser freundlicheren Frauenbezeichnung steht die ernstere oldenburgisch-friesische *Walriderske* gegenüber, die wohl das Reiten auf dem Wal d. h. dem wie tot hingestreckten Schläfer oder die Zutodereiterin bedeutet. Denn wirklich schreibt man dem Alp sogar tötende Kraft zu. Der überwiegend unheimliche Charakter spricht sich auch in dem allgemeineren Ausdruck: „der *Ungeheure*" aus, der im Mittelalter vorkam und bis in neuere Zeit in Bremen und Pommern fortlebte. Die Haupttätigkeiten des Alps, das Treten, Drücken, Reiten, erkennt man schon aus den älteren Schilderungen. Die Mara „trat" nach der alten Ynglingasaga Kap. 16 dem norwegischen König Wanlandi erst die Beine fast entzwei und drückte ihm dann den Schädel ein, so daß er starb. Dieses ‚Trotten' der Trud beschwört ein alter Spruch, der noch heute durch weitverbreitete Zauberbücher, wie das Romanusbüchlein und den Wahren Geistlichen Schild, unseren Bauern im Aargau, wie in der ungarischen Zips, namentlich aber im Süden und Westen Deutschlands zum Gebrauch empfohlen wird und in bayrischen Häusern noch hie und da in der Kammer oder an der Bettstatt um einen darauf gemalten Trudenfuß oder ein Pentagramm geschrieben steht: „Trudenkopf, ich verbiete dir mein Haus und Hof, meinen Roß- und Kuhstall, ich verbiete dir meine Bettstatt, mein Fleisch und Blut, mein Leib und Seel, daß du mich nicht *trudest*. Trude in ein anderes Haus, bis du alle Berge steigest und alle Läublein an Bäumen zählest und über alle Wässer steigest. So kommt der liebe Tag wieder in mein Haus. † † †. Amen." Und so fordert auch eine niederländische Beschwörung den Maer, das häßliche Tier, auf, alle Wasser zu wehen, alle Bäume zu blähen, alle Gerstenähren zu zählen, ihn aber diese Nacht nicht zu quälen. So scheuchte schon der alte Inder seine Plagegeister, die Gandharven und ihre Frauen, die Apsaras, mit feierlichen Worten hinweg zu den Wasserfurten und großen bewipfelten Bäumen, wo sie sich nach Herzenslust tummeln und schaukeln mögen. Vom norddeutschen Moor heißt es ‚he het mi drukkt' oder ‚reden (geritten)', hochdeutsch ‚dich hât geriten der mar'. Daher ist ein derartiger Träumer mar-, mortridden oder mareridt und das neumärkische Alpdrücken ein Mahrtriden. Im Mittelalter ‚zäumt' der Alp den also Betroffenen, ebenso wie die oldenburgische Walriderske und die isländische Alfemoe. Ihre Reitlust treibt den Alp von Norwegen bis nach Tirol in den Stall zu den Pferden, wie den lettischen Leeton, und er hetzt sie drinnen oder draußen bis zur äußersten Erschöpfung ab. Am andern Morgen stehen sie stark schnaubend, schweißgebadet, mit unauflöslich verflochtenen Mähnen da. Selbst Kühen saugt er die Milch aus und verschont auch Geißen und Schweine nicht; doch bleibt ihm das Schwein am Lechrain ein Graus. Und zuletzt, wenn der Mare nichts anderes übrig bleibt, umklammert sie sogar einen Baum und drückt ihn mit ‚Weltsgewalt', wobei sie sich wohl selbst zu Tode drückt. Die von ihr besessene Eiche kränkelt von Stund an und zittert auch beim stillsten Wetter.

Das geheimnisvolle Treiben dieses Unholds wurde von Anfang bis zu Ende mit gespannter Einbildungskraft verfolgt. Sein unmerkliches Kommen und sein Eindringen ins Haus erklärte man sich verschieden. Das süddeutsche Schrätteli schwebt wie ein Schatten von den Bergen zu den Häusern herab. Der Alp gleicht einem Nachtschmetterling; aus den zusammengewachsenen Augenbrauen eines dämonischen Menschen, des ‚Rätzels', fliegt er auf und setzt sich auf die Brust des Schläfers. Meistens schlüpft er nach altem, wie neuerem Glauben in die Stube durch ein Ast- oder Schlüsselloch hinein, gleich der leisen Zugluft, nie durch offene Türen und Fenster. Eine erst im Jahre 1889 verstorbene Frau kam in einem schlesischen Dorfe einmal wie ein Zugwind durch die verschlossene Türe, huschte in das Bett der Hausfrau und quälte sie, bis sie vor dem Schimpfen des Mannes floh. In Kärnthen spielt das Schrattl in den an der Wand zitternden Sonnenstrahlen. Nach der Schilderung eines Kaiserstühlers kriecht das Schrättele durch das Schlüsselloch, man hört es durch die Stube ‚tappen', von unten herauf kriechen und über das Deckbett rauschen, bevor es Einem auf die Brust hockt. Aber derselbe wußte auch vom Mann im Monde, daß er sich bei Mondlicht über das Bett lehnte und nach Einem langte. Und so kommt die Drud in der Oberpfalz nie, eh der Mond aufgegangen ist, und in Westfalen und Thüringen sind Mondsüchtige Maren. Das aufregende Mondlicht umgibt hier geisterhaft den Alp und verstärkt seine Kraft. Wir verstehen nun auch, warum ein mittelalterlicher Dichter von seiner Liebsten singt: „da kam sie gerade wie ein Alp auf mich geschlichen". Wegen ihres unheimlichen, leis wandelnden und doch schwerfälligen Körpers gilt die Kröte für einen Alp, daher dessen Name Lork. Grausiger ist die steirische *Habergeiß* oder *Nachtschwalbe*, die, wie Rosegger erzählt, in eulenleisem Fluge oft durchs Schlüsselloch trotz ihres riesengroßen Kopfes kommt und diesen lastend auf die Brust des Schläfers legt. Je nach der Beschaffenheit des die Atemnot verstärkenden Bettstücks oder anderen Belags und je nach dem Gewicht des Drucks wechselt die den Träumenden bedrängende Tiergestalt. Bald ist sie glatt, ein Aal, eine Schlange, die dann in Seitentälern des Haslitals Stollwurm, in der Eifel Drache, in Niedersachsen Unke heißt, bald haarig, rauh und stachlicht, ein Pudel, Marder, Igel oder eine Katze. Sie ‚gumpt' wie eine Katze auf der Brust auf und ab. Weil sie fest umarmt und schwer stößt und stampft, ist sie ein Bär, Schwein oder Bock, heißt auch darum wohl eine Bocksmårte oder Bockhexe. An der unteren Wupper dringt sogar ein Roß durch das Schlüsselloch, legt seine Vorderhufe auf des Schlafenden Brust und stiert ihn mit glühenden Augen an. Am schlimmsten quält das Schrättele, wenn es als Blutegel sich bald in ein Knäuel zusammenrollt, bald wieder zu Riesenlänge ausdehnt. Dieses Tier läßt schon ahnen, daß es nicht beim Drücken bleibt. Das schmerzhafte Saugen kommt noch hinzu. Das alemannische Dockele oder Schrättele saugt in Katzenform die Brüstchen der Kinder, selbst der Männer, an, daß sie aufschwellen und man Milch herauspressen kann. Den Frauen dagegen saugt es die Milch aus. Trinkt am Lechrain ein Kind an der Mutterbrust, so hat die Mutter gewöhnlich einen aus geweihtem Wachs gebildeten Trudenfuß auf der Brust liegen, damit nicht die Trud dem Kinde die Milch entfremde. Dagegen schlürft der Alp auch hin und wieder das Blut der Erwachsenen aus, so daß sie bleich werden und dahinsiechen, und berührt sich in dieser Begierde mit dem slavischen Vampyr. Doch ist er nicht immer Kinderfeind: mit dem im Schlaf lächelnden Kind, heißt es in Schlesien, spielt das Jüdel, das doch wohl auch ein Alp ist.

Über die Brust drängt sich die Mare noch weiter aufwärts bis an den Hals und bläst in den Mund, ja sie steckt ihre Zunge dem Menschen tief in den Hals hinein, daß er nicht schreien kann. Nun geraten auch Gesicht und Gehör des Gepeinigten in Aufruhr: Lichter, Flammen umschwirren ihn, und ein dumpfer Knall erschüttert ihm Mark und Bein. Befreit den Schläfer ein plötzliches Wegschleudern des Arms oder des Kissens von der belasteten Brust und bricht dann sein Schrei endlich hervor, oder — in offenbar milderen Fällen — kräht im Hofe zum erstenmale der Hahn, oder kommt der liebe Tag, wie es in jener Trudenkopfbeschwörung heißt, wieder ins Haus, dann entweicht sie lautlos, meist wie ein flüchtiges Tier: eine weiße Maus, ein Schmetterling, eine Elster, oder gar nur wie ein Rauch. Oder sie liegt als eine harmlose Flaumfeder, ein Besenreis, ein Strohhalm auf der Bettdecke, vom Erlösten noch krampfhaft gepackt.

Aus diesem erlösenden Schrei, vor dem der Alp floh, entwickelten sich dann als förmliche Abwehr- und Verscheuchungsmittel Rufe verschiedenen Inhalts. Fluchen kann das schwäbische Schrättele nicht vertragen, unangenehm ist ihm überhaupt die laute Nennung seines Namens, in christlicher Zeit auch die des Namens Jesu oder Gottes. Das gipfelte dann in der feierlichen Beschwörung (S. 132), die mit dem Anruf des Trottenkopfes begann, ihn in Berge und Wälder zum Blätterzählen verwies und mit den Namen der hl. Dreieinigkeit schloß. Auch legte man sich wohl in Dänemark über den Kopf ein großes Sieb, dessen Löchlein die Mahrt, die doch über die heilige Zahl Drei nicht hinaus kann, erst zählen muß, ehe sie zu schaden vermag. Wenn der Alp selbst beim Erwachen nicht weichen wollte oder wenn man ihn noch ‚hinauswitschen‘ hörte, so drohte man ihn festzunageln oder versprach ihm ein Geschenk: drei Almosen oder die drei weißen Gaben Salz, Mehl und Ei, die man ihm mit der linken Hand reichte. Auch lud man ihn für den folgenden Tag zum Frühstück ein oder rief ihm hastig nach: ‚Komm morgen um ein Glehet‘ d. h. um etwas zu leihen. In einigen Gegenden Deutschlands stellt der Bauer noch heute für den Unbekannten, der ihn in der letzten Nacht gedrückt hat, ein Näpfchen Quarkkäse an die Türe, und eine ältere Münchner Handschrift eifert gegen die, welche dem Teufel etwas opfern und dem Schrättlein oder der Trut ‚rote Schühel‘. Ja im schlesischen Orte Kauffung umgeben sich noch gegenwärtig Leute geflissentlich mit dem Nimbus eines Alps, um dadurch nicht unbeträchtliche Geschenke zu erzielen.

Noch auf andre Weise sucht man sich des Alps zu versichern. Hat man beim Erwachen einen Strohhalm, einen Faden oder eine Bettfeder gepackt, so darf man sich durch die Harmlosigkeit des Gegenstands nicht irre machen lassen, sondern muß ihn festhalten, ja man nagelt oder schraubt ihn unbarmherzig fest, damit er elend zu Grunde gehe, oder sich entpuppe, etwa als eine um Hilfe schreiende Alte. Ist der Alp noch im Zimmer, verstopft man das Ast- oder Schlüsselloch, durch das er hereingekommen ist, denn schon Mephistopheles sagt: ‚’s ist ein Gesetz der Teufel und Gespenster, wo sie hereingeschlüpft, da müssen sie hinaus‘. So wird auch der Alp gefangen.

Man sorgt aber auch schon im voraus für allerhand Abwehrmittel, Wasser und Feuer, scharfe Werkzeuge, Zauberzeichen und übelriechende Sachen. In der Oberpfalz stellt man z. B. die Bettfüße in Wasser, damit die Trude nicht hinauf kann. Eine brennende Kerze, ja schon ein unangezündeter geweihter Wachsstock von roter Farbe hält den Alp ab. Ebenso ein Feuerstahl, eine Flachshechel, ein Beil, ein Messer auf der Brust. Dann mag sich auf den Faröern der Unhold die Klinge in den Leib drücken. Hier wie im norwegischen Tellemarken vertreibt man die Mare, indem man ein in ein Tuch gewickeltes Messer dreimal um den Leib aus einer Hand in die andre läßt, mit dem Spruch:

„Marra, Marra, Minni,
„Bist du hier innen?
„Denkst du nicht an jenen Schlag,
„Den Sjurđur Sigmundarson dir gab
„Einmal auf das Nasenbein?“

Sigurd oder Siegfried, der vornehmste aller Helden, wird hier als ein Marenschrecken aufgeboten. In Österreich hemmt ein Mistelzweig auf der Türschwelle, in Bayern ein

Trudenfuß auf der Mutterbrust, fast überall ein kreuzweise unter das Bett gestelltes Schuhpaar, in der Schweiz und Vorarlberg ein unter das Kissen oder an die Wiege gehängter, mit einem Loch versehener „Schratten-“ oder „Toggistein“. Diese Steine mögen zu den Donar geweihten Donnersteinen gehören, wie denn auch in Ostpreußen die Pferde am Donnerstag vor dem Abendbrot abgefüttert werden müssen, um nicht von der Mahr gedrückt zu werden. Im Stalle wehrt sie am kräftigsten ein schwarzer Geißbock mit seinen Hörnern und seinem Gestank ab, vom Oberrhein bis tief nach Rußland hinein. So verscheuchten die Inder die alpartigen Gandharvas und Apsaras mit dem „Bockshorn“, einem stark riechenden Kraute. Im deutschen Mittelalter räucherte man den Alp mit der Verbena oder dem Holzwurz aus. Und noch werden starkriechende Hexenkräuter in Süddeutschland gegen ihn aufgehängt oder aufs Bett gelegt. In Hessen bestreicht man noch hie und da die von ihm gefährdeten Brustwarzen sogar mit Menschenkot. Ein ganzes Arsenal kindlich roher Anschauungen und Abwehrmaßregeln, das dem höchsten Altertum entstammt und bei den anderen indogermanischen Völkern, namentlich dem griechischen in gleicher Fülle und Eigenart bestand, hat noch bei den heutigen Germanen viele uralte Spuren hinterlassen.

Aber noch hat der Alpmythus seine üppigste Blüte nicht getrieben. Es war unvermeidlich, daß der gefürchtete Druck nicht bloß als von einem Tier, sondern auch von einem Menschen ausgeübt gefühlt wurde; aus der Gesellschaft der vielgestaltigen Alptraumbilder konnte die menschliche Gestalt nicht ausgeschlossen bleiben. Warum sollte nicht eine Liebende oder eine Hassende ganz leibhaftig den Feind oder Freund, eingehüllt ins Dunkel der Nacht, zu grausamer Lust oder Qual heimsuchen, oder auch ihre Seele im Traum in irgend welcher Form sich leidenschaftlich zu gleichem Zwecke aus ihrem Munde drängen und ins Nachbarhaus schlüpfen? Und nicht nur lebende Personen mochten so handeln, auch die Wiedergänger, von denselben Gefühlen stürmisch bewegt, ergriffen das böse Mittel des Alpdrucks, um sich zu befriedigen, schon im griechischen Altertum. Wie der Alpmythus durch diese Seelenanschauung sich mit dem schon besprochenen Seelenmythus verschlingt, so greift er auf der anderen Seite bereits in den Naturdämonenmythus des nächsten Abschnittes hinüber. Denn wenn sich auch der Mensch mit dem Plagegeist in seinem Hause praktisch abgefunden hatte, die einmal erregte Einbildungskraft verfolgte diesen weiter hinaus ins Freie, nicht nur in verdächtige Nachbarwohnungen, sondern auch in die weite Natur. Irgend wo mußte der Unhold doch stecken! Lauerte er nicht draußen auf einen neuen Angriff. Und wie sah er denn nun dort aus? Der Alp hält nur selten draußen seine häusliche, wirklich empfundene, seine sozusagen pathologische Form fest. Jenes Schweizer Schrätteli, das nachts wie ein Schatten von den Bergen zum Haus herabschwebt, huscht nach seinem bösen Treiben wiederum wie ein Schatten zu den Schluchten und Wäldern zurück und verbirgt sich dort über Tag. Jene bayrische Habergeiß (S. 133), die mit ihrem Kopf den Schlafenden im Hause so schwer bedrückt, macht draußen auf ihrem Eulenfluge in der Mondnacht den Hafer schwarz, und jenes Roß mit den feurigen Glotzaugen tobt im Dunkel gespenstisch über die Heide an der unteren Wupper. Die steirische ‚*Törin*‘, die die Menschen drückt, hält sich über Tag auf dem Heuboden auf. Am liebsten fliegen die Maren gleich ihren indischen Schwestern, den Apsaras, in die Kronen hoher Bäume, die dann fortwährend unter ihrem Druck zittern, und verwirren deren Zweige zu den sogenannten Marennestern oder Maretakken. Auch ruhen sie auf Brombeersträuchern aus oder lassen sich ins Korn nieder, aus dessen Ähren dann das schwarze giftige Mutterkorn hervorschießt. So werden die ursprünglichen mehr sächlich oder tierisch gedachten, im Schlafraum tätigen Alpgeister zu überwiegend menschengestaltigen Naturgeistern, vorzugsweise zu Windelfinnen, die frei durch die Luft schweifen und auf Wald und Flur verderblich herabfliegen. Die enge Genossenschaft verrät schon der altnordische Mythus: Drífa die Schneewirbelriesin tötet ihren Verlobten Vanlandi durch eine Mara.

Jetzt erst, nachdem der Alpmythus sich um wirkliche Menschen oder um Dämonen von menschlichem Aussehen gelegt und die engen Wände der dumpfen Schlafkammer durchbrochen, strömten alle Leidenschaften und Gefahren des wirklichen Lebens in das Traumleben des Mythus ein. Traum und Wirklichkeit schwammen nun noch leichter in einander über. Die im Traum erschienenen Nachbarn und Dorfgenossen gerieten in den schlimmen Verdacht der Alpdrückerei, und indem der Traummythus ins reale Dasein gleichsam zurückwuchs, behauptete man auch, an diesen Verdächtigen die Spuren der mit ihnen im Traum erlebten Ereignisse mit wachen Augen wahrnehmen zu können. Es entstand im Dorf eine höchst ärgerliche aus Traum und Leben wirr zusammengegossene Skandalchronik. Aber geheimnisvollen Liebreiz nimmt oft derjenige Alpmythus an, der sich an die übermenschlichen in der Natur waltenden Elfenweiber schließt.

Die mit der traurigen Fähigkeit des Alpdrückens begabten Menschen mußten nach dem Volksglauben von Dämonen oder unter dämonischem Einfluß geboren sein. Ihre Geburt fiel in ein böses Zeichen oder in die um den 16. Oktober gelagerte Galluswoche, in der mit den Hirten allerhand böse Geister und Seelen von der Weide zu den Dörfern heimkehrten. Ihre Mutter hat in ihren Geburtswehen den Teufel angerufen, oder es ist bei deren Taufe ein Versehen begangen. Ein mit Zähnen auf die Welt kommendes Kind ist auch zum Alpdrücken bestimmt. Und wie der siebente Sohn ein Werwolf wird (S. 85), so wird die siebente Tochter eine Mahrt. Beide, Werwolf wie Mahrt, sind an zusammengewachsenen Augenbrauen zu erkennen, auch alte Weiber mit Plattfüßen sind Maren. „Gänsfüßige Trute" schilt man noch in Konstanz. Den breiten drückenden Alp-, Druten-, Schrättelesfuß stilisierte man später in die fremde Zauberfigur des Penta- oder Hexagramms ⛤ oder ✡ um und gebrauchte sie homöopathisch als Gegengift gegen den Zauber. Von ihm stammt der niederdeutsche Name Maerenvoet.

Das weibliche Geschlecht ist der Leidenschaft des Alpdrückens zugänglicher als das männliche. Krankhafte Einbildung leidender junger Mädchen kam dem wilden Aberglauben entgegen, Liebe, Haß, Eifersucht trieb beiderlei Jugend dazu an, und namentlich alte Weiber waren in ihrer Bosheit, Ränkelust und ihrem Neide darauf erpicht. Unleugbar hat manche auf diesem Wege förmlich nach Hexenruhm gegeizt. Sie muß aber oft für ihr boshaftes Geschäft büßen. In der Kammer, der Werkstube, der Mühle vom erwachenden Gesellen oder Müllerburschen als Strohhalm ergriffen, wird sie angeschraubt oder festgenagelt und steht anderen Tags als nacktes Frauenzimmer da, den kleinen Finger in den Schraubstock geklemmt, oder hängt gar als altes Weib tot an der Wand. Oder man haut auch einer Katze die Pfote ab, worauf die Frau am andern Morgen mit abgehauener Hand im Bett liegt. Durch ganz Süddeutschland ist folgende Sage verbreitet, die höheren Alters sein wird, ein milderes gleichsam weibliches Seitenstück zu der harten männlichen Werwolfssage: Eine Frau sah einst ihre Magd in der Nacht bleich an der Wand lehnen. Am anderen Morgen bekannte diese ihr weinend, daß sie drücken gehen müßte und ihr nur geholfen werden könnte, wenn sie etwas hätte, was sie erdrücken dürfte. „Ei, so erdrücke meinthalben die schönste Kuh im Stalle“, sagte die Frau. Am anderen Morgen lag die Kuh im Stall tot, und die Magd war befreit. Leidenschaftlicher erscheinen diese Nachtwandlerinnen nach norddeutschen Sagen bald in Menschen-, bald in Katzengestalt oder als schnell dahinlaufende Reifen oder Räder. Geistliche Lieder singend, schweifen sie durch die Felder, reißen mit bloßen Händen die Dornen ab, schwimmen durch große Gewässer, stürzen sich in Flammen und magern bei ihren nächtlichen Menschenquälereien zu frühem Tode ab. Aber diesen unbestimmten rasenden Drang ersetzt nun auch eine auf eine bestimmte Person gerichtete bestimmte Leidenschaft. Im Hauensteinischen Schwarzwald z. B. dringt ein von seinem Mädchen verlassener Liebhaber als Schrättele durch das Schlüsselloch und legt sich ihr aufs Bett, und ebenso handelt dort wie in der Provinz Sachsen die verlassene Liebste. Auch in einer Bamberger Sage quält eine Müllerin ihren Knecht als Mare aus verschmähter Liebe. Der Quälgeist geht bereits in den Buhlgeist über, und in ähnlichen Sagen ist es nun nicht die leibhaftige Gestalt, sondern nur die im Traum ausgefahrne Seele, die aufs Drücken ausgeht.

Auch aus Gräbern steigt die Alpqual auf, wie wir aus dem Wiedergängermythus erfahren haben, und der ertrunkne Sylter legt sich mit der ganzen Schwere seiner nassen Kleider alpartig über das Bett des Schlafenden. Die drückende Wucht verwandelt sich in ein markerschütterndes Geschrei, mit dem der Geist eines Ermordeten, das ‚schrauend Ding' oder ‚lopend Rad' im Oldenburgischen, so grausig über die Heide stürmt, daß auch die Tiere zittern.

Die volle Schönheit entfaltet der Alpmythus aber erst, wenn er in den Elfenmythus umschlägt; und da dieser es ist, von dem der eigentliche Glanz ausgeht, so kann hier diese leuchtende Spitze nur eben berührt werden. In dem Falle nämlich, wo die Mare nicht eine Nachtwandlerin oder eine ausgefahrene Seele oder eine Wiedergängerin, überhaupt nicht ein menschliches, sondern ein elfisches Wesen war, entstanden ganz neue ungewöhnliche Verhältnisse. Es war freilich auch ein Dämon wie der ursprüngliche Alp, aber es zog als elfisches Wesen seine ganze in den Wettererscheinungen sich offenbarende Naturgewalt mit sich. Es flog mit dem Sonnenstrahl durch das Schlüsselloch oder eine Ritze zum Jüngling hinein. Es floh nun auch nicht immer nach einem Zusammensein von wenigen Nachtstunden wieder davon, sondern wurde gezwungen, lange Jahre bei ihm zu verbleiben. Wesen zweier Welten taten sich zu einem dauernden Bündnis zusammen, sie trat in seinen Dienst oder schloß sogar mit ihm eine Ehe; denn als Elfin war sie klug und gewandt und oft genug von bezaubernder Schönheit. Immer aber blieb die Dauer solcher Verhältnisse von einer bedenklichen Bedingung abhängig. Eine gewisse Fremdheit konnten die Beiden gegen einander nicht überwinden, eine Spannung zitterte durch alle Liebe hindurch, stammte das eine doch von dieser Erde, während das andere über der Erde seine Heimat hatte, wonach es eine unstillbare Sehnsucht trug. Wie hoch man die Schönheit und den Adel dieses fremden, fluchtbegierigen Weibes schätzte, geht daraus hervor, daß man von Island bis nach Griechenland und Indien hin hervorragende, selbst königliche Geschlechter aus solch einer wundersamen Verbindung eines Sterblichen mit einer Apsaras, einer Nereide, einer Elfin herleitete.

Manchmal führte der Alpdruck einer Elfenschöne zu keiner dauernden Lebensgemeinschaft, sondern hatte den entgegengesetzten Erfolg. Die alte quälerische Unholdsnatur wog noch vor. Ein baumstarker Montavoner hatte mit beiden Händen ein Doggi, das sich ihm auf die Brust legte, bei den Zöpfen festgehalten. Als aber sein Weib, dem er zurief, mit Licht kam, wurde er des Doggi nicht mehr Meister; es huschte windschnell zur Tür hinaus, und man sah noch, wie seine zwei fliegenden Riesenzöpfe um die Türpfosten schlugen. Die Mare auf den Faröern gleicht der schönsten Dirne und drückt zur Nachtzeit den von ihr heimgesuchten Mann so fest auf die Brust, daß er keinen Atem holen, kein Glied rühren kann. Sie fährt ihm mit ihren Fingern in den Mund, um die Zähne zu zählen; wird ihr Zeit gelassen, sie abzuzählen, so muß er das Leben verlieren. Anders erging es einem Witwer im Oldenburgischen. Als er einmal die Nähe einer Walriderske spürte, griff er zu und erhaschte einen vollen weichen Arm; aber sie entschlüpfte ihm durch das Riemenloch der Tür. In der folgenden Nacht jedoch gelang es ihm, sie festzuhalten, ein schönes junges Mädchen. Er machte das Riemenloch dicht zu, und sie war mehrere Jahre seine treue Haushälterin. Wie er aber einmal das Loch geöffnet hatte, verschwand die Fremde mit dem Ruf „Wat klingen de Klocken in

Engelland!“ Unsichtbar sorgte sie auch dann noch für seine und seiner Kinder Kleider und Wäsche bis zu seinem Tode. Fast genau dasselbe erzählt man von einer vorarlbergischen und einer graubündischen Mare, von einem Doggi. Aber häufiger ist die schönere Geschichte, daß die Mare von dem Mann auf Bettesrand festgehalten wird, nackt und in leuchtendem Goldhaar, daß sie dann Kinder bekommen und glücklich zusammenleben, bis der Mann ihrem Drängen, ihr das einst von ihr zum Einschlüpfen benutzte Astloch zu zeigen, in einer weichen Stunde nachgibt. Auch in Småland kam eine Alfenjungfrau durch ein Astloch der Wand mit den Sonnenstrahlen in ein Haus und wurde von dem Sohn geheiratet. Sie gebar ihm vier Kinder, durch die sie die Stammutter eines namhaften Geschlechts wurde, und verschwand an einem heiteren Tage auf dieselbe Weise, wie sie gekommen war. Aber um dem aus den Erscheinungen der freien Natur geschaffenen Elfenmythus nicht vorzugreifen, dürfen wir hier nicht auf die hochpoetische Verkleidung der wüsten Maren in herrliche Schwanweiber, die nun nicht mehr in Kammer oder Stall oder Mühle, sondern im freien Quellbade überrascht werden, weiter eingehen. Und wenn das Alpwesen nicht im Sonnenstrahl in die Stube dringt, sondern in der Mittagshitze der Erntezeit draußen über den glühenden Kornfeldern zittert, so gewinnt es auch den Charakter eines Naturgeistes, des Mittagsgespenstes, das den Sonnenstich erzeugt. Und vollends modernisiert ist unser Alp, wenn „er im Traum eines Kandidaten als mordlustiger Examinator erscheint“.

Viertes Kapitel.

Die Elfen.

Das Seelen- und das Marenreich liegen hinter uns; wir betreten eine neue Welt, das Naturgeisterreich. Nicht nur am Sterbebett und am Grabe des Angehörigen und auf dem Lager des eigenen vom Alp gepeinigten Leibes erfuhr die Phantasie tiefe mythenbildende Eindrücke. Die freie Natur mit ihren wechselnden Reizen und Schrecken, Segnungen und Gefahren wurde nun die ergiebigste Fundstätte der Einbildungskraft. Den weiten Luftraum gestaltete sie zu einem erdenhaften und doch überirdischen Wunderlande um, aus den Erscheinungen des Wetters, das auch heute noch die stärksten und weisesten Kulturmenschen in seiner Gewalt hat, aus all seinen zahllosen Formen, Tönen, Farben, Lichtern und seinen oft so auffälligen Wirkungen schuf sie zauberische Tiere und Hunderte von menschgestaltigen Geistern und Göttern, die jenes Wunderland bevölkerten. Aber auch die Erde war ihr Tummelplatz, denn die Licht- und Wettergewalten griffen ja fortwährend in die Berge, Gewässer, Wälder und Felder ein, und so entstand, um einen Ausdruck Goethes zu gebrauchen, ein reges „Wechselleben der Weltgegenstände“. Die Wolken wurden der Einbildungskraft zu Bergen, darum bedeutete z. B. altnord. klakkr Fels und Wolke, das angelsächsische clûd Berg, das englische cloud Wolke. Aber auch Wälder, Flüsse, Seen, später Burgen und Türme sah man in ihnen. Ein großes, verzweigtes Wolkengebilde erschien wie ein Riesenbaum mit einem Quell an seinem Fuße. Manche Wolke hielt man für eine Mulde, einen Kessel, ein Trinkhorn. In bewegten Wolken erkannte man allerlei laufende, springende, fliegende Tiere und in der wetterleuchtenden ein Untier, einen flügelschlagenden, feuerhauchenden Drachen, die großartigste mythische Tiergestalt. Die Blitze waren feurige Schlangen oder springende Geißböcke und dann wieder glühende Geschosse, vom rohen Stein und der Keule der Urzeit durch Hammer, Beil, Speer bis zum heldenhaften Goldschwert. Auch als Peitschen, Ruten, Kugeln dienten sie. Das befruchtende Regennaß verwandelte sich in einen köstlichen Trank, die im Gewölk verborgenen Sonne, Mond und Blitz in einen leuchtenden, von der goldenen Wünschelrute oder dem Drachen behüteten Schatz. Dann wieder glich die auf- und abflammende Gewitterwolke einer lodernden Schmiedeesse oder einem Backofen. Der Osten oder der Westen des Himmels mit ihrem zauberischen Farbenspiel am Morgen und Abend wurden zu fernen geheimnisvollen Lichtländern höherer Wesen. — Von dieser Metamorphose der Oberwelt übertrug die Phantasie manche Züge auf die Erde. Gewisse irdische Berge könnten, wie man erzählte, gleich den himmlischen auseinander krachen und zusammenschlagen und schlössen auch goldene Waffen und Schätze in ihrem Schoße oder auch das Lebenswasser oder wasserreiche Seen ein. Und davor lauere ein Drache. In den Alpen aber stürzt er über die steilen Abhänge und reißt Blöcke und Bäume mit sich. Dann sagen die Leute: „der Drach ist ausgefahren". Und auch draußen im weiten nordischen Meer wälzt er sich wogend und brandend im Riesenzorn. Mit solchen Deutungen begann der geistige Kampf des Menschen mit der Natur, der ihm Knechtschaft und zugleich Erhebung vielerlei Art brachte und ihm erst spät, als er das Spielzeug der Einbildung mit den Waffen der Wissenschaft vertauschte, von Sieg zu Sieg führte.

Die bald zarteren, bald gewaltsameren Mächte der Luft erreichten ihren höchsten Ausdruck in einer menschenartigen Form und zwar jene in oft mehr untermenschlicher und diese in übermenschlicher Größe, sie waren Elfen oder Riesen. Ihre beiden Gruppen treten nun neben die

Seelen- und die Marenschar. Der alte Name *Alp*, dessen Plural *Elbe* oder *Elber* lautete, wovon z. B. Elberfeld stammt, ist im Deutschen jetzt durch die englische Form *Elfe*, Elf, die Wieland in seiner Übersetzung von Shakespeares Sommernachtstraum 1762 einführte, ersetzt worden. Im Nordischen heißt er *Alfr, Elf*. Man hält ihn für identisch mit dem Namen eines kunstfertigen altindischen Dämonengeschlechts, Ribhu, den man unsicher als Greifer, oder listig, geschickt, oder glänzend, licht deutet. So zweifelhaft demnach der ursprüngliche Sinn des Namens der Elfen ist, desto klarer ist ihr Wesen, wenn es auch in hundert Formen und Farben spielt. Die Elfen sind kleinere Dämonen von menschlicher oder untermenschlicher Größe, durch Rührigkeit, Anstelligkeit und vielfaches Eingreifen ins menschliche, wie auch ins heroische und göttliche Dasein ausgezeichnet. Ihr ursprüngliches Element ist die bewegte Luft in ihren verschiedenartigen Äußerungen, vom Blitz und heftigem Windstoß und vom schwarzen Gewölk bis zum stäubenden Sonnenstrahl, zum unhörbaren Zittern der heißen Luft und zum zartesten Nebel. Mit andern Worten, es gibt Gewitter- und Windelfen und eine überwiegend weibliche Gruppe von Wolkenelfinnen, die mit den Lichtelfen nahe verwandt sind. Doch bedürfen jene beiden ersten naturgemäß auch der Wolkenumhüllung, sowie anderseits diese einen ‚entsehenden' bezaubernden Blitz im Auge haben und dem Wirbelwindtanze leidenschaftlich ergeben sind. Eigentliche Sonnen- und Mondelfen sind nicht nachweisbar, und die altnordische Einteilung in Licht-, Dunkel- und Schwarzelfen erklärt sich genugsam aus dem Wechsel jener Lufterscheinungen. Die Luftelfen aber verwandeln sich nach ihren verschiedenen lokalen Wirkungskreisen in Berg-, Erd-, Wald-, Feld- und Wasserelfen, ohne aber dabei ihre ursprüngliche meteorische Natur wesentlich einzubüßen. Ein angelsächsisches Wörterverzeichnis unterscheidet Munt (Berg)-, Vudu (Wald)-, Feld-, Vylde-, Sae- und Dûn (Hügel) elfen, denen Shakespeare mit echtem Naturgefühl die Sturm- und Gewitterelfen hinzugesellt, und noch der heutige Isländer findet Alfar in Höhlen, Felsen, Wasser und Luft. Als nach der jütischen Sage Gott die gefallenen Engel aus dem Himmel stieß, fielen einige auf Berge herab, das Bjärgfolk, andere in Wälder und auf Wiesen, das Ellefolk, andere wiederum in die Häuser, die Nisser. Je nach ihrer Wetternatur müssen sie bald licht, schön, freundlich, nützlich, dienstfertig, bald dunkel, häßlich, grausig, schädlich und tückisch sein. So führen sie auch allerlei andre Namen. In Norwegen heißen sie *Huldren* Verhüllte, in Deutschland mit verwandtem Klange die *Holden*, *Hollen* die Gütigen, auf Island die *Liuflingar* Lieblinge, anderswo *weiße Weiber* oder *Frauen*. Fremd ist der Name der englischen *Fairies* und der deutschen *Feen*, den Wieland ebenfalls wie den der Elfen im Sommernachtstraum herüberbrachte. Der im Berge, in der Erde hausende Elf heißt *Zwerg*, angelsächsich *dveorg*, englisch *dwarf*, der berühmteste Alberich oder Elberich Elfenkönig. Ein wieder umfassenderer Name ist das oder der *Wicht*, im got. *vaihts* und altnord. *vaettr* weiblichen Geschlechts. Das Wort bedeutet eigentlich ein Ding, ein Etwas und fernerhin ein rätselhaftes übermenschliches Wesen, wie das lateinische res und das altfranzösische chose, im Norden oft ein ungeheures, in Deutschland häufig ein zwerghaftes. Es durchläuft aber fast alle Stufen der mythischen Lebewelt: Wichter heißen die Geister der Verstorbenen, die Wichtelmännchen, die Riesen, die Walkyrien, die Götter und im Heliand sogar die Teufel. Das Opfern an die heidnischen Wichter, unter die wohl alle diese Mächte zusammengefaßt werden, galt in den altnordischen Kirchenrechten für ein Hauptmerkmal des Unglaubens. Die Wichter waren bald böse, bald gut, dann heißen sie holde Wichter. Am innigsten gestaltete sich das Verhältnis der Menschen zu ihnen im Hause, sie helfen bei der Niederkunft und Hausarbeit, begleiten ihren Schützling zum Thing oder auf die Jagd, ja sie bewachen im Norden noch hie und da den Hausfrieden oder auch das ganze Land. Des Skalden Egil Neidstange (S. 47) forderte die Landwichter auf, den König aus dem

Lande zu jagen; das älteste isländische Gesetz verbot, durch Fratzen, wie sie am Vordersteven der Schiffe ausgeschnitzt waren, die Landwichter zu schrecken. — Anderen Namen werden wir bei den besonderen Elfenarten begegnen.

Der Glaube an die Elfen ist uralt wie der an die Seelen und die Maren. Wurden unsre Vorfahren von diesen zu Hause oder an den Gräbern heimgesucht, so waren ihre frühsten Feinde und Freunde in der freien Natur die riesischen und fast noch mehr die elfischen Wesen und zwar schon während ihres Zusammenlebens mit den andern Indogermanen. Die indischen Elfinnen heißen Apsaras Wolken- oder Wasserwandlerinnen; die Nymphen und Neraiden Alt- und Neugriechenlands sind ebenfalls ihrem Namen nach Wasserwesen, wie die germanischen Elfinnen ursprünglich Wolkenfrauen waren und später gleich jenen Inderinnen und Griechinnen ihren Lieblingsaufenthalt an den Gewässern der Erde hatten. Gleich den Elfinnen aber verteilen sich die Apsaras auch auf die Berge, Wälder und hohen Bäume, und schon in der Ilias bewohnen die Nymphen nicht nur die Quellen, sondern auch die Berge, die schönen Haine, die kräuterreichen Auen, die Felder und Bäume, und sie verzweigen sich in Nereiden, Okeaniden, Oreaden, Dryaden, Hamadryaden und Feldnymphen, gerade wie die deutschen. Die neugriechischen Neraiden helfen sogar wie unsre Elfen als Hausgeister beim Spinnen und Kehren und putzen die Stuben. Allen diesen verschiedenen Nymphen- oder Elfenarten messen die genannten Völker zauberhaften Gestalt- und oft sehr gefährlichen Sinneswechsel, Freundlichkeit wie Bosheit, Häßlichkeit wie höchste Anmut zu. Mit schlanken glänzenden Gliedern und einem blendenden Blick wiegen sie sich in verlockenden Reigen und singen unwiderstehliche Lieder. Gleich einer Kette von Wasservögeln flogen die Apsaras schon nach rigvedischen Liedern über den See und spielten darin wie Tauchenten, wenn sie sich über seinem Spiegel schmückten. Die schönste, zur Göttin erhobene Nymphe, Aphrodite, sah man wohl auf einem

Schwan durch die Lüfte oder über das Meer reiten. Unsere Elfinnen streiften oft an Seen und Quellen ihre Schwanhemden zum Bade ab. Statt des schneeigen Gefieders hüllt sie bei allen drei Völkern auch ein weißer Schleier, ein zartes Gewand ein. Die Phantasie sehnt sich, die höchste Schönheit aus dem einsamen zauberischen Walten der Naturmächte herauszuerkennen. Ein Weib von strahlender Schönheit fragte der bewundernde Hindu: „Bist du eine Apsaras?“ „Schön wie eine Neraide“ ist noch heute in Griechenland und das angelsächsische „elfscîn“, das altnordische „fríd sem alfkona, elfenschön, schön wie ein Elfenweib“ war bei den Germanen der höchste Preis irdischer Weiblichkeit! Man begreift, wie man solchen Wesen zutraute, auch andere Männer als solche elfischer Art, auch Männer menschlicher Art bestricken zu können. Ihre verführerische Herrlichkeit hat bei allen drei Völkern ein reizendes Mythenpaar hervorgerufen: die Elfin bringt ein männliches Wesen dämonischer oder menschlicher Herkunft in ihre Gewalt, — oder jenes männliche Wesen bringt die Elfin in seine Gewalt, und aus beiden Verbindungen entspringt großes Glück oder großes Unglück. Noch ein dritter Mythus, der aber der Gesellschaft der männlichen Elfen angehört, trägt indogermanisches Gepräge, obgleich er sich um die doch erst später ausgebildete Schmiedekunst dreht. Die Inder wie die Germanen kannten einen Ribhu- oder Elfenkönig, einen Ribhukschan oder Alberich, aus dessen Volk hier wie dort drei unübertreffliche Schmiede hervorgingen, die in der Wettarbeit mit anderen ausgezeichneten dämonischen Schmieden die besten Waffen, Geräte und Schmucksachen der Welt in ihrer Himmelsesse für die Götter verfertigten. Und wie die Schönheit die Elfenweiber, verbindet die Kunstfertigkeit die Elfenmänner unmittelbar mit den Menschen, denn wenn diese ihnen Metall vor die irdische Höhle legen, so machen halbgöttliche Meisterschmiede treffliche Kessel und gefürchtete Waffen daraus. Überall unterhalten die Elfen, in Berg und Wald, in Feld und Haus, den lebendigsten Verkehr mit den Menschen.

Durch ihre noch ganz frische Verbindung mit der Natur, die die Seelen und die Maren entbehren, und zugleich durch ihren persönlichen Umgang mit der Menschenwelt, der den Riesen und Göttern fehlt, zeichnet sich die Elfengruppe vor allen andern mythischen Gruppen aus.

Die Germanen drückten diese Innigkeit ihrer Beziehungen zu den Elfen noch auf ihre eigene Art aus. Nach Riesen wurden Menschenkinder kaum genannt, nach den Elfen aber so häufig wie nach den Göttern. Bei allen Stämmen schmückte man die Kinder mit schönen Elfennamen, die ihnen den Schutz und die eigentümliche Begabung der Elfen sichern sollten, auch Königskinder, wie den Langobarden Albuin d. i. Albwin Elfenfreund und den Angelsachsen Alfred den von Elfen Beratenen. Albruna, wohl von ähnlicher Bedeutung, hieß wahrscheinlich eine schon von Tacitus erwähnte Seherin. Verwandten Sinn mögen Albigardis, Albheida, Albhilt, Aelflint gehabt haben. Albofledis bezeichnet die Elfenreine und vielleicht auch Alblaug; auf die leuchtende Farbe weist Alfdag. Die Stärke und Kühnheit rühmen die Namen Albswinda, Alfhard, Alfnand, ihr Geschoß der Name Alfger, und an die Elfenkönige erinnern Alfhere, Aelfwold, Alfward und vor allen Alberich. Klugheit, Schönheit, Entschlossenheit und königliche Herrschgewalt sind also den Elfen in hervorragendem Maße in unsrer ältesten Geschichte eigen.

Wie mangelhaft doch auch der von uns oben gerühmte Religionsbericht des Tacitus ist! Von diesem ins Leben so tief eingreifenden Elfentum meldet er nichts. Erst ein halbes Jahrtausend später erfahren wir indirekt von ihnen, durch den Griechen Agathias, wo er von den Opfern spricht, die die Alemannen den Bäumen, Flüssen, Hügeln und Höhlen darbrachten, und seitdem hören die Geschichtsschreiber bis zu Helmold gegen 1200, sowie die Konzilsbeschlüsse und Kapitularien nicht auf, über die Quellen-, Stein- und Baumverehrung zu zürnen. Das dabei übliche Lichteranzünden bestrafte Karl d. Gr. durch das ganze fränkische Reich, insbesondere aber auch im Sachsenland.

Die Könige Knut und Olaf der Heilige verpönten diese Kulte in England und Norwegen. Auf Island opferten die ersten Ansiedler hier einem Steine, dort einem Wald, dort wieder einem Wasserfall. Einem solchen gelobte Einer sogar seinen ganzen Nachlaß, und in seiner Sterbenacht stürzten sich wirklich alle seine Schafe in die Flut hinein. Daß nun die Germanen nicht diese Naturgegenstände als solche, sondern die darin wohnenden Geister verehrten, dafür spricht außer dem durchgehenden, dem rohen Fetischdienst abholden Charakter ihrer Religion das Vorhandensein der Berg-, Stein-, Wald-, Baum- und Quellelfen, die gerade in den genannten Naturgegenständen ihren Aufenthalt hatten. Das jüngere Christenrecht des norwegischen Gulathings verbot, an Landgeister zu glauben, die in Hainen, Hügeln und Wasserfällen wohnten. Riesen aber empfingen überhaupt kaum Verehrung, wenigstens nicht an solchen bestimmten Örtlichkeiten, und auch die Götteropfer knüpften sich damals in heidnischer Gegend wohl nur an Tempel und wagten sich in schon bekehrter Bevölkerung kaum ins Freie hinaus. Endlich decken sich die oft auffälligen Formen dieses scheinbaren Naturkultus genau mit denen des Elfenkultus. Wie man an Quellen Lichter anzündete und in Deutschland am Christabend mit Lichtern in den Brunnen sah, so empfing man noch nach späterem isländischen Julbrauch die Elfen mit vollem Lichterglanz im Hause. Wie jener Isländer seine Schafe dem Wasserfall gelobt hatte, so warf noch später der norwegische Geiger seinem Lehrmeister, dem Fossegrim oder Wasserfallselfen, am Donnerstagabend ein weißes Böcklein ins Wasser. Auch setzte man sich allen Konzilsbeschlüssen zum Trotz noch viel später auf die Kreuzwege hinaus, um gerade hier der Elfen Gunst zu erfahren. Wie schwer das germanische Volk sich vom Glauben an sie losriß, das lehren z. B. einige englische Daten. Chaucer meinte im 14. Jahrhundert, in König Arthurs Tagen sei das ganze Land von Fairies erfüllt gewesen und die Elfenkönigin habe mit ihrer fröhlichen Gesellschaft auf mancher grünen Wiese getanzt, bis die Bettelmönche sie verdrängt hätten. Aber drei Jahrhunderte später behauptete der Bischof Corbet ganz ernsthaft, erst seit Abschaffung des Mönchtums durch die Königin Elisabeth hätten die Feen das Land verlassen, und wiederum drei Jahrhunderte später hielt ein hochgebildeter Dichter, Coleridge, die Elfen für wirkliche Wesen. Noch heute glaubt mancher Bauer in manchem Bach, im Acker und im Bergesschoß das leise Walten der Elfen wahrzunehmen, und ihre Sage wenigstens schwebt noch über mancher Lieblingsstätte unsrer Heimat wie ein zerrinnender zarter Duft. Die neuere Dichtung und Musik aber verdankt dem Elfenmythus die wundersamsten Töne, ohne ihn noch erschöpft zu haben.

Eine Gesamtcharakteristik des Elfenvolks, das ja in den verschiedensten Naturreichen wohnte, dazu in sich zweideutig, ja zwiespältig war, in die verschiedensten menschlichen Verhältnisse eingriff und sich auch diesen wieder anzupassen verstand, wird nicht leicht gelingen. Je nach den freundlichen oder wilden Wettererscheinungen gab es, wie schon bemerkt, schöne, lichte, nützliche, dienstfertige und gütige und wiederum häßliche, dunkle, schädliche, gewalttätige und tückische Elfen. Im Durchschnitt sind sie von der Größe des Menschenleibes, doch bleiben namentlich die Bergelfen, die Zwerge, aber z. B. nicht in Island, dahinter zurück. Aber auch die großen isländischen Alfar haben weicheres Fleisch und mürbere Knochen als die Menschen, und auch des deutschen Zwergkönigs Goldemar Hände sind weich anzufühlen wie eine Maus oder ein Frosch. Goldemar erscheint sogar als bloßer Schatten, und alle Elfen lieben es, rasch zu verschwinden wie ein „Schwick“, oder wie ein Schatten, altnordisch skuggi. Sie können bei geschlossenen Türen ins Haus kommen. Die Elfinnen sind überwiegend anmutig, oft bezaubernd namentlich durch Glanz der Haut, Schlankheit des Wuchses und üppiges Haupthaar. Bei Saxo hatte der mythische König Alf silberglänzendes Haar, und seine Geliebte Alfhild blendete durch ihre strahlende Schönheit, wenn sie sich entschleierte. Schöner als die Sonne sind die Alfen nach der Prosaedda. Doch sind andere mit bleckendem Gebiß und langen Zotten ausgestattet, und die Wasserelfinnen, die Nixen, haben glotzenden Blick, grüne Zähne und grüne Locken und enden auch wohl in einen Fischleib. Von den männlichen Elfen sind die Zwerge oft allzu gedrungen, verhutzelt und dickköpfig und schreiten zuweilen auf Vogel- oder Geißfüßen einher. Häufig tragen Elfen einen roten oder grünen Spitzhut, oder eine Tarnkappe, die sie unsichtbar macht, und die Elfinnen ein Schwanhemd oder Schleierkleid, das sie zum Bade abwerfen. Keine Klasse der mythischen Wesen führt ein menschlicheres Dasein und ist mit dem Menschengeschlecht inniger verbunden als die Elfen. Sie werden geboren, wachsen und sterben, wie die griechischen Nymphen, nach Art der Menschen, wenn sie auch gewöhnlich ein weit höheres Alter als diese erreichen. Doch gehen sie darin weit auseinander. Der Felddämon entstand auf jeder Flur jedes Jahr neu, wurde bei der Ernte gefangen und lebte in der letzten Garbe fort, bis er während des Drusches auf der Tenne hinstarb. Der Hausgeist dagegen blieb fest im Hause nisten, mehrere Geschlechter hindurch. Andere rühmen sich so alt zu sein wie uralte Wälder. Die Elfen backen, brauen, waschen, spinnen und halten gut Haus, sie haben ihr eigenes, ungewöhnlich milchreiches Vieh. Sie übertreffen die Menschen in Tanz, Gesang, Musik und zumal in der Schmiedekunst. Die Zwerge bilden ein Volk, das seine bestimmten Feste, wie z. B. das Julfest, feiert und seine Dingstätten, ja sogar seine Kirchen hat. Es hat einen König Alberich, Laurin, Goldemar, Pippe über sich, auf Island sogar zwei neben einander. Die Elfen beschenken und ergötzen die Menschen, aber sie verwunden sie auch, machen sie krank und töten sie. Der Zauber, den sie auf die Menschen ausüben, ist kaum größer als der, mit dem die Menschen sie anziehen. In diesem Wechselverkehr liegt sogar der Schwerpunkt des Elfenmythus, der insofern mehr Ähnlichkeit mit dem Seelen- und dem Maren-, als mit dem Riesen- und Göttermythus hat. Beide,

Elf wie Elfin, schließen sich oft als Hausgeister den Menschen zu dauerndem Dienste an oder wie Liebende zu dauerndem Bunde. Die Elfinnen locken durch Schönheit, Sang, Spiel und Trank die Männer in ihren Berg, Wald, See und beglücken sie mit ihrer Liebe, oder sie leiten sie irre bis zur Erschöpfung, zur Schwermut und zum Wahnsinn. Namentlich die Nixen dringen Abends sogar in die Spinnstuben, um sich dort am Tanz zu erlustigen und dann einen Burschen mit sich ins Wasser zu ziehen oder ihn in seinem Bette zu töten. Die Elfen holen gern Weiber in ihre Wochenstuben, um sich ihrer Hebammenkunst zu bedienen, und vertauschen gern ihre Kinder, die Wechselbälge, mit den menschlichen. Oft sehen sie sich genötigt, den bald zum Heil, bald zum Unheil ausschlagenden Umgang mit den Menschen ganz aufzugeben und in ein andres Land weit ab von den Menschen überzusiedeln.

In christlicher Zeit legte man oft dem Verlangen der Elfen nach Menschenverkehr die Sehnsucht nach dem Christentum und der Seligkeit unter. Sie haben daher auch ihre Kirchen. Dann wurden sie sogar in die christliche Mythenwelt versetzt: die Lichtelfen wohnen schon nach der Edda im dritten Himmel wie die Engel des Mittelalters; die Südtiroler Waldelfen oder Norgen sollen vom Himmel gestürzte Engel sein, die an den Bäumen hängen blieben, wie sie in Griechenland zu Sirenen wurden. Die isländischen Alfar galten für die bei Luzifers Aufstand gegen Gott neutral gebliebenen Engel oder für die bei des Herrgotts Besuch ungewaschenen Kinder der Eva.

Wie die Seelen und die Maren waren die Elfen eine bedeutende Macht im Dasein, die man durch Speis- und Trankopfer zu Hause und draußen unter Bäumen, an Steinen, an Quellen und auf Kreuzwegen zu begütigen und zu gewinnen, aber auch durch Feuer, Donnerkeil, Stahl und das Tageslicht und schließlich durch Glockengeläute zu verscheuchen suchte.

Die Urheimat der Elfen ist die bewegte Luft, darin sie als Gewitter-, Wind- und Wolkenwesen sich tummeln. Die

G e w i t t e r e l f e n sind ausgerüstet mit dem Blitzgeschoß, dem „Alpschoß“. Ursprünglich ein bloßer feuriger Stein, den man erkaltet im Belemnit, dem sog. Donnerstein, schwed. Aelfqvarn, engl. Elfstone, schott. Elfflint, wiedererkannte, wurde es später als Pfeil gedacht, norw. Alfpil, schott. Elfarrow oder Elfbolt. Da die Maren, Druten, Schrättele und Hexen, wie bemerkt, sich vielfach unter die Elfen mischen, so heißt der Donnerstein auch Maren-, Drutten-, Schrattenstein, engl. Hagstone. Der durch diesen zwischen den Schulterblättern hervorgebrachte „Hexenschuß“ heißt holländisch „Spit“ d. i. Spieß, schwed., dän. und englisch Elfenschuß, norw. Elfenfeuer oder Zwergschuß. Schon vor 1000 Jahren erzählte ein Angelsachse, wie mächtige Frauen, Hexen, laut über das Land geritten seien und gellende Speere, *Götter-*, E l f e n- *und Hexengeschoß*, gesendet und dadurch einem Kranken schmerzhafte Stiche in Haut, Fleisch, Blut oder Glied verursacht hätten. Dann beschwor er den kleinen Speer heraus und bedrohte die Unholde mit einem Messerwurf. So sprach 1675 noch eine deutsche Hexe „wider das Geschoß“: „Alle Wolken triefen und alle Wasser fließen. Alle Bolzen schießen, schießen dir aus alles dein Gebein“. Aus den Wolken fliegen also diese Geschosse. Nach dem dänischen Volkslied schießt die Elfin vorzugsweise mit dem *Elvekvist* Elfenzweig zwischen die Schulterblätter oder schlägt der Bergkönig mit der Elverod Elfenrute. Vom elfischen Pilwiz weiß Wolfram v. Eschenboch, daß er durch die Kniee schießt und Fliehende lähmt. In deutschen Sagen werfen weiße Frauen und Hexen Lauschern oder andern unbequemen Leuten namentlich bei der wilden Jagd ein Handbeil in den Rücken, das dann wohl erst nach sieben Jahren an demselben Orte, wo es ihn getroffen, herausgezogen wird. Die Elfin oder Huldre schießt in Norwegen eine *Alfkula* Elfenkugel ins Vieh, d. i. der im Magen eines Rindes häufig gefundene Haarballen, der Tiroler Hagelstein, der von Hexen gefüllt sein soll. Im Blitz sah man auch eine goldene, feurige Peitsche, mit der der Zwergkönig Alberich im Nibelungenliede bitterlich auf Siegfried und der Aargauer Zwerg Stiefeli auf die Holzfrau loshaut: Alberich aber ist im Epos aus den Wolken in die Berge herabversetzt. Hurtig springt er aus der Felswand hervor mit seiner Geißel und zwar in der Tarnkappe, der unsichtbar machenden Wolkenhülle, und da sie in sich andre furchtbare Blitze birgt, verleiht sie ihm die Stärke von zwölf oder zwanzig Männern. Trotzdem besiegt, führt er nach dem Siegfriedslied den Sieger ins Innere des Berges zum Nibelungenhort, der unter Anderem ein Schwert, den Blitz, hat, das allein den Feuerdrachen töten kann. Und noch nicht des fantastischen Spiels mit den Blitzerscheinungen genug: auf dem Schatze ruht als Köstlichstes „von Gold ein Rütelein", das den Schatz der Wolke aufdeckt und ihr das regensreiche Naß entlockt und den Besitzer zum Meister aller Menschen macht. Des Rüteleins Zauberkraft ist dann spät auf die sich gabelnde Haselrute, das Abbild des zackigen Blitzes, die „Wünschelrute", übertragen, mit deren Hilfe der Mensch im Schoß der Erde Gold oder Wasser aufspürt und die ihn in Bayern vor Blitzgefahr schützt. — In diesen Vorstellungskreis gehört auch der Tiroler Alber oder Alp, der niederdeutsche Alf oder Drâk (Drache), eine feurige Lufterscheinung, die auch „Tragerl" in Östreich heißt, weil er den Leuten das Gut Anderer zuträgt; in Pommern, wenn er blau ist, Korn, wenn er aber rot ist, Gold. — Überhaupt wurden in verwandte Feuererscheinungen, wie Irrlichter und St. Elmsfeuer, allerhand elfenhafte Spukgestalten hineingesehen, die der Wanderer plötzlich vor sich hergehen sieht, die ihm grinsend immer winken und ihn in die Irre leiten. Auch setzen sie sich gern auf den Wagen. Die Dorftiere, die sich oft mit tellergroßen feurigen Augen stets in derselben Gasse oder draußen auf demselben Wege zeigen, sind zum Teil aus solchen örtlichen Lichterscheinungen hervorgegangen. Diese Gewitter- und Gebirgselfen waren aber nicht nur Handhaber und Besitzer jener eigenartigen Waffen, Geräte und Schätze, sondern, als die bewunderte Schmiedekunst sich entwickelte, als die Donnersteine, -keulen, -beile, -hämmer und Peitschen durch Bronzeäxte und -hämmer, Speere und Schwerter ersetzt wurden, da wurden diese gewandten Blitzelfen, unterstützt von den das Essenfeuer anblasenden Windelfen, die *Meisterschmiede* der Welt.

Einen voll und schon anekdotenhaft ausgebildeten Mythus weiß von ihnen die Prosaedda zu erzählen: Als Thor einst bemerkte, daß seiner Gemahlin Sif das Haar von Loki abgeschoren sei, da hätte er sicherlich dem gepackten Frevler alle Knochen zermalmt, wenn ihm dieser nicht geschworen, ihr aus Gold neues, wachstumfähiges Haar fertigen zu wollen. Da fuhr Loki zu den *Schwarzelfen,* Iwaldis Söhnen, die das gewünschte Haar für Sif, ferner das Schiff *Skíđbladnir* für Freyr und den Speer *Gungnir* für Odin schmiedeten. Trunken von seinem Erfolg, verpfändete Loki nun sein Haupt dem Zwerge *Brokkr,* falls dessen Bruder *Sindri* oder *Eitri* drei gleich wertvolle Kleinodien fertigte. Da legte Sindri eine Schweinshaut in die Esse und hieß Brokkr mit dem Blasen nicht eher aufhören, als bis er die Haut wieder herausgezogen hätte. Als Sindri die Schmiede verlassen hatte, blies Brokkr, obgleich ihn eine Fliege in die Hand stach, fleißig weiter, bis Sindri kam und die Arbeit aus dem Feuer holte, einen goldborstigen *Eber.* Darauf legte er Gold in die Esse, und Brokkr blies, obgleich ihn die Fliege in den Hals stach, noch einmal so stark, bis Sindri kam und einen Goldring *Draupnir* aus dem Feuer zog. Endlich legte Sindri Eisen in die Esse, da stach die Fliege dem blasenden Brokkr mitten zwischen die Augen, daß das Blut ihm hineinrann, so daß er nichts sah. Und möglichst geschwinde griff er mit der Hand nach ihr und streifte sie ab; jedoch der Blasbalg war inzwischen in sich zusammengesunken. Wie nun Sindri zurückkam, sagte er, fast wäre alles verdorben, und nahm einen *Hammer* aus dem Feuer. Mit diesem und den beiden andern Kleinodien schickte er seinen Bruder Brokkr zu den Göttern nach Asgard, um Lokis Pfand einzulösen. Als Brokkr und Loki ihre Schmiedearbeiten herantrugen, setzten sich die Götter auf ihre Richtstühle und beschlossen, daß Odin, Thor und Freyr das Urteil sprechen sollten. Da gab Loki dem Odin den Speer Gungnir, dem Thor das Haar für Sif, dem Freyr Skídbladnir und setzte die Tugenden dieser Arbeiten auseinander: daß der Speer nie auf seinem Stich stecken bleiben, das Goldhaar fest an die Haut anwachsen und das Schiff Skídbladnir überallhin günstigen Wind haben würde, außerdem wie ein Tuch bequem zusammengelegt und in die Tasche gesteckt werden könnte. Nun aber zeigte Brokkr seine Arbeiten: er gab Odin den Ring, von dem in jeder neunten Nacht acht neue Ringe von gleichem Gewicht abtröpfeln würden, dem Freyr den Eber, *Gullinbursti*, der durch Luft und Meer Nacht und Tag mit solcher Schnelligkeit laufen könnte wie kein Roß und dessen Borsten auch die tiefsten Finsternisse der Nacht und der Welt erhellten, und endlich dem Thor den Hammer, mit dem er jedes Wesen, auch das größeste, angreifen könnte, der nie fehlen und nach dem Wurf stets in seine Hand zurückkehren würde. Dazu wäre er leicht in einer Brusttasche zu bergen. Nur wäre sein Handgriff zu kurz geraten. Da fällten die Götter das Urteil, daß dieser Hammer das beste aller der Kleinodien wäre, und der stärkste Schutz gegen die Erzfeinde der Götter, die bösen Reifriesen, weshalb sie dem Zwerge das von Loki gewettete Pfand zusprachen. Loki erbot sich zwar, sein Haupt zu lösen, doch der Zwerg lehnte ab. „Nun, so greif mich!“ sprach Loki, war aber, als Brokkr ihn greifen wollte, schon über alle Berge, denn auf seinen Schuhen konnte er Luft und Meer durchlaufen. Nun bat der Zwerg den Thor, Loki zu greifen, und Thor griff ihn auch. Als aber der Zwerg ihm das Haupt abschlagen wollte, sagte Loki: „Zwar hast du Anspruch auf mein Haupt, aber nicht auf meinen Hals.“ Da nahm der Zwerg einen Riemen und ein Messer, um die Lippen Lokis zu durchbohren und ihm dann den Mund zuzunähen. Weil aber das Messer stumpf war, meinte Loki, der Pfriemen seines Bruders würde dafür besser sein. Und sowie er ihn genannt, war der Pfriemen da und durchbohrte Loki die Lippen, die Brokkr zusammennähte. Loki aber riß den Faden heraus. Dieser heißt Vartari. — Sieht man von der Rahmenerzählung ab, so erkennt man als ältere Füllung die Geschichte von zwei Gruppen kunstfertiger Dämonen, die um die Wette für die Götter Kunstwerke von durchweg völlig meteorischer Natur herstellen. Zwar wird das Goldhaar der Sif gewöhnlich auf den Kornsegen der Erdgöttin gedeutet, aber es kann auch auf das Wetterleuchten bezogen werden. Das Schiff Skíđblađnir ist offenbar die Wolke, die die Himmlischen trägt, bei jedem Winde weiter fährt und nach dem Regen wieder verschwindet, der Speer Gungnir ist der ruhelos zitternde oder sausende Wind, den Shakespeare des Wetters Speer nennt. Der Ring Träufler scheint ein Sinnbild immer sich erneuernden Reichtums, der Eber Goldborst ist die Sonne oder die blitzende Wetterwolke, wie denn die Griechen dasselbe Wort Argētes für die Blitze und die Eberzähne gebrauchten. Als Meisterstück wird aber trotz seines Fehlers der Hammer *Mjölnir*, der Zermalmer, hervorgehoben, der unter Blitz und Donner durch die Luft fährt, von selbst in die Hand des Donnergottes zurückkehrt und einen zu kurzen Stiel hat. So fliegt der Donnerkeil im Lenz- und Sommergewitter stets von neuem aus Thors Eisenhandschuh, ist aber im Winter schwach, was die Kurzstieligkeit auszudrücken scheint.

In dieser Sage sind alte Züge verborgen, deren meteorischer Sinn in den entsprechenden griechischen und indischen noch deutlicher hervortritt. Nach Hesiod verfertigten und schenkten drei Kyklopen, Brontes Donnerer, Steropes Blitzer und Arges Donnerkeiler, dem Zeus den Donner, Blitz und Donnerkeil, mit denen er die Titanen bezwingt und über Menschen und Götter herrscht. Die Blitzwaffe ist also auch wie im germanischen Norden das eigentliche Herrscherzeichen, das Schmiedemeisterstück. Nach dem jüngeren Apollodor werden aber auch andre Götter von den Kyklopen, wie oben von den Elfen, nämlich Pluton mit einer Tarnkappe und Poseidon mit dem Dreizack versehen. Den Elfen durch Wettermacherei, bösen Blick und kleinere Gestalt sind noch näher verwandt die griechischen Telchinen, die nach andern die ersten Eisen- und Bronzeschmiede hießen und dem Poseidon den Dreizack machten, auf deren Schätzen und Geschenken aber auch ein Fluch ruhte, wie auf dem Nibelungenring des Zwerges Andvari.

Die Schmiedekunst ist aber auch den indischen Ribhus eigen, deren Name, wie wir wissen (S. 146), mit dem germanischen Elfennamen übereinstimmt, und auch ihr Meisterwerk ist offenbar der Blitz, und zwar auch dieser ein Geschenk an die Götter. Denn von diesen Männern der Luft, wie sie im Rigveda heißen, erklärt der eine das Wasser, der andre das Feuer, der dritte aber das Geschoßschleudernde d. i. den Blitz für die Hauptsache. Dem damaligen Götterkönig Indra, dem Donnergotte, schufen sie die falben Pferde d. h. die Blitze; an einer anderen Stelle zimmerten sie ihm den „Blitz". Aber sie schufen auch Panzer und einen gedankenschnell um den Himmel rollenden Wagen, der an das nordische Wolkenschiff erinnert, und erneuerten aus einer Haut stets wieder eine Kuh, die dem aus einer Haut geschaffenen nordischen Goldborst ähnlich ist. Ja, von den germanischen Elfen, den Zwergen und *Kasermännlein* in Tirol, den englischen *Pixies* und den nordischen *Huldren* erzählt man hie und da noch heute, daß sie eine im Herbst in der Sennhütte zurückgelassene Kuh verspeisen und aus Haut und Knochen wieder, wie die Ribhus, lebendig machen, offenbar, weil sie im Frühling die befruchtende Wolkenkuh wiederbringen, wie auch die Ribhus gleich den Tiroler Albern die Kräuter wieder wachsen lassen. Der erste Ribhu heißt Ribhukschan Ribhukönig gerade wie der erste Elf *Elberich*, *Alberich*, Elfenkönig, und wie Ribhuschan dem Indra den Blitz schmiedet, so schmiedet der nordische *Alfrik* mit drei andern Zwergen den Halsschmuck der Freyja, der deutsche Alberich den goldnen Ringpanzer König Ortnits, und der „Elfenfürst" Wieland ist der Meisterschmied. Das Auffälligste aber ist, daß auch in Indien ein Wettstreit dämonischer

Künstler von den Göttern entschieden wird, wozu auch, wie im Norden der Feuergott Loki, so hier der Feuergott Agni die Hauptanregung gibt. Tvashtri d. h. der Künstler schuf außer dem Blitze für Indra noch für die Götter eine Trinkschale, die jene drei Ribhus getadelt haben sollten. Da stellte ihnen Agni die Aufgabe, aus der einen Schale vier für die Götter zu machen. Sie lösten die Aufgabe, und Tvashtri floh besiegt zu seinen Frauen. Diesem indisch-germanischen, zum Teil auch griechischen Schmiededämonenmythus liegen gemeinsame Vorstellungen von überirdischen Gewittermächten zu Grunde, die nach den Anfängen der Schmiedekunst im Beginn einer angestaunten Technik bereits eine gemeinsame feinere Gestaltung empfangen hatten. Die himmlischen Götterschmiede wurden dann samt ihren zauberischen Werkstätten in den Schoß der Berge versetzt, wie denn die Kyklopen, nunmehr Gesellen des Meisters Hephaestos, in den Vulkanen am Mittelmeer ihre glühenden Essen hatten und die germanischen Zwerge in Erdhöhlen für Helden und gewöhnliche Menschen tätig waren.

Während die Übereinstimmungen dieser indischen, griechischen und germanischen Künstlersagen auf gemeinsamem naturmythischen Untergrund ruhen, scheint die noch auffälligere Übereinstimmung der germanischen Wielandssage mit dem Daedalos- und Hephaestosmythus aus den Kulturmitteilungen erklärbar, die schon in der älteren Bronzezeit aus dem hellenischen Süden mit der Spiralornamentik der Mykenaekultur quer durch Europa nach dem Norden wanderten. Aus der Mischung von altgermanischen Elfenmären mit Daedalos- und Hephaestosgeschichten entstand im Norden der poesievolle Künstlerroman, den uns das eddische Völundslied meisterhaft erzählt. *Wieland*, ein Elfenfürst mit weißem Halse, und seine Brüder Slagfiđr und Egil bemächtigen sich dreier badender Königstöchter, die bald als Walküren das Kriegshandwerk treiben, bald ihr Schwanhemd ablegen und am Seestrand friedlich Flachs spinnen. Aber nachdem sie acht Winter mit den drei Brüdern zusammengelebt haben, fliegen sie sehnsüchtig zum Kampfleben zurück. Egil und Slagfidr machen sich auf, um sie ostwärts und südwärts zu suchen; Wieland aber bleibt einsam zurück und schlägt rotes Gold und Edelgestein zu kostbarem Geschmeide zusammen, tief im Wolfstal, seiner lichten Geliebten Alvit harrend. Als er einmal auf der Jagd ist, dringen die Leute König Niduds in sein Haus und sehen staunend all die Schmiedeherrlichkeit, doch nehmen sie nur einen von den 700 Ringen weg. Wie Wieland nach der Heimkehr diesen Verlust bemerkt, hofft er, Alvit sei wiedergekommen. Er sitzt lange, bis er einschläft, um aufzuwachen freudlos, mit gefesselten Händen und Füßen. Da gab Nidud seiner Tochter Bödvild den Goldring, den er von der Bastschnur in Wielands Hause genommen hatte, er selbst trug Wielands Schwert. Auf den Rat der Königin, die des Meisters Rache fürchtete, zerschnitten sie ihm die Sehnen seiner Kniekehlen und setzten ihn auf die Insel Seestatt. Nun schmiedete er für den König aller Arten Kleinode, und niemand durfte zu ihm gehen als der König allein. Doch beim Hammerschlag sann der Schmied auf Rache. Als einmal die zwei Knaben des Königs neugierig in die Werkstatt kamen und in die Goldkiste schauten, schlug Wieland mit dem fallenden Deckel ihre Häupter ab und legte ihre Füße in den Schmutz unter dem Blasebalg. Ihre Schädel faßte er in Silber und schickte sie ihrem Vater, aus ihren Augen machte er Edelsteine und schickte sie ihrer Mutter, und aus den Zähnen machte er Brustringe und schickte sie ihrer Schwester Bödvild. Da begann diese ihren Ring, den einst Alvit getragen, zu rühmen . . . bis er zerbrochen war. Aber Wieland tröstete sie und versprach, ihn schöner wieder herzustellen. Er schläferte sie mit Bier im Stuhle ein und überwältigte sie. Lachend erhob er sich dann in die Luft, weinend ging Bödvild vom Eiland, voll Sorge um die Fahrt ihres Liebsten und den Zorn ihres Vaters. Der König war schlaflos über den Tod seiner Söhne, ihn fror sein Haupt. Da sah er Wieland fliegen und rief zu ihm hinauf: „Was ist aus meinen frischen Knaben geworden?“ Und Wieland enthüllte ihm alles, aber der König hatte keinen Mann so kräftig, daß er jenen herabschießen könnte, und seine Tochter gestand ihm ihre Schande.

Weland, Wieland, altnord. *Völundr* bedeutet den Künstler gerade wie Daedalos. Er war Fürst der Alfen, der, von Zwergen belehrt, Ringe, Becher und Schwerter schuf und im Wettkampf mit dem Schmiede Amilias mit dem Schwerte Mimung den Preis davontrug. Er fertigte auch ein getreues Abbild von Regin, wie Daedalos die ersten menschlich gestalteten Bilder schnitzte. Er schwang sich aus der Gefangenschaft eines harten Herrschers, der ihn nicht frei lassen wollte, auf künstlichen Flügeln in die Lüfte, wie Daedalos. Bei diesem Flugversuch kam hier der mitfliegende Sohn Icarus, dort der brüderliche Fluggenosse Egil um. Auch Hephaestos wurde Daedalos zubenannt und wie Wieland in seiner Werkstatt die Bödvild, bedrängte Hephaest in seiner Werkstatt Athene.

Die zweite Elfenklasse, die der Windelfen, wird durch die alten Zwergnamen Vindalfr und Gustr Bläser bezeugt. In der Edda werden auch die Zwerge Austri, Vestri, Nordri und Sudri an den vier Himmelsecken erwähnt. Die beiden Diener des Gottes Freyr, ein Ehepaar Beyggvir Bieger und Beyla Buckel, scheinen ein paar anmutige Windelfen, deren Namen die gleichmäßige Senkung und Erhebung der Wellen bei ruhigem Wetter abspiegeln. Der Name des Zwerges Andvari, der auf den Ring des nordischen Nibelungenhorts einen Fluch legt, bezeichnet neuisländisch sanften Gegenwind, wie er sich denn auch in der Liederedda selber als Gustr zu bezeichnen scheint. Wie das Blitzgeschoß der Gewitterelfen bringt der Anhauch der Windelfen bei Mensch und Vieh Krankheiten hervor: norweg. *alfgust*, schwed. *elfreblåst* Elfenhauch ist eine Gliedergeschwulst, die auch der Sturm z. B. der wilden Jagd verursacht. Gewisse Krankheiten heißen ‚*fliegende Elbe*‘, angelsächsisch *aelf-* oder *lyftâdl* Elfen- oder Luftkrankheit. Man bindet Kindern als Gegenmittel Donnerkeile oder in Schweden am Donnerstagabend verfertigte ‚Elfenkreuze' um den Hals.

Die windelfische Hauptform ist der Wirbelwind, männlich, aber auch, da seine Rundtanzbewegung gern dem tanzlustigen weiblichen Geschlecht zugeschrieben wurde, oft weiblich aufgefaßt. Schon Wolfram von Eschenbach und Berthold von Regensburg bekannt, geht der *Pil-* oder *Bilwiz*, dessen Name westslavisch klingt, im östlichen Süd- und Mitteldeutschland mit Messern oder Sicheln an den Füßen Abends am Sonnwendtage oder am Veits- oder Peter und Paultage durch die Felder oder reitet auf einem schwarzen Bock, hinter dem Rauch aufsteigt, hindurch. So zieht er einen wellen- oder bockssprungförmigen Schnitt, einen fußbreiten Streifen der Verwüstung, durch das Getreide, den sog. Bilwiz-, Bilmes-, Bocks- oder Wolfsschnitt. Schon im 14. Jahrhundert galt er für ein männliches Gegenstück der Hexe und ist noch jetzt meist ein neidischer, mit Hexenkunst begabter Mann, der seines Nachbarn Getreide in seine Scheune hinüberzustehlen sucht. Früher war er wohl ein Wirbelwindgeist, der verheerend ins Korn brach, und vielleicht noch früher ein toll kreiselnder Bock, wie auch die Inder den Wirbelwind als einfüßigen Bock sich vorstellten. Seine wirbelnde Hast verwirrte und verfilzte im Mittelalter den Bart und die Haare, die dann „Pilbiszotten" bekommen, und auch bei Hans Sachs bedeutet bilbitzen zausen und verwirren. Man hing diesem Wesen Knabenkleider am „Pilbisbaum" auf.

Die Elfinnen, Maren, die vorarlbergischen Fenesleute und die vielleicht aus diesen entstellten Venediger, lauter Elfenvolk, fahren im Wirbel- oder im niederdeutschen Doorwind, die bairischen Truten, die oldenburgischen Walridersken erregen Windgäspeln d. i. Wirbelwind oder Trutenwind. Der Alpenelf „Almputz" heult im Sommer vor gefährlichem Gewitter wie die Windsbraut und bezieht wie das „Kasermandle" im Spätherbst die verlassene Sennhütte, ein einziges großes Auge auf der Stirne, — den Wirbelwind? Die Elfen verschenken einen Gürtel, der in einer

Tiroler Sage noch ganz offen „*Windsbraus*" Wirbelwind genannt wird und in vielen Sagen Mann, Baum oder Pfahl, um den er gelegt wird, im Nu zerreißt. Wo sich die Mare oder Trut ins Korn niederläßt, wird es schwarz wie da, wo der Wirbelwind es niedergelegt hat. So verdorrt der Brombeerstrauch, auf dem die Walriderske sitzt. Er kommt nicht zur Ruh, denn ein vom Mar bedrückter Baum zittert beständig, und der bewegte Tannenwipfel heißt englisch Mares' tail, womit die Schiffersprache auch den sturmverkündenden Wetterbaum am Himmel bezeichnet. In den Zweigen, auf denen diese tollen Elfen rasten, entstehen struppige, nestartige Verknotungen oder auch die Misteln, daher *Alpruten*, *Druden-* oder *Wetterbüsche*, *Hexen-* oder *Marennester, Donnerbesen, Marenquasten* genannt. Damit schlägt der Elf oder wird er geschlagen. Der daraus fallende Regentropfen bringt dem Betroffenen Alpdruck oder Kopfweh. Der Schwede hängt die Mareqvastar in den Stall, damit die Maren auf ihnen sitzen, anstatt den Pferden Marelockar in die Mähnen zu machen. Denn sie verwirren Pferd- und Menschenhaar zum *Alp-, Druten-, Wichtel-, Hollenzopf* oder *-schwanz*. Noch mehr: sie verwirren auch den Geist. Der Blödsinnige oder der Einfaltspinsel heißt daher auch *Elbentrötsch*, *Elbst*, *Drut*, *Schrättel*. Als Windgeister sind die Elfen diebisch: ein nordischer Zwerg hieß *Alþjófr* Erzdieb, der deutsche *Elbegast* oder *Algast* war „aller Diebe Meister". Die elfischen *Venediger* der deutschen Sage, Wirbelwindsfahrer, entführen Leute weit weg, die Elfen stellen namentlich Erbsen und Frauen nach, so die lüsternen Zwergkönige *Laurin* und *Goldemar*. Jener *Elberich* bewältigt Ortnits, ein andrer Dietrichs und Hagens Mutter. Auch stehlen die Elfinnen Kinder der Menschen und lassen dafür die ihrigen zurück. Als Windgeister, die leise murmelnd oder laut drohend den Umschlag der Witterung ankünden, sind die Wildmännlein und -fräulein, die Fengen, die Schneefräulein in den Alpen, der nordische Marbendill auf der See des Wetters und dann überhaupt der Zukunft kundig und weissagen, namentlich wieder Elberich, und werden Warner der Menschen. Wie milde und kühlende Winde sind sie heilkräftig und schaffen dem Menschen schon im alten Norden Heilhände, „laeknishendr“: Musik und Tanz aber ist ihr Leben! Im sanft flüsternden, melodisch aufrauschenden Winde stimmen sie ihre verlockende Weise, den althochdeutschen *Albleich* das Elfenspiel an, der im Norden auch *Elfvalek* oder *Ellaspel* heißt, den *Huldreslaat* die Huldrenmelodie, das dänische *Ellekongestykk* das Elfenkönigsstück, das auch Erlkönigs Töchter zu ihren Nebelreigen um die grauen, dürr belaubten Weiden ertönen lassen. In Schweden tanzten noch vor etwa 100 Jahren die Bauern nach ihrer anmutigen Weise, die so lautete:

Auch das vorarlbergische Nachtvolk macht liebliche Musik, wenn es durch die Luft fährt; aus den isländischen Alfarhöhlen hört man Sang und Tanz. Die Tiroler Saligfräulein, die bei drohendem Unwetter so traurig klagen, singen sonst so schön, daß der Zuhörer wie gefroren steht. Am Geigerstein im Unterelsaß hört man noch jetzt am späten Abend einen dämonischen Geiger spielen, der einst seine treulose Braut nebst ihrem Verführer und der ganzen Gesellschaft wie wahnsinnig um den Felsen tanzen ließ. Spielt er auf, gibt's Sturm und Regen. Oberons d. i. Alberons des Elfenkönigs Horn regt unwiderstehlich zum Tanz auf, die Elfen selber führen bei Mondlicht im wallenden Nebel Reigen auf, nordisch elle-, älf-, alfedans, engl. fairyring, die in den dunkleren, dichteren Ringen des Grases, den fairyrings oder Hexenringen, ihre Spuren zurücklassen. In ihren Tanz ziehen sie gern Menschen, um sie des Atems zu berauben und zu töten. Wer vermag ihrer leichten Schwebekraft und unersättlichem Wirbellust zu genügen? Maren, Walridersken und Schwanjungfrauen fahren aber auch gern in einem kreisenden Siebe, worunter die durchlässige Wolke verstanden wird, durch die Luft, und zuweilen klingt herrliche Musik herunter. Aber oft klagt auch die Elfin. Bei Windesgeheul sagt man in Westflandern: „Alwina (d. h. die Elfin) weint". In stürmischen Nächten jammert das luxemburgische Buschgretchen. Wie diese Waldfrau ist auch die Haffru d. i. Meer- oder Seefrau des Nordens ihrem innersten Wesen nach eine Windelfin. Denn auf den Färöern wird das Wetter gut, wenn der Marmennil, der Meermann, friedlich neben ihr auftaucht. Singt sie aber so schön, daß die Menschen darüber toll werden, dann kommt Unwetter. Die schwedische Haffru wäscht ihre Kleider am Ufer und breitet sie dort auf den Steinen aus, wenn der See schäumend heraufspült; bei Wind aber fährt sie über das Wasser und singt im Walde, und bei schwülem Wetter zankt sie mit dem Bergesherrn, dem Bergwinde. So schwankt *Melusine*, die auch mit einem Manne, ihrem Gatten, zwistet, zwischen Wind und Wasser. In Böhmen fliegt sie mit ihren Kindern im Winde jammernd durch die Luft; geht jemand bei Sturm aus, so fährt Melusine in ihn, und er wird krank, also wie ein Elfenhauch. Wie dem Wind und der Frau Windin und ihren Kindern (s. u.), streut man ihr eine Handvoll Mehl in die Luft, und in den 12 Tagen vor Weihnachten, wo sie am stärksten tobt, wirft man ihr Nüsse in den Ofen und knallt in der Stube mit der Peitsche, um die Windsbraut zu vertreiben. Die ursprünglich wohl deutsche Sage von der Melusine oder Melusindis ist in Lusignan eine Wasserfrausage. Melusine gelobte sich einem Ritter zur Ehe, wenn er verspräche, sie niemals nackt zu sehen. Trotz seines Versprechens drang er nach vielen Jahren glücklicher Ehe, in der sie ihm sieben Kinder brachte, ins Badegemach seiner Frau und sah sie als völlige Schlange oder doch mit einem Schlangen- oder Fischschwanz. Voll Entsetzen stieß er einen lauten Schrei aus, und erzürnt entfloh sie ihrem Gatten auf alle Zeit. In Burgund hört man sie im Gewitter zürnen.

Auch die dritte Klasse, die der Wolkenelfinnen, verleugnet ihren Doppelcharakter nicht. Goethe empfand auf seiner Schweizerreise von 1780, wie die sich zur Erde senkenden Wolken dem Geiste schwer auflagen, und Annette von Droste-Hülshoff sah, daß die Wolkenschichte sich über die Heide legte „wie ein dunkler Mar“. Eine niederländische Mar verwandelt sich in eine schwarze Wolke mit gräulichem Sturm. Dem lang nachschleppenden Gewölk entsprechend steht der Walriderske Haar hinten aus wie ein Pechquast und tragen Huldren und Maren einen

Schwanz. Sie haben, wie z. B. die westfälischen *Sgönaunken* und das dänische *Ellefolk*, lange Brüste, dagegen einen Rücken hohl wie ein Backtrog, weil die sich ergießende Wolke schwer herabhängt, während sie oben sich leert. Wenn vor Gewitter diese Wolke leuchtet, gleicht sie einem Backofen, den jene Sgönaunken mit ihren langen Brüsten reinigen. Die wilden Frauen verfügen auch über einen Kessel gleicher Bedeutung, in dem sie Menschen sieden; oder sie verleihen einen Schatzkessel, wobei der Schatzheber von der Elfin schwarz angehaucht wird. Die Elfinnen und Maren fahren oft in Sieben, triefenden Wolken, unter Wirbelsturm oder lieblicher Musik. Und mehr und mehr kommt nun anderseits die Schwangestalt, der überirdisch lichte, schneeige Glanz der Wolke, zur Geltung. Die schwedischen Elfinnen stürzen sich als Schwäne aus der Luft ins Meer und in Teiche und sind alsbald die schönsten Mädchen. Hunderte von Sagen preisen die Holdseligkeit der *Seligen*, der *Hollen*, der *weißen Weiber* und *Schwanjungfrauen*, die Volkslieder namentlich die weiße Haut. Sie tragen oft einen weißen Schleier, ein schneeweißes, von einem Goldgürtel zusammengehaltenes Gewand oder Schwangefieder, unter ihrer goldenen Haube fließt langes blondes Haar hervor. In einem eddischen Liede bringen die Lichtelfen das Tageslicht, die Sonne, die *Alfrödull* d. h. Elfenstrahlenglanz heißt. Scheint die Sonne durch den Regen, so strählt sich nach deutschem Glauben die Elfin mit goldnem Kamme, offenbar mit den zinkenartig erglänzenden Regenstrahlen, das reiche Goldhaar. Schwebt dagegen aus dem feuchten Walde Nebel auf, so hängt sie auf den Büschen oder auch an den höchsten Wipfeln schneeweiße Wäsche zum Trocknen auf. Wenn der Nebel wie ein langer Faden oder ein Seil von einem Berg zum andern schwebt, so spinnen, weben die Elfinnen oder drehen gar Seile. Sie schöpfen Wasser, wenn der Dunst über den Bach oder den See zieht, und gießen es als Tau über die Wiesen und Felder. Der aus gepflügtem Acker aufsteigende frische Erdgeruch rührt von den

Kuchen her, die sie oder ihre Männer backen und auch wohl der ackernde Knecht als Lohn am anderen Ende der Furche findet. Wenn aber das Gebirge im Morgengrauen lustig dampft, so backen die Elfen nicht nur, sondern brauen und schmieden auch. — Sie verschwinden wie ein Nebelhauch, ein Schatten und nahen wieder auf „Elfenzehen". Nebelhülle bedeutet die *Nebel-, Hel-* und *Tarnkappe*, der altnord. *huldarhöttr,* der norweg. *uddehatt*. der schwed. *hvarfshatt* d. i. Hulden- oder Zwerghut. Zuweilen verdichtet sich der Nebel und wird dann wieder lichter, so daß man einen Augenblick ein Stück unbekannter Landschaft im Sonnenglanze vor sich sieht; dann zaubern die Elfen mitten in der Wildnis die Fata Morgana hervor, die gartenartigen „*Hullahöfe*".

Der Wohnort aller dieser Elfen ist naturgemäß die Luft. Darum dachte man sich im Norden *Alfheimr* das Elfenheim am Urdarbrunnen unter der Esche Yggdrasel, dem Wolkenbaum. Infolge einer schon in die Prosaedda eingedrungenen christlichen Vorstellung von der Wohnung der Engel im dritten Himmel wurden die Lichtelfen von ihrem alten Sitz in diesen dritten Himmel versetzt. Das Elfenreich heißt auch später „*Engelland*", aus dem die Schwanjungfrauen, Walridersken und Maren in ihren Sieben fahren und zu dem sie von den „Glocken von Engelland" zurückgerufen werden. Meistens ist aber das Elfenreich auf der Erde oder gar in die Erde herabgesunken.

In Deutschland erzählte man von anmutigen Elfenwiesen, auf denen sich das in einen Brunnen gefallene Kind plötzlich zu freudiger Überraschung wiederfindet. Die Schweden kennen einen Elfträdsgård, einen Garten, der Schneeballbüsche mit Gold- oder Edelsteinfrüchten trägt, oder auch einen Rosenwald, in den Elfenkönigs Tochter einen Bräutigam hineinlockt, so daß ihm darin 40 Jahre vergehen wie eine Stunde. Hier kommen alte Mythenzüge zum Vorschein. Denn nach Saxo stieg ein Weib mit Blumen im Schoß plötzlich aus der Erde neben dem Dänenkönig Hadding auf, als dieser bei seiner jungen Frau saß, und entführte ihn in ihrem Mantel unter die Erde, um ihm den stark ausgetretenen Pfad zur Unterwelt zu zeigen. Nachdem sie durch einen dicken Nebel gedrungen waren und mehrere in Scharlach gekleidete Edle unterwegs gesehen hatten, kamen sie auf ein sonniges Feld, von dem jener Blumenschmuck stammte. Dann überschritten sie einen Speere dahinwälzenden Fluß, jenseits dessen zwei Schlachtreihen miteinander stritten, die Waffentoten, die dort den Kampf des Lebens fortsetzten. Als weiterhin eine hohe Mauer den Weg versperrte, warf Haddings Führerin den abgerissenen Kopf eines Hahns hinüber und horch! der König und das Elfenweib vernahmen einen hellen Hahnschrei, wie einen Ruf aus dem Lande der Unsterblichkeit. Die berühmtesten solcher Elfenreiche sind die durch die deutsche Heldendichtung des 13. Jahrhunderts verklärten *Rosengärten.* In dem auf einer Rheinaue gelegenen Wormser Rosengarten herrschte König Gibich d. h. der Freigebige, Gütige, der im Harze bei Grund als Gübich oder Hübich Gold und Silber und bei Nienburg als Zwerg Gäweke freundlich Kuchen spendet. Den andern Rosengarten, der auf einer üppigen Halde bei Meran liegt, besaß der Zwergkönig Laurin. Solch ein Garten ist mühselig zu erreichen, er heißt ein Paradies oder ein Himmelreich auf Erden. Er schwillt über von Rosen, und ein Jahr darin vergeht wie ein Tag. Blütenpracht und Kriegsgetümmel sind auch hier vereinigt wie in jener dänischen Unterwelt, mitten unter den Rosen werden blutige Kampfspiele getrieben.

Auch sonst nannte man im Mittelalter Belustigungsplätze Rosengärten, ob sie nun dicht vor dem Stadttor, wie der 1288 erwähnte Rostocker, oder hoch oben auf dem Rücken des Thüringer Waldes, z. B. über Tambach, lagen. Wiederum haben andere Rosengärten eine scheinbar entgegengesetzte Bedeutung. In den Oldenburgischen Heiden wurden öde heidnische Grabstätten so genannt und weiterhin auch die christlichen Totenhöfe in Grabinschriften und in Volksliedern. „Hier lieg ich im Rosengarten und muß auf Weib und Kinder warten.“ Es ist wiederum die Bedeutung des Paradieses, aber die ernstere des Jenseits, im Gegensatz zu jenem weltlichen Paradiese. An viele deutsche Rosenauen, -berge und -täler knüpfen sich Sagen und Beziehungen desselben Sinnes. Sie gelten alle für echt deutsche Paradiese, und man darf weder die fremde Herkunft des Blumennamens, der erst in der althochdeutschen Zeit eingeführt scheint, noch auch die spätere Einführung der gefüllten Centifolie dagegen einwenden. Denn auch die volldeutschen entsprechenden Örter, wie Buttelloh und Buttelberg (oft in Butterberg entstellt), teilen die Eigenschaften der Rosengärten und haben deren Sagen, und auch Deutschland hatte ein paar Dutzend heimischer Rosenarten, die lieblichen Hecken- oder Buttelrosen. Wie man jene Schneeballbüsche in den weißen Wolken, jene Gold- und Edelsteinfrüchte in den funkelnden Lichtern derselben zu sehen glaubte, so schien der Himmel bei Sonnenauf- oder untergang in überschwänglicher Rosenpracht zu erblühen. Hier dachten sich die Griechen die Gärten ihrer elfischen Hesperiden und die elysischen Gefilde, die Aufenthaltsörter der Seligen, die Iren die Inseln ihrer Feen und Seligen und so nun auch die Germanen die Gärten der Elfen und, wie es scheint, auch die Wohnorte der Verstorbenen. Diese waren häufig mit dem Gesicht gegen Osten, gegen den elfischen Rosengarten des Morgenrots gewandt, begraben. Ob man sich wirklich dem Gedanken an ein ewiges Leben im Jenseits näherte, davon wird später die Rede sein.

Die drei verschiedenen Klassen der Luftelfen, die schon unter sich vielfach in einander verschwimmen, gehen nun noch außerdem in die mehr irdischen Elfengeschlechter über, weil die Wettererscheinungen unmittelbar auf die Erde hinüberwirken, auf die Berge, Wasser, Wälder und Felder. Sie kommen nun den Menschen noch näher, sie belauschen sie noch häufiger und werden von ihnen belauscht, mit noch mehr Vertrauen und noch mehr Furcht treten sie einander gegenüber.

Die Berg- oder Erdelfen heißen im Norden gewöhnlich

kurzweg *Alfar*, auf Island und den Färöern aber auch *Huldufolk* d. i. verborgenes Volk, in Norwegen *Huldrefolk,* in Schweden *Jordfolk,* Erdvolk, in Dänemark *Bjergfolk*, seltner *Dverg.* In Deutschland heißen sie *Zwerge, Querge, Querxe, Unterirdische, Wichtel-* oder *Erdmännlein, Fenesleute* u. s. w., in England *dvarfs.* Die reichsten Sagen haben die Alpenländer, die mitteldeutschen Bergbaubezirke, Norddeutschland, England, Dänemark und Island. Die ältesten knüpfen sich an Steine und Löcher von eigentümlicher Form oder Eigenschaft; die jüngeren an Bergbaustriche. Die durchweg neueren Kohlengruben haben kaum neue Zwergsagen hervorgebracht. Die Zwerge wohnen unter oder in Steinen, Höhlen und Erdlöchern, unter Baumwurzeln und in Gräbern. Der von Thor ausgefragte und überlistete Zwerg *Alvîs* haust nach einem Eddalied in der Erdtiefe unter einem Stein, der Zwerg *Andvari* hat den Nibelungenhort in seinem Stein. Die Bergelfen sind meist klein, etwa $^3/_4$ Elle groß, von gedrungenem Körper, oft mißgestalt, bucklig und dickköpfig, daher in Brandenburg „*Dickköppe*" genannt, ältlich, runzlich, graubärtig, blaß, fahl um die Nase wie jener Alvîs, und dazu oft noch enten- oder geißfüßig. Doch ihre Weiber sind überwiegend lieblich. Namentlich auf Island haben auch die Bergalfar Menschengröße, und man findet Schöne und Häßliche, Junge und Alte darunter. Die Zwerge tragen vorzugsweise gern unsichtbar machende Tarn- oder Nebelkappen oder breitrandige Hüte. Gelingt's, diese ihnen beim Hochzeitsmahl oder beim Erbsenstehlen mit einem Sack oder Seil abzustreifen, so sind sie plötzlich sichtbar und suchen das Weite. Sie sind mit grauem, oft langem Kittel angetan. Die Kraft Laurins wie die der färörschen Zwerge steckt in ihrem Gürtel. Einige schwingen Peitschen und reiten auf Böcken. Im Echo hört man der Zwerge Sprache, das dverga mál. Sie verschwinden wie der „Schwick". Sie gelten für geschickt, listig, diebisch, wie denn *Alfrik* in der Thidrekssage der große Stehler heißt, und für trügerisch, aber sie sind auch ebenso hilfreich den Menschen, wie ihrer Hilfe bedürftig, ebenso dankbar für Wohltaten, wie rachsüchtig nach einer Beleidigung. Durch die bekannten Elfenkünste des Backens, Brauens, Butterns und Spinnens tun sich auch die Bergelfen namentlich in der zwar jünger überlieferten, keineswegs aber deshalb späteren Volkssage hervor, jedoch auch durch die höhere Schmiedekunst, die neben ihrem Gold- und Silberreichtum sie besonders auszeichnet. Der Nibelungenhort gehört den Zwergkönigen *Nibelung* und *Schilbung*. Der schatzmehrende Goldring Andvaranaut ist im deutschen Schatz durch die Wünschelrute vertreten. Die Zwerge der Volkssage belohnen Dienste der Hebammen und anderer Leute mit Gold und Kostbarkeiten. Auch Verirrter erbarmen sie sich hie und da und stecken ihnen zum Trost Gold und Silber ein, wie z. B. der Zwerg *Hübich* dem Försterssohn, der sich auf einen Stein bei Grund im Harze verstiegen hat. In Märchen, doch wohl fremder Herkunft, hüten Zwerge noch Kostbareres, das Wasser des Lebens, die nordischen Zwerge *Fjalar* und *Galar* in einer geschmacklos verkünstelten, nur halbechten Skaldengeschichte den Met der Dichtung. Sie erschlugen nämlich den allweisen Menschen *Kvasir,* der aus dem Speichel entstanden war, den die Götter und die Wanen zur Bekräftigung des zwischen ihnen geschlossenen Friedens in ein gemeinsames Gefäß gespieen hatten. Kvasirs Blut fingen seine Mörder im Kessel Ođrörir d. i. Geisterreger oder Verjüngungstrank und in den Gefäßen Són und Bođn, Brau- und Einladungsgefäß, auf und mischten ihm Honig bei. Wer von diesem Trank genießt, wird Dichter oder Gelehrter. Den Göttern logen die Zwerge vor, der arme Kvasir sei in seiner allzu großen Weisheit erstickt.

Echteren Gehalt haben die Schmiedesagen. Die Bergelfen sind nun nicht mehr die vornehmen himmlischen Schmiede im Dienst der Götter wie die Luftelfen (S. 157), sondern sie schmieden in der älteren Literatur für Helden Schwerter und für deren Frauen kostbaren Schmuck, in der jüngeren Volksüberlieferung für die gewöhnlichen Menschenkinder namentlich scharfe Messer, Kessel und allerlei Hausrat. Jene Heldenschwerter beißen Eisen und Stein, sind aber auch wohl, wie Tyrfings Schwert, mit dem Fluch belegt, drei Neidingswerke oder Verbrechen auszuüben. „Fein wie ein Wichtelgeschmeide" sagte man in Schweden, und in Norwegen heißt der glänzende Bergkrystall „Dvergsmie" Zwerggeschmeide. Die Schmiedesagen des Volks haben einen hochaltertümlichen Zug treu bewahrt, über den die ältere germanische Literatur schweigt. In Berkshire war es Brauch, dem Wayland smith, in dem wir den schmiedekundigen Elfenfürsten Wieland (S. 161) wiederfinden, vor seine schon im 10. Jahrhundert bezeugte „Welandes smidde", ein altes Steindenkmal, ein etwa abgelöstes Hufeisen und ein Stück Geld zu legen und sich auf kurze Zeit zu entfernen. Kam man zurück, so war das Geld weg und das Pferd neu beschlagen. Ein schwedischer *„Bergschmied"* erbot sich gleichfalls, alles zu schmieden, wenn man nur Eisen und Stahl auf seine Bergklippe legen wollte. In Westfalen, wo es so viele Höhlen und alte nach Eisen durchwühlte Bergwerke gibt z. B. um Iserlohn und Osnabrück, auch am Harz und in den Ardennen legte man den *Zwergen*, *Sgönaunken* und *wilden Gesellen* gleichfalls Eisen und Lohn oder einen zur Zahlung verpflichtenden Bestellzettel vor die Höhle, auf dem am andern Tag der Preis für das daneben gelegte Gerät stand. Wer aber nicht zahlte, oder gar den Platz vor der Höhle übermütig und undankbar beschmutzte, der wurde von einem glühenden Rade verfolgt. Am Harz und in Jülich borgten die Leute Geschirr für ihre Hausfeste oder Kirmessen von den *Quergen* und *Heinzelmännchen* und setzten ihnen dafür nachher Kuchen und andre Hochzeitsspeisen oder Kirmesswecken hin. Bei Verviers legte man auch Hanf und Wolle den Zwergen in die Höhle und fand es am andern Morgen gesponnen. Einen ähnlichen geheimnisvollen Tauschhandel der Bevölkerung mit ihrem zauberkundigen Schmiede kannte schon Pytheas im 4. Jahrhundert v. Chr. auf der vulkanischen Insel Lipara: wenn man dort ein Stück rohes Eisen vor die Hephaistische Kyklopenwerkstatt lege, so könne man gegen Bezahlung am andern Morgen ein fertiges Schwert, oder was man sonst wünsche, abholen. Und noch heute erwerben sich die wilden Weddahs auf Ceylon ihre kleinen eisernen Äxte und Pfeilklingen vom benachbarten singhalesischen Dorfschmied dadurch, dass sie ihm nachts etwas Dörrfleisch und Honig nebst dem aus Ton oder einem Blatt gefertigten Modell jener Waffen vor die Türe legen. Ist die Arbeit fertig, so hängt der Schmied sie an die Türe, von wo sie der Weddah bei Nacht abholt. Ist dieser damit zufrieden, so fügt er dem Lohne noch ein Geschenk hinzu.

Als man nun anfing, ins Innere der Erde einzudringen, um ihre Metalle auszubeuten, wurde aus dem Schmiedezwerg ein Bergmann, Bergmönch, Berggeist, der plötzlich aus gold- und silbergefülltem Gestein hervortrat, bei der Arbeit half, reiche Adern zeigte und sich auch außerhalb des Bergwerks der armen, schwachen, verirrten Arbeiter annahm. Vor dem Gehämmer und Gepoche ziehen sich diese Zwerge aber zurück und können im Schacht namentlich Pfeifen nicht leiden. Auf einer der Färöern flohen die Zwerge, weil zwei Burschen einmal fluchten und sich rauften, und spalteten den großen Zwergenstein auf Skuvoy. Glockengeläut hat sie aus manchen Bergen vertrieben, aus dem Halberstädtischen aber der alte Fritz bei seinem Regierungsantritt verwiesen und zwar ins Schwarze Meer.

Auch abgesehen von den Schmiede- und Bergmannsgeschichten sind die germanischen Berge und Höhlen reich an den mannigfaltigsten Bergelfensagen, von denen wir drei charakteristische Gruppen herausheben, eine vom Südfuße des Schwarzwalds, eine mehr mittel- und norddeutsche und eine isländische. Dort tut sich die Tropfsteinhöhle bei Hasel mit ihren unterirdischen Gewässern und blitzenden Krystallen auf, alte Schachte weisen auf früheren Bergbau, und aus den Löchern des nahen Dinkelbergs steigen oft auffällig starke Erddünste auf. Idyllische, humorvolle Gemütlichkeit atmet die dortige Sage, wie die später dort entstandene Hebelsche Poesie. Die mittel- und norddeutsche

Zwergsage hat oft einen ernsteren und bedeutenderen Inhalt. In Island sehen namentlich die Bewohner der einsamen Bauerhöfe in der ewigen Nacht der Julzeit die Alfar aus den umnebelten Klippen und Blöcken leibhaftig herauskommen, die daher Alfaheime, Alfaburgen und Zwergberge heißen. Fels und Hof, Alf und Mensch treten in einen scheu-innigen Verkehr und beeinflussen gegenseitig ihr Schicksal. Das Dämonische und wieder das Realistische ist wie in Ibsens Dramen weit stärker herausgearbeitet als in Deutschland; und dieser Kontrast erzeugt dann gelegentlich eine tiefe Leidenschaftlichkeit. Die von den mittelalterlichen Sagaschreibern vererbte Vortragskunst hat einzelnen dieser Geschichten eine große Gewalt des Ausdrucks verliehen. Gewiß sind manche modernere Motive in diese neuere Alfarsaga eingedrungen, aber z. B. der darin beliebte Kirchenbesuch zur Julzeit, von dem wir noch hören werden, ist nur die neuere Form des altüblichen Verwandt- und Freundschaftsbesuchs zu dieser altheiligen Festzeit und steht mitten in der heidnischen Bergelfensage, wie der berühmte Kirchenbesuch der Kriemhild und der Brunhild mitten in der heidnischen Nibelungensage.

Unsre erste Schwarzwaldsage knüpft noch einmal an die Bergmannssagen an. Zwei Erdmännle führten einst einen Bauer in jene Haseler Höhle, worin er viele tausend kleine Leute mit der Gewinnung von Gold und Silber beschäftigt sah. Nicht nur bei seinem Abschied von der Höhle, sondern für jede Abendsuppe, die er ihnen seitdem daheim hinsetzte, schenkten sie ihm ein Goldstängelein, und so wurde er ein reicher Mann. Da trieb ihn die Neugier, zu erfahren, was sie denn für Füße unter ihren langen Kleidern hätten. Er streute ihnen unbemerkt gesiebte Asche in den Hausgang und siehe da! ihre Fußstapfen glichen denen von Gänsen. Als aber die Erdmännle das merkten, verließen sie die Gegend, und der Bauer erkrankte alsbald und starb. Nach mündlicher Mitteilung aus Öflingen streute ein vorwitziges Haseler Bübchen die Asche. Diese in Deutschland weit verbreitete Sage beansprucht ein höheres

Alter: schon im Mittelalter hören wir von einem Zwergkönig *Goldemer,* später *Volmar* genannt, der wie ein Schatten, jedoch mit maus- oder froschweichen Händen versehen, auf dem Schlosse Hardenstein an der Ruhr in Freundschaft mit dessen Herrn Neveling lebte und in dessen schöne Schwester verliebt war. Er würfelte und zechte mit dem Ritter und schlief sogar mit ihm in einem Bette. Er entzückte durch sein liebliches Saitenspiel, beantwortete schwierige Fragen, warnte rechtzeitig seinen Freund vor feindlichen Anschlägen und hielt den Mönchen der Umgegend ihr sündhaftes Leben vor. Als ihm aber einmal ein vorwitziger Küchenjunge Asche streute, drehte er ihm das Genick um, briet ihn an einem Bratspieß und belegte das Geschlecht der Hardenberge mit einem Fluch. Er ist offenbar der noch früher bezeugte Zwergkönig Goldemar, der nach einem epischen Bruchstück in einem Gebirge Trûtmunt — es ist doch wohl das Ruhrgebirge bei Dortmund gemeint — eine Königstochter entführte und gefangen hielt, bis Dietrich von Bern sie befreite.

Wo aus dem Dinkelsberg bei Schopfheim oder der Fullhalde bei Waldshut Erddünste aufsteigen, da brachten die Erdweiblein oder die Herrmännlein den Ackersleuten von ihren frisch gebackenen Kuchen und legten ihren Kindern Spielzeug auf die Bettdecke, damit sie nicht in Abwesenheit der Mütter schrieen. Sie spannen in den Lichtstuben fleißig mit, verließen sie aber stets um 10 Uhr, damit ihr Herr sie nicht auszanke. Die Männlein halfen in der nahen Hammerschmiede bei Hausen, schlissen den Hanf, fütterten das Vieh, schnitten die Frucht und banden Garben mit den Menschen. Bei diesen gemeinsamen Arbeiten aber kam es doch auch zu Mißhelligkeit. So sprang einmal beim Garbenbinden einem Erdmännle ein Knebel so heftig an den Kopf, daß es kläglich aufschrie. Da liefen alle Erdleute herbei, doch als sie erfuhren, was geschehen, gingen sie mit den Worten: „Selber than, selber han!“ wieder beruhigt auseinander. Den vollen Sinn legt aber erst die Vorarlberger Sage bloß: einem geschwätzigen Wildweibe stellt sich ein listiger Bauer unter dem Namen „Selb“ vor und klemmt sie dann, ärgerlich über ihre Zudringlichkeit, in eine Holzspalte. Auf ihren Angstruf eilt das wilde Fengmännlein heran und fragt sie, wer ihr das getan habe. „O! Selb than!“ erwidert sie. Da lacht das Männlein auf: „Selb than, selb han!“ Dasselbe mythische Anekdötchen spielt sich an der Ostsee zwischen einer Nixe und einem durch sie gereizten Schiffer ab. Odysseus überlistet den Polyphem mit einem ähnlichen uralten Kniff, wenn er sich ihm als Niemand angibt.

Und so lassen sich auch noch die anderen harmlosen Sagen des alemannischen Schwarzwaldwinkels in höheres Altertum zurückverfolgen. Die dortigen Zwerge nehmen Kuchen und Obst für ihren Dienst gern an, aber in Brot gebackenen Kümmel fliehen sie gleich den andern deutschen Zwergen, und Unrat, Fluchen, Grobheit der Menschen ist ihnen verhaßt. Auch hier kehrt das Motiv wieder, daß ein neuer Anzug, den z. B. ein Müller einem schlecht gekleideten Erdmännchen zum Dank für seine Arbeit auf den Mühlstein legt, dieses für immer aus der Mühle vertreibt. Ein westfälisches Schanholleken, das einem Schuster fleißig geholfen hatte und von ihm mit einem neuen Anzug belohnt worden war, rief lustig: „Ich bin ein Bürschchen hübsch und fein, ich brauche nicht mehr Schuster zu sein!“ So rufen die beschenkten Pixies in Devonshire: „Now the Pixies’ work is done, we take our clothes and off we run?“ Ein Wichtelmännchen von der Werra bekannte schon im Jahre 1336 einer Nonne, daß es gern Eier, Butter und Kuchen annähme, aber Störung und Neckerei nicht vertrüge. Doch kleine Bogen und Kinderschuhe waren den Zwergen zum Spielzeug recht, denn Burkhard von Worms tadelte ums Jahr 1000 den Brauch, den Satyri und Pilosi derlei in den Keller oder die Scheune zu legen, damit sie andrer Leute Sachen darin zusammentrügen.

Aber noch eine andre alte Erdmännchengeschichte lebt hier am Schwarzwald fort: ein Mann hielt einen offenen Sack vor eine Höhle bei Hasel, um einen Dachs zu fangen.

Wirklich sprang auch etwas hinein, und er zog mit seiner Beute ab. Plötzlich rief in seiner Nähe ein Erdmännlein: „Krachöhrle! wo bist du?" „Auf dem Buckel, im Sack!" antwortete es aus dem Sack. Nun wußte der Mann, daß er ein Erdmännlein gefangen hatte, das er dann auch ungesäumt in Freiheit setzte. Nach einer andern Überlieferung ist aber das Gefangene wirklich ein Tier. So fing bei Muri in der Schweiz ein Bursche ein Ferkelchen, das hinter dem wie eine laut wühlende Schweineherde den Berg heraufziehenden wilden Heer dreinlief, in einen Sack. Wie er es aber heimtragen wollte, vernahm er eine Stimme aus dem Windsgebrause herab: „Hagöhrle (Krummöhrlein), wo bischt au?" und sogleich antwortete es im Sack: „Ins Heiniguggeli's Sack inne!" Vor Schreck ließ der Heiniguggeli den Sack fallen und sprang davon. Die Zugehörigkeit des gefangenen Tiers zum wilden Heer bestätigt weiter die havelländische Sage, nach der einmal die wilde Jagd über Ernst Koppe kam, der einen Dachs in einem Sack gefunden hatte. Einer von der wilden Jagd fragte: „Sind wir alle zusammen?" „Ja", sagte ein anderer, „bis auf die einäugige Sau, die Ernst Koppe in seinem Sack gefangen hat". Und als dieser zu Hause nachsah, fand er richtig eine alte einäugige Sau und keinen Dachs darin. Die Dachse galten in den Kamernschen Bergen des Havellandes für die unterirdischen Schweine der Frau Harke, einer Zwergkönigin, die mit ihren Tieren oft bei den Jägern vorbeihuschte „wie eine wilde Jagd". — Und nun verstehen wir die dunkle Sage. Bei stillem Wetter leben diese Windtiere ruhig in gewissen Höhlen, die ja auch „Windlöcher" heißen, wie bei Windstille die griechischen Winde in der Höhle des Aeolos, und Odysseus hielt diese in einen Lederschlauch gebannt, bis seine neugierigen Gefährten ihn zu ihrem Unglück öffneten. Der Nordmann Ogautan hat einen „Wetterbalg", aus dem, wenn man ihn schüttelt, so starker Sturm und so heftige Kälte hervorbricht, daß in drei Nächten das Wasser vom dicksten Eis bedeckt ist. „Unsen Herrgott is de Windbüdel reten: nu makt he den Sack apen“ oder „de Jungens hebben den Sack apen makt“ sagt man noch bei Wind in Mecklenburg. Wie man den Wind aus dem Sack loslassen kann, kann man ihn auch im Sack fangen, das einäugige Tier der wilden Jagd d. h. den Wirbelwind. Und noch gibt man den Kindern bei Waldshut auf: „Wenn der Luft recht goht, dno (dann) nimmt man en Sack und hebt en uf gegen de Luft, no fahret Dilldappe drin“. Der *Dilldapp* heißt aber sonst in Süddeutschland *Hilpetritsch*, *Elpentrötsch*, *Olpetrütsch,* er ist ein elfischer Windgeist.

Dem Schwarzwälder Zwergsagenkreis werden auch folgende gemeingermanische Züge nicht gefehlt haben. Überall in Süddeutschland wie im höchsten Norden rauben die Zwerge Kinder und legen ihren Wechselbalg, Kielkropf, Umskiptungr in die Wiege. Da muß die beraubte Mutter angesichts des verhaßten Balges Bier in Eierschalen kochen oder in einen ganz kleinen Topf einen aus vielen Stöcken hergestellten ellenlangen Rührlöffel stecken. Denn bei diesem Anblick läßt sich der alte häßliche Balg zu einem plötzlichen Aufschrei des Erstaunens hinreißen, er ruft: „Nun bin ich so alt wie der Bremer Wald“, oder „Nun bin ich so alt und hab' einen langen Bart und bin Vater von 18 Kindern in Alfheim und doch habe ich nie einen so großen Flegel in einer so kleinen Grütze gesehen“. Nun hat die Mutter guten Grund, ihn unbarmherzig mit der Rute so lange zu schlagen, bis auf sein Geschrei die Zwergin das gestohlene Kind wieder bringt und mit ihrem Balge abzieht.

Süd- wie nordgermanisch ist die Sage von der elfischen Kindbetterin, die der Menschenhilfe bedarf. Plötzlich steht ein Zwerg vor einer Frau und bittet sie flehentlich, seinem Weibe Hebamme zu sein. Er führt sie in ein hübsches Höhlengemach hinein, wo ein kleines Weiblein in schweren Wehen liegt. Die Frau braucht nur die Hand ihr auf den Leib zu legen, und das Kind wird glücklich geboren. Dann wird sie entlassen, reich beschenkt, oft mit einem in der Familie sorgsam gehüteten Schmuck. So schützt ein der

Frau von Alvensleben von einer solchen Zwergin geschenkter Goldring das Gedeihen ihres Geschlechts. Geht er verloren, so muß es erlöschen. In der altnordischen Göngu-Hrolfsaga Kap. 15 trat eine Alfkona aus einem Hügel, um dem Hrolf die Jagd auf einen zum Hügel geflüchteten Hirsch zu verweisen. Sie bat ihn dann zu ihrer Tochter, die im Kindbett lag. Hrolf fuhr mit der Hand um diese, sie kam sofort nieder, und die Mutter schenkte ihm einen Ring, der ihn vor aller Irrfahrt Nacht und Tag, zu Wasser und zu Land bewahrte. — Die Hebamme von Harzgerode, die ein Nix zur Entbindung einer Nixe rief, bekam von dieser ein Handtuch. Wie sie sich einst damit das eine Auge getrocknet hatte, erkannte sie auf dem Markte die Nixe. Sobald aber diese das merkte, spie sie in ihre Schürze und strich sie über das Auge der Hebamme, die sie fortan nicht mehr sah. Die eigentümlichsten Züge der Alvenslebenschen und der Harzgeroder Sage vereinigt die isländische: Sowie die von einem Elf zu seiner Kindbetterin geführte Frau dieser mit ihrer Hand um den Leib fährt, ist die Qual gehoben und das Kind da. Sie bestreicht aber dann auf Anordnung des Mannes die Augen des Kindes mit einer Elfensalbe oder einem Elfenstein. Sowie sie damit ihr eigenes Auge berührt, sieht sie plötzlich eine Menge Volks in der Stube und kann auch später auf Erden mitten aus dem Marktgetümmel jeden Elf herauserkennen. Doch wenn einer das merkt, benimmt er ihren Augen sofort mit seinem Hauch oder seinem Speichel ihre eigentümliche Sehkraft. Endlich ist die Geschichte von einem kostbaren Elfenschmuck in Island nicht an eine erfahrene Frau, sondern an ein Kind geknüpft. Eine fromme Elfin hat ein einsam spielendes Kind mit sich in den Stein genommen, aber bei seinem 13. Lebensjahre wieder ihren Eltern zurückgeschickt. Beim Abschied gab sie dem Mädchen unter anderem mehrere Edelsteine mit dem Rat, diese immer im Haar zu tragen. Und das tat sie auch noch nach ihrer Heirat. Aber als sie einst, von der Kirche heimgekehrt, ihr Kopftuch ablegte, fielen die Edelsteine ihr aus dem Haar auf den

Boden. Alsbald erkrankte sie und starb. So gab einmal ein Zwerg bei Rinteln einem Mädchen einen Wocken voll Flachs und meinte, daran würde sie ihr Leben genug haben, aber sie solle ihn nie ganz abspinnen. Das hat sie auch getan, hat gesponnen jahrein jahraus, und immer war der Wocken voll, und sie bekam so viel Garn, daß sie immer ein Stück vom schönsten Linnen zum andern legte. Endlich wollte sie doch einmal wissen, was wohl unter dem Flachse säße, und spann und spann und hatte zuletzt das Ende des Fadens zwischen den Fingern. Aber darunter saß nichts, und soviel sie den Wocken auch rund drehte, der ewige Flachs war und blieb fort.

So vertraut fühlten sich die Menschen und Zwerge miteinander, daß diese jene zu Gevatter luden und von ihnen zu ihren Hochzeiten gern Schüsseln und Bratspieß borgten, wie umgekehrt die Menschen zu ihren Festen von den Zwergen. Diese finden sich auch ungeladen ein, so daß das Hochzeitsessen, kaum aufgetragen, schon wieder fort ist. Braut und Bräutigam schauen sich darob verwundert an und stecken die Köpfe zusammen, aber setzen vor, was sie haben. Wie es aber nun zum Schenken, zur Gifte, geht, nehmen die Zwerge ihre Hüte ab und werden sofort sichtbar. Da zeigte sichs denn wohl, warum die Speisen immer gleich verschwunden waren, denn die ganze Stube war von kleinen Mitessern voll. Aber hatten sie helfen essen, so halfen sie nun auch giften; jeder legte ein Goldstück in den Korb. Zuweilen werden sie aber auch bei der Hochzeit überrascht, indem mitten im Schmause die Hüte mit einem Seil abgestreift wurden; dann fliehen sie ärgerlich davon. Oft dünkten ihnen aber ihre eigenen Räume für ihre Feste zu klein und dürftig; dann feierten sie diese mit Musik und Tanz im nächsten hübschen Grafenschloß, z. B. auf der Eilenburg in Sachsen. In Goethes feinem Hochzeitslied hört und schaut der Graf ihrem festlichen Treiben freundlich träumend zu.

Auf Island waren die Elfen zu solchen Festen in ihren eigenen wie in fremden Wohnungen besonders zur Julzeit aufgelegt, in der ja auch die Nordleute sich der ausgiebigsten Festfreude hingaben. In den heiligen zwölf Julnächten hatten die Alfar ihre Fahrtage und zogen von Stein zu Stein zu andern Elfen oder auch in die Häuser der Menschen zum Gelage. So fuhren schon die indischen Ribhus, ihre Stammverwandten, zwölf Tage im Jahr umher, um Gastfreundschaft zu genießen, suchten ihre Verwandten auf, fluchten oder grüßten, je nach dem Empfang, der ihnen ward, und befruchteten die Erde. Offenbar wurden die Elfen auf Island auch deswegen, um ihre Gunst zu gewinnen, besonders feierlich und vorsichtig empfangen. Die Hausfrau ließ noch bis ins 19. Jahrhundert hinein in jeder Ecke des Hauses Licht brennen, so daß es weit hinausleuchtete in die öde Winternacht und nirgendwo drinnen Schatten war. Alles war sorgsamst gefegt, alle Türen standen offen. Sie aber umschritt das ganze Haus und sprach: „Komme, wer nur kommen mag, fahre, wer nur fahren mag, mir und den Meinen ohne Schaden!“ Auch aus Deutschland erfahren wir, daß man am Weihnachtsabend in den Brunnen hinein mit Lichtern leuchtete, also den Quellelfen, wie dort den umziehenden Bergelfen. Wir verstehen nun auch die an Steinen und Quellenrand aufgestellten Lichter in den alten Konzilsbeschlüssen, auch sie waren zu Ehren der Elfen entzündet. Noch im Jahr 1819 sah ein Hirte am Morgen nach dem 13. Jultag viele Männer, Weiber und Kinder mit bepackten Pferden und Wagen durch ein Tal in einen Stein fahren. Geläute und Gesang tönte heraus, aber kein Wort konnte er unterscheiden und, wie er sich näherte, war der Stein verschlossen. Als er nun ängstlich davon eilte, bezwang ihn der Schlaf, ein langer Schlaf, bis ihm der kalte Morgentau am Kinn herabrann. Da erwachte er und trieb sein Vieh heim und war lange Zeit verstört. Noch bedenklicher ist es, wenn jemand sich in der Julnacht auf einen Kreuzweg setzt. Denn da kommen die Elfen von allen Enden und bitten ihn, mitzukommen; er darf nichts darauf antworten. Nun tragen sie Schmucksachen und Kleider, Speis und Trank herbei; er darf nichts davon nehmen. Endlich schmeicheln ihm freundliche Elfinnen in Mutter- oder Schwestergestalt, doch mit ihnen zu gehen, auf jegliche Weise; er muß ihnen Stand halten. Sobald aber der Tag anbricht, muß er aufstehen und sagen: „Gott sei Lob, nun ist der Tag in der ganzen Luft!" Da verschwinden die Elfen plötzlich, und ihre Schätze, die sie in Stich lassen, erhält der standhafte Mensch. Antwortet er ihnen aber oder geht auf ihr Angebot ein, so wird er verzaubert und seines Verstandes beraubt und verkehrt nie wieder mit andern Menschen. Auch dies ist deutsch. Läßt man sich in Schwaben während der Christnacht auf einem Kreuzweg von den herzudrängenden Gespenstern nicht zum Reden oder Lachen verlocken, so wird man vom Teufel nicht zerrissen, sondern vielmehr mit Farnsamen beschenkt, der 20 bis 30 Männerkraft verleiht.

Eine isländische Elfin, die in einem Bauernhof als tüchtige Magd dient, legt in jeder Julnacht dem schlafenden Knecht, der während des Gottesdienstes allein mit ihr zu Hause geblieben war, ein Zauberrittgebiß an und reitet ihn auf dem Weg zu und von dem Elfenfeste zu Tode, bis es einem Knecht gelingt, lebend einen Ring aus dem Elfenreiche mit heimzubringen. Wie er nun daheim seine Erlebnisse im festlichen Elfenstein erzählt und alle schweigen, die Magd ihn aber laut der Unwahrheit zeiht, da zeigt er ihr den Ring mit den Werten „Königin Hilda, ist das dein Ring?" Sie ruft: „Nun bin ich erlöst, weil endlich ein Mensch es wagte, mir nach in Alfheim einzudringen. Nun verlangt mich zu den Meinen!" Nach schöner Danksage für alles Gute verschwand sie, der Knecht aber wurde der beste Bauer im ganzen Lande.

Einen anderen Verlauf nimmt der Elfenspuk auf einem andern Bauerhof, auf dem ebenfalls an jedem Weihnachtsmorgen ein Knecht tot im Bette gefunden wird, getötet von den Elfen, die ins Haus dringen, um hier während des Kirchgangs der Familie ihr Julfest zu feiern. Trotzdem entschließt sich ein neuer Knecht, allein am Julabend zurückzubleiben. Er zündet Licht an und versteckt sich dann hinter zwei losen Wanddielen der Wohnstube so, daß er durch die Ritze sehen kann. Da treten zwei unfreundliche Fremdlinge ein und spähen überall umher. Der eine sagt: „Menschenluft, Menschenluft", der andre: „Nein, hier ist kein Mensch". Mit dem Licht leuchten sie in alle Winkel, finden nur den Hund unter dem Bett, drehen ihm den Hals um und werfen ihn hinaus. Nun füllt sich die Stube mit Volk, der Tisch wird gedeckt mit Silbergerät, Speis und Trank; und auf das laute Mahl folgt ein fröhlicher Tanz, nachdem die Stube von Tisch und Gerät und Kleidern geräumt ist. Zwei halten draußen Wache, ob auch jemand käme oder der Tag anbräche. Nachdem sie dreimal drinnen günstige Meldung gemacht haben, ergreift gegen Morgen der Knecht die beiden losen Dielen, springt mitten in die Stube, schlägt die Dielen aneinander und schreit aus Leibeskräften: „Tag! Tag!" Nun drängt die ganze Gesellschaft ins Freie, eins über das andre, stürzt sich draußen durch das Gerät, einer tritt den andern unter die Füße, manche bleiben schwerverwundet liegen. Und hinter ihnen drein der Knecht, der fortwährend die Bretter zusammenschlägt und „Tag! Tag!" schreit, bis sich alles in ein benachbartes Wasser wirft. Heimgekehrt trägt der Knecht die Toten hinaus und erschlägt die Verwundeten und verbrennt dann ihre Leichen. In die Sachen, die die Alfen in Stich gelassen, teilen sich der Knecht und sein Herr, und der Knecht wird ein angesehener Mann. Aber eine Julnacht hat er nie wieder in dem Hofe zugebracht. In Norwegen und in Schleswig-Holstein geht eine ähnliche Sage von einem Knappen, der allein in einer gespenstischen Mühle nächtigt. Aber viel genauer stimmt die Harzer Sage von einem alten Soldaten, der einem nächtlichen Fest des Zwergkönigs Hübich und seiner Leutchen in der Mühle beiwohnt. Als sie plötzlich Tabak riechen, schlägt der Soldat sie mit einem Stock in die Flucht und streicht all ihr kostbares Geschirr ein.

Die schönsten Sagen sind auch hier aus der Liebe entsprungen, aus der der Elfin zum Manne, oder des

Weibes zum Elfen. Die folgende englische Sage läßt dies Motiv noch gar nicht ahnen. Am S. Cuthberts-Brunnen bei Edenhall belustigen sich Elfen, denen ein Kellermeister vom Brunnenrande weg ein kostbares Glas raubt, *„the luck of Edenhall"*. Sie rufen ihm nach

„if that glass either break or fall,
farewell the luck of Edenhall."

Angedeutet wird die Liebe der Elfin in folgender oldenburgischen Sage: Einmal hielt Graf Otto von Oldenburg jagdmüde auf seinem Schimmel am Osenberg und rief: „Ach Gott, wer nur einen kühlen Trunk hätte!" Da tat sich der Berg auf, und heraus trat eine Jungfrau in schönen Kleidern, die Haare über die Achseln geteilt und oben mit einem Kranze bedeckt. Sie bot dem Grafen ein silbernes, reich verziertes Trinkhorn. Er hob den Deckel auf, aber der Trank mißfiel ihm. Da sprach die Jungfrau: „Trinket Ihr aus diesem Horn, so wird es Euch und Eurem Geschlecht und Lande wohlgehn; wo nicht, so wird es in Zwietracht zerfallen." Er aber schwang das Horn hinter sich und goß es aus, wobei einige Tropfen auf des Schimmels Rücken fielen, dessen Haare sie sogleich verbrannten. Als nun die Jungfrau ihr Horn zurückbegehrte, sprengte der Graf mit diesem davon; sie aber eilte ihm nach, bis sie tot zusammenbrach, und in der folgenden Nacht hörte man ringsum den Ruf *„Fehmöme is dood"!* Der Graf aber brachte das Horn nach Oldenburg, von wo es später nach Kopenhagen kam. — Deutlicher erzählt die schlichte Färöernsage: Geht ein Bursch in die Öde durstig und müde, so kommt ein Huldremädchen aus dem Elfenhügel und bietet ihm einen Trunk Bier oder Milch. Bläst er den Schaum nicht ab, so trinkt er sich Vergessenheit, und sie nimmt ihn mit sich in den Berg. Aber offenbar ist der Trank, nicht die Liebe das alte Leitmotiv der Sage. Die entsprechende Blekinger Sage, nach der ein Knecht in der Walpurgisnacht Hexen, die seinem Herrn die Felder verwüstet hätten, bei ihrem Gelage überrascht und ihnen ein goldenes Horn raubt, aus dem er zu trinken verschmäht, eröffnet einen großartigeren Naturhintergrund. Als sein Herr, dem er davonsprengend das *Maitagshorn* gebracht hat, die Rückgabe des Horns den Hexen verweigert, brennen sie ihm die drei nächsten Ernten ab und werfen ihn in völlige Armut. Diese Bergelfinnen, Huldremädchen, Hexen sind also wohl ursprünglich Wolkenelfinnen, wie die befruchtenden Regnerinnen, die Pleiaden, in Griechenland aus himmlischen Nymphen zu Gebirgsnymphen geworden. Und wie die nahverwandten Hyaden, die Regnerinnen, aus Krügen Wasser gießen und ein fruchtbares Jahr bringen, so tritt die germanische Wolkenelfin im ersten Frühlingsgewitter im Mai mit einem Trinkhorn hervor, aus dem sie Segen, aber auch Brand auf Tier und Flur schütten kann.

Freundlicher ist die andere deutsche Liebesgeschichte einer Elfin und eines Mannes. Dicht unter dem Gipfel des Paschenbergs über der Schaumburg an der Oberweser liegt das Mömkenloch, worin eine Zwergin mit langem schönen Haar wohnte, das bis an die Sohlen reichte. In sie verliebte sich ein Graf oder Bauer und besuchte sie immer heimlich. Aber sein Weib spähte ihm nach und ging tief in das Loch hinein, bis sie endlich in eine Kammer kam, wo sie ihren Mann mit der Zwergin fand. Deren lange Haare hingen aus dem Bette bis auf die Erde hinab. Da rief die gute Bäuerin — ein rührend bescheidener Zug —: „O behüte Gott deine schönen Haare!" und hob diese behutsam aufs Bett. Damit wich sie von den beiden, der Bauer aber erschrak so sehr darüber, daß er nie wieder mit der Zwergin zusammenkam. Diese auch westfälische und bairische Sage hat an der Oberweser ein ernstes Nachspiel. Ebenso wie am Osenberg, nachdem die Fehmöme vom Oldenburger Grafen verlassen, der Wehruf erscholl: „Fehmöme is dood!", so rief hier ein Zwerg zur Schaumburg hinab: *„De Möme is dood!"*, und bald darauf ist in der Nacht einer zum Fährmann in Großwieden an der Weser gekommen und hat ihm geheißen, die Fähre bereit zu halten, denn er solle Leute übersetzen. Viermal hat er übersetzen müssen, hat aber niemand gesehen, und dennoch ist die Fähre so tief gegangen, als wenn sie ganz voll wäre. Als er endlich zum vierten Mal mit schwerer Ladung übergefahren ist, hat der, welcher ihn gedungen hat, gesagt, er solle einmal (über seine rechte Schulter, heißt's in mehreren Sagen) auf die Wiese sehen. Da hat er auf der Wiese Kopf an Kopf erblickt. Beim Abschied rief ihm der Kleine zu, seine Bezahlung liege in der Fähre. Er fand aber nichts als Pferdemist und stieß diesen ärgerlich mit dem Fuß ins Wasser. Etwas blieb ihm aber in seinem Schuh sitzen, und das waren am andern Tage lauter Dukaten. — Das ist die Sage von des kleinen Volkes Überfahrt oder Abzug, die weit über Deutschland bis nach Schottland und Irland verbreitet ist.

Ergreifender sind die isländischen Liebessagen. Hat ein Mann mit einer Elfin Umgang gehabt, so steht eines Sonntags plötzlich vor der Kirchtür eine Wiege, darin ein Kind, mit einem kostbaren Tuche bedeckt. Dabei wartet die Elfenmutter auf die Kirchgänger, und ihrer einen fragt sie laut vor allen Leuten: „Bekennst du dich zur Vaterschaft dieses Kindes!" Da er sie verleugnet, schleudert sie die Wiegendecke, den „Elfenmantel", zum ewigen Zeugnis seiner Lüge in die Kirche und verflucht sein Geschlecht bis ins zehnte Glied und verschwindet samt Wiege und Kind. — Die Perle aber aller dieser Geschichten ist die isländische Sage von der Liebe einer Bauerntochter zu einem Elf oder Huldumann. Wie sie am Herd ihrer einsamen Sennhütte steht, kommt ein junger freundlicher Bursch zu ihr und bittet um einen Krug Milch für seine kranke Mutter. Sie heißt ihn täglich wiederkommen, bis zu deren Genesung, und sie gewinnen sich lieb. Als sie nun bei ihrer Niederkunft in Ohnmacht fällt, träufelt er ihr aus seinem Munde Kraft ein und trägt das Kindlein zu seiner Mutter, die darauf die junge Bäurin pflegt, bis sie wieder auf den Füßen ist. In den Hof zurückgekehrt, verrät sie dem alten Bauer nichts, und dieser drängt sie bald darauf wider ihren Willen zur Ehe mit einem reichen Freier. Endlich gibt sie ihm nach mit den Worten „Das wird nun so, wie's werden soll!", und nur das eine bedingt sie sich aus, daß ihr Ehemann nie einen Wintergast, wie sie sich wohl im Herbst der Unterkunft halber in den Höfen zur Winterarbeit meldeten, ohne ihre Einwilligung aufnehmen solle. Das verspricht er. Drei Jahre leben sie glücklich dahin. Da stellt sich zur Herbstzeit ein Mann mit einem kleinen hübschen Buben ein und bittet den Bauer, sie beide über Winter bei sich zu behalten. Er ist geneigt dazu, doch, eingedenk seines Versprechens, fragt er erst seine Frau um ihre Einwilligung. Sie verweigert sie, doch dringt er so lange in sie, bis sie nachgibt und abermals spricht: „Das wird nun so, wie's werden soll!" Die Frau redet den ganzen Winter lang kein Wort mit dem Fremden. Da will der Bauer mit ihr am Palmsonntag zum Abendmahl gehen, und vor der Tür fragt er sie, ob sie alle Hausgenossen, der Sitte gemäß, zuvor um Verzeihung gebeten habe. „Nein!" antwortete sie, „den Wintergast nicht; mit dem habe ich ja auch nichts zu tun gehabt!" Darauf er: „Nicht eher fahren wir zur Kirche, als du das getan hast." „Das wirst du bereuen" erwidert sie und zum dritten Male „Das wird nun so, wie's werden soll!" Und traurig geht sie zu dem Fremden ins Haus und kommt nicht wieder. Da geht auch ihr Mann ungeduldig hinein und hört sie in der offenen Kammer sagen: „Nun habe ich den süßesten Labetrunk von deinen Lippen geschlürft." Er stürzt hinein, und in inniger Umarmung liegen sie vor ihm, beide von Harm zersprungen, und das Büblein steht weinend dabei. Der Bauer läßt das Paar begraben, der Knabe verschwindet, niemand weiß, wohin.

Mit wie erschreckender Gewalt hat sich da oft die innere Phantasiewelt in volle Wirklichkeit umgesetzt: die Schicksale der Menschen und der Elfen greifen von alten Zeiten her wie die zweier nah verwandter und doch ewig fremder Geschlechter tief in einander. Selbst das Christentum vermochte nicht die gern betretenen Brücken zwischen beiden vollständig zu sprengen: hie und da birgt wohl noch eine isländische Kirche ein sagenhaftes Elfentuch, und der schwedische Elf sucht die Verbindung mit einem Menschen, gerade um mit ihm die ewige Seligkeit zu erlangen. So hat namentlich das Bergelfenvolk, nicht ganz in sich befriedigt, schon immer Anschluß an die Menschen gesucht, und gar manche von diesen hat es immer gereizt, in die Elfenwelt einzudringen. Aber fast ausnahmslos endet dieser oft so freundliche, innige Verkehr in Trauer. Während die Riesen zu tappig dazu sind und die Götter sich vornehmer davon zurückhalten, müssen die Zwerge gerade in diesem Verkehr allerlei Prüfungen durchmachen, und über ihr strebsames, genußreiches, heiteres Leben legt sich eine Wolke der Enttäuschung und der Entsagung.

In den germanischen Wäldern sind überall die Wald- und Baumelfen zu Hause; seltener aber im deutschen Marschenland, in Dänemark und England, und ausgestorben sind sie im waldlosen Island. Früher hieß der deutsche Waldmann *Scrato*, gotisch wohl *Skohsl*, angelsächsisch *Wuduaelf* oder *Wudewase*, altnordisch *Trémadr* Holzmann, die deutsche Waldfrau *Holzmuoja*, was auch Eule bedeutet, *Holzruna, Waldminna*. Jetzt nennt man sie *Wildleute* in den Alpen oder genauer *Schrättlein* und *Waldfänken* in Graubünden und Vorarlberg, *Moos-, Holz-* und *Wetterfräulein* und *Buschweibchen* in Süd- und Mitteldeutschland, in Schweden ist *Hulte* oder *Skougsmann* der Holz- oder Waldmann, *Skogsfru* die Waldfrau oder *Skogsnufva* die Waldschnauberin. Allgemeiner werden sie auch „weiße Weiber" in Norddeutschland und *Ellepigern* und *Ellefruen* Elfenmädchen und -frauen in Dänemark genannt.

Eines der ältesten indogermanischen Lieder, das rigvedische Lied an die Waldesfrau, schlägt den Grundton derjenigen Empfindungen an, der in der Waldeinsamkeit noch heute im germanischen Volksgemüte widerklingt. Es ist nicht so sehr die Freude über die Schönheit der grünen, stolzen Pracht und die Andacht zu der dämmerigen Stille, es ist vielmehr das verlockende und zuweilen beängstigende geheimnisvolle Weben der Waldeinsamkeit, das das Innere erregt und die germanische Waldelfensage beherrscht. Jenes aus tiefer Naturempfindung entsprungene Lied lautet:

1. O Waldesfrau, o Waldesfrau,
die du im Busch verschwindest dort,
was fragst du nach dem Dorfe nicht?
Beschleichet dich denn keine Furcht?
2. Wenn auf des Uhus lauten Ruf
der Papagei die Antwort gibt
und wie mit Glöcklein läutet froh,
dann ist die Frau des Waldes stolz.
3. 's ist, als ob Kühe fräßen Gras,
und wie ein Wohnhaus sieht sich's an,
und wie ein Wagen knarrt es jetzt,
auf dem sie Abends weiterfährt.
4. Dort ruft wohl Einer seiner Kuh,
dort hat wohl Einer Holz gefällt;
wer nahe bei der Waldfrau weilt,
hört deutlich Abends Jemand schrein.
5. Sie tötet nicht, die Waldesfrau,
wenn nicht ein Andrer sie beschleicht;
genoß er von der süßen Frucht
nach seinem Wunsch, so fällt er hin.
6. Gerühmt hab ich die Liebliche,
nach Wohlgeruch schön Duftende,
die reich an Speisen ohne Pflug,
die Wildmutter, die Waldesfrau.

Einsam und furchtlos verliert sie sich, vom Dorf abgekehrt, im Dickicht, froh über den Wettgesang des Uhus und des Papageis. Im Dämmer des Waldes schwimmen allerlei Bilder vorüber, in der Stille tauchen unerklärbare Geräusche auf und vergehen. Ein unheimlicher Schrei! vielleicht geht er von ihr oder auch von einem zudringlichen Menschen aus, den sie getötet. Doch — wie wenn hier ein Jäger spräche: „ich preise die liebliche, duftige Mutter der wilden Tiere“.

Die schwedische Waldfrau ist der indischen am meisten

ähnlich. Denn sie trällert, lacht und wispert im Dickicht. Am klatschenden Waldbach wäscht sie, und wo im Lenz schneeweiße Flecken tief hinten im dunklen Walde sichtbar werden, breitet sie ihre Kleider aus. Sie zaubert in den Wald einen *Huldrehof* oder *Hullagaard* mit fettem Vieh hinein, der aber immer verschwindet, sobald man sich ihm nähert. Oft hört man sich bei Namen rufen, dann antworte man bei Leibe nicht: „Ja!", sondern: „He!", denn sonst ist man in ihrer Gewalt. Laut lacht sie auf und schleppt Einen stundenlang durch Dorn und Morast, und zuletzt ist man so sinnverwirrt, daß man sein eigen Haus nicht erkennt. Dann ist man „skogtagen" vom Walde festgehalten, bezaubert. Oder sie schreit tückisch laut auf und ruft ihren Gatten herbei, der dann den Liebhaber niederschlägt. Der Jäger aber sucht sie zu gewinnen, denn sie ist die Herrin des Wildes, namentlich einzelner Hirsche, Hasen und Auerhühner, sogenannter Freitiere. Er legt eine Münze oder etwas Speise für sie auf einen Baumstumpf oder Stein nieder. Ihre ursprüngliche Wetternatur bricht noch vielfach in wilder Frische durch; wie in Oberfranken *Wetterfräulein*, heißt sie darum auch in Schweden die Waldschnauberin. Sie kündigt ihr Erscheinen, wie ausdrücklich bemerkt wird, mit einem scharfen eigentümlichen Wirbelwind an, der die Baumstämme bis zum Brechen zusammenschüttelt. Oder sie beugt den Wald und klopft im Gewitter ihre Kleider. In Westfalen sagt man bei Wirbelwind: „Da fliegen die *Buschjunfern*". Im Riesengebirge stürzen sich die „*Rüttelweiber*" im Wirbelwind auf die Wiesen und werfen das Heu auseinander. Bei zerrissenem Nebelgewölk kocht das *Buschweibchen* und steigt im Aprilhagel mit wildem schneeweißen Haar über den bayrischen Wald. Die *Dame verte* des Franche Comté lacht bei ihren Koboldstreichen hell auf, daß es in vielfachem Echo spöttisch widerhallt. Das badische *Rockertweible*, das sich in einer Regennacht mit drei Wilderern am Feuer die Kleider trocknet, schleift den einen, der ihr ein grobes „Packe dich!" zugerufen, bis Tagesanbruch durch dick und dünn. Andre

Beleidiger reißt sie hoch auf den Lautenfelsen oder taucht sie tief in den Gumpen des Bachs hinab. Doch in dem Jahre, wo sie sich den Menschen zeigt, gibt es Frucht und Heu die Hülle und Fülle. Die wilden Weiber in Wälschtirol spinnen plötzlich Leinewand (Nebel?) durch den Wald und versperren dadurch dem Verirrten den Weg, und in zahllosen deutschen Sagen kämmt die Waldfrau ihr Haar und lockt in den Wald, und dabei macht oft schon ihr Anblick wirr und schwermütig.

Auch die Waldelfinnen haben Liebschaften mit Menschen. Schon ums Jahr 1000 erzählt Burkhart von Worms von Waldfrauen, die sich plötzlich ihrem Liebhaber zeigen, um sich mit ihm zu ergötzen, und plötzlich wieder verschwinden. In einem Wolfdietrichsgedicht des 13. Jahrhunderts kriecht „*die rauhe Else*" zum Feuer, an dem Wolfdietrich schläft, auf allen Vieren wie ein Bär, reizt ihn vergebens zur Minne, zaubert ihn in Schlaf, schneidet ihm seine Nägel und zwei Locken ab und macht ihn zu einem derartigen Toren, daß er ein halbes Jahr „wild" laufen muß. Da stellt sie sich ihm plötzlich wieder dar, streift ihre rauhe Haut ab und wird nun die Königin *Sigminne*, des Helden allerschönstes Weib. In der Volkssage ist sie oft behaart, mosig, mit runzligem Gesicht, doch öfter vorn lieblich und mit fliegendem Haar, dagegen, nach steirischer wie nach schwedischer Sage, hinten wie ein Backtrog oder ein hohler Baumstamm, wie jene Wolkenelfinnen bereits einen hohlen Rücken hatten. So haben sie weltflüchtige Mönche zur Frau Welt ausgestaltet, die der Dichter Wirnt von Grafenberg um 1200 darstellte, eine vorn schöne Frau mit schlangen- und krötengefülltem Rücken. Die schwedische *Skogsfru* liebelt um Mitternacht mit Jägern, Fischern und Köhlern am Lagerfeuer und schwälenden Meiler; noch 1691 wurde ein junger Bursche aus dem schwedischen Markehärad wegen unerlaubten Verkehrs mit einem solchen Waldweib zum Tode verurteilt. Die schwedische Waldfrau trägt auch Tierfelle und einen Kuhschwanz, wohl im Winter, ja die Waldfrauen nehmen oft

Tiergestalt an. Die Wildfangen der Alpen springen als Wildkatzen herum, das Holzweib klagt als Eule auf dem Ast, und hoch in der Luft kreist das selige Fräulein als Geier, um ihre Gemsen zu schirmen. In rein menschlicher Gestalt ist sie gleich anderen Elfinnen wilder Tanzlust ergeben, so sehr, daß ein römisches Denkmal bei Schweinschied deswegen, weil eine Tänzerin darauf dargestellt ist, vom Volk Wildfrauenkirche genannt wird. Ja die hessische Waldfrau kitzelt kleine Buben und raspelt sie im Wirbelwinde an dürren Bäumen zu Tode.

Doch sind die deutschen Waldfrauen auch vertraut mit allerlei Heilwurzkräutern des Waldes, von denen eins, eine Art Baldrian, in Montavon auch Wildfräulekrut heißt. Im Gudrunliede verdankt Wate seine Wundheilkunst einem wilden Weibe, und im Eckenlied bestreicht das von Fasolt gejagte Fräulein mit einer Wurzel den wunden Dietrich von Bern und sein Roß. Harzer Moosweiblein gaben Wanderern Wurzeln und Kräuter zur Gesundheit; in der Pestzeit riefen die oberpfälzischen Holzfräulein aus dem Walde: „Eßt Binellen und Baldrian, so geht euch die Pest nicht an!“ Als Hödr, der Feind Balders, zum erstenmal in einem Waldhause drei Waldmädchen findet, versprechen sie ihm Hilfe im Kampf. Im selben Augenblick verschwindet das Haus, und Hödr steht allein in der Wildnis. Hernach trifft er sie noch zweimal, und sie schenken ihm siegbringende Waffen und lassen ihn genießen von der Zauberspeise, die Balders Kraft so gefährlich steigert. Die Waldmädchen sind hier schon halbe Walküren. Sie nisten sich auch hilfsbereit dicht bei den Wohnungen ein. Im Mittelalter wohnten die westfälischen *guden Holden* oder *witten Vrouwen* unter der Erde oder schönen Bäumen und krausen Büschen, wo man ihnen opferte. Der südschwedischen *Askafroa* Eschenfrau oder *Hyllefroa* Hollunderfrau goß man Wasser oder Milch über die Wurzeln ihres Baumes, um ihres Schutzes willen, und den schon (S. 90) besprochenen Schutzbaum eines nordischen Bauernhofes, den Wichterbaum, umarmt die kreisende Bäuerin in ihrer Not.

Wenn aber der Herbststurm heulend das gelbe Laub und wüsten Nebel durch den Wald jagt, dann ergeht es der Waldfrau schlimm; dann verfolgt sie ein riesen- oder götterhafter Jäger. Mit lautem Jagdhorn hetzt zu Roß der Sturmriese Fasolt, von langem Weiberhaar umflattert, eine klagende Frau wie ein Wild. Der Verfolger ist oft der höllische oder der wilde Jäger, ein wilder Mann, in Südtirol Beatrik d. i. Berndietrich oder in Lauenburg geradezu Wode, in Dänemark Un d. i. Oden, in Småland König Oden. Die Verfolgte ist die *wilde Frau* oder *Ellepige*, *Ellefru* oder auch die Beischläferin eines Priesters. Mit tief hangenden Brüsten und flatterndem gelben Haar rennt sie vor ihm her und flüchtet auf einen mit drei Kreuzen ausgehauenen Baumstumpf oder in einen für sie bestimmten Ährenbüschel. Wird sie aber eingeholt, so wirft der Jäger sie vor sich übers Roß und stürmt frohlockend durch die Wildnis weiter. So jagt der Sturmriese oder Sturmgott die Wirbelwindselfin des Waldes: ein altes Herbststimmungsbild! Da nun aber in Schweden die Wirbelwinde vorzüglich im Sommer kurz vor einem Gewitter entstehen, so verfolgt hier Gofar d. i. der Donner die Trolle und Waldweiber. In Gotland heißt ein solches *Thorspjäska* Donnersmädchen, vorn schön, hinten hohl wie ein Backtrog, und flüchtet bei Gewitter ins Haus, in Norwegen unter eine Weiberschürze. Nimmt man sie auf, so schlägt der Blitz ein. Wenn aber im Winter das Stadelheu mit Schlitten von der Alp geholt wird, hockt wohl ein ganzes Dutzend wilder Frauen hintenauf und fährt mit; auch ruhen sie gern in den Heustadeln.

Die anmutigsten Wildfräulein sind die blonden, blauäugigen, silbergekleideten *Seligen* oder *Saligen Fräulein* Deutsch Tirols, die zuerst von Berthold von Regensburg als felices dominae ausdrücklich genannt werden und in Wälsch Tirol Enguane oder Belle Vivane heißen. Sie umleuchtet wie das Hochgebirge ein klarerer, reinerer Glanz. Sie bewohnen in den innersten Talwinkeln Eis- und Krystallgrotten, die oft talwärts von paradiesischen Blumenauen umgeben sind. Hier hegen sie namentlich Gemsen, strafen die Jäger für deren Verfolgung und bejammern deren Tod. Die weißen Wölkchen an den höchsten Gipfeln, ihre Hemden und Kindstüchel, künden schönes Wetter an; als *Schneefräulein* geben sie im Herbst den Hirten Winke zum rechtzeitigen Abfahren von der Alp vor Schneewetter. Zur Ernte kommen sie gern aus dem Walde aufs Feld herab, den Leuten zu helfen. Durch ihren schönen Gesang machte eine Salige einen Hirten seinem Weibe abspenstig, bis dieses ihn nachts in der Höhle der Saligen überrascht, wie jene Bäuerin ihren Mann im Mömekenloch an der Oberweser (S. 188). Es weint und verwünscht ihre Ehe und die Saligen, die seitdem spurlos verschwunden sind.

Die Waldelfinnen führen meistens ein freies, nicht an die Bäume gebundenes Leben. Doch sind manche Bäume von einem dryadenhaften Geiste erfüllt. Eine warnende Stimme ertönt aus dem schwedischen Wachholder, der von der Axt bedroht wird: „Haue den Wachholder nicht". Und wird der Baum dennoch gefällt, so stößt er einen Schmerzensschrei aus, und aus seinen Wurzeln fließt Blut. In einem kärntischen Ahornbaum lebte eine verwunschene Jungfrau. Mit dem Bogen, der aus einem Zweige desselben geschnitten wurde, wurden die ergreifendsten Weisen gespielt. Die Jungfrau ist eine ursprüngliche Baumnymphe.

Die *wilden Männer* gehen häufiger als die wilden Frauen über das Elfenmaß in Riesengestalt über, namentlich in den Alpen, aber auch in Hessen. Hier schreitet der Wildmann entweder baumgroß über die Berge und rüttelt an den Waldwipfeln oder wandelt winzig zwischen den Schachtelhalmen einher. Groß oder klein, sind sie echte Wetterfiguren. Auch in Tirol fährt ein riesiger wilder Mann, einen entwurzelten Baum in der Hand, mit Sturm durch die Lüfte und verfolgt die Seligen, oder er nimmt als starker Geißler oder Küher beim „Geißlerstein", bis zu dem man ihm die Geißen oder Kühe des Dorfs entgegentreibt, diese in seine Hut und treibt sie mit strotzendem Euter Abends wieder bis zu diesem Steine herab. Außer diesem Riesen zeigt sich in Tirol in Bergmoos und grüner Kleidung das *„wilde Mannl"* oder *Nörglein, Orge,* vom italienischen Orco d. i. Unterirdischer, jauchzt bei herannahendem Regenwetter auf einer Anhöhe und dient, namentlich zur Zeit der Aussaat, als Wetterprophet. Hält er seinen guten Rat zurück, so füllt ihm wohl ein mutwilliger Bauer sein Trinkgefäß, ein Loch im Felsstein, mit Wein. Neugierig kostet er vom ungewohnten Naß und, lustig geworden, wird er mit der Frage nach einem Heilmittel gegen die Pest überrascht. „Ich weiß es wohl", antwortet er ähnlich wie oben die kräuterkundige Waldfrau, „Bibernell und Eberwurz; aber das sage ich dir noch lange nicht!" Oder man bindet ihn im Rausch und befragt den darauf Losgebundenen nach seiner Kunst, Butter, Käse und Lab und aus Milchschotten Gold zu bereiten. Da speist er schelmisch die Neugierigen mit einer selbstverständlichen Wetterregel ab. Genau so preßte man aus dem im Rausch gefesselten lateinischen und griechischen Wildmann, dem Faunus und Silen, sein Geheimnis. Auch hier liegt eine altdeutsche Volkssage ungelehrten Ursprungs vor, die aber wahrscheinlich nicht heimisch war und daher auf den äußersten Süden beschränkt blieb. Sie mag ein früher Völkerverkehr aus Italien in die deutschen Alpen getragen haben.

Dagegen scheint trotz der Verwandtschaft mit der antiken Überlieferung ganz selbständig zu sein die von Tirol bis nach Nordschleswig und England verbreitete Sage vom Weheruf der Berg- (S. 187 f.), wie der Waldelfen über den Tod ihres Herrn oder ihrer Herrin. Als ein Wildfangenmädchen, das bei einem Bauer dient, von diesem erzählen hört, „die Rauhe Rinte ist tot!", springt sie mit dem Schrei: „Die Mutter ist tot!" aus dem Hause in den Bannwald. Vielstimmig ertönt die Klage: *„Die Mäume is dood!" „Pippe Kong is dood!", „Urban ist tot".* So erscholl einst in Griechenland über das spiegelglatte, von keinem Lüftchen bewegte Meer der Ruf: *„Der große Pan ist tot!",* dem die Klage vieler Stimmen folgte. Pan hieß der „Herr des Waldes", der mit den Baumfrauen, den Dryaden, buhlte, durch plötzliche Töne und Widerhalle des Waldes Schrecken einjagte und im Zorn Irrsinn bewirkte. Der troezenischen Obrigkeit zeigte er Heilmittel gegen die Pest an. Abends überbot er allen Vogelsang, wenn er auf der Syrinx spielte, so daß die Nymphen beim Echo des Berges ihn umtanzten. In der stillen Gluthitze der Mittagssonne schläft er, bei langer Windstille ist er tot. Aus tiefster lautloser Waldesruhe stieg seine schwermütige Sage auf.

Die achtungsvolle Scheu, die die indogermanischen Völker vor ihren Waldgeistern hegten, zitterte noch bis vor kurzem in der beerensuchenden Jugend Thüringens und Braunschweigs nach; sie zerdrückten bei der Heimkehr auf einem Stein zum Dank einige Beeren, und in Franken legten sie gar Brot, Obst und Beeren dem Heidelbeermann beim Eintritt in den Wald hin. Der Schwarzwälder Bub aber sang:

„Holder, holder, reere,
„Mer chomme us de Beere,
„'s *Beerimännli* isch zue is cho (uns gekommen),
„'s hät is alli Beeri gno (genommen)."

„Wind ist der Welle lieblicher Buhler". Schweben die Luftelfen zu den Gewässern hinab oder tauchen sie in diese nieder, so werden sie zu Wasserelfen, wie sie noch heute in Schweden heißen. Der Windelfe Andvari gestand, daß ihn in der Vorzeit eine jämmerliche Norne dazu bestimmte, sich im Wasser zu tummeln. Der älteste einfache Wasserelfenname scheint althochdeutsch *Nichus*, angels. *Nicor* und altnord. *Nykr* zu sein, mit dem freilich damals das Krokodil oder Flußpferd oder ein vielgestaltiges Wassertier übersetzt wurde. Das Wort soll mit dem griechischen niptein sich waschen zusammenhängen, wie denn auch in Südwestdeutschland die Nixe Waschwibele heißt. Nach dem isländischen Landnahmebuch stürzte sich ein apfelgrauer Nykurhest bei Sonnenuntergang nach dem Heueinfahren ins Wasser. Der nordische *Nikur, Neck* oder *Nennir*, der schottische *Waterkelpie* stieg als Apfelschimmel oder als

Seehund aus der Flut, der Ahnherr der Merowinger war ein mächtiger Wasserstier. Die Langobardenkönigin Theodolinde überwältigte ein Meerwunder, das plötzlich wie ein schwarzer, feueräugiger Bär aus dem Wasser stieg. Bald als Roß, bald als schwarzer brüllender Stier erscheint der ostpreußische Nix, als Pferd auch der schlesische Wassermann. In diesen Formen nähert sich der Nix mehr den Riesen, als den Elfen. Aber auf den Färöern taucht er als ein kleiner, zarter Hengst aus dem Meer, der badische *Bachdatscher*, dem sonst menschliche Figur eigen ist, kommt bei Welschensteinach als kleines „wuseliges“ Tier, die schwäbische Nixe sogar als Kröte zum Vorschein. Das althochdeutsche weibliche *Niche(s)sa*, das das lateinische lympha klares Wasser übersetzt, wird schon die persönliche Geltung unsrer Nixe, schlesisch Lix oder Lisse, gehabt haben; das Masculinum ist in unsrem *Neck* und *Nix*, im englischen *Nick*, im schwedisch-dänischen *Nöck*, *Nisse* erhalten. Altnordisch ist auch *Marmennil*, neuer *Marbendil*, älter auch die hochdeutsche *Merimannin*, *Meriminni*, dann *Meerfei*, bei Albrecht von Halberstadt *Wazzerholde*. Jetzt gebrauchen wir *Wasser-, Hakenmann, Wasserjungfer, Seeweibchen, Brunnenholde*, die Engländer *Watersprite* und *-fairy*, die Skandinavier *Haffru* und *-mand* Meerfrau und -mann, *Sjörât* Seewesen, *Vattenelf* Wasserelf, *Brunnengubbe* Brunnenalter, *Källrât* Quellgeist. Von mehr landschaftlicher Geltung ist die hochdeutsche *Muhme*, die niederdeutsche *Watermöme* oder *Mettje*. Die Schweden kennen „*tre Möjer*“ drei Wassermuhmen.

Im Wasser haben sich die Luftgeister fast noch mannigfaltiger geformt als in Berg und Wald, weil es selber diese an Beweglichkeit und Formenwechsel übertrifft. Vom leise rieselnden Brünnlein rauschen die munteren Bäche und die starken Ströme, hier zu Wasserfällen hinabgedrängt, dort sich zu Seen ausbreitend, zum unübersehbaren wogenden Meer. Steile Felswände oder flache Sandufer, hoher Wald oder Sumpfgestäude und in späterer Zeit auch Werke der Menschenhand begleiten oder unterbrechen ihre Bahn.

Und Wind und Wolken fliegen über die Wasser hin, sie lachen im Sonnenschein und dräuen im nächtlichen Dunkel. Wie sie milde kosen und heimlich schluchzen und lieblich singen und heftig donnern! So bringen sie vielgestaltig den Menschen Labe, Gedeihen und Segen, aber auch Ungemach, Gefahr und Verderben.

Die Quelle wird ein Haupt genannt, von den Griechen ein Haupt des Flusses, von den Römern ein Haupt des Wassers, von den Germanen ein Brunnhaupt oder Bornhövede. Auch in der Verehrung der Quellen stimmen diese Völker, namentlich die Römer und die Deutschen, mit einander überein. Beide umkränzen sie mit Laub und Blumen, die Römer schlachten ihnen ein Böcklein wie die Norweger dem Wasserfall. Beide warfen in die Heilbrunnen Geldstücke hinein. Wenn man nun auch zahlreiche römische Kaisermünzen in deutschen Heilquellen, namentlich an beiden Ufern des Rheins, gefunden hat, so könnte man deutsche Nachahmung eines fremden Brauches vermuten. Aber wie die Brunnenbekränzung aufs innigste mit der germanischen Frühlingsfeier zusammenhängt, ist auch jener andre Brauch in Skandinavien und andern von Rom unbeeinflußten Ländern häufig. Aber was hat man von der Quellgöttin *Coventina,* deren Name nicht gerade germanisch klingt, zu halten, der germanische Soldaten in Northumberland kleine Altäre, sowie tönerne Becher und zahlreiche Münzen von Hadrian abwärts weihten? Auch anderen Elfen als Quellelfen opferte man Geld. Das schon erwähnte (S. 151) Umstellen der Quellen mit angezündeten Lichtern war ebenfalls weit verbreitet, es wird schon in der Katechese des Bischofs Cyrillus von Jerusalem im Jahre 347 getadelt. Die Römer spendeten den Quellen auch Wein, die Germanen Brot und Kuchen, und wenn die Griechen ihnen abgeschnittenes Haar, so brachten ihnen die Germanen abgeschnittene Nägel dar. Von entschiedenerer germanischer Eigenart waren die Opfer, die nach dem Indiculus die Sachsen den Quellen brachten, und die Oster-, Mai- und Johannifahrten, die man zu den Quellen unternahm, um gesund und fruchtbar zu werden und ihre Weissagung zu hören. Man durfte sie aber nicht verunreinigen und durch Steinwürfe trüben. Das alles geschah nicht den Quellen selber, sondern ihren Bewohnern. Denn die Bläschen, die in schwäbischen Quellen aufperlen, kommen von den atmenden Wassergeistern. Meist sind diese weiblichen Geschlechts, weiße *Jungfern* oder *Frauen* oder *Waschwibele*, die darin waschen oder sich baden. Doch kommen auch männliche *Brunnenholde* vor.

Freier tummeln sich die Bach- und Flußelfen. Namentlich in Thüringen hat jedes Flüßchen seine Nixen, die Saale, die Ilm, die Unstrut. Sie bewohnen im Grunde des Wassers lichte Säle und tauchen mit halbem Körper hervor und lauern unter oder auf den Brücken, ja sie wagen sich darüber hinaus aufs Land. Da kämmt dann wohl eine Nixe ihr Goldhaar oder breitet ihre Wäsche aus, wie oben ihr Wald- oder Bergbäschen, blickt dich mit großen, starren Augen aus der stillen, glasigen Wasserfläche an und zeigt zwischen dem säuselnden Schilf ihre grünen Zähne und grünen Locken. Im Wasser fühlt sie sich am wohligsten mit einem Fischschwanz, aufs Ufer steigt sie mit langem, triefendem Kleid. Der Nix schaut auf dem Lande oft unauffällig wie ein ältlicher Mann aus, der einen grünen oder roten Hut auf dem Kopf trägt. Aber auch er hat grüne Zähne und einen tropfenden Rockschoß, und gefährlich zum Wasser lockend blickt sein Auge. Noch heute ist der thüringische Nixenglaube nicht ganz erloschen, und manches badische Mütterchen hört das *Waschwibele* oder den *Bachdatscher* Abends im Dorfbach plätschern, und die Kinder fürchten den *Hakenmann* oder das *Hakenfräulein* oder die *Mettje,* die sie mit einem Haken oder ihren grünen Haaren oder ihrem langen Arm in die Tiefe ziehn. Der schlesische *Wassermann* fängt sie in einem Netz. Doch die hessischen Kinder schelten derbe auf ihn los: „Nix in der Grube, bist ein böser Bube, wasch dir deine Beinchen mit roten Ziegelsteinchen.“ Was hilft's? In zahlreichen deutschen, auch dänischen Flüssen pochen die

Wassergeister auf ein förmliches Wasserrecht: sie fordern alljährlich zu Laetare oder Himmelfahrt oder Johanni oder Peter und Paul einen bis zehn Menschen zum Opfer. Mit Blumen, den Wasserrosen, und bunten Bändern, dem Mond- und Sonnenglitzern der Wellen, lockt der österreichische Wassermann die neugierigen Kinder ins Wasser, lacht dabei laut auf, patscht in die Hände und verschwindet. Ist die Stunde gekommen, so ruft es in der Lausitz aus dem Wasser: „Zeit und Stunde ist da, aber der Mensch noch nicht," und ein Mensch eilt herzu und stürzt sich unaufhaltsam ins Wasser. Abends lockt der süddeutsche Nix durch seinen Hilferuf, und willenlos wirft sich ein Mensch in die Tiefe. Hoch im Norden lacht der isländische *Marbendill* und der schwedische *Sjöråt* gellend auf, bevor jemand ertrinkt, und an der andern Ecke des Germanengebiets, in Steiermark, die *Bachbarbara*. Auch den Wassergeist im Würmsee verlangt es nach einem Opfer, wenn der See blüht d. h. sich auf der Fläche viele von Grund aufsteigende Bläschen zeigen. An jenen verrufenen Tagen badet man daher nicht, der Fischer stellt keine Netze, der Schiffer unterbricht seine Fahrt, und man meidet sogar den Weg über die Brücke. Sieht man in Böhmen den Wassermann kommen, so wirft man bunte Bänder ins Wasser. Neugierig greift er darnach und verwickelt sich in sie. Der Schwede legte wohl vor dem Bade einen Stahl hinein, weil er dadurch den Neck gebunden glaubte. Als der Frankenkönig Theuderich 539 mit seinem Heere über die alte Pobrücke zog, brachte er furchtbare Menschenopfer. Geht in Katzhütte in Thüringen eine Mutter mit ihrem Kinde das erste Mal zur Kirche, so wirft sie dreierlei Münzen in den Fluß mit den Worten: „Da hast du das Deine, laß mir das Meine."

Daraus, daß die Nixen am liebsten Kinder greifen, erklärt sich vielleicht der grausige Brauch, in den Grund namentlich von Brücken, Flußwehren, Deichen ein unschuldiges Kind lebendig einzumauern, zu beschwichtigender Sühne. Noch 1841, als die Elisabethbrücke in

Halle gebaut wurde, glaubte das Volk, man bedürfe eines Kindes zum Einmauern. Die Wassergeister stellen dem Müller wie seiner Mühle nach. Die Müller an der Bode in Thale am Harz warfen immer, wenn das Wasserhuhn pfiff, dem Nickelmann ein schwarzes Huhn ins Wasser, denn sonst mußte jemand ertrinken. Das fränkische *Wasserweible* stellte dem Müller unlieb die Räder; zur Julzeit dringt der schwedische Neck aus seinem stillen Wasser in die Flüsse und zerbricht die nicht gehemmten Mühlräder, oder er mahlt so arg, daß die Mühlsteine bersten. Der schlesische Wassermann überrascht einen spöttischen Müller mit seiner Flut, bis dieser ihm sieben Leben verspricht, und hinter einander fallen fünf Kinder, des Müllers Weib und der Müller selber ins Wasser. Die Heimlichkeit der Spinnstube oder die Kirchweihmusik der nahen Schenke lockt die deutsche Nixe ans Ufer. Sie trocknet ihr Haar, schmückt sich, stiehlt sich im Abendnebel über die Wiese ins Dorf hinein und huscht im Tanzsaal in die Mädchenschar. Und selig tanzt sie mit dem schönsten Burschen und vergißt die rechte Stunde des Scheidens. Wie sie nun den Morgen grauen sieht, erblaßt sie, reißt sich von ihrem Tänzer los und stürzt sich in den Bach. Aus der Tiefe schäumt das Wasser blutig auf; der Wassermann hat seine Tochter getötet. In Schweden kennt man auch eine Art Kehrseite dieser Geschichte: fünfzehn Jahre lang hatte ein Mädchen im Haus einer Meerfrau gewohnt und nie die Sonne gesehen. Endlich dringt ihr Bruder hinab und führt seine Schwester wieder zu den Ihrigen. Sieben Jahre wartete die Meerfrau auf ihre Rückkehr, dann schlug sie mit ihrem Stab ins Wasser, daß es hoch aufbrauste und rief:

„Hätt ich gewußt, daß du wärest so falsch,
So hätt ich gebrochen deinen Diebeshals.“

Das schwedische Meerweib und die deutsche Nixe wissen bezaubernd zu singen, wenn das Wasser rauscht, das Wasser schwillt. Der Fischer sinkt zu ihr hinab. Aber noch mächtiger reißt der schwedische *Strömkarl* der

Flußmann oder der oberste *Felekarl* Fiedelmann, oder der norwegische *Fossegrim* oder *Fossekall* der Wasserfallmann, oder der *Quernknurren* der Mühlengeist hin, wenn er in grauem Kleid mit roter Mütze auf einem Stein mitten im Wassersturz sitzt und auf seiner Geige den unwiderstehlichen Elfvalek (S. 166) spielt. Erst streicht er ganz sacht wie leises Geplätscher, aber immer höher schwillt die Melodie, und immer stärker berauscht sie die Zuhörer. Der Elfvalek oder Strömkarlslag hat elf Variationen, von denen man aber nur zehn tanzen darf. Wird die elfte aufgespielt, so fangen Greise und Tische und Bänke und Kannen und Becher, selbst die Kinder in der Wiege an zu tanzen, bis die ganze Gastgesellschaft hinab ins Wasser tanzt, wenn nicht einer kommt und dem Musikanten die Saiten der Geige zerschneidet. Der Müller fürchtet des Felekarls Spiel so, daß er, wenn es anhebt, sein Mühlenhaus schließt und den Schlüssel fortwirft, um nicht ins Wasser zu tanzen. Aber auch drinnen muß er mit einem Scheffel in seinen Armen die ganze Nacht herumspringen. Der Fossegrim lehrt seine Kunst gegen Lohn auch Menschen. Ist die Gabe mager, so lernt der Lehrling nur das Stimmen der Geige. Wirft dieser aber mit abgewandtem Haupt ein weißes Böcklein oder ein schwarzes Lamm in den Wasserfall, so führt ihm der Fossegrim die rechte Hand so lange über die Saiten hin und her, bis ihm das Blut aus allen Fingerspitzen springt. Dann kann auch der Mensch spielen, daß die Bäume tanzen und die Wasser in ihrem Falle stillstehen. Solche volksberühmte Geiger waren in den Tagen Ole Bulls im schwedischen Wärend Nils und Peter. Nach Andern lernt einer sofort die Kunst der schwedischen Elfen, wenn er ihnen die Auferstehung verspricht, denn sie sehnen sich nach dem Christentum. Wer das aber nicht tut, der hört, wie sie in ihrem Berg die Geigen zerschlagen und bitterlich weinen. So schleuderte auch der deutsche Neck seine Harfe weg und weinte, als ihm zwei Knaben zugerufen hatten: „Was sitzest du, Neck, hier und spielst? Du wirst doch nicht selig!“ Aber als sie, von ihrem Vater getadelt, zum andern Male ihm die Erlösung verhießen, spielte er lieblich auf seiner Harfe bis lange nach Sonnenuntergang.

Die stilleren Seen, die zu Zeiten so unruhig und wild werden können, haben ihre eigenen Elfenmythen. Läßt man ein flaches Steinchen über ihre Fläche hintanzen, so löst man ‚Bräutle‘ oder ‚Wassermännchen‘, als ob dadurch die darüber schwebenden Wassergeister von ihrem Element gelöst würden. Viele Schweizer und deutsche Seen dürfen aber nicht durch Steinwürfe beunruhigt werden. Sie erregen im Schwarzwälder *Mummelsee* den Zorn der *Seemuhme*, sodaß Unwetter losbricht, und zornig erweist der Mummelsee sich auch in der etwas unklaren Erzählung des Simplicissimus 5, 16, nach der ein Wassermännlein darin seine geraubte Gemahlin sucht. Es kommt aber nicht wieder zum Vorschein. Nur sein Stecken mit einer Handvoll Blut springt nach einiger Zeit ein paar Fuß hoch in die Luft. Aber der berüchtigtste See ist doch der am Pilatusberg bei Luzern gelegene *Oberalpsee*, dessen Sage erst im 13. Jahrhundert mit der Pilatuslegende verknüpft ist. Bald watete, übrigens mehr nach Riesenart, der Unhold in diesem See, daß er überströmte und seine Wasser ins Tal ergoß, bald stürmte er durch das Gebirge, jagte Hirten und Herden auseinander und stürzte sie in die Abgründe. Namentlich wenn man in der Nähe des Sees lärmte, Steine hineinwarf oder gar seine Tiefe ausmessen wollte. Der Zutritt zu dem See und selbst der Besuch des Berges waren verboten; wegen versuchter Besteigung wurden 1387 sechs Geistliche zu Luzern ins Gefängnis geworfen, und selbst der Herzog Ulrich von Würtemberg und 1555 der berühmte Konrad Gesner wurden nur unter Aufsicht und dem Versprechen, nichts in den See hineinwerfen zu wollen, hinaufgelassen. Noch im vorigen Jahrhundert sprachen die Sennen bei Sonnenuntergang durch die „Volle“, den Milchtrichter, einen feierlichen Segen gegen den Unhold und wurden dafür mit dem sogenannten Rufkäse belohnt.

Am Strande größerer Landseen oder gar des Meers haben die Wassergeister wiederum andern Umgang. Der heilige Gallus hörte ums Jahr 600, wie ein Berggeist bei Bregenz seinem Kameraden im See zurief: „Komm, hilf mir die Fremdlinge vertreiben, die mich aus meinem Heiligtum vertrieben!“ Darauf antwortete der Wassergeist: „Einer von ihnen ist auf dem See, aber vergebens suche ich seine Fischnetze zu zerreißen. Er ist durch das Zeichen Christi geschützt.“ Darauf erhoben sie ein „fantastisches“ d. i. dämonisches Geschrei. Wo sich das Rauschen des Bergwaldes mit dem der Wellen mischte, belauschte der Bekehrer ein Zwiegespräch der Geister. Der nordische Skalde aber nannte die Wogen im Nebel Bräute, die auf Brandungsklippen gehen und die Bucht entlang fahren; ein hartes Bett haben die weißgeschleierten Weiber und spielen in Seestille wenig. Wir kennen schon die schwedische *Meerfrau*, die am Strand ihre Kleider ausbreitet und mit dem Herrn des Berges zankt. Wirft der Nord aus Gischt und Wasser gemischte Wogen auf, so sieht man sie ihr weißes, schwarzköpfiges Vieh ans Land treiben. Am Mälarsee trieb sie es bis zur Klintatanne, unter der sie wohnte. Niemand wagte deren Äste anzurühren. Graue Kühe nennt man noch wohl auf Island den Seekuhschlag, weil sie von Kühen abstammen, die einst ein gefangener Marbendill aus Dankbarkeit in den Hof seines Befreiers aus der See herausschickte. Der Fischer der schwedischen Seen opfert der *Seejungfrau* Früchte und Geld, um Wind und Glück von ihr zu kaufen.

Dem rauschenden Wasser ist weissagende Kraft eigen. Nach Plutarchs Caesar gingen germanische Frauen an die Strudel der Flüsse zu weissagen, und mehr als ein halbes Jahrtausend später warfen noch christliche Franken gefangene Gotenweiber und -kinder als Opfer in den Po, um die Zukunft zu erfahren. Im Nibelungenlied künden die Quelljungfern, die aber *„Meerweiber“* heißen, dem Hagen samt dem ganzen Burgunderheer Verderben in König Etzels Land. Die dänische Königin Dagmar läßt sich von einer Meerfrau weissagen, wie auch die mecklenburgische Sage eine zukunftskundige *Watermöme* kennt. Gefangen weissagt die Meerfrau Untergang des Landes, soweit man sie landeinwärts schleppe. Die Meermaid von Padstow in Cornwall, die man durch einen Schuß erbittert hat, verflucht den Hafen, der auch wirklich versandet. Der merkwürdigste Meergeist ist aber der *Marmennil*, der etwa mit den weissagenden Meergreisen des griechischen Mittelmeers verglichen werden kann. Vom Nabel an gleicht er einem Seehunde, wie Proteus am Strande unter Robben ruht, er hat auch wie diese einen dicken Kopf und breite Hände. Wenn die Wellen klatschen, so lacht er laut auf; man gedenkt des unzählbaren Gelächters der Wogen, das bei Aeschylos der gefesselte Prometheus anfleht, sein Leiden anzuschauen. Noch heute ist es ein bekanntes Wort in Island: „Da lachte Marbendill", und schon einem der ersten Ansiedler der Insel weissagte er scherzend seinen Wohnort. Was die Halfssaga um 1300 vom lachenden Meermännlein erzählt, weiß auch noch die neuisländische Volkssage und zwar viel hübscher vorzutragen. Bei einem schweren Fischzuge holte ein Bauer einen *Marbendill* ins Boot und nahm ihn mit sich ans Land. Noch hatte er nicht sein Schiff in Ordnung gebracht, als sein Hund fröhlich an ihm aufsprang, und ärgerlich schlug er ihn. Da lachte der Marbenbill zum erstenmal. Wie nun der Bauer auf seinen Hof zuging und an einen Stein stieß und diesen verwünschte, da lachte der Marbendill zum zweitenmal. Und als der Bauer den freundlichen Gruß seines ihm entgegenkommenden Weibes freundlich erwiderte, da lachte der Marbendill zum drittenmal. Nun fragte ihn der Bauer, warum er dreimal gelacht hätte. Er erklärte sich zur Auskunft unter der Bedingung bereit, daß er an der Stelle der See, wo er gefangen worden wäre, wieder hinabgelassen würde. Nachdem der Bauer ihm das versprochen, äußerte sich dieser: „Zuerst lachte ich, weil du deinen Hund schlugst, der dich mit aufrichtiger Freude begrüßte; zum zweiten, weil du einen Stein verwünschtest, unter dem ein Goldschatz liegt; zum dritten, weil du so freundlich die schönen Worte deines Weibes aufnahmst, das dir doch untreu ist". Darauf sprach der Bauer: „Zwei von den Dingen, die du mir sagtest, kann ich jetzt nicht prüfen, die Treue meines Hundes und die Treue meines Weibes. Aber auch wenn nur das dritte wahr ist, werde ich dir mein Versprechen halten" — und damit grub er den Stein heraus und fand da wirklich einen großen Schatz. Nun fuhr er mit dem Marbendill aufs Meer und ließ ihn an der verabredeten Stelle über Bord, worauf der Marbendill, noch auf dem Ruderblatt sitzend, sagte: „Du hast wohlgetan, Bauer, daß du mich nun meiner Mutter wieder heimschicktest; das werde ich dir vergelten. Sei gesund und glücklich!" Und sieben seegraue Kühe fand der Bauer kurz darauf in seinem Hof, die größten Kostbarkeiten auf Island, und hatte zeitlebens allen Überfluß. — Grausiger als der Marmennil, dem *Grendel* ähnlich, ist der norwegisch-färöersche *Sjódreygur*, das Seegespenst, das mit gewaltiger Hand plötzlich aus der Brandung über den Strand, ja bis ins Haus hinein in Grendels Weise nach einem Menschen ausgreift, um ihn in die Tiefe zu reißen. Nachts rudert es heulend wie ein Mann oder Hund durch die Wogen, ja reizt als Schiffer mit seinem Schiff die Schiffer zu verderblicher Wettfahrt im Sturm. Oder es hüpft auf seinem einen Fuß auf die Insel und trachtet die Menschen vom Deich ins Meer zu stoßen, wie der übrigens mehr riesische ditmarsische *„Dränger"*, der auch die Deiche stürzt, so daß die See wieder ins Land hereinbricht.

Aus den wilden Bergen und Wäldern, die die Siedelungen der Menschen umgeben, dringen die Elfen in die Gemarkung, die Ackerflur, ja in die Gärten der Dörfer herein, die *Bergmännchen*, die *Holzfräulein* und die *Saligen* werden Weide- oder Feldelfen. Die Flur ist voll davon. Im bayrischen Hochlande bindet man den Kühen Körbchen voll Erdbeeren und Alpenrosen zwischen die Hörner für die *„Fräulein"*. Auf dem Brenner wirft man nach der *Furl,* die das Heu zerführt, ein Messer, wie nach dem Wirbelwind. Wenn der Mähder das Rodnerinnenlocken übte, d. h. dreimal mit dem Wetzstein schrill über die Sense strich, so kam jedesmal ein *Salgfräulein* in die Wiese herunter und zerstreute die Mahden. Das *Innerfeldmandl* aber sieht der Tiroler Hirte sich im Wirbelwind um die Füße der Rinder drehen und ihnen in die Ohren blasen. Aber die Saligen oder wilden Frauen helfen auch beim Heuen, wie beim Flachsjäten oder Kornschneiden; man gibt in Martell den Arbeitern auf den Bergwiesen die sogenannten „Mahdküchel" mit, angeblich für einen zufälligen Besuch der *weißen Fräulein.* Aber vom wilden Mann gejagt (S. 196), eilen diese ruhelos vorüber. — In Oberfranken läßt man beim Einfahren ein Häufchen Grummet auf der Wiese und bei der Kornernte auf dem Acker einige Ähren für das Holzfräulein liegen, und auf den Obstbäumen bleibt hie und da für sie etwas von der Frucht hangen. In der benachbarten Oberpfalz warf man beim Leinsäen einige Körner in die Büsche des nahen Waldes, stellte beim Jäten aus den Restchen von Flachsstengeln ein Hüttchen auf und rief:

„Hulzfral, dau is dañ Dal (Holzfräulein, da ist dein Teil),
„Gib an (dem) Flachs an kräftinga Flaug (Flug, Schuß),
„Nau (dann) hob i un du gnaug (genug)!"

Beim Ausraufen des Flachses aber band man sechs stehen gelassene Halme oben in einen Knoten zusammen, damit sie darunter Schutz fände.

Ist nun die Saat emporgeschossen und schlägt im Winde Wellen, so laufen allerlei Tiere hindurch: *Roggenwölfe und -hunde, Haferböcke, Roggensäue und Kornkatzen.* Menschlicher gedacht haust darin eine *Roggenmuhme,* die im östlichen Holland ihre Ferkel draußen im Korn hat, oder nach deutschem und dänischem Glauben eine langbrüstige *Roggen-, Weizen-* oder *Gerstenalte,* ein Schrecken der Kinder, denn sie preßt sie, wenn sie ins Korn laufen, an ihre eisernen Zitzen. Statt ihrer läuft auch der harmlosere *Hafermann* oder der *„Alte"* durch das Korn. Wenn dieses reif war für die Ernte, so band die Frau von Donnersberg drei stehende Halme unter den Ähren mit weißer Seide zusammen und betete und sagte: „Das gehört den drei Jungfrauen“ und schickte ein Kind unter sieben Jahren auf das Feld, das die drei Ähren hinlegte. So wurde in Litauen der Krumine, der Buschfrau der ersten Garbe, geopfert und dann die erste Garbe ins Haus des Besitzers gebracht. Erst am folgenden Tag begann die eigentliche Ernte. So besteht im deutschen Südwesten das Glückshämpfli aus einer Handvoll von den ersten oder letzten drei, sieben, neun, ělf Ähren der Ernte, die, von einem unschuldigen Mädchen, auch wohl unter Gebet und Niederknieen des Schnittervolks, geschnitten, mit einem Seidenbande umwunden und dann im Hause an einem besonders ehrenvollen Platze aufgehängt werden. Derber knüpft man in Schweden bei der Ernte drei Halme oben in einen Knoten zusammen und legt einen Stein darauf für die Gloso, die Kornsau.

Während der heißen Erntezeit ist die Kornmutter am gefährlichsten um die Mittagsstunde. Aus Frankreich meldet Gregor v. Tours schon im 6. Jahrhundert, daß eine von der Feldarbeit zurückkehrende Frau, von dem meridianus daemon dem Mittagsgeist angegriffen, sprachlos zusammengebrochen sei, und Caesarius v. Heisterbach kennt auch auf deutschem Boden ein daemonium meridianum. Die Slaven nennen ihn die Mittagsfrau. Dasselbe bedeutet am Niederrhein noch heute die Ennungermohr, die Mittagsmutter, von „in unner, unger“ d. h. in der Mittagszeit (undern), oder die Futtika, die während der Mittagsruhe übers Feld geht und alle, die sich unzeitig im Felde aufhalten, verscheucht oder gar verwirrt. Im nassauischen Amte Limburg droht man: „die Unnermoire kriegt dich“. Eine weiße Frau hieß sie im Kreise Friedberg und im fernen Gottschee. Bei völliger Windstille, wenn die sommerliche Mittagshitze über der niederrheinischen Kornflur zittert, erhebt sich oft ein plötzlicher Wirbelwind; das ist die Ennungermohr. Im badischen Klettgau nimmt eine übers Feld wandelnde Frau ein Kind, das sie allein in der Mittagsstunde im Feld trifft, weg und legt statt dessen ihr eignes

Kind hin, wie die thüringische Kornfrau. So liegt denn im Aargau mittags das Kornkind oder der Kornengel, das in Ratzeburg das Arnkind Erntekind heißt, weinend im hohen Korn. Wer es aufhebt, muß noch selbigen Jahres sterben. Man sagte bei Chur im Jahr 1686, es sei schwer aufzuheben und kündige ein besonders fruchtbares Jahr an. Mit dem oder der Alten ist das reife, alte, zum Tode bestimmte Korn gemeint, mit dem Kinde der Überschuß, die zur Aussaat bestimmte Garbe, die nur klein, aber schwer ist, die, besonders wenn sie klein ausfällt, um so reicheren Ertrag im nächsten Jahre tröstend verspricht und darum Glücksgarbe heißt. Sie wird auch Wiege genannt und in Mecklenburg ganz deutlich das *Ornkind* oder Erntekind. Aus solcher altertümlichen Vorstellung erwuchs der angelsächsische *Skeáf* d. i. Garbe, den schon das Beowulfsepos kennt. Als neugeborner Knabe, in einem steuerlosen Schiff auf einer Garbe schlafend, von Waffen umgeben, wurde er hilflos ans Land getrieben, von den Bewohnern wie ein Wunder aufgenommen, benannt und auferzogen und endlich zum König gemacht. Er ist der heroisierte Gründer des Ackerbaues, wie sein Sohn Skild der des Kriegswesens (S. 22).

Je tiefer die Mäher ins Ährenfeld hineinschreiten, desto weiter, mit jedem sinkenden Schwaden, flüchtet der Alte oder die Alte zurück, bis in die letzte Garbe, als einzigen Zufluchtsort auf der leeren Stoppel. In Oberfranken und der Oberpfalz läßt man den Holzfräulein die letzten Ähren auf dem Felde stehen, in Niederbayern den sieben Schauerjungfrauen eine Garbe auf dem Acker liegen. In Thüringen werden die letzten Ähren mit bunten Bändern zusammengebunden, so daß der Büschel die Gestalt einer Puppe bekam, und lustig sprang das Schnittervolk der Reihe nach über das „Schainichen", das Scheunchen, hinüber. So hatte die Kornalte gleich ihr Haus, wie die Flachsfrau (S. 210). So „bildeten" die alten Preußen beim Ernteschluß schon im Jahr 1249 das göttlich verehrte Idol Kurche. — Aber der oder die Alte wird auch gefangen, gebunden, auf dem letzten Fuder als Erntemai heimgeführt und möglichst bis zur Ernte des nächsten Jahres an der Haus- oder Scheunentür hängen gelassen.

Die gütigen segnenden Ackerwesen waren überwiegend weiblich, und sie besonders mögen die alten Germanen die Geberinnen, Allgeberinnen, auf den römischen Inschriftsteinen Gabiae, Alagabiae, genannt haben, gerade wie die Kelten ihre Ollogabiae und die Litauer ihre Gabiae hatten. Die Litauer beteten zu ihnen, wenn sie die auf dem Halm nicht völlig ausgereiften Fruchtkörner am Feuer dörrten. Zu den Gabiae scheint Garmangabis, die „bereitwillig Begabende" (?) zu gehören, der in der Grafschaft Durham Sueben, d. h. Sueben vom Neckar, um 250 n. Chr. einen Stein setzten. Die spätere Ortssage hat eine gütige vornehme Frau daraus gemacht, die dem Orte Acker- oder Weideland spendet (s. u.).

Noch innigeren Verkehr haben die Hauselfen mit den Menschen, die angelsächsischen *Cofgodas,* Stuben-, Haus- oder Stallgötter, die deutschen *Kobolde* Haus- oder Stallhüter, mundartlich *Poppele, Butze, Heinzel-, Wichtelmännchen*, nordisch, friesisch und englisch *Puki, Puks, Puck,* englisch auch *Brownie,* nordisch *Gardsvor* Hofhüter, *Tomte* Hofgeist, *Vaette* Wicht. So nahe stehen sie den Menschen, daß diese sie gemütlich mit menschlichen Eigennamen benennen: *Niels* Nikolaus, *Hannpeiter, Chim* Joachim, *Heinz*, *Robin Goodfellow.* Sie waren aber vor den Menschen und ihren Häusern da, als Berg-, Wald- oder Feldelfen. Manche Leute scheuen sich einen Bauplatz für ein Haus zu suchen, wo sich Unterirdische aufhalten, oder der Bauherr muß sie vorher laut um Erlaubnis bitten. So ritt schon der Altisländer Oddr um ein verlassenes Haus gegen die Sonne von rechts nach links mit einem lodernden Holzbrande und sprach: „Hier nehme ich mir Land, denn ich sehe hier keine bewohnte Baustätte. Hört das, ihr Wichter, die ihr in der Nähe seid!" Dann spornte er sein Pferd und sprengte davon. Sie nisten sich wohl unter der Türschwelle ein und bringen Glück. Aber wie alle Elfen, verleugnen auch sie ihre ursprüngliche Wetternatur nicht. Das Westerwälder Wort Pöpel, dem jenes schwäbische Poppele gleich sein wird, bedeutet eine dunkle Wolke. Heult der hildesheimische Hauskobold Hödeke, so stürmt es. Wenn die Hilfe des Nisse beim Einschobern abgewiesen wird, so zerstreut er im Wirbelwind das Heu, und als ihm auf den Färöern ein Stall abgebrochen wurde, warf er die Besitzer im Wirbel in die See. Die Hausgeister berühren sich auch mit den Seelen. Diese bleiben als gutmütig helfende Geister, wie Kobolde, im hessischen Hause wohnen. Der vogtländische Kobold wird als Geist eines ungetauften Kindes gedacht; der rügensche Schiffsgeist oder Klabautermann entsteht aus der Seele, die in einem zum Schiffsbau benutzten Baume weilte. Auch wohnen den Menschen hilfreiche „Unterirdische" häufig in den altheidnischen Hügelgräbern, vielleicht also auch Seelen. Und der Gardsvor oder Hofgeist gilt sogar für einen Wiedergänger, eine Seele des Mannes, der den Platz, wo das Haus erbaut ist, zuerst urbar machte.

Der Glaube an die Hausgeister ist noch im Norden lebendig, und die Nisse werden sogar, wie aus alter Gewohnheit, zum heiligsten Fest des dänischen Hauses, dem Christfest, hinzugezogen, indem sie in Biscuit und Ton oder auf Bilderbogen unter dem erleuchteten Christbaum dargestellt werden. Das knüpft an den früheren Brauch an, ihnen am Weihnachtsabend einen Topf mit süßer Grütze hinzustellen oder auch das Herdfeuer, wenn man es für die Nacht zudeckt, unbekreuzt zu lassen, damit der Niss frei sein Nachtmahl am Herde kochen könne. Aber noch heidnischer setzt man ihm an jedem Donnerstag, dem alten Sonntag der Heiden, jene Lieblingsspeise, aber auch Kuchen und Bier hin. Am Donnerstagabend durften die Männer nicht arbeiten, die Frauen nicht spinnen, weil der „Gardsvor" seine Ruhe haben wollte. In Norwegen stand für diesen auf dem Boden ein sauber gemachtes Bett, in welchem Niemand liegen durfte. Als grauröckiges

Männchen mit rotem Hut wohnt der Nisse am Herde, wo man dem „Herdvätte" Bierwürze opfert, wenn gebraut wird, oder im Stall und in der Scheune. Auch nistet er unter einem nahen alten Laubbaume, dem Bosträd oder Vårdträd, dem Haus- oder Schutzbaum, unter dem dann gern die Bauersfrau ihre Kuh melkt, um reichlich Milch und Butter von ihm zu bekommen. Über die Wurzeln des Baumes aber wurde unter Gebeten Milch und Bier gegossen, um Unglück von Mensch und Vieh abzuwenden. Mit den Worten „O du Gottes Vätte!" setzte man einen Krug Bier neben den Stamm des Wichterbaums des Hofes. Auch nach Wichterhügeln und Opfersteinen brachte man seine Gaben mit dem Gruße: „Gottes Frieden im Hügel!" Der Tomtegubbe, der Hofalte, haust auch unter einem großen Stein, unter dem er Kleider, Speisen und alle Gaben des Hofbauern, dem er immer viel Gutes getan hat, in sauberster Ordnung bewahrt, bis ein Pastor ihn schroff wegweist, und alle seine schönen Sachen unter dem Steine in Asche zerfallen. Das ist der altisländische Kodranstein, in dem ein dienstbarer Geist, ein ármadr des Bauern Kodran, wohnt. Ein Bischof besprengt den Stein mit Weihwasser und singt über ihn Beschwörungen. So wird des Geistes Herberge verdorben und er selber wie mit siedendem Wasser begossen. Er trennt sich von Kodran in Zorn. — In die Löcher des butterbeschmierten Elfensteins setzten schwedische Weiber Puppen, wenn ihre Kinder krank waren. Die Gabe neuer Kleider ist dem Nisse meist verhaßt; er fühlt sich dadurch ausgelohnt und aufgekündet, und darum verschwindet er. Am liebsten ist ihm der Stalldienst, Rinder und noch lieber Pferde wartet er sorgsam, daß sie rund und glatt werden. Auch schleppt er sich bei der Ernte stöhnend mit Heubündeln und Ähren. Zu dreien mähen sie wohl ein ganzes Feld. Getreu, zuverlässig, rastlos pflegt er zu arbeiten, aber er foppt auch gern die Dienstboten und Hunde und verwandelt sich neckisch in allerhand Haustiere. Er ist selber reizbar, eifersüchtig und rachsüchtig, wenn er verspottet oder vernachlässigt wird. Er bindet dann alle Kühe im Stall los und hält das Heu zurück; er tanzt und drückt die Mägde halb oder ganz tot und klemmt den Knecht zwischen zwei Latten der Heuscheune, sodaß er umkommt. Ja, er setzt den ganzen Hof in Flammen. Auch mit Seinesgleichen verkehrt er bald freundlich, bald feindlich. Sie spielen um ein umgekehrtes Scheffelmaß als Tisch Karten miteinander, bis sie in lärmenden Zank geraten. Die Tomten zweier einander benachbarter Höfe, die sich gegenseitig bestahlen, schlugen aufeinander los, daß das Mehl aus dem Sack des einen wie eine Wolke rund um sie her stob. Wenn die Luft nebelig, sagen noch alte Leute: „Der Mehlsack des Tomtes stäubt.“ Einst hatte ein norwegischer Bauernsohn einem Huldremädchen vor ihrem Berge ihr Trinkhorn geraubt, wie jener Graf von Oldenburg der Fehmöhme, da stürzte das Huldrefolk ihm bis auf seinen Hof nach und hätte ihn erschlagen, wenn nicht der Godbonde, der Hausgeist, sie mit seiner eisernen Stange vertrieben hätte. Ein Schleswig-Holsteiner fand beim Abreißen seines alten Hauses einen guten Eichenständer und legte in einem Loche desselben für den Niskepuks eine kleine Wohnung an. Er stellte eine Schale mit Grütze auf ein darunter genageltes Brett und rief freundlich: „Nun komm her, fröhlicher Niskepuks“. Der kam auch, und der Bauer wurde ein reicher Mann. Nicht nur einzelne Höfe haben ihren Niss, sondern auch die Dörfer, in denen sie dann wohl Dorfhirten sind. Auch Kirchennisse gab es hie und da. Sie hatten ein „Nest“ im Turme und konnten in den Schallöchern an ihren roten Mützen leicht erkannt werden. Wenn aber die Glocken geläutet wurden, verließen sie den Turm. Und sie begleiten die Schiffer in die salze See und waschen das Schiff und helfen in den Segeln. Begegnen sich Schiffe, so rufen sich die Nisse an wie die Kapitäne. Vor Sturm lärmt er im Lastraum; strandet das Schiff, so verteidigt er es gegen Stranddiebe. Aber vor dem Untergang verläßt er es mit den Ratten.

Dieses nordische Haus- und Hofgeisterwesen fühlte sich in Deutschland am heimischsten im niedersächsischen Bauernhause, auf dessen großer Diele das Herdfeuer auf vorspringendes Gebälk spielende, zuckende Lichter wirft, während im Dunkel der Winkel und Ecken heimliche Schatten huschen und leise weiche Schritte wie von einer Katze auf Treppe und Boden hörbar werden. Drum hält sich der Kobold auch am liebsten in der Nähe des Herdes auf und trägt eine rote Mütze oder Jacke in der Mark, doch verrichtet er seine Dienste meist unsichtbar und sorgt für Recht und straft die Lüge. Aber auch anderswo in Deutschland, sowie in England finden wir ihn wieder, mit denselben Haupt- und Nebenzügen. Einzelne sind hier jedoch eigenartig ausgeprägt, z. B. das nordthüringische *Steppchen* (Stephanchen). Wenn jemand viel Geld verdient, dem hat's Steppchen gebracht; er gibt auch wohl bei der Hochzeit einen Hecketaler in die Ehe. Er bringt den Feldarbeitern, wie ein drachenförmiger Vogel aus der Luft herabrauschend, Essen auf den Acker. Hat sich Jemand erhängt, den hat Steppchen auf den Kopf geschlagen. Er wird bald wie der altmärkische Drak, bald als Kobold, bald als Teufel gedacht. Es gibt nicht nur Hausgeister, sondern auch Burg- und Schloßgeister. Ähnlich ist jener niederdeutsche Klabautermann, der auch seine Milch bekommt.

Es sind echte Heidengeister, darum scheuen sie das Kreuz und den Namen Jesu; aber auch das den Tag ankündende Krähen des Hahns, den man zu Olaus Magnus' Zeiten, im 16. Jahrhundert, in Schweden zuerst in ein neues Haus brachte wegen der bösen Geister. Die meisten Hausgeister zogen wegen des Glockenklangs aus, nur einer blieb, immer weinend, auf einem Hahnenbalken zurück, bis er sich im Moor ertränkte. Auch sie hat man später wie andre Elfen (S. 147. 154) als gefallene Engel aufgefaßt.

Dieses überwiegend nordische Bild der Haus- und Hofgeister trägt trotz der jungen Überlieferung und einzelner moderner Züge einen hoch altertümlichen Charakter.

Deswegen finden wir es überall in England und in Deutschland wieder. Doch sind hier einzelne Hausgeister feiner ausgeprägt zu Burg- und Schloßgeistern. Der alemannische *Poppele* wohnt zwar auch in Bauernhäusern, hat aber sein Hauptquartier auf dem Hohenkrähen, nicht weit vom berühmten Hohentwiel. Unter der Burg läßt er sich von einem Müller auf dem Wagen mitnehmen, stiehlt aus dessen Geldgurt einen Taler nach dem andern und wirft ihn auf die Landstraße, wo sie im Mondlicht blinken. Als der Müller das merkt, steigt Poppele unter lautem Lachen rasch ab. In die Scheuern kommt er nachts, um Heu für das Vieh herauszuholen. Dann muß man ihn mahnen: „Poppele, nit z'viel und nit z'weng!" sonst wirft er den ganzen Heustock herab. Sonntags Mitternacht kegelt er mit goldenen Kegeln und Kugeln. Man stellt ihm täglich einen besonderen Teller hin und sagt: „Poppele, iß auch mit!" — Vornehmeren Schnittes sind *Goldemer* auf dem Hardenstein an der Ruhr, den wir S. 178 zu den Berggeistern gerechnet haben, und *Hinzelmann* auf dem lüneburgischen Schlosse Hudemühlen, die im 15. und 16. Jahrhundert sich bekannt machten. Beide sind unsichtbar, aber an ihren weichen Händen kenntlich, beide sind musikalisch, beide beanspruchen ein wohlbereitetes Bett, beide sind in die Schloßfräulein verliebt, beide dienen ihrem Herrn mit guten Ratschlägen, und beiden sind Laster und Untugenden zuwider. Doch haben beide auch in der Küche zu schaffen; Hinzelmann striegelt auch fleißig die Pferde im Stall und schlürft täglich eine Schüssel voll süßer Milch mit Brocken von Weißbrot. Er verwandelt sich auch in einen Marder oder in eine Schlange, und neben dem Wagen des Schloßherrn, der Hudemühlen auf eine Zeit verläßt, um ihn los zu werden, fliegt er her als eine weiße Feder. Nach vierjährigem Aufenthalt schied er vom Schloß im Jahr 1588. In der Regel aber läßt der Kobold seinen Hausherrn nicht los. Ein Bauer, der seiner überdrüssig war, steckte seine Scheune an, um ihn darin zu verbrennen, nachdem er das Stroh auf einem Karren herausgeführt hatte. Wie sie nun in vollen Flammen stand, sah er um sich; da saß der Kobold hinten auf dem Karren und rief ihm ganz munter zu: „Wenn wir nicht wären entronnen, so wären wir alle verbronnen!“

Aus dem Leben der germanischen Haus- wie Feldgeister ist zwar ersichtlich, daß diese manche, auch über ihr eigenstes Gebiet hinausreichende Tätigkeit ausübten, aber sie verteilten doch nie die vielen einzelnen Handlungen des Bauern mit der peinlichen Sorgfalt unter sich, wie die entsprechenden römischen und litauischen Hausgeister. Es fehlte den Germanen z. B. ein besonderer Geist für das erste Pflügen, ein anderer für das zweite, ein dritter für das dritte, wiederum ein andrer für das Eggen, das Jäten u. s. w. Die germanischen Geister halten sich die Hände freier und greifen bald hier, bald dort ein.

Neben dem Seelen- und Marenglauben entwickelte sich in uralter Zeit der Elfenglaube und zwar aus einer umfassenden Beseelung des freien Naturlebens. Wenn er sich auch hie und da mit jenen beiden anderen Richtungen berührte und vermischte, so nahm er doch innerlichst gegenüber ihnen, wie gegenüber dem Glauben an die Riesen, die höheren Dämonen und die Götter eine selbstständige Stellung ein. Seine Bedeutung kann nicht leicht überschätzt werden. Kein Glaube hat das Alltagsleben so dicht umsponnen, keiner ist so tief ins Familienbewußtsein hineingewachsen wie dieser. Der Elfenkultus und der Elfenmythus tragen die Merkmale höchster Altertümlichkeit an sich und ragen doch auch noch in unsere Zeit. Und wie konnte es anders sein? Führten diese Wesen doch dem Menschen die maßgebenden Licht- und Wettererscheinungen, die Gewitter- und Regenwolken samt den Winden herauf. Freundlich oder feindlich kamen sie aus Berg, Busch und Bach zu ihm, sie halfen oder schadeten ihm bei Saat und Ernte, auf der Jagd und bei jedem Weide- und Pfluggang; sie mühten sich mit ihm und scherzten mit ihm in Haus und Scheune und Stall. Und auch bei schwierigeren Handlungen, wie beim Bierbrauen und Schmieden, waren sie zur Hand. Ohne ihre Güte war das alte gewöhnliche Tagesleben des Volks undenkbar, war aber auch ihrer leicht erweckten Rachsucht ausgesetzt. Daher ist denn auch ihre Behandlung zum Unterschiede vom Götterkultus zwiefacher, ja entgegengesetzter Art. Noch ganz ein Naturvolk, wehrten die Germanen die elfischen Mächte durch allerlei naive Verachtungsgeberden, z. B. das Zeigen des bloßen Hintern, und durch andere Schreckmittel ab, oder gewannen sie durch allerlei Gaben ihres bescheidenen Haushalts und andere Aufmerksamkeiten.

Im alten Island war der Unrat ein Alfrek, ein Alfenvertreiber, und in Westfalen baten die „Guden Holden“ die Leute, ihre Stätte reinzuhalten, sollte es ihnen anders gut gehen. Man fuhr in Schweden nicht über einen Fluß, ohne vor sich zu spucken, wie die Zigeuner noch heute von einer Brücke herab tun, und warf in Tirol den Wildfräulein bespieene Steine hin. Stark riechende, würzige Kräuter wie Thymian, Dill, Kümmel und Lauch verscheuchten die Elfen. Man jagte sie bei der Ernte in die letzte Garbe und tötete auch wohl die Kornmutter darin, man warf die Wassergeister mit Steinen, die Windelfen mit dem Messer und schützte sich überhaupt gegen alle diese Geister durch schneidende Geräte und Donnersteine. Laute Flüche und Trommelwirbel wurden gegen sie angewendet, später kirchlich geweihte Dinge, wie Wasser, Salz und Osterbrände. Das Feuer nennt Saxo ein treffliches Schutzmittel gegen die Dämonen. Auch Nacktheit gilt dafür. Die meisten dieser Riten stehen noch unter dem Zeichen der Zauberei.

Ebenso kindlich war die Pflege der Elfen, die jedoch nicht zarterer Züge ermangelt. Mehl streut man den Winden als stillende Speise in die Luft, auch wohl Salz und Brot. Blumen trägt man den Quell- und Waldelfinnen zu und legt diesen auch Beeren auf einen Stein. Unschuldige Kindeshand muß bei der Ernte die ersten oder die letzten Ähren schneiden, mit Seidenfaden zum Büschel binden und den Kornfrauen hinlegen oder aufhängen. Nach Berthold von Regensburg wurde den saligen Fräulein, den felices dominae, zur Nacht sogar ein Tisch mit Speisen ausgerüstet, wie wir um dieselbe Zeit vom Pariser Bischof Wilhelm d'Auvergne hören, daß die Dominae nocturnae, nächtliche Fräulein, vielleicht keltischer Art, nachts in den Häusern aus offenen Speis- und Trankschüsseln sich gütlich tun und dafür Fülle und Überfluß spenden. Den nordischen Hausgeistern spendet man gern Grütze mit Butter und leckerem Honig, den deutschen ein Süppchen. Oft fehlt auch Milch, Bier oder gar Branntwein nicht. Es galt wohl schon für feiner, ihnen Wolle oder gar Geld hinzulegen, draußen auf Steinen, an Höhleneingängen, Baumstümpfen und Wurzeln, drinnen auf Türschwellen und auf dem Herde oder im Ofenwinkel. Anspruchsvoller sind die deutschen Wassergeister, die ein Huhn verlangen, noch mehr der nordische Wasserfallelf, der Fossegrim, dem Schafe oder doch ein Böcklein dargebracht wird, und auch der Neckar verlangte am Himmelfahrtstage einen Bienenkorb, einen Laib Brot, ein Schaf und einen Menschen. Ein altnordisches Alfablót Elfenopfer, durch das man gutes Wetter und Wundenheilung erlangen wollte, brachte man im Hause mit Ausschluß Fremder oder auf einem dem Hause nahen Hügel dar, den man mit blutigem Stierfleisch belegte. Ist ein Kind unruhig oder krank, so legt man in Schweden am Donnerstagabend bei Sonnenuntergang in eine einst vom Gletscherstrudel ausgehöhlte Elfenmühle oder Älfqvarn, die man mit Butter oder Pflaumenmus bestreicht, eine Puppe, auch wohl mit Nadeln, Getreide und andern Sachen. In Tirol warf man, um das Kind zu beruhigen, eine solche Puppe in die Ziller mit den Worten: „Nachtwuone, da hast du dein Kind!“ Mit einem Betrug also macht man sich von ihr los. Solche Puppen meint wahrscheinlich der Indiculus mit den aus Tuchstücken gemachten Götzenbildern. Vielleicht hat denselben Sinn die aus dem 15. Jahrhundert bezeugte Sitte, Knabenkleider an dem Pilbisbaum aufzuhängen, also für den Bilwiz

(S. 164). Auch in neuerer Zeit lohnte man die Elfen, wenn sie gar zu unbequem werden, mit neuen Kleidern ab oder brannte sie aus dem Hause aus.

Die Opfer wurden den meisten Elfen bei einzelnen Anlässen, wo man ihrer Gunst bedurfte, dargebracht, aber manche, namentlich die Hauselfen, hatten, wie die Seelen, auch ihre bestimmten Opferzeiten. Den Hausgeistern spendete man täglich oder doch wöchentlich am Donnerstag, statt dessen in späterer christlicher Zeit auch der Sonnabend oder Sonntag gewählt wurde. Die schonische Hausmutter opferte am Herdfeuer den guten Wichtern am Abend der drei hohen Feste. Das Hauptjahresfest der Elfen waren aber die Zwölften zwischen Weihnacht und dem Dreikönigstag, die Rauhnächte oder Loostage, im Norden die Julzeit, die Fahrtage der Landwichter und der Elfen oder moderner die Fahrengeltage. An diesen Tagen, übrigens in Deutschland auch schon an den „scheulichen" und „verworfenen" Tagen der Adventszeit, ziehen die Unhulden und Schrezlein um. Da werfen die vizentinischen und veronesischen Deutschen der Waldfrau Flachs ins Feuer; in Deutschland bekommen die Schrezlein in der hl. Dreikönigsnacht Speise. Auch die Ausstattung der Tische zu Neujahr mit Broten und anderen Speisen, eine auch römische Sitte, die schon vom hl. Eligius († 659) und später um 1000 von Burkhard von Worms erwähnt wird, könnte ebenfalls altgermanischer Brauch sein, zumal da auch die Germanen an beliebigen Tagen die Elfen gastlich an Tischen bewirteten (S. 221) und die Engländer noch 1493 in der Neujahrsnacht den „Alholde" und „Gobelyns" Speis und Trank auf die Bank setzten. Um Husum tanzten um 1700 in den Zwölften die „Hahnjörs" durch die Straßen, welche Menschen krank machen und in die Irre führen, und holen sich Essen und Trinken aus den Kellern. In Norwegen besuchen die Unterirdischen einander, ganz nach der Julsitte der Menschen, und das Ellefolk trinkt und tanzt dann auf den Kreuzwegen und in den Höhlen. Wie die wilde Jagd oder das wütende Heer in Deutschland zieht in Norwegen die Aasgardsreia, gleichfalls ein Gemisch von Seelen und Elfen, um und hält ihr Trinkgelage oder drängt sich in die Julfeste der Menschen. Diese setzen deshalb auch etwas vom Weihnachtsessen und einen Krug Bier auf den Hof hinaus. Von der isländischen Hausfrau wurden die Alfar in der Julnacht feierlich empfangen (S. 184).

Diese kindlichen, armseligen Bräuche bezeugen den niedrigen Stand einer Religion, die sich zusammensetzt aus dem Grauen oder wenigstens der Furcht vor den Naturgeistern und aus der Zuneigung zu ihnen, einer gewissen Sympathie. Noch sind diese beiden Gefühle nicht veredelt und zu dem höheren Gefühle der Andacht verwoben. Die überlegene Zauberkraft wird anerkannt, aber im Übrigen betrachtet der Mensch die Elfen mehr wie Seinesgleichen. Daher behandelt er sie oft rücksichtslos und geht mit ihnen die allerpersönlichsten Verbindungen ein, wie sie manche schöne Sage uns bewahrt. So dreht sich der Elfenglaube noch ganz wie der Seelen- und der Marenglaube, im Gegensatz zu den jüngeren Glaubensrichtungen, um den unmittelbaren privaten Verkehr mit den religiösen Mächten, die noch kaum höhere zu nennen sind. In dieser nahen Fühlung mit den Menschen, wie in manchen andern Zügen stimmen diese drei älteren Gruppen so sehr miteinander überein, daß sie, obgleich verschiedenen Ursprungs und Gehalts, oft in einander übergreifen, und manche ihrer Mitglieder fließende Übergangsfiguren geworden sind. Seelen Verstorbener werden Winde, und Seelen noch ungeborener Kinder perlen im stillen Quell empor; aber Winde sind auch Elfen, und der Atem des Wassergeistes steigt in Bläschen aus dem See auf. Jene Zwölftenumzüge umfassen meistens Toten- wie Windgeister. Auch heißen Maren nicht nur die Alpdrucks-, sondern auch die drückenden Wolkenelfinnen.

Die nahe Fühlung 'dieser drei übermenschlichen Wesensarten mit den Menschen hat noch eine andere Wirkung; sie hat einige bevorzugte Menschen zu jenen gleichsam hinüberzogen und mit ihrer Zauberkraft ausgestattet, namentlich mit der Fähigkeit des Alpdrückens und mit der Kunst, das Wetter zu machen, Helle und Dunkel zu verbreiten durch Schwenken eines Tuchs oder Felles. Der Zauberer Eyvind machte sich und seinen Leuten einen Hulidshjálm Hüllhelm und ein solches Nebeldunkel, daß man sie nicht mehr sehen konnte. Ähnliche Künste schrieb man auch Weibern, Hexen, zu, deren geröteten oder triefenden oder stechenden Augen der elfische böse Zauberblick eignete. Schon ums Jahr 1000 und gewiß viele Jahrhunderte früher hieß das Elfengeschoß ein Hexengeschoß, das den Hexenschuß verursacht (S. 155). Die Hexen machen das Wetter wie die Elfen, in Stubai am Sailjoch gerade an dem Elfentage, dem Donnerstag. Auch sie flechten in den Bäumen Alpruten, daher heißen diese Hexenbüsche, und man fürchtete an den Adventsdonnerstagen und in den Zwölften den Umzug nicht nur der Unhulden und Truten d. h. der Elfen und Maren, sondern auch der Hexen. Diese haben später aber auch in den Frühlingsstürmen ihren eigenen Fahrtag oder vielmehr ihre Fahrnacht. In der ersten Mai- oder der Walpurgisnacht reiten sie auf Wetterbesen, dunklen Hagelwolken, zu wildem Tanz und Schmaus auf die umwölkten Berge ihrer Gegend, von denen der Blocksberg im Harz und der Blåkulle auf dem schauerlichen Felseneiland Jungfrun an der Küste von Oeland die berühmtesten sind. So ist mitten zwischen der Seelen-, der Maren- und der Elfengruppe eine vierte mythische Gruppe aus leibhaftigen Menschen gebildet worden, der aber erst der kirchliche Wahn von ihrer Buhlschaft mit dem Teufel die ganze unheilvolle Gehässigkeit gegeben hat.

Der innige Verkehr der Menschen und Elfen hatte noch eine ganz andere Folge: das Elfenreich wurde den Seelen der Verstorbenen eröffnet, es wurde eine Art Totenreich geschaffen. Die Seelen führten in ältester Zeit ein unstetes oder unsicheres Dasein bald im Hause oder in einem nahen Baum oder Stein, bald in oder bei ihrem Grabe, bald in den Lüften ringsum. Hier schon berührten sie sich mit den Haus-, Baum-, Stein- und Windelfen, und die Elfen ihrerseits suchten auch die Grabhügel zur Wohnung aus. Als Winde waren die Seelen kaum von den Elfen unterscheidbar. Dazu kam der tägliche Umgang der lebenden Menschen mit den Elfen draußen und drinnen, man glaubte sogar, daß beide sich mit einander zur Ehe zusammenschlössen, und gar manches Menschenkind war ins Elfenland entführt oder eingedrungen. Nun gingen auch die Toten ein in die Herrlichkeit des Elfenreiches, das wir oben bald auf Erden, bald droben im Himmel oder in der Luft gefunden haben (S. 170). Der Niss antwortet dem nach seinem verstorbenen Vater fragenden Sohne: „Dein Vater ist bei uns!" In einer schottischen Sage sagt der Tote: „Ich bin nicht tot, sondern im Elfenland gefangen". Die Isländer „starben" in den Berg, d. h. ihre Seelen fuhren in den Berg, so in den Helgafell, den Heiligenberg, in dem auch Alfar wohnten und die Toten um große Feuer jubelnde Gelage hielten. So sind die schonischen Trollenberge am Julabend auf Goldpfeiler gestellt, unter denen die Trolle tanzen. Die deutschen Toten aber kamen in den Rosengarten der Zwerge, die durch ihre paradiesischen Eigenschaften, durch einen dahin übersetzenden Fährmann oder einen Wächter, der eine Hand und einen Fuß als Zoll fordert, als Totenreiche charakterisiert werden.

Der Elfenglaube war ein Angelpunkt des germanischen Gesamtglaubens. Den Seelen- und den Marenglauben entwurzelte oder lockerte er zwar nicht, im Gegenteil diese blieben unvergleichlich fest in der Volksseele haften; aber die Naturverehrung gab ihm das Übergewicht über die beiden andern. Er gehörte nicht nur wie sie zu den ältesten und bis heute dauernden Grundlagen des menschlichen Glaubens überhaupt, sondern er bildete, zum Unterschied von ihnen, mit dem Riesenglauben vereint, die Grundlage des ganzen höheren Dämonen- und Götterglaubens.

Fünftes Kapitel.

Die Riesen.

Die niedere Mythologie pflegt sich nicht mit einer einzigen Art der Naturpersonifizierung zu begnügen, sondern sie schafft sich noch eine zweite, davon geschiedene: zu den Elfen die Riesen. Und nicht so sehr hat ein sittlicher Gesichtspunkt, der auf eine Scheidung von Gut und Böse Bedacht genommen hätte, diese Zweiteilung veranlaßt, sondern der Eindruck der bloß äußerlichen Größen- und Machtunterschiede der Naturgewalten. So erheben sich hinter den Elfen deren kolossale Gegenbilder, die Riesen, die dieselben Naturmächte wie jene verkörpern, aber in ihrem wilden Aufruhr, in ihrem verwüstenden Übermaß und in ihrer alles Andere überragenden Massenhaftigkeit oder gar in ihrer schrankenlosen Ausdehnung. Gewitter-, Sturm- und Wolkendämonen sind auch sie wie die Elfen, aber vom allerheftigsten Temperament. Selbst die hohen starren Berge und das unabsehbare Meer werden zu Riesen, der alles hüllende und füllende Nebel, die tiefe undurchdringliche Finsternis und endlich die ewige Nacht der Unterwelt. Doch kommen einzelne Riesen auch in sanfteren Winden herbei, und im schneeweißen Gewölk strecken schöne Riesinnen ihre Glieder.

Im Norden, wo die Mythologie schon eine mittelalterliche Wissenschaft ist, wurde früh ein übrigens nur halb gelungener Versuch gemacht, das Riesengeschlecht als eine wohlgegliederte Einheit zu umspannen. Man richtete verschiedene Riesenstammbäume auf, die aber alle unvollständig und einseitig sind. In einer solchen besonders nordisch gearteten Genealogie heißt der Ahnherr einfach

Fornjótr der alte Jüte, der die drei Söhne *Hlér, Logi* und *Kári* hat. Hlér Brauser, Brander oder *Aegir*, bei Saxo Ler oder Eyr, d. i. das Meer, haust auf der nach ihm benannten Insel Hlésey oder Lessö mitten im verrufenen Kattegat, dessen jütischer Küste große Sandbänke und dessen schwedischer viele offene, sowie tückischere verborgene Klippen vorlagern. Ihm gebar seine Gattin *Rán*, die Räuberin, neun Töchter, die Wellenmädchen Uđr, Hrönn, Bylgja, Bára, ferner die Taucherin Dúfa, die Branderin Kólga, die Stürmerin Hefring, die Blutlockige Blóđughadda, die vom Blut der an den Klippen Zerschmetterten bespritzt ist, und die Himmelshelmige, d. h. wohl die bis zum Himmel gischende Himinglaefa. Auf Hlésey hausen nach dem Harbardslied Berserkerweiber und Wölfinnen, die Thor schlägt, weil sie alle Leute betrügen und sein Schiff schütteln. Das werden jene Wellenmädchen sein. Aegir ist sonst den Göttern ein guter Wirt; zu ihrem Festmahl bei ihm trägt das Bier sich selber auf. Fornjots zweiter Sohn *Logi* die Lohe hat ein unbestimmteres Gepräge als seine Gattin Glöd, die Heitere, Glänzende. Soll er nur das irdische Feuer, nicht auch die Himmelslohe, das drohende Wetterleuchten, bedeuten, wonach er auch Hálogi die Hochlohe heißt? Der dritte Sohn *Kári* der Rauscher, d. i. der Wind, tost hoch über dem Meer in der Schnee- und Eiswüste des norwegischen Dovrefjelds um den Sneehätta. Sein Sohn ist Jökull der Eisberg oder Frosti der Frost, dessen Sohn Snaer der Schnee, und dessen Kinder wieder Thorri, die Dürre, dann die Schneehäuferin, die Schneewirblerin und die Schneestäuberin sind. Die großartigen Züge der norwegischen Natur, das rauhe Meer und das stürmische Schneegebirge, sind hier deutlich verkörpert, vielleicht auch die an diesen Küsten so häufig bis in den Winter hineinleuchtende Gewitterscenerie. Aber die Wolkenriesinnen und die Waldriesen fehlen und manche andere.

Freilich darf man unter diesen gewaltigen und gewaltsamen Naturdämonen nicht, wie unter den Elfen, hilfreiche Feld- und Hausgeister suchen, überhaupt knüpfen sie mit den Menschen viel seltener Verhältnisse an, zu denen die Elfen fast leidenschaftlich hinneigen. Ein Verhältnis eines Helden zu einer Riesin gilt für verächtlich (Helg. Hund. 1, 43). Doch viele norwegisch-isländische Heldensagen denken darüber anders. Harald Schönhaar befreite den Riesen Dovre aus seinen Banden und wurde seitdem in Dovrefjeld aufgezogen, bis er das Reich erbte; beim Abschied gelobte ihm Dovre, ihm stets im Kampfe helfen zu wollen. So kämpfte der Riese Vagnhoved mit im Heer seines Pflegesohnes Hadding, als dieser ihn zu Hilfe rief, und des Riesen Tochter Hardgrep war Haddings Geliebte, die sich von den Riesen losriß und ihm im Kampfe gegen Trolle half. Vollends die jüngeren Sagas, namentlich die sogenannten Lügensagen, dichteten den Riesen gern Liebschaften mit Menschen an. Sie gehen auch, wie in der neueren Tiroler Sage, zu Bauern in Dienst, um dankbar in den Alpen den Hof vor Wildwassern und Bergstürzen zu schützen. Aber meistens sind die Menschen zurückhaltend gegen sie und richten ihre Opfer und Gebete nicht an sie, sondern an deren Todfeinde, die Götter, um Schutz vor diesen Unholden zu haben. Darum kommen auch eigentliche Riesennamen bei Menschen kaum vor, doch sind Menschennamen bei nordischen wie deutschen Riesen häufiger. Meistens leben diese mit den Menschen wie mit den Göttern und Heroen auf Kriegsfuß. Erst eine ganz moderne Gestaltung des Mythus verflicht sie in fremdartige Schöpfungs- und Weltuntergangsgeschichten.

Während der altnordische Mythus eine lange Gallerie verschiedenartiger Riesenbildnisse aufstellt, erscheint der deutsche arm und fristet häufig sein Dasein in ziemlich eintönigen Teufelssagen. Schon in einem althochdeutschen Heilsspruch gegen die fallende Krankheit wird der sehr mächtige Riese *Doner* als des Teufels Sohn bezeichnet, der den Stein in Stücke schlägt, aber von Adams Sohn (Christus) auf der Adamsbrücke in den Wald vertrieben wird.

Die Hauptnamen der Riesen gehen von ihrer Stärke aus. So scheint der bei allen Germanen bekannte ahd. ***duris,*** mhd. *türse,* ndrd. *dros,* ags. *dyrs,* altn. *þurs,* mit dem altindischen turas stark, wie der deutsche Riese, altsächs. *wriso* mit dem sanskrit. vršan stark, verwandt zu sein. Der altnordische Ausdruck *jötun,* schwed. *jätte,* ags. *eoton* und altsächs. *etan* kennzeichnet ihn als Esser oder Fresser. Der in der Bedeutung „Riese" nicht vor dem 13. Jahrhundert belegbare Ausdruck *„Hüne"* scheint aus dem Namen der wilden Hunnen hergenommen zu sein. Der germanische *Troll* bedeutet meistens den riesischen, doch auch den elfischen Dämon. Die Riesin heißt im Norden *Gýgr* die Schreckerin.

Die Riesen zeigen sich öfter als die Elfen in Tiergestalt. Riesinnen heißen *Hyndla* und *Kött.* Von den Flügeln des im Norden sitzenden Riesenadlers *Hræsvelgr* Leichenschwelg kommt der Wind über alle Menschen; der Riese *Þjázi* sitzt als Adler im Baume über dem Feuer, an dem die Götter einen Ochsen braten; der Riese *Suttúngr* fliegt als Adler hinter dem Adler Oðin her, um ihm seinen Methraub abzujagen. Der Drache *Fáfnir* ist ein Bruder des Riesen Regin, und die Schlange *Miðgarðsormr* umschlingt die Erde. Riesenhafte Wölfe, die heulenden Winde, sind Mánagarmr, Hati und Sköll, die im Wettergewölk aufsteigen und den Mond und die Sonne verfolgen, der furchtbarste aber *Fenrir* oder *Fenriswolf,* dessen aufgesperrter Rachen mit seinem Oberkiefer den Himmel, mit seinem Unterkiefer die Unterwelt berührt. Wie er von den Göttern gefesselt wird, erfahren wir später. Aber auch ihre Menschengestalt trägt noch oft die schreckhaften Abzeichen der Naturerscheinung. Schwarzhaupt und Eisenschädel heißen ein paar nordische Riesen nach der unheimlichen Eisenfarbe der Wolke, die tief herabhängend auch der Riesin *Hengjankjapta,* der Kieferhängerin, den Namen gegeben haben mag. Der Mecklenburger sagt noch heute bei schwerem Gewölke: „Mudder N. makt all wedder (schon wieder) ne dick Unnerlipp". Die Gewitterwolke, deren „Grummelköppe" uns noch heute bedrohlich erscheinen, scheint die Drei- oder Sechs- oder Neunhäuptigkeit mehrerer Riesen im Norden, wie in Deutschland veranlaßt zu haben. In des Riesen *Hymir* Halle an des Himmels Ende sitzt die grimmige Rießengroßmutter mit 900 Köpfen. Hymirs Blick bricht einen Pfeiler entzwei. Dem Riesen *Fasolt* als echtem Windgeist flattert vom Haupte langes Frauenhaar. Ist es die alte Greiflust der Winde, die sich, wie in den griechischen Hekatoncheiren oder Hunderthändern, in den vier Ellenbogen Heime's und den vier Händen Asprians äußert? Man denke auch an die Achtbeinigkeit des Pferdes des Windgotts Ođin, die offenbar die Windesschnelle ausdrücken soll. Die Riesen stellen sogar dem Menschenfleisch nach, daher heißen sie öfter Menschenfresser und Leichenschwelg. Diese Gier weist auch auf die Winde zurück. Erregt doch gerade Leichenschwelgs Flügelschlag alle Winde (S. 229), und kommt doch im deutschen Märchen der Sturm ins Haus herein, wo seine Frau ein Mädchen versteckt hat, und wittert darin Menschenfleisch, das er auffressen will. Wenn der Riese *Þjázi* der Fresser als hungriger Adler einen halben Stier verschlingt, so war der thrakische Boreas ein Rinderschinder und der deutsche Nordwind ein Roß- oder Geißentöter. Man streut dem Winde Mehl hinaus, damit er „was zu fressen habe". Die Riesen gelten für tölpisch und dumm — einer heißt sogar *Dumbr* —, aber auch für gutmütig, fröhlich wie Kinder und treu wie Gold. Sie haben auch Wetterverstand, doch nur einige besitzen, weil sie viel älter als die Götter sind, Urweisheit, so in der Liederedda *Vafþrudnir*, den Ođin in einem Wettstreit über die mythischen Dinge befragt. Im Hyndlulied erhält Freyja Auskunft von der Riesin *Hyndla* über alte Königsgeschlechter. Vom Riesen *Svarthöfđi* stammen sogar alle Zauberer. Der Ackerbau ist ihnen unbekannt und unheimlich, wie den Elfen das Glockengeläut. Aber sie haben in der schwedischen Sage schwarzes fettes Vieh, und der Herr der Riesen, *Þrymr*, strählt, wenn er auf dem Hügel sitzt, seinen Rossen die Mähne und hat seine Freude an seinen heimkehrenden goldgehörnten Kühen und allschwarzen Ochsen. So sind manche Riesen große Herren, reich, freigebig, prachtliebend, geschmückt und einige Riesinnen wie *Skađi* und *Gerđr* von strahlender Schönheit. Ihre Lebensart und Wirksamkeit stellt sich aber je nach der Naturkraft, die sie vertreten, je nachdem sie Gewitter-, Sturm-, Wolken-, Berg-, Wald- und Wasserdämonen sind, sehr verschieden dar. Nacht- und Unterweltsriesen fanden sich später ein.

Unter den Gewitterriesen ragt *Hrungnir* der Lärmer hervor, der von Ođin zum Wettritt herausgefordert wird. Zornig sprengt er auf seinem Gullfaxi oder Goldmähne hinter Ođin auf seinem Sleipnir her, vom Riesenheim im Osten über Luft und Meer bis in die Asenburg hinein. Hier prahlt er, vom guten Göttermet berauscht, Walhall nach Riesenheim überführen zu wollen, und fordert den von den erschreckten Göttern herbeigerufenen Thor zum Zweikampf auf der Grenze der beiden Reiche, den Felssteinhöfen, heraus. Hier wird er samt seinem Gefährten, dem Lehmriesen Möckrkalfi, trotz seines Steinschilds, Steinhaupts und Steinherzens von Thor und dessen Genossen Thjalfi besiegt. Denn sein Wetzstein zerschellt in der Luft an Thors entgegenfliegendem Hammer, nur ein Stückchen dringt in Thors Kopf, während des Riesen Schädel ganz zersplittert wird. Thors Heimkehr bildet einen dritten Teil dieses ausgebildeten Mythus, der trotz aller skaldischen Künstelei die ursprüngliche Naturbedeutung nicht ganz verdeckt. Der Sieg des donnernden Hrungnir über den Windgott Ođin stellt die dem Wind überlegene Schnelligkeit des goldmähnigen Blitzes dar. So heißen auch in der spanischen Poesie und im rumänischen Märchen das schnelle Pferd Wind, das schnellere Blitz und das schnellste Gedanke und im Russischen die schnellsten Pferde Wind, Donner und Blitz. Der Sieg Thors über Hrungnir stellt den Kampf zweier Gewitter dar, wie sie an der norwegischen Küste öfter bei plötzlichem Ostwind heftig aufeinander stoßen, wobei die Schlammlawinen herabrutschen. Jeremias Gotthelf schildert die Gewitter ähnlich als zwei Ringer, die sich auf dem Platze ringsum drängen, bis sie sich höher und höher am Horizonte hinaufringen. — Noch mit einem zweiten Gewitterriesen, *Geirröðr* dem Speerröter, hat Thor einen Kampf zu bestehen. Der ließ den als Vogel in seinen Hof geflogenen Loki nur unter der Bedingung frei, daß er Thor überrede, unbewaffnet nach Riesenheim zu kommen. Loki gelingt das, und Thor fährt mit ihm ohne jede Rüstung aus. Aber unterwegs versieht ihn die mitleidige Riesin *Gríðr* mit ihrem Kraftgürtel, Eisenhandschuhpaar und Zauberstab. Thor durchwatet nun den Fluß Vimur, den aber Gjalp Geirröðs Tochter so anschwellt, daß Thor, dem Ertrinken nahe, nach einer Eberesche greift, um sich daran herauszuziehen. Im Hause Geirröds setzt er sich auf einen Stuhl, den die Riesentöchter Gjalp und Greip samt ihm emporheben und gegen das Dach drücken. Da brach er ihnen das Genick und zerschmetterte ihres Vaters düsteres Haus, das einem dampfenden Gewölk glich. Geirröds glühenden Eisenkeil fing Thor auf und durchbohrte nicht nur ihn damit, sondern auch eine dahinter liegende Bergwand. Wer wollte da alle Einzelheiten deuten? Aber der Hauptakt ist klar, und die Namen Gríðr Ungestüm, Gjalp Lärm, Greip Griff und Vimur Wildläufer lassen keinen Zweifel über den meteorischen Sinn der Nebenakte. Die verwandte, aber schon stark allegorisierte Fahrt des Gottes zu Utgarðaloki sei im Göttermythus besprochen.

Deutschland hat nur ganz verchristlichte Sagen von dergleichen Gewitterkämpfen: Petrus, der Wetterherr, begegnete einst dem Teufel mit einer Glocke (Wetterwolke) in der Luft, entriß ihm dieselbe und warf ihn in die See, und die Riesen werfen gern Steine nach Peterskirchen.

Ähnlich ausgebildete Sagen wie von den Gewitterriesen erzählten die Nordleute auch von den Sturmriesen, den schönsten Frühlingsmythus vom Riesen *Thrymr*. Thor erwacht aus tiefem Schlaf und vermißt seinen Hammer. Den hat Thrymr acht Rasten tief in die Erde versenkt und will ihn nur gegen die schöne Göttin Freyja ausliefern, wie er Thors Boten Loki mitteilt. Da Freyja sich weigert, rät Heindall in der Götterversammlung, daß Thor als Braut verkleidet nach Riesenheim ziehen möge. Obgleich sich dieser anfangs sträubt, entschließt er sich doch, im Brautstaat hinüberzufahren mit Loki als seiner Magd. Schon freut sich Thrymr des schönen Weibes, wie seiner Kühe und Ochsen. Sein Schrecken über ihre übermäßige Eß- und Trinklust und ihre brennenden Augen wird durch Loki's Hinweis auf ihre achttägige Sehnsucht nach Riesenheim beschwichtigt. Da wird der Mjöllnir, der Hammer, hereingetragen; Thor faßt ihn und erschlägt Thrymr samt seinem Geschlecht. So erzählt das Eddalied, das noch lange im dänischen und norwegischen Volksliede fortlebte, humorvoll die Heimholung des acht Monate lang (acht Rasten tief) von dem Sturmriesen verborgenen Donnerkeils durch den Donnergott, dem er während seines Winterschlafs gestohlen ist, aber im Sommer wieder zukommt.

Ein anderer Sturmriese ist *Thjázi* der Fresser, der als hungriger Adler auf einem Baum saß, unter dem drei Götter: Ođin, Loki und Hoenir einen Ochsen sotten. Er hinderte das Garwerden, versprach jedoch gegen die besten Fleischstücke Abhilfe. Nun verschlang er aber die Hälfte des Ochsen, weshalb Loki nach ihm schlug. Da riß er diesen mit sich fort und ließ ihn nur gegen die Bierspenderin Iđun frei, die er nach Thrymheim entführte. Ohne Iđuns Unsterblichkeitstrank alterten nun die Götter dahin und zwangen Loki, Iđun wiederzuschaffen. Während Thjázi auf der See tobte, raubte Loki in Freyja's Falkenhaut die in eine Nuß verwandelte Iđun. Thjázi flog aber in Adlershaut dem Räuber nach, verbrannte sein Gefieder an einem von den Göttern angezündeten Feuer und wurde herabgestürzt von den Göttern oder auch von Thor allein getötet. Ođin oder Thor warf Thjázi's Augen an den Himmel. Unverkennbar ist im gefräßigen Adlerdämon der Sturm, und Iđun mag die Regenwolke im Frühling sein, die neue Jugend bringt.

Thors Kampf mit *Kári*, den wir schon als Sturmriesen kennen (S. 227), bietet das herbstliche Gegenstück. Nach jüngerer nordischer Überlieferung ängstigt Kari durch

Klappern an den Fenstern die Mädchen in der Julnacht und entzweit sich mit Thor auf der Hochzeit ihrer Kinder so, daß sie sich gegenseitig erschlagen. Ihre Gräber liegen bei einem jütischen Bauernhof, dessen Tür in einer bestimmten Augustnacht offen stehen muß, weil der Brautzug jener Hochzeit hindurchzuziehen pflegt. So nehmen auch die riesenhaften „Westfriesen", wie die Föhnwinde heißen, ihre Weidbahn durch die Melkhäuser auf der Scheidegg, und saust die wilde Jagd durch bestimmte deutsche Bauernhäuser und Türen. Im letzten stürmischen Herbstgewitter erliegt selbst der Donner.

Im deutschen Walde tobte der Windriese *Fasolt*, möglicherweise der „Schrecker". Im Eckenlied des 13. Jahrhunderts stößt er ins Horn wie ein Jäger und verfolgt mit langem flatternden Weiberhaar nach lüsterner Winddämonenart das wilde Fräulein durch den Wald, wobei man eine halbe Meile weit die Äste krachen hört. Dann erliegt er dem Heldenkönig Dietrich von Berne. In einem Münchner Wettersegen des Mittelalters wird Fasolt beschworen, das Wetter wegzuführen. Eine durch ihren Nordostwind berüchtigte Schlucht im Siebengebirge heißt noch heute die Faseltskaule. Zu Fasolts Sippe gehörten in Tirol Helle der Schallende, Zerre der Zerreißer, Welderich der Waldmann und die Riesin Runse, mit welchem Namen die Tiroler noch heute die Schlammlawine bezeichnen.

Der riesige *Smiđr*, d. h. Baumeister, will den Göttern in einem Winter oder in anderthalb Jahren bis zum ersten Sommertag eine Burg zum Schutz gegen die Riesen bauen, wofür ihm Freyja und Sonne und Mond verheißen werden. Es ist der wolkentürmende Wind. Doch lenkt Loki das mitarbeitende Riesenroß Svađilfari, d. i. der weiter fährt, daß es raucht, ein Staub aufwirbelndes Sturmroß, von dieser Arbeit ab, so daß das Werk stockt, und am ersten Sommertag erschlägt Thor den Baumeister. Wie so oft, hat auch hier die jüngere norwegische Volkssage den ursprünglichen Natursinn viel treuer bewahrt als die altnordische stilisierte Darstellung; sie läßt den Baumeister mit Sturm aufsteigen und nennt ihn ganz offen „*Vind och Veder*“ oder auch „*Bläster*“ den Blaser oder auch wieder moderner den Teufel, der beim Rufen seines Namens oder beim Hahnkrat vom Verderben ereilt wird. Eine elsässische Sage dreht sich auch um ein mächtiges Bauwerk, aber die Bauarbeit tritt zurück, dafür kommt des Riesen Pferd wieder zum Vorschein. Der Teufel fuhr einmal auf einem Winde wie auf einem „Pferde“ zum Straßburger Münster, stieg ab und besah sich das Innere; der Wind mußte draußen warten. Als er wieder hinaus wollte, konnte er nicht, er war gebannt. Dem Winde aber wurde die Weile lang, heulend fuhr er um das Münster und wartet noch heute auf seinen Meister.

Ein verwickelter und von den Skalden sehr verkünstelter Mythus geht von dem Riesen *Suttungr*, der als Rauscher oder vom Rausch Bezwungener gedeutet wird. Nach der von Zusätzen befreiten Fassung hat er in seinen Hnitbjörg, den zusammenstoßenden Bergen, einen kostbaren Metkessel Ođroerir, d. h. den zur Dichtkunst Begeisternden. In Schlangenform kriecht Ođin durch ein Bohrloch in den Felsen, wo ihm Suttungs Tochter Gunnlöđ, die zum Kampf Ladende, in jeder der drei Nächte, die er bei ihr schläft, einen Trunk von ihres Vaters Met reicht. Das lohnt er ihr übel. Er leert den ganzen Metkessel samt zwei Metgefäßen (S. 174), fliegt mit seiner Beute als Adler davon, speit, von Suttung in Adlersgestalt verfolgt, in seiner Bedrängnis in die in Asgard bereit gehaltenen Gefäße den geraubten Met aus und entläßt nur einen Teil seinem Verfolger von hinten, nämlich für die schlechten Poeten. Der volkstümliche Kern dieser tendenziös zugestutzten Skaldenanekdote war wohl etwa folgender: Der Sturmriese hält in den zusammenstoßenden Gewitterwolkenbergen den Regen im Wolkenkessel für seinen eigenen Genuß zurück, denn „de Wind hahlt Regen tohop (zusammen)“ sagt man noch heute in Mecklenburg. Seine Tochter scheint eine Wolkenriesin zu sein, die dem buhlerischen Windgott Ođin davon spendet. Verfolgt vom Sturmriesen muß dieser aber einen Teil in Regenschauern wieder hergeben. — Nach jüngerer Dichtung spuckten Asen und Wanen bei ihrem Friedensschlusse in ein Gefäß und schufen aus dem Speichel das weiseste Geschöpf, den Kvásir, den die Asen von den Wanen als Geisel erhielten. Aber die Zwerge Fjalar und Galar erschlugen ihn und mischten sein Blut mit Honig und füllten mit diesem Met den Kessel Ođroerir und die Krüge Són und Bođn (S. 174).

Auch Sturmriesinnen gibt es, die sich einem verzweigten Riesengeschlecht einreihen. Der uns schon bekannte Thjazi (S. 233) nämlich ist der Sohn *Öl-*, *Auđ-* oder *Allvaldis* des Reichtums-, Bier- oder Allwalters und Bruder des Gang und des Iđi. Der reiche Vater vererbt seinen drei Söhnen gleich viele Mundvoll Gold. Aus dem einen, Suttungr ähnlichen Trankbesitzer ist ein goldreicher und schließlich allmächtiger Herr geworden. Thjazi's Tochter aber ist *Skađi* und seine Verwandten Fenja und Menja. Der Wind wurde von den Skalden bereits Skađi Schade genannt, und noch heute heißt im Norden der Nordwind Skađi, und mutmaßlich bedeutet Skandinavien, in älterer Form Skadinavia, die Insel des Nordwinds. Skađi heißt öndergud oder -dís die Schneeschuhläuferin und Jarnviđja die Eisenwälderin, die Urwaldsfrau. Sie haßt das mildere Meergestade und jagt mit dem Bogen im Hochgebirge, in Thrymheim, dem Sturmheim. Als ihr Vater Thjazi von den Göttern getötet war (S. 233), fuhr sie in voller Rüstung rachedurstig nach Asgarđ und erhielt als Buße den Gott Njörđr, in dem wir den besänftigenden Frühlingswind erkennen werden, zum Gemahl. Ihre Trauer verwandelten die possenhaften Sprünge Loki's und einer mit ihm zusammengebundenen Geiß in Lachen. Aber weil Loki ihres Vaters Tod herbeigeführt hatte, ließ sie das Gift einer über ihm in der Unterwelt aufgehängten Schlange auf sein Antlitz herabträufeln, bis zum Weltuntergang. Wenn er nun vor Schmerz zuckt, bebt die Erde; doch sucht seine Frau Sigyn das Gift aufzufangen. Die letzte Unterweltsscene ist fremden Ursprungs verdächtig.

Thjazi's Verwandte sind *Fenja* und *Menja*, Mägde König Frođi's, die in seiner Mühle Grotti Gold, Reichtum, Frieden und Glück mahlen. Aber als ihr Herr sie übermäßig zur Arbeit antreibt, mahlen sie Krieg, bis die Mühle zerbricht. Nach einer andern eddischen Stelle zerbricht sie nicht, sondern der Seekönig Mýsingr kommt darüber, tötet Frođi und nimmt die Mühle auf sein Schiff und läßt hier die Riesinnen so viel Salz mahlen, bis es samt der Mühle versinkt und die ganze See salzt. Das geschah an der schottischen Küste. Zahlreich sind die nordischen, deutschen, aber auch finnischen und irischen Wundermühlen, die Gold und Silber, Graupeln und Salz und auch Streit oder streiterregende Dinge mahlen. Fenja und Menja mögen ursprünglich stürmische Wettermüllerinnen gewesen sein, die aus der wirbelnden Wolke bald Regen, bald Sonnenschein, Graupeln und Gold und Reichtum, aber auch Krieg und Frođi's sommerlichen Frieden mahlten. In den Meeresstrudeln, wie der Mahlström einer ist, mahlen sie Salz, sowie die vom Wind bewegten Wogen, jene neun Töchter Aegirs (S. 227), nach einem Skalden am äußersten Rande der Erde rasch die den Menschen so feindselige Klippenmühle bewegen. Unwetter heißt dänisch noch heute das Mahlen des Meers. Nicht nur zur Meer-, sondern auch zur Bergriesin wird die Sturmriesin: Im Givrinarhol, einem tiefen Erdloch auf den Färöern, hört man noch, wie darunter eine blinde, alte Riesin Gold mahlt, und sie hat eine Nachbarin, die einen Reiter, der vom Golde gestohlen hat, verfolgt und seinem Pferde den Schwanz ausreißt.

Zu den Windriesinnen wird auch das fahrende Weib, die *Gefjon*, gehören, die mit einem Riesen vier Ochsen zeugt, mit denen sie das ihr vom König Gylfi geschenkte Pflugland, nämlich Seeland, aus dem Mälarsee lospflügt. *Hyrrokkin*, die Feuergekräuselte, reitet auf einem Wolf, den sie mit Nattern zügelt, auf Göttergebot herbei, um das Schiff, das Balders Leiche trägt, so stark in die See zu stoßen, daß Feuer aus den Walzen bricht und alle Lande beben. Thor, der ihr den Kopf zerschmettern will, wird von den Göttern zurückgehalten. Diese Riesin ist eine durch und durch skaldische Erfindung.

Da erzählt die neuere Volkssage von viel natürlicheren Wetterriesinnen, die oft für sich, oft mit den Elfen vereint, insbesondere in der Julzeit oder in den Zwölfnächten ihren wilden Umzug halten. In Norwegen ist es namentlich die *Gurorysse* Guroschwanz oder die *Aaskereida* der Blitzritt, entstellt zu Aasgardsreid (S. 73. 223). Unter Donner und Blitz — Wintergewitter sind im südlichen Norwegen nicht unhäufig — über Wasser und Land reitet ein Dämonenheer, das dann wohl bei den Julgelagehäusern absattelt, Vieh und Menschen mit sich nimmt, sie ermattet oder verwirrt, aber durch Stahl- oder Kreuzwürfe unschädlich gemacht wird. An der Spitze reitet die langschwänzige Riesin Guro, ein Kinderschreck. Nicht ganz so toll treibt es z. B. im oberdeutschen Westen die *Posterlijagd*, die namentlich aus wilden Weibern oder Sträggelen besteht.

Der Wolkenriesen gewaltigster ist *Hýmir*, der in einem Eddaliede als Wasserriese geschildert wird. Aber húm bedeutet die dunkle Dämonenluft, die von der Bewölkung, namentlich der winterlichen, verursacht wird, und der Kampf mit Riesen und einer Schlange um einen Kessel, wie ihn Hymir besitzt, ist ein uraltes Doppelmotiv des indogermanischen Mythus vom Kampf des Gewittergottes mit den Wolkenriesen und -ungeheuern, denen der fruchtbare Gewitterregen im Sommer abgerungen werden muß. Die Götter vermissen bei einem Gelage bei Aegir diesen Trank, und Thor entschließt sich, mit Tyr den Kessel, in dem er gebraut wird, von dem urweisen Hymir zu holen. Sie finden ihn im Osten an des Himmels Ende mit seiner leidigen neunhunderthäuptigen Mutter (S. 230) und seiner allgoldnen weißbrauigen Geliebten. Diese versteckt die beiden Gäste unter die Kessel. Da kommt der Riese von der Jagd mit gefrornem Kinnbart heim unter dem Krachen der Eisschollen. Vor seinem Blick zerspringen Pfeiler, Balken und acht Kessel, nur einer bleibt heil. Da kommen die Versteckten zum Vorschein, und sie verzehren mit ihrem Wirte drei Stiere, davon Thor zwei. Um für ein neues Mahl Fische fangen zu können, enthauptet Thor einen Ochsen, dessen Kopf als Köder dienen soll, und nun rudern sie weit ins Meer hinaus. Hymir zog an der Angel einen Walfisch, aber Thor den großen Midgardswurm bis zum Bord des Kahnes empor und schlug mit seinem Hammer dessen Haupt, daß die Ungeheuer lärmten und die Felsen widerhallten und die ganze alte Erde bebte. Der Wurm sank ins Meer zurück. Dann fuhren die Beiden heim, Hymir verdrossen und schweigsam, bis er den Gott zu einer neuen Stärkeprobe reizte. So hob denn Thor das Schiff samt seinem Schöpfwasser und Gerät am Steven zum Hause des Riesen in den Kessel der Waldhalden. (?) Und wiederum gereizt, zerschmetterte er einen Kelch an Hymirs Haupt, das heil blieb. Nun aber gab Hymir seinen Kessel preis, und Thor stülpte diesen sich aufs Haupt, daß die Griffringe an seinen Fersen klangen. Wie er jedoch auf der Heimfahrt merkte, daß Hymir mit seinem vielhäuptigen Volk hinter ihm her kam, da hob er sich den Kessel von den Schultern und zermalmte mit seinem Hammer sie alle, und kraftstrotzend brachte er den Kessel in die Götterversammlung. So erzählt das eddische Hymislied. — Nach der Prosaedda, die sich auf den Fang des Midgardswurms mit dem Ochsenkopfköder beschränkt, war die furchtbarste Scene, wie Thor und die an Bord gehobene Schlange sich gegenseitig mit wilden Blicken anschauten, sie ihm Gift entgegenfauchte und der Riese vor Angst die Farbe wechselte. Da aber zerschnitt Ymir, wie er hier statt Hymir heißt, die Angelschnur, sodaß das Ungeheuer ins Meer zurücksank. Thor schleuderte ihm seinen Hammer nach, sodaß man nun nicht weiß, ob es zu Tode getroffen wurde oder noch lebt. Dann versetzte er dem Riesen einen Schlag, und dieser flog aus dem Kahn, die Sohlen nach oben gekehrt. Da das Schiff zerstoßen war, watete Thor zum Lande zurück. Dieser Mythus, der wie einige andere Thorsmythen: seine Fahrt zu Geirröd und Utgardaloki mit manchen Märchenzügen ausgeschmückt ist, kann in seiner vollen zentralen Bedeutung erst gewürdigt werden, wenn wir die germanischen Götter genauer kennen gelernt haben.

Von den Wolkenriesinnen, die vielfach von den Sturmriesinnen nicht zu unterscheiden sind, sind uns schon Fenja und Menja, Gjalp und Greip (S. 232. 237) und *Griđr* begegnet. Die letzte rüstet Thor für seine Geirrödsfahrt mit einem Wolkengürtel und schwarzen Wolkenhandschuhen und dem Blitzstab aus und sie bläst Platzregen, Sturm und Hagel aus der Nase. Graue Wölfe werden als ihr Gestüt bezeichnet. Die Wolkenriesinnen sind oft wie die Wolkenelfinnen geschwänzt, so die kinderschreckende Gryla auf Island.

Die Bergriesen bergrisar, fjallgautar, schwedisch bergafolk sind meistens ursprünglich Sturmriesen, die in Wolkenbergen oder auf wirklichen Bergen hausen, wie Suttungr, Thjazi und Skađi, und Steine schleudern und brechen, wie Hrungnir, Fenja und Menja. Die Tiroler wilden Jäger Watzmann und Serles und Frau Hütt versteinern gleich einer nordischen Wetterriesin Hrímgerđr zu Felsbergen. Das norwegische Hochgebirge Dovrefjeld wird in *Dovri*, dem König über Riesenheim, personifiziert. Wenn deutsche Riesen auf zwei neben einander liegenden Bergen wohnen, so werfen sie sich mit Steinen oder Äxten, und Feldsteine schütteln sie aus ihrem Schuh. Die Riesentochter hüpft von ihrem Berge herab, hebt auf dem Acker den Bauer samt Pflug und Ochsen wie ein Spielzeug in ihre Schürze, muß ihn aber zurücktragen, weil der Vater daran erinnert, daß sie ohne den Ackerbau der Menschen nicht bestehen können. Bei Schleswig trifft ein Riesenmädchen eine Bäuerin beim Flachssäen und bittet sie um ein Hemd. Die Bäuerin verspricht ihr's. Sie freut sich, als der Flachs keimt, blüht und endlich aufgezogen wird. Da meint sie, das Hemd sei nun fertig. Als ihr aber die Bereitung zu langweilig scheint, wirft sie ihre langen Brüste über die Schultern, springt in einem Satz über den nächsten Berg und verschwindet. Steigt mächtiger Nebel aus den

Bergen, so brauen die Riesen oder rauchen, nach neuerer Vorstellung, ihre Pfeifen. In Höhlen wohnt die zukunftskundige Hyndla und das Dutzend Riesen, das Schilbung und Nibelung dienstbar ist. Darin hüten sie einen köstlichen Met, wie Suttungr, oder den Nibelungenschatz und schöne Jungfrauen dazu, wie Gunnlöd und Kriemhild.

Als Waldriese ist uns schon der Windriese Fasolt bekannt geworden, zu seinem Geschlecht (S. 234) kommen im Gedicht von Dietrich und seinen Gesellen hinzu *Fellen-*, *Rumen-* und *Schellenwalt,* die den Wald fällen, zerstören und schallen machen. Der bayrische Riese *Widolt*, der Holzherr im König Rother, rauscht, daß die Erde bebt, und springt mit klingendem Panzer über die Sträucher. Der Riese im Gedicht von Sigenot rauft Bäume aus, und vor seinem Atem biegen sich die Äste, aber er verbindet auch Wunden nach sanfterer Winddämonenart. Der fast gleichnamige altdänische Riese *Witolf* ist ein durch Nebel täuschender Waldeinsiedler, der, wenn er bedroht wird, wie jener wilde Mann (S. 198) Heilmittel angibt. Von seinem altnordischen Namensgenossen Viđolfr stammen alle Völur Wahrsagerinnen. Auf der Fahrt nach Utgard, das über das Ende der Welt hinausliegt, gesellt sich zu Thor in einem dichten Walde der Riese *Skrymir*, der während der Nachtruhe schnarcht, daß die Erde bebt, und Thor wohnt im Däumling seines Handschuhs wie in einer Stube. So fährt ein Tiroler Bauer mit seinem Gespann in einen bewachsenen Hohlweg, das Nasenloch des Walderriesen, der ihn samt Ochsen und Wagen weit in die Luft hinausniest.

Der Wasser- und Meerriesen Haupt ist Aegir der Wassermann, auch Hlér (S. 227) und Gymir genannt, er hat wie Ymir und Hymir (S. 238) einen großen Braukessel und gibt Göttergelage, bei welchem Eldr Feuer und Funafeng Funkenfang, die wohl das Meerleuchten bedeuten, aufwarten. Sein Weib ist *Rán*, die bei Sturm den Schiffern die Arme öffnet. Mit einem Netz, dessen Maschen niemand entschlüpft, zieht sie die Ertrunkenen hinab in ihren Saal. Da werden sie mit Hummer und Dorsch bewirtet. Ihre neun Töchter wogen und branden und tauchen und spritzen hoch gegen den Himmel und röten ihre Locken mit dem Blut der Zerschellten (S. 227). Wie Aegir wohnt auch *Grendel* der Toser (?) in einem von bleichem Feuer erleuchteten Wasserhaus. Es steht im Grunde eines verborgenen Sumpfes, in den das Meer unter windigen Felsen einfließt. Darüber hängt verdorrter Wald. Mit Grendel leben dort seine furchtbare Mutter und viele Niceras Nixe, die die Segelfahrt sorgenvoll machen mit ihren Stahlkrallen und Hauzähnen. Die Flut steigt dunkel bis zu den Wolken, wenn der Wind die Gewitter sendet, bis die Luft dröhnt und die Himmel weinen. In Nebel und Gewölk geht Grendel allnächtlich aus seinem Moor nach der Königshalle Heorot und schleppt in seinen Stahlkrallen einen schlafenden Krieger davon. Aber in einer Nacht reißt ihm Beowulf einen Arm bis zur Achsel aus, so daß er totwund in sein Sumpfbett flieht. Nun macht sich die fürchterlichere Mutter auf, packt einen Krieger und eilt davon; aber Beowulf taucht ihr nach und erschlägt sie nach schwerem Kampf auf dem Meeresgrunde. So erwehrt sich der Mensch der Hochfluten des Meeres, die versumpfende Buchten in die Küsten reißen und selbst die Siedlungen der Menschen überfallen. — Auch der sturzreiche Wasserfall scheint in Norwegen als Riese aufgefaßt zu sein. Der achthändige *Starkad* wohnte an den Alufällen. Er raubte aus Alfheim die leuchtende Alfhild, deren Vater, König Alf, den Thor gegen ihn zu Hilfe rief. „Thor schleudert ihn vom schroffen Fels herab; rücklings, mit gespreizten acht Händen, stürzte der brüllende Wasserriese nieder, und noch jeden Augenblick sieht man ihn im grauenvollen Sturze begriffen.“ Im deutschen Hochgebirge sind solche Wasserstürze tosende Drachen, die Dietrich von Bern erschlägt.

Die nordischen Nacht- und Tag-, Mond- und Sonnenriesen sind jüngere poetische Gebilde ohne eigentlich mythisches Leben, weshalb auch in der Volksüberlieferung kaum Spuren davon zu finden sind. Die Skalden aber erfanden wieder einen ganzen Stammbaum, an dessen

Spitze der Urriese *Narfi* oder *Narvi* stand. Seine Tochter Nótt, die Nacht, zeugte mit drei Männern den Auđr oder Unnr, die Jörđ Erde und den Dagr Tag. Die Skalden erfanden außerdem die Rosse Hrímfaxi Reifmähne oder Fjörsvatnir oder -svartnir, die die Nacht, Skinfaxi Glanzmähne oder Glađr, die den Tag, sowie Arvakr Frühauf und Allsviđr Allschnell oder Allbrenner, die die Sonne ziehen. *Sól* fem. die Sonne und *Máni* m. der Mond sind Kinder des *Mundilferi, -fari* des Achsenträgers, der an den antiken riesigen Träger der Achse der Himmelskugel, Atlas, erinnert, den Vater der Plejaden und Hyaden.

Die nordischen Riesen haben ein Reich, wie die Elfen, im *Jötunheimr.* Es liegt im Osten oder Norden, wo die rauhen norwegischen Gebirge ragen, hinter Grönland oder Bjarmeland am weißen Meer. So das Reich des Riesen *Utgarđaloki's,* der außerhalb Midgards, der bewohnten Erde, wohnt. Von dem wird folgender mit Märchenzügen und sogar mit Allegorien aufgeputzter Mythus erzählt: Thor und Loki herbergten einmal bei einem Bauer zu Nacht. Thor schlachtete seine Böcke und ließ sie in einem Kessel kochen, lud den Bauer samt Weib und Kindern zum Nachtmahl ein und befahl, daß sie die Knochen auf die Bocksfelle würfen. Vor Tagesanbruch weihte er mit seinem Hammer die Felle, so daß die Tiere sich zu neuem Leben erhoben, doch hinkte das eine, weil Thjalfi, der Sohn des Bauers, ihm das eine Hinterbein durchbohrt hatte, um das Mark herauszusaugen. Schon schärfte Thor zornig seine Augen, schon packte er seinen Hammer so heftig, daß seine Fingerknöchel weiß wurden, da ließ er sich durch das Angstgeschrei der Leute erweichen und begnügte sich damit, ihre beiden Kinder mitzunehmen, Thjalfi und Röskwa. Die Böcke zurücklassend, wanderte er ostwärts gegen Jötunheim und bis zum tiefen Meer und schwamm hinüber. Mit ihm Loki, Thjalfi und Röskwa. Nun gingen sie durch einen großen Wald, Thialfi, der schnellste aller Männer, trug Thors Rucksack. Abends legten sie sich in einem großen Hause mit weiter Türe zur Ruhe, bis sie um Mitternacht, durch ein Erdbeben erweckt, in ein kleineres Nebenhaus flüchteten. Am Morgen bemerkte Thor einen schlafenden Riesen, der mächtig schnarchte. Als der erwachte und sich erhob, soll Thor zum ersten Mal bestürzt gewesen sein. Er nannte sich Skrymir (S. 241) und hob seinen Handschuh auf, in dessen Däumling Thor mit den Seinen gekrochen war. Dann ging der Riese mit großen Schritten durch den Wald voran, und in der zweiten Nacht tat Thor drei vergebliche Hammerschläge auf des schlafenden Riesen Haupt, der glaubte, ein Blatt, eine Eichel, etwas Vögelkot sei auf ihn herabgefallen. Da sie nahe bei der Burg Utgard waren, verließ der riesige Wegweiser die Kleinen mit dem guten Rat, dort nicht zu sehr zu prahlen. Um Mittag lag, von Feldern umgeben, die Burg Utgard vor ihnen, die so hoch war, daß sie mit zurückgebogenem Kopf kaum ihre Spitze erblicken konnten. Durch das hohe Gitter des Thors zwängten sie sich mühsam hindurch und traten in eine weite Halle, deren Bänke von vielen Riesen besetzt waren. Der König Utgarđaloki würdigte sie kaum eines Blickes und fragte mit bleckenden Zähnen die Kleinen nach ihren Künsten. Loki aß mit dem Riesen Logi Fleisch aus einem Troge, und Thjalfi lief mit dem Riesen Hugi um die Wette, aber beide wurden besiegt. Auch konnte Thor ein Strafhorn nicht leeren, eine graue Katze auch nur mit einem Fuß nicht vom Boden heben und eine alte Riesin im Ringkampf nicht bezwingen. Aber nach einer gastlichen Nachtherberge, als der Wirt seine scheidenden Gäste vor die Burg begleitete, klärte er sie auf: er selber war Skrymir, der sich durch Zauberkünste vor Thors Hammerschlägen geschützt hatte, Logi war das Wildfeuer, Hugi der Gedanke, die Spitze des Trinkhorns reichte ins Meer, die Katze war der erdumschlingende Midgardswurm und die Ringerin das Alter. Als Thor diese Worte vernommen, schwang er seinen Hammer, und plötzlich war alles verschwunden; nur liebliche Gefilde breiteten sich vor ihm aus. Da kehrte er nach seiner Heimat Thrúđwang zurück. — Alte Riesenkämpfe Thors sind in dieser Utgarđaloki-, wie in jener Geirröđssage (S. 232) mit Märchenzügen und allegorischen Motiven reich durchflochten. Beiden eddischen Berichten gibt aber Saxo ein noch moderneres Gepräge. Bei ihm ist Thors Nachfolger der kühne Thorkill, der auf seiner Fahrt den, wie er wohl weiß, vom Thor durchbohrten *Geruthus* (Geirröđ) auf einen Hochsitz an eine Klippe festgenagelt und dessen Töchter mit gleichfalls von Thor zerschmettertem Rücken antrifft. Beider Riesen Reich trägt aber bereits einen völlig unterweltlichen Charakter. Isländer haben dem Dänenkönig Gorm von Geruths schätzereichem Lande erzählt, das, durch den Ozean von der Erde geschieden, in der Unterwelt sonnen- und sternlos daliege. Unter Thorkills Leitung schiffte Gorm mit 300 Gefährten nach dem ewig kalten Bjarmeland hoch im Norden, wo sie nach ihrer Landung der Riese *Guthmund,* Geruths Bruder, zum Genuß von Zauberspeisen und schönen Weibern einlud. Aber von Thorkill gewarnt, wurden nur vier Dänen verführt und verloren ihr Gedächtnis. Darauf setzte Guthmund die Übrigen über einen furchtbar kalten Fluß, der, von einer goldenen Brücke überspannt, die Menschen von den Bewohnern der Unterwelt trennte. Eine schwarze Stadt, einer dampfenden Wolke ähnlich, lag vor ihnen, ihre Zinnen mit Menschenhäuptern besteckt, von wilden Hunden bewacht. Auf einer Treppe drang man ein; alles voll von heulenden Gespenstern und unerträglichem Gestank. Am gräulichsten war ein Felsengemach, voll Ruß und Kot, das Dach mit Spießen gedeckt, der Boden von Nattern wimmelnd. Hier fand Thorkill *Geruth* und seine Töchter in der jammervollen Lage, in die sie Thor gebracht hatte. In einem Kampf mit den Gespenstern kamen die meisten Dänen um, nur wenige, wie Gorm und Thorkill, kehrten heim.

Doch abermals muß Thorkill sich aufmachen, um *Ugarthilocus* zu befragen um den Verbleib der Seelen nach dem Tode. Nachdem er viele Gefahren im hohen Norden bestanden, trifft er den Riesen in einer schmutzstarrenden, von Schlangen wimmelnden Höhle, an Händen und Füßen mit ungeheuren Ketten belastet; seine stinkenden Haare ragen wie hornfeste Lanzen. Als Thorkill ihm eines mit Unterstützung seiner Genossen aus dem Kinn reißt, bricht ein erstickender Qualm hervor, und von allen Seiten fliegen Schlangen auf sie los und bespeien sie. Alle kommen um, vergebens ihre Götter anflehend, nur Thorkill, der zum Gott des Weltalls betet, wird gerettet.

Wie aus dem Morgen- oder Abendrot ein heiteres Land des Jenseits, wurde aus dem drohenden, dampfenden, düsteren Gewittergewölke am Horizont ein finsteres Gegenstück geschaffen, die Hölle. Jenes gehört den Elfen (S. 170), dieses den Riesen. Ein Mischgebilde sind die *Glaesisvellir* Glanzgefilde, die von jenem Riesenkönig Guđmund (S. 245) beherrscht werden, aber einen elfischen Lustgarten mit Blumen, allerlei zauberischen Dingen und verführerischen Weibern in sich schließen. Der heißt *Udainsakr* das Feld der Unsterblichen. Doch die Unsterblichkeit bedeutet nur ein übermenschliches Lebensmaß, stirbt doch der König selber nach einem halben Jahrtausend, um darnach wie ein Gott mit Opfern geehrt zu werden.

Faßt man diese Vorstellungen eines jenseitigen Riesenreichs mit jenen eines jenseitigen Elfenreichs zusammen, so gewahrt man ein starkes Schwanken zwischen dunklen und lichten Jenseitsbildern. Man will den Verstorbenen losreißen aus seinen engen Grabesbanden, man versetzt ihn weit über die Erdengrenzen hinaus zu unsterblichen oder vielmehr länger lebensfähigen Wesen, den freundlichen Elfen oder den finstern Riesen. Denn man weiß nicht sicher, was drüben zu erwarten steht. Nur mühsam, unvollkommen ringt sich der Unsterblichkeitsgedanke durch. Nur ausnahmsweise denkt man daran, außer der Örtlichkeit und ihrem Herrscher die Untertanen desselben, die Verstorbenen, und ihr Treiben zu schildern. Und sogar Sterbliche dringen in die andere Welt ein. Am schärfsten umrissen tritt aus dieser unterweltlichen Riesengruppe ein Weib, die *Hel,* heraus. Sie greift tiefer als die Riesenmänner ins Menschenschicksal ein, in das diesseitige und das jenseitige. Sie stellt sich darnach zu den höheren Dämonen (s. unten).

So machtvoll die Riesen sind, so sehr manche wie ältere, nur rohere Götter ausschauen, so dürftig sind die Spuren eines wirklichen Riesenkultus. Zwar wurde der deutsche Riese Fasolt (S. 234) beschworen, Unwetter abzuwenden; dem nordischen Riesen Gudmund, der ein Alter von 500 Jahren erreicht hatte, brachte man Opfer. Der Unterweltsfahrer Thorkill geht bei Saxo den Riesen Utgarthiloki mit Gelübden und Besänftigungsmitteln an, daß er ihm freundliches Reisewetter schaffe, und in Norwegen opferte man den Riesen auch noch in neuerer Zeit am Julfest. Aber diese Nachrichten bedeuten nichts gegenüber den tausenden von Zeugnissen für den Elfenkultus. Entweder war also immer der geistige Verkehr der Germanen mit den Riesen ein seltener, wie sich leicht aus deren maßlosen Formen erklärt, oder sie wurden daraus später durch die edleren Götter verdrängt. Bei Saxo ist Hadding erst ein Schützling der Riesen und sogar der Geliebte einer Riesin, aber später überläßt er sich dem Beistand der Götter, Odins und Frey's, und eine Frau mit Blumen im Schoße, vielleicht Freyja, führt ihn in ein unterirdisches Paradies. Zu Saxo's und Snorre's Zeit glaubte man, daß die aus dem fernen Süden oder Osten eingewanderten Asen die Riesen ausgerottet und nach der Olaf Tryggvasonssage insbesondere Thor die beiden letzten Riesenweiber mit seinem Hammer erschlagen habe. Noch in der neueren Überlieferung ahnen die Riesen, daß ihre Zeit bald vorüber ist. Nach der von Jütland bis ins Elsaß verbreiteten Sage trägt eine Riesin einen Bauer samt seinem Pfluge in ihrer Schürze als Spielzeug heim. Ihr Vater oder Mann aber sagte zu ihr: „Schnell trage es wieder auf den Acker, denn ohne die Menschen wären wir übel dran und hätten kein Brot“ oder nach andrer Wendung: „Sie werden uns sonst bald vertreiben“.

Die niedere Mythologie hat mit dem Riesenmythus ihren Abschluß gefunden. Sie hat den religiösen Sinn der

Germanen Jahrhunderte, Jahrtausende beherrscht und zwar in vier Hauptformen. Die Vorstellungen vom Sterben führten zum Seelenglauben, die vom Alpdruck zum Marenglauben, die von den Naturmächten einerseits zum Elfen-, andrerseits zum Riesenglauben. Aus tiefen Quellen geboren, haben sich diese vier Strömungen bis in unsere Zeit ergossen, und oft mußte, wenn ihr reinerer Oberlauf verdeckt war, aus dem freilich oft getrübten, aber zugänglichen Unterlauf die Erkenntnis des alten Gehaltes geschöpft werden. Mit ungleicher Kraft aber tränken sie noch heute den Untergrund unserer Volksreligion. Der Gespensterglaube ist noch stark, wie der Marenglaube; schon geringer, aber doch noch vielfach lebendig, ist der Elfenglaube; der an die Riesen äußert sich wohl nur noch in einigen Teufelssagen. Überhaupt ist unsere Riesenkunde um so unsicherer, als ihre meisten Mythen aus einer Zeit stammen, in der sie schon mit den späteren Göttermythen verknüpft waren, während die Mythen der Seelen, Maren und Elfen, von wenigen Ausnahmen abgesehen (S. 157), sich davon frei halten. Im ganzen aber ist das Gebäude der ältesten germanischen Religion, wie es auf jenen vier Hauptpfeilern ruhte, mit einiger Sicherheit aus den alten Zeugnissen, wie aus den noch heute bestehenden Resten zu erkennen. Lange Zeiten hindurch der einzige Schutz und Hort des religiösen Bedürfnisses, wurde es später mit einem Oberbau versehen, der viel weitere Ausblicke gewährte.

Sechstes Kapitel.

Die höheren Dämonen.

Die Germanen gehörten zu denjenigen Naturvölkern, die zwar lange Zeiten hindurch nomadenhaft ihre Wohnsitze immer wieder wechselten, aber in der Regel mit diesem Wechsel einen höheren Kulturstand erreichten. Das zeigt auch ihr Übergang von der niederen zu einer höheren Mythologie. Sie gaben zwar keineswegs den Glauben an Gespenster und Maren, Elfen und Riesen auf — er bildete vielmehr den dauernden Untergrund ihrer Religion bis in die neuere Zeit hinein —, aber er allein genügte nicht mehr. Diese Wesen alle waren trotz ihrer mannigfachen Zauberkräfte doch nicht viel mehr als ihresgleichen. Im Umschwung der großen Schicksale, der die germanischen Stämme aus dem Osten zuerst nach Mitteleuropa und dann weiter nach Süd- und Westeuropa warf, bei der wachsenden Erkenntnis ihrer höheren Lebenszwecke bedurfte es für sie anderer stärkerer Mächte, als jene niederen Dämonen waren, um ein festes Vertrauen zu ihnen und das noch fehlende tiefste religiöse Gefühl, die Andacht, zu erwecken. Wie in der Sprache der alte Wortschatz einen allmählichen Bedeutungswandel erfuhr, indem man der Bezeichnung nicht bloß äußerlicher Dinge und Vorgänge, sondern auch innerer Eigenschaften Herr zu werden suchte, so bildete sich im Glauben der alte Mythenschatz um, indem seinem mehr sinnlichen Gehalt mehr und mehr geistige, sittliche und aesthetische Motive eingeflößt wurden. Die alten Figuren wurden umgeformt und vergeistigt, ihr Kultus gereinigt und vertieft. Aus dem sinnlichen Mythenstoff keimten immer kräftiger die Empfindungen des Unterschiedes von Schön und Häßlich, von Gut und Böse, von Vergangenheit und Zukunft empor. Über das Urgestein schob sich eine neue, in vielen Stücken wertvollere Schicht, die aber weder die Mächtigkeit der ältesten, noch die der späteren hatte. Mit andern Worten: der Glaube erstieg eine höhere Stufe, die der höheren Dämonen, die eine Zwischenstufe von der niederen Mythologie zu der Göttermythologie bildet.

Veredelung oder doch Vergeistigung des dämonischen Wesens ist das Hauptmerkmal, das diese höheren Dämonen von den niederen scheidet. Zwar haben auch sie noch nicht allen Zusammenhang mit den sinnlichen Naturerscheinungen gelöst, aber ein höherer, von diesen mehr oder minder unabhängiger Beruf füllt doch nun fast ihr ganzes Leben aus. Sie treten auch gewöhnlich nicht mehr in unzählbarer Menge auf, sondern ordnen sich entweder zu einer Sippe, wie die Riesen des späteren Mythus, oder sie verteilen sich in zwei oder drei Scharen, oder sie bilden eine scharf umrissene Gruppe von zwölf, neun, sieben oder drei Personen, wie die Walküren und die Nornen, oder auch nur ein Paar, oder sie schließen sich zu einer einzigen Gestalt zusammen, die nun ein ganz individuelles halbgöttliches Dasein führt, wie Mimer und Loki. Gleich den Elfen und den Riesen des späteren Mythus werden sie häufig in einen umfassenderen Götter- oder Heroenmythus verflochten, aber sie greifen auch tief ins Menschenleben ein. So stellen sie einen Dämonenadel dar, der das niedere Volk der älteren Geister nicht verdrängt, aber überragt, jedoch selber wieder unter den noch jüngeren königlichen Göttern steht und diesen oft zu dienen hat. Mancher echt germanische Zug haftete schon den Seelen, Maren, Elfen und Riesen an, obgleich alle diese Dämonen internationale Figuren des indogermanischen Völkerkreises waren. Die höheren Dämonen haben zum Teil auch noch wenigstens ihren Ursprung in solchem weiteren Kreise, der sich aber schon zu einem indoeuropäischen zusammengezogen hat; zum Teil tragen sie bereits ein ganz nationales, eigentlichst germanisches Gepräge.

Unter diesen höheren Dämonen beanspruchen die weiblichen den Vortritt, sie zeigen sich gern in Gruppen. Die Nordleute nannten sie Dísir, d. h. kluge Frauen oder genauer *Spádísir, framvisar Dísir* zukunftskundige Frauen, worunter sie halbgöttliche Weiber verstanden, bald Nornen, bald Walküren, bald Schutzgeister. Ihnen scheinen die weit ungenauer charakterisierten Idiši in Deutschland zu entsprechen.

Die Schicksalsfrauen oder Nornen, die die erste Gruppe bilden, haben in den griechischen Moiren und den römischen Parzen ihre ziemlich getreuen Gegenbilder. Der Name der Nornen, der ursprünglich auf Island, die Färöern und Norwegen beschränkt war, ist nicht sicher zu deuten. Wenn er wirklich, wie man vermutet, die Flechterinnen bezeichnete, so würde das nicht nur zu der bisher einleuchtendsten Erklärung des lateinischen Parzennamens stimmen, sondern auch einen Hauptzug ihres Tuns wiedergeben. Nicht nur die nordischen Nornen, sondern auch die ihnen entsprechenden deutschen *Schepfen* flochten und wanden das Schicksalsseil. Seltener gebrauchte man für sie im Norden den Plural *Urđir*, dessen Sinn klar ist. Denn das singularische *Urđ(r)*, der Name der bedeutendsten isländischen Norne, geht im Sinne von Geschick, Verhängnis, Tod als althochdeutsch *Wurt*, altsächs. *Wurdh*, angelsächs. *Wyrd*, englisch *Weird* durch die andern germanischen Sprachen. Aber auch in diesen nahm der abstrakte Gattungsname, wie das entsprechende griechische Moira, das Lebenslos, mehr und mehr den Charakter des Eigennamens eines überirdischen Wesens an, die Wurt wurde eine Schicksalswalterin. Als Hadubrand, der seinen Vater Hildebrand für tot hält, vom Zweikampf mit diesem nicht lassen will, da ruft der Alte aus: „Nun wohlan, waltender Gott, Wehwurt geschieht!“ Schon persönlicher nimmt im Heliand und im Beowulf die Wurd oder Wyrd den Menschen weg, d. h. er stirbt, und die Wyrd webt ihm sein Geschick. In England waren die drei Weirdsisters bekannt.

Daneben erscheinen die Schicksalsfrauen als die altdeutschen *Skeffarun*, *Skephentun, Schepfen* und als rasche, jähe *Gâchschepfen* und noch bei Michael Behaim als die *Geschöpfen,* d. h. Verhängerinnen, wie auch den nordischen Nornen das *Skapa,* d. h. Verhängen, beigelegt wurde. Die angelsächsischen messen das Leben ab als *graman Mettena* grimme Messerinnen, und das ganze Schicksal hieß altsächsisch *Wurdigiscapu* oder *Metodogiscapu* und, als Werk ratender Mächte, *Reganogiscapu.*

Die Schicksalsfrauen treten fast immer in der Dreizahl auf, wahrscheinlich weil sie den Anfang, die Mitte und das Ende des Lebens bestimmten, und sehr häufig sind sie verschwistert oder wenigstens miteinander nahe verwandt. Burkhard von Worms nennt die drei „Parzen", deren Bewirtung er tadelt, *Schwestern,* Saxo erzählt von drei schicksalbestimmenden Schwesternnymphen, der Engländer kennt drei *Weirdsisters*, der Friese *drei Weiber*, der Niedersachse *drei weiße Jungfern,* der Süddeutsche, insbesondere der Bayer, *drei Schwestern, Basen, Muhmen, Jungfern* oder auch *drei Heilrätinnen.* Wie die Disir, die nicht nur Walküren, sondern auch Nornen bezeichnen, weiß oder schwarz sind, ist auch die der Urđr gleiche *Hel* halb schwarz, halb menschenfarbig, und von den drei bayrischen Heilrätinnen, deren eine *Hel*(*d*) heißt, ist die eine weiß, die andere halb weiß, halb schwarz und die dritte schwarz. Dem heiteren Geburtstage gebührt die weiße, dem freudevollen, aber auch mühevollen Hochstande des Lebens die gemischte und der ernsten Todesstunde die schwarze Farbe ihres Gewandes. Einfluß geübt haben mag auf diese Verteilung auch die Verschiedenheit der älteren Elfinnen, die, je nach der Wolkenfarbe, in der sie erschienen, bald licht und freundlich, bald finster und feindselig waren, bald zwischen beiden in der Mitte schwebten. So wurde im indischen Weda die leise aufdämmernde, dann voll prangende und wieder dahinschwindende Göttin der Morgenröte in den drei Formen der Vergangenheit, Gegenwart und Zukunft aufgeführt. Namentlich mit den Wolken- und Quellelfinnen zeigen die Nornen nahe Verwandtschaft. Der Schotte kannte sogar *Weirdelves,* die Norne Skuld ist Tochter einer Alfin und ist von Alfen und Nornen umgeben. Saxo nennt die Nornen Nymphen, und die bayrischen drei Schwestern sind auch Wasserjungfern und Meerfräulein. Gleich deutschen Nixen, weißen und wilden Frauen, spinnen, flechten, singen, weissagen jene drei Schwestern, und die nordischen Nornen sind auch Schwäne und Schwanjungfrauen. Die drei süddeutschen Schwestern haben wie die Wirbelwindsbräute (S. 164) einen Gürtel, der, vom Menschen umgelegt, ihm den Leib zerreißt. Wenn die Schicksalsfrauen andrerseits in der Völuspa drei übermächtige Riesenmädchen heißen und Urđ vereinzelt als schwarzgekleidete Riesin auftritt, so kommt darin ebenfalls ihre Herkunft von älteren Naturdämonen, aber auch die Gewalt ihres erhabenen Berufs zum Ausdruck. Dann wieder stammen sie von Asen, Alfen und Zwergen ab, je nach ihrem Charakter und dem Gebiete ihrer Tätigkeit. Doch scheinen sie keine Macht über der Götter Dasein zu haben, und ihr Erscheinen nach der Menschenschöpfung in der Völuspa hat den Zweck, den Menschen das Schicksal zu bestimmen.

In der Nornenschilderung der beiden Edda's mischt sich Uraltes und Neueres. Die drei Nornen sitzen am Urđarbrunnen unter der immergrünen Eiche Yggdrasil, dem Wolkenbaum (S. 144), den sie (täglich) mit glänzendem Naß begießen. Von da fällt der Tau in die Täler herab. (Zwei Schwäne schwimmen auf dem Brunnen.) In diese alte Wolkenscenerie, in der man die stille Badestelle der Schwanjungfrauen wiedererkennt, dringt nun der Gedanke eines höheren Berufes. Aus dem Saal oder, nach anderer Lesart, dem See unter dem Baum kamen die vielwissenden Mädchen *Urđr, Verđandi* — sie schnitten in ein Holzstück (den Schicksalsspruch) — und *Skuld.* Sie bestimmten das Gesetz, sie erkoren das Leben den Menschenkindern, das

Schicksal der Männer. Und nun beginnt in der Völuspa sich das Weltenschicksal zu entrollen. Ruhig walten die Nornen ihres hohen Amtes. Eine ähnlich großartige Landschaft tut sich hinter ihnen bei des vornehmsten echt nordischen Helden Helgi Geburt auf. Da schrieen die Adler, und heilige Wasser strömten von himmelhohen Bergen. Kräftig wanden sie die Schicksalsfäden unter burgenbrechendem Sturm. So künden sie noch wie mit Naturkraft ein leidenschaftliches kurzes Kampfleben an.

Wie die drei Nornen, wohnen die drei bayrischen Schwestern an einem Brunnen oder See, schwimmen als Enten darauf, singen und jammern vor großen Ereignissen. An ihrem Rastort, der „Jungfernrast“ bei Meransen, hoch oben in den Alpen, entsprang ein heiliger Baum und ein Brünnlein. Von da spenden sie Regen, weshalb man bei Dürre noch im 19. Jahrhundert sieben bis acht stundenweite Wallfahrten dorthin machte. Wie die Nornen das Schicksalsseil drehen und auswickeln, so spinnen die bayrischen Schwestern, hängen Wäsche auf und spannen ein Seil von einem Berg zum andern, um gutes oder schlechtes Wetter anzuzeigen. Wird ihrer eine verwundet, so bricht ein Unwetter los.

Jene blaß abstrakten Einzelnamen der drei nordischen Nornen: Urđr, Verđandi und Skuld, die offenbar das Gewordene oder die Vergangenheit, das Werdende oder die Gegenwart und das Gesollte oder die Zukunft bedeuten sollen, sind stark verdächtig, den spätlateinischen Parzennamen Praeteritum, Praesens und Futurum nachgebildet zu sein. Von echterem Klange sind die allerdings auch wenig frisch sinnlichen Namen der drei süddeutschen Schwestern *Einbet, Wilbet* und *Werbet*, die wohl von Bitten in der alten Bedeutung des Gebietens und Befehlens herzuleiten sind. So wird auch das entsprechende nordische Biđja das Befehlen, Bestimmen als eine Haupttätigkeit der Nornen hervorgehoben. Dann wäre Einbet die in ihrer Art einzige Schicksalsbestimmerin, die oberste Bestimmerin, Wilbet, die des Gewollten, des Erwünschten, Werbet, die der Wirren, der Wechsel des Lebens.

Diese drei heidnischen Schwestern wurden nicht nur in den Heiligenstand erhoben, sondern auch an manchen Orten alle drei oder ihrer zwei durch Heilige ersetzt. Sie heißen dann St. Einbet, St. Werbet, St. Wilbet; von denen die erste bei Freiburg i. B. auch allein eine Kapelle hatte. Auf dem Kapellenberg bei Gengenbach aber, dem Platz eines alten Römerkastells, wurde der Einbet und den beiden christlichen Märtyrerinnen St. Perpetua und St. Felicitas eine Kapelle gebaut, und im Jülichschen und im Elsaß sogar Fides, Spes und Caritas an ihre Stelle gesetzt. Sie wurden auch dem Heere der 11000 heiligen Jungfrauen eingereiht. Die Bayern verehrten die drei Schwestern in unterirdischen Gängen und Höhlen, „steinernen Stuben", und an heilkräftigen Brunnen bis in die Brixener Gegend, die Alemannen bei dem Dreischwesterbrunnen auf dem Rigi und an den Hängen des Schwarzwalds und noch über dem Rhein, die Franken vorzugsweise im niederrheinischen Jülichgaue. Saxo weist den nordischen drei Schwestern einen Tempel mit drei Sitzen an.

Die deutschen und die nordischen Schicksalsfrauen stimmen nicht nur in ihrem Naturleben, sondern auch in ihrem Berufsleben überein. Jene wie diese „schaffen" oder „schepfen" d. h. verhängen, oder „bitten" im Sinne von befehlen, bestimmen, oder „raten" d. h. entscheiden das Schicksal. Die guten Nornen schaffen Glück und Ehre, die bösen Freud- und Ruhmlosigkeit. Sie richten und weisen und weissagen schon bei seiner Geburt des Menschen Los, das die beiden ersten, wie es nach der Völuspa scheint, auf ein Holz einkerben. Darum hieß auch im Angelsächsischen der Schicksalsbeschluß Schicksalsbuchstabe Vyrdstäf. Ihrem unwiderruflichen Wahrspruch, heißt es, kann niemand widerstehen oder „Niemand lebt nur noch einen Abend, wenn er ihren Spruch vernommen hat". Es bricht hier das Gefühl des Unabwendbaren durch, das mit unerschrockenem Fatalismus die Helden des germanischen Südens wie die des Nordens durchdringt und noch in der neueren isländischen Alfensage so ergreifend zum Ausdruck kommt (S. 190).

Nach Burkhard von Worms um 1000 bestimmen drei Schwestern das Schicksal des Menschen bei seiner Geburt und können ihnen dabei die Fähigkeit verleihen, sich in einen Werwolf zu verwandeln. Nach Saxo befragte König Fridlev nach feierlichen Gelübden drei auf Stühlen sitzende Nymphen in ihrem Tempel um die Zukunft seines Sohns. Die zwei ersten verhießen ihm Reichtum und Glück, die dritte aber Geiz. Der antiken Meleagersage scheint die vielleicht nur scheinnordische Nornagestssage zu entsprechen, in der zwei Nornen dem Kinde Glück verkünden, die dritte dagegen nur das kurze Leben einer neben ihm brennenden Kerze. Die wird nun rasch gelöscht, um ihre schnelle Aufzehrung zu verhindern, gerade wie der Feuerbrand des Herdes bei Meleagers Schicksalsoffenbarung. Auch die deutschen drei Schwestern stimmen keineswegs immer in ihrem Ausspruch überein, die zwei weißen haben meistens die gleiche Gesinnung, während die dritte sich oft nicht in den Willen der andern fügen will. So galten auch ihrer zwei für blind und wurden von der dritten übervorteilt.

Aber nicht nur durch Spruch oder Schrift fällen sie ihr Urteil, sie spinnen auch das Leben des Menschen an, spinnen es weiter, spinnen es ab. Sie wirken sein Lebensgewebe oder flechten ein Seil, bis die eine es zerreißt. Klar drückt dies ein Minnesinger des 13. Jahrhunderts, der Marner, aus: „Zwei Schepfen flochten mir ein Seil, dabei die dritte saß; die zerbrach's zu meinem Unheil". Unklarer ist das erste Helgilied. Die für Helgi kräftig gewundenen Schicksalsfäden waren goldene Seile, die die Nornen auseinander wickelten und unter dem Himmel befestigten. Ihre Enden bargen sie im Osten und Westen, zwischen denen sein Land in der Mitte lag. Eine Kette aber warf eine Norne nordwärts und befahl ihr, immer zu halten. Bedeutet das: Weit soll Helgi's strahlender Ruhm sich ausbreiten und sein Andenken im Norden ewig dauern?

Die Nornen der Geburt sind Nothelferinnen, schon in der Liederedda *Nauđgönglur*, die die Mutter vom neugeborenen Kinde lösen. So spinnen die zwei guten bayerischen Heilrätinnen Leinen für die Wöchnerin, die sich darauf legt, um leichter zu gebären, und die drei Jungfern von Schildturn, denen 1237 eine Kapelle geweiht wurde, beförderten glückliche Entbindung. Darum erschienen die Nornen, wie die drei deutschen Schwestern des Mittelalters und die neuisländischen *Blakapur* oder Schwarzmäntel, bei der Geburt im Hause des Neugeborenen und wurden hier bewirtet. Die „*Nornengrütze*", wahrscheinlich die beliebteste mit Honig durchsüßte Grütze, die erste Speise der färöerschen Kindbetterin, ist wohl als Nornenopfer zu betrachten. Auch das Zuckerwerk, das noch in Deutschland und Holland das Neugeborene seinen Geschwistern mitbringt, mag ursprünglich für die Schicksalsfrauen bestimmt gewesen sein. Denn Burkhard von Worms erwähnt die volle Zurüstung eines Tisches mit Speis und Trank und drei Messern für die drei Schwestern. Aber sie fand nicht am Geburtstag, sondern zu Neujahr statt, war also übertragen auf die Zeit, in der man im Orient und darnach im Abendlande den Tisch des Glücks mit Speisen und Getränken versah.

Die Gabe, ein Geldstück oder eine Peitsche oder ein Kochlöffel, die man noch hie und da in Deutschland zu guter Vorbedeutung ins erste Kindsbad beschert oder dem Kinde ins Händchen steckt, wird früher als Gabe der Schicksalsfrauen gedacht worden sein, wie es der unten erwähnte griechische Brauch ausdrückt. Die deutschen Schicksalsfrauen wurden wahrscheinlich auch mit einem Liede begrüßt, das in moderner Form noch über der Wiege manches Bauernkindes gesungen wird:

„In N. N. steht ein goldnes Haus,
Da schauen *drei Jungferle (Mariele)* heraus,
Eine windet Seide,
Die andere schnitzelt Kreide,
Die dritte schneidet Haferstroh,
Behüt mir Gott mein Kindlein auch!"

Hoffnungsvoll beginnt das Leben mit dem Winden der schönen Seide, setzt sich fort in dem unklaren, wahrscheinlich verderbten Kreideschnitzeln und endet mit dem

Schneiden des dürren Strohes, eines Symbols des Todes. Freundlicher heißt es auch von der letzten Jungfer: „Die dritte macht's heilig Tor auf", sie öffnet also den Himmel. — Weiße Fleckchen auf den Fingernägeln, die noch heute nach deutschem Aberglauben Glück bedeuten, gelten auf den Färöern für „Nornenspuren".

Die altnordischen Nornen gossen Naß auf den Wolkenbaum, von dem Tau auf die Erde herabfällt. Auch die bayerischen drei Schwestern begünstigten nicht nur die Fruchtbarkeit der Weiber, sondern auch die der Felder, weshalb bei Dürre die Tiroler mühsam über Berg und Tal zu ihnen hoch nach Meransen hinauf wallfahrten. An den drei ersten Märzdonnerstagen verehrt man zu Lützkampen im Kreise Prüm die drei in Holz geschnitzten Fides, Spes und Caritas, vielleicht weil man dann die ersten Pfluggänge machte; in Frauweiler bei Bedburg wurde der Einbett, Willbett und Warbett am 1. August d. h. am Schluß der Getreideernte das Dreijungfernfest gefeiert, und den süddeutschen drei Heilrätinnen opferte man drei schwarze Pfennige oder auch vor der Ernte drei stehende Ähren, die man mit weißer Seide zusammenband und die dann ein Kind unter sieben Jahren auf das Feld legte. Auch scheinen sie Ehestifterinnen zu sein, denn die *drei wilden Frauen* vom Staufen bei Reichenhall, zwei weiß und die eine halb schwarz, halb weiß, kamen nicht nur nach der Geburt ins Haus und sangen, dem Kinde zum Glück, sondern sie kamen auch zur Hochzeit. So erschienen früher auch auf märkischen Hochzeiten *drei Feien* oder als Frauen verkleidete *Maschkers*. Von der Botenlaube, einer Burg bei Kissingen, stellten sich die drei Schwestern, in denselben Farben wie jene Staufer Frauen, bei Kindstaufen, Hochzeiten und Begräbnissen ein.

Ist der Nornen Spruch ergangen, so lebt niemand nur einen Abend. Der *Urđarmáni*, der Mond der Norne Urđ, ein halbmondförmiger Schein, bewegt sich an der Wand eines Hauses und bedeutet großes Sterben; ebenso wie das westfälische *Quådlecht* an der Wand den Tod eines Hausbewohners ankündigt. Namentlich Urđ, Wurd oder Wyrd führt den Tod durch ihren Eingriff herbei, und Ainbet wird als ein mörderisches Burgfräulein geschildert. Wie diese zur *Held* oder *Rachel* d. h. zur rächenden Hel, der Unterweltsgöttin, wird, berührt sich auch Urđ nahe mit der nordischen *Hel*. Hel bezeichnete ursprünglich das Grab, weiterhin das Totenhaus und endlich die Herrscherin desselben. Sie ist halb schwarz, halb menschenfarbig oder ganz schwarz; sie hat ein Seil und einen Hund gerade wie die bayerische Held; sie nimmt nach der älteren nordischen Auffassung und der Volkssage alle Toten auf, nach der späteren nur die nicht im Kampf Gefallenen oder gar nur die Schlechten. Aber auch den getöteten Gott Balder erwartet die Hel in einem hohen geschmückten Hause, im Saale Eljuđnir, mif Met und Goldschmuck der Dielen. Auf dem Helweg kommt man über den Totenfluß zur Helgrind, zum Höllengitter. Aus Násheim, dem Totenheim, reitet ein großes Weib auf grauem Hengst, an dessen Schwanz ein Mann fortgeschleppt wird zur Strafe für seine Schlechtigkeit. In Dänemark geht ein Seuchen ankündigender Hel als dreibeiniger Helhengst um, der an den männlichen reitenden Tod der Apocalypse erinnert. In Bayern erscheint dieses gespenstische Todesroß allein oder mit den drei Schicksalsschwestern.

Der Dreischwesterglaube ist nicht schon in der indogermanischen Gemeinschaft entstanden, er scheint auf die europäischen Indogermanen beschränkt. Die Schicksalsfrauen sind nicht gleich den Gestalten der niederen Mythologie psychologische Urphänomene, sie sind Geisteserzeugnisse einer schon späteren Kultur in Europa, die mit der der asiatischen Arier, der Iranier und Inder, nicht mehr in genauem Verbande stand.

Schon in der homerischen Dichtung tritt eine einzige Schicksalsfrau oder mehrere, meist drei, auf, *eine* Moira oder drei Moiren, wie im germanischen Glauben *eine* Urđ-Wurt oder drei Urđir. Die Moiren sind schon damals Klothes, Spinnerinnen, deren erste bei der Geburt eines

Menschen den Lebensfaden anspinnt, während die beiden anderen ihn weiter- und abspinnen, oder die letzte ihn zerreißt oder nach römischer Anschauung abschneidet, sowie die germanischen spinnen, winden, weben und ein Seil drehen und zerreißen. Nach hellenistischem und neugriechischem Glauben spinnt nur eine, die andere zieht von drei Losstäbchen eins hervor, die dritte schreibt den Schicksalsspruch auf ein Täfelchen oder in ein Buch. So kannte der Angelsachse ein Vyrdstäf, ein Losstäbchen der Vyrd, und zwei der nordischen Nornen schnitten den Schicksalsspruch in ein Holz ein. Unwiderruflich ist der griechischen wie der germanischen drei Frauen Beschluß. Noch vor Kurzem riefen schwangere athenische Frauen die Hilfe der Moiren an und rieben sich dabei an einem Felsen bei der Quelle Kalirrhoë, und so breiteten ja auch die bayerischen Heilrätinnen ihr Leintuch hilfreich den Gebärenden unter. Die antiken Moiren wurden auch bei Geburten angefleht und in Sikyon alljährlich mit trächtigen Schafen, Honigwasser und Blumen beschenkt. Die neugriechischen Moiren, die in der dritten Nacht nach der Geburt erscheinen, werden im sorgsam gesäuberten Hause mit einem Teller Honig, Zuckerwerk und drei Gläsern Wasser, drei Löffelchen und drei Handtüchern empfangen. Auf Corfu legt man für sie neben den Neugeborenen außer Brot und Zuckerwerk auch Gold. Ähnlich wurden die germanischen Schicksalsfrauen bewirtet und beschenkt und ähnliche Gaben, Zuckerwerk und Geld, auch neben das deutsche Kind gelegt. Und, um das gleich anzuführen, auch den bretonischen Feen wurde eine reich besetzte Tafel mit drei Gedecken bereitet, um sie dem Neugeborenen günstig zu stimmen. Nehmen und Geben gehen in diesem Verkehr hin und her; die Gaben sind bald mehr für die überirdischen Weiber, bald mehr für das neue schwache Erdenkind bestimmt. Die griechischen Drei sind nicht immer einig in ihrem Verhalten gegen das neue Leben; öfter hadern sie vor ihrem endgültigen Schicksalsspruch unter einander. So zanken auch häufig die nordischen

Nornen und die bayerischen Schwestern. Kleine Blütchen auf der Nase des neugeborenen Kindes gelten in Neugriechenland für Schriftzeichen der Moiren; weiße Tupfen auf den Fingernägeln, „das Blühen der Nägel“, im Norden für Nornenspuren. Die von der deutschen Mutter an der Wiege ihres Kindes begrüßten drei Jungfern schauen aus einem goldenen Haus; die Moiren wohnen auf dem Gipfel des Olympes oder am Ende der Welt in einem Palast mit herrlichem Garten. Die drei wilden Frauen vom Reichenhaller Staufen singen das Hochzeitslied, wie die drei Moiren bei der Vermählung des Zeus mit der Hera und der des Peleus mit der Thetis. Wie Wurt und die Todesgöttin Hel sich berühren, so wirken schon in der Ilias Moira und die beiden Todesgottheiten Thanatos und Ker kameradschaftlich zusammen, und der neugriechische Todesgott Charos auf seinem Pferde, der die Moiren vom Gebiete des Todes zurückgedrängt hat, erinnert an den germanischen Helhengst, der die Stelle der Todesnorne einnimmt. Felsgrotten und unterirdische Gänge waren in Griechenland wie in Bayern die Lieblingskultstätten der Schicksalsfrauen.

Die auffallende Übereinstimmung der Grundzüge des germanischen Nornenglaubens mit denen des griechischen Moirenglaubens, die auch bei den Slaven und Kelten wiederkehren, darf nicht auf Entlehnung zurückgeführt werden, sondern ist aus alter Religionsgemeinschaft zu erklären. Aus dieser heraus entwickelte dann nach der Trennung jedes Volk für sich einzelne besondere, meist aber dann auch noch ähnliche Züge. Die Gesamtbenennung dieser mythischen Wesensgruppe scheint sich erst später befestigt zu haben und ist darum überall eine abweichende, und so auch die Benennung der einzelnen drei Gestalten. Die einzige Übereinstimmung auch in den Namen, die zwischen den römischen Parzen und den nordischen Nornen besteht, ist dagegen mehr gelehrten Charakters. Schon in Platos Republik erscheinen die Moiren als Zeitgottheiten, welche Vergangenheit, Gegenwart und Zukunft singen. Aber nach den Zeiten benannt sind erst bei Isidor die drei spätlateinischen Parzen Praeteritum, Praesens und Futurum, denen dann wieder in der Völuspa die Namen der drei Nornen Urđr, Verđandi und Skuld nachgebildet worden sind. Dagegen mag die Doppelfarbigkeit der drei bald weißen, bald schwarzen deutschen Schwestern und der römischen bald weißen, bald schwarzen Parzen in Bayern, wie in Rom aus ihrem zwiespältigen Wesen selbständig sich ergeben haben.

Wie die griechischen und germanischen Schicksalsfrauen spinnen die Parzen, singen bei der Geburt, und ihrer eine, namens Scribunda, trägt den Schicksalsspruch ein und zwar in ein Buch; neu ist ihr Name „Mütter", der vereinzelt dem Parzennamen vorgesetzt wird. Da wirkten wahrscheinlich die drei Matres oder Matronae herüber, denen in den Rheinlanden Hunderte von Steinen mit Inschriften und auch Bildnissen geweiht worden sind. Sie waren aber keine Schicksalsgottheiten, sondern keltische Ortsgottheiten wohl ausschließlich der Fruchtbarkeit, die dann auch von den angrenzenden Germanen übernommen wurden. Sie wurden dargestellt als mütterliche Frauen, die nebeneinander sitzend den Segen der Erde in Körben auf ihrem Schoße halten.

Die Schicksalsfrauen bestimmten zwar des Menschen Lebenslauf, aber sie verfolgten diesen nur von ferne, sie begleiteten ihn nicht. Fast nur bei Geburten und etwa noch bei Hochzeiten und Sterbefällen traten sie in die Häuser. Doch der Mensch hatte auch seinen persönlichen Begleiter, der ihm auf all seinen Wegen folgte, einen Schutzgeist. Das war in Griechenland der Daimon oder auch Heros, in Rom der Genius der Männer und die Juno der Frauen, im germanischen Norden aber — denn in Deutschland ist sie nicht erkennbar — die *Fylgja* oder *Fylgjukona* die Folgerin, Folgefrau. Mit ihr fällt oft zusammen die *Hamingja*, die wohl von dem Ham d. h. der zarten Glückshaube des Neugeborenen, die für ihren Sitz galt, ihren Namen hat. Beide unterschieden sich aber dadurch, daß die Fylgja nicht immer zuverlässig schützte und nicht immer Glück brachte, während die Hamingja ursprünglich mehr einer freundlichen Fortuna glich, die man sogar einem Andern mit auf den Weg gab.

Bei den Griechen, Römern und Nordgermanen hat sich der Schutzgeist aus der Vorstellung der Seele des Menschen entwickelt, darum teilt er einige merkwürdige Eigenschaften mit ihr. Er wird dem Menschen namentlich sichtbar im Traume und dicht vor dessen Tode, d. h. dann, wenn sich die Seele vom Menschen löst; sein Erscheinen kündet ihm also auch, wie das der Seele, den Tod an. Er nimmt dabei, wie sie, entweder Tier- oder auch Menschenform an und zwar von den Tierformen, ebenfalls wie sie, namentlich die der Hausschlange oder eine dem Charakter seines Schützlings entsprechende Tierform. Der griechische Heros zeigt sich bald als Schlange, bald als Wolf; ein dem Genius geweihter römischer Altar wird als von einer Schlange umwunden dargestellt. Da wir im Norden fast nur von den Lebensläufen vornehmer und kriegerischer Männer hören, tritt die Hausschlange zurück. Aber im Traum rennen die „Hugir“ die Seelen starker Männer als Bären und Wölfe heran und schweben als Adler, Raben, Schwäne und fantastische Tiere vorüber. Des Helden Bjarki Fylgja kämpft, während er noch im Zelte schlummert, schon draußen als Bär, der aber beim Erscheinen des Erwachten in der Schlacht sofort verschwindet. Scherzhaft behauptete ein Alter, der sein Enkelkind fallen sah, es wäre über einen Bären, seine Fylgja, gestolpert. Wie oft künden sich in den Sagen Personen und ihre Schicksale durch ihre Fylgjen in der Gestalt heldenhafter Tiere an! Jedoch Thord, ein zum Hause Njals gehöriger Freigelassener, sah vor seinem Tode seine Fylgja als ein bloßes Haustier, einen Geißbock, blutig in einer Pfütze liegen; ein im Traum eines andern erschienener roter Hengst wurde auch als Fylgja gedeutet, die einen gewaltsamen Tod ankündige.

Die reifste Form des nordischen Schutzgeistes, die weibliche, hat sich am entschlossensten von den alten Seelenvorstellungen losgesagt. Sie übertrifft die des antiken

Schutzgeistes an Freiheit und plastischer Deutlichkeit, sowie an Tiefe des Ausdrucks für das Verhältnis des Menschen zu seinem besseren Selbst. Während die Griechen und überwiegend auch die Römer sich ihn als männlich dachten, faßten die Nordleute, denen ihr Weib eine irdische Lebensgefährtin war, auch diese überirdische Geleitschaft als eine Frau, eine übermenschliche *Dís* (S. 252) auf. So hatte denn auch ursprünglich jeder nur *eine* Fylgja, die geheim neben ihm waltete; denn sie wurde in der Regel von Andern als etwa Geistersichtigen oder Hellsehern (spámađr) nicht erblickt, selbst von ihrem Schützling, wie bemerkt, nur im Traume, oder dicht vor seinem Tode. Aber indem sie ihm vor dem Kampfe Mut einflößte oder eine Warnung gab, schloß sie sich dicht an ihn an, weshalb sie auch einmal mit einer aufhockenden Mare verglichen wurde. Doch auch ganz anders trat sie auf. Der zwischen Heiden- und Christenglauben schwankende Hallfred Vandraeđaskald sah sie, als er auf einer Seefahrt im Sterben war, als walkürenhaft gepanzertes Weib über die Wogen auf sein Schiff zuschreiten. Einem Andern, der eines gewaltsamen Todes sterben sollte, erschien sie blutbefleckt, als wäre sie schon von seinem Blute angespritzt. Am ergreifendsten weiß die dänische Volksballade vom Erik Glipping, der im Jahr 1286 ermordet wurde, den schmerzlichen Abschied von ihr und aller Lebenslust zu schildern: Der auf der Jagd verirrte König fand seine Fylgja in einem Waldhaus als schönste Jungfrau, und wie er sie umarmte, schwand sie ihm unter den Händen, und er stand wieder in dichtem Gestrüpp, einem schmählichen Tode verfallen.

Unter den Seelen ist die angesehenste die des Familienhaupts, des Ahnen oder vielleicht der Ahnin; sie bleibt wirksam über mehrere Generationen hinaus. So erweiterte sich dem entsprechend der persönliche Daimon und Genius der Alten zum Schutzgeist der ganzen Familie, so wurde die Fylgja des Einzelmenschen die Mannsfylgja zur *Kyn-* und *Aettarfylgja* zum Geschlechtsschutzgeist. Diese Fylgja oder Hamingja wandte sich beim Tode ihres ersten Schützlings oder auch schon dicht vorher einem anderen jüngeren, nächst verwandten Familienmitgliede zu. Der Held Helgi, Hjörvards Sohn, ahnte seinen baldigen Tod, weil er bemerkte, wie seine Fylgja, auf einem schlangengezäumten Wolf reitend, bereits seinen Bruder Hedin aufgesucht hatte. Als jener Skalde Hallfred sich im Sterben von seiner walkürenhaften Fylgjukona lossagte, fragte sie seinen Bruder: „Willst du mich nehmen?", und als dieser sich dessen weigerte, erklärte sich Hallfreds Sohn dazu bereit, und alsbald verschwand sie. Vigaglum träumte, er ginge einer übers Meer auf ihn zureitenden Frau entgegen, die mit ihren Schultern die Felsen des Fjords überragte. Er hielt sie für die Hamingja seines vermutlich verstorbenen Großvaters Vigfus, die nun beim Enkel Unterkunft suchte. In der Vatnsdaelasaga schützt die Hamingja eines Mannes auch schon dessen Söhne bei dessen Leibzeiten und „folgt" auch anderen Verwandten.

Der dehnbare Begriff der Fylgja, Hamingja, Dís verflüchtigt sich mehr und mehr, wenn sie in einer Mehrzahl den Menschen umgeben. Der Römer duldete solche unlogische Vervielfachung des Genius nicht, obgleich er in der augusteischen Zeit wohl die Schattenseele eines Einzelnen durch den Plural „umbrae" wiedergab. Auch der Grieche hielt am Einzeldämon fest, doch wechselte der Mensch wohl mit seinem Dämon, sei's daß, wie bei Pindar, ein böser Schutzgeist einen guten verdrängte, sei's daß, wie bei Euripides, der alte Dämon sich bei seinem Schützling langweilte und gern einem anderen Platz machte. Aber die Nordleute kannten ganze Gesellschaften von Schutzgeistern, die sich freilich zunächst wohl auflösen, um sich einzeln an einzelne Menschen zu heften. In den Vafthrudnismal reiten drei Scharen kluger Riesenmädchen herbei, um nach dem Weltbrand den Erdbewohnern nur Hamingjen zu werden, nur Glück zu spenden. So wendet sich durch sie alles zum Besten zu guter Letzt. Jedoch hat nun weiterhin auch der Einzelne mehrere Schutzgeister, der eine große, starke, der andere kleine, schwache, die beim Zusammenprall jenen nicht widerstehen können. Auch verlassen die Dísir wohl ihren Schützling und sterben kraftlos ab, dann erscheinen sie ihm im Traume als tote Weiber. Bei der Geburt wendet man nach Sigrdrifum. 9 nicht nur „Bergerunen" an, um den Kreisenden zu helfen, sondern man bittet auch die Dísir um ihren Beistand. Die guten, mächtigen Dísir verbreiten Licht über ihren Schützling. So sah ein finnischer Seher um König Olaf Tryggvasons Haupt leuchtende „Götter" schweben, deren Nähe er nicht ertragen konnte.

Ein neues Motiv brachte wohl erst das aufsteigende Christentum, es schied die Fylgjen eines und desselben Mannes in zwei Parteien, die sich ihren Schützling streitig machten, wie sich um die Christenseele böse und gute Geister streiten. Der Isländer Thiđrandi sah in einer mondhellen Nacht vor der Türe seines väterlichen Hauses neun schwarz gekleidete Dísir mit gezogenen Schwertern von Norden heranreiten, neun lichte von Süden her. Von jenen wurde er auf den Tod verwundet. Es waren die heidnischen Fylgjen des Geschlechts, die vor der Bekehrung desselben ein Opfer, ihr Dísablót (S. 270), verlangten. Die weißen waren die christlichen Schutzengel. Bald darauf landete der erste Missionar, Thangbrand, auf der Insel, und Thiđrandis Vater ließ sich mit seinem „Heimvolk" taufen und zwar gegen das Versprechen, daß der Erzengel Michael sein Fylgjuengil würde. So mündete der alte Glaube friedlich in den neuen.

Es gibt nur schwache Spuren eines ähnlichen Glaubens in Deutschland; denn eine unsichere ist doch die Bezeichnung des Todestags als „Folgedach" bei den Wurster Friesen. Dagegen entwickelte sich aus einer anderen Seelenvorstellung, dem Schatten (S. 74), bei den Südgermanen wie bei den Neugriechen etwas Vergleichbares. Die letzteren nennen sogar den persönlichen Schutzgeist Iskios d. h. Schatten, und vielleicht denkt der Norweger, wenn er hinter dem scheidenden Gaste nochmals die Türe öffnet, damit dessen *Fölgie* nachkommen könne, an den Schatten, der durch das Schließen der Türe einen Augenblick abgeklemmt erscheint. Der Schatten folgt dem Menschen wie ein anderes Ich überall hin, wo Sonne und Mond auf seinen Weg scheinen und ein Feuer oder Licht ihn beleuchtet. Er gleicht somit der Seele, die sich vor oder bei dem Tode als Schatten vom Menschen löst oder als schattenhaftes Tierlein davonhuscht. Daher knüpfen sich noch heute an die Erscheinungen des Schattens Todesgedanken, wie im Altertum an die Erscheinungen der Seele und des Schutzgeistes. In Bayern muß sterben, wer am Weihnachtsabend seinen Schatten doppelt d. h. zu seinem natürlichen Schatten noch seinen schattenförmigen Schutzgeist sieht. Anderswo in Deutschland und in der Schweiz ist dem der Tod nahe, der in dieser entscheidenden Zeit, in der auch Helgi von seinem Schutzgeist verlassen wird (S. 265), einen kopflosen oder gar keinen Schatten hat. Da schwindet der Schutzgeist allmählich hin oder ist schon auf und davon. Wer binnen Jahresfrist sterben soll, sitzt auch in Schweden zur Julzeit am Jultisch mit einem doppelten oder einem kopflosen Schatten. Dieser Erscheinung des Schattens ist nahe verwandt die in Deutschland geglaubte, gleichfalls todankündende Erscheinung des *Doppelgängers*, die auch in andern germanischen Ländern, auf den Färöern unter den Namen *Hamferd* d. h. Fahrt in eine andere Gestalt, bekannt ist und dieselbe Wirkung wie jene hat.

Die oft kriegerischen Schutzgeister nähern sich bereits einer neuen Gruppe von Halbgöttinnen, den altdeutschen Idisi und nordischen Valkyrjur, die auch Dísir hießen (S. 251). Die *Valkyrjur*, angelsächs. *Välcyrigen* sind Kürerinnen der in der Schlacht gefallenen Krieger, des sogen. Wals; in ihnen atmet die eigentümlich wilde Kampflust der Germanen, die während ihres tausendjährigen Eroberungszuges nicht nur die Männer, sondern auch manche Weiber ergriff. Schon aus jener Frühzeit, in der unsre Vorfahren in die nordostdeutsche Tiefebene einbrachen, mag die nach einem römischen Inschriftstein in Tongern verehrte *Vihansa* d. i. Schlachtgöttin stammen, der Schild und Speer geweiht werden, sowie die kölnische *Hariasa* und die von Germanen am Hadrianswall verehrte *Harimella*, offenbare Göttinnen des Heers. Tacitus weiß von dem Hain einer friesischen Göttin *Baduhenna*, in dem die aufständischen Friesen im Jahre 28 n. Chr. 900 Römer erschlugen. Badu aber ist Schlacht. Auch die alten kriegerischen Frauennamen, wie z. B. Brunhild und Helmgund die Panzer- und die Helmstreiterin, waren nicht eitle Phantasienamen, sondern Bezeichnungen überirdischer Frauenideale, denen die damit geschmückten irdischen Weiber im wilden Männerkampf nachstrebten. Tacitus schildert die deutsche Frau als Genossin der Arbeiten und Gefahren des Mannes, bereit, im Frieden wie im Kriege dasselbe wie er zu ertragen und zu wagen. Es kam vor, daß Frauen die Schlachtreihe ihrer wankenden oder fliehenden Männer wiederherstellten. Die Römer der späteren Kaiserzeit erstaunten über die wie Männer gerüsteten Weiber, die unter den gefangenen Goten einherschritten, oder unter den gefallenen Markomannen und Quaden auf der Walstatt lagen. Noch über die Völkerwanderung hinaus dauerte im Norden diese Kampffreudigkeit der Frauen fort. Im 8. und 9. Jahrhundert zogen norwegische und dänische Jungfrauen als Schildmädchen mit den Wikingern über See, um Sachsen und Iren zu schlagen. Kriegsschiffe hießen nach ihnen, und noch kürzlich hat man Grabhügel der jüngeren Eisenzeit bei Aasnes und am Nordfjord geöffnet, in denen eine vollbewaffnete Frau ruhte, auch zusamt einem Pferde, inmitten eines verbrannten Schiffes. In der berühmten Bravallaschlacht kämpften drei fremde Scharen, geführt von drei Schildmädchen, und Lathgertha stritt mit lang herabwallendem Haar unter den vordersten Kriegern. Oft werden sie in den altnordischen Sagen als übermütig und herrschsüchtig geschildert, und sie streben sogar nach Thronen. In den dänischen Volksliedern befreit das Weib mit der Waffe Bruder oder Bräutigam, verteidigt mit ihr seine eigene Ehre, kämpft statt des alten Vaters oder zieht gepanzert aus, um seinen Tod zu rächen. Noch 1500 scharten sich die Ditmarschen in der Schlacht von Hemmingsted, noch 1516 die Wursterfriesen um ein Schildmädchen.

Solche Heldinnen sah man nun auch in den stürmischen, düsteren und wieder leuchtenden Wettererscheinungen; wie ja auch die Sturmriesin Skadi im Zorn in voller Rüstung gedacht wurde (S. 236). Die nordischen Dichter wurden nicht müde, die Schlacht als Wetter der Waffen, Lanzen, Schilde oder noch zutreffender als Rauschen, Schauer, Sturm und Wind der Walküren zu umschreiben. Vielleicht bedeuten schon ihre Namen Skögul und Göndul nichts anderes als Wolkenstreifen und Wolkenballen, jedenfalls die Namen Hrist und Mist Sturm und Nebelwolke. Die Walküre Sigrdrífa, der sieghafte Schneesturm, schläft in einer Brünne, von wetterleuchtender Waberlohe umgeben. Andre Walküren reiten unter Blitzen über Land und Meer auf Rossen, die befruchtenden Tau oder auch Hagel von den Mähnen schütteln. Gunnr und Göndul „rudern" gleich den oldenburgischen Walridersken (S. 167), aber so, daß es Blut regnet. Dann freuten sich die Krieger, denn ein Blutregen galt ihnen wie den Griechen vor Troja als ein Vorzeichen mörderischen Kampfes. So werden die Wetterfrauen immer mehr zu Schlachtweibern und heißen darum auch Gunnr und Hildr die Kämpferin und ähnlich. Sie gehen auch hier, wie auf dem elfischen Gebiete, in Waldfrauen über, die die Schlachten lenken, unsichtbar mitten im Getümmel sind und ihren Freunden heimlich helfen und so auch dem dänischen Hother, dem Feinde Balders, eine feste Brünne und einen Siegesgürtel schenken. Saxo Grammaticus wundert sich wiederholt über die Dreistigkeit dieser Mädchen, nachts auszureiten, um einen Helden aufzusuchen und zu Taten zu reizen.

Wenn nun der Kampf losbricht, reiten die Walküren oder auch Dísir, von Adlern und Raben, den gierigen Aasvögeln, umflattert, zu Neunen oder Dreimalneunen oder auch zu Sechsen und Sechsen, bewaffnet herab. Altnordische *Sigrmeyjar* Siegmädchen oder angelsächsische *Sigevif* Siegweiber walten des Kampfs und des Sieges, treiben Kriegshandwerk, indem sie mitten unter die Krieger sprengen, die Gegner durch „Herfjötr“ Heerfessel lähmen und töten, ihren Schützlingen aber helfen und sie lebend oder tot küssen und umarmen. Ein wildes Schlachtschauspiel unter dem wolkenüberflogenen Himmel des Nordens! Ein ähnliches deutsches Bild deutet der mehr als tausendjährige Merseburger Zauberspruch an, den Einer zu sprechen hat, um aus der Gefangenschaft befreit zu werden:

„Einst saßen Idisi, saßen hier- und dorthin,
Einige hefteten Hafte, einige hielten das Heer auf,
Einige klaubten rings alle Fesseln los:
„Entspring den Haftbanden, entlaufe den Feinden!“

Die Schlachtweiber also lassen sich an drei Stellen in drei Haufen nieder; der eine fesselt die gefangenen Feinde hinter dem Heere der Landsleute, der andere wirft sich den Feinden entgegen, und der dritte löst hinter ihrer Reihe die Fesseln eines Gefangenen mit einer Zauberformel, die ihm Freiheit gibt. In dieser Weise waren auch die nordischen Walküren tätig, denn eine heißt *Hlöck* die Kette und eine andere *Herfjötr* die Heerfessel. Einen umfassenderen Sinn hat ein angelsächsisches Schlachtgebet zu den Siegweibern, das merkwürdigerweise später auf die schwärmenden Bienen übertragen wurde:

„Sitzt, ihr Siegeweiber, kommt zur Erde herab.
Wollet ja nicht fort in den Wald fliegen!
O seid eingedenk meines Heiles,
Wie ein jeder Mensch seiner Speise und Heimat!“

Den nordischen Disir brachte man auch Opfer dar und zwar in einer Disarhalle oder einem Disarsaal z. B. im Tempelhofe zu Uppsala.

Das Verhältnis der Krieger zu ihren Schlachtgenien gestaltete sich im Norden, wie es scheint, inniger, ja leidenschaftlicher als im Süden. Zumal in der Wikingerzeit. Einige Walküren umschweben schützend ihre tapferen Krieger in der Schlacht, wie liebende Wesen die Geliebten. Freilich reicht ihre Sorge nicht immer aus, und trotz der Hilfe seiner Walküre Kara wird Helgi im Kampfe erschlagen. Wenn die Helden nun als „Valr“ dalagen, dann hoben sie dieselben von der Walstatt auf und führten sie in das himmlische Kriegerheim, die Walhalla, ein. So wurden sie nun auch die Dienerinnen des Schlachtenlenkers und Walhallkönigs Odin, *Odins Mädchen*, *Herjans* des Heergottes *Disir*. Der Gott sandte sie zu jedem Kampf hinab, den Wal zu küren, die Gefallenen auszulesen und zu ihm zu bringen mit dem Jubelruf: „Nun mehrt sich die Gefolgschaft.“ Andre Walküren empfingen die neuen Ankömmlinge in der Halle und schenkten ihnen Met oder Wein ein. Wie lieblich mögen diese *Oskmeyar* oder Wunschmädchen manchen sterbenden Wikinger umrauscht haben! Ungehorsame Walküren wurden von Odin ausgestoßen, und z. B. *Sigrdrífa* von ihm durch einen Dornstich in Schlaf versenkt, weil sie wider Odins Willen ihrem Liebling Agnar den Sieg verliehen hatte. Von Sigurd auferweckt, weiß sie ihn vielnütze Runen zu lehren. In der neuen Halle des reichen Isländers Olaf Pfau (Pá) sah man Odin abgebildet, wie er seinen schwersten Ritt ritt, zum Leichenbrande Balders; da wurde er begleitet von seinen Raben und seinen Walküren.

Ist es ein schwacher, verchristlichter Nachklang, wenn nach der Legende die heilige *Gertrud,* die Speerfreundin, die einen ganz walkürenhaften Namen hat, dem ihr ergebenen Ritter mit ihrem Hirtenstab erscheint und einen Becher Weins reicht oder hinter ihm aufs Roß sitzt, um ihn für das Himmelreich zu retten? Sie beherbergt in der ersten Nacht nach dem Tode die Verstorbenen, die in der zweiten zu den Erzengeln und dann erst zum Heere Gottes kommen. Sie wird als Spinnerin dargestellt, an deren Rocken, Kleid und Kopf Mäuse oder Ratten, die uns bekannten Seelentiere, hinauflaufen. Spann sie etwa den Schicksalsfaden? Denn auch die altnordischen Walküren erscheinen einmal zwar nicht als Spinnerinnen, so doch als Weberinnen, die vor der von Iren und Nordleuten geschlagenen Schlacht bei Clontarf 1014 an einem furchtbaren Gewebe arbeiteten. Daran hingen Menschenhäupter als Gewichte, Menschendärme waren Zettel und Einschlag, Schwerter die Spulen und Pfeile der Kamm. Und immer wieder klang durch ihr Lied der Kehrreim:

„Winden wir, winden wir das Speergewebe!"

Endlich zerrissen sie ihr blutiges Gewebe, von dem jede ein Stück festhielt, und schwangen sich auf ihre Rosse; sechs ritten gen Süden, sechs gen Norden. Ihre Schützlinge, die Nordleute, siegten. Noch der christliche König von Norwegen, Harald Harđrađe der Strenge, singt dicht vor der Schlacht von Stamford im Jahre 1066, die ihm das Leben kostete, von den Walküren, die ihm, über dem Walplatz schwebend, den Kampf lehren.

Ein liebliches Gegenbild, ein Stillleben der Walküren, entwirft der Dichter des schönen eddischen Wielandsliedes (S. 161). Drei Walküren, *Alvitr, Svanhvit* und *Ölrun,* flogen aus dem Süden vom Schwarzwald, einem mächtigen Waldgebirge, an den Meeresstrand, um sich vom Kriegshandwerk auszuruhen, und spannen kostbaren Flachs, und Schwankleider lagen neben ihnen. Da wurden sie von Wieland und seinen beiden Brüdern gefangen, und sie lebten sieben Winter (Jahre) mit ihnen, aber den ganzen achten sehnten sie sich fort, und im neunten flogen sie davon zum Schwarzwald, um wieder Kampf zu suchen. Wielands Brüder wanderten, um sie zu finden, der eine nach Osten, der andere nach Süden; Wieland selber aber blieb einsam zurück und schlug rotes Gold und Edelgestein zu kostbarem Geschmeide zusammen, tief im Wolfstal, auf sein lichtes Weib wartend.

Echte Walkürennamen tragen auch noch andere Schwanfrauen, die „weisen Meerweiber" *Hadburg* und *Siglint* im Nibelungenlied. Als sie in einem schönen Brunnen ihren Leib kühlten, nahm ihnen der grimme Hagen ihr Vogelgewand, und die erste weissagte den Burgundern große Ehren in Etzels Land, um ihre Kleider wieder zu bekommen. Als aber Hagen diese zurückgegeben hatte, warnte die andere: „Meine Muhme hat dir gelogen; ihr habt alle den Tod an der Hand!" In eine Heroine verwandelt ist in der

Nibelungensage die Walküre *Brünhild*, die nicht mehr in Luft und Himmel, sondern auf Erden ihr herrlich schweres Schicksal lebt. Im Speer- und Steinwurf, im Sprung und dann weiter im Ringkampf ist sie unbesiegbar, außer für Siegfried. Doch im nordischen Bericht umlodert sie noch, ein Zeichen ihrer höheren Abkunft, die Waberlohe, die auch nur Siegfried durchreitet. Die nordischen Walküren berühren sich vielfach mit den Schicksalsfrauen, denn auch sie tun entscheidende Sprüche und spinnen und weben, sowie mit den Folgefrauen, denn auch sie schweben schützend über ihrem Helden. Ihrer neun reiten nach der Geburt Helgis heran, von denen die stattlichste, Svava, ihm den Namen des Heiligen d. h. des durch Götterschutz Unverletzlichen gibt. Diese drei Gruppen höherer weiblicher Mächte lassen sich nicht mehr allein aus Naturerscheinungen erklären, sondern sie schöpfen ihr Herzblut aus dem ahnungsvollen, mitfühlenden und mittätigen und kampffreudigen Wesen altgermanischer Weiblichkeit.

Walkürenhaft sind die Riesinnen *Thórgerđr Hölgabrúđr* d. h. Háleygis oder Hölgis Braut, und *Irpa*. Jene war der Schutzgeist des Iarl Hakon vom norwegischen Halogaland. Später wurde ihr ein Tempel in Island geweiht, den Grimkell im Zorne darüber, daß sie ihm nichts Gutes prophezeit hatte, samt allen Götterbildern verbrannte. Am Abend war er tot. Die Bildsäule der Thorgerd hatte einen Goldring um den Arm und krümmte die Hand, als ihn Einer greifen wollte, dem sie ihn nicht gönnte. Da kniete der Mann nieder und legte ihr unter Tränen viel Geld zu Füßen, und als er nun nochmals den Ring faßte, ließ sie ihn los. In einem norwegischen Tempel standen drei Bilder, Thors und der mit Armspangen geschmückten Thorgerđr und Irpa. In der Schlacht schleuderten sie aus jedem Finger Hagel, Sturm und Pfeile den Feinden ihrer Schützlinge entgegen, gleich Walküren der grimmigsten Art. In der Not opferte ihnen Hakon sogar seinen Sohn.

Zwei andere halbgöttliche Riesinnen sind *Menglöđ* die Halsbandfrohe und *Gerđr* die Eingesperrte. Sie sind beide schöne Sommerwolkenfrauen, die aus düsterer Wolkenhaft im Lenzgewitter befreit werden. Die Befreiung der Menglöđ, die wie die indische Wolke am Regenbogenhalsband ihre Freude hat und acht Winter(monde) eingesperrt war, vollzog *Svipdagr*, der sie wie ein svip, ein plötzlicher Blick, ein taghell aufleuchtender Blitz, mit dem Laevateinn, der Verderbensrute erlöst. Der Held lebt im skandinavischen Volkslied als Jung Sveidal fort. Die Erlösung der von den Hrímþursar, den Reifriesen, mit ewiger Haft bedrohten lichtarmigen Gerđr vollzog *Freyr* oder an seiner Statt sein Diener *Skírnir* der Aufheiterer, Wetterklärer mit seinem sich selber bewegenden Schwert, das Gambanteinn Zauberrute heißt und, wie der Laevateinn, den Blitz bedeutet. Beider Riesinnen Saal ist von Waberlohe, Wetterleuchten, umgeben, wie Brünhilds Lager, und bewacht von Hunden, und einem Wächter. Diese nordischen Mythen sind nah verwandt mit den deutschen Sagen von der Erlösung der weißen Schloß- oder Burgfrau.

Endlich sind die beiden Alaesiagen *Beda* und *Fimmilena* zu erwähnen. Diesen beiden und dem Mars Thingsus weihten römische Soldaten des 3. Jahrhunderts n. Chr., Friesen aus Twenthe, am Hadrianswall zwei Altäre. Der eine stellt nur Opfergeräte, der andere nur eine weibliche Figur mit Kranz und Palmzweig in den Händen dar. Die weibliche Gegenfigur, die zweite Alaesiaga, fehlt. Wie sich im Mars Thingsus römische Form und germanischer Inhalt vereinigen (s. u.), so sind auch vielleicht die Alaesiagen an die Stelle von Victorien getreten. Aber an sich sind sie ihren Widmern und ihren Namen nach offenbar deutsch. Ihr Gesamtname ist freilich unerklärt, auch die beiden Einzelnamen sind nicht sicher zu deuten. Doch scheint Beda vom friesischen Zeitwort beda zu stammen, worin die Bedeutung bitten und gebieten zusammenfallen, woraus auch schon die Namen der deutschen Schicksalsfrauen hergeleitet wurden (S. 254). Fimmilena wird die Bewegliche bezeichnen. Sie sind, nach dem von ihnen unterstützten Hauptgott zu schließen, Thinggöttinnen d. h. Göttinnen des Gerichts oder des Kampfs.

Die Ausbildung von Naturgewalten zu höheren Dämonen erreicht ihren Gipfel in den Einzelgestalten Loki und Mimir, von denen der erste das bisher kaum beachtete Element des Feuers personifiziert, der andere in geistigerer Weise als die älteren Wasserdämonen das des Wassers. Als das gewaltige Himmelsfeuer, das Wetterleuchten, war Loki doch nur eine Begleiterscheinung anderer Wettermächte und als Herdfeuer in die Enge des Hauses gebannt nach Art untergeordneter Hausgeister. Darum ist er kein Vollgott geworden und hat trotz seiner tiefen Eingriffe in die Götterschicksale neben den Göttern eine oft untertänige Stellung, die auch die anderen indogermanischen, übrigens durch eigene Kulte viel höher geehrten Feuergottheiten einnehmen, der indische Agni, der griechische Hephaistos und der lateinische Vulcanus. Loki teilt mit diesen und nun gar mit den Herdgöttinnen Hestia und Vesta nur wenige Züge und scheint auch nur den Nordgermanen bekannt gewesen zu sein. Auf die Angabe Caesars, daß die Germanen außer Sonne und Mond auch den Vulkan verehrt hätten, ist kein Verlaß (S. 5).

Dieses absonderliche Mittelwesen wird freilich Gott genannt und als solcher in den drei oder vier Götterlisten der Edda mit aufgezählt. Aber Loki hat keine Götterwohnung im Himmel wie die anderen Götter, ja es ist nach der Lokasenna ein Wunder, wenn dieser Vater so ungeheuerlicher Kinder sich unter den Göttern blicken läßt. So heißt er denn auch Riese und Elf oder Zwerg und wird Wicht gescholten. Bald ist er der Götter Freund, bald ihr Feind, ihr Verleumder und Schandfleck. Er entführt z. B. die Jugendgöttin Idun zuerst den Göttern zu den Riesen, dann aber den Riesen zu den Göttern. Er ist schön von Aussehen, aber böse von Sinnesart. Wie ein Alf verzaubert er sich in größere und kleinere Tiere: Pferd, Kuh, Lachs, Fliege und Floh, auch gern in ein Weib und in die Hexe Thökk. Durch Alfen läßt er Göttergeschenke schmieden. Seine Sippe aber ist riesisch. Alle übertrifft er an Lug und Arglist. Er haßt alle lebenden Wesen, auch die Götter.

Der Name *Loki* ist identisch mit (V)logi Lohe und scheint von derselben Wurzel ausgegangen wie der römische *Vulcanus*. Auch sein andrer Name *Loptr*, das dem bayrischen Loftern d. i. Lodern verwandt ist, kennzeichnet ihn als Feuergott. Seine Eltern sind der Riese *Fárbauti*, der gefährliche Schläger d. i. der Blitz, und *Laufey* oder *Nál*, das dürre Laub- oder Nadelwerk der Bäume, das die Flamme erzeugt oder nährt. Im Namen seines Bruders *Byleiptr* steckt jedenfalls leiptr der Blitz, und der seines andern Bruders *Helblindi* bezeichnet wohl das höllenartig finstre Gewitterdunkel. Schwieriger sind seine Gattinnen *Sigyn* und *Angrboða* und ihre Söhne zu erklären, sie sind wohl zum Teil fremden Mustern nachgebildet.

Loki ist die Himmelslohe, dann die Sommerschwüle und die in der Hitze zitternde Luft, ferner das Herdfeuer und endlich das vulkanische Erdfeuer; er ist das Feuer in seiner Beweglichkeit und Verderblichkeit. Er hohnlacht, wenn das Wetter unheimlich am Horizont aufleuchtet. Wenn es in Tirol „himmelblitzt“ ohne Regen und Donner, so nennt man das am Brenner „Wetterlachen“, wobei man nicht mehr an das ältere Wetterleichen, das Wetterspielen, denkt. Doch auch einem lächerlichen Spiel gleicht die Posse, die Loki mit einer an ihn gebundenen Geiß aufführt, um die finstre sturmwolkige *Skaði* zum Lachen zu bringen. Er buhlt mit ihr und mit Thors Gattin Sif, der er das Goldhaar abschert. Auf wunderbaren Flügelschuhen durchläuft er Luft und Meer. — Bei drückender Schwüle vergiftet Loki die Luft schon nach der Völuspa. Meint man in Mecklenburg: „Nu höddt (hütet) de Düwel sin Schap up Land, wenn dat so flämmert, wenn de Luft so wackelt“, so sagt man in Dänemark altertümlicher: „Lokke driver med sine Geder d. h. Loki treibt seine Geißen aus“ und neuisländisch: „Loki führt über die Äcker“. In Jütland „sät Loki Hafer“ d. h. den Tieren schädliches Unkraut. Knistert das Herdfeuer stark, so prügelt der dänisch-norwegische Lokje seine Kinder; knallendes oder brummendes Herdfeuer kündet in Deutschland Zank an. In Griechenland galt das Knistern für ein Lachen der Herdgöttin Hestia oder des Feuergottes Hephaestos. Um den zürnenden Lokje zu beschwichtigen, wirft man den „Pelz", die Haut abgekochter Milch, in die Flamme. — Jung scheint der Mythus vom vulkanischen Loki, der nach der Völuspa „und hvera lundi" d. h. unter dem Haine der Kessel, der Sprudel, also wahrscheinlich unter dem isländischen Geysir gefesselt liegt, und wenn er an seinen Banden rüttelt, Erdbeben erzeugt. Erst seit der Besiedelung Islands im 9. Jahrhundert lernten die Germanen Erdbeben und Vulkane kennen, also in einer Zeit, in der antike und christliche Vorstellungen von verwandten Wesen, wie Typhon und Luzifer, bereits ihren Einzug in den Norden hielten. Kein andrer war mehr dazu geschaffen, um deren Rolle zu übernehmen, als der tückisch stets auf Zwist und Schande und Unheil sinnende Loki.

Diese Züge seines allgemeinen Charakterbildes kehren in seinen zahlreichen, bald freundlichen, bald feindlichen Beziehungen zu den Dämonen und Göttern wieder. Alt sind seine Fahrten mit Thor zu Thrym, Geirröd und Utgardaloki (S. 232. 243), denn das Wetterleuchten ist der natürliche Gefährte des Gewitters. Noch ein neuisländisches Sprichwort lautet: „Lange gehen Loki und Thor, das Unwetter läßt nicht nach". Bei Thors Heimkehr von dem furchtbaren Kampf mit dem Midgardsdrachen und mit dem Riesen Hymir verursacht er das Hinken des Bocks vor Thors Wagen. Wie Thors Hammer acht Rasten tief liegt, ist Loki acht Jahre d. h. ebenfalls acht Wintermonate in der Erde verborgen. Auf der Fahrt zu Utgarđaloki begleiten den Donnergott Loki und *Thjalfi,* der Blitz, dieser, um mit dem schnellen *Hugi,* aber Loki, um mit dem Wildfeuer *Logi* zu kämpfen. Auf der Geirröđs-, wie auf der Thrymsfahrt fliegt Loki als Späher in Freyjas Falkengewand voraus. Auf der ersten begleitet er ihn dann als Diener, der sich beim Durchwaten des Flusses Vimur ängstlich an Thors Kraftgürtel anklammert. Auf der anderen begleitet er ihn als kluge Magd (S. 233). Als Loki die *Iđunn* entführt, schützt ihn Thor vor dem verfolgenden Sturmriesen Thjazi (S. 233). Dem riesigen Sturmroß Svađilfari (S. 234) gebiert Loki den Sleipnir, das den Windgott Ođin trägt.

Aber Thor und Loki haben auch, ganz den von ihnen vertretenen Naturerscheinungen gemäß, Feindschaft miteinander. Das zeigt vor allem das „*Lokasenna* Lokis Lästerung“ betitelte Eddalied. Loki tötet vor Aegirs Halle, in der die Götter zum Gelage versammelt sind, ihren Diener Fima- oder Funafengr (S. 241), zankt mit Eldir, der ihm den Eintritt wehrt, wird aber nach seiner Berufung auf seine Blutsbrüderschaft mit Ođin eingelassen. Nachdem er den Göttermet mit bösem Zusatz versehen, die Götter mit Hohn übergossen und sich seiner Liebschaften mit drei Göttinnen gerühmt hat, bringt ihn Thors Erscheinen endlich zum Schweigen, doch nicht bevor er den Gott mit dem leckenden „logi“, der Lohe, bedroht hat. — Ferner fängt Thor den Loki, als dieser der Sif das Haar abgeschoren, doch Loki löst sich mit den kostbaren Schmiedearbeiten der Iwaldissöhne (S. 157). Thor fängt den Loki nochmals, als diese Arbeiten vom Zwerge Brokkr noch übertroffen werden; Lokis Lippen werden zusammengenäht (S. 158). Zum drittenmale fängt Thor den Loki, als dieser nach dem von ihm verschuldeten Tode Balders in Lachsgestalt sich in einem Wasserfall verbirgt. — Alle diese letzten Mythen mögen in allerhand Spielen der Einbildungskraft mit den Naturerscheinungen ihre Keime haben, aber sie sind dann zu freieren Darstellungen des Götterlebens ausgestaltet worden. Und Lokis grausamste Bestrafung, seine Fesselung im Kesselhain, ist sogar der christlichen Legende entlehnt.

Während die Reisegenossenschaft Lokis und Thors in echter Naturanschauung wurzelt, scheint die Gesellschaft dreier himmlischer Erdenwanderer, zu denen auch Loki gehört, ein novellistisches, in der griechischen und christlichen Legende beliebtes Motiv zu sein, das auch dem Norden bekannt wurde. Im Thjazimythus (S. 233) sind *Odin, Hoenir* und *Loki* Reisegefährten, aber die beiden ersten sind überflüssige Figuren. Dieselbe Dreizahl zieht im Eingang der nordischen Nibelungensage über die Erde, wobei Loki unterwegs den Otr tötet, aber auch vom Zwerge Andvari das nötige Gold herbeischafft, um damit Otrs Vater Hreiđmar die Mordbuße zu zahlen. Er erlangte auch den Goldring, der stets neues Gold erzeugte, aber von Andvari verflucht wurde, stets seinem Besitzer Verderben zu bringen. Diese Vorgeschichte des Nibelungenhorts ist wie die ganze Umrahmung der deutschen Siegfriedssage durch den Göttermythus erst später im Norden hinzugefügt worden. Auch die anderen Beziehungen Odins und Lokis, wie ihre Blutsbrüderschaft und der Auftrag Odins an Loki, der Freyja ein Halsband zu stehlen, das sie von den Zwergen gegen Gewährung ihrer Gunst bekommen hatte, mögen freie Erfindungen sein. Vielleicht gehört auch Lokis Kampf mit *Heimdall* um die schöne Meerniere d. h. den Regenbogen dazu.

Diesem schelmisch-boshaften Abenteurer, der originellsten Figur des germanischen Götterhimmels, war noch eine bedeutendere Rolle aufgespart in den neuen mythologischen Gestaltungen, die das Christentum heraufführte. Er wurde zum Teufel, der den Tod Christi-Balders anstiftete, der *ráđbani Baldrs*, er wurde zum gefesselten Fürsten der Hölle und zu einem Hauptfeind der Gottheit in der großen Entscheidung des Weltuntergangs. Doch davon im Schlußkapitel.

Der nordische Kultus kümmerte sich so wenig um ihn, wie um die Riesen. Man warf, in späterer Zeit, ein Milchhäutchen ins knisternde Feuer, wenn Lokje seine Kinder schlug, oder schwedische Kinder warfen ihren ausgefallenen Zahn ins Feuer, um einen neuen von Loki zu bekommen. Das ist alles!

Aus der Schar der weissagenden Geister des rauschenden Wassers und Waldes erhebt sich ein anderer höherer Dämon, Mimir, den schon sein mit dem lateinischen Worte memor verwandter Name als ein geistigeres Wesen, als den Denker bezeichnet. In Südskandinavien verblieb er noch bis in die neuere Zeit ein gefährlicher Wassergeist, der

z. B. in der småländischen *Mimeså* dem Mimesbach haust, und nach dem auch der *Mimesjö* der Mimesee genannt ist. Bei Saxo heißt er *Miming*, der ursprünglich wahrscheinlich Mime hieß, während sein berühmtes Schwert den bekannten Schwertnamen *Miming* nach ihm führte. Er war ein Waldsatyr, der eine für Menschen kaum erreichbare, von eisigen Bergen umstarrte Höhle bewohnte und ein Schwert darin barg, mit dem selbst der gegen alles Eisen gefeite Halbgott Balder getötet werden konnte. Außerdem hatte er einen Armring, der den Reichtum des Besitzers stetig vermehrte. In diese wilde Öde eilte Balders Feind *Hother* und lauerte Miming auf, lange vergebens. Als aber einmal der Waldgeist nachts aus seiner Höhle trat und sein Schatten den Eingang des davor aufgeschlagenen Zeltes Hothers verdunkelte, da stach dieser ihn nieder. Und nun mußte er, gefesselt und mit dem Tode bedroht, Schwert und Ring herausgeben. Das alte Motiv der Fesselung des zum Ratgeben gezwungenen deutschen Waldgeistes und des Witolfs oder Waldmannes (S. 241) kehrt hier wieder. Jenem Schwerte aber wird in der ursprünglichen Sagenfassung Balder erlegen sein.

Der deutsche *Mime* ist ein weiser Waldschmied, Wielands Lehrmeister, und heißt im Norden gewöhnlich *Regin* d. i. Berater, wie er denn auch durch kluge Zauberkunde sich auszeichnet. Er wird bald Riese, bald Zwerg, bald sogar Drache genannt, während er doch nur ein Bruder des Drachen Fáfnir ist. Aus seiner dunklen Waldschmiede bricht ein strahlendes Heldenleben hervor. Denn Mime erzieht den jungen Siegfried und stachelt ihn aus Gier nach seines Drachenbruders Golde zu dessen Ermordung an. Er hat für ihn ein Schwert Gram geschmiedet, das so scharf ist, daß es, in den Rhein gehalten, eine entgegentreibende Wollflocke zerschneidet. Er begrüßt den jungen Helden als Sieger, wie dieser mit Gras das Blut des Drachen von seinem Schwerte wischt.

Die isländische Überlieferung hat die alte einfache Wald- und Wassergeistsage von Mimir künstlich gesteigert, man möchte fast sagen, verhimmelt. Sein Brunnen liegt nun wie der Urđarbrunnen am Fuße der Weltesche Yggdrasil, die deswegen auch *Mimameiđr* Mimisbaum heißt. Der Mimisbrunnen wird auch Ođrœrir Geisterreger genannt und birgt Weisheit und Verstand. Aus ihm schöpft Odin die hineinverquirlten Runen, die ihm Zauberkräfte verleihen. Und so hoch schätzt dieser Mimirs Geist, daß er sein Auge in dessen Quell als Pfand läßt, um einen Trunk daraus zu erlangen. Oder der Gott raunt mit Mimirs Haupt, das wohl ursprünglich den natürlichen Urquell, das Brunnhaupt, das Bornhövede (S. 201) war und dann durch einen Mythenkünstler zu einem wirklichen, vom Leibe abtrennbaren Haupte gemacht wurde. Denn laut eines Friedensvertrages, den die beiden verfeindeten Göttergeschlechter der Asen und der Wanen miteinander schlossen, wurden Geiseln ausgetauscht: die Asen gaben *Hoenir* her, den Mimir nach Wanaheim begleitete, die Wanen die schöne Freyja. Als die Wanen sich nun mit dem zwar stattlichen, jedoch einfältigen Hoenir betrogen sahen, da schlugen sie zornig dem Mimir das Haupt ab und schickten es den Asen. Odin aber salbte es unter Beschwörungen ein, damit es nicht verfaule und ihn weiterhin beraten könne. — Nicht die Verpfändung des Gottesauges, noch weniger die Enthauptung Mimirs und vor allem die Einbalsamierung seines Kopfes sind echte Volksmythen. Auch scheint die Annahme zweier Götterfamilien und ihres uralten Krieges durchaus unheidnisch. Überhaupt wurde in diesen an sich schon geheimnisvollen Wald- und Wassergeist durch die christliche Mythologie noch viel mehr hineingeheimnißt (s. u.).

Wenn wir die römisch-germanischen namenreichen Inschriftsteine mustern, so gewinnen wir den Eindruck, daß die Germanen noch manche höhere Geister verehrt haben. Aber selten gelingt es, auch nur ihren Namen sicher zu deuten, geschweige denn ihr Wesen. Möglich wäre es, daß man mit dem aus dem 2. Jahrhundert n. Chr. bei Köln bezeugten *Requalivahanus* d. h. dem im Dunkel Lebenden den geheimnisvoll im Waldesdunkel hausenden Mimer meinte. Spielt doch die mit Mime verknüpfte Siegfriedssage gerade am Niederrhein und scheint doch im anstoßenden Westfalen die Stadt Münster mit ihrem ältesten Namen Mimigardeford nach diesem Waldgeist benannt worden zu sein.

Siebentes Kapitel.

Das Götterleben und der Götterdienst.

Nächst dem Aufkeimen des Glaubens an übermenschliche Wesen überhaupt ist die Wendung eines Volkes vom niederen Seelen- und Geisterglauben zum höheren Götterglauben das denkwürdigste Ereignis seiner Mythengeschichte. Durch hundert Fasern hängt dieser neue Glaube mit dem alten zusammen; am tiefsten wurzelt er im Naturgeisterreich. Denn die auf einzelne Menschen angewiesenen Seelen und Maren fügten sich ihrer ganzen Art nach schwer zu einer höheren geschlossenen Körperschaft zusammen. Ungezählt und zerstreut lebten sie weiter und gestatteten nur eine schwache Idealisierung über ihr Dämonentum hinaus. Das Reich der Naturgeister aber, unter denen schon Könige erstanden und aus denen schon, gleichsam als Versuche der Vergöttlichung, die meisten höheren Dämonen hervorgegangen waren, wurde bei der wachsenden Naturerkenntnis, beim Bestreben, die zersplitterten Naturkräfte einheitlicher zu fassen und das Naturleben gleich dem Menschenleben besser zu ordnen, und bei dem mit der Kultur steigenden Bewußtsein von dem Dasein auch sittlicher Mächte, äußerlich und innerlich umgeschaffen. Man schritt von Einzelvorstellungen zu höheren und umfassenderen Begriffen fort, und der Name einer bedeutenderen Naturgeistergruppe z. B. der Holden und Berchten wurde zum Eigennamen einer einzelnen Göttin, zu Holda oder Berchta, oder es wurde ein neuer Name dem neuen Vertreter einer hervorragenden Naturgewalt z. B. Donar beigelegt. So finden wir denn all die alten dämonisierten Naturgewalten, außer dem Donner auch den

Wind und die Wolke, das Himmelslicht und die sprossende Erde, in den neuen Göttergestalten wieder. Aber alle Eigenschaften, Kräfte und Ehren der Vielen, die bisher Herren dieser oder jener Naturkräfte waren, wurden nun einem Donnergott, einem Windgott u. s. w. zugeschrieben, der wie ein unumschränkter König in seiner Machtsphäre herrschte. Höchstens wurde dieser von den älteren Naturgeistern als Dienerschaft und Troß umgeben oder auch mit Kindern und anderer Verwandtschaft ausgestattet. Während jene älteren Naturgeister nicht nur die Luft, sondern auch die Erde bewohnten, wurden die Götter, abgesehen von der Mutter Erde, als durchweg vornehme Himmelsbewohner gedacht, die nur ausnahmsweise die Erde mit ihrem Besuch beehrten.

Der Götterglaube ist ein jüngeres religiöses Gebilde, weshalb er auch ein schärferes nationales Gepräge trägt als die älteren Glaubensformen. Wann er unter den Indogermanen aufkam, kann nur ungefähr angegeben werden. Die Urmythen des Himmels- oder Donnergottes und der Mutter Erde, sowie die eines im Wechsel von Licht und Dunkel lebenden Brüderpaars und einer Göttin der Morgenröte, scheinen noch vor der Auflösung ihrer Völkergemeinschaft geschaffen worden zu sein, vielleicht auch einige skizzenhafte Entwürfe etlicher anderer Hauptgottheiten. Zunächst geben ihre Namen darüber Auskunft. Einige greifen in die indogermanische Urzeit zurück. Der deutsche Ziu, altnordische Týr begegnet wieder im indischen Dyaus, im griechischen Zeus, im römischen (D)jupiter, und der angelsächsischen Erdgöttin Folde entspricht trotz der Abweichung aller Laute genau die indische Erdgöttin Prithivî, die Breite. Die anderen germanischen Götter haben ihr eigenes Namenbuch. Von den älteren hat nur einer einen durchsichtigen Namen: *Donar — Thor,* andere, wie *Frey* und *Freyja* d. h. Herr und Herrin, fallen jüngeren zu. Weniger durchsichtig ist *Wodan — Oðin,* doch hat das Volk noch lange den Zusammenhang mit dem Worte Wuot, unserem Wut, festgehalten, wie die Bezeichnungen des Wuotanheeres als

Wüetungesheers, oder wütenden, wilden Heers bezeugen. Aber den Sinn des Namens seiner Gattin *Frigg-Fria,* indisch prija Geliebte, Gattin oder Tochter, fühlte der Germane nicht mehr. Einen zusammengesetzten Namen trug von den wichtigeren Göttern nur der neuere nordische Gott *Heimdall.*

An der Spitze der allgemeinen Namen für die Gottheit steht wie ein nationales Wahrzeichen der geheimnisvolle Name *Gott,* der durch alle germanischen Mundarten läuft, aber allen andern indogermanischen Sprachen fehlt. Er umfaßt als höchster Name die Asen, wie die Wanen. Wie Gott hat auch der andre gemeingermanische Name, der gotisch und hochdeutsch *Ans,* worunter Jordanes nur einen heroischen Halbgott versteht, niederdeutsch und angelsächsisch *Ôs* und nordisch *Âs* lautete und z. B. in dem bekannten Personennamen Ansgar, Oskar und vielen Ortsnamen erhalten ist, bisher keine sichere Deutung erfahren. Am nächsten kommt ihm das altindische Asu Lebensgeist. Gemeingermanisch waren auch die *Regin, Rögn* die Ratenden, Bestimmenden, die an die 12 Consentes Dii, die 12 obersten beratenden Götter der Römer, erinnern. Nach ihnen heißt das Ragnarökkr das Götterdunkel oder heißen die Ragnrökk der Götteruntergang im Norden und die altsächsischen Reganogiscapu die Götterschickungen bei den Sachsen (S. 252). Altsächsisch ist auch *Metod* der Messer und Metodgiscapu das Schicksal, beides auch angelsächsisch. Die altnordischen *Véar* die Heiligen und *Höpt* und *Bönd* Haft und Bande sind Skaldenausdrücke, vielleicht auch die *Vanir* die Lichten. Nach diesen allen ist unvolkstümlicherweise kein Ort benannt. Nur eine altnordische Bezeichnung: *Tívar* die Lichten reicht in die indogermanische Vorzeit hinauf und ist verwandt mit dem altindischen devas, dem griechischen dios und dem lateinischen divus.

Die folgende genauere Göttercharakteristik ist einseitig, weil sie fast ausschließlich auf nordischen und zum großen Teil noch dazu skaldischen Angaben beruht. Die Gestalt der Götter ist die kraftvoller stattlicher Menschen, sie bleibt an Größe hinter der der Riesen weit zurück, wie denn z. B. Thor in dem Däumling von Skrymirs Handschuh übernachtet. Die Mehrhäuptigkeit und -armigkeit der Riesen kommt bei den Göttern nicht vor. Im Gegenteil ist Ođin einäugig, Tyr einhändig und Höđr blind, doch die beiden letzten vielleicht nicht nach echt germanischer Überlieferung. Die Götter nehmen Tiergestalt an, doch immer nur in bestimmter Absicht, so Odin, Freyja und Frigg, aber nie Thor, der nur einmal in Brauttracht verkleidet zum Riesen Thrymr fährt. Jene Göttinnen verdanken ihr Flugvermögen dem Falkengewand, Ođin seine Schnelligkeit dem Pferde Sleipnir, Thor seine Kraft einem Gürtel, eisernen Handschuhen und dem Hammer, ohne den er machtlos ist. Alle Götter gehen oder, was den antiken Göttern fast durchaus fremd ist, sie reiten, nur Thor und Freyja gehen oder fahren zu Wagen, Frey auch zu Schiff. Nicht nur Rosse, sondern auch Eber, Böcke und Katzen sind Reit- und Wagentiere; Raben, Wölfe und Hunde begleiten Ođin, auch Walküren und die wilde Jagd; Thor hat zu Gefährten Loki und Thjalfi, auf der Fahrt zu Hymir sonderbarerweise auch Tyr. Die Götter bedürfen des Essens, des Trinkens und Schlafens. Sie erscheinen dem Menschen unerwartet, wie namentlich Ođin, oder bei Anruf, wie Thor, werden ihnen beim Blicken durch die Armbeuge sichtbar, verschwinden plötzlich (hverfa) elfengleich, lassen aber oft Spuren ihrer Hände, ihrer und ihrer Rosse Füße in einem Steine zurück. In der Mittsommernacht, in der die Sonne kaum unterging, glaubten die nordischen Germanen nach Tacitus ein Getöse zu vernehmen und Göttergestalten mit Strahlenhäuptern zu sehen. Nach Vellejus hielt ein deutscher Greis den waffenglänzenden römischen Imperator Tiberius für einen Gott, und auf Island gingen die Söhne Hjaltis zum Erbgelage ihres Vaters so schön gekleidet, daß die Leute meinten, die Asen kämen. Götter und Göttinnen sind schön, namentlich, gleich manchen Elfen, durch die lichte Farbe ihrer Haut und ihres Haars, so Iđunn und Heimdall, auf den eddischen Balder fällt auch fremder Glanz.

Im Gemüte der nordischen Götter überwiegt die Güte oder doch Freundlichkeit, sie heißen heiter, hold und nütze. Aber Liebe im höheren Sinne, die ihnen die Völuspa bei der Menschenschöpfung beilegt, wohnt weder in ihnen, noch in den altgriechischen Göttern. Sie stammt aus dem Christentum. Wohl schenken sie Einzelnen ihre Gunst, aber andere verfolgen sie auch, wie namentlich Odin, mit ihrem Grimm, der nicht immer ohne Tücke ist, während aus Thor öfter ein ehrlicher tobender Zorn hervorbricht. Die Götter spielen gern Brett und vertreiben sich z. B. beim Zechgelage beim Riesen Aegir die Zeit mit Weissagen aus Losstäbchen. Einzelne gehen allerlei Liebschaften nach, namentlich Odin und Freyja, niemals Thor. Die Kunstfertigkeit der Elfen, der sie ihre kostbaren Waffen, Schmucksachen und andere Kleinodien verdanken, ist ihnen versagt. Von dem Riesen Smiđ lassen sie sich ihre Götterburg bauen. Ihr Zimmern von Altären und Tempeln und ihr Schmieden von Zangen und anderen Werkzeugen auf dem Iđafeld, das mit jener Nachricht von ihrer Ausstattung durch Elfen und Riesen im Widerspruch steht, wird nur von der Völuspa gemeldet und bildet einen Zug ihrer dort nach fremden Mustern ausgeführten schöpferischen Tätigkeit. Sind sie doch als echte Heidengötter durch ihre Körperlichkeit in ihren Leistungen stark beschränkt. Wenn Odin nicht auf seinem Himmelsthrone, der Hliđskjalf, sitzt, vermag er die Welt nicht zu überschauen. Von diesem aus vermögen aber auch Frigg und Frey dasselbe wie er. Die Götter, namentlich Odin und die Wanen, sind weise und runenkundig. Jedoch obgleich Odin der weiseste Gott heißt, wird er von des Riesen Billing Tochter überlistet, und der Riese Vafthrudnir kennt die Weltgeschichte fast so gut wie er. Wenn die Götter Thor nicht hätten, und dieser nicht unablässig die Riesen bekämpfte, so ginge die Welt alsbald an diese verloren. Die Götter gelten bald für unverwundbar, bald nicht. Bei Saxo verleihen sie sogar ihrem Schützling Unverletzbarkeit. Aber nach demselben Saxo, wie nach der Edda wird Balder von Hödr zu Tode verwundet und nach jenem sogar das ganze Götterherr, das dem Balder zu Hilfe kommt, von Hödr in die Flucht geschlagen, nachdem er den Schaft von Thors Keule abgehauen hat. Später minderte sich das Ansehen der Götter so, daß in den Färöerischen Liedern Odin vor gewaltigen Heldenhieben in die Erde versinkt.

Die Götter werden nie ewig genannt, wenn es auch in Grimnismal einmal heißt, daß Odin nur von Wein immer lebe. Sie konnten auch nicht ewig sein, denn sie hatten sowohl Eltern als Kinder. So galt Thor für einen Odinssohn und hat wieder einen Sohn Magni. Aber die neugeborenen Götter wachsen mit übermenschlicher Schnelle zu voller Stärke heran: Jener Thorssohn hebt, drei Tage alt, das Bein des Riesen Hrungnir vom Halse seines hingestreckten Vaters, und der einnächtige Vali rächt blutig seinen Bruder Balder. Aber diese jäh aufstrotzende Kraft dauert nicht ewig, die Götter altern, wenn ihnen die Äpfel der Idun fehlen. Nach der Völuspa sterben sie alle beim Weltuntergang, und das Auftauchen, das Wiederkommen einiger unsicherer Göttergestalten nach dieser Katastrophe ist nur der Nachklang der großartigen Schlußakkorde des christlichen jüngsten Gerichts.

Die Elfen hatten bereits ihre Könige (S. 153), aber kein eigentliches Staatswesen. Auch nennt Tacitus einen Semnonengott mit einem seltenen lateinischen Ausdruck „*regnator* omnium Deus", einen Allwalter, einen Oberherrscher. Die eddischen Götter bildeten einen Staat, den *ein* inmitten seines Hofes thronender Herrscher regierte, in dem jeder Gott einen Palast hatte, in dem Rats- und Gerichtsversammlungen gehalten wurden. Die spätere historisierende Überlieferung bei Saxo und Snorre schildert die Götter als ein irdisches Volk, das von Byzanz oder dem Tyrklande unter Odins Führung nach Sachsen, Fünen und Sigtun in Schweden zog. Odin verteilte unter seine 12 Tempelpriester die Wohnsitze, unter andern bekam Frey Uppsala, wo er Menschenopfer einführte. In Saxos Baldersage setzte ein Kollegium von Göttern Odin ab und wählte Oller zum König.

Die Hauptgötter haben in diesem Reiche jeder seinen eigenen Stand und Beruf, tragen weit individuellere, porträtartigere Züge als die Elfen und Riesen und haben einen bestimmteren, bedeutenderen Charakter. Das aber ist das Wichtigste, daß sie in ihrem Verhalten zu den Menschen viel stetiger sind als die wetterwendischen, launischen Naturgeister, daß sie zwar auch zürnen und strafen, namentlich die Friedensbrecher, daß sie aber durchweg das Gute fördern und dem Menschen wohlwollen und ihm Vertrauen und Hoffnung einflößen. Wird doch auch die furchtbare dämonische Blitzwaffe in des Gottes Hand zu einem Schutz und Segen für die Erde und ihre Menschheit. Ein tieferer Einfluß der Götter auf die Sittlichkeit des Volks ist aber nicht bemerkbar; steht doch auch ihre eigene Sittlichkeit nicht höher als die der damaligen großen Herren auf Erden. Die Götter glichen Gefäßen, die Reines und Unreines in sich schlossen, und waren wert, von jenem Starken der Völuspa, der von oben kam, zerbrochen zu werden.

Die Zahl der Götter schwankte. Sie ging von drei Hauptgöttern und einer Hauptgöttin aus, denen auch noch zu Tacitus' Zeit das göttliche Ansehen ausschließlich oder vorzugsweise vorbehalten blieb. In dieser Auffassung darf man sich nicht durch die zahlreichen Namen beirren lassen, die die römisch-germanischen Inschriftsteine aus der römischen Kaiserzeit überliefern. Das sind wahrscheinlich entweder nur andere Namen jener höheren Gottheiten wie z. B. Hludana, oder Beinamen derselben, wie z. B. Magusanus der Starke ein Beiwort des Hercules ist, wie hinn rammi der Starke ein Beiwort des Thor. Oder diese sogenannten „Göttinnen“ sind höhere Ortsgeister, oder walkürenhafte Wesen, wie Hariasa ein Schutzgeist des Heers, falls sie nicht keltisch sind. Später aber nahm nach einem bei den meisten anderen Indogermanen wiederkehrenden Entwicklungsgesetz die Götterzahl von Jahrhundert zu Jahrhundert zu, um im Norden zur Zeit der Bekehrung auf einige Dutzend zu steigen. Tacitus meinte mit seinem Hercules, Mercurius und Mars den Thunar, Wodan und Tiu oder Saxnot. Als dann bald darauf die römischen Wochentage in Deutschland eingeführt wurden, übersetzte man den dies Martis, Mercurii und Jovis durch den Tiestag, den späteren Dienstag oder Zistig, und durch den Wotanstag, den niederländischen Woensdag, den englischen Wednesday der alten taciteischen Auffassung gemäß. Aber abweichend von dieser entriß man mit Recht den Thunar seiner Gleichstellung mit Hercules und erhob ihn auf Jupiters Platz: der dies Jovis hieß Thunarstag, unser Donnerstag. Diese Göttertrias blieb in Deutschland lange maßgebend, und noch in der Karolingerzeit verlangte der christliche Priester vom deutschen Täufling die Abschwörung derselben Dreiheit: Thunaer, Woden und Saxnot (Tiu). Das von Tacitus daneben erwähnte bildlose Brüderpaar der Alcis im Haine der Naharvalen scheint nur von diesem einzigen Stamme verehrt worden zu sein. Dagegen kennt er außerdem eine Hauptgöttin, die aber unter verschiedenen Namen als Nerthus, Tanfana und wie eine Isis erscheint. Auch im götterreicheren Norden springt doch eine ähnliche Dreizahl männlicher Gottheiten überall als die alte Kerngruppe hervor. Adam von Bremen meldet, daß in dem berühmtesten nordischen Tempel, dem zu Uppsala, drei Götterbilder standen: Ođin, Thor und Fricco, der, wohl der nordische Frey, nur eine Abwandlung jenes deutschen Tiu ist (s. u.).

Wie die Griechen schon früh bei den drei Göttern: Zeus, Athena und Apollo, schworen die Nordgermanen ebenfalls bei drei Göttern, während die Römerschwüre die Dreizahl nicht erkennen lassen. Ođin, Thor und Frey, oder Frey, Njörd und der allmächtige Gott d. i. Thor oder der Landgott d. i. wiederum Thor, oder Thor, Ođin und Frey, oder Frey, Freyja und der starke Thor werden angerufen. In allem Wechsel der Schwurformeln bleibt Thor der Hauptschwurgott, wie Zeus, insbesondere Zeus der König, in Griechenland und Jupiter in Rom. Öfter wurde auch, wie in Rom, beim Donnergott und den „andern Göttern“ geschworen. Im Mythus machten sich neben den Hauptschwurgöttern auch die drei anderen, die Wanengötter Njörđ, Frey und

Freyja geltend, deren ursprünglich auf einen östlichen Stamm beschränkter Dienst sich später weiter nach Westen verbreitete. Außerdem traten noch Ođins Gattin Frigg und der zurückgesetzte alte Tyr wenigstens im Mythus hervor. Endlich führten die vielgereisten und zum Teil gelehrten Skalden aus den verschiedenen Landen allerlei lokale oder fremde Götter ein oder schweißten ältere Götter nach fremden Vorbildern um, wie z. B. Baldr. Nun wurde man auch mit dem antiken Zwölfgöttersystem bekannt. Die älteste indogermanische Religionsurkunde, der Rigweda 2, 27, nennt nur sechs höhere Götter, deren Zahl später auf zwölf steigt und bald in ein Göttergewimmel auswuchert. Die Griechen deuteten ein Zwölfgöttersystem zuerst im sogenannten homerischen Hermeshymnus V. 128 an, das später auch vom Kultus der Italiker übernommen wurde. Aber während das griechische System in Rom schon zu Hannibals Zeit wirklich eingebürgert war, wurde es im Norden zum bloßen Spielzeug der Dichterlaune. Die eddischen Grimnismal zählen zuerst zwölf Gottheiten auf, aber nicht nach antikem Vorbild je sechs von beiden Geschlechtern, sondern neun Götter, nämlich Thor, Ullr, Frey, Ođin, Baldr, Heimdall, Forseti, Njörđ und Widar, und drei Göttinnen: Sága, Freyja und Skađi, wobei namentlich die Abwesenheit Tyrs und Friggs auffällt, wenn diese nicht in der Saga verborgen ist. Elf Asen werden auch gezählt, als Baldr, der zwölfte, zu Tode kam, und auch Snorre Sturluson nennt zwölf die Zahl der göttlichen Asen, und Odin verteilt nach demselben Snorre in Schweden Wohnsitze an seine 12 Tempelpriester d. h. Götter. Aber Snorres Götternamenlisten überschreiten bereits die älteren bescheidenen Zahlen bedeutend, die erste enthält 14 Götter und sogar 18 Göttinnen. Er fügt jenen neun der Grimnismal noch fünf hinzu: Týr, Bragi, Höđr, Váli und Loki und umgibt die beiden Hauptgöttinnen Frigg und Freyja mit einem reichen Gefolge von Nebengöttinnen, die zum Teil deren Dienerinnen sind, zum Teil die besonderen Eigenschaften ihrer Herrin darstellen.

Die Götterwohnung *Ásgarđr* Asenhof oder *Ragna*

Sjöt der Waltenden Sitz wurde im Westen gedacht. Da schaute der langobardische Wodan morgens durch ein Fenster gen Osten, und Thor fährt ostwärts gegen die Riesen aus. Bei der Götterabschwörung wandte man sich mit zorniger Gebärde gegen Sonnenuntergang, dagegen mit erhobenen Händen und Augen gegen Sonnenaufgang. Doch dies mag ein aus rein christlicher Symbolik hervorgegangener Brauch sein. Bei Gebet und Opfer schauten die Nordleute gegen Norden. Die einen dachten sich Asgard mitten auf der Erde, die anderen im Himmel gelegen. Erde und Himmel verband die *Ásbrú* die Götterbrücke oder *Bifröst* die bebende Rast, sie führte zur Göttergerichtsstatt am Fuße der Esche.

Der Dichter der Grimnismal führt uns tiefer hinein in das „heilige Land" der Götter, eine weite mit Burgen besetzte Landschaft von durchaus nicht isländischem oder norwegischem, sondern altirischem Stil. Nur eine Zwölfzahl von Göttern besitzt darin himmlische Paläste. Da wohnt Thor in Thrúđheim mit dem Saale Bilskírnir, Ullr in Ydalir, Frey in Alfheim, Skađi in Thrymheim, Baldr in Breiđablick, Heimdall in Himinbjörg, Freyja in Folkwang, Forseti in Glitnir, Njörđ in Noatún und Viđar in Viđi. Alle diese Göttersitze werden mit wenigen Strichen geschildert, aber von Odins Palästen entwirft das überhaupt zu Odins Preise bestimmte Gedicht mehrere glänzende Bilder. Der Gott sucht das silberbedachte Gehöft, die Valaskjálf, auf, oder er trinkt am Sökkvabekkr mit Saga glücklich alle Tage aus goldenen Bechern. Seine prachtvollste Wohnung aber ist die goldstrahlende Valhall in Glađsheim, in die Ođin täglich waffentote Männer aufnimmt. Sie hat 540 Türen, durch deren jede 800 Einheriar täglich zum Kampf gegen den furchtbarsten Feind Ođins, den Wolf, fahren. Ihr Dach, dessen Sparren Speerschäfte sind, ist mit Schilden gedeckt, der Saal um die Bänke mit Brünnen bestreut. Ein Wolf hängt vor der Westtür, und ein Aar schwebt darüber. Drinnen speisen abends die Einheriar, jene durch Waffen Erschlagene, von einem im Kessel gekochten Eber Saehrímnir, während der Gott seine Hunde Geri und Freki füttert und selber immer nur von Wein lebt. Auf der Halle steht die Geiß Heiđrún oder der Hirsch Eikthyrnir; sie beißen von den Zweigen des Baumes Laeráđr. Ihr Euter füllt die Henkelgefäße stets mit Met, und von seinem Geweihe tropfen alle Erdengewässer. Der Laeráđr ist wohl die in einen Burgbaum verwandelte Weltesche, die nun auch Yggdrasill heißt, die Yggr oder Ođin wie ein Drasil oder Pferd reitet, wenn er als Windgott durch ihre Krone braust. Alle Götter fahren über die flammende Götterbrücke zum Gericht unter diese Esche, unter deren einer Wurzel die Unterweltsgöttin Hel, der andern die Reifriesen, der dritten die Menschen wohnen. Das Eichhörnchen Ratatösk läuft an ihrem Stamme hinab, um das Zankwort des Adlers Veđrfölnir von oben dem unten schädlich hausenden Drachen Níđhögg zu bringen. Der indogermanische Wolkenbaum, von dem alle Wasser fließen, unter dem die Nornen an ihrem Brunnen wohnten und Mimir seinen Brunnen hatte (S. 281), ist nun ein Ođinsbaum, verziert mit allerlei Märchenzügen und allegorischen Schnörkeln, und wie die ganze Götterlandschaft hat auch namentlich Walhall einen irischen Charakter. Denn schon vor den Grimnismal schildert die irische Poesie des 8. oder 9. Jahrhunderts das Land der Verheißung ganz ähnlich. Den Mittelpunkt überirdischen Genusses bilden auch hier ein in einem Kessel gekochtes ewiges Schwein und berauschendes Getränke. Der Ire Kormak tritt im Lande der Verheißung in eine schöne Burg, wo ein in einem Kessel gekochtes Schwein am andern Morgen wieder lebendig wird, und zum frischen Schwein gibt es dort Bier und Milch. Die eine Wand der Burg, zu der der Ire Maelduin kommt, besteht aus Gold- und Silberbroschen, die zweite aus Halsketten, die dritte aus Schwertern mit Gold- und Silbergriffen. Auf dem Flur stehen zur Verfügung ein gekochter Ochse, ein gesalzenes Schwein und große Gefäße mit berauschendem Getränk. Die nordische Vorstellung vom Kriegerparadies scheint zu einem guten Teil irische Wikingerbeute zu sein. Andere Skalden haben die Walhall noch weiter ausgestattet: Vor ihr strahlt der Wald Glasir in Goldlaub, neben oder in ihr liegt ein Víngolf, das man wohl am besten als Weinhalle auffaßt. Es wurde dem Saale Gimlé gleichgesetzt, der nun schon, wie sich zeigen wird, dem christlichen Gedankenkreise angehört.

Noch weiträumiger als die Walhall Ođins scheint seines Sohnes Thor *Bilskírnir* zu sein, denn er hat 540 hausartige Gemächer. Aber so viele sind auch wohl erforderlich, denn wenn Ođin die Krieger, so hat der Donnergott die noch größere Zahl der Knechte zu beherbergen. Was sie dort treiben, wird nicht gesagt. Aber vielleicht enthält noch einen heidnischen Nachklang der hessische Volksglaube, daß die Knechte nach ihrem Tode im Himmel donnern müssen.

Über ein liebliches Elfenparadies und eine nebelige Riesenhölle oder gar über ein von Gelagen und Waffenspielen widerhallendes Kriegerheim, neben dem noch ein Frauengasthaus bei Freyja und etwa eine von Thor verwaltete Knechtsherberge gedacht wurde, ist die echt germanische Jenseitsvorstellung nicht hinausgekommen. Die ewige sonnige Friedenswelt auf dem Edelsteinberge Gimlé, die die Völuspa schildert, ist bereits nach dem fremden Muster des himmlischen Jerusalems entworfen.

Wenn man schließlich das ganze Weltall zerlegte und zwar in neun verschiedene Heime, so folgte man wohl schon der gemeinmittelalterlichen gelehrten Kosmologie, die die Welt sich aus neun Sphären zusammengesetzt dachte. Nur mit Mühe brachte man aus dem alten Mythenschatz als neun Welten Asgard, Vanaheim, Alfheim, Miđgarđ, Svartalfaheim, Jötunheim, Múspellsheim, Niflheim und etwa noch Hel zusammen.

Diese höher geartete und tiefer ins Menschenschicksal eingreifende Götterwelt verlangte von ihren Schützlingen eine größere Fürsorge, ein eingehenderes Verständnis und eine feierlichere Andacht als die Geister- und Elfenwelt. Der Dienst dieser Dämonen hatte etwas Kindliches, Häusliches, Heimliches und Gemütliches, das nicht immer frei von Grauen war. Dazu wechselte er von Haus zu Haus, indem in dem einem der eine, im anderen der andere Geist vorzugsweise Verehrung genoß. Durchweg vollzog der Hausvater die altherkömmlichen Bräuche, aber auch Kinderhand mochte für manche genügen. Der Götterkultus ließ sich in diese engen und einfachen Formen nicht bannen. Er drängte aus dem Hause hinaus, er wollte eine größere Bevölkerung gleichmäßig befriedigen, zunächst die des Dorfs, dann die des Gaues, endlich die des weiten Landes. So wurde aus dem häuslichen Privatkultus ein öffentlicher Gemeinde-, Stamm- und Volkskultus. Unzertrennlich damit aber war verbunden die Handhabung des Rechts und des Krieges. Versammelten sich die Männer zum Gericht und zur Beratung, so schwebten die Götter mitten über der Dingstatt; zogen sie in den Kampf, so folgten die Götter den Tierstandarten. Der Dienst solcher ernst und weit waltender Wesen bedurfte kundiger und würdiger Leitung und feierlicherer Verehrungsstätten; mit den Göttern entstanden Priester und Tempel. Um diese beiden drehen sich die wichtigsten gottesdienstlichen Fragen.

Für das hohe Alter des germanischen Priestertums zeugen die uralten Namen, der althochdeutsche *Harugari* oder *Parawari*, der wie der lateinische Flamen lucularis den Hainmann nach dem alten in Hainen geübten Gottesdienst bedeutet, und der gotische *Gudja*, der altnordische *Godi* d. i. der Gottesmann, der Gottesdiener. Im Triumphzug des Germanicus im Jahre 16 n. Chr. schritt bereits mit der Thusnelda ein Chattenpriester Libes vor den Römern vorüber.

Aus Tacitus' Bericht glaubt man den Zusammenhang des Priesterberufs einerseits mit der Hausvaterwürde, anderseits mit der Fürsten- oder Königswürde noch einigermaßen deutlich zu erkennen. In frühster Zeit versah der Hausvater namentlich den regelmäßigen Seelen- und Elfendienst ausschließlich, zumeist im Hause oder unter einem nahen Baum, am Stein oder Quell. In außergewöhnlichen Fällen, bei schwerem Unwetter, Mißwachs, Krankheit und sonstiger Not, griff ein höheren Wissens mächtiger Zauberer mit geheimnisvollen Sprüchen und Bräuchen, oft an einem besonders feierlichen Orte, ein. Diese Zauberer überdauerten den Wechsel der Zeiten, aber das Hauspriestertum wuchs sich beim festeren Zusammenschluß der Gemeinden, Gaue und Stämme und bei der fortschreitenden Vergöttlichung der überirdischen Wesen zu höherer Würde und Macht aus. Jedoch weder zu Caesars, noch zu Tacitus' Zeit bildeten diese Priester, zum Unterschied von den gallischen Druiden, eine besondere Kaste. Der Älteste d. h. der Mächtigste, der Fürst, der König vollzog den eigentlichen Götterdienst in einem der Gottheit geweihten und, wie es scheint, ihm zugehörigen Haine.

Noch Tacitus erkennt den innigen Zusammenhang der Funktionen des Familienvaters und der des Gemeindepriesters. So z. B. bei der Orakelbefragung. Man zerteilte nämlich den Zweig eines fruchttragenden Baumes in Stäbchen, beritzte sie mit Zeichen und warf sie auf ein weißes Tuch. Wenn man die Götter in einer öffentlichen Angelegenheit befragte, so hob der Priester, wenn dagegen in einer privaten, so hob der Hausvater, zum Himmel aufblickend, dreimal je ein Stäbchen auf und deutete deren Zeichen. Verneinten sie die Frage, so fragte man an diesem Tage in dieser Sache nicht weiter; bejahten sie dieselbe, so achtete man noch auf andere Vorzeichen. Der Priester aber befragte nicht nur die Götter und opferte ihnen, sondern hütete auch das Gesetz im Frieden, wie im Kriege. Darum hieß er auch althochdeutsch der *Êwart* oder *Êsago,* altfriesisch der *Âsega,* der Gesetzwart oder Gesetzsprecher. Er eröffnete die Volksversammlung an der Kultstätte, die zugleich die Malstätte war, oder doch in deren Nähe lag, durch das Gebot des Stillschweigens und die Verkündung des Dingfriedens, der Þinghelgr, und bannte den, der ihn brach. Rückte ein Heer in die Schlacht, so trug der Priester aus dem Haine Bilder und Zeichen, die Tierstandarten, voran, denen die Gottheit folgte, und als deren Diener vollzog er auf deren Befehl, nicht auf den des Häuptlings, an dem Schuldigen Geißelung, Fesselung, ja Todesstrafe. Zogen die weißen, zu keiner gewöhnlichen Arbeit benützten Rosse, die in den heiligen Hainen gehalten wurden, den heiligen Wagen der Gottheit, so geleitete sie der Priester und hinter diesem der König oder Fürst des Landes, und beide horchten auf ihr Wiehern und Schnauben, das beim ganzen Volke für eine unfehlbare Weissagung galt. Fast scheint der Priester einen Geheimdienst auszuüben, wenn er in weiblichem Schmucke die bildlosen naharvalischen Alcis verehrt, wenn allein er den mit einem Tuche bedeckten Wagen der Nerthus berühren darf und ihr Bildnis badet, worauf dann die Sklaven, die ihn dabei unterstützt haben, der See verschlingt.

So steht der altgermanische Priester da als ein in göttlichem Auftrag ratender Vermittler nicht nur zwischen der Gottheit und den Menschen, sondern auch zwischen dem Volk und dem Herrscher, und vertritt dem Fürstentum und seiner Gefolgschaft gegenüber fast wie ein Volkstribun die alte sittliche Ordnung und den Frieden der Geschlechtergemeinde. Im Priestertum war das höhere religiöse Bewußtsein und die Rechtsweisheit geborgen.

Aus der nahen Berührung der priesterlichen und der fürstlichen Gewalten darf man aber wohl vermuten, daß, wie bei vielen andern Völkern, auch bei den Südgermanen einst der Priester und König oder Fürst eine und dieselbe Person waren, daß der König als der Mächtigste im Lande auch das Oberpriestertum führte. Auch der nordische Jarl oder Fürst hatte bei der Opferversammlung den Vorsitz und brachte den Göttern den ersten Minnetrunk, und nach der Rigsthula kannte er und noch besser der König die Runen und leitete durch sie, wie ein Gottesmann, die Kräfte der Natur und Leben und Glück der Menschen.

Aus dem von den Göttern abstammenden Uradel wurde der Priester gewählt, ein vornehmer, weiser und begüterter Mann. Als nicht blutsverwandte Freie, Hörige und Unfreie zu der alten Geschlechtergemeinde hinzutraten, da baute er sich und ihnen, den weniger bemittelten Gemeindemitgliedern, einen Tempel von allerdings sehr ursprünglicher Art. Der Hainpriester wurde ein Tempelpriester, der nicht nur das Heiligtum verwaltete, sondern auch zu dauerndem Eigen besaß und es unterhielt und für den Gottesdienst darin sorgte. Als Grundherrn eines Eigentempels kamen ihm auch die ihm von Tacitus zugeschriebenen Hoheitsrechte zu, die Vertretung der Gemeinde, die Hut des Gesetzes und die Leitung des Gerichts. Nicht nur aus der Ausstattung des altgermanischen Priesters mit solchen Hoheitsrechten, sondern auch aus der urkundlich besser bezeugten Geschichte des nordischen Priestertums und aus der gemeingermanischen Institution der Eigenkirche in frühchristlicher Zeit schöpfen wir das Bild einer solchen älteren Entwicklung, die allerdings weiterhin bei den verschiedenen Stämmen verschieden verlief.

Die alte einflußreiche Stellung neben dem König oder Häuptling behauptete der Priester am längsten bei dem so lange auf der Wanderschaft begriffenen Stamme der Burgunder. Neben dem bei Kriegsunglück oder Mißwachs „nach altem Brauche" absetzbaren *Hendino,* dem König, stand unabsetzbar der Oberpriester, der *Sinisto* oder *Älteste.* Dagegen scheint die Macht der Priester bei den meisten anderen westgermanischen Stämmen, insbesondere den ackerbauenden Hermunduren, Alemannen und Franken, früh gesunken; wenigstens hatten die Fürsten dieser Stämme unmittelbar nach der Völkerwanderung die volle und ausschließliche Strafgewalt im Heere. Aber der Eigentempel ist geblieben und drängt sich als gemeingermanische Institution sofort bei der Bekehrung der Stämme in das römisch-katholische Kirchenwesen bedrohlich störend ein. Die germanische Grundherrschaft, die sich auf ihrem Grund und Boden ihre Eigenkirchen baut, tritt der bischöflichen Macht entgegen. Der Grundherr muß seine Kirche und den Gottesdienst in ihr unterhalten und, wenn er nicht selbst geistlich ist, ihr einen Geistlichen geben und besolden. Er kann sie verkaufen, vertauschen, verschenken, vererben und verpfänden. Diese Eigenkirche, die germanisch und im alten römischen Kirchenrecht nicht bekannt war, haben die Sueven in Spanien und die Westgoten und Burgunder nur kurze Zeit, die zäheren Langobarden länger behauptet, aber ein halbes Jahrtausend hat sie im fränkischen und deutschen Reiche gedauert, bis nur ein dürftiges Patronatsrecht davon übrig blieb.

Auch der Adel der Sachsen scheint mit seiner richterlichen und feldherrlichen Gewalt die priesterliche verbunden zu haben. Er verwaltete die Heiligtümer, und von einem besonderen Priesterstande ist hier vollends keine Spur zu finden. Der angelsächsische König Edwin aber hat einen Oberpriester, dessen Machtkreis nicht genauer bestimmt werden kann. Nur so viel steht fest, daß die angelsächsische Geistlichkeit gleich zu Anfang in die staatlichen Rechte der heidnischen Priesterschaft eintrat und bereits zu König Alfreds Zeit ihr Landbesitz bedenklich angewachsen war. Wahrscheinlich war jener Oberpriester dem König so untergeben, wie ein Priester der fränkischen Eigenkirche dem Grundherrn oder der norwegische Priester dem Kleinfürsten, dem Iarl oder Hersir. Darum nennen nordische Runensteine einen Ruulf den Goden (Priester) des Nori und einen Ali den Goden des Solvi, also priesterliche Beamte vornehmer Leute. Der Iarl wird der Eigentümer des Tempels gewesen sein und behielt sich, während der Gode als sein Beamter die priesterlichen Pflichten vollzog, den Vorsitz beim Opferschmaus vor und leerte dabei den ersten Becher zum Gedächtnis der Gottheit. Übrigens scheinen andre norwegische Goden z. B. in Maeri bei Drontheim einen Tempel selbständig verwaltet zu haben. Ob aber als ihr Eigen? Diese größere Selbständigkeit führte in Island das germanische Priestertum zu seiner höchsten Leistung.

Nach Island brachten ausgewanderte norwegische *Goden* entweder ihren ganzen *Hof* genannten Tempel oder doch dessen Hauptgebälk und die Erde unter dem Thorsaltar vom Mutterlande im Schiff mit hinüber und bauten ihn an der Stelle wieder auf, wo die über Bord geworfenen mit Thors Bildnis versehenen Hochsitzpfeiler des Hofs ans Land getrieben waren. Oder auch fuhr z. B. der Isländer Loptr in jedem dritten Jahr nach Norwegen, um dort im Tempelhof der Ahnen zu opfern. Der Tempel, hüben oder drüben, galt also für ein uraltes, wertvolles Erbstück. Andre wohlhabende Ansiedler, die entweder in der alten Heimat keinen Hof besessen oder ihn von dort nicht mitgebracht hatten, bauten für sich und ihre minder begüterten Ansiedler einen Tempel, für dessen Benutzung diese eine Abgabe, den Hofzoll, zu zahlen hatten, und erwarben sich dadurch einen Vorrang über die andern, die Stellung eines Goden und Yfirmađr, eines Übermanns, einer Obrigkeit. Der Hof wurde der Stützpunkt der Staatsgewalt seines Besitzers; die Godenwürde, das *Gođorđ*, bemächtigte sich der Herrschergewalt, der richterlichen und der ausführenden. Auch zum Heeresdienst bot der Gode seine Thingleute auf. Aus 39 solcher Gođorđe setzten die Goden den Freistaat ihrer Insel zusammen. Ihre Würde vererbten sie meistens auf den ältesten Sohn, doch wurde sie auch wohl unter zwei Brüder geteilt. Wie eine Sache konnte sie gleich dem Besitz einer fränkischen Eigenkirche verschenkt, verkauft und vertauscht werden, und machtsüchtige Männer strebten darnach, mehrere solcher Gođorđe durch Kauf, List oder Gewalt in ihrer Hand zu vereinigen. Die isländische Familiensage hallt wider von solchen Gođorđskämpfen, auch noch in christlicher Zeit. Denn die Godenhäuptlinge führten auch, wie die westgermanischen Grundherren nach ihrer Bekehrung, Eigenkirchen auf und behaupteten dieselben Rechte wie ihre heidnischen Vorgänger.

So haben sich in Deutschland wie im Norden die Einrichtungen des heidnischen Priestertums mit dem Grundbesitz als seiner Unterlage noch Jahrhunderte lang in der römisch-katholischen Kirche Geltung verschafft, bis sie erst der Investiturstreit im wesentlichen zerstörte. Doch noch heute kann manche Schloßkapelle oder im Gebirge auch die Hauskapelle manches Bauernhofes an die alte Zeit erinnern. Im Schwarzwald besorgt darin die älteste Magd dreimal täglich das Läuten und, wenn die Kirchwege verschneit sind, halten die Hausbewohner unter dem Vortritt des Hausvaters darin ihre Sonntagsandacht.

Neben den Priestern sind bei den Südgermanen *Priesterinnen* zweifelhaft und nur bei den aus dem Norden eingewanderten und vielfach mit Kelten gemischten oder gar keltischen Kimbern nachweisbar. Diese wurden von greisen weissagekundigen Priesterinnen in den Krieg begleitet. In weißes Linnen gekleidet, einen metallenen Gürtel um den Leib, barfuß traten sie den Kriegsgefangenen mit einem Schwerte entgegen, bekränzten sie und führten sie zu einem mächtigen Kessel. Auf einer Leiter stehend durchschnitt ihrer eine die Kehle der in die Höhe gehobenen Gefangenen und weissagte aus ihrem in den Kessel rinnenden Blute. Als später Ariovist dem Caesar gegenüberstand, losten und weissagten die suebischen Hausfrauen, daß ihre Männer nicht siegen würden, wenn sie vor dem Neumond zum Kampfe schritten. Aber hier und weiterhin werden Priesterinnen nicht erwähnt. Sogar die geheimnisvolle Göttin Nerthus hatte keine Priesterin, sondern einen Priester.

Wiederum weicht auch in dieser Hinsicht die nordische Priesterschaft ab. Denn die Tempelpflege und den Opferdienst übernahmen auch *Gyđjur* Priesterinnen, unter denen die Gyđja Steinvör sogar einen Haupttempel besorgte. Aber selbst diesen standen als Weibern nicht die weltliche Gewalt und Würde der Goden zu, vor allem war ihnen ein Einfluß auf das Gerichtswesen und die Verwaltung untersagt. Von besonderer Bedeutung war die schöne junge Priesterin Freys, die dessen Bildsäule auf ihren Umfahrten durch Schweden begleitete: wenn sie schwanger wurde, stand dem Lande reiche Fruchtbarkeit bevor. Weissagung mag den nordischen Gyđjur wie jenen kimbrischen Priesterinnen und den germanischen Priestern vertraut gewesen sein, aber mit der Prophezeiung ist nicht zugleich das priesterliche Amt untrennbar verbunden. Sie geht vielmehr von besonders gottbegabten Menschen, namentlich Weibern, aus, deren wir gleich gedenken werden.

Die Priestertracht kennen wir nur wenig. Wenn

schon in der ältesten Zeit vom Zauberer, Beter und Opferer äußere Reinheit gefordert wurde, so ist uns sofort die weiße Kleidung und die Barfüßigkeit jener kimbrischen Priesterinnen verständlich. Auch der gotische Priester war mit weißem Gewande angetan. Der Alcispriester der Naharnavalen trug weiblichen Schmuck, womit vielleicht langwallendes Haar gemeint ist; der nordische und vielleicht auch der gotische war mit einem Hand- oder Armring geschmückt, oder er hielt bei dem vor der Gottheit zu leistenden Schwur einen Eidring in der Hand. Der angelsächsische war als Mann des Friedens stets unbewaffnet und unberitten. Nur um die Ohnmacht der Heidengötter seinem König Edwin recht augenscheinlich zu beweisen, sprengte der schon für das Christentum gewonnene Oberpriester auf dem Streithengst des Königs gegen den heidnischen Tempel an und schleuderte einen Speer durch den Zaun ins innere Heiligtum.

Noch weniger bekannt als die äußere Erscheinung des Priesters ist uns seine geistliche Tätigkeit und sein inneres Verhältnis zu seinem von ihm vor andern bedienten Gotte und zur Gottheit überhaupt. Den priesterlichen Wirkungskreis hat kaum ein Späterer so richtig umschrieben wie Tacitus und so umfassend. Seine Angabe über den Vollzug der Todesstrafe durch den Priester scheint Bestätigung zu empfangen durch die Nachricht, daß auf Island dem schweren Verbrecher auf einem gottgeweihten Stein, dem Thorsstein, im Gerichtsring der Rücken gebrochen wurde. Auch die, wie es scheint, schon altarischen Gottesurteile, die dem Angeklagten an Leib und Leben gingen, scheinen unter priesterlicher Aufsicht vollzogen zu sein. Und von der Eidesabnahme durch den Priester haben wir schon gehört. Wenn auch die Priester vor dem Krieg auf das Pferdegewieher horchen, wenn sie die heiligen Tierstandarten ins Heer führen, so stimmt dazu, daß namentlich die Sachsen vor dem Krieg den Götterwillen befragten, gewiß vermittelst des Loswurfs, den doch wieder der Priester zu tun hatte.

Damit ist aber nicht das ganze innere Leben des Priestertums aufgedeckt; sein geistiger Anteil am Gottesdienste ging sicherlich nicht im bloßen Opferakt und in den damit verbundenen Rechtshandlungen auf. Aus der priesterlosen Vorgötterzeit, der Zeit der Geister- und Dämonenverehrung, hatte es gar manche hausväterliche Beschwörungsformeln, Segen und Zaubersprüche geerbt, die nun aus Priesters Munde veredelt und vertieft zum Vorschein kamen. So sang er bei Not und Gefahr im Stabreim die Herabkunft der Idisi zum Heere und die Holzfahrt Balders und der Götter, bis er ihren göttlichen lösenden und heilenden Zauberspruch der Menge, dem „Umstand", verkündete. Uralt wie diese Sprüche, deren Formeln auch der Altindier kannte, war der auch brahmanische Brauch, beim Opfer den Preis der Götter in eine gemischte Erzählungsform zu kleiden, zwischen Prosa und epischen Liedern abzuwechseln, ja in die Prosa auch wohl einen ganz dramatischen poetischen Monolog oder Dialog einzuflechten. In einzelnen Eddaliedern und in den Erzählungen Saxos klingt diese wohl vom Priester und einem Chor ausgeführte Vortragsweise noch an. In Frage- und Antwortstrophen suchten die Priester die Rätsel der Welt, namentlich der über- und der unterirdischen, zu ergründen, wie wir vielleicht gleichfalls aus Eddaliedern, wie Vafþrudnis-, Grimnis- und Alvismal, als späten Nachbildern, schließen dürfen. Nicht nur die Opferhandlungen, sondern auch ihre Rechtshandlungen waren von volkstümlicher feierlicher Poesie begleitet, die durch die Sprache unserer Volksgesetze und Dorfweistümer immer wieder hervorblitzt. Namentlich die friesische Rechtssprache wogte in hochpoetischen oft stabreimenden Bildern und Gleichnissen dahin und ergoß sich hie und da zu breiter bewegter Schilderung z. B. der Notlagen eines stocknackten Kindes, das in der nebeldüsteren Winternacht über seinen Vater weint, der so tief und dunkel mit vier Nägeln verschlossen und bedeckt unter Eichenholz und Erde ruht. Die alten Bannflüche und Eidschwüre, die doch auch die Priester aussprachen und vorsagten, hatten auch dieselbe poesievolle Würde.

Tiefer in das Gemütsleben der Priester können wir kaum hineinblicken; es entgeht uns alle priesterliche Lyrik: kein andachtsvolles Lied, kein eigentliches Gebet, kein frommer Herzenserguß eines Priesters und kaum eines Laien ist uns erhalten. Gewiß wird es auch an herzlichen Äußerungen tiefer Gottesfurcht nicht gefehlt haben. Zwar die Debatten der christlichen Bekehrer mit den nordischen Heiden drehten sich immer wieder um die Hauptfrage, die auch schon der heidnisch gesinnte Frankenkönig an seine christliche Gemahlin richtete, wer denn doch eigentlich der stärkere sei, der Heidengott oder der wie ein Verbrecher gekreuzigte Christengott. Ihrem Gott aber das Beste zu geben, waren auch manche Heiden bereit, ob Priester oder nicht; kinderlose Eltern weihten ihm ihr noch ungeborenes Kind. Das genießt dann Odins Gunst und Hilfe im höchsten Maße, aber plötzlich stellt sich der Gott in der Schlacht seinem Schutzbefohlenen gegenüber und erschlägt ihn im besten Mannesalter, z. B. den Wölsung Sigmund und den König Harald Hildetand. So holt er sich das Gelobte. Die germanischen Priester aber nennt Tacitus Diener der Götter, und sie heißen im Norden Liebling, Freund, aufrichtiger Freund, Vollvertrauter Thors oder Freys. Die besondere Freundschaft mit Thor wird einmal durch drei Generationen bewahrt: sie erbt sich von Thorolf zu Mostr in Norwegen auf seinen Sohn Thorstein und von diesem auf seinen Enkel Thorgrim fort. Der Freysgode Hrafnkell opferte seinem Gotte seine besten Waffen, doch nicht, ohne sich deren Mitgebrauch vorzubehalten, und hielt ihm den herrlichsten Hengst, Freysfaxi. Er schwur, daß jeder, der dieses Roß bestiege, mit dem Tode büßen solle. Er erschlug auch einen, der diesen Schwur mißachtet hatte, und lud dadurch Friedloslegung auf sich. In diesem Unglück erklärte er es für Tand, an die Götter zu glauben. Aber wie Hrafnkell fühlten sich viele trotzige Wikinger während ihres an Wechselfällen so reichen Lebens in ihrem Vertrauen auf die alten Götter enttäuscht und „trauten" fortan auf nichts weiter, als auf „ihre Kraft und Stärke". Solche Leute, darunter auch Priester, waren besonders reif für den neuen Glauben.

Das germanische Priestertum hat bei weitem nicht die religiöse Bedeutung erlangt wie das gallische Druidentum. Die Priester scheinen ihr Ansehen bei den meisten Stämmen auf einen Eigentempel gegründet zu haben. Den weltlichen Machthabern, Königen oder Herzögen, waren sie als helfende und beratende Mitwisser der Götter untergeordnet, im alten Germanien und Skandinavien. In den Sachsengauen übte die priesterliche Macht der Adel aus, in Island riß das Priestertum die weltliche Macht an sich. Die Vereinigung geistlicher und weltlicher Würde gab gewiß dem Gottesdienst und anderen wichtigeren Handlungen einen feierlichen Ernst und wirkte namentlich auf das Gerichts- und Heerwesen versittlichend ein. Aber die vielen vereinzelten Priester, die keinen eigentlichen Sonderstand bildeten, unter sich nur einen losen Zusammenhang hatten und ihr Augenmerk wohl vorzugsweise auf weltliche Dinge gerichtet hielten, konnten keine Hierarchie bilden, die unter einem anerkannten Oberhaupt von festen Mittelpunkten aus den religiösen und dogmatischen Ausbau des altgermanischen Glaubens hätte unternehmen können. Überall ergab sich namentlich die deutsche, weniger schnell die nordische Priesterschaft nach schwachem Widerstande der vordringenden neuen Lehre, wenn auch z. B. in Hessen noch manche nach ihrer Bekehrung wieder rückfällig wurden oder Heiden- und Christenglauben beliebig miteinander vermischten. Das Volk hielt überall auch, nachdem es von seinen Priestern verlassen und selber bekehrt war, noch Jahrhunderte an seinen mythologischen Traditionen fest. Im Norden verdankte man vielleicht den Goden die friedliche Vereinigung des neueren milderen östlichen Wanenkultes mit dem älteren rauheren Asenkult, die der nordischen Götterwelt mehr Fülle und Licht gegeben hat. Aber weiterhin trugen doch wohl nur die Skalden zur Ausbildung, zu einer rein poetischen Ausbildung, der Mythen bei, indem sie diese rundeten und zuweilen vertieften oder mit anderen zu größeren Dichtungen verknüpften, zur Ergötzung der Fürsten und ihres Hofstaats, aber nicht zur Erbauung des Volkes. Bis erst die christliche Lehre ihre großen fremden Gedanken in die Germanenseelen warf.

Neben den Priestern und außerhalb des Heiligtums wirkten die Zauberer und die Zauberinnen mit ihren uralten Bräuchen weiter (S. 296) und es befriedigten eins der wichtigsten religiösen Anliegen, das Bedürfnis der Seele, den Willen der Gottheit zu erfahren, die gleichfalls schon in der Vorzeit tätigen Wahrsager und Wahrsagerinnen. Das kimbrische Weissagen aus dem Blute der Kriegsgefangenen war noch an priesterliche Würde geknüpft, aber das Loswerfen übte auch der Nichtpriester, wie wahrscheinlich auch die Deutung des Vogelflugs und Vogelschreis oder des Pferdegewiehers, die schon Tacitus und 700 Jahre später der Indiculus erwähnen. Aus dem guten oder bösen *Angang* d. h. der Begegnung eines tapferen, nützlichen oder feigen, schädlichen Tiers erschloß man das Glück oder Unglück eines Unternehmens noch bis in die Gegenwart. Es gab und gibt Leute, die aus der Sprache der Vögel ganze Sätze heraushörten: als Sigurd vom Herzen des Drachen genossen hatte, verstand er die Erzählung der Meisen von seinem Schicksal.

Aber das reinste Gefäß des zukünftigen, göttlichen Wissens ist doch der Mensch, der geistersichtige Hellseher, der zu ungewöhnlicher, heiliger Zeit in diese Welt gekommen ist, zumal die germanische Frau. Man verspürte zu Tacitus' Zeit in ihr einen unbeirrbaren vorahnenden Sinn, das sichere Gefühl des Weibes, das in unsicherer Lage oft richtiger leitet, als der nüchterne Verstand des Mannes. So verehrten die Deutschen schon früher die Aurinia, wahrscheinlich richtiger Albruna oder Alruna geheißen. In der weiten schwermütigen westfälischen Heide aber, wo noch im 19. Jahrhundert manche einsame Menschen, die „*Vorkiekers*", ein Vorgesicht vom Siege eines in der Luft ziehenden Heers und der Niederlage eines andern hatten, wuchs das brukterische Mädchen *Velĕda* auf. Seitdem ihre Prophezeiung vom Siege der Deutschen und dem Untergang der Legionen sich erfüllte, glaubte man an sie als an eine gnadenvolle Göttin. Von einem hohen Turme aus leitete sie jahrelang die Geschicke ihrer Landsleute und der Bataver in dem blutigen Kriege des Claudius Civilis gegen die Römer. Mit diesem verhütete sie die Schleifung der treulosen Ubierstadt Köln, aber sie ließ deren Gesandte nicht vor sich und steigerte noch durch ihre Unsichtbarkeit die Ehrfurcht vor ihr. Die Besten ihrer Sippe überbrachten ihre Ratschläge und Antworten. Gefangene römische Offiziere und das erbeutete Admiralschiff wurden nach ihrem Turme die Lippe hinaufgeschickt. Aber nach der Niederlage ihres Stammes geriet sie in römische Gefangenschaft und mag geendet haben verlassen und verachtet in Rom, das sie einst durch ihre Weissagungen erschüttert hatte. — Noch einmal trat eine deutsche Seherin den Römern entgegen, ein riesiges Weib der Elbgegend, das dem Drusus den nahen Tod weissagte.

Im Norden wurde die Weissagung aber auch gewerbsmäßig getrieben vom *Spámađr* Seher und von der *Spákona* Seherin oder der *Völva*. Die Völvur d. h. die Stabträgerinnen, die nach dem völr, ihrem Zauberstabe, hießen, erwarben sich ihr übernatürliches Wissen durch Zauberkunst. Ein solches Weib setzte sich zu bestimmten Zeiten in der Nacht draußen an einen bestimmten einsamen Ort zu der sogenannten Utiseta nieder. Dort weckte sie die Seelen und Geister (tröll) mittelst ihres Stabes und ihrer Beschwörungen, des Valgaldr oder Leichenzaubers, und brachte sie, auch wohl mit des Zaubergottes Odin Hilfe, zur Beantwortung ihrer auf die Zukunft, aber auch auf die Vergangenheit und die Gegenwart bezüglichen Fragen. Sie griff also auf die uralte Totenbefragung zurück (S. 123). Dann zog sie, wie z. B. Thorbjörg, namentlich in der Julzeit, bedeckt mit einer Pelzmütze und einem dunkelblauen Mantel, Zauberzeug in einer Tasche am Gürtel, ihren Stab in der Hand, durch das Land, oft mit einem großen Gefolge.

In den Bauernhöfen wurde sie mit den Herzen geschlachteter Tiere und mit Brei bewirtet. Dann bestieg sie einen erhöhten Zauberstuhl, den ihre Begleiterinnen umgaben, und Zaubergesänge, Vardlokkur, die die Wart- oder Schutzgeister anlocken sollten, wurden angestimmt. Nun erst ganz ihrer Kunst gewiß, weissagte sie die künftige Witterung, den Ernteausfall, das Schicksal der Familie oder auch große Ereignisse des kommenden Jahres. Dafür wurde sie beschenkt, aber auch wohl, wenn sie Unwillkommenes verkündete, bestraft.

Um das Jahr 1000 streiften die Wölur nicht nur in Norwegen und Island, sondern auch in Dänemark und Grönland. Die geachtetste Wölwa war die Seherin Thordis in der zweiten Hälfte des 10. Jahrhunderts, der sogar in schwierigen Rechtsfragen das Schiedsrichteramt übertragen wurde. Sie scheint ihren ernsten Sinn dem neuen Glauben zugeneigt zu haben: sie zog zu Spakonufell den ersten isländischen Missionar Thorwald auf. Die berühmteste Wölwa ist diejenige, der ein Dichter die Völuspá, die Weissagung der Seherin, in den Mund legte. Aber diese ist als ein urweltliches Wesen, das unter Walvaters Einfluß das Schicksal der Welt von ihrem Anfang und ihrem Ende und bis zu ihrer Erneuerung allen Menschenkindern prophezeit, ein ungermanisches, sibyllenartiges, aus der altchristlichen Poesie herübergenommenes Gebilde, wie sich weiter unten zeigen wird.

Mit dem Wahrsagen wurde aber schon damals viel Unfug getrieben, weshalb die altnorwegischen Gesetze das Draußensitzen auf den Kreuzwegen, die Utiseta, während der Jul- und Neujahrsnächte verboten. Auch in Deutschland setzte man sich in der Neujahrsnacht zu gleichem Behuf auf einen Kreuzweg und zwar auf eine Rinderhaut oder, was noch altertümlicher aussieht, mit umgürtetem Schwert auf das Dach eines Hauses (S. 31). Diese sogenannte (H)liodorsâza d. h. das Orakelsitzen bekämpfte die Geistlichkeit schon seit Primin ums Jahr 700, aber mit wenig Erfolg. Noch bis ins 19. Jahrhundert setzte man sich in Island und in Deutschland in der Andreas-, Christ- und Dreikönigsnacht auf den Kreuzweg, auf den Färöern auf ein dort ausgebreitetes graues Kalbsfell und ausgerüstet mit einer scharfen Axt, allerdings nicht mehr um die Gabe der Weissagung, sondern um Gold und Silber von den herandrängenden Elfen oder dem Teufel zu erlangen. Auch ist jene wirkungsvolle Dachsitzung des Bewaffneten nicht vergessen, sie hat aber auch ein anderes Ziel bekommen. In Gossensaß am Brenner meint man, wer während der Christmette auf dem First seines Hauses säße und seine Sense dengelte, der hätte das ganze Jahr Schneid.

Diese zum Teil so grotesken Bräuche erklären sich aus der Anschauung, nur in der Absonderung, in der Erhebung über die gewöhnlichen Menschen, auf dem Turm, dem Zaubergerüst, dem Dach und dem einsamen Kreuzweg, von wo aus zugleich der Blick nach allen Seiten zu schweifen vermochte, sei das Zukunftsgesicht zu erreichen.

Von jener Veleda aber führt eine lange Reihe mehr oder minder berühmter deutscher Seherinnen bis gegen unsre Zeit, bis zur „Harkbüre", einer Schwarzwälderin, die in der altheidnischen Weissagezeit zwischen Weihnacht und heilig Dreikönig den mitternächtlichen Lauf der Sterne betrachtete und darnach den Bauern voraussagte, ob das neue Jahr gut oder schlecht ausfallen, Krieg oder Frieden bringen würde. Die napoleonischen Kriege und noch die Revolution von 1848 soll sie vorhergesehen haben.

Nahe berühren sich mit dem Wahrsagen und der Wahrsagerin der Zauberer und die Zauberin, der altnord. *seiđ-* oder *galdramađr* und die *seiđ-* oder *galdrakona*. Im Norden war das uralte Zauberwesen noch stärker entwickelt als in Deutschland, weil es genährt wurde durch das Schamanentum der benachbarten Lappen oder Finnen. Man fuhr zu den Finnen, um ihre Kunst zu lernen, so eifrig, daß noch die christliche Gesetzgebung Norwegens dagegen auftrat. Aber schon in der letzten Zeit des Heidentums war Zauberei eines Mannes nicht würdig, und Harald Schönhaar ließ seinen Sohn Ragnvald samt 80 Zauberern, die ihn begleiteten, töten. Eher ließ man zaubernde Frauen gewähren; doch gemeinschädliche steinigte oder ersäufte man.

Meistens ging dem Zauber, wie dem Orakel, ein Opfer voran, vereinzelt sogar ein Menschenopfer. Wie die Wölwa bestieg der Zauberer einen hohen Sitz, den Seiđhjallr, um ungestört von da herab seine Beschwörung, seinen Zaubergesang, kund zu tun, zauberkräftige zu Lied oder Spruch zusammengefügte Wörter oder *Runen.* Auch ritzte der Zauberer solche in den zur Zauberwirkung ausersehenen Gegenstand, namentlich auch auf Schutz- wie Trutzwaffen. Durch gewisse Pflanzen und Steine vermochte er zu heilen, Liebe oder Sieg oder auch von allem das Gegenteil zu wirken.

In der Liederedda reicht Sigrdrifa dem Sigurd Bier, das voll ist von Zauberliedern und Heilrunen, von gutem Zauber und Freudenrunen. Sie hat diese nämlich zuvor auf ein Schwertgriff, ein Trinkhorn und viele andere zu feiende Dinge eingeritzt, dann davon abgeschabt und in den heiligen Met getan. Durch solchen Trunk wird Sigurd zu jeglichem Tun fähig. So verhackt wohl noch die badische Mutter ganz fein die Buchstaben des großen und des kleinen gedruckten Alphabets in ein Karfreitagsei und gibt es vor dem ersten Schulgang ihrem Knaben zu essen, damit er lernkräftig werde.

Seit der Urzeit gab es bösen, unheimlichen und guten, woltätigen Zauber. Der zauberkräftige Mensch konnte nicht nur andere in eine beliebige Gestalt verwünschen, sondern sich auch selber in allerlei Tiere verwandeln, so z. B. häufig in einen den Schiffen gefährlichen Walfisch, und in die Gestalt anderer Menschen. Guten Zaubers, soweit er in der Runenkunde bestand, war in alter Zeit besonders der König mächtig, der nach der Rigsthula dem Jarl darin überlegen war und die Lebens-, wie Todesrunen verstand. Gute und böse Zauberkünste, auch die finnischen, wurden dem Odin beigelegt.

Der G o t t e s d i e n s t vollzog sich zu Tacitus' Zeit überwiegend in einem Gemeindeheiligtum. Das war damals meist sehr einfach, wie seine Namen verraten. Zwar das hochdeutsche *Wî(ch)*, mit dem die Ortsnamen Donnerschwee bei Oldenburg und das schon im 10. Jahrhundert bezeugte Wodeneswege, jetzt Gutenswegen bei Magdeburg, als Opferstätten der beiden höchsten Götter zusammengesetzt sein mögen, und das nordische *Ví, Vé,* wonach Thors-, Ođins- und Freysvi genannt wurden, bedeutet nur allgemein das Heiligtum. Aber eine andre Tempelsbezeichnung althochd. *Haruc,* angelsächs. *Hearg*, altnord. *Hörgr* scheint von einem bloßen Steinhaufen, dessen man sich als Altar bediente, hergenommen zu sein. In Jütland hat man nebeneinander mehrere Steinhaufen mit Tonscherben und Kuhhörnern und einen mit zwei Holzstücken gefunden, in denen die Füße eines Götterbildes vermutet werden. Neben einem andern bei Viborg lag eine wahrscheinlich sakrale phallische Holzfigur. Drei andere Wörter für den Tempel altnord. *Lundr*, ahd. *Paro,* ags. *Bearo* und das deutsche *Loh* (latein. lucus) haben ursprünglich den Begriff Hain. Der alte Tempel war also ein eingehegtes Waldstück, eine Waldlichtung, worin ein Feldstein oder Steinhaufen den Altartisch und etwa noch eine Hütte, eine Casula, wie es im Indiculus heißt, ein Blockhaus die Cella, die eigentliche Wohnung der Gottheit, bildete. Darüber rauschten unantastbar die höchsten Waldbäume. Solche heilige Haine hatte das grüne Waldland der Germanen überall: zu Tacitus' Zeit den Hain der Baduhenna, den Hercules (Donars) hain an der Oberweser, den Nerthushain auf einer Meeresinsel, den Hain des Allwalters im Spreegebiet und den Alcishain noch weiter östlich bei den Nahanarvalen. Und noch durch das ganze Mittelalter hören wir von heiligen Lohen in Niederdeutschland, von heiligen Forsten in Oberdeutschland. Der bremische Bischof Unwan mußte sie noch im 11. Jahrhundert ausrotten, weil in ihnen geopfert wurde. Im Norden waren ein Thors- und ein Freyslundr bekannt und der Hain von Uppsala. Lund in Schonen gehörte zu den vier Haupttempeln Dänemarks.

Vor den späteren größeren Tempelbauten wichen die älteren Haine immer mehr zurück, aber oft mag man einen besonders mächtigen Baum verschont haben, wie z. B. die hessische Donarseiche bei Geismar und den immergrünen Baum, desgleichen man anderswo nirgend sah, bei dem Tempel von Uppsala. An Stelle eines Baumes errichteten die Sachsen auch einen Baumstamm von bedeutender Größe unter freiem Himmel, die *Irmin-* oder *Ermensäule,* die eine geraume Strecke von der Eresburg, dem heutigen Stadtberge, entfernt, in einem heiligen Bezirke des Eggegebirgs stand. Sie wird bald Hain, bald Heiligtum, bald Idol genannt. Diese allen heilige „Allsäule" war wahrscheinlich ein Nationalheiligtum aller Sachsen oder doch aller Engern und wurde von Karl d. Gr. 772 zum Zielpunkte seines ersten planmäßigen Eroberungszuges nach Sachsen ausersehen. Dreier Tage bedurfte sein Heer, um sie und wahrscheinlich noch andere Anlagen zu zerstören, und das dort gefundene Silber und Gold nahm er mit sich fort. Schon drittehalb Jahrhunderte früher, im Jahre 532, stellten, wie Widukind von Korvey meldet, die Sachsen nach einem übrigens unhistorischen Siege bei Scheidungen an der Unstrut ein ebenfalls säulenförmiges Denkmal auf, das sie ebenfalls Irminsäule nannten, offenbar als Zeichen ihres siegreichen Stammes. Auch der viel jüngere *Maibaum* mag als Triumphzeichen des Lenzes gegen den besiegten Winter aufgerichtet worden sein.

Auf eine andere alte Form des Heiligtums weist vielleicht das gotische *Alhs,* das altdeutsche *Ala(c)h,* das eine Wehr, etwa einen Ringwall, eine Burg im alten Sinne des Worts bedeutet, weshalb die alten Chroniken den Tempel oft als castrum bezeichnen. Diese namentlich in Norddeutschland häufigen Erdbauten, die in Kriegszeiten als Zufluchtsstätten und Festungen dienten, waren auch zu Opferstätten geeignet. Auch vermutet man, daß die Orte, an denen alte Römerstraßen zusammentrafen, von den heidnischen Germanen als die am leichtesten erreichbaren Versammlungsplätze zum Gottesdienst benutzt worden wären, wie Münster (Mimigardeford), Osnabrück, Paderborn und Minden. Auch im ribuarischen Gesetz, 72, 1 schwört der Franke einen Eid in einem Harah, einem Tempel, am Kreuzweg. Dazu opferten die Dänen nach Alfrics Heiligenleben dem Oþen auf Kreuzwegen.

Kunstvollere Tempel sind bei den Indogermanen überhaupt spät, selbst bei den Griechen. Die mykenische Kultur scheint sie nicht gekannt zu haben, erst in den jüngeren Partieen der Ilias tauchen sie auf. Aber wenn Tacitus meint, die Vorstellung von der Erhabenheit ihrer Götter hätte die Germanen abgehalten, sie in Wände einzuschließen und bildlich darzustellen, so irrt er, in spät römischer Anschauung befangen, sowohl in der Angabe des Tatsächlichen, als auch in deren Begründung. Er selber führt einen dem Erdboden gleich gemachten, weit angesehenen Tempel der Tanfana im Marsenlande und ein Allerheiligstes der Nerthus an. So einfach diese Heiligtümer auch gewesen sein mögen, sie hatten doch zusamt ihrem Gehege, ihrem Hofe, einen gewissen Wert und scheinen ihren Eigentümern eine mit manchen Rechten ausgestattete priesterliche Stellung eingetragen zu haben (S. 297). Vom 5. Jahrhundert an, als man bereits von den Römern gelernt hat, werden Heidentempel, auch größere, in Süddeutschland häufiger erwähnt, aber von ihrer Einrichtung hört man nichts Näheres, nur daß ein kölnischer Tempel, in dem die Germanen Opferschmäuse hielten, mit Götterbildern, allerlei Schmucksachen und hölzernen Nachbildungen kranker Glieder versehen war. König Edwin († 633) ließ einen angelsächsischen Tempel samt seinen Hecken, Altären und Götzenbildern niederbrennen. Die friesischen Tempel, deren ehrwürdigster der des Gottes Fosete auf Helgoland war, bargen Schätze, die von Geschlecht zu Geschlecht vermehrt wurden. Der Tempelräuber wurde, grausam verstümmelt, am Meeresstrande geopfert, da, wo die Flut über seinen Leichnam hinwegspülte. Vom eroberten Gold und Silber aber nahm nach der Unterwerfung der Friesen Karl der Große zwei Drittel an sich und wies ein Drittel dem Bischof Alberich von Utrecht zu. Karl bekämpfte auch die sächsischen Tempel durch Verbote und Kriege. Die bedeutendsten lagen da, wo der sächsische Adel am dichtesten angesessen war, an der fränkischen Grenze. Von der Eresburg, der Irminsul, von Paderborn, Detmold und Herford aus führte dieser seine Aufgebote in die Schlacht. Nach den obigen Angaben (S. 312) darf die Nachricht, daß Karl bei der Zerstörung der Irminsul Gold und Silber gefunden und weggeführt habe, kaum bezweifelt werden, so wenig wie jene Meldungen über die friesischen Tempelschätze. Auch die Sachsen straften Tempelschädigung mit dem Tode.

Der nordische Tempel, der wie der angelsächsische auch *das Hof* d. h. geschützter Ort hieß, bestand wie der deutsche überwiegend aus Holz, in Island, wie es scheint, auch aus Torf. Selbst ein großer Hof wie der Thorstempel zu Maeri in Drontheim konnte abgebrochen und teilweise nach Island verladen werden. Aber im isländischen Gemeindetempel, wie er in den Sagen beschrieben wird, glaubt man schon eine Nachbildung fremden Kirchenbaues wahrzunehmen. 60 Fuß breit und bis zu 120 Fuß lang, hatte er ein Langhaus und, davon durch einen schmalen Zwischenraum getrennt, eine Art Chor, Stúka, Afhûs; jenes war mit einer Seitentür, dieser mit einer Türe in der Mitte der Rundung versehen. Jene Halle war für den Opferschmaus, diese Zelle für die Götter und ihr Opfer bestimmt. Im Mittelraum der Halle stand das Öndvegi, der Hochsitz des Vorsitzers, dessen Säulen mit Thors Bild geschmückt und mit Reginnaglar, großen Nägeln, beschlagen waren. In der Stúka befand sich der eisenbeschlagene Stalli, Stallr Altar, auf dem das oder die Götterbilder standen und der goldene oder silberne Eidring lag, bei dem die *Hofseide*, ursprünglich alle Eide als Kultusakte, geschworen wurden, nachdem er vom Priester ins Blut des Opfertiers getaucht war, nach uraltem Brauche. Alfred der Große ließ 875 die Dänen einen Vertrag nicht nur auf den Gebeinen der Heiligen, sondern auch auf einem heiligen Ringe, der mit Opferblut bestrichen auf dem Altar lag, beschwören. Eide auf heilige

Ringe, die später auch wohl durch Eide auf den Griff von Kirchentüren oder auf Ring und Stab oder auf Reliquien ersetzt wurden, kannten auch die Goten, Franken und Sachsen. Auch verdammte ein fränkisches Konzil in Orleans im Jahr 541 als heidnische Sitte, den Eid mit Berührung eines Tierhaupts unter Anruf der Götter abzulegen. — Ein großer kupferner Opferkessel, wie er auch in alten Schilderungen deutscher Opfer erwähnt wird, fing das Blut (hlaut) des geopferten Tiers oder auch Menschen auf, in das nicht nur jener Eidring, sondern auch der zur Besprengung der Opferer und der zur Losung dienende Opferzweig oder Opferbüschel getaucht wurde. Da heißt es z. B. von einer Schicksalsbefragung König Granmars beim Opfer in Uppsala: Da fiel ihm der Zweig so, als ob er nicht mehr lange zu leben hätte.

Den Tempel umgab ein angelsächsischer *Geard*, ein nordischer *Garđr,* ein etwa mannshohes Gehege, auch wohl eine goldne Kette in Uppsala, wie später in Deutschland Marien-, Leonhards- und Nikolauskirchen von Eisenketten umzogen waren. Beim Tempel in Uppsala überragte ein unvergleichlicher immergrüner Baum einen *Quell*, an dem geopfert wurde. Dieser machte Uppsala zur heiligsten Stätte des Landes, ein andrer Helgoland zu einer dem Gott Fosete geweihten Insel. So ertränkte man auf Island in „Opferquellen“ vor der Tempeltüre die zum Opfer bestimmten Menschen, wobei man sich des Sees der Nerthus erinnert, in den die Diener der Göttin versenkt wurden, aber auch der vielen Kirchen, in und bei denen Quellen sprudeln, wie in Paderborn, Freiburg i. B., Bornhövede, Visselhövede und Bexhövede. Der Tempelfriede, die *Hofshelgi*, machte das Heiligtum für alle Schuld- und Wehrlosen zur unverletzlichen Zufluchtsstätte, die ein Bewaffneter nicht betreten durfte. Aber der friedlos Erklärte war wie der Wolf und Bär ausgeschlossen vom Frieden, und wer diesen durch Gewalttat brach, hieß Wolf im Heiligtum „vargr i véum“. Friedloslegung traf besonders die, welche das Heiligtum und den Thingplatz verletzt hatten. Daher kam es vor, daß selbst Leute, die durch die Ermordung eines der Ihrigen zu äußerster Wut gegen den Mörder gereizt waren, wegen des Tempelfriedens ruhig auseinander gingen. War die Opferstätte dennoch durch Mord oder Totschlag geschändet, so wurde das Thing von ihr verlegt. Den sichersten Schutz aber gewährte sie in den Hochzeiten d. h. an den hohen Festtagen.

Die Opferstätte war häufig auch Thingstätte, weil die Todesstrafe ein Staatsopfer war. In einem westisländischen Dómhringr, Gerichtsring, stand der Thorsstein, auf dem den zum Opfer für Thor Bestimmten das Rückgrat zerbrochen wurde.

Die heiligen Stätten und die Gotteshäuser wurden durch Weihgeschenke ausgezeichnet, vornehmlich durch Beutestücke, selten aber durch Waffen. Die Germanen der römischen Kaiserzeit hängten ihren Göttern in den heiligen Hainen die eroberten römischen Feldzeichen auf. Wenn auf dem Gall- oder Galgenberg bei Hildesheim, auf dem man 1868 einen römischen Silberschatz entdeckte, ein heidnisches Heiligtum stand, wie es nicht unwahrscheinlich ist, so darf man annehmen, daß darin, wie nachweisbar in andern Heidentempeln, die kostbarsten Beutestücke niedergelegt und vor aller Augen ausgestellt waren, jedoch keine Waffen, weil man diese besser für den Kampf brauchte. So behielt sich auch jener Isländer Hrafnkell (S. 304) den Mitgebrauch der seinem Lieblingsgotte Frey geopferten Waffen vor.

Mit wertvollen Weihgeschenken waren auch die nordischen Tempel ausgestattet, so daß Adam von Bremen mit starker Übertreibung den ganzen Tempel von Uppsala aus Gold gemacht nannte. Andre sprechen von einem aus Silber und Gold gefertigten Thorsbild und seinem prächtigen von zwei Böcken gezogenen Wagen in Maeri und erzählen, daß König Olaf Tryggvason alles Geld und Schmuckwerk aus dem Tempel zu Hlaðir und von dessen Götzen nehmen ließ. Thor geriet einmal in großen Zorn darüber, daß ein zum Christentum Bekehrter sein Tempelsilber ins Moor warf.

Älteres Zeugnis für die Ausstattung der nordischen Heiligtümer mit mehr oder minder kostbaren Weihgeschenken legen die Opferfunde ab, gleichartige Sachen, die gewöhnlich in größerer Anzahl auf einfacheren Opferplätzen niedergelegt wurden. Sie stammen aus den Jahrhunderten um Christi Geburt. Nordische Krieger weihten auf offenem Felde ganze Sammlungen von Beutestücken, die später das Moor überwuchs, gerade wie die Gallier ihre dem Kriegsgott gelobte Siegesbeute zu Haufen aufstapelten, die Caesar in vielen Gauen sah. Nordische Frauen brachten eine Anzahl bronzener Halsringe, ein Schiffer etwa 100 ineinander gesteckte Goldboote, Krieger prachtvolle mächtige Trompeten aus Bronze, sogen. Lure, ihren Göttern dar. Die wertvollsten Votivgaben, die sich durch reiches, noch immer nicht sicher gedeutetes, fremdartiges Figurenwerk auszeichnen, sind der Silberkessel von Gundestrup in Jütland und die beiden schleswigschen Goldhörner, die zu heiligen Kultzwecken bestimmt waren.

Aber auch Äcker, Wälder, Quellen und weidende Tiere gehörten zu den Tempeln auf Helgoland und im übrigen Friesland. Die isländischen Tempel oder Höfe bezogen einen Zoll, den Hofzoll, wie später die Kirchen ihren Zehnten, und fromme Leute machten ihnen auch Landschenkungen.

Wie stand es aber um den höchsten Tempelschmuck? Kleine aus Holz geschnitzte Götzenbilder unbestimmten Ranges hegte man wohl seit unvordenklicher Zeit: sie hießen im Norden Schnitzgötter oder kurzweg Stöcke. Man brachte sie auf oder neben den Steinhaufenaltären an (S. 311). Das nordische Eidsifjagesetz verbot, solche Stöcke oder Altäre im Hause zu halten. Aber von eigentlichen Götterbildern will Tacitus in Deutschland nichts wissen. Die Bilder oder Gestalten und die Zeichen, die nach seinem Bericht die Priester aus den Hainen in die Schlacht trugen, sind bloße Bilder oder Gestalten wilder Tiere, wie er an einer anderen Stelle deutlicher sagt, insbesondere kampflustiger Eber und Wölfe, und die Zeichen sind wohl nur Symbole oder Attribute der Gottheit, wie bei ihm das Schiff ein Zeichen der Isis heißt. Die ältesten in den nordischen Mooren gefundenen wirklichen Götterbilder sind römische Bronzestatuetten: Mars, Jupiter und Venus. Sie mögen, wie einige von den zahlreichen in England und am Rhein entdeckten Götterbildern, auf germanische Gottheiten gedeutet und als Abbilder solcher verehrt worden sein. Sie werden auch zur Nachahmung gereizt haben. Ein germanisches Götterbild muß man wohl in der Nerthus, die herumgeführt und gebadet wird, und jedenfalls in der Bildsäule anerkennen, die der heidnische Gotenkönig Athanarich († 382) vor den Häusern aller des Christentums Verdächtigen auf einem Wagen herumfahren ließ, mit dem Befehl, ihr zu opfern. Die Missionare melden weiterhin öfter von Götterbildern deutscher Stämme vom Züricher See bis nach Helgoland, mehrmals von dreien neben einander. Und so werden sie auch im Norden bald einzeln erwähnt, bald in der Dreizahl. In Maeri stand das silberngoldene Bild Thors allein da, während es in Uppsala neben sich das Odins und das Friccos (Freys) hatte. Thor wurde am häufigsten bildlich dargestellt, namentlich in Norwegen und Island. In Norwegen werden überhaupt Götterbilder viel öfter genannt, als in Schweden, wo Adam von Bremen nur die in Uppsala kennt. In Dänemark ist keins sicher nachgewiesen.

Die innere und äußere Ausstattung, die Größe und das Ansehen, zum Teil auch der Opfer- und Festbrauch waren verschieden, je nachdem der Tempel ein bloßer *Hof* oder ein *Höfuđhof* war, für eine Gemeinde, einen kleineren Bezirk, oder für eine Landschaft oder gar ein ganzes Land bestimmt war. Solche stattliche, möglichst im Mittelpunkt der Landschaft und des politischen Lebens gelegene, durch großartige Opfer geehrte Haupttempel waren der schwedische in Uppsala, die dänischen in Viborg, Odense, Hleidra (Ringsted) und Lund, mehrere norwegische und die der 39 Godorde (Priesterschaften) auf Island. Vielleicht bezeichnet auch die Irminsul, ein ungeheurer Baumstamm, ein Hauptheiligtum der Sachsen, wie der immergrüne Baum in Uppsala ein schwedisches.

Die Verehrungsstätten der Götter, mochten sie nun in weiten freien Opferplätzen auf der Heide, in heiligen Bannwäldern, in Wallburgen oder Tempeln bestehen, wurden mit mehr Scheu und Feierlichkeit behandelt als die bescheidenen Opferräume der Seelen und der Elfen, am Herde oder unter einem nahen Baume, an einer Quelle oder auf einem Steine. Wie schon diese Örtlichkeiten, durften vollends nicht jene weihevolleren verunreinigt werden. Man duldete hier auch keinen weltlichen Lärm oder gar andere Friedensstörung. Nach Tacitus war auch der Ehrlose sowohl von der richtenden und ratenden Volksversammlung, als auch vom Opfergelage, überhaupt von jedem religiösen Feste und damit überhaupt von der Gemeinschaft seiner Stammesgenossen ausgeschlossen. Nach demselben Tacitus näherte sich der Semnone dem allwaltenden Gotte mit so unterwürfiger Demut, daß er nur gefesselt dessen schauriges Heiligtum betrat. Den meist nordischen Nachrichten zufolge suchte man unbewaffnet, entblößten Haupts, ehrerbietig den Tempel auf. Hier verneigte man sich oder schaute gen Himmel nordwärts, wo die Götter wohnten, oder warf sich gar zu Boden. Das geschah, um zu beten oder um den Gott zu befragen. So lag ein Isländer Thorstein früh morgens im Leinkleid auf dem Gesicht vor Thor im Tempel; ein anderer gleichen Namens fiel vor dem Stein in einem (Thors?)hof nieder, betete zu ihm und erhielt Antwort von ihm. Für das Bitten zu Gott scheint der Heide kein eigenes Wort, wie unser Beten, geprägt zu haben. Die Hauptbitte war die um Hilfe, der Gott möge einem „taugen" (*duga*), d. h. helfen, wie es im Norden auch noch vom Hvítakristr, von Jesus Christus, erfleht wurde.

In den verschiedensten Angelegenheiten fragte man, wie früher die Toten, jetzt die Götter um Rat. Man ging nach einem feierlichen Opfer *„til fréttar"*, zur Erkundigung, die sie durch Loszweige erteilten, die der

Priester warf, wie es schon Tacitus beschreibt. Das nannte man im Norden „die Stäbe schütteln“ oder „den Opferspan werfen“. Der Hauptorakelgott war wenigstens den Norwegern Thor, der ihnen namentlich durch Losorakel oder sonstige Zeichen ihre Siedelstellen in Island anwies. In Friesland legte man sogar noch nach der Bekehrung zwei Ruten, deren eine mit einem Kreuze bezeichnet war, mit reiner Wolle umwickelt auf den Altar. Ein Priester oder ein unschuldiger Knabe nahm eins der Lose auf. Wurde das mit dem Kreuz aufgehoben, so waren die sieben eines Totschlags Bezichtigten unschuldig; wenn das andere, so mußte jeder eine Rute mit seiner Hausmarke bezeichnen. Wieder wurden sie mit reiner Wolle umwunden und auf den Altar gelegt. Dann nahm der Priester ein Los nach dem andern: das letzte bezeichnete den Mörder.

Nicht nur zu Gebet und Orakelbefragung, sondern auch zu feierlichem S c h w u r auf den Tempelring trat man vor die Gottheit (S. 302. 314). Glum legte einen Reinigungseid in drei Tempeln ab, um diesen besonders wirksam zu machen, wie noch der Bube am badischen Titisee seinen „Palmbuschen“, seine Palmsonntagsstange, zur Weihung in drei Kirchen trägt, damit diese besonders wirksam werde. Die neubekehrten Friesen schwuren nicht mehr auf den Ring, sondern statt dessen auf Reliquien oder auf den Altar.

Alle diese Handlungen erforderten ein O p f e r, altnord. *blót*, daher *blótan*, althochd. *pluozan* opfern, oder altnord. *fórn* und *húsl,* got. *hunsl,* und althochd. *kelt, geld,* angels. *gield.* Zum Unterschiede vom unblutigen Geister- und Elfenopfer bestand wenigstens das öffentliche Götteropfer nicht nur aus Feldfrüchten, sondern überwiegend aus Tieren, aus *concessa animalia* d. h. opferbaren, eßbaren Tieren, althochd. *zebar*, angels. *tifer*, unserem *Geziefer*, dessen Gegensatz das unreine Ungeziefer bildete. Nur Haut und Haupt wurden den Göttern gegeben, der Rest verblieb den Menschen zur Speisung. Das höchste Opfer nächst dem Menschen war, vielleicht als Tier des höchsten Gottes

Wodan, das Pferd, dessen Fleisch auffälliger Weise bei allen Germanen sehr beliebt war. Darum bekämpften die christlichen Glaubensboten dessen Genuß besonders eifrig, und die Isländer bedangen sich bei ihrem Glaubenswechsel ausdrücklich aus, auch noch als Christen Pferde schlachten und verspeisen zu dürfen. Dem Frey gefielen namentlich Ochsen und Eber. Hunde und Wölfe wurden nicht geschlachtet oder gar gegessen, sondern nur neben geopferten Menschen aufgehängt, um deren Opferung als sakrale Todesstrafe deutlicher zu kennzeichnen. — In das von einem Kessel aufgefangene Tierblut tauchte man den Loszweig und den Eidring zu besonderen Zwecken, den Opferwedel aber zu dem allgemeinen, die Opfergenossen mit dem Blute zu besprengen und sie der Segnungen desselben recht teilhaftig zu machen. Auch besprengte man noch dazu die Tempelwände von innen und außen. In anderen Kesseln wurde das zerstückelte Tier gekocht, das zum Opferschmaus diente, wobei mit Met oder Bier gefüllte Trinkhörner oder Vollbecher von der einen Reihe der Festteilnehmer der gegenübersitzenden über die Feuer hingereicht wurden. Die große Bierkufe bildet im 6. Jahrhundert den Mittelpunkt eines alemannischen Opfers am Bodensee; noch weit älter ist der Blutkessel bei den Kimbern bezeugt. Kessel und Horn wurden im Norden auch als kostbare Weihgeschenke der Gottheit dargebracht (S. 317). Das Gildi, altdeutsch Gild oder Geld, die festliche Opfermahlzeit, brachte noch manche andere Festfreuden mit sich. Tänze und mimische Spiele mit Musik und Sang entfalteten sich bei der Heranführung des Opferrosses mit seinem stolzen Schmuck und des Opferstiers mit seinen vergoldeten Hörnern, und wohl auch beim Gelage. Da erscholl mancher laute Ruf und Zuruf, wenn die Minne zu Ehren der Götter und der Ahnen getrunken wurde, und manches Opferlied erklang. Wie innig alle diese Handlungen miteinander verknüpft waren, bezeugt am besten das alte Wort *Leich*, das in den verschiedenen germanischen Sprachen bald Reigen, bald Gedicht, bald Opfer, bald Gabe bedeutet.

So eifrig blieb das Volk auch nach seiner Bekehrung diesen heidnischen Tempelfreuden ergeben, daß es mit ihnen auch die christlichen Kirchen erfüllte und seit dem Beginn des 7. Jahrhunderts die Konzilien immer wieder Tanzspiele und Gastmähler in oder vor den Kirchen und die sogenannten Lose der Heiligen, die man aus der heiligen Schrift oder den Meßbüchern zog, sowie die vor dem Gotteshaus den Heiligen dargebrachten Opfer verbieten mußten. Draußen im Freien dauern noch heute namentlich bei den Frühlings- und Sommerfeiern die alten Schmäuse, Tänze und Wettspiele hie und da fort. Jenes Verbot traf auch die weniger kostspieligen Vertreter von Opfertieren, bescheidene Teigfiguren, schon im Indiculus des 8. Jahrhunderts. In allerhand Festgebäcken, besonders weihnächtlichen, kehren diese Tiergestalten in Schweden wie in Deutschland noch immer wieder, und ihnen haftete noch lange auch die alte Zauberkraft des Opfers an, indem man sie dem Pflüger, seinem Zugtier und in den Saatkorb gab, oder sie auch in ausbrechendes Feuer warf, um den Acker zu befruchten oder den Brand zu löschen.

Die Festfreude schlug oft ins Übermaß um. Nicht nur der Domherr Adam von Bremen tadelte die unehrbaren Gesänge, die bei den Opfern von Uppsala angestimmt wurden, sondern auch der rauhe Heidenkämpe Starkad wurde dort angeekelt von den weibischen Tanzbewegungen, dem Lärm der Schauspiele und dem feinen Schellengeklingel. Aber wie schön war der Frühlingsausflug der Nerthus, wenn sie auf einem von Kühen gezogenen Wagen unter tiefer Verehrung durch das Land fuhr! Weit und breit herrschte Gottesfriede, alle Waffen ruhten, jedes Dorf nahm sie mit gastlichem Jubel auf. Und wenn die Göttin sich an all den Festfreuden der Sterblichen gesättigt hatte, kehrte sie in ihren stillen Tempel im frisch ergrünten Hain zurück, wo ihr Bild oder Symbol in einem See gebadet wurde.

Mit der steigenden wirtschaftlichen, staatlichen und religiösen Kultur, dem Aufblühen der Viehzucht und des

Ackerbaus, dem Zusammenschluß der Gemeinden zu Hundertschafts-, Gau- und Landesverbänden, dem Siege des neuen Götterglaubens über den alten Geisterglauben nahmen die Opfer eine festere Zeitordnung, einen bestimmteren Verlauf, eine feierlichere und reichere Ausstattung und einen bedeutenderen Sinn an. Sie blieben im wesentlichen Dank- und Bittopfer, den Göttern dargebracht für das Gedeihen des Viehs und des Ackers oder auch für das Gelingen des Kriegs oder auch eines anderen Unternehmens, nicht bloß in Fruchtspenden, sondern auch in Spenden eßbarer Tiere. Aber ausnahmsweise kamen nun die schwereren Sühnopfer von Menschenblut dazu, das die Götter vom Frevler für ein begangenes Verbrechen verlangten. Man versammelte sich zu drei oder vier regelmäßigen Jahresopfern, die sich an die Hauptereignisse des bäuerlichen Lebens knüpften, an das erste Pflügen und die Aussaat, den ersten Austrieb des Viehs, die Ernte und den Viehheimtrieb, das Schlachten für den Winter und den dankbaren Genuß der Wintervorräte. Einige von diesen Festen fielen mit den großen ungebotenen Volksversammlungen zusammen; für Opfer und Ding wählte man als die glücklichsten Zeiten den Neumond oder den Vollmond. Der Priester besorgte das Opfer, sowie die andern mit den Rechtshandlungen verbundenen Religionsgebräuche.

Ein genaues Bild des germanischen Festwesens ist kaum herzustellen. Die alten Germanen hatten den abstrakten umfassenden Begriff Jahr noch nicht, sie rechneten nur nach den ihnen von der Natur selbst gegebenen Abschnitten Sommer und Winter, und ihre Einteilung dieses Naturjahrs war wohl sehr ähnlich der römischen, die wir aus Varro kennen. An diese römischen Naturfeiern lehnte die von Rom aus herrschende Kirche ihre religiösen Gedenktage an und brachte diese Festmischung den nördlichen Völkern, die sie wiederum mit ihren zeitlich entsprechenden Bräuchen verquickten. Da nun selbst die ältesten und älteren Nachrichten vom germanischen Festwesen, die angelsächsischen des Beda (S. 21) und die nordischen, unvollständig und widerspruchsvoll sind und dazu sich bereits vom kirchlichen Kalender gängeln lassen, so ist es oft sehr schwer, das Germanische vom heidnisch und vom christlich Römischen und hinwiederum die aus dem Altertum entlehnten Bräuche von den im Mittelalter neu entstandenen scharf zu scheiden.

Wie nach germanischer Anschauung die Nacht den Tag führt, das Dunkel dem Licht voraufgeht, so führt auch der dunkle Winter den lichten Sommer, und das Jahr beginnt zu Wintersanfang mit dem Herbstfest, dem ein Mittwintersfest und ein Frühlingsfest folgen. Diese von den Nordleuten angegebene Festdreiheit scheint auch für die übrigen Germanen maßgebend gewesen zu sein, wie sie denn auch dem Wesen ihres Wirtschaftsjahrs gemäß war. Das erste Fest, das Herbstfest, fiel je nach dem Klima der verschiedenen germanischen Länder bald früher, bald später, im Norden häufiger in den Oktober, im Süden in den November. Es war ein Dankfest, das man nach der völligen Einheimsung der Ernte und nach der Einstallung des Viehs feierte, wohl das ursprünglich wichtigste Jahresfest. Unter dem nun reichlicher als in irgend einer anderen Jahreszeit vorhandenen Viehstapel, den man doch nicht ganz den Winter durchzufüttern vermochte, begann ein großes Schlachten für den Haushalt und das Götteropfer. Daher hieß auch dieser erste Wintermonat der Schlacht- oder Opfermonat. Dann lud im Norden der König oder Häuptling oder auch ein reicher Bauer zur Blótveizla, zum Opfergelage, ein, die Lehnsleute oder Bauern zogen auf weiten rauhen Wegen mit ihren Opfertieren, Vieh von allerlei Art und auch Pferden, mit Korn und Bier herbei. Und nun wurde geopfert, geschmaust und gezecht, wie es Seite 321 geschildert ist. Der Festgeber hatte vor dem Genuß Speis und Trank zu segnen, mit Thors Hammerzeichen, und dann trank er zuerst aus dem Odinsbecher für Herrschaft und Sieg, dann — was wohl die Hauptsache war — aus dem Njörds- und dem Freysbecher *til árs ok friðar,* für ein gutes Jahr und Frieden. Außerdem waren viele gewohnt, den Bragarfull oder Gelübdebecher zu trinken und den Minnetrunk zum Gedächtnis ihrer Verstorbenen. Das Fest hatte also auch seine ernsten Seiten. — Bei einem solchen Fest überfiel Germanicus im Herbst des Jahres 14 n. Chr. die trunkenen Marsen und zerstörte ihren hochgeehrten Tempel der Tanfana, die wahrscheinlich eine Erntegöttin war (s. unten). An die Stelle dieses Herbstfestes trat in Skandinavien und noch weit früher in Deutschland der Martinsbegräbnistag, der 11. November, oder auch der Nikolaustag, der 6. Dezember, oder der Michaelistag, der 29. September, der Nikolaustag erst mit dem 11. Jahrhundert. Diese Heiligen wurden die Erben jener alten Götter; Martin und Nikolaus zogen von Haus zu Haus als gütige Spender der Herbstgaben. Zu Martini und Michaeli brannten, wie am nordischen Herbstfest, große Festfeuer, wurden leckere Gebäcke, die Martinshörner, die Klausenbröte oder -zelten und die Michaeliswecken genossen und bei fröhlichen Gansschmäusen die Martins- und die Michaelisminne getrunken. Bei der letzten gedachte man auch der Toten, namentlich in der sächsischen Meinweke (S. 120). St. Nikolaus griff auch schon in das nächste Jahresfest, nach Weihnachten, hinüber: so wurde schon an seinem Tage der Erbsenbär, ein in Erbsenstroh gehüllter Eber, der zum Mittwinteropfer bestimmte Zuchteber, umgeführt. Der ältere Martinstag trug das viel deutlichere Gepräge eines tiefen wirtschaftlichen Einschnitts, eines altgermanischen Neujahrstages. Er schloß das Acker- und Pachtjahr ab und wurde bereits zu Karls des Großen Zeit zum allgemeinen Zinstag gewählt. In manchen Landschaften wurde erst an diesem Tage das Vieh eingestallt, der Hirte übergab seine Gerte seinem Herrn; noch in unsrer Zeit treten dann hie und da Knechte und Mägde ihren Dienst an.

Nun waren Felder und Weiden und Wälder leer von Mensch und Vieh und den Geistern und Göttern überlassen, um in wildem Wintersturm darüber hinzufahren. Die Jugend ahmte gern diese Umzüge der Überirdischen nach, namentlich an den Donnerstagsabenden der späteren Adventszeit, und tobte mit schreckendem Lärm durch die Dorfgassen. Der Bauer aber nahm zur Sicherung die letzten draußen gebliebenen Ackergeräte, Rad und Pflug, aus dem Freien unter Dach, war doch die Winteraussaat bereits besorgt. Nur der Hausarbeit, zumal dem Dreschen, der Viehfütterung und dem Spinnen, lag man ob und, wenn man sich bereits des Vorhaltens der Erntevorräte bis zum Sommer getrösten durfte, feierte man im Mittwinter das zweite große Jahresfest, das im Norden *Jól* oder *Júl*, in England *Geól* d. h. das Jubelfest hieß. Das nordische Julfest fiel ursprünglich nicht in die Wintersonnenwende — dieses Wort oder ein sinnverwandter Ausdruck fehlte dem Mittelalter völlig und kein Brauch zielte auf die Sonne —, sondern in die Zeit vom 9. bis 16. Januar. Es faßte noch einmal all die winterlichen Bedürfnisse, Genüsse, Bräuche und Anschauungen zu einem Feste zugleich des nochmaligen Dankes für die letzte Ernte und der jubelnden Hoffnung auf die neue zusammen. Es wurde *til gróđrar*, für das Wachstum der schon der Erde entsprießenden Aussaat, begangen. Aber es wurde in Deutschland und England früher, schon vor Beda, im Norden später auf das Fest der Geburt des Herrn verlegt, in Norwegen von König Hakon dem Guten im 10. Jahrhundert. Und damit überkam es die Ausdehnung und die Festfülle des kirchlichen Dodekahemeron d. h. des Festes der zwölf Tage von der Geburt des Herrn bis zu dessen Taufe, dem Epiphanientag, dem 6. Januar. In diese fröhliche Geburtsfeier waren aber schon eingebettet die ausgelassenen heidnisch-römischen Brumalien und die Saturnalien, die Tage des Wintersonnenwendfestes und des Aussaatfestes, samt der lustigen Kalenden- oder Neujahrsfeier. In keine Stelle des altgermanischen Festwesens drangen fremde Festbräuche und Festanschauungen massenhafter und tiefer ein als in die Mittwinterfeier. Sie ist förmlich bedeckt damit, und nur hie und da lugen echt germanische Bräuche aus der dichten, sei es heidnisch, sei's christlich-römischen Verhüllung hervor.

Aus dem alten Julfest wurde das Fest der *Weihnachten*, der heiligen Nächte, der *Zwölfnächte* oder der unrichtig sogenannten *Zwölften*, der *Rauchnächte*, weil man dann das Haus gegen den bösen Feind mit Weihwasser und Weihrauch schützte. Altgermanisch ist das Opfer des Zuchtebers, des altnordischen Sonargöltr d. h. Herdenebers, der nun fallen konnte, wo die Eichelmast aufhörte und frischer Wurf erwartet wurde. Feierlich wurde Freys Eber, wie an zwei Stellen bezeugt wird, am Julabend in die Festhalle geführt, damit man vor seiner Opferung Gelübde zukünftiger Taten auf seinen Rücken ablegte. Und noch später war der Schweinskopf in Schweden, England und Deutschland das Weihnachtsgericht. Alt scheint auch der Brauch, Juleber aus Kuchenteig zu backen und sie unter die Frucht zu reiben, damit die nächste Aussaat kräftig aufgehe. Dieser Zug auf das Zukünftige, der der römischen Neujahrsfeier so natürlich stand, war doch wohl auch dem germanischen Mittwinterfest eigen, das aus der dunklen Tiefe des Winters zu einer lichteren, wärmeren Jahreszeit hinüberführte. Freilich setzte man auch schon in Rom, wie noch in Süddeutschland, verschiedene Fruchtsorten in Gefäßen auf den Festtisch, um am andern Morgen aus dem Steigen oder Fallen derselben auf die Zukunft zu schließen. Auch kannte man im Süden die zwölf Lostage, aus deren Witterung man auf die Witterung der nächsten zwölf Monate schloß. Aber ist es nicht echt germanisch, aus dem „Duft", dem dick an den Bäumen hangenden Rauhreif, oder aus der großen Zahl der Sterne, die in der Christnacht am Himmel standen, eine gute Ernte für das nächste Jahr zu weissagen? Man würfelt in Südwestdeutschland in der Neujahrsnacht gerade so, wie man es in Rom in dieser Zeit tat. Aber altgermanisch mutet es an, wenn in der Christnacht (oder auch am Andreasabend) das Mädchen, nackt sein Bett rüttelnd, den Liebenden zu erscheinen beschwört, und wenn man auf einem Kreuzweg oder einem Zaubergestell oder gar auf dem Dach des Hauses in dieser Zeit die Zukunft erspähte (S. 308).

Germanisch und zugleich römisch mögen die lauten Umzüge Vermummter sein, die zu Neujahrs Anfang stattfanden, aber in manchen Gegenden Deutschlands schon in den Adventsnächten klopften, bochselten und anglöckelten. Mit den bösen Geistern, den nordischen Julburschen, kommen aber auch zu Besuch die Gottheiten Wodan oder Berchtold mit dem wütenden Heer, dessen leises Rauschen ein gutes Jahr, dessen Ungestüm Krieg ankündet. Man flüchtete vor ihm Wagen und Pflug in die Scheune. Die fleißigen Spinnerinnen aber spannen dicht vor der Festzeit, während deren die Spindel ruhte, eine ganze Nacht durch, die Durchspinnacht, bis alle Rocken leer waren, und besetzten den Tisch mit reichlicher Speise. Denn nun kam die Göttin Berchta mit den Schrätlein oder Holda, um nach der Spinnarbeit zu schauen und die Faulen zu strafen und dann sich an jenen Speisen zu erlaben. Möglicherweise nannten die Angelsachsen nach dem Besuch solcher mütterlicher Gottheiten die Weihnacht *Modraniht*, die Nacht der Mütter, die schwerlich als Mutternacht aller kommenden Nächte des neuen Jahres aufzufassen ist. Sie übten nach Beda diese ganze Nacht hindurch feierliche Gebräuche aus.

Der volle Berchtentisch erinnert stark an die sogenannte Tabula fortunae, den Schicksalstisch, den die Römer nach orientalischem Vorbild in diesen Tagen des Jahrs mit Speisen ausrüsteten. Und wie die Fürsten in Südeuropa luden die des Nordens ihre Leute zu üppigem Festmahl ein. Auch die Kirche fügte sich dem schwelgerischen Grundzuge dieser Festzeit, indem sie dieselbe für fastenlos erklärte. So darf man sich nicht wundern, daß der Christabend in Norddeutschland wohl der Vollbauchsabend hieß und in nordischen Kalendern der erste Tag der Julzeit durch ein aufrechtes, der letzte durch ein umgekehrtes Trinkhorn bezeichnet wurde.

Auch der zuerst im Jahre 1184 erwähnte Weihnachtsblock oder Christbrand, den man langsam auf dem Herde verbrannte und mit dessen Asche und Kohlen man die Äcker bestreute, ist der römische durch ganz Europa verbreitete Kalendenblock. Die Römer zündeten in dieser Zeit auch Lichter an, schenkten einander Süßigkeiten, Früchte und Kerzen und schmückten die Häuser außen und auch innen mit Grün und mit Bäumchen, woraus dann schließlich unser zuerst 1605 in Straßburg bezeugter mit Früchten und Flitter behängter Weihnachtsbaum hervorgegangen zu sein scheint.

Das aus so mannigfachen heidnischen und altchristlichen, römischen und germanischen Zügen zusammengesetzte Fest wurde dann noch mit zahlreichen sinnigen Legenden ausgeschmückt: in der Christnacht, glaubte man, wandele sich das Brunnenwasser in Wein, sprächen die Tiere im Stall freudig mit einander, der Himmel ließe heilkräftigen Tau hinabfallen, und mitten im Frost keimten und blühten die Bäume.

Das altgermanische Mittwinterfest ist demnach trotz dem aus der Fremde bezogenen Zusatzmaterial keine Fiktion und kein fremder Eindringling, sondern hatte seinen guten Sinn innerhalb der winterlichen Wirtschaft. So hören wir auch von einer festlichen Begrüßung des isländischen Monats *Thorri,* dessen Anfang auf den Mittwinter fiel. Es war ein häusliches einfacheres Julfest, wobei die „Hausväter“ mit ihren Nachbarn einen fröhlichen Schmaus hielten. Auch begrüßten die „Hausfrauen“ den Anfang des folgenden Monats *Gói,* der um Mitte Februar begann und mit einem Frauenfest gefeiert wurde.

Das Góiopfer mag schon das dritte hohe Fest, die Frühlingsfeier, vorbereitet haben, wie so viele andre Festlichkeiten. Voll sehnsüchtigen Verlangens nach Wärme und Licht, Wachstum und Leben drängte man schon gegen Ende Februar, wenn der Pflug wieder ins Land ging, sich vom Winter loszumachen und den Lenz wieder und wieder zu begrüßen z. B. bei der Sommeraussaat und dem ersten Weidegang. In den buntesten Formen äußert sich diese Vorfestfreude. Die Sachsen zu Karls des Großen Zeit feierten im Februar die *Spurcalia,* andere Deutsche die spurci dies d. h. die unflätigen Tage, vielleicht sogenannt wegen der unflätigen Schimpflieder, mit denen man den Winter austrieb. Am 22. Februar, Petri Stuhlfeier, klopft noch heute die Jugend der badischen Ortenau die Schlangen und Kröten und die westfälische den Sommervogel (den ersten Schmetterling?) mit möglichstem Lärm aus der Winterruhe auf. In manchen oberbayrischen und Tiroler Gegenden erklopft oder weckt man den Lenz, den Mai, das Korn mit Schellenläuten und Fackelläufen. Die Nordfriesen tanzten mit ihren Frauen und Bräuten um große Feuer oder Biken; dann gings wieder auf die See. Der dänische Hirte trat seinen Dienst an. Nach deutschen Sprichwörtern beginnt mit St. Peter das Frühjahr. — Der Indiculus erwähnt auch einen heidnischen Umzug in zerrissenen Kleidern und Schuhen, den die Sachsen *Yrias* nannten. Der Name ist unklar, doch scheint der Winter als zerlumpte Figur, verfolgt von der Menge, dargestellt worden zu sein. Denn als solche tritt zu Mittfasten oder Laetare z. B. im badischen Ober-, wie Unterlande der Winter in seiner ganzen Häßlichkeit ohne oder mit dem Sommer auf. Überhaupt steckt die Faschingszeit mit ihren Vermummungen, ihrem Lärm, ihren Schlägen mit der Lebensrute und ihren Festkuchen voll alten Frühlingsübermutes. Noch am Fastensonntag (Invocavit) werden Hexen- und Fastnachtspuppen aus Stroh oder Reisig verbrannt, oder der „Tod“ ins Wasser geworfen. Der schönste Brauch dieses Tages ist das Herabwälzen eines brennenden Rades von einer Höhe im Fränkischen und das jetzt besonders noch von den Alemannen bewahrte Schlagen brennender Scheiben, das Feuer- oder Funkenbrennen, das zuerst 1090 bei Lorch erwähnt wird. Dieses Frühlingsfeuer befruchtet Feld und Wiese und die Menschen. Man ruft beim Scheibenschlag den Namen der Geliebten aus, und die jüngste Ehefrau springt durch das Feuer.

Immer mehr verschwindet der Winter aus den Bräuchen, die von den Göttern gespendete Fruchtbarkeit trägt den Sieg davon. Aber sie wird nicht allen im gleichen Maße zuteil, sondern der Wachsamste, Fleißigste, Schnellste gewinnt ihr Bestes, und die Treuste und Schönste wird besonders geschmückt. Daher die Wettspiele des Ostereiersuchens, -tickens, -lesens und -laufens, daher der Wetteifer der Hirten, am ersten Austriebstag der erste, der „Tauträger“, draußen zu sein auf der taunassen Weide, daher die Maienfahrten mit der Liebsten in Berg und Wald, daher das Maienstecken ihr zu Ehren und die Aufrichtung des Maibaums, des Maypole (S. 64. 312), den das Volk umtanzte. Schon 1225 hieb ein Priester in Aachen einen solchen Baum um, wie später die englischen Puritaner, aber der Vogt befahl, einen noch höheren aufzurichten. Der laubverhüllte Pfingstbutz oder Wasservogel wird ins Wasser geworfen, um den Frühlingsregen auf das dürstende Land herabzuziehen. Dann schreitet das elsässische Maireseli, die badische Uffardsbrud (Himmelfahrtsbraut), die niederdeutsche Mai- oder Pingsbrud geschmückt mit einem Kranz, der den Feldern Fruchtbarkeit bringt und in der Kirche aufbewahrt wird, unter Preis- und Jubelliedern der Mädchen durch das Dorf, und aus den gesammelten Eiern, Äpfeln, Bretzeln und Mehl backt man den Uffardskuchen.

Wer gedenkt da nicht jenes von Ort zu Ort jubelnden Frühlingsumzugs der Göttin Nerthus, der auch offenbar das von ihr besuchte Land segnen sollte? (S. 322.) Und auch das paarweise Auftreten der Frühlingsgestalten am 1. Mai, des Maigrafen und seiner Braut in Norddeutschland und des Robin Hood und seiner Maid Marian in England, erinnert an die ältere Landfahrt des schwedischen Gottes Frey mit seiner Priesterin, deren Schwangerschaft den Äckern Segen brachte (S. 301). Schon hören wir um 800 aus dem Indiculus, daß die Sachsen ein Götterbildnis durch die Felder trugen, statt dessen später die sogenannten heiligen Trachten von Heiligenbildern durch die Fluren vorgenommen wurden.

In den Frühling fiel auch das nordische Siegesopfer, man opferte für einen siegreichen Seezug oder Sommerfeldzug in vollem Waffenstaat. Chlodwig rief seine ganze Mannschaft 486 zum Märzfeld zusammen, für das später das fränkische Maifeld gewählt wurde, um Lanze, Schwert und Beil zu zeigen. Nach dem norwegischen Gulaþingsgesetz mußte jeder Lehnsmann zur Frühlingsversammlung seine Waffen mitbringen. Zu Pfingsten oder am 1. Mai ließ sich schon der vierzehnjährige Ditmarsche gleich allen Männern in seinem Harnisch bei der großen Waffenschau sehen. Noch 1747 führten sie unter Trommelklang den Schwerttanz auf, dessen höchste Kunst darin bestand, die Klingen so geschickt ineinander zu fügen, daß der Vortänzer darauf treten und, auf ihnen in die Höhe gehoben, von oben eine Ansprache halten konnte.

Der Mittsommertag, die Sonnenwende oder Sungicht, trat als viertes Hauptfest minder hervor. Es scheint jüngeren Ursprungs und aus der Fremde eingeführt zu sein. Es ist durch fast ganz Europa von Griechenland bis nach Norwegen hin verbreitet. Doch kannte schon das alte Island ein Sommerfest, das in die Zeit des großen Althings, in die elfte Sommerwoche d. h. etwa in die Mitte Juni fiel, wenn die in großartiger Einsamkeit gelegene Versammlungsstätte sich auf einige Tage mit vielen hundert Männern aus allen Teilen der Insel füllte. Es wurde auch in Norwegen des Friedens und reicher Ernte halber begangen. In Deutschland wie in vielen anderen Ländern war es ausgezeichnet durch die Johannisfeuer, die man auf Bergspitzen, wie auf den Marktplätzen anzündete. Man warf Kraut hinein, um damit sein Unglück zu verbrennen; der Bursche sprang mit seinem Mädchen hinüber zur Gesundheit; je höher die Flamme loderte, desto höher wuchsen Hanf, Flachs und Korn. Auf eine Gottheit oder gar auf eine Sonnengottheit weiset nichts hin. Der ursprüngliche Sinn des Feuers scheint der eines Sühnfeuers zu sein, das die bösen Geister vertrieb und Krankheit und Mißwachs und in Griechenland auch die Sünden hinwegnahm.

Dagegen waltete über die Ernte unzweifelhaft Wodan oder Odin. Die bayrischen und niedersächsischen Schnitter beteten um reichliches Korn in bestimmten Versen zu Waudl oder Waul, Wauden; sie ließen wie in Schweden eine Garbe für sein Pferd auf dem Felde zurück; sie warfen in Niedersachsen beim letzten Sensenstreichen die Mützen in die Luft und zündeten auf einem Hügel ein Feuer für ihn an. Die Ernte hieß darum in Bayern Waudlmähe, das Erntebier in Niedersachsen Wodelbier.

Die Haupternte pflegte im August, die Vollernte aller Feldfrüchte erst mit dem Eintrieb des Viehs um Martini erledigt zu sein. Daher wurden und werden Erntefeste vom August bis zum November gefeiert, die späteren sogenannten Kirchweihen, die früher im oben besprochenen Herbstfest (S. 324) ihren vornehmsten Ausdruck fanden. Namentlich in katholischen Landschaften nehmen der Bauer und sein Gesinde, die Jungen und die Alten, die reichen Hofbesitzer und die ärmsten Häuslinge, die Lebenden und in gewissem Sinne auch die Toten, deren man an diesem Tage mitgedenkt, an diesem Freudenfeste den fröhlichsten Anteil. Auf dem erst später aufgestellten Hintergrunde der Feier des Gedächtnisses an die Einweihung der Kirche und vielerwärts zugleich an deren Schutzheilige spielt sich ein wesentlich heidnisches, mit vielen altertümlichen Zügen ausgestattetes Fest ab, das nach getaner Sommerarbeit die ganze Familie, auch die oft zerstreute Freund- oder Verwandtschaft, und die Armen zu gemeinsamem Genusse der Gaben des Feldes und der Weide vereinte und den Dienstleuten ein paar Tage voller Freiheit schenkte. Die Kirche wird oft an die Stelle eines Göttertempels getreten sein, wie es Gregor der Große schon um 600 den Angelsachsen gestattete, sich zu fröhlichen Opferschmäusen um ihr altes Gotteshaus zu lagern. Auf den Gräbern des Friedhofs feiern noch hie und da am Kirchweihtage die Familienhäupter mit den Ihrigen das Gedächtnis ihrer Toten; noch hie und da, z. B. im Schwarzwald, spielen die schönste Rolle, eine echte Herrenrolle, der alemannische Hofbauer und seine Bäuerin als Wirte und Diener ihres Gesindes. Nachmittags bildet den Mittelpunkt ein Jahrmarkt mit seiner höchsten Wonne, dem Tanz.

Und so schließt die Kette der Feste, und ihr letzter

Ring ist schon wieder der erste des neuen Wirtschaftsjahres. Die Wirtschaftsereignisse bestimmen die Opferzeiten des heidnischen Jahres und verleihen den Festen das Hauptgepräge. Das christliche Festjahr aber wird geleitet durch die einschneidenden Ereignisse des Lebens Jesu. Eine tiefe Kluft tut sich zwischen den beiden Festordnungen auf, und dennoch haben Volk und Kirche sie an manchen Stellen zu überbrücken gewußt!

Von den regelmäßigen Opferfeuern unterschieden sich die außerordentlichen Feuer dadurch, daß sie nicht in gewöhnlicher Festzeit angezündet wurden, sondern wenn Viehseuche oder Dürre im Lande war oder sonstiger Wetterschaden drohte. Dann dienten sie nicht dem Kochen der Opferspeisen, sondern zum Schutz- und Reinigungsmittel, um böse Geister abzuwehren und die Luft von ihnen zu säubern. Darum hieß es im Indiculus um 800 sächsisch *Nodfyr* und noch früher 742 mehr friesisch *Niedfyr,* althochdeutsch *Nôtfiur,* norweg. *Nau(d)eld* d. h. Notfeuer. Es heißt aber schwed. *Vrid-* oder *Gnideld* Dreh- oder Reibefeuer, weil es durch Reibung von Holz, meist Eichenholz, mit einer Walze oder einem Rade oder auch durch Feuersteinschlagen gewonnen werden mußte als ganz reines freies Element. Auf dem Eichsfeld nennt man es darum auch das *wilde Feuer,* wie in England *Willfire.* Am wirksamsten war es, wenn man zuvor alles Feuer im Dorfe auslöschte und zwei keusche Jünglinge inmitten der Gemeinde unter feierlichem Schweigen die Flamme aus trockenen Hölzern herausrieben. Mit dieser zündete man einen Holzstoß an, der aus den Beisteuern jeder Familie zusammengetragen war. Meistens trieb man dann das Vieh dreimal durch das Feuer, und namentlich Burschen und Mädchen sprangen darüber weg. Man verbreitete den Rauch mit Scheiten weithin, streute Asche auf die Felder und mischte sie dem Vieh unters Futter. In Schweden räucherte man mit solchem Feuer Obstbäume und sogar Fischernetze. Noch im Jahre 1855 loderte im Braunschweigischen das wilde Feuer.

Ein seltneres Opfer war auch das Menschenopfer, dem die Germanen nachweisbar ein Jahrtausend ergeben gewesen sind. Gleich die ersten deutlicher hervortretenden Germanen, wenn wir die Kimbern so nennen dürfen, schlachteten die Kriegsgefangenen, um aus ihrem Blut zu weissagen, oder henkten sie alle voll Erbitterung über geschehene Unbill der Gegner auf, wie die Germanen Armins die Schädel der römischen Kriegsgefangenen an Bäumen befestigten. Tacitus bemerkt auch, daß Menschen dem allwaltenden Semnonengott in seinem Haine fallen und zwar in einer festgesetzten Periode, nicht alljährlich. Andre Stämme halten es für Recht, wenigstens ihren höchsten Gott Wodan durch Menschenopfer in bestimmten Fristen gnädig zu stimmen, während die beiden anderen großen Götter, Donar und Tius, sich mit Tieropfern zufrieden geben. Doch im Kriege der Chatten und der Hermunduren im Jahr 58 n. Chr. weihten jene dem Wodan, diese dem Tius das feindliche Heer zum Opfer, und die besiegten Chatten mußten furchtbar büßen. Damals also ertönte schon in Deutschland der schreckliche Fluch „Wodan hat euch alle!", den später mancher nordische Heerführer über die Feinde schleuderte. Das grausame Blutadlerschneiden, wobei dem Gefangenen die Lunge zwischen den Rippen durch herausgezogen wurde, galt auch wohl dem Odin, dessen Vogel der Adler war. Die Sachsen hielten noch zu Karls des Großen Zeit am Menschenopfer fest. Die Schweden sollen auf ihrem großen Landesfest zu Uppsala alle neun Jahre um die Frühlingstag- und -nachtgleiche neun Menschen getötet und neben Hunden aufgehängt haben, am dänischen ebenfalls alle neun Jahr im Januar gehaltenen Landesfest zu Lethra sollen sogar 99 Menschen und ebensoviel Pferde, Hunde und Hähne geopfert worden sein. Menschenopfer in Uppsala bezeugt auch der Däne Saxo und führt sie auf Frey zurück. Doch scheinen die deutschen Gewährsmänner jener Nachrichten, Adam von Bremen und Dietmar von Merseburg, zu übertreiben, der letzte faßt irriger Weise die Tiere nicht als Götteropfer, sondern als Nahrungsmittel für die getöteten

Menschen in der Unterwelt. Das Menschenopfer nannte ein norwegischer König einmal das höchste Opfer, und gewiß ist es überall von den Germanen so angesehen worden. Der Wert des Menschenopfers stieg, je teurer das Menschenleben war. Franken, Heruler und Sachsen sollen sogar unschuldige Verwandte und als besänftigendste Opfer Leute priesterlichen Amts den Göttern getötet haben. Jedenfalls gab man im Norden bei Mißwachs auch den König den Göttern preis. Nach der ersten Mißernte brachten die Schweden Ochsen dar, nach der zweiten Menschen und nach der dritten gar ihren König Domald und röteten mit dessen Blute die Sitze der Götter in Uppsala. Es war eine mildere Opferform, wenn die Burgunder ihren Hendino oder König bei Kriegsunglück oder Mißwachs absetzten (S. 298). Jarl Hakon opferte seinen Sohn, um den Sieg über die Jomsvikinger zu gewinnen, ein andrer Fürst sogar hintereinander dem Odin neun Söhne, um dadurch sein eignes Leben im neuen Jahre zu verlängern. Um günstigen Wind zu verleihen, forderte Odin einen Mann aus König Wikars Schiffsmannschaft, der aufgehängt werden sollte, und das Los traf den König selber. Am andern Tage hängte ihn Starkad feierlich an einem Aste auf und durchbohrte ihn mit einem zum Speer werdenden Rohrstengel mit den Worten: „Nun gebe ich dich dem Odin“! Nur einzelne dieser Opfer waren Akte der Rachgier, Grausamkeit und Selbstsucht. Durchweg wurden sie als sacrale Todesstrafen, als Sühnopfer für begangene Frevel, als Vollstreckung der über den Frevler verhängten Friedlosigkeit dargebracht. Vor allem fielen Kriegsgefangene, die als Landesfeinde den Frieden gebrochen, und Verbrecher, die eines gleichen Vergehens sich schuldig gemacht hatten. Je nach der Art ihres Verbrechens war die Art der Todesstrafe verschieden. Wer in Friesland einen Tempel zerbrochen hatte, wurde am Strande verstümmelt, den Göttern geopfert, der Flut preisgegeben. Feiglinge und Lüstlinge versenkte man in einen Sumpf und warf ein Hürdengeflecht darüber, um sie für alle Zeit unsichtbar zu machen. Auf dem isländischen

Thorsstein wurde dem Verbrecher der Rücken zerbrochen, wahrscheinlich dem Meineidigen oder Lügner, den ja nach dem Volksglauben der Blitz erschlägt. Eine Missetat am heidnischen Kult war es, einen Gehängten lebend oder tot vom Galgen zu nehmen, da dieser doch der Gottheit gehörte, zumal dem nordischen Hangagud, dem Gott der Gehängten, Odin. Sagenhaft klingt die nordische sogenannte „Rollenrötung", d. h. der Stapellauf eines Schiffs über den Leib eines Menschen hinweg, dessen Blut dann den Kiel sühnend netzte. Aber man hat oft beim Niederreißen alter deutscher Bauten, Stadtmauern und Brücken und Deiche, Gerippe mit Särgen und ohne sie gefunden, die die Wahrheit der häufigen noch jetzt vom Volk geglaubten Geschichten vom Einmauern lebendiger Menschen in den Grundstein wichtiger Schutzbauten bezeugen.

Achtes Kapitel.

Die einzelnen Götter.

Der germanische Götterglaube ging seine eigenen Wege; seine Götter hatten andere Schicksale als die der anderen Indogermanen. Doch umwittert einige der ältesten nationalen Gottheiten noch ein indogermanischer Erdgeruch, der daran erinnert, daß sie aus demselben Reiche gleicher oder ähnlicher Riesen und Elfen und anderer uralter Geister emporgewachsen sind. Auch verrät der Aufbau der verschiedenen nationalen Götterwelten gewisse überall maßgebende Linien, namentlich in seinem Grundriß, und wenigstens eine Gottheit wurde noch von der Gemeinschaft der Indogermanen ziemlich scharf umrissen und zu innerlicher Reife ausgebildet. Das war der Himmelsgott, der durch seinen allumfassenden Himmelsglanz hoch über alle anderen früheren mythischen Gebilde sich erhob, dessen segnende Kraft namentlich im fruchtbringenden Regen, dessen majestätische Herrschermacht namentlich im Gewitter sich zeigte:

Tíwaz, Tius, Ziu, Týr.

Diesen ältesten und höchsten Gott nannten die Urgermanen vermutlich *Tíwaz*, die Angelsachsen *Tíw*, die Nordleute *Týr* und die Hochdeutschen *Zíu*. Unter wesentlich demselben Namen, der von einer Wurzel „div = strahlen, leuchten“ stammt, und zwar mit dem Zusatze „Vater“, riefen ihn die Inder, Griechen und Römer an als *Dyôspitâ, Zeupater, (D)juppiter*. An dieser auch sachlich wohl zu begründenden Gleichung darf man nicht mit kleinen lautgesetzlichen Bedenken rütteln, da die Wurzel dieses Namens sich durch die außerordentliche Vielgestaltigkeit ihrer

Schößlinge auszeichnet und z. B. neben Zeus die Namensformen Dis, Deus, Das, Zēs, Zēn und Dān und neben Jupiter Jovis, Dis- und Diespiter hervorgetrieben hat. Der schöne Beiname „Vater" mag auch dem germanischen Himmelsgotte nicht gefehlt haben. Man möchte ihn fast erschließen aus der auf ihn bezogenen Nachricht des Tacitus über den heiligen Hain des „göttlichen Allherrschers", in dem sich die Semnonen die „Anfänge ihres Stammes" dachten, wie wenn der oberste Gott dort auch als der Vater des Volkes verehrt worden wäre. Seinen Hauptnamen aber bezeugen erst die alten Übersetzungen des im 3. oder 4. Jahrhundert n. Chr. eingeführten römischen Martis dies, die angelsächs. Tíwesdaeg, altnord. Týsdagr, engl. Tuesday, alemannisch Ziestag, Zistig lauten. Unser Dienstag aber hängt nicht mit diesen alten Formen zusammen, sondern ist eine mitteldeutsche Entstellung des niederdeutschen Dingsdach, der allerdings wiederum nach unserem Gotte, aber nach seinem alten Beiworte „Things" seinen Namen führte. Berthold von Regensburg bezeugt zuerst das Vorkommen des Dinstags als Tag des Dienens in Oberdeutschland. Die Semnonen aber brachten südwärts wandernd den Kultus ihres göttlichen Stammvaters aus der Mark Brandenburg ins Schwabenland, wo man Cyuuari d. h. Ziuverehrer kannte und eine Hauptstadt, das heutige Augsburg, mit echt deutschem Namen Ziesburc hieß. Im deutschen Südwesten gilt ja noch heute der Zistag oder Zistig statt des Dienstags.

Der Lebenslauf des Himmelsgottes ist bei jenen vier indogermanischen Völkern ein mehr oder minder stark verschiedener gewesen, doch nimmt er bei allen denselben Anfang und zeigt auch noch weiterhin mehrere gleiche Entwicklungsstadien. Am nächsten verwandt erscheinen Zeus und Jupiter; sie durchlaufen beide die ganze Stufenreihe des Kultus, die vom alten Gewittergotte mit seiner Steinwaffe bis zum obersten Familien-, Gerichts-, Kriegs- und Staatsgotte führt. Nur hat Jupiter nach Art der meisten höheren römischen Götter seine Hauptmythen und zwar die des Gewittergottes, die leidenschaftlichen Kampfmythen, ganz eingebüßt. Im übrigen hat er wie Zeus die vollste Reife erlangt, beide sind Götter aus einem Guß und behalten die Obmacht bis ans Ende des Heidentums. Dagegen erleidet die Entwicklung des Dyôspitâ oder Dyāus und des Tíwaz eine tiefe Störung, sie werden beide früh auf den alten Teil gesetzt und müssen ihr Eigen zum größten Teil ihrem Sohne oder doch einem jüngeren Gotte überlassen, so Dyāus dem Gewittergotte Indra, so Tíwaz dem Gewittergotte Donar. Erst zu zweien durchlaufen sie ganz jene lange Stufenreihe, die Zeus oder Jupiter für sich allein durchläuft. Dyāus ist ein bloßer Himmelsgott, eng verbunden mit seinem Gegenbilde, der Erde, die er mit Regen segnet; dagegen ist Indra der Kampfgott und Obergott der rigvedischen Zeit. Tíwaz, Tius ist doch besser ausgeprägt als Obergott, als Thinggott, als Kriegsgott, aber den Ruhm der mythischen Hauptkämpfe und die wichtigsten Stellungen im Menschenleben hat er dem Donar überlassen müssen. Der Lebenslauf des indischen und der des germanischen Himmelsgottes ist also gleichsam in zwei auseinandergesprengt, und dazu kommt, daß auch der siegreiche Thronräuber später wieder durch einen Stärkeren vom Throne verdrängt wird, der in Indien verschiedene Namen wie Wischnu und Rudra führt, bei den Germanen aber Wodan heißt.

Durch diese Zersplitterungen und Verschiebungen blickt das älteste, noch indogermanische Bild des Gewittergottes deutlich genug hindurch. In seiner Hand schwingt er die Siegeswaffe, von der noch der Philosoph Heraklit, in uralter mythologischer Anschauung befangen, sagte: „Der Blitz regiert das All!“ Die ersten Künstler haben sie für den Gott geschmiedet, in Indien die Ribhus, in Griechenland die Kyklopen, in unserem Norden die Alfar und zwar ausdrücklich, um ihm durch sie die ewige Herrschaft zu sichern (S. 159 f.). Darum werden Indra, Zeus und Jupiter auch kurzweg „Blitz“ genannt, nach dem grellsten Gesichtseindruck des Gewitters, während die alten Germanen den Tiwaz nach dem lautesten Gehörseindruck auch Thunaraz Donner nannten, womit sie dann später einen selbständigen Gott bezeichneten. Jene Waffe ist aber ursprünglich ein dreikantiger Stein oder ein Hammer, wie man sie in den Gräbern der Steinzeit findet, und wird vom Gotte gegen die Unholde geschleudert, die den für Götter und Menschen so erquicklichen Sommerregen in einem Kessel oder Berge neidisch zurückhalten, oder gegen seine Obmacht sich empören. Diese Feinde der Gottheit sind entweder Riesen: die Rakschasas, die Titanen, die Jötune des Nordens (S. 228), oder ein schlangenförmiger Drache: der Ahi, der Typhoeus, der nordische Midgardswurm.

Ebenso wie den Mythus kennzeichnen den Kultus dieses Gottes hochaltertümliche einfache Züge. Weil die Eichen den Blitz anziehen, verehrte man ihn in Griechenland, Italien und Germanien in alten Eichen. Wenn man in Rom Regen haben wollte, schleppte man den Lapis manalis, den Gießstein, durch die Gassen; in Gotland hämmerte man mit schweren Thorshämmern: die Blitzwaffe des Gottes wurde gerührt, um das Gewölk zu erregen.

Aus jener zornig streitenden und gütig spendenden, entscheidenden und herrschenden Naturgewalt leiteten sich dann auch die späteren edleren und tief ins Menschenleben eingreifenden Eigenschaften des Gottes her. Er galt allen jenen vier Nationen für einen Kriegsgott und Weide- und Ackergott und wenigstens den drei europäischen für einen Gott des Rechts und Gerichts, der Familie und des Staats und für das väterliche Oberhaupt der Götter und der Menschen.

Auf germanischem Boden hielt die Verehrung dieses alten Gottes Tiwaz wahrscheinlich der heilige Hain des vornehmsten Suevenstammes, der Semnonen in der Mark Brandenburg, fest. In diesem durch die hier eingeholten Weissagungen der Vorfahren und durch alte Ehrfurcht geweihten Heiligtum kamen ihre Abgeordneten zu einer festgesetzten Zeit zusammen. Vor der Volksmenge wurde ein Mensch getötet und unter grausigen Bräuchen geopfert.

Niemand durfte anders als gefesselt den Hain betreten, um dadurch seine Schwäche und des Gottes Macht anzuerkennen. Fiel einer hin, so durfte er sich nicht wieder erheben; auf der Erde wurde er hinausgewälzt. Der ganze Kultus deutete darauf hin, daß man in diesem Hain die Geburtsstätte des Volks und den Wohnsitz des allwaltenden Gottes, dem Alles untertan und gehorsam sei, gelegen glaubte. Sein Ansehen wurde noch durch das Glück der Semnonen gestärkt: sie bewohnten nicht weniger als hundert Gaue. Hier im Nordosten Germaniens, im ältesten Deutschland, thronte noch hoch über allen andern Göttern der Gewittergott ältesten Stils in seinem Hain, etwa wie Zeus im Eichenhain zu Dodona. Man holte hier seine Orakel, wie später im Thorstempel, denn der Donner ist die Stimme des wissenden Gottes. Man tötete ihm hier Menschen, wie später dem Thor auf dem Thorsstein (S. 337). Man trat in das Heiligtum nicht nur, wie später, unbewaffnet, sondern sogar gefesselt. Man wälzte sich vor diesem Gotte mit seiner Alles niederschmetternden Gewalt auf dem Boden, wie es noch beim ersten Donner der Bauer des 19. Jahrhunderts tat. Als die Semnonen sich von ihrem alten Landesheiligtum losrissen und nach dem südwestlichen Deutschland wanderten, war dieser Gott ihr siegreicher Führer und sie seine Leute und Verehrer. Darnach nannten sie sich Ziuwari und einen ihrer Hauptörter, das alte Augsburg, Ziesburg, und übersetzten, weil ihr ältester und oberster Gott auf jenen kriegerischen Wanderzügen einen durchaus kriegerischen Charakter angenommen hatte, den römischen Kriegsgottswochentag, den Martis dies, mit Ziestag, der noch heute bei den Alemannen Zistig heißt. Und nach ihrem Vorgang benannten auch die meisten andern Stämme diesen Tag nach demselben Gotte.

Der allmächtige Gewittergott Namens Tiu, Ziu, altnord. Týr wurde mehr und mehr von seiner Naturgewalt losgelöst und fast ausschließlich auf die Leitung des Kriegs und des Gerichts beschränkt. Seine Naturgewalt aber erbte ein mit dem deutlichen Namen derselben bezeichneter Gott, nämlich Donar, Thor, der nun der eigentliche Gewittergott wurde und blieb.

Dieser Rollenwechsel hat im deutschen Westen begonnen. Schon zu Tacitus' Zeit faßten die Tenctern am Niederrhein ihren vornehmsten Gott, unter dem man doch wohl Tiwaz zu verstehen hat, als Mars auf. Zum Dienste dieses Kriegsgottes mag es gehört haben, daß auch die tapfersten der benachbarten Chatten außer langem Bart und Haar noch einen Eisenring als Fessel trugen, von dem sie erst die Tötung eines Feindes befreite. Doch behielten manche die Tracht noch weiterhin bei, um sich, als Kämpfer der ersten Schlachtreihe, ganz dem Kriege zu ergeben. Die aus Rheinländern gebildete erste kaiserliche Gardereiterei widmete wiederholt ihren drei heimischen Hauptgöttern unter fremden Namen Votivsteine, von denen uns in Rom vierzehn aus dem 2. Jahrhundert n. Chr. erhalten sind, nämlich dem Mercur d. h. Wodan, dem Hercules d. h. Donar und dem Mars, in dem man wiederum den Tiu sehen muß. Und diesen Kriegern ist der letztgenannte ohne Zweifel der vornehmste Gott, denn dreizehnmal steht sein Name an erster Stelle. In den Niederlanden widmete ein Centurio germanischer Herkunft aus Kaiser Claudius' Zeit dem Mars Halamardus, dem Männerfäller, einen Stein. Im 3. Jahrhundert weihten Friesen aus dem holländischen Twenthe dem Mars Thingsus und den zwei Alaesiagen Beda und Fimmilena zwei Altäre in Nordengland (S. 18). Friesen setzten in selbiger Gegend auch dem Tus Tingsus einen Stein, und auf einem andern wird der keltische Kriegsgott Belatucadrus durch Tus Tingsus übersetzt. Es ist also klar, daß auf diesen Denkmälern der alte Tius, der Kriegsgott, zugleich als Thing- oder Gerichtsgott verehrt wurde, dem zwei göttliche Botinnen zur Seite stehen (S. 274). So ist auch Zeus und Jupiter Kriegsgott und Gott des echten Dings und Zeus' Beisitzerin die rechtbringende Dike. Jene Götterdreiheit der rheinischen Gardereiter, die ja schon Tacitus hervorhebt, kehrt dann um 800 im sächsischen Taufgelöbnis wieder: an Thunaer und Wodan schließt sich als dritter Saxnot, angelsächsisch Seaxneat, der Genosse eines Sachses d. h. Kurzschwertes, wie es schon Tacitus bei den Nordgermanen auffiel. Die Nachkommen, die ihm die essexische Stammtafel zuteilt, bedeuten seinem Wesen entsprechend all die verschiedenen Momente der Schlacht. Also auch mit Seaxneat ist offenbar ein Kriegsgott und wahrscheinlich nach einem Beinamen des alten Himmelsgottes bezeichnet worden. Deutliche Spuren im deutschen Volksglauben hat dieser früh verdunkelte und der Grundlagen seiner Macht beraubte, einst oberste Gott nur wenige hinterlassen. Vielleicht verdankt ihm sein Tag, der Dienstag, seine Beliebtheit als Gerichtstag, die er Jahrhunderte lang neben dem Donnerstage behauptete. Auch wird der fränkisch-sächsische Dingesdag nicht mehr auf Ding Gericht, sondern direkt auf jenes Attribut des Tius „Things" zurückgeführt. Ein dritter, aber unaufgeklärter Name des Gottes scheint im bayrischen Erchtag = Dienstag zu stecken.

Im skandinavischen Norden muß sich eine ähnliche Entwicklung vollzogen haben: Tyr ist hier ausschließlich Kriegs- oder vielmehr nur Kampfgott, der kühnste aller Götter, den Tapfere in der Schlacht um Sieg anrufen. Siegrunen soll man auf seinen Schwertgriff ritzen und dabei zweimal Tyr nennen. Ob aber die von Tacitus erwähnten Schwerttänze, die bis gegen unsere Zeit fortdauerten, ihm geweiht waren, ist ungewiß. Der Verwegene hieß tyhraustr kühn wie Tyr und — was nicht passen will — der Weise týspakr weise wie Tyr. Es klingt wie eine verflogene Mähr aus einem älteren breiteren Gewittermythus des Tyr, wenn er in der Hymiskviđa sich bereit erklärt, den Thor auf seinem Zuge zum Riesen Hymir zu begleiten, um diesem den von den Göttern vermißten Kessel abzugewinnen. Man könnte auch hierin eine Herabsetzung des älteren Gewittergottes Tyr durch den jüngeren, Thor, vermuten. Aber daß Hymir und seine allgoldene Frau als seine Eltern dargestellt werden, daß er dann, nachdem er von seiner Mutter mit Thor unter Kesseln versteckt worden, ganz aus diesem Mythus verschwindet, das alles kennzeichnet doch wohl die Teilnahme des Tyr an der so wichtigen Kesselfahrt als einen leichten, unüberlegten und deshalb undurchgeführten Einfall eines Dichters. Das ist keine Volkssage.

Ganz tatenlos steht aber Tyr im nordischen Mythus doch nicht da. Er ist es, der allein es wagt, dem furchtbaren Sohne Lokis, dem Fenriswolfe, den die Götter bei sich aufziehen, Futter darzureichen. Aber wie sie nun den Unhold täglich wachsen sahen und Prophezeiungen ihn als ihr Verderben verkündeten, da beschlossen sie ihn zu fesseln. Er ließ sich auch die starke Fessel Laeđingr (das böse Ding?) ruhig anlegen, um seine Kraft zu zeigen, und alsbald zerriß er sie leicht. Dann brachten sie ihm den doppelt so starken Drómi (die Fessel), indem sie ihm großen Ruhm versprachen, wenn er diesen zerbräche. Nach einigem Bedenken ließ er sich auch diesen gefallen, schüttelte sich und stemmte sich derartig gegen die Erde, daß die Stücke der Kette weit auseinander flogen. Da hieß Allvater (Odin) den Boten Freÿs, Skirnir, die Fessel Gleipnir von den Zwergen in Svartalfaheim holen. Die war aus sechs Dingen gefertigt: dem Geräusch der Katze, dem Bart des Weibes, den Wurzeln des Berges, den Sehnen des Bären, dem Hauch des Fisches und dem Speichel des Vogels. Sie war leicht und weich wie ein seidenes Band. Die zeigten sie dem Wolf auf der im See Amsvartnir oder Amsvarnir gelegenen Insel Lyngvi. Er aber wies sie zurück, denn dabei wäre kein Ruhm zu holen. Wäre sie aber mit Zauberlist gemacht, so wolle er sie nicht an seinen Füßen dulden. Doch die Götter redeten ihm ein, wenn er dieses schwache Band wirklich nicht zerreißen könnte, so würden sie, von aller Furcht vor ihm befreit, ihn gern losgeben. So ließ er es sich doch anlegen, aber unter der Bedingung, daß einer von den Göttern während der Kraftprobe seine Hand ihm in den Rachen steckte. Da blickten sich die Götter betroffen an, bis endlich Tyr seine Rechte hineinlegte. Je mehr nun der gebundene Wolf sich mit seinen Füßen stemmte, desto härter wurde das Band, desto tiefer schnitt es ein. Da lachten alle außer Tyr, denn der verlor seine Hand. Das Untier wurde dann an zwei tief in die Erde gestoßene Steinblöcke, Gjöll (Lärm) und Thviti (?), gebunden. In seinen zum Beißen geöffneten Rachen stießen sie ihm zur Sperre ein Schwert, so daß der Griff im Unterkiefer, die Spitze im Oberkiefer steckte. Er heult grimmig, aus seinem Rachen trieft der Geifer Von wie ein Fluß. So liegt er bis zur Götterdämmrung. Dann kommt auch er los und fährt umher mit so weit geöffnetem Rachen, daß dieser oben den Himmel und unten die Erde berührt, und gern würde er ihn noch weiter aufreißen, wenn noch Raum da wäre. Aus seinen Augen und Nüstern glüht Feuer. Er verschlingt im letzten Kampfe Odin, der aber von seinem Sohne Viđar gerächt wird, indem dieser des Wolfes Kiefer auseinander reißt. Dann kommt auch los der Hund Garm, der Grimme oder Brüller, der vor der Gnipahöhle gebunden ist, und greift Tyr an, und beide töten sich gegenseitig.

Dieser ausdrucksvolle Mythus von dem einhändigen (einhendr) Tyr erinnert an den irischen Mars, den Nuada, der seine Hand im Kampf mit dem Dämonengeschlecht der Fir Bolg verliert, sie aber durch eine silberne ersetzen läßt. Nur vermuten darf man, daß ihm eine alte Sage vom Kampf des lichten Himmelsgottes mit einem riesischen Sturmungeheuer, das die ganze Luft zwischen Himmel und Erde mit seinem Geheul und seiner Finsternis erfüllt (S. 229), zu grunde liege, und daß in diesem Kampfe der Gott seine Hand einbüßt. So verschlingt Fenrir nach Vafthrudnismal die Sonne, und die Sonne und der Mond werden von anderen hinter ihr herrennenden Wölfen Sköll, Hati und Managarm mit Verfinsterung bedroht. Aber die Erzählung hat jetzt die Absicht, die den Tyr vor allen Göttern auszeichnende Kühnheit ins hellste Licht zu setzen, und steigert deshalb die schrecklichen Eigenschaften des alten Sturmwolfs auch durch Züge fremder Ungeheuer.

Wie die Charakteristik der ganzen Sippschaft Lokis durch die Bilder der altbiblischen Ungetüme beeinflußt ist, so auch insbesondere die des Fenriswolfes. Der Behemoth liegt im Schlamm, er schluckt in sich einen Strom; Gott greift ihn an mit einem Schwert. Niemand ist so kühn, daß er den Leviathan reizen darf. Wer kann die Kiefer seines Antlitzes auftun? Sein Niesen glänzet wie ein Licht, und seine Augen sind wie die Augenlider der Morgenröte. Unter ihm liegen scharfe Steine. „Wenn du deine Hand an ihn legst“, heißt es „so gedenke, daß es ein Streit sei, den du nicht ausführen wirst“. Und was wohl zu merken ist, wie der Fenriswolf und sein Bruder, der Midgardswurm, so bleiben auch Behemoth und Leviathan an ihren Straförtern bis zum letzten Gericht. Noch ein anderes Element, das Märchenmotiv von der Fesselung mit einem Seidenbande, ist geschickt hineinverwoben worden. Der Volkswitz gefällt sich darin, aus dem Weichsten und Feinsten das Härteste und Stärkste hervorgehen zu lassen. Es zerspringt erst in der allgemeinen Auflösung der Dinge, die dem jüngsten Tage voraufgeht. Dann wird der Wolf frei und findet seinen Tod, Tyr aber erliegt dem kerberusartigen Höllenhunde Garm.

So mangelhaft unsre Kunde von diesem ältesten und höchsten Gotte der Germanen ist, zeigt sie doch deutlich seinen im ersten christlichen Jahrtausend sich vollziehenden stetigen Niedergang, bis er im Norden trotz seiner bewunderten Kühnheit zu einer fast bedeutungslosen Nebengottheit herabgesunken ist. Diese Erniedrigung verursachte vorzugsweise das Aufkommen des aus ihm hervorgewachsenen

Thunaraz, Donar, Thor,

der ihm seine ganze Gewittergewalt abnahm, einen vollen, frischen Mythus und einen eifrigen und angesehenen Kultus. Den Römern, wie dem Tacitus, dünkte er zunächst dem Hercules vergleichbar, tat er es doch auch an Körperkraft allen zuvor, war über die Maßen eß- und trinklustig und kämpfte gegen Riesen und Drachen und nicht nur auf der Oberwelt, sondern auch in der Unterwelt. In einem Herculeshain an der Weser versammelten sich die Germanen unter Armin zum Kampfe gegen Germanicus. Möglich, daß auch mit Hercules Magusanus dem Mächtigen und mit Hercules Barbatus dem Bärtigen auf rheinischen Votivsteinen Donar gemeint ist. Später nannten sie ihn richtiger Jupiter. Und in der Tat war er diesem altrömischen Gotte wesensverwandt und stritt noch lange mit Odin-Wodan um die erste Stelle, die ja allerdings Jupiter unbestritten behauptete. In der Dreizahl der vornehmsten germanischen Götter, wie sie das sächsische Taufgelöbnis und die nordischen Schwurformeln anführen, steht er meistens noch voran. Er bleibt, auch nachdem schon nach Tacitus Wodan-Mercur in Westdeutschland die Götterherrschaft gewonnen hatte, noch lange der höchste oder doch der Lieblingsgott. Zwar waren auch die mit As und Regin d. h. Gott oder die mit Frey und Gaut zusammengesetzten Namen erwünscht, die den Träger in den Schutz der Gottheit oder eines bestimmten Gottes stellten; aber alle diese wurden an Zahl und Mannigfaltigkeit weit überboten von den Thorsnamen, wie Thorstein, Thorketil u. s. w. Der Norweger Thorolf schenkte seinem „Freunde“ Thor seinen Sohn Stein und nannte ihn Thorstein, und dieser machte hinwiederum seinen Sohn zum Goden und nannte ihn Thorgrim. Vom westlichen Norwegen führten die Wikinger ihren Thor mit sich nach Irland hinüber. Schon der erste Normann, der in Irland genannt wird, heißt nach dem Gotte Turgeis oder Thorgisl, und bald wimmelt es auch auf dem seit 875 besiedelten Island von Namen, die mit Thor zusammengesetzt sind, während vor der Wikingerzeit kein einziger dieser etwa 90 Namen nachweisbar ist. So hoch stand Thor in Irland, daß z. B. das normännische Königshaus in Dublin sich von Thor ableitete und sich des Besitzes eines heiligen Thónarsringes rühmte. Und überall im Norden hatte noch ums Jahr 1000 kein Gott so viele Tempel wie er.

Seinen durchsichtigen Hauptnamen hat er vom Donner; seine nordischen Beinamen Vingnir kennzeichnen ihn als Schwinger (des Donnerkeils) und Reiditýr, Ökuþórr, Vagnaverr als Wagen- oder Fahrgott; denn im Gewitter rollt sein Wagen mit ihm durch die Lüfte, und noch heute heißt der

Donner auf Gotland Thors Wagen, anderswo in Schweden Askan die Asenfahrt. Sein Beiname Hlórriđi ist dunkel.

In der spätnordischen willkürlichen Göttergenealogie, die Ođin als den unbedingten Götterherrn ansetzt, ist Thor Ođins Sohn; seine Mutter die Bergfrau Fjörgyn oder die Erde Jörđ oder die nicht sicher deutbare Hlóđyn, vielleicht die niederrheinische Hludana römischer Inschriftsteine, der unter anderen friesische Pächter der Fischerei ihre Verehrung erwiesen. Seine Gattin ist die Riesin Jarnsaxa oder Sif die Sippe (?). Seine Kinder sind blasse Allegorien: seine Tochter heißt Thrúđr Kraft, seine Söhne Móđi Zornig und Magni Stark, die ihm im Riesenkampf zur Seite stehen, etwa wie nach Hesiods Theogonie dem Zeus im Titanenkampf Kratos und Bia, Kraft und Gewalt. Seine Gefährten sind Loki und der geschwindeste Läufer Thjalfi (S. 244).

Thor besitzt drei kostbare Dinge, einen Hammer, Thrudhammer oder Krafthammer, Namens Mjölnir Zermalmer, zwei Eisenhandschuhe und einen Kraftgürtel. Der Hammer, der auch als eine zu kurzgriffige Keule oder als glühender Stahl und von den Angelsachsen auch als feurige Axt bezeichnet wird, ist nach echt heidnischer Anschauung allein imstande, die Götter vor ihrem Verderben durch die Riesen zu schützen. Nach christianisierter Anschauung schützt er im letzten Kampfe nicht einmal Thor vor dem Untergang, geht dann aber sonderbarerweise auf seine schemenhaften Söhne Móđi und Magni über. Thor fährt auf einem Wagen, den die beiden Böcke Tanngniostr und Tanngrisnir „Zahnknirscher", die springenden, knatternden Blitze, gen Riesenheim ziehen. Aber Thor geht auch weite Wege und durchwatet täglich Flüsse auf seinem Gange zum Gericht unter der Weltesche, und sogar das Meer. Er ist groß von Gestalt und jugendlich, schön von Antlitz und rotbärtig. Im Zorn bläst er seinen Bartruf in den Bart und schärft furchtbar seine Augen. Nach Riesenart ist er gefräßig und trunkgierig, beim Riesen Thrym aß er einen Ochsen und acht Lachse und trank drei Tonnen Met, und die Ebbe des Meers rührt von seinem guten Zuge her. Aus seiner hervorragenden Asenkraft ásmegin gehen seine Entschlossenheit und sein Asenzorn hervor. Immer unverdrossen und mutig, schrickt er nie vor Kampf zurück und ist beim Notruf des Menschen stets zur Stelle. So ist er als einst oberster und immer noch stärkster Gott der festeste Hort Asgards wie Midgards, der Götter wie der Menschen.

Und die Menschen wußten es ihm Dank. Von keinem Gott erzählten sie lieber, meist frische Abenteuer, bald in derb fröhlichem, bald in ernsterem Ton. Freilich die gedankenvolle Tiefe so manchen Odins- oder Baldrmythus hatten sie nicht, wenn sie auch oft daran mahnten, daß ohne Thor die Götter und die Welt verloren wären. Einige von den Thorsgeschichten sind uralt und mitgebracht aus der indogermanischen Gemeinschaft, andere spiegeln die Gewittervorgänge des Nordens wider, die immer noch so mächtig sind, daß sie die eindruckvollsten Naturvorgänge des Jahres darstellen. So verfolgten denn die Nordleute aufmerksam den Lebenslauf ihres Gottes durch die verschiedenen Gewitterszenen vom Frühlingserwachen bis in den Herbst, ja bis in den Winter hinein. Bald hörten sie seine tosenden Kämpfe hoch oben in den Lüften, bald in den nahen Gebirgsschluchten, bald am fernen Horizont, wo er flammend zur Unterwelt fuhr. Freilich sind fast alle diese volkstümlichen Abenteuer, wie sie uns vorliegen, durch die Skaldendichtung hindurchgegangen und von ihr mehr oder weniger verschönt oder auch verkünstelt.

Humorvoll und plastisch tritt Thor in dem uns schon bekannten Frühlingsmythus der Thrymskviđa (S. 232) hervor, wie er aus seinem Winterschlaf erwacht. Da vermißt er seinen Hammer, schüttelt zornig Haupt und Bart, greift vergebens um sich her — der Hammer ist gestohlen! Gewichtig teilt er dann dem Loki die große Neuigkeit mit, von der noch niemand im Himmel und auf Erden weiß: „Der Hammer ist uns gestohlen!" In Freyjas geborgtem Federhemd rauscht Loki zu den Riesen und erkundet, daß *Thrymr* ihn acht Rasten tief in der Erde versteckt hat.

Wie Thor seinen Kundschafter wieder über Asgard schweben sieht, ruft er ihm aufgeregt zu, sofort aus der Luft herab Meldung zu machen, damit er nicht auf ruhigem Sitze Lügen hinzudichte. Da Freyja sich zornig der Ehe mit dem Riesen weigert, muß Thor, obgleich er den schlimmsten Schimpfnamen des Argen fürchtet, sich als Braut verkleiden, Loki als seine Magd. So fahren sie mit Thors Bocksgespann, wobei die Felsen bersten und die Erde flammt, zu Thrym. Wie freut sich der! „Ihr Riesen, bestreut zum Empfang die Bänke. Meine goldgehörnten Kühe, meine allschwarzen Ochsen kehren zum Stalle heim. Mir fehlte nur noch eins, Freyja!“ Aber er wird stutzig, wie er ihrem so gar unbräutlich gierigen Schmausen und Zechen zuschaut; er fährt bis ans andere Ende des Saals zurück, als ihm beim Kusse ihre bis dahin verdeckten Augen entgegenfunkeln. Als nun der Riese den Mjölnir auf ihre Kniee legen läßt, um sich mit ihr zu vermählen, da lacht der vermeintlichen Braut das Herz in der Brust, und der Gott erschlägt mit dem Hammer das ganze Riesengeschlecht.

Im Sommer aber, wo das Gewitter seine ganze Macht und Herrlichkeit in Wetterleuchten, Blitz und Donner und rauschendem Regenguß entfaltet, oft nach langer Dürre, da entfaltet auch Thor, der Gewittergott, seine höchste Macht und Herrlichkeit und spendet nach heftigen Kämpfen mit einem Drachen und mit Riesen, die den Regen zurückhalten, das segnende Naß. In der schon Seite 238 erzählten *Hýmiskviđa* ist die Wolkenszenerie ganz nordisch in ein Eismeer verwandelt, in dem sich Walfische tummeln und in dessen Tiefe der Drache lauert. Die Wolken sind nach alter Anschauung brausende Braukessel, die hier der Riese am Rande des Himmels in seinem Hause hütet. In dem Sieg über diese beiden schlimmsten Götterfeinde, der den Zentralmythus der indogermanischen obersten Gottheit ausmacht, empfängt Thor seine höchste Weihe, als er den starr machenden Blicken und dem Gifthauch des Untiers widersteht und es mit seinem Hammer in die Tiefe schmettert, und als er, den umgestülpten Braukessel auf seinem Haupte, triumphierend aus dem Lande der erschlagenen Riesen zu den dürstenden Göttern zurückkehrt.

An diesen Zentralmythus, der noch nichts vom letzten Drachenkampfe Thors beim Weltuntergange weiß, schließen sich noch manche jüngere Mythen, die aber zum Teil noch das Gepräge von Naturmythen tragen. So erschlug Thor am ersten Sommertag den riesigen Baumeister der Götterburg, der sich anschickte, nach Vollendung seines Baues den ihm von den Göttern versprochenen Lohn, Freyja, Sonne und Mond, einzuziehen. Wer der Riese ist, darüber lassen seine Namen in der späteren Volkssage keinen Zweifel: er heißt darin Wind und Wetter oder auch der Blaser, der zumal zu Sommers Anfang schwere Wolkenmauern auftürmt (S. 234).

In einem andern Sommermythus vom Kampf des Gewittergottes mit dem lärmenden Gewitterriesen *Hrungnir* (S. 231), also zweier Gewitter wider einander, wie er an der norwegischen Felsenküste nicht selten ist, schwebte Thor abermals in großer Gefahr. Er zerschmetterte zwar des Gegners Haupt, aber die eine Hälfte des Wetzsteins des Riesen drang in Thors Stirne, daß er zusammenbrach, und da Hrungnir vornübergestürzt war, lag dessen Fuß auf dem Halse des Gottes, bis dessen drei Nächte alter Sohn den Fuß herabwarf. Nun stand Thor auf und begrüßte seinen Sohn mit Freuden. Als Thor nach Thrudwang heimgekehrt war, sang die Seherin Groa Zauberlieder über ihm, um den Wetzstein zu lockern. Dabei erzählte ihr der dankbare Thor, er habe ihren Gatten Aurwandil in einem Korbe auf seinem Rücken über die eisigen Wogen, die Elivágar, aus Riesenheim herübergetragen. Eine Zehe Aurwandils, die aus dem Korbe hervorlugte, sei dabei erfroren. Die habe er abgebrochen und an den Himmel geworfen und zum Sternbild „Aurwandils Zehe“ gemacht. Aurwandil werde bald heimkommen. Darüber froh, vergaß Groa die Zauberlieder, und so steckt der Wetzstein in Thors Haupt bis auf den heutigen Tag.

Der Aurwandilmythus gehört zu den Sternbildermythen.

die meistens jüngeren Ursprungs sind. Vielleicht bedeutet der Heros ein Frühlingsgestirn, das sich mit dem Wachstum — denn gróa heißt wachsen — einstellt und von Thor im ersten Frühlingsgewitter aus dem Winterreich der Riesen zu seiner Gattin heimgeführt wird.

Eine neue Kette gefahrvoller Lagen zwängt ihm die verwegene Fahrt zu *Geirröd* auf (S. 232). Er tritt sie ganz unbewaffnet an, erst unterwegs borgt ihm eine Riesin das nötige Rüstzeug; aber fast ertrinkt er in einem plötzlich aufschwellenden Wildwasser, nur die Eberesche rettet ihn, die beim Volke deshalb auch Thorsbjörg Thorsrettung heißt. Siegreich besteht er dann den Kampf mit dem Gewitterriesen und seinen Töchtern. In der Unterwelt Utgardalokis aber müht er sich vergebens ab, das Meer auszutrinken, den Midgardswurm aufzuheben und das Alter zu besiegen (S. 244). Thor wird mehr und mehr zum starken Märchenhans.

Im Herbstkampf mit dem Sturmriesen *Kári* (S. 234) erliegt Thor, oder er fällt in Schlaf und wird seines Hammers beraubt, der während des Winters tief in der Erde ruht.

So durchstürmt der Gott tatenreich sein Leben, der Vorkämpfer der Götter, immer auf ihr und der Menschen Heil bedacht, in unablässigem Streit mit den bösen Mächten. Und so feiert ihn das ältere Skaldentum und viele Jahrhunderte über dieses hinaus das Volk. Dieses bleibt dem alten, derben und biederen Gotte treu, jenes stellt immer mehr den Gott der Dichter und Helden, Odin, über ihn. Es entsteht zwischen dem volkstümlichen einfachen Bauerngott und dem vornehmen höfischen Gotte ein Gegensatz, der lebendig empfunden wird und mehrfach zu deutlichem Ausdruck gelangt. Einst bestimmten die Asen das Schicksal Starkads, der das Ideal der „Kämpen“ war. Während nun Odin diesem seinem Liebling drei Menschenalter verhieß, sprach ihm Thor in jedem eine böse Tat, ein Nidingswerk, zu; Odin verhieß ihm die besten Waffen, Thor verweigerte ihm allen Landbesitz; Odin verhieß Sieg in jedem Kampfe, aber Thor in jedem eine schwere Wunde; Odin Skaldenkunst, aber Thor schnelles Vergessen seiner Lieder; Odin die Gunst der Vornehmen, Thor den Haß des Volkes. So erbittert zeigt sich der sonst so gutmütige Gott gegen das aus dem Kriege einen Beruf machende Kämpentum, daß er, wie eine tief verletzte Norne, bei der Schicksalsbestimmung jeden Segenswunsch in einen Fluch zu verkehren sucht.

Noch ein anderes Mal traten sich Odin und Thor fast feindselig gegenüber. Nach dem eddischen Harbardsliede rief ein barbeiniger, mit einem Rückenkorb belasteter Landstreicher über einen Sund einen Fährmann an, ihn überzuholen. Jener ist Thor und dieser *Harbard* Graubart d. i. Odin, der ihn verhöhnte. Da prahlten beide mit ihren Großtaten, und obgleich Thor viele ruhmreiche Kämpfe gegen Riesen und das entartete Geschlecht der Berserkerinnen, Odin fast nur allerhand Liebesabenteuer aufzuzählen wußte und obgleich Thor Odins Sohn war, empfahl ihm Odin höhnisch, um den Sund herumzulaufen, und verwünschte ihn zum Schluß zu allen Unholden. Und das Ganze ist beherrscht durch Harbards Ausspruch:

„Odin hat die im Kampf gefallenen Edlen,
Aber Thor hat der Knechte Geschlecht!"

Es ist kein alter Mythus, sondern jüngere Dichtung, wenn Thor nun auch wie Odin in die Baldersage eingefügt wird. Aber während Odin, schon als Vater Balders, darin eine schwer auf ihm lastende Hauptrolle spielt, kommt dem Thor doch nur eine zweite zu. Nach Saxo besiegt Hödr das dem Balder zu Hilfe eilende Götterheer, nachdem er Thors Keulengriff abgehauen hat. Nach der Prosaedda riefen die Götter die Riesin Hyrrokin herbei, als sie das Schiff Hringhorni, das Balders Leiche tragen sollte, nicht in die See zu stoßen vermochten. Da schob sie das Schiff gleich beim ersten Ruck mit solcher Kraft vom Lande ins Meer, daß Feuer aus den Walzen fuhr und alle Lande zitterten. Das erzürnte Thor, und mit seinem Hammer hätte er ihr Haupt zerschmettert, wenn nicht alle Götter für sie gebeten hätten. Dann trugen sie Balders Leiche auf das Schiff, bei welchem Anblick seiner Gattin Nanna das Herz zersprang. Den auf dem Schiff in Brand gesetzten Scheiterhaufen aber weihte Thor mit seinem Hammer und trat den Zwerg Lit, der ihm vor die Füße lief, ins Feuer.

Diesem reichen Schatz von Thorsmythen hat die deutsche Volksüberlieferung kaum eine sichere Donarssage zur Seite zu stellen, während sie Wodans stürmisches Wesen in den mannigfachsten Erscheinungen unermüdlich darstellt. Nur in einzelnen Riesen- und Teufelssagen scheinen Donarsmythen leise nachzuklingen.

Dafür ist der Kultus dieses Gottes auch in Deutschland genügend schon durch den taciteischen Hercules bezeugt. Er wurde als erster aller Tapferen vor der Schlacht besungen; in oder bei seinem heiligen, am östlichen Weserufer gelegenen Hain sammelte Armin seine Scharen im Jahre 16 n. Chr. zum Kampfe gegen das Römerheer des Germanicus. Donar war doch wohl der Gott, den nach Tacitus die Germanen in der Schlacht selbst gegenwärtig wähnten. Seinem Dienst waren noch zu Bonifacius' Zeit sogar christliche Priester ergeben, und die Fällung seiner heiligen Eiche in Hessen bedeutete einen großen Sieg der christlichen Sache. Ihm zuerst mußten die sächsischen Täuflinge abschwören. Nach ihm waren die Donnersberge, die Donnershauge (-hügel) und Donnersbrunnen und im Norden, wo er von allen Göttern die meisten Tempel und Bilder hatte, zahlreiche Personen und Ortschaften benannt. Aber nicht nur all diese Namen, sondern auch viele Bräuche versichern uns der weiten und tiefen Verehrung, die dieser Gott im nordischen Altertum und noch weit darüber hinaus genoß.

Zu Thors treffender Charakteristik schlägt Adam von Bremen die Leitmotive an, die dessen Tätigkeit in der Natur wie im Menschenleben bestimmen. „Thor," heißt es, „herrscht in der Luft und verwaltet die Donner und die Blitze, die Winde und die Regengüsse, das heitere Wetter und die Ackerfrüchte." Die Schweden opferten ihm, wenn

Seuche und Hungersnot drohte. Wie im Mythus, spielt auch im Kultus sein Hammer eine Hauptrolle, und — das ist nun eine entscheidende Wendung in der Auffassung der Naturmächte — nicht mehr eine feindselige, sondern eine menschenfreundliche Rolle. Der Blitz, der, von Riesen und Elfen geschleudert, Krankheit und Verwüstung bringt, schlägt, aus des Gottes Hand geworfen, diese bösen Geister nieder und segnet der Menschen Handel und Wandel, Haus und Feld. In Mecklenburg verfolgen noch heute nach der beliebten Übersetzung ins Christliche die Guten oder die Engel den Teufel mit dem Blitz. Solche segenbringende Blitzhämmer wurden heilig gehalten. Saxo erwähnt altverehrte schwere Thorshämmer, mit denen man klopfte, wenn der Gewitterregen zu lange ausblieb. Man fragt, ob nicht der heilige Hammer (holy Mawle), der hinter einer Kirchtür in England hing und zum Totschlagen des siebzigjährigen Vaters gebraucht werden sollte, ursprünglich ein Donarshammer war, wie auch der von Fischart erwähnte „Donnerstrahl“ in der Ensheimer Kirche.

Auch alte Taufsteine wurden mit dem Hammerzeichen oder Hakenkreuz, das auf Island Thorshammer hieß, geschmückt. Man schützte sogar noch das Christenkind mit der heidnischen Gotteswaffe gegen die bösen Geister, wie man noch bis in unsere Zeit den Kindern Donnerkeile um den Hals band. Hammerzeichen und die auch schon heidnischen wohl gleichbedeutenden Haken- und Radkreuze umgaben auch das ganze weitere Leben der Germanen im Frieden wie im Kriege bis in den Tod hinein und über den Tod hinaus. Denn mit ihnen bezeichnet sind zahlreiche nordische Waffen, Geräte, Schmucksachen, sowie Grabsteine und Urnen. Und daß die wirklich Thors sind, wird dadurch erwiesen, daß statt ihrer auch die Runeninschrift gesetzt wurde: „Thur viki þisi kuml“, d. i. „Thor weihe diesen Grabhügel.“ Auch in Deutschland und England ritzte man solche Zeichen z. B. auf den Körliner Zauberring und die Möncheberger Speerspitze. Das ganze Haus stand unter Thor-Donars mächtigem Schutz. Die Donarszeichen und die wohl dazu zu rechnenden Kesselhaken bilden einen typischen Teil an den Hausmarken. Noch wird wohl unter den Dachsparren ein Nephritbeil der Steinzeit gefunden, d. h. ein schützender Donnerkeil, ein Ersatz jener Zeichen. Als Gott des Hauses und des Herdes mit seinem Kessel war Thor auch ein Gott der Hochzeit und der Ehe. Auf der Hochzeit des Riesen Thrym wurde Thors Hammer der Braut auf die Kniee gelegt. Der Hochzeiter ruft: „Tragt den Hammer her, die Braut zu weihen, legt den Mjöllnir der Maid auf die Kniee.“ Beim Minnetrinken auf den großen Opferfesten schlug man über dem Becher die „Thorsmarke“, sein Zeichen.

Dem Hammer oder Hammerzeichen des Gottes an Wirksamkeit gleichgeachtet wurden Steine, Geräte, Zeichen, Pflanzen und Tiere, die dem Hammer durch Form, Farbe, Gefährlichkeit, Feuernatur ähnlich schienen, namentlich wenn sie am Donnerstag gebraucht wurden. Zu diesen Donarssymbolen gehören: der Donnerstein oder -keil, schwedisch Thorkil, Thorsten, Thoreld (Thorfeuer), der Stahl, der Nagel, der Kessel oder Kesselhaken, der Haus- oder Donnerlauch, die Eberesche mit ihren roten Vogelbeeren, die Eiche mit ihrer roten Lohe, rotfarbige Tiere und sogar rotfarbige Gegenstände, wie Strümpfe, Binden und Röcke und Wachsstöcke. Dieser bedeutende Ausschnitt aus der volkstümlichen Symbolik kann kaum anders verstanden werden als aus dem innigen Zusammenhange des Menschen mit seinem Donnergott, seinem stärksten Hort, der schon in der eddischen Dichtung der Vinr verliđa, der Freund der Menschen heißt.

Wie für das Heil der Kleinen (S. 350) sorgte Thor-Donar auch für das der Großen. Darum opferten ihm die Schweden bei drohender Seuche. Am Donnerstagsabend pflückte der Angelsachse Heilkräuter, am wirksamsten zog man kranke Kinder durch ein Loch in der dem Donnergott heiligen Esche, Eiche und Hagebuttenhecke, an drei Donnerstagen hinter einander. Zahlreiche heilkräftige Thors-Donarsquellen oder -brunnen sprudelten im Norden wie im Süden, hier, in Hessen, der schon im 9. Jahrhundert bezeugte Doneresbrunno, dort, in Schweden, unter andern eine *helge* Thorskälla. Beim ersten Donner des Frühlings wälzte man sich auf der Erde, das schützte gegen Krankheit und gab im Erzgebirge Mut.

In Gefahren und Nöten rief man zu Thor, zu ihm allein, um guten Fahrwind zu erhalten, oder zu ihm und Odin, oder auch zu Frey allein. Er schien dem Christen Helgi dem Magern ein stärkerer Helfer auf der Seereise als Christus selber, darum opferte er ihm sogar. Mit seinem Bilde schmückte man des Schiffes Vordersteven, wo man es später durch ein Kruzifix ersetzte. In der Nacht vor dem Zweikampf mit Gunnlaug opferte Thord dem Thor, um Sieg zu erlangen. Mit (Hercules) Donarsliedern zogen die Deutschen in die Schlacht, die Normannen mit dem Kampfgeschrei: „Tur aie! Thor helfe!" Man dankte ihm nach dem Siege durch das Opfer der Kriegsgefangenen. In der älteren Eisenzeit legte man bei Thorsbjerg in Schleswig, wahrscheinlich dem Thor zum Danke, einen Schatz von teilweise kostbaren Schutz- und Trutzwaffen nieder. Später trat Thor als Schlachtengott gegen Odin zurück. Styrbjörn, der vor dem Kampfe ihn anflehte, unterlag, und sein Feind Eirek, der sich dem Odin verlobte, trug den Sieg davon.

Wie sein Urbild Tiu war Thor nicht nur Gott des Kriegs, sondern auch des Rechts und Gerichts; deshalb war neben dem Dienstag der Donnerstag der Hauptgerichtstag. Am Donnerstag wurden die wichtigsten nordischen Thinge eröffnet; zum isländischen Althing hatten alle Goden in der Donnerstagsnacht vor Sonnenaufgang sich einzustellen. Das norwegische Frostuthing fand im berühmten Thorstempel zu Maeri statt. Thor war der Gott der Besitzergreifung, der Landnahme. Wo die mit seinem Bild beschnitzten Hochsitzpfeiler, die der Ankömmling angesichts der isländischen Küste über Bord warf, antrieben, da umlief derselbe mit dem Thorsbilde oder mit Feuer das Land, um es zu seinem Eigen zu weihen. Thor strafte das Unrecht.

Auf dem Thorsstein des isländischen Gerichtsringes wurde dem Verbrecher der Rücken gebrochen. Noch im vorigen Jahrhundert trieb man auf Island Keile in den Kopf eines sogenannten Thorshammers, um so einem Diebe das Auge auszuschlagen, oder ihn zu zwingen, das Gestohlene zurückzubringen.

Als Véor Weiher weihte Thor rechtsgültige Handlungen, wie z. B. die Ehe mit seinem Hammer (S. 357), und neben dem Dienstag ist der Donnerstag bis heute in vielen deutschen Landschaften der beliebteste Hochzeitstag. Auf Hochzeiten wurde Thors Minne vor der der andern Götter getrunken. Warmer Regen in den Brautkranz und ein Gewitter während der Hochzeit bedeuten in Deutschland eine fruchtbare Ehe. Hebt die Braut während eines Gewitters beim Brautzug oder nach demselben etwas Schweres, so wird sie kräftig.

Endlich übernahm Thor auch den Schutz des toten Menschen. Sein Hammer oder der aufs Grab geritzte Anruf zu ihm weiht die Ruhestätte (S. 356), sein Hammer weiht auch Balders Scheiterhaufen zum Brande. Statt seiner wurde später St. Michael, der Seelenfürst, den die Angelsachsen mit Donnerkeil und rotem Gürtel darstellten, auf skandinavischen Runensteinen angerufen. Im Jenseits nahm Thor die verstorbenen Knechte zu sich.

Thor-Donar tränkt Weide und Acker mit seinen Gewittergüssen, zumal im Frühling. Unter seinem Schutze treibt der deutsche Hirte um den 1. Mai zum erstenmal aus und zwar, wie schon ein Segen des 16. Jahrhunderts angibt, in der Frühe eines Donnerstags. Dann schreitet das Tier über ein Feuerchen, eine Axt, Stahl und rotes Tuch und dergleichen Donarssymbole (S. 357), die auf die Stallschwelle gelegt werden, hinweg, und den Kühen folgt ein schwarzer Geißbock, der noch vielerwärts zu ihrem Schutz im Stall gehalten wird, auch auf die Weide. Donnerstags geborene Kälber gedeihen am besten. Feierlich wurden Kälber bei der Namengebung mit dem Zweig der dem Donar heiligen Eberesche geschlagen. Mit dem Donnerstein, hessisch auch Kuhstein genannt, bestrich man den Euter der Kühe oder legte ihn kranken Tieren in die Krippe. Donnerstags sind Kühe am besten zu melken, und an dem ersten sommerlichen Donnerstag, dem Himmelfahrtstag, melkte man im Norden zuerst auch zu Mittag, das dritte Mal, und der Hirte pflanzte eine Eberesche. Auf die Bitte des norwegischen Hirten führte Thor entlaufenes Vieh zurück.

Thor macht den Boden urbar und hilft den Menschen gegen Fels und Klippen. Nach Tiroler Meinung wird die Erde, wenn der Donner recht rollt, „rogel" mürbe und fruchtbar. So waltete Thor nach Adam von Bremen über die Feldfrüchte und wurde darum bei Hungersnot angerufen. „Früher Donner, später Hunger," heißt's im Sprichwort, und wer sich beim ersten Frühlingsgewitter auf die Erde wirft, erhält eine reiche Ernte. Nach der angelsächsischen Ackerbuße (S. 33) werden vier Kreuze aus Ebereschenholz an die vier Enden des unfruchtbaren Ackers gegen alle bösen Geister gelegt. Gebrannte keilförmige Holzzwecke, Eisenkeile, Äxte, Donnersteine gräbt man in den Acker oder wirft sie am Abend des Gründonnerstags über die Saat. Julkuchen, die die Form hammerverzierter Böcke hatten, wurden im Norden unter das Saatkorn gemischt und bei der Aussaat von den Arbeitern, sowie von den Pflugochsen verzehrt.

So sehr überwog das Ansehen, das der Donnergott im Bauernvolke der Germanen genoß, das der andern Götter, daß sein Tag der höchste Festtag gewesen zu sein scheint. Die Wertschätzung dieses Wochentages ging schwerlich vom römischen Jupiterkultus aus, dessen Jupiterstage ja allerdings die Nachbildung Donarstag zu verdanken ist. Gegen den Donnerstag als Festtag eiferten deshalb der heilige Eligius und der Indiculus im 7. und 8. Jahrhundert und viele nach ihnen bis zu den Inquisitoren der Hexen hin, und eigenartige heidnische Festgebräuche hafteten bis heute namentlich am Donnerstag, Gründonnerstag, Himmelfahrtsdonnerstag und an den Adventsdonnerstagen. In vielen Gegenden Deutschlands sind der Donnerstag und der Dienstag vor den andern Wochentagen ausgezeichnet als Fleischtage, dies aber wahrscheinlich infolge der Satzungen mancher Klöster, die gerade diese Tage vom Fastenverbot ausnahmen. Am grünen Donnerstag ruht auch wohl in Deutschland, wie in Schweden, die gewöhnliche Arbeit, auch darf man in Mecklenburg nicht backen, schlachten oder waschen, weil sonst alle Regenschauer und Sommergewitter wegziehen. Aber eifrig wird gesäet und gepflanzt, und man ißt Grünkohl. Die schwedischen Bauern schossen auf die nach dem Blåkulla, dem nordischen Blocksberg, fahrenden Hexen. Die Synode von Cloveshoe 747 verbot die Spiele, Pferderennen und Mahlzeiten, die in England das Fest der Himmelfahrt einleiteten. Dann bekränzte man in England die Brunnen, in Fienstedt tanzte und zechte man um den Gemeindebrunnen. Ins Haus aber, wo zu Himmelfahrt gearbeitet wird, schlägt das Gewitter.

Reichen Anteil muß der Gewittergott auch an den regelmäßigen Opfern, namentlich im Frühling und Sommer, wo man von ihm befruchtenden Regen erwartete, gehabt haben. Er mochte an Petri Stuhlfeier, dem 22. Februar, mit seinem Hammer das unreine Wintergezüchte der Mäuse, Kröten und Schlangen aus den Häusern herausklopfen oder durch Fackeln und glühende Scheiben das Korn erwecken und mit einem Stabe den Winter zum Lande hinausjagen (S. 330). Die Erntefeste des Herbstes und des Winters (S. 324. 326) sind ohne Verehrung dieses Gottes, der dem Vieh und Acker Gedeihen gab, nicht denkbar. Harald Schönhaar opferte ihm am Julfest.

In Mythus und Kultus vertreten den Gott später christliche Heilige, so in Norwegen der heilige Olaf, der, mit rotem Bart und einer zauberkräftigen Axt dargestellt, wie Thor Ungeheuer und einen Seewurm und von den Riesen auch namentlich den Baumeister „Wind und Wetter" niederschlägt (S. 224). In Deutschland waltet St. Petrus, der im Gewitter Kegel spielt, an seiner Stelle des Donners; St. Olafs- und St. Petersbrunnen sind heilkräftig wie die Donarsbrunnen, an dem Standort der bei Geismar gefällten Donarseiche wurde eine Peterskapelle gebaut.

Frey.

Dem Thor zunächst verwandt ist Frey d. h. Herr. Während aber in Thor die Gewitternatur überwiegt, stellt sich in ihm, dem milden Herrn, vorzugsweise die Heiterkeit des Wetters dar. So haben die Griechen den Donnergott Zeus und den Sonnengott Helios oder auch den Lichtgott Apollon nebeneinander entwickelt und auch nicht immer auseinander gehalten, wobei teils einer den andern verdrängte, teils ein Kompromiß zwischen Beiden zustande kam. Die Prosaedda sagt ganz deutlich von Frey: er waltet über Regen und Sonnenschein und Wachstum, und man ruft ihn für ein gutes Jahr und Frieden an, und er waltet auch über den Wohlstand der Menschen. Frieden und Wollust spendet er auch nach Adam von Bremen. So trägt er weniger die rauheren Riesenzüge wie Thor, als die sanfteren Alfenzüge. Darum gaben ihm die Götter auch beim ersten Zahnen Alfheim zum Geschenk.

Frey ist nur im Norden überliefert, doch scheint sein Beiname Ing auf seine Verehrung bei dem norddeutschen Stammverbande der Ingvaeonen hinzudeuten. Mit seinem Vater Njörđ und seiner Schwester Freyja bildet er innerhalb der nordischen Götterwelt die besondere Gruppe der „Wanen" d. i. der Lichten. Der Kultus dieser freundlicheren, milderen Wettergottheiten, die Ackerbau, Viehzucht und Schiffahrt begünstigten und zuerst den Runenzauber übten, daher wiederholt „weise" heißen, ging vielleicht von Schonen aus und faßte schon früh Fuß von Süden her im Getreideland von Uppsala. Wie nach der Germania in Kap. 44 wahrscheinlich ist, gehörte hier schon zu Tacitus' Zeit der berühmte „Uppsalaschatz" d. h. der reiche Tempel mit seinem Tempelland einem Einwaldkönig, der auch das höchste Landesfest leitete und dessen Markt- und Handelsverkehr hütete. Frey hieß deswegen auch der Opfergott der Schweden; unter dem Namen Frikko, wie er bei Adam von Bremen heißt, d. i. der Liebende, der Buhler, hatte er ein durch einen Priapus ausgezeichnetes Standbild in Uppsala neben Thor und Odin und unter den Schweden manche Vinar d. i. Freunde, ihm besonders zugetane Verehrer oder Necessarii. Das schwedische Königsgeschlecht der Ynglingar betrachtete sich als Nachkommenschaft Yngvis d. i. Freys. Von Schweden aus drang sein Dienst über die Drontheimer Gaue bis nach Island hin und mit diesem der seines Vaters Njörđ und seiner Schwester Freyja.

Der freundliche Windwane Njörđ wohnt in Nóatún, der Schiffsstätte, lenkt den Wind und stillt See und Feuer. Man ruft ihn vor der Seefahrt und dem Fischfang an. Das wärmere Meergestade mit seinen Schwänen zieht er den Schneefeldern des Gebirgs mit seinen Wölfen vor, die seine Gattin, die Sturmriesin Skađi, leidenschaftlich auf Schneeschuhen durcheilt. Nach manchem ehelichen Unfrieden sind die Beiden übereingekommen, neun Nächte d. h. Wintermonate in Skađis Thrymheim d. h. Sturmheim zusammenzuleben, drei Nächte d. h. Sommermonate in Njörđs milderem Noatun. Hier wandelt er auf seinen schönen Füßen, derentwegen ihn einst Skađi, die sie für die Füße Balders hielt, zum Gemahl erkor; es ist damit der sanfte Gang leiser Winde gemeint. „Reich wie Njörđ“ sagte man von einem besonders Begüterten, in Njörđs Tagen sei allguter Friede und fruchtbares Jahr gewesen, und bei Opfergelagen leerte man darauf den Njörđs- und den Freysbecher.

Aus der Ehe jener ungleichen Eltern gingen *Frey* und *Freyja* hervor. Frey artet mehr seinem Vater als seiner Mutter nach. Er heißt skír heiter und bjartr leuchtend. Bei seiner Umfahrt durch das Land klärt sich das Wetter auf. Auch heißt sein Diener Skírnir der Heiterer, der auch das von den Zwergen gefestigte Band zur Fesselung des Fenriswolfes holt (S. 345), und zwei andre Byggvir und Beyla Bieger und Buckel, die vielleicht die regelmäßige Senkung und Erhebung der Wellen bei ruhigem Wetter bezeichnen. Freys Geliebte ist die Wolkenriesin Gerđr (S. 273), um die Skírnir für seinen Herrn wirbt.

Frey ist, wie schon oben angedeutet, ein milderer, modernerer Thor, nicht humoristisch bieder wie dieser, sondern eher sentimental und verliebt. Altertümlich wie Thors Keule und Hammer ist seine Blitzwaffe, ein Hirschgeweih, mit dem er den Riesen *Beli* Brüller erschlägt (S. 365). Aber seine Hauptwaffe ist doch das ritterliche Schwert, das wie Thors Hammer von selbst sich schwingt und von ihm eingebüßt wird. Dem Wagen Thors entspricht Freys bestes aller Schiffe, das Wolkenschiff Skíđblađnir, das alle Götter faßt und stets guten Wind hat und leicht wieder zusammengelegt werden kann (S. 157). Auch Freys Tier, der Eber Goldborst oder Scharfzahn, scheint als Erheller von Tag und Nacht eher gleich Thors Böcken auf die Blitze, als auf die Sonne gedeutet werden zu müssen. An eine Gewittererscheinung gemahnt auch Freys Roß Bluthuf, das über feuchte Felsen läuft, die Erde beben macht und durch die Waberlohe der Gerđr springt. Frey heißt der beste aller kühnen Reiter. Im eddischen Skirnisliede liebekrank, wurde er im Kultus, wenigstens zu Uppsala, derb sinnlich nach Adam von Bremen mit einem großen Phallus dargestellt. Dabei heißt er im Skirnisliede der „fróđi“, Kluge, und ist unter diesem Beinamen mit seinen Mythen von Saxo in die dänische Königsgeschichte aufgenommen, die nicht weniger als sechs verschiedene sagenhafte Frothos aufweist.

Freys Hauptmythus wird in den beiden Eddas erzählt, ein weicheres, fast romantisches Seitenstück zum Frühlingsmythus Thors, zur Hammerholung. Der Sieg des lichten Lenzes über die dunklen Wintermächte wird im eddischen Skirnisliede zu einem in raschen Dialogen dahineilenden Drama, wie etwa in Deutschland zum Kampfspiel des Winters und des Sommers. Eines Tags überschaute Frey von der Hliþskialf, dem Himmelsthron, herab alle Welten und sah eine schöne Riesenjungfrau, *Gerd,* von deren Armen Luft und Meer leuchtete. Er wurde krank vor Liebessehnsucht. Seinem Jugendgespiel und Diener *Skirnir* gestand er sein Leid; kein Ase, kein Alf wolle eine solche

Verbindung. Da übernahm Skirnir die Werbung; doch bat er um Freys Roß für den Ritt durch die Waberlohe, die Gerd umgab, und um sein Schwert, das von selbst sich gegen die Riesen schwang. Dann ritt er zu Gerds Wohnung in ihres Vaters Gymir Hof über feuchte Felsen. Nicht vermochten ihn grimmige Hunde und der Wächter auf dem Hügel aufzuhalten. Gerd fühlte, wie das Gehöft bebte, und fragte den abgestiegenen Reiter nach seinem Begehr. Nun bot er ihr als Freys Werbegabe elf goldne Äpfel und einen Goldring (wie Draupnir S. 157), von dem in jeder neunten Nacht acht gleich schwere Ringe träufelten. Als sie sich sträubte, bedrohte er sie mit seinem Schwerte, dann mit vielen Verfluchungen zu den garstigsten Riesen am Ende der Welt, mit der Unglücksrune „Þurs" und den drei Stäben „Unzucht", „Wahnsinn" und „Unerträglichkeit". Da endlich reichte ihm Gerd mit ihrem Heilsrufe einen Becher alten Metes, bereit, sich dem Wanensohne zu vermählen, und versprach ihm nach neun Nächten die Ehe im stillen Haine Barri, dem Sprossenden. Als Skirnir seinem Herrn das mitteilte, seufzte dieser auf: „Oft däuchte mir ein Monat minder lang als eine halbe Sehnsuchtsnacht"!

So ward Gerd die Gattin Freys, aber ihren stürmischen Bruder *Beli,* den Brüller, erschlug er mit einem Hirschgeweih oder mit der Faust. Aber außer dem Riesen ist, wie von Thor, so auch von Frey noch ein tierisches Ungeheuer zu beseitigen, um die vollen Segnungen des Sommers zu gewinnen. Diesen Kampf aber erkennt man nur aus den dänischen Königssagen der verschiedenen *Frothos* und *Fridlevs,* die noch die Beinamen des Gottes tragen und den Ahnen des dänischen Königsstammes der Skyldungen gehören. Frotho (I) und Fridlev, Frögerthas, also jener Freysgattin Gerd, Gemahl, töteten beide einen Schatz hütenden giftigen Drachen und nahmen ihm sein Gold. Nun begann der zum sieben- oder dreißigjährigen Völkerfrieden Frothos (III), zu einem goldenen Zeitalter, idealisierte friedliche, sonnige Sommer, während dessen keiner einen von Frotho auf die offene Straße gelegten Goldring zu berühren wagte, keiner dem andern schadete und sogar nicht losschlug, wenn er seines Bruders Mörder gebunden vor sich fand. Die Äcker trugen ohne Aussaat, und in der Erde fand man Erze aller Art. Aber wie wir hörten (S. 237), ging Frodis Mühle, in der die Riesinnen Fenja und Menja Frieden, Glück und Gold mahlten, in den Herbststürmen des Meers zu Grunde, und Frotho (III) wurde von einer Seekuh zu Tode gestoßen. Frothos wie Freys Tod wurde drei Jahre verheimlicht, damit ihnen die üblichen Abgaben und Opfer nicht entzogen würden, und Frothos Leiche wurde auf dem königlichen Wagen, als ob er noch lebendig wäre, durch sein Reich geführt, gleichwie Freys Bild auf einem Wagen durch das Land fuhr. Frey wurde nach seinem Tode nicht verbrannt, sondern in Schweden begraben, damit er dort fernerhin gute Zeit und Frieden spendete, und so warm blieb auch im Winter seine sommerliche Kraft, daß der Grabhügel eines Freyspriesters im Winter weder Eis, noch Schnee auf sich duldete.

Der Kultus kennzeichnet Frey vorwiegend als gütigen Spender der Fruchtbarkeit und zwar sowohl des Ackers, als auch des Viehs und der Menschen. Er ist der árguđ, der gute Zeiten bringt, und das von den Schweden am Julabend auf dem árhaugr oder Fruchtbarkeitshügel dargebrachte Opfer wird ihm gegolten haben. Viele skandinavische Ortsnamen, wie Frörup, Fröstuna, Fröshov, weisen auf alte Verehrungsstätten zurück. Um aber seine segnende Kraft von seinem Heiligtum im schwedischen Uppland auch abgelegenen Landschaften jenseits der Berge zuzuführen, wurde im Spätwinter sein lebensgroßes, bekleidetes Bild auf einem Wagen herumgefahren, der Wagengott, begleitet von einer schönen, jungen Priesterin, die man seine Frau nannte. Überall wurde er mit Gelagen empfangen, bei denen man um „Jahrbuße“ d. h. um Aussicht auf Fruchtbarkeit opferte. Dann wurde die Witterung milder, und als einst die Priesterin unterwegs schwanger wurde, erwartete man ein besonders fruchtbares Jahr. Sie galt also als eine irdische Vertreterin der vom Himmelsgotte befruchteten Erdgöttin. So zog noch bis in unsre Tage das Maibrautpaar im Norden, in Deutschland und in England segnend um. Um dieselbe Spätwinterzeit wurde auch Freys Sonargöltr, der Zuchteber der Herde, umgeführt, auf den man im Norden angesichts des Fürsten feierliche Gelübde zukünftiger Taten ablegte; das letzte Viehopfer des Winters, das die Fruchtbarkeit des Viehs und des Ackers sicherte (S. 327). Denn die nordischen Gebäcke in Eberform werden unter das Saatkorn gerieben oder den Pflügern zum Essen gegeben. Denselben Sinn hatten die späteren feierlichen Umführungen eines Ebers, der, in Erbsenstroh gehüllt, auch Erbsenbär hieß, oder eines Ferkels, des „Goldferchs" in Deutschland, sowie die Schweinfleischschmäuse der alten Germanen in dieser Zeit des Jahres. Doch müssen sie in Deutschland wie jene Maizüge einem andern Gotte, wahrscheinlich dem Donar, gewidmet gewesen sein, da Frey den Deutschen fehlte. Außer dem Eber waren ihm auch Rosse und Stiere geweiht. Im Norden trat Frey nochmals als Fruchtbarkeitsgott hervor, wenn ihm, wie Adam von Bremen berichtet, auf Hochzeiten geopfert wurde.

Wodan-Odin.

Über alle die bisher besprochenen älteren und jüngeren Götter des Gewitters und des Sonnenscheins, die von den meisten Indogermanen und so auch von den Germanen für die höchsten gehalten waren, wuchs nun, zuerst in Westdeutschland, der altgermanische Sturmgott Wodan-Odin hinaus und riß die Oberherrschaft an sich. Diesen Sieg verdankte er wohl nicht seiner ursprünglichen Sturmnatur — wenigstens nahmen die Windgötter aller anderen Indogermanen neben ihrem Gewittergott immer nur einen zweiten Rang ein —, sondern seiner schneller als bei den andern Göttern fortgeschrittenen Vergeistigung. Sie brachte einen gleichartigen Gott bei den Galliern, wie bei den Germanen an die Spitze. Das erkannten die Römer hier wie dort sehr wohl und gaben den geistigsten und höchsten

Gott beider barbarischen Völker durch ihren verkehrsrührigen und geistesgewandten *Mercurius* wieder. So nannte Caesar den höchsten Gott der Gallier, weil man ihn für den Erfinder aller Künste, den Führer auf Wegen und Reisen, den Gott des Gewinns und Handels halte. Ebenso nannte Tacitus den höchsten Gott der Germanen offenbar wegen ähnlicher Eigenschaften und Verdienste. Denn er kann keinen andern darunter verstehen als Wodan. In der Tat spendete dessen nordisches Ebenbild Ođin nach dem Hyndlulied Sieg, Reichtum, Beredsamkeit und Verstand, Fahrwind und Dichtkunst und endlich Mannhaftigkeit den Menschen. Außerdem war Wodan-Ođin zauberkundig gleich Mercur, was schon der Merseburger Pferdesegen (S. 32) betont, und gleich Mercur ein Führer der Seelen der Verstorbenen. Äußerlich sind der römische und der germanische Gott durch einen Hut gekennzeichnet. Trotzdem die Haupteigenschaften Wodans, sein Sturmwesen und sein kriegerischer Charakter, in Mercur nicht zu finden waren, genügten den Römern jene Übereinstimmungen, zwei Götter gleichzusetzen, die doch wieder so verschieden und an Ansehen so ungleich waren. Doch darf nicht übersehen werden, daß während der römischen Kaiserzeit Mercurius in den Rheinlanden die Verehrung eines Gottes ersten Ranges genoß, wie ein paar hundert Inschriften bezeugen, von denen manche ihn mit Mars (Tiu) und Hercules (Donar) zusammen nennen, eine aber, im Batavergebiet in Nymwegen gefundene, ihn sogar mit dem Beinamen Rex, König schmückt. Viele Heiligtümer verschiedener Art waren ihm dort errichtet, von einem Tempel in Köln herab bis zu einer ihm im elsässischen Niederbronn geweihten Erdhütte. Gleichstellung des Mercurius und Wodans wurde verewigt durch die Übertragung des Dies Mercurii (Mittwoch) in niedersächs. Wodanes dag, noch holländ. Woensdag, und in angelsächs. Wôdnesdäg, noch englisch Wednesday.

Im Rheinland zuerst wurde Wodan, vielleicht unter dem Einflusse jenes gallischen Hauptgottes, als der höchste

Gott gefeiert, wenn auch selbst zu Tacitus' Zeit noch nicht von allen Stämmen. Denn die am Niederrhein wohnenden Tenctern hielten am Mars d. h. Tius als ihrem Obergotte fest. Im übrigen Deutschland schwankte noch lange die Wage zwischen Tius und Wodan, wie bei den Alemannen, oder zwischen Donar und Wodan, wie bei den Sachsen (S. 348). Namentlich in Mittel- und Niederdeutschland erinnern noch heute Godesberg, Gudensberg, Wodensberg an seinen Kultus. Die Sachsen aber fuhren schon im 5. Jahrhundert unter „Wodans Führung" nach Britannien hinüber, wo er um 600 der Hauptgott der Angeln hieß. Nach ihren Stammtafeln leiteten sich sämtliche angelsächsischen Königsgeschlechter von Woden ab. Selbst ein so christlicher König wie Alfred mochte seinem Volke den Glauben an den innigsten Zusammenhang des Herrscherhauses mit den uralten heidnischen Göttern nicht nehmen, und noch König Heinrich II. von England fühlte sich als Nachkomme Wodens. Dieser Gott, der, wie Paulus Diaconus im 8. Jahrhundert meinte, von sämtlichen Völkern Germaniens verehrt worden war, kam nach nordischen Berichten als Saxagođ nach dem Norden. In Dänemark und Schweden gingen viele Ortschaften aus seinen Heiligtümern hervor, wie die verschiedenen Odinsvé, die jetzt Odense, Onsved und Odensvi heißen. Im südlichen Skandinavien empfing er den Beinamen Gautr d. i. „der Gaute", nach dem dort wohnenden gautischen Volksstamme, nachdem sich bei diesem sein Kultus festgesetzt hatte. Eifrig verehrte ihn auch das Dänenvolk, für das er nach Saxo wiederholt in drängender Gefahr eintrat, während er in Norwegen und Island mehr für einen Schutzherrn einzelner Helden galt und weniger der Gegenstand allgemeiner volkstümlicher Verehrung war. Daraus erklärt sich auch der fast völlige Mangel dieser Länder an Örtlichkeiten, die nach ihm benannt worden.

Wurzelten die bisher besprochenen Göttergebilde namentlich im Gewitter, so stieg Wodan aus einer anderen gewaltigen Naturkraft, dem Sturme, hervor. Darauf weisen auch sein Hauptname und seine Beinamen. Urgermanisch *Wôdanaz*, hieß er altsächs. *Wôdan*, angelsächs. *Wôden*, altnord. *Ođinn*, hochdeutsch *Wuotan*, mundartlich *Wode, Waud, Waur, Wutan, Wute, Guet, Muet, Oen, Foen, Noen*. Man erklärt ihn wohl als den mit Geist (óđr) Begabten; aber Grimm führt den Namen auf Waten, das ungestüme Durchdringen, das auch unserem „Wut“ zugrunde liegt, zurück. Dazu stimmt Adams von Bremen gewichtige Deutung: „Wodan d. h. Furor“ und die oberdeutsche Umsetzung des Wuotanes Heer in ein wütendes Heer. Dazu stimmt die deutsche Haupterscheinung des Gottes als eines durch die Wälder rasenden Reiters. Dazu stimmen endlich auch viele und zwar die wichtigsten seiner nordischen Beinamen, die ihn als rührigen, leise oder laut rauschenden, landfahrenden oder reitenden, rufenden, bald schädlichen, bald nützlichen Wind- und Wettergott kennzeichnen. Er heißt der Bewegliche, Schweber, Beber, Rauscher, Schweller, Stößer, Brummer, Lärmer, Rufer, Weitfahrer, Weggewohnter und der unermüdliche Wandrer. Auch der Adlerhäuptige, der Schädiger und der Schreckliche (Yggr S. 293), der im Sturme zornig wird, erklären sich aus seinem Sturmcharakter.

Aus diesem ist auch seine äußere Erscheinung, wie sein inneres Wesen herausgearbeitet. Das verhüllende, beschattende oder auch flatternde Sturmgewölk ist sein Hut, der ihn vor allen Göttern auszeichnet, oder sein Mantel. Grímr, Grímnir der Vermummte, Hutmann und Breithut hieß er im Norden und wurde hier mit breitem Schlapphut geschildert, wie in Deutschland z. B. der Führer des wilden Heers „Muet mit de breit Huet“. Noch singt man bei Achern im Badischen vom Wind: „Der Wind isch e altes Männle un het e schlappigs Hüetle uf.“ Mantelmann, Heklumađr und Mantelträger Hackelberg (statt Hackelberend) heißt er hier und dort. Unter seinem Hut zeigt sich nach der nordischen Vorstellung oft nur ein Auge, mit dem er als Bileygr freundlich, als Baleygr drohend dreinschaut. Es ist das Sonnenauge und das noch von den Schiffern gefürchtete sogenannte Sturmauge gemeint, eine auffällig lichte Stelle im zerrissenen dunklen Gewölk. Zuweilen stellt er sich auch als völlig blinder Gast bei den Nordleuten ein. In Deutschland wird dieser Mangel kaum erwähnt. Durchweg erscheint er als älterer Mann mit einem breiten Graubart, in Nebel oder Sturm. In der Hand schwingt er einen Speer als nordischer Gott wie als deutscher wilder Jäger; das ist des sausenden Windes Speer, des Wetters Speer, im Norden Gungnir geheißen und von den kunstreichen Ivaldisöhnen gearbeitet (S. 157). In der Götterdämmerung aber reitet er nach dem jüngeren Eddabericht in vollem Waffenschmuck, mit Goldhelm, Brünne und Speer, gegen den Fenriswolf. In der hochnordischen, der isländischen, Überlieferung kommt er sonst meist gehend vor, während ihn die dänische Sage reitend darstellt und die skandinavische schwankt. Die deutsche kennt ihn durchweg als Reiter. Im Norden hieß sein Roß Sleipnir und hatte, um den schnellen Lauf des Windes auszudrücken, acht Beine. Wie Ođin zwei auch Hunde genannte Wölfe Geri und Freki begleiten, so jagen mit dem deutschen wilden Jäger auch seine Hunde. Noch heißen in Schweden die Raben Odens Vögel, wie deren zwei einst auf Ođins Schultern saßen und von da zu den Leichen des Schlachtfelds und des Galgens flogen. Erst später, als der Gott ein Gedankengott geworden war, wurden sie Muninn und Huginn, der Gedächtnis- und der Verstandesreiche, genannt. Da flogen sie täglich um die ganze Welt, um ihren Herrn, den „Rabenbefrager", über alle Dinge zu unterrichten. Über seinem Saale hängt ein Wolf und schwebt ein Adler, beides Sturmtiere. Aber sein Goldring Draupnir, Träufler, von dem jede neunte Nacht acht gleich schwere Ringe herabträufeln, ist nicht sicher zu deuten (S. 157).

Aus Wind und Sturm entwickelten sich die verschiedenen Eigenschaften des Gottes, allen voran die kriegerische. Denn Sturm ist bei den Germanen eine uralte Bezeichnung des Kampfes. Viel Wind kündet noch heute dem gemeinen Manne Krieg an. Adam von Bremen sagt: „Wodan d. h. Wut führt Kriege und lenkt die Tapferkeit der Menschen gegen die Feinde.“ Darum hieß er im Norden der Helmträger und Schildbeweger, der Heer-, Sieg- und Walvater. Vor Krieg erscheint er plötzlich, er stiftet Zwietracht und treibt seine Leute zum rasenden Berserkergang an (S. 87). Er verleiht seinen Lieblingen, einzelnen Helden und ganzen Völkern Waffen und Sieg. Als die Wandalen die Winiler mit Krieg überzogen, da baten ihre Herzöge Ambri und Assi Wodan um Sieg. Der versprach, denen den Sieg zu geben, die er bei Sonnenaufgang zuerst sehen werde. Zu gleicher Zeit baten die Winilerfürstin Gambara und ihre Söhne Ybor und Agyo Wodans Frau Frea um ihre Hilfe. Da riet diese den Winilern, vor Sonnenaufgang zu kommen, Männer und Weiber, und zwar sollten die letzten ihr Haar wie einen Bart ins Gesicht hangen lassen. Um diese Stunde ging Frea um Wodans Bett und richtete sein Antlitz gen Morgen. Als er nun erwachte, sah er die Winiler und ihre Weiber. Da sprach er: „Wer sind diese Langbärte?“ Und Frea erwiderte: „Herr, du hast ihnen den Namen gegeben, so gib ihnen nun auch den Sieg.“ Und so geschah’s, und seitdem wurden die Winiler zu Langobarden. — Mitten im Kampfgewühl erscheint Othin seinen lieben Dänen, als schon ihre Feinde, die Hellespontier, in die Tore eindringen, befreit sie von der Blindheit, in die sie Gudrun verzaubert hatte, und rät ihnen, die schußfesten Feinde mit Steinwürfen zu töten.

In den nordischen Fehden und Kriegen spielt das Schutzverhältnis des Gottes auch zu einem einzelnen Helden, das in Deutschland nicht nachweisbar ist, eine große Rolle. Es endet häufig herbe überraschend damit, daß Odin plötzlich seinen Günstling ins Verderben stürzt, wie wenn er dessen Einkehr in Walhall nicht länger abwarten könne. Als einäugiger Greis bringt er den Dänenkönig Hadding zur Blutsbrüderschaft mit dem Wikingerhäuptling Liser, entzieht ihn der Flucht, indem er ihn in seinem Mantel auf sein Roß hebt und mit ihm hoch über die Meere sprengt. Er gibt ihm Mittel an, der Gefangenschaft zu entschlüpfen, und kommt zu ihm aufs Schiff, um ihm die übrigens auch anderen Indogermanen bekannte Schlachtordnung des Keils, die Svínfylking, zu lehren. Nun folgt er dem Hadding zum erstenmale in den Kampf, tötet dessen Feinde mit Pfeilen, verscheucht die durch ihre Zauberlieder herabbeschworenen Regengüsse durch Sturm und gibt ihm den Sieg. Aber er verkündet ihm auch, daß er nicht in der Schlacht, sondern durch Selbstmord umkommen werde, und wirklich erhängte sich Hadding aus Trauer über Hundings Tod. Auch der Gehenkten Gott war Odin. — Mit grausamer Tücke verfuhr Odin gegen einen andern Schützling, den Dänenkönig Harald Hildetand, den er gegen alles Eisen gefeit hatte, wofür ihm dieser die Seelen aller von ihm Erschlagenen versprach. In der berühmtesten Schlacht des Nordens, der Brawallaschlacht, wich aber die keilförmige Schlachtordnung der Dänen, die doch der einäugige Odin ihren König gelehrt hatte, vor den Schweden zurück. Denn auch diese kämpften, offenbar von Odin unterwiesen, zu Haralds größter Bestürzung im Keil. Umsonst flehte er den Gott um Hilfe an; in der Gestalt seines Wagenlenkers Bruno stößt dieser den blinden alten König vom Wagen, entreißt ihm seine Keule und zerschmettert ihm damit das Haupt. Er hatte wohl dem Gotte genug auf Erden gelebt und gekämpft, nun forderte ihn dieser endlich für seine Walhall.

Diese verhängnisvolle Einmischung Odins in das Leben jener und noch vieler anderer nordischer Helden ist nun im Norden auch in die Sage vom echt deutschen Helden Siegfried oder Sigurd eingeführt und hat diesen auch in der Fremde zum ersten aller Helden erhoben. In der deutschen Überlieferung bestand sie nicht, in der eddischen machte sie schüchterne Versuche, die spätere Wölsungasaga ist ganz davon durchdrungen. Wie ein wachsamer Schutzgeist folgt Odin dem Lebenslauf verschiedener Generationen des Wölsungageschlechts. Dessen Ahnherr Sigi ist sogar sein Sohn. Aus einem Verstoßenen macht er ihn zu einem mächtigen König. Dem kinderlosen Sohne Rerir schenkt er durch einen dessen Frau fruchtbarmachenden Apfel den Sohn

Wölsung. Bei der Vermählung seiner Tochter Signy mit dem König Siggeir stößt ein einäugiger Greis, in breitem Hut und fleckigem Mantel, ein Schwert bis an das Heft in den Stamm einer Eiche, um den die Halle gezimmert war. Dem solle es gehören, der es herausziehen könne. Von den versammelten Männern konnte es nur Sigmund, Wölsungs Sohn, ohne Mühe. So schwingt er es während seines kampfreichen Lebens als das beste Schwert, doch in seinem letzten Kampfe hält ihm jener Greis seinen Speer vor, an dem das Schwert in zwei Stücke zerspringt. Da fällt Sigmund mit den Seinen und antwortet seiner schwangeren Gattin Hjördis, die nachts auf die Walstatt geht: „Ich habe gestritten, so lange es Odin gefiel. Verwahre aber die Schwertstücke, damit daraus dem Knaben, den du gebären wirst, das Heldenschwert Gram geschmiedet werde“. Diesem Jüngling Sigurd verschafft Odin das Roß Grani, das von seinem eignen Rosse Sleipnir abstammt und allein einen tiefen Fluß durchschwimmen kann, und aus jenen Schwertstücken schmiedet ihm Regin den Gram, dessen Schneide wie Feuer leuchtet und eine im Fluß treibende Wollflocke glatt zerteilt. Auf einer stürmischen Seefahrt nimmt Sigurd einen Mann Namens Hnikar auf sein Ansuchen an Bord, und alsbald legt sich der Sturm. Es ist wiederum Odin. Vor dem Kampfe mit dem Wurme Fafnir ist Odin wieder da, um Sigurd anzugeben, wie er das Untier töten könne. Nur Sigurd vermag die Waberlohe, die die von Odins Schlafdorn gestochene Brünhild umgibt, zu durchreiten und ihren Zauberschlaf zu brechen. Aber an Sigurds Tode hat Odin keinen Teil.

Dem dänischen Heer wurde ein mit Odins Vögeln, den Raben, geschmücktes Banner vorangetragen. Im Jahre 878 eroberten die Westsachsen die dänische Schlachtfahne, die die drei Töchter Lodbroks ihren Brüdern in einer Morgenstunde gewebt hatten. In deren Mitte flatterte ein Rabe vor einem Siege wie lebendig, während er vor einer Niederlage bewegungslos herabhing. Als Jarl Hakon bei seiner Landung opferte, flogen zwei Raben schreiend heran, zum

Zeichen, daß Odin das Opfer angenommen habe und ihm Sieg verheiße. In der Schlacht warf Odin den zum Tode weihenden Speer über seine Feinde und nach der Völuspa ins Volk, als der erste Volkskrieg ausbrach. Als der Schwedenkönig Erich der Siegreiche vor dem Kampf mit Styrbjörn dem Odin ein Gelübde getan hatte, reichte ihm ein großer Mann mit breitem Hute einen Rohrstengel, den er über Styrbjörns Leute mit den Worten schießen solle: „Odin hat euch alle“! Erich tat also, das Rohr verwandelte sich in der Luft in einen Speer und blendete Styrbjörn und seine Schar, so daß Erich den Sieg gewann. Erschien Odin nicht selber auf dem Schlachtfeld, so sandte er seine Walküren hinab, die aber, wie z. B. Brunhild, von ihm gestraft wurden, wenn sie gegen seinen Willen Einem den Sieg verliehen. In Deutschland und noch im südlichen Skandinavien trat er häufiger als Jagdgott denn als Schlachtengott auf, doch auch dort führte er ein Heer und zwar ein bewaffnetes Geisterheer.

Als Windgott ist er im Norden „Gott der Gehenkten“, deren gewaltsam ausgepreßter Atem nach dem Volksglauben Sturm erzeugt (S. 72), und setzt sich unter den Galgen, wohl wenn der Wind mit ihren schwebenden Leichen spielt. Auch zeigt er sich in Deutschland als Nachtjäger stets da, wo sich jemand erhängt hat. Überhaupt ist er der Gott der im Winde fahrenden Seelen und der Gespenster. Namentlich alle waffentoten Männer fahren zu ihm; schon am Abend ihres Sterbetags gasten sie bei ihm und begeben sich in sein Gengi oder Gefolge. Doch im Gegensatz zu Thor, der die Knechte aufnimmt, geht Odin den verstorbenen Knechten nicht entgegen. Daß er die Gewalt über den Wind hat, wird noch auf andere Weise bezeugt. So kennt er in den Havamal als neunten Zauber, das bedrängte Schiff auf See zu schirmen, denn er beschwichtigt den Wind auf den Wogen und schläfert ein das ganze Meer. Als Odin vom Bergvorsprung in Sigurds Schiff herübergenommen war, legte sich der Sturm, sowie nachdem ihm König Wikar durchbohrt und aufgehängt war (S. 336). Den

Schiffern verleiht er günstigen Fahrwind, darum heißt er auch der Frachtengott. Im Winde fährt er befruchtend über die Saaten und durch die Ährenfelder und wird zum Erntegott. So spendet er Reichtum, und der „reiche Oden" geht noch in neuerer Zeit bei reichen schwedischen Bauern zu Gaste. Die Nordleute und die Angelsachsen hielten ihn aber auch für einen schädlichen Windgott, einen Gott des Diebstahls und des Trugs, zu dem sich ja auch der griechische Windgott Hermes entwickelt hat. Auch sein veränderliches, launisches, lüsternes Wesen mag in alter Zeit vom wechselnden buhlerischen Wesen des Windes hergeleitet sein. Odin erscheint wiederholt als Weiberverführer nnd treuloser Gatte.

Nicht nur wirbt der dänische Oden im Walde gewaltsam um elfische Weiber, sondern der altnordische Odin verführt auch Zauberweiber und Hexen und weiß selbst Riesinnen zu betören. Um jenen Met Suttungs zu gewinnen, verdang er sich als Knecht *Bölverkr,* Übeltäter, bei *Suttungs* Bruder *Baugi* und warf beim Mähen seinen Wetzstein in die Luft. Beim Balgen um diesen töteten sich die neun Knechte Baugis, aber Bölverkr übernahm ihre ganze Arbeit, wofür ihm Baugi einen Schluck von seines Bruders Met versprach. Mit seiner Hilfe bohrte er ein Loch in den Felsen, schlüpfte als Schlange hinein, hinterging Suttungs Tochter *Gunnlöd,* flog mit dem Met davon und ließ die Betrogene in Gram zurück (vgl. S. 235). Als Heerführer, dann als Goldschmied, endlich als Kämpe verkleidet, wurde er von der Riesin *Rindr* dreimal mit Schlägen abgewiesen, bis er sie durch Berührung mit einem Runenstab wahnsinnig machte, fesseln ließ und als heilkundige Dienerin bewältigte. Beider Sohn war *Bous,* der auch *Ali* oder *Vali* hieß und der Rächer Balders wurde. Mit Rindr wird wohl die schöne Billingstochter verglichen, die mit Odin für den Abend ein Stelldichein verabredete. Aber als er kam, fand er die Leute im Hof noch wach und überall Licht. Als er noch einmal gegen Morgen hinging, fand er einen großen Hund an des Mädchens Bett gebunden. So zog er getäuscht ab.

Aber noch schlimmer wird sein unwürdiges Benehmen bestraft; die Götter, empört über die Verführung der Riesin Rindr, verbannten ihn und wählten an seine Stelle den *Oller* zum König und nannten ihn Odin. Aber der echte Odin kehrte nach zehn Jahren in sein Reich zurück, und Oller mußte fliehen und wurde von den Dänen in Schweden erschlagen. In einer ähnlichen Geschichte ergab sich Odins Gemahlin *Frigg* aus Begierde nach dem Gold, das eine Bildsäule Odins schmückte, einem Diener, damit er es ihr verschaffe. Das bekümmerte Odin so sehr, daß er sein Reich aufgab und in die Verbannung zog. Nun bemächtigte sich der große Zauberer *Mitothin* des Reichs und setzte für jeden Gott besondere neue Opfer ein. Als er bei Odins Rückkehr von seiner Zauberkunst verlassen wurde, flüchtete er nach Fühnen und wurde dort von den Einwohnern erschlagen.

Diese Mythen stellen beide den Odin im Kampfe mit einem ihm zeitweilig überlegenen Gegner um die Oberherrschaft dar. Der eine heißt Oller d. i. altnordisch Ullr der Herrliche (?), den wir weiterhin als einen Wintergott kennen lernen werden, der andere scheint nicht einen Mitođin, sondern einen Herrscher, einen Meotod, altnord. Mjötuđr, angelsächs. Meotod, zu bedeuten. Vielleicht sind in beiden Nebenbuhlern des höchsten Gottes alte, von ihm zurückgedrängte Landesgottheiten zu erkennen, denen man noch wenigstens zeitweilig die Oberherrschaft zusprach.

Dieser so sinnliche Gott erhob sich dennoch in eine höhere geistige Sphäre, als irgend ein anderer nordischer Gott, etwa von Balder abgesehen. Seine geistigere Natur ist zwar nur schwach durch die deutsche Überlieferung bezeugt, muß aber doch auch für Deutschland angenommen werden, weil Wodan allein Balders Pferd zu heilen weiß und weil er hier sonst schwerlich von den Römern mit ihrem geistig so gewandten Mercurius verglichen und schon zu Tacitus' Zeit von vielen Germanen als höchster Gott verehrt worden wäre. Im Norden ist er kurzweg der „weiseste Ase". Seine Geisteskraft zeigt sich besonders im Zauber und in der dazu gehörigen Runenkunde und in der dichterischen Begeisterung. Es ist charakterisch für ihn als jüngeres mythisches Wesen, daß jenes Wissen und Können nicht uralt ist wie das der Riesen oder Zwerge, sondern daß er es erst von ihnen durch Vertrag oder List oder Gewalt erwerben muß. Um Wissen, Kunst und Zauber wagt er alles, und diese Wagnisse gehören zu den höchsten Taten des späteren nordischen Odinsmythus.

Die gesamte uralte Zauberkunde übernimmt er von den älteren dämonischen Wesen und ihren menschlichen Dienern. Er vermag sich in die verschiedenartigsten Menschengestalten zu vermummen, in alle möglichen Tierleiber zu verwandeln, und während sein Körper wie schlafend oder tot liegen bleibt, schwingt er sich seelengleich im Nu in die fernsten Länder. Er kennt der Erde verborgene Schätze und weiß die Berge und Steine durch seine Lieder aufzuschließen, er geht hinein und nimmt so viel, als er will. Er weiß auch Tote aus dem Grabe zu erwecken und Gehenkte am Galgen.

Auf geheimen Zeichen und feierlichen Sprüchen beruht diese Kunst. Die Gewalt der Zaubersprüche lehrt der „Vater des Zaubers“ in den Havamal, des Hohen Sprüchen. Da heißt sein erstes Lied die „Hilfe“, diensam in Händeln, Schmerzen und Sorgen. Die anderen Lieder stumpfen feindliche Waffen ab, sprengen Fesseln, hemmen den Flug der Pfeile, brechen den Runenzauber des Feindes, löschen Feuersbrunst, versöhnen Haß, sänftigen den Seegang, verwirren Hexen in der Luft, führen Männer heil aus der Schlacht, wecken Gehenkte zum Leben, machen Kämpfer hiebfest und — nun spielt der Liebesabenteurer seinen Trumpf aus — verdrehen Weibern den Kopf.

Die Erfindung der „allnützlichen“ Runen, die auf Losstäbchen gezeichnet die Zukunft verkündeten, die, auf andere Dinge geritzt, diese zauberkräftig machten, die, in einen Trank von diesen abgeschabt, den Trinkenden feiten, die Erfindung all dieser geheimen Zeichen, die längst vor Odin gebraucht worden waren, wurde nun ihm zugeschrieben.

Er war der Runenmeister. Wie er dazu kam, erzählt ein dunkles Gedicht wiederum in den Havamal. Darnach hängt er neun Nächte speerdurchbohrt, sich selber geweiht, am mächtigen Baume, bis er aufschreiend die Runen aufhebt, indem er einen Trunk des kostbaren Metes empfängt, getränkt wird vom Ođroerir. Über diesen Mythus von Odins Runenerfindung scheint die Geschichte vom Mysterium der Kreuzigung Jesu ihren Schatten geworfen zu haben. Jesus hing speerdurchbohrt, als Gott sich selber geweiht, ohne Speis und Trank, bis zur neunten Stunde am Kreuzesbaum und nahm aufschreiend die Runen d. h. das Gottesgeheimnis seines Todes hin. Auch der Schluß des Liedes, der Odins neues Leben schildert, ahmt die Wendungen nach, in denen die Evangelien den Beginn des Lebens Jesu erzählen. Denn die erste Halbstrophe:

„Da begann ich zu gedeihen und weise zu sein
Und zu wachsen und mich wohl zu befinden."

klingt deutlich an Lucas 2, 40: „Aber das Kind wuchs und ward stark im Geist, voller Weisheit" und die zweite dunkle

„Das Wort suchte mir vom Worte das Wort,
Das Werk mir vom Werke das Werk"

erinnert mit ihrer auffälligen dreimaligen Wiederholung der Ausdrücke „Wort" und „Werk" an den geheimnisvollen Anfang des Johannesevangeliums, der im Mittelalter und noch heute so gern zur Beschwörung gebraucht wird: „1. Im Anfang war das Wort und das Wort war bei Gott und Gott war das Wort. 3. Alle Dinge sind durch dasselbe gemacht und ohne dasselbe ist nichts gemacht, was gemacht ist," wo der lateinische Text „factum" liest, das dann der nordische Dichter durch Werk wiedergab.

Nach diesem dunklen Gedicht nahm Odin die Runen aus dem Ođroerir „Geisterreger" genannten kostbaren Tranke Mimirs, in den diese wahrscheinlich verquirlt waren, wie auch anderswo ihr Abschabsel zu Bier oder Met gemischt wurde. Nach einem anderen Mythus (S. 235) entführte Odin den Ođroerir, ein Gebräu der Zwerge, in Adlersgestalt den Riesen und brachte ihn zu den Göttern und den Menschen. Aus diesem Tranke schöpfte Odin seine Dichtergabe und teilte sie seinen Günstlingen, den Skalden, mit. Durch sie wurde er zum Gott der Dichtung, nicht aber des Gesanges, wie ihn etwa das Volk aus dem Gotte des Sturms, des gewaltigsten Gesanges, hätte gestalten können. Darum entbehrt seine Figur auch aller musikalischen Attribute, seine Kunst ist wie die skaldische nur eine Sprech-, keine Singkunst. Aber „Alles sprach er in Versen“, heißt es von ihm, und Wunder tat doch auch seine Dichtart. In einer der ergreifendsten Wendungen der altnordischen Lyrik kündigt der Skalde Egil dem Odin die Freundschaft auf, denn er ist empört darüber, daß dieser ihm den Tod zweier geliebter Söhne nicht erspart habe. Aber sofort kehrt er reumütig zu seinem Gotte zurück und fleht um Verzeihung, eingedenk der ihm verliehenen Dichterkraft, durch die er einst sein von Erich Blutaxt bedrohtes Leben rettete.

Aber die Runen und der Begeisterungstrank genügten dem Wissensdrange des Gottes nicht. Er verpfändete dem Mimir sein Auge, um aus dessen Brunnen Klugheit und Weisheit schöpfen zu können, und führte dessen von den Wanen abgeschlagenes weises Haupt bei sich. Um das Heil der Götter besorgt, ritt er bis vor das Höllentor und weckte dort die tiefverschneite Wölwa durch einen Totenzauber aus langem Todesschlaf, um über Balders Schicksal Auskunft zu holen. So weitete der nur beschränkt zukunftskundige Gott unermüdlich sein Wesen aus und wurde zum „Vates“, zum Propheten, bei Saxo, bis sein Wissen zuletzt alle Räume und Zeiten bis in den Höllengrund und bis zur Götterdämmerung umspannte. Seine Erden- und Menschenkenntnis und Lebensweisheit offenbarte er in den Havamal, seine Kunde von den überirdischen Welten und ihren Bewohnern in den Liedern von Grimnir und Vafthrudnir. Dieser weiseste Riese wußte am Schlusse seines Rätselkampfs mit Odin die Frage nach des Gottes letzten Worten an seinen Sohn Balder nicht zu beantworten und sprach ihm damit den Namen des Weisesten zu.

Trotz aller Schwächen galt Odin für den höchsten und besten der Asen, dem alle Götter dienten wie Kinder ihrem Vater, und die meisten Gottheiten waren auch seine Kinder. Seine Gattin *Frigg* schenkt ihm *Balder*, seine Tochter *Jörđ* seinen Ältesten *Thor,* seine Geliebte *Rindr* den Rächer Balders *Váli,* die andre, Riesin *Gríđr* (S. 240), den *Víđar,* die dritte, *Gunnlöđ*, den *Bragi.* Wie sehr stärkten auch seine Söhne seine Herrschergewalt! Freilich machte seine Gattin Frigg ihm oft zuweilen das Regiment streitig, wenn sie ihren Günstlingen statt den seinigen den Sieg zuwandte, den Winilern statt den Wandalen und in Grimnismal dem Agnar statt dessen Bruder Geirröđ. Ihre Goldgier trieb ihn sogar vom Throne. Doch diese Händel verdunkelten nur wie flüchtige Wolken seine Herrlichkeit und seine Ehe. Ist denn nicht auch Frigg, die Mutter des edlen Balder, unter der Sága d. i. Seherin (?) zu verstehen, mit der Ođin am Wasserfall des Sökkvabekkr des Sinkebachs täglich aus goldenen Schalen trinkt? Und zusammen sitzen Ođin und Frigg auf dem Himmelsthron und überschauen alle Welten; ihm aber tragen seine Raben die fernsten Kunden zu. Er war der Hárr, der Hohe, Omi, der Höchste, und zugleich der Veratýr der Menschengott. Er setzte auf dem Idafeld zwölf Götter als Richter ein, die täglich mit ihm die Schicksale der Menschen entschieden.

Je mehr die christlichen Vorstellungen von einem allmächtigen Gott, einem Schöpfer Himmels und der Erden und insbesondere der Menschen und von einer Dreieinigkeit nordwärts drangen, desto höher wurde Odin, der geistigste Gott, von den Dichtern emporgerückt und dem fremden Größeren ähnlicher gemacht. Nun erst heißt er Alföđr und Aldaföđr, der Vater aller Dinge und Zeiten, der die Welt und insbesondere auch die Menschen schafft und endlich mit Hoenir und Lođur oder mit Wili und Wé oder mit dem Ebenhohen (Jafnhár) und dem Dritten (Thridi) eine ganz unvolkstümliche, geheimnisvolle Dreieinigkeit bildet.

In Deutschland ist ein in vielen Zügen verwandtes, in anderen abweichendes Bild des Sturmgottes entstanden.

Die freien germanischen Männer des Tacitus verbrachten ihr Leben mit Jagd, mit Krieg und mit den Freuden des Mahls oder mit Schlaf und gestalteten das Leben ihres Hauptgottes nach den drei Hauptgenüssen ihres eigenen, indem sie dieselben den Formen anpaßten, die aus der Windnatur des Gottes entsprangen. Schon früher, wie wir schon bemerkt haben (S. 73), begriffen sie den Wind als einen Zug unruhiger Seelen Verstorbener oder als eine Umfahrt bald sanfter, bald tobender Elfen. Jetzt wurde überall, wo es Jagdgründe gab, also nur nicht im waldlosen höchsten Norden, dieser Geisterschwarm entweder zu einem Jagdgefolge, das hinter Wodan oder dem wilden Jäger einherzog; oder auch zu einem wütigen Heerbann des Gottes. Nicht nur Tiere des Waldes, sondern auch der Weide und Geister wurden gejagt nach den volleren Sagenberichten, und das wütende Heer kam aus einem Bergesschoß hervor, wo es gleich den Einherjar droben in Walhall mit seinem Herrn tafelte, sich in Kampfspielen tummelte oder schlummerte bis zum Weckruf zur Schlacht, nach christlichem Zusatz, zur letzten Schlacht.

Dieser Mythus, das umfassendste und treueste Spiegelbild des Waldlebens der freien Germanen, war in seiner Gesamtheit ihr Hauptmythus, in landschaftlich wechselnden Formen überall verbreitet und so zäh in der Volksseele haftend, daß noch heute gar mancher Bauer den Eid für seine Aussage wagt, die wilde Jagd mit eigenen Sinnen gehört und gesehen zu haben. Der Mythus von Wodan und seinem stets kampfbereiten Heer ist dann mit der Legende vom Antichrist verschmolzen worden, in Island zu dem tiefsinnigen Sagengebilde der Götterdämmerung und in Deutschland zu der uns teuersten Sage von Kaiser Friedrich Rotbart im Kyffhäuser.

Wodan-Odin ist als Sturmgott der Herr der ungeheuren germanischen Wälder, die bei seinem Ritte namentlich im Herbst, in den Zwölfnächten und im Frühling laut erbrausen. Ihm sind zu dienstbarem Gefolge geworden die im Winde fahrenden Seelen der Verstorbenen und die tobenden Wind-

und Waldelfen der alten Zeit. In solcher Vorstellung begegneten sich fast alle germanischen Stämme, aber sie wurde fast in jeder Landschaft eigenartig gestaltet oder doch gefärbt. Das deuten schon die heute noch fortlebenden verschiedenen Namen an. Das *Wuetes-* oder *Muetesheer*, das schon im 12. Jahrhundert bezeugte *wütige Heer,* ist jetzt besonders in Schwaben und Mitteldeutschland zu Hause. Aber um 1400 wird auch ein niederdeutsches *Wödenheer* erwähnt. Vom Lechrain ostwärts überwiegt das bayrisch-österreichische *wilde Gjaid, Gfahr, Gschrei,* in Norddeutschland und im Norden die *wilde Jagd* oder *Oensjagt*, der *wilde Jäger, Nacht-, Hel-*, *Woejäger.* Hier sagt man bei starkem Sturme noch ganz deutlich: *Wode, Goi trekt*, *drift*, *tüht* (zieht, treibt), *Oden jagar* oder *far vörbi* (fährt vorbei). Im Namen *Hackelberg,* der vorzugsweise vom Harz bis zur Oberweser gebraucht wird, ist wohl ein Hakelberend d. h. ein Mantelträger versteckt. Denn nicht nur des altnordischen Odin, sondern auch des deutschen wilden Jägers Kennzeichen ist ein weiter, flatternder Mantel, und noch mehrere andere Namen desselben wie *Breithut* oder *Schlapphut, Schimmelreiter* und *Nachtrabe,* haben die göttlichen Hauptattribute bewahrt. Wegen der Majestät der Naturerscheinung ersetzte man später die alten unverstandenen und bescheidenen Bezeichnungen durch die Namen hochberühmter Könige, wie Dietrich von Bern, Karl der Große, Karl V., König Abel, König Woldemar und Herodes. Auch unmäßig leidenschaftliche Jagdfreunde wie der Rodensteiner traten an seine Stelle und endlich gar der ewige Jude und der Teufel.

Plötzlich erhebt sich in der Ferne ein Windgeräusch, zuweilen wie sanfte Musik, meist aber wie ein Bäume entwipfelnder oder gar zerbrechender Sturm. Jene kündet ein fruchtbares Jahr, dieser aber Krieg oder ein anderes Unglück an. Es ist Zeit, sich mit dem Gesicht auf die Erde zu werfen, auf die Mitte des Wegs zu entweichen oder sich überzwerch darauf zu legen, oder sich auf ein weißes Tuch zu stellen oder es ums Haupt zu binden. Denn die Pfeile des in

Schweden vorbeifahrenden Odins entzünden Krankheiten, und die deutsche wilde Jagd bringt Kopfschwellung, Blendung, Schwermut und sogar Tod hervor. Oder man wird an einer Kette ins wilde Heer entführt oder durch einen Gürtel zerrissen. Schon sprengt der Schimmelreiter heran, in Schlapphut und Mantel, von Raben umflattert, von Hunden umbellt, laut Hoio! rufend, und hinter ihm drein allerhand Toten- und Elfenvolk oder auch Schweine und andere Tiere, mit betäubendem Lärm. Der Zug hält oft bestimmte Wege inne, saust an einem bestimmten Baum vorüber, durch ein bestimmtes Haus hindurch, in Württemberg fährt er mit Vorliebe die alten Römerstraßen, von denen eine am Hohentwiel der ungeheuer Weg heißt. Zuweilen sitzt der wilde Jäger in einem schweren, feurigen Wagen, wie es scheint, wenn Gewitter dem Sturm folgt. Darum hat auch König Oden bei seiner nächtlichen Jagd in Småland „åskan til help“ den Blitz zur Hilfe. Dann haut der wilde Reiter ein Beil in den Rücken des Wandrers oder schleudert den Spöttern Knochen oder eine stinkende Weiber-, Pferde- oder Rinderlende herab mit dem Rufe: „Habt ihr mir helfen jagen, so helft mir nun auch nagen.“

Das Jagdtier, dem der wilde Jäger nachstellt, wird in den meisten Sagen nicht angegeben. Doch werden in andern namentlich ein Eber, eine Kuh, ein Hirsch und endlich noch ein oder mehrere Weiber verfolgt. Der leidenschaftliche Jäger Hackelberg jagt trotz warnenden Traums auf einem Schimmel einen Eber und verwundet ihn schwer, oder tötet ihn, aber, wie er dessen Kopf aufhebt oder mit dem Fuße stößt, wird er durch den Hauer tödlich an der Wade verletzt. An mehreren Orten zeigt man sein Grab. Diese Harzer Sage geht in Pommern von Wode. — In der Schweiz hebt der wilde Jäger Türst eine Kuh hoch in die Luft, um sie nie wieder oder erst am dritten Tag halbtot oder ausgemolken auf die Erde herabzulassen, oder er jagt Kälber auf dem Pilatus. Der schwäbische Ranzenpuffer fordert in heftigem Sturm eine wider seinen Willen geschlachtete Kuh, und am Christabend läßt ein oldenburgischer Bauer für den Helljäger, dessen Hunde an seinen Herd laufen, die fetteste Kuh hinaus, damit nicht beständiges Unwetter das Vieh verderbe. — Nach jüngerer altnordischer Sage jagt Odin einen mit einem Goldring geschmückten Hirsch, der ihn ins Reich der Hulda, der Königin aller Trolle, lockt. Schon mischen sich in die jüngeren Sagen vom Hirschschuß christliche Vorstellungen ein. Der niederdeutsche *Goi, Hassjäger, Hackelberg* schießt am stillen Freitag einen mit dem Kruzifix gekrönten Hirsch nieder. Der schwäbische ewige Jäger oder Schimmelreiter schießt in der Weih- oder Charfreitagsnacht gegen die Sonne. Das führt zu der Freischützensage hinüber, nach der ein Pakt mit dem Bösen dem wilden Jäger oder Schimmelreiter unfehlbaren Treffschuß verleiht. Der Windgott jagt am liebsten, wie der deutsche Riese Fasolt und der dänische Grönjette Bartriese, Wind-, Berg- und Waldelfinnen, die im Wirbelwind mit herabrieselndem herbstlichen Laubhaar ihm voraustosen. Als König Waldemar, Vojensjäger oder Un (Odin) hetzt er in Dänemark das Elfenvolk, langbrüstige Elfenmädchen und -weiber, in Schweden als Oden die ebenfalls langbrüstige und langhaarige Waldfrau, in England der wilde Jäger oder Wildmann eine weiße Jungfrau oder seine Geliebte, in Deutschland Wode oder der wilde Jäger die wiederum durch lange Haare und Brüste ausgezeichneten Holz- und Moosjungfern, Nachtfräulein, Saligfräulein und weißen Frauen (S. 196). Die Verfolgte flüchtet gern vor ihm in einen Kreis; verläßt sie ihn, so wird sie vom Verfolger zerrissen. Oder der Jäger wirft die Eingeholte vor sich über sein Pferd, ja sie wird auch sein Pferd, das er von einem Schmiede beschlagen läßt. Nur die Flucht zu einem Kreuze oder auf einen Kreuzweg kann sie vor ihm retten. Und zuweilen jagt der Jäger mit Frau Gauden, Woten mit Frau Holle und Hackelberg mit der Tutursel in friedlicher Gemeinschaft. — So etwa dachten sich unsere Vorfahren die stürmische Werbung ihres Hauptgottes um eine Frau, der wir auch noch im breiteren altnordischen Mythus begegnen werden.

Zunächst kehren wir aber wieder zum wütenden Heer zurück.

Nicht nur die Jagd, sondern auch der Kampf und das Gelage gehörten zu den höchsten Freuden des germanischen Freien. Diese beiden füllen auch ihr jenseitiges Leben bei Odin aus (S. 292ff.). Sein Himmelsschloß Walhall mit seinen Einherjarn ist in manchen deutschen Wodansbergen lokalisiert. Im Odenberg d. h. wohl Glücks- oder Schatzberg (?) beim hessischen *Gudensberg*, das noch 1154 Wuodenesberg hieß, sitzt Karl Quinte oder der Große mit starken Männern. Ein Schmied sieht sie mit eisernen Kugeln kegeln, die sich beim Verschmieden in Gold verwandeln. Alle sieben oder alle hundert Jahre kommt Karl auf seinem Schimmel mit einem rasselnden Reiterheer heraus, und nachdem sein Pferd mit dem Huf den Quell Glisborn für die dürstenden Rosse aus dem Boden geschlagen hat, liefert er am Fuße des Bergs eine blutige Schlacht. Alles weist auf einen alten Wodansmythus. In einem Eddaliede nennt sich Odin selber „den Alten vom Berge", und die Skalden bezeichnen ihn als den Felsengott. Man erblickt den Gudensberger Schimmelreiter durch den Ring, den ein in die Seite gestemmter Arm bildet, gerade so in Dänemark den Schimmelreiter Odin (S. 286). Mit dem Rufe „de Waur (Woden) de kummt" schreckt man die Kinder in Mecklenburg, wie in Hessen mit dem Rufe „der Quinte kommt". In Oeland riß Odins Roß einen Felsen aus, so daß hier ein Sumpf entsteht, wie dort ein Quell aus seinem Hufschlag. In andern Wodan-Odinssagen greift auch der Schmied tiefer ein. So beschlägt er in der Rodensteiner das Roß des wilden Jägers, wie in einer norwegischen das Roß Odins.

Weit weniger rein als die hessische Sage hat sich die eindrucksvollere, zur Nationalsage erhobene vom *Kyffhäuser* erhalten. Im Schoß dieses Berges liegt ein Garten oder Saal, in dem ein Alter mit langem Weiß- oder Graubart oder auch Kaiser Friedrich Rotbart sitzt, umgeben von kegelnden Rittern und scharrenden Rossen. Frau Holle, seine Ausgeberin, schenkt den Männern Wein und füttert die Pferde. Ist des Alten Bart dreimal um den Tisch gewachsen, so erwacht er, und wenn die Raben nicht mehr um den Berg fliegen, erhebt er sich und hängt seinen Schild an einen dürren Baum, der dann wieder ergrünt. Nun reiten seine Mannen heraus und schlagen eine blutige siegreiche Schlacht. Die Romantiker sahen darin die Auferstehung der Herrlichkeit des Reiches und nach ihnen das ganze deutsche Volk.

Der Hintergrund der Kyffhäusersage entstammt dem heimischen Mythus. Der graubärtige Kampfgott Wodan waltet in seinem für Lebende unzugänglichen Reiche über zahlreiche Krieger, die sich mit Wettspielen oder Gelagen ergötzen. Seine Raben kreisen um ihn. Fliegen sie aber fort, dann zieht er ihnen mit seinem Heer nach zu blutigem Kampf. Nun aber verschwanden nach dem Glauben auch anderer Völker geliebte Herrscher oder Volkshelden in einen Berg, sie waren nicht tot, sondern nur entrückt, um zu ihrer Zeit wiederzukehren. So ging der norwegische Kleinkönig Herlaugr mit zwölf Männern in einen Hügel, als Harald Schönhaar übermächtig die Einwaldschaft an sich riß, und der Hügel wurde hinter ihm geschlossen. Da Tilleda unter dem Kyffhäuser eine Kaiserpfalz war, so verwandelte sich der dortige Berggott in einen bergentrückten Kaiser, und eine griechische, später auch deutsch gewordene Legende von einem Kaiser, der mit dem Antichrist die letzte Schlacht schlug, wurde mit der Sage des thüringischen Berges verknüpft. Der letzte ursprünglich oströmische Kaiser, aus dem man später einen Kaiser Karl oder Friedrich II. oder Friedrich Barbarossa gemacht hat, zieht nach dieser fremden Legende vor dem Erscheinen des Antichrists nach Jerusalem, um dort auf dem Berge Golgatha oder dem Ölberg seine Krone niederzulegen oder sie oder seinen Schild an einem dürren Baum, der dann wieder ergrünt, aufzuhängen und dann mit dem Antichrist zu streiten. — Ähnliche schöne Sagen von bergentrückten Kaisern, Königen und Helden umgeben den Untersberg bei Salzburg und das Walserfeld in dessen Nähe, die Höhle von Kaiserslautern, den Sudemerberg bei Goslar, den Guckenberg bei fränkisch Gemünden und das Bergschloß Geroldseck. Die Sage des dankbaren Volks schenkt ihren menschlichen Lieblingen, den Karlen und Friedrichen und Siegfrieds, die Züge und Schicksale des alten Gottes.

Ein so vielseitiger und vielfach in sich widerspruchsvoller Gott verlangte sehr verschiedenartige Kultusformen und genoß keineswegs in allen Landschaften dieselbe Art der Verehrung. So wurde er im gewöhnlichen Leben des höchsten Nordens weit weniger geschätzt als Thor, dagegen von den Dichtern und den Kriegern hoch über alle anderen Gottheiten erhoben als der Veratyr, der Gott der Menschen.

Am allgemeinsten wurde er als der Hauptgott des Krieges anerkannt. Waffen hießen wohl kaum je nach Thor, dagegen häufig nach Odin, der Panzer z. B. Odins graues Kleid, der Schild die Sonne oder das Hallendach Odins, die Schlacht sein Sturm oder Brunis (S. 373) Sang, der Krieger Odins Eiche oder der Röter des Schnabels Hugins und das Blut Hugins Trank. Vor dem Aufbruch zum Kampf schärften die Oeländer ihre Schwerter am Odinstein, wie es später die christlichen Alemannen am Portal des Freiburger Münsters taten. Den gleichen Brauch bezeugen die „Wetzmarken" zu beiden Seiten des Haupteingangs auch anderer älterer Kirchen. Die Germanen des Tacitus wie die nordischen Wikinger gelobten ihm die gefallenen Feinde. Mit seiner Waffe, dem Speer, wurden die nicht auf dem Schlachtfeld Sterbenden geritzt, um Odin geweiht zu werden und wie die Schlachttoten in Walhall einzugehen. So fordert Wodan nach Tacitus, wie es scheint, noch für andere Fälle Menschenopfer, während sich die anderen Götter mit Tieren begnügen. Das Hufeisen, dessen Abdruck auf zahlreichen Steinen der Sage auf den Schlag des Wodanrosses zurückzuführen ist, spielt auch im Kultus eine große Rolle. Im schwedischen Wexiö wird noch ein Eisen von Odins Hengst gezeigt, und an manche in deutschen Kirchen und Kapellen aufgehängte Hufeisen knüpfen sich

Sagen von Rossen, die eine Heilquelle aus dem Boden schlugen. Ein gefundenes Hufeisen bringt noch heute Glück und wird an Türen, Masten, unter der Butterkarne, in der Wiege gegen Hexen, Maren und Kobolde angenagelt. Auch wird es benutzt, um einen Krampfring daraus zu schmieden.

So erscheint Wodan auch als Heilgott. Schon im Merseburger Segen bespricht er die Verrenkung des Balderfohlens, und in dem gleichfalls alten angelsächsischen Neunkräutersegen, der Krankheit und Vergiftung wehren soll, zerschlägt Wodan die Natter mit neun Wunderzweigen.

Nur wenige Nachrichten bezeugen seinen Anteil an der Hochzeit. Seine und Thors und Freyjas Minne wurde bei der nordischen Vermählung getrunken. Zweifelhaft bleibt die Lesung der Runen der bei Nördlingen gefundenen Nordendorfer Spange: „Die Heirat ersiege, Wodan! weihe, Donar!" In der Mark erschien im vorigen Jahrhundert zur Hochzeit eine wodanähnliche Figur, ein Schimmelreiter mit rotem Mantel und breitkrämpigem Hut.

Obgleich Odin ein Gott der Toten, insbesondere der Schlachttoten und der Gehenkten, war, kennen wir außer der feierlichen Speerritzung keine besonderen Weihegebräuche.

Wodan wandte wie Donar seinen starken Schutz nicht nur den Menschen, sondern auch den Haustieren zu. Aber abgesehen von seiner heilenden Tat im Merseburger Pferdesegen ist ein rein heidnischer Beleg nicht zu erbringen. Um so mehr alte Wodanzüge trägt der heilige Martin, dessen Legende eine besondere Viehfreundschaft nirgend bezeugt, dessen gewaltige Stellung im Volksglauben aber wesentlich auf dem alten Wodansglauben ruht. So erschien uns bereits Martin als Schimmelreiter und wilder Jäger, und dessen wildes Gefolge heißt in Tirol das Martinsgestämpe. Einer der ältesten deutschen Segen, der sogen. Wiener Hundsegen aus dem 10. Jahrhundert, bittet den heiligen Christ und dessen Hirten Sankt Martin, den Tieren vor Wolf und Wölfin Schutz und allen gesunde Heimkehr von der Weide zu gewähren. Wie der Austrieb fand auch der Heimtrieb unter Martinssegen statt, und dann überreichte der bayrische Hirte seinem Herrn die sogen. Martinsgerte, die hinter den Kuhbarn oder die Stalltüre gesteckt wurde, um im Winter das Vieh zu schützen und im Frühjahr wieder auszutreiben.

„Ohne Wind verscheint das Korn" sagt der Bauer, und demgemäß galt der Windgott auch schon in der Heidenzeit für einen Acker- und Erntegott. Wenn das Guetisheer (S. 383) schön singt, dann freut sich der Aargauer Landmann. Die Ernte hieß in Bayern noch im 18. Jahrhundert die *Waudlsmähe,* bei der der Heilige Sankt Mäha d. h. Bartholomäus, dessen Tag der 24. August ist, gebeten wurde, „so viel Ährla, so viel gute Gährla", zu bescheren, und dem *Waudlgaul* ein Ährenbüschel und den *Waudlhunden* Bier, Milch und Brot geopfert wurde und zwar, um dem bösen Windgeist, dem Bilmerschnitt (S. 164), zu wehren. Der Büschel würde auch Aswald d. h. Götterfürst oder auch Nothalm genannt und wurde, mit Brot versehen, unter Gebet umkniet und dann umtanzt. Das half gegen die Windsau. Im 16. Jahrhundert riefen die Mecklenburger bei der Ernte: „*Wode,* hale dinem Rosse nu Foder, nu Distel und Dorn, tom andern Jahr beter Korn!" Das Erntebier nannten sie *Wodel-* oder *Weddelbier.* In Niedersachsen und Westfalen umringten die Schnitter, nachdem sie den letzten Roggen gemäht hatten, den um den *Waulstab* gebundenen *Waulroggen* oder den Erntekranz und riefen unter Sensenstreichen und Mützenwerfen: *„Waul! Waul! Waul!* de N. N. Maikens sind Haurn!" In Schweden ließen die Schnitter eine mit kleinen Steinen bedeckte Garbe für Odins Pferd zurück oder auch für den wilden Jäger Grönjette (S. 385). Am Steinhuder Meer zündeten die Burschen nach der Ernte ein Feuer auf einem Hügel an und riefen unter Hutschwenken: *„Wauden! Wauden!"* In Süddeutschland wird das aus den letzten 3, 7, 9 Ähren zusammengebundene Glückshämpfeli über dem Kruzifix oder dem Spiegel der Wohnstube, oder die Glücksgarbe oder der Getreidehahn an der „Bühne" über dem Tisch aufgehängt. Beim Schnitt jener letzten Ähren knieen die Alemannen noch hie und da nieder zum Gebet. So ist die Feier des alten Erntegottes verchristlicht. In schneidendem Gegensatz dazu steht der altnordische Brauch, bei Mißwachs Odin durch Rinder- oder gar Menschenopfer zu besänftigen.

In den Zwölfnächten oder auch schon früher, am Martins- und am Nikolaustage, erschien Wodan als Schimmel oder Schimmelreiter oder als Pelzmartle oder als Sankt Nikolaus mit breitkrämpigem Hut. Für sein Pferd steckten die Kinder Heu und Hafer in ihre Schuhe, die Alten setzten auch früher eine Garbe ins Freie. Ackergerät darf man während der Zwölfnächte nicht draußen lassen, weil sich sonst Hackelberg mit seinen Hunden darunter verbirgt; und de „Waud“ kommt auf Usedom, wenn in den Zwölfnächten nicht abgesponnen ist.

Die Nebengötter.

Die drei altgermanischen Götter Tius, Donar und Wodan, zu denen sich noch im Norden Frey mit seinem Vater Njörđ gesellte und mindestens eine große Göttin gehörte, waren die Hauptgottheiten, die nicht nur für den Glauben, sondern auch für das Leben maßgebenden Mächte. Sie lebten nicht nur in der Poesie, sondern auch in der häuslichen und öffentlichen Verehrung der germanischen Völker. Anders die Nebengötter, die im Norden meistens zur Sippe Odins zählten, seine Söhne und Enkel waren und deren Kultus in der Regel mehr örtlich beschränkt war. Von ihnen ist der weitaus berühmteste und edelste

Balder,

der durch seinen großartigen Mythus mit den großen Göttern wetteifert. Er scheint auch noch aus der indogermanischen Generation zu stammen. Sein Name bedeutete vielleicht ursprünglich den Glänzenden oder den Kühnen, dann den Herrn, den Fürsten, in welch letzterm Sinne das Wort noch die Angelsachsen gebrauchten. So hieß ja auch Frey der Herr. In der Edda heißt dieser Sohn Odins und Friggs der glänzendste, schönste und beste der Asen.

Namentlich sein Antlitz verbreitet Glanz um sich, und die weißeste Blume des Nordens, die Hundskamille, nannte man Balders Braue. Er ist der wohlredendste und leutseligste Gott, seinen Urteilsspruch kann niemand schelten, wie denn auch sein Sohn Forseti der beste Richter ist, der alle Rechtshändel in Güte beilegt. In Balders Wohnung *Breiđablik* Weitglanz ist kein Unrecht, geschieht kein Frevel. Kein Zweifel: Balder war ein Lichtgott, und zwar der lichte Tag, und wurde daher dem angelsächsischen Bældæg dem Lichttag gleichgesetzt, der ebenfalls ein Sohn Wodens war. Er wurde daher auch ein Gerichtsgott, denn das Licht verbürgt die Gerechtigkeit, und das echte Ding fand unter offenem Himmel am hellen Tage statt.

Der Mythus dieses Lichtgottes war den deutschen, britischen und nordischen Germanen bekannt und durchlief alle Stadien vom uralten indogermanischen bis tief ins christliche hinein. So stellt sich der Gott in den verschiedenartigsten Lagen, Haltungen und Würden dar. Die schlichteste Auffassung, die deutsche, geben zwei kurze Zeugnisse, leider nur andeutungsweise. Nach dem Merseburger Zaubersegen (S. 32) ritt Phol oder Balder mit Wodan zu Holze d. h. auf die Jagd. Da wurde seinem Rosse der Fuß verrenkt. Doch sofort besprachen die Lähmung Sinthgunt und ihre Schwester Sunna, Frija und ihre Schwester Volla. Aber erst der Spruch Meister Wodans heilte das Tier. Das Gedicht atmet die höchste Altertümlichkeit. Auch hier erscheint ein Gott als reitender Weidmann, wie in der alten Sage vom wilden Jäger. Aber er stürmt nicht wie dieser oder sein Vater Wodan durch den Wald, sondern er reitet freundlich aus, wie etwa in christlichen Segenssprüchen der heilige Sonntag oder der Sonnenschein „hergeritten“ kommt, von den Menschen mit einem „Grüß dich Gott“ empfangen. Balder kommt in der Morgenfrühe eines Jagdtages, als Gott des Tageslichts, des Morgenzwielichts. Aber wenn die strahlende Sonne aufgeht, erblaßt sein sanfterer Glanz, der Frühschein schwindet. Dann lahmt sein Roß und die Sonnengöttin mit ihrer Schwester Sinthgunt d. h. der Sind- oder Fahrtgenossin, gleichfalls einer Lichtgottheit, erscheint. Aber sie können nicht helfen, auch nicht die besorgte (Mutter) Frija und deren Schwester Volla, obgleich sie eine Göttin der Fülle, der Erfüllung ist. Das hohe Alter dieser Göttinnen ist bezeugt durch die Übereinstimmung dreier von ihnen mit drei nordischen Göttinnen Sól, Frigg und Fulla, wie denn auch Wodan ganz dem nordischen Odin, dem Meister des Zauberspruchs, gemäß handelt (S. 377). Darum wird hinzugefügt, „wie er es wohl konnte", denn noch heute heißt beim Volke das Besprechen einer Krankheit, die Heilkunst, kurzweg das „Können". Und zwar bespricht Wodan mit einer uralten Zauberformel, die die Inder in gleicher Lage schon in der wedischen Zeit gebrauchten. Nun ist die Heilung gesichert, und man möchte annehmen, daß Balder am andern Tage wieder froh sein gesundes Pferd besteigt. Oder verspürt man schon in diesem Unfall eine bange Mahnung an des lichten Gottes Untergang?

Der Mythus vom Jäger Balder hat keinen eigentlichen Abschluß; es fehlt ihm die andere Hälfte, die Abendseite des Tags, das Abendlicht, oder mythisch ausgedrückt: es fehlt Balders Bruder und Gegner. Das volle Schicksal des Lichtwechsels zur Morgen- und zur Abendzeit erzählen uns aber die indischen Wedagedichte von den beiden Reiterbrüdern, den Açvins, und die reichen griechischen Sagen von den beiden Dioskurenbrüdern und die lettischen Lieder von den beiden Gottessöhnen. In allen steht das männliche Götterpaar im engsten Bunde mit einer Göttin, die zwei schönen Jünglinge sind Nebenbuhler um ein schönes Weib, die bei ihrem Auf- oder Untergang mit ihnen am Himmel vereinigte Morgen- oder Abendröte oder die Sonne. Man muß von vornherein erwarten, daß ein so tief im Indogermanentum gewurzelter Mythus auch bei den Germanen seine Spuren hinterließ. Und in der Tat ist er uns in zwei ausführlichen, aber stark entstellten nordischen Fassungen bezeugt, dazu undeutlicher in der angelsächsischen Beowulfsage und noch unsicherer in der hochdeutschen Hartungensage.

Bei dieser Unvollkommenheit der germanischen Überlieferung ist um so willkommener des Tacitus bestimmte Mitteilung über die Verehrung eines dioskurenartigen Götterpaars, der Alcis (spr. Alkis), bei den nordost-germanischen Naharnavalen. Dem alten Hainheiligtum, in dem zwei von den Römern mit Castor und Pollux verglichene brüderliche Jünglinge bildlos verehrt wurden, stand ein Priester in weiblicher Tracht vor. Diese auffällige Kulterscheinung muß irgendwie im Mythus begründet sein. Wie die Schweden die Geliebte Freys bei seiner Umfahrt durch das Land dem Gotte als Priesterin zu trautem Verkehr beigaben, so gesellten die Naharnavalen den brüderlichen Alcis einen in Weiberkleider gesteckten Priester als Abbild und Stellvertreter der Geliebten zu. Der älteste griechische Kultus der Dioskuren, der lakonische, war gleichfalls bildlos; ihr Symbol waren die Dokana, ein Gerüst, das aus zwei senkrechten, durch zwei wagerechte verbundenen Balken bestand. In Sparta diente ihnen gleichfalls eine Priesterin, die am Dioskurenfest die Kampfspiele richtete.

Über das Verhältnis der beiden germanischen Götterjünglinge zu einander und zu der Göttin verbreiten nun helleres Licht jene zwei nordischen Hauptfassungen, die, beide modernisiert und arg verschoben, himmelweit von einander verschieden sind. Saxo arbeitete die dänische auf Seeland und in Jütland spielende Ortssage mit der norwegischen Überlieferung in einander. So entstand mehrfach eine Verdoppelung der Motive, wie denn z. B. einmal das Schwert eines Waldgeistes, ein andermal ein Siegesgürtel der Feen dem Hother, Balders Gegner, den Sieg verleiht. So entstanden noch grellere Widersprüche, da die dänische Überlieferung dem Balder, die jütische dem Hother zugetan ist. Saxo setzte ferner den Göttermythus auf die Erde herab, zwängte ihn in die Reihe der dänischen Königssagen ein und nahm offen Partei für Balders Nebenbuhler Hother. Am meisten stört, daß er bei aller Vorliebe für die nordische Götter- und Heldensage nicht das geringste Verständnis für ihren großartigen, rauhen Heroismus zeigt und kaum irgendwo sich haltloser seinem Hange zur Sentimentalität hingibt, als in seiner Baldererzählung. Nicht nur kluge weltmännische Reflexionen, sondern auch Empfindungen seines eignen Inneren läßt er in sie hineinspielen. Balder ist ihm ein beliebiger leidenschaftlich sinnlicher Halbgott, Hother dagegen ein hochstrebender Mann, der durch sein Harfenspiel die Gemüter aufs tiefste erregt, ein moderner Mensch, der in der Waldeinsamkeit Frieden für seine Seele sucht.

Saxos Bericht lautet im wesentlichen so: Der schwedische Königssohn *Hother* wuchs in der Pflege des norwegischen Königs Gevar auf und gewann die Gunst von dessen Tochter *Nanna* durch seine Meisterschaft im Schwimmen, Bogenschießen und Faustkampf und vor allem durch sein bezauberndes Saitenspiel. Aber Balder, ein Sohn Odins, entbrannte, als er Nanna beim Bade belauschte, in wilder Begierde nach ihr und beschloß, Hother zu töten. Der aber, im Nebel auf der Jagd verirrt, geriet in das Haus von Waldmädchen, die sich der Lenkung des Schlachtenglücks rühmten und ihn warnten, Balder, der von Liebe zur Nanna ergriffen sei, mit Waffen anzugreifen, denn er sei ein Halbgott. Da verschwand das Waldhaus, und Hother stand plötzlich ganz allein im freien Felde, ganz verwundert (S. 195). Heimgekehrt erzählte er dem König Gevar sein Abenteuer und warb um seine Tochter. Doch Gevar lehnte freundlich ab, weil er sich den Zorn Balders, der mit seiner Werbung schon zuvorgekommen war, nicht zuziehen mochte. Selbst gegen Eisen sei dieser gefeit, nur nicht gegen das Schwert des Waldmannes Miming, der auch einen schätzeerzeugenden Armring besäße. Ein mit Renntieren bespannter Wagen führte nun Hother über eisige Bergjoche zur düsteren Höhle des Waldgeistes, er überlistete und band ihn, und dieser lieferte ihm in seiner Todesangst Schwert und Ring aus (S. 280). Aber schon war Balder mit einem Heer in Gevars Land gedrungen, doch seine Werbung wurde von Nanna abgewiesen, da eine Sterbliche nicht einem Gotte sich vermählen dürfte. Jetzt brach ein Krieg zwischen Balder mit seinen von Odin und Thor geführten heiligen Götterscharen und Hother mit seinen menschlichen Streitern aus. Hother, von einer undurchdringlichen Brünne umgeben, wütete im dichtesten Göttergewühl, bis er dem Thor den Griff seiner unwiderstehlichen Keule abschlug. Da flohen die Götter, ihre Flotte wurde zerstört, und noch heißt der Hafen „Balders Flucht". Hother führte Nanna heim.

Aber bald darauf wurde er von Balder besiegt, der seinem dürstenden Heer durch tieferes Nachgraben eine neue Quelle öffnete, die noch heute „Baldrsbrönd" Baldersbrunn (bei Roeskilde) heißt. Balder erkrankte vor Liebe zu Nanna, sodaß er nicht gehen konnte, sondern in einem Wagen fuhr. Dennoch besiegte er abermals Hother, der nach Jütland floh und dem Orte, wo er sich aufhielt, (Hadersleben, früher Hotherslev) den Namen gab. Am Schlusse des Winters eilte er nach Schweden und zog sich lebensüberdrüssig in die Waldeinsamkeit zurück, um dort Trost zu finden. Da fand er in einer Höhle dieselben Jungfrauen, die ihn einst mit jener undurchdringlichen Brünne beschenkt hatten. Sie verhießen ihm Sieg, wenn er sich einer für Balders Stärkung bestimmten Zauberspeise bemächtigte. Von neuem kam es zum Kampf zwischen Balders Götterheer und Hothers Menschenheer, bis ihm die Nacht ein Ende machte. Schlaflos schlich sich Hother des Kundschaftens halber um die dritte Nachtwache ins feindliche Lager, aus dem gerade drei Waldmädchen die geheimnisvolle Speise heraustrugen. Er folgte ihren Spuren im Tau bis in ihr Haus, gab sich ihnen für einen Harfenspieler aus und trug ihnen eine anmutige Melodie vor. Sie hatten drei Schlangen, aus deren Rachen Gift in die Wunderspeise Balders troff. Zwei Mädchen hätten ihm gern aus Mitleid davon mitgeteilt, wenn nicht die älteste das als Verrat an Balder verboten hätte, denn sie hatte Hother erkannt. Die andern beiden schenkten ihm einen funkelnden Siegesgürtel.

Auf seinem Rückweg begegnete er Balder und streckte ihn zu Boden. Als dies bekannt wurde, erscholl in Hothers

Lager lauter Jubel, während die Dänen Balders Mißgeschick bejammerten. Als dieser sein Ende kommen fühlte, ließ er sich auf einer Bahre in die neu entbrannte Schlacht tragen, um nicht unwürdig im Zelte zu sterben. In der folgenden Nacht kündete ihm Proserpina (die Hel) an, er werde morgen in ihren Armen ruhen. Und wirklich starb er anderen Tages und wurde in einem Hügel bestattet.

Dem Odin aber weissagte ein Finne, daß ihm die ruthenische Königstochter Rindr einen Sohn gebären würde, dazu bestimmt, seinen Bruder Balder zu rächen. Odin bewältigte sie auch (S. 376) und zeugte mit ihr den Bous, den er zur Rache aufforderte. Dieser erschlug Hother in einer Schlacht, wurde aber selber schwerverwundet herausgetragen und starb am folgenden Tage.

Zu Saxos zusammengestücktem Bericht steht im grellsten Gegensatze die etwa gleichaltrige isländische Überlieferung in Snorres Prosaedda. Balder hatte schwere, sein Leben bedrohende Träume, und als er sie den Asen erzählt hatte, nahm Frigg allen Dingen den Eid ab, daß sie Balder nicht schadeten, dem Feuer und Wasser, dem Eisen und andern Metallen, den Steinen, der Erde, den Bäumen, den Krankheiten, den Tieren, selbst den Vögeln und Giftwürmern. Darnach ergötzten sich die Asen damit, Balder mitten auf den Thingplatz zu stellen und nach ihm zu schießen, mit Steinen zu werfen und zu schlagen. Und nichts schadete ihm. Das ärgerte aber *Loki,* und in Weibesgestalt ging er nach Fensalir zu Frigg und forschte sie aus, ob auch wirklich alle Dinge jenen Eid geleistet hätten. Da sprach Frigg: „Da wächst ein Schößling westlich von Walhall, der Misteltеinn; der schien mir zu jung, um Eid von ihm zu fordern". Das Weib ging fort, und Loki begab sich alsbald mit dem Mistelzweig zum Thingplatz und fragte Balders blinden Bruder *Höđr,* warum er nicht mitspiele. Dieser antwortete, weil er nicht sehen könne und unbewaffnet wäre. Da richtete ihm Loki den Zweig, und Höđr schleuderte denselben auf Balder, der zum Tode getroffen zu Boden sank. Das traurigste Ereignis für Götter wie Menschen! Alle

Asen verstummten und rührten keine Hand, den Toten aufzuheben, einer blickte den andern an; alle kehrten sich gegen den Täter, aber keiner durfte an der heiligen Friedensstätte Rache nehmen. Sobald die Götter zu sprechen versuchten, brachen die Tränen hervor. Odin aber war am tiefsten getroffen, weil er die Größe des Verlustes am genauesten erkannte. Als aber die Götter zu sich kamen, fragte Frigg, wer ihre Huld sich verdienen wolle durch einen Ritt zur Hel, um Balder durch Lösegeld wiederzugewinnen. Darauf meldete sich Hermóđ, der Schnelle, ein Sohn Odins, und sprengte auf dessen Rosse Sleipnir hinab.

Die Asen trugen Balders Leiche an die See und wollten hier das größte aller Schiffe, Hringhorni, flott machen, um darauf Balders Scheiterhaufen herzurichten. Aber das Schiff wich nicht von der Stelle. Da wurde nach der Riesin Hyrrokin (S. 354) gesandt. Während vier Berserker ihr Reittier, einen mit Schlangen gezäumten Wolf, niederhielten, trat sie auf den Vordersteven und stieß das Schiff in die See, daß Feuer aus den Walzen brach und alle Lande bebten. Thor wollte sie mit seinem Hammer erschlagen, aber die Götter erbaten für sie Frieden. Da wurde Balders Leiche auf das Schiff gehoben, und als *Nanna*, Nefs Tochter, das sah, zersprang sie vor Harm, und nun wurde auch sie auf den Holzstoß gelegt. Den weihte Thor mit seinem Hammer und warf den Zwerg Lit, der ihm vor die Füße lief, ins Feuer. Zu diesem Brande kam vielerlei Volk: Odin mit Frigg und den Walküren und seinen Raben, dann Frey auf einem Wagen mit seinem Eber Gullinbursti oder Sliđrugtanni, darauf Heimdall auf seinem Hengste Gulltopp und Freyja mit ihren Katzen. Hinterdrein viel Reif- und Bergriesen. Odin legte auf den Scheiterhaufen den Goldring Draupnir, der seitdem jede neunte Nacht acht gleichschwere Goldringe abträufelte. Balders Roß wurde samt seinem Reitzeug mitverbrannt.

Hermóđ ritt neun Nächte durch dunkle und tiefe Täler und sah nichts, bis er zur goldenen Brücke des Flusses Gjöll kam. Móđguđ, die Brückenwächterin, fragte ihn nach

Namen und Herkunft und erzählte ihm: „Gestern ritt Balder mit 500 Begleitern über die Brücke, aber nicht minder kracht sie unter dir allein. Warum reitest du den Helweg?“ Er antwortete: „Um Balder aufzusuchen“. Dann ritt er zum Höllengitter, gürtete fester das Roß und sprengte hinüber. In der Halle sah er seinen Bruder Balder auf dem Hochsitz und blieb dort eine Nacht. Am andern Morgen bat er Hel, zu gestatten, daß Balder mit ihm heimritte, und schilderte die große Betrübnis der Asen. Sie erklärte, es versuchen zu wollen, ob Balder wirklich so sehr geliebt würde. Wenn alle Dinge ihn beweinten, dann solle Balder zu den Asen zurückfahren, wenn aber eins nicht wolle, so müsse er bei ihr bleiben. Nun geleitete Balder seinen Bruder aus der Halle und gab ihm den Ring Draupnir für Odin zum Andenken mit, aber Nanna gab für die Frigg ein Kopftuch, für Fulla einen goldnen Fingerring. Hermóđ ritt heim und berichtete den Asen alles. Diese schickten Boten durch die ganze Welt mit der Bitte, Balder aus der Hel loszuweinen, und alle taten das, Menschen und Tiere, Erde und Steine, Bäume und Metalle, wie man sehen kann, daß diese Dinge alle weinen bei Kälte und Wärme. Doch in einer Felshöhle saß die Riesin Thökk und antwortete den Götterboten:

Thökk wird beweinen mit trocknen Tränen
  Balders Fahrt auf den Holzstoß.
Weder des lebenden, noch des toten Mannes genoß ich;
  Behalte Hel, was sie hat!

Und die Leute sagen, daß das Weib Loki gewesen sei, der den Asen das meiste Böse getan hat. Sein Name „Dank“ klingt wie bitterer Hohn, wenn er nicht als Schweigerin zu deuten ist.

Für seine zwei Übeltaten, die Anstiftung des Mordes Balders und die Verhinderung seiner Wiederkehr aus Hel, verfolgten Loki die Götter. Er verbarg sich in Lachsgestalt im Fránangr-Wasserfall, wurde aber hier von Thor und den Göttern in einem Netz gefangen. Dann führten sie ihn in eine Höhle, stellten darin drei Steine mit der Kante nach oben auf und fingen seine Söhne Vali und Nari oder Narfi, von denen jener, in einen Wolf verwandelt, diesen zerriß. Mit seinen Därmen fesselten sie Loki an die Steine, so daß der eine unter seinen Schultern, der zweite unter seinen Lenden, der dritte unter seinen Kniekehlen stand. Skađi aber hängte eine Schlange über ihm auf, deren Gift in sein Antlitz troff; aber seine Gattin Sigyn fing in einer Schale die Tropfen auf. Doch wenn sie die Schale ausgießt und das Gift sein Antlitz trifft, dann zuckt er so heftig zusammen, daß die Erde bebt. So liegt er in Banden bis zur Götterdämmerung.

Der altmythische Kern dieses aus dem 13. Jahrhundert stammenden Berichts Snorres ist umgeben von allerlei neueren Zutaten. Gleich die Abnahme des Eides von allen Dingen der Welt und die Verwundung durch einen übersehenen Gegenstand, eine Ranke, ein Reis, klingt wie ein fremdes Märchenmotiv. Prunkvolle Leichenbrandsschilderungen liebt die nordische Dichtung (S. 109), und so folgt die Edda in ihrer Darstellung der Bestattung Balders dem älteren Skalden Ulf Uggason: Frey, Heimdall und Ođin reiten auch nach ihm zur Feier heran, von Raben und Walküren begleitet. Eine Riesin macht das Schiff flott, und Odins Berserker werfen ihr wölfisches Reittier nieder. Darin steckt kaum noch echt mythischer Gehalt. Ein andrer Skalde besang in „Balders Träumen" eine andere um Balders willen schon früher unternommene Höllenfahrt eines Gottes, nicht des Bruders Hermođ, sondern des durch jene Träume geängstigten Vaters Odin. Da scheint Snorre die altertümlichere Sage vom Höllenritte des Bruders bewahrt zu haben, wie sich noch weiter unten zeigen wird. Jener Dichter aber suchte den Mythus zu übertrumpfen durch Einführung des Göttervaters und des so beliebten Prophezeiungsmotivs: Vater Odin ritt, geängstigt von Balders Träumen, auf seinem Sleipnir zur Hel hinab. Da erfuhr er unter dem Namen Wegtams, des Reisegewohnten, von der aus Todesschlaf geweckten Völva (S. 380), daß in den Sälen der Hel der Met für Balder gebraut stände und

Bänke und Fußböden zu seinem Empfange mit Ringen und Gold bedeckt wären. Dann weissagte sie ihm, Hödr würde Odins Sohn töten, diesen aber der eine Nacht alte Sohn der Rindr und Odins, noch ungewaschen und ungekämmt, an dem Mörder rächen, bevor er ihn auf den Scheiterhaufen trüge. Als Odin bei seiner letzten Frage von der Völva erkannt wurde, erkannte auch er in ihr die Mutter dreier Riesen. Sie entließ ihn mit gutem Reisewunsch und tröstete ihn damit, daß die Menschen noch oft zusammenkommen würden, bevor Loki sich losrisse und die Götterdämmerung hereinbräche.

Schon christlich ist endlich in Snorres Erzählung das Weinen der gesamten Natur über Balder. So trauern beim Tod des Herrn alle Geschöpfe in Iuvencus' Evangeliengeschichte und weint nach einem altenglischen Gedicht vom Kreuz die ganze Schöpfung. Daher erblicken wir auf mittelalterlichen Bildern vom Kreuzestode Christi so häufig Sonne und Mond als weinende Gesichter oder als ganze Figuren, die ihre Tränen trocknen. Die Deutung des Weinens auf Tautränen, die um den dahingegangenen Tagesgott vergossen seien, liegt ferner ab.

Vor allem aber bereitet die entscheidende Bedeutung, die dem Tode des jungen Gottessohns und der tückischen Handlung seines bösen Feindes beigemessen wird, auf die Verwandlung dieser beiden in Christus und in Luzifer vor, wie sie schon die Völuspa vollzogen hat. Aber bevor wir diese neue Bahn Balders verfolgen, müssen wir uns des Ergebnisses versichern, das aus dem Vergleich des Saxonischen und des Snorreschen Berichts gewonnen werden kann, und weiterhin aus dem Vergleich mit dem antiken Dioskurenmythus.

Der Schauplatz des Snorreschen Baldermythus ist der Himmel und die Hölle, der der dänischen Baldersage die nordische Erde mit ihren Häfen, Quellen und eisigen Bergwäldern. Dort ist Balder Odins und Friggs Sohn, der ängstlich gehütete Liebling der Götter, der Liebling der ganzen Welt, deren herzliche Teilnahme zweimal für ihn in Anspruch genommen wird. Seinetwillen fährt ein Gott zur Unterwelt, die er auch selber aufsuchen muß. Denn er ist zwar im übrigen unverwundbar, doch durch einen Mistelzweig kann er getötet werden, und diesen drückt der neidische Loki seinem blinden Bruder Hödr als Geschoß in die Hand, und er fällt. Bei Saxo ist Balder zwar auch ein Sohn Odins, jedoch nur ein Halbgott, der durch maßlose Liebesleidenschaft entartet ist. Doch schlagen die Götter für ihn Schlachten, er weiß in der Not seines Heers Wasser aus dem Boden zu locken, auch er ist unverwundbar, nur nicht für Mimings Schwert. Auch ihn tötet (doch wohl mit diesem Schwerte) Hother, der aber nicht sein göttlicher Bruder, sondern ein dänischer Prinz und Mitbewerber um eine Königstochter ist. Dieser ist auch nicht blind und das blinde Werkzeug eines andern, besiegt auch den Balder nicht durch einen Augenblicksschuß, sondern, mit allen Tugenden des Leibes und der Seele ausgestattet, kämpft er an der Spitze großer Heere und Flotten jahrelang, bald besiegt, bald siegreich, unermüdlich, bis er endlich sein Ziel, den Tod Balders, im Dunkel der Nacht erreicht. Er, nicht Balder, ist dem Saxo der eigentliche Held der Sage, der sich in der Not Trost und Hilfe bei den Geistern des wilden, winterlichen Waldes holt. Nanna ist jenes Gottes Balder treue Gattin, von der weiter nichts erzählt wird, als daß ihr beim Leichenbrande ihres Gatten das Herz bricht, worauf sie mit ihm verbrannt wird. Dagegen ist Nanna bei Saxo Hothers Geliebte und Weib, um dessen Besitz sich all die Kämpfe der beiden Nebenbuhler drehen, und Balder wird auf Seeland in einem Hügel begraben. Darin stimmen aber beide Berichte wieder überein, daß Balder durch einen nachgeborenen Sohn Odins und der Rindr, also durch seinen Bruder, Namens Bo oder Vali, einen kühnen und glücklichen Schützen, an Hödr gerächt wird.

Das bunte Spiel der Zusammenklänge und Widersprüche dieser beiden nordischen Baldermythen wiederholt sich in dem nächst verwandten griechischen Dioskurenmythus und in seinen zahlreichen Varianten und erklärt sich zum großen Teil aus den verschiedenartigen Auffassungen, die der dem Mythus zu Grunde liegende Naturvorgang gestattet. Zwischen Dunkel und Helle schwebend, wurde das Zwielicht, wie schon dieses deutsche Wort andeutet, als eine Zweiheit brüderlicher, aber ungleicher Wesen gedacht. Das eine gehörte noch mehr der Finsternis an, das andre drang glanzvoll am Himmel empor. Ein boeotisches göttliches Brüderpaar drückt diesen Lichtwechsel deutlich aus, dadurch, daß Lykos der Lichtbringer und Nykteus der Nächtliche einander in der Herrschaft ablösen.

Solch ein Brüderpaar werden die altgermanischen Alcis gebildet haben; doch handelte es sich auch für sie wohl nicht um ein Reich, sondern um ein Weib, wie für die indischen „Reiterbrüder“ und die griechischen Dioskuren. Die indischen steigen mit der Göttin Morgenröte Ushas oder Sonne Suryâ auf und werben, freien und kämpfen um sie; die Dioskuren haben in ihrem Schutz ihre Schwester Helena, das schönste Lichtwesen, und sie kämpfen um des Schimmelreiters Leukippos Töchter, Hilaeira und Phoibe, die Leuchtenden, auch selber Leukopoloi Schimmelreiter genannt. Die Alcis bediente ein Priester in weiblicher Tracht, vielleicht als Stellvertreter der geliebten Göttin (S. 394). Vielleicht ist uns noch ein verkümmerter Rest des Alcismythus in der durch ganz Deutschland bis in die Niederlande verbreiteten Sage von der scheintoten weißen Frau erhalten. Man erinnere sich nur, daß aus der von den „Açvins“ begleiteten Morgengöttin Ushas schon im Rigweda eine Frühlingsgöttin wird, wie sie die Germanen in ihrer namensverwandten Ostara kannten. Ushas entblößt, wenn sie aus der Nacht aufsteigt, ihren schönen Leib, wie die anderen Frühlingsgöttinnen Nerthus und Holla und die dänische Nanna. In jener an ein bestimmtes Stadthaus geknüpften Sage von der Scheintoten, die in Köln Richmodis von Aducht heißt, zieht der begrabenen Frau ein diebischer Totengräber ihren Trauring vom Finger. Darüber erwacht, kehrt sie nach ihrem Hause zurück und beteuert ihrem Manne, der sie nicht einlassen will: „So gewiß bin ich deine Frau, als unsere Schimmel zum Giebeldache heraussehen.“ Kaum genannt, trappeln die Tiere zum Speicher hinauf und schauen oben zum Loche heraus. Nun lebt sie noch sieben Jahre mit ihrem Gatten und webt aus Dank für ihre Rettung ein mächtiges Leintuch, ein sogenanntes Fasten- oder Hungertuch, wie es, seit dem 9. Jahrhundert nachweisbar, zur Mahnung an die Fasten in manchen Kirchen von Trient bis Münster aufgehängt wurde und hie und da noch wird. Nach der Sage rührt das Tuch der kölnischen Apostelnkirche und das des Freiburger Münsters von der wiedererwachten Scheintoten her. Hier verschlingt sich der kirchliche Ritus hübsch mit dem deutschen Mythus, das Aufhängen des Tuches zur Fastenzeit mit der gleichzeitigen Auferstehung der Frühlingsgöttin, die sogar häufig Frau Faste oder Osterjungfer heißt und das Spinnen und Weben der Frauen überwacht. Und zwar dauert auch deren Aufenthalt in der Oberwelt sieben Jahre d. h. sieben Sommermonate. Wie die zum Sommer wiederkommende Ushas, die indische Ostara, kommt auch die Frau unsrer Sage, begleitet von einem Schimmelpaar. Von den zwei Schimmelreitern sind aber nur die beiden Schimmel übrig geblieben.

Stutziger machen andre Verwandlungen, namentlich die der Bruderschaft Hothers in dessen unversöhnliche Feindschaft gegen Balder. Der den beiden Zwielichtswesen trotz ihrer Brüderlichkeit eingeborene Gegensatz kann sie zu zwei völlig einander fremden und unverwandten Wesen verkehren. Hier bewahrt die isländische Fassung die ältere Form: der nächtliche und darum blinde, zum Kampf gegen das Licht geborene und darum Höđr Kämpfer genannte Bruder tötet Balder und wird selber von seinem aus der nächsten Nacht emporsteigenden, darum einnächtigen Lichtbruder Váli (aus Vanila = strahlend) getötet. Bei Saxo ist das erste Bruderverhältnis zwischen Balder und Höder ganz aufgehoben, Hother ist der abgesagte kühne Feind des Halbgottes Balder. Aus einem dunkeln Wesen ist er zu einem winterlichen Waldwesen geworden, das im Herbst und Frühling („hibernis peractis“) seine Schlachten mit naturgemäß wechselndem Erfolge schlägt gegen einen Sommergott, der im Lenz die Brunnen wieder fließen läßt. Er tötet den Balder in der Morgendämmerung. Wie der Bruder Hödr in Island wird auch Hother von einem Bruder Balders getötet. Auf Island hat man noch einen Vierten eingemischt, indem man Loki zum eigentlichen Anstifter der Mordtat machte. Dadurch wurde dann der Charakter des kriegerischen Hödr völlig entstellt. Auch die Waffe, die jener diesem in die Hand steckt, ein Mistelzweig, scheint entstellt. Sie war ursprünglich wie in der Hothersage ein alles zerhauendes Schwert, das nur den Namen „Misteltein“ führte, den auch andere Schwerter trugen.

Aber der Zwielichtsmythus entfaltet erst seine ganze Gestaltenfülle, wenn nicht nur das Morgenzwielicht, sondern auch das Abendzwielicht personifiziert wird und zwei Brüderpaare entstehen, die einander entschieden feindselig befehden. Aus dem Abendzwielicht geht ein Mörder hervor. Dann verdoppelt sich auch wohl das umworbene Weib. So laden die messenischen Aphariden Idas und Lynkeus, die sich mit den beiden leuchtenden Leukippostöchtern vermählen wollen, ihre Vettern, die lakonischen Dioskuren, zur Hochzeit ein. Aber diese danken ihnen übel, sie rauben die Schwestern, als sie noch Jungfrauen sind. Im Streit um ihren Besitz wird Kastor von Idas mit einer Waffe, der niemand entgehen kann, getötet, Idas aber vom erzürnten Zeus mit dem Blitz durchbohrt. Dem Bruder Kastors, Polydeukes, der des Idas Bruder Lynkeus tötet, läßt der Gott die Wahl, ob er unsterblich sein, oder mit seinem Bruder sechs Monate sterben und ebensoviele leben will. Polydeukes zieht es vor, mit Kastor zu sterben und zu leben.

Der nordische Mythus ist insofern einfacher, als sich der Kampf nur um ein Weib dreht, um Nanna, die Wagende, die aus dem Dunkel sich ans Licht Wagende. Dem Kastor, dem „Glänzenden“, dem Reiter und Wagenlenker entspricht der glänzende Balder, der im Merseburger Segen wie in der Edda reitet und bei Saxo zu Wagen fährt. Kastors dunkler Bruder Polydeukes ist Faustkämpfer, doch wohl erst nach dem Aufkommen der gymnischen Spiele dazu gemacht. Kastor und Polydeukes walten nach des ersten Tode entweder beide lebendig in der Unterwelt oder der eine weilt in der Unterwelt, der andre im Olympos, oder sie leben beide unzertrennlich zusammen abwechselnd dort oder hier. Balders Bruder Hermod folgt im isländischen Mythus seinem von einer unentrinnbaren Waffe getöteten Bruder Balder in die Hel, um ihn von dieser loszubitten und nach Asgard zurückzuführen. Aber vergeblich. Erst später kehrt Balder wirklich dahin zurück. Ein anderer Bruder, Váli, der Glänzende, ist sein Rächer. Der sich der Unterwelt preisgebende und der rächende Bruder, Hermod und Váli, fallen in Griechenland in einen Gott zusammen.

So dürfen wir in Balder und seinem Bruder Hother die altgermanischen Alcis, die nordischen Dioskuren, begrüßen, Zwielichtsgötter, die sich später in einen dunklen oder blinden Wintergott und einen lichten Sommergott umsetzten und sich befehdeten mit je nach der Jahreszeit wechselndem Erfolge. Dabei findet denn auch Balder seinen im Mythus wohl begründeten Tod. Aber wir können in diesem nicht das Urbild des Opfers eines altgermanischen Sündenbocks erkennen. Erst als in der Völuspa die christliche Anschauung die nordische Mythenwelt durchdrang, da wurde der lichteste der Götter zum Christus gemacht, zum Sühnopfer für alle Schuld erhoben.

Im Gegensatz zum Baldermythus ist uns der Balderkultus fast unbekannt, wenigstens, wenn wir von der doch auch nur dürftigen Meldung des Tacitus über die Alcis absehen. Denn der erst aus dem 13. oder 14. Jahrhundert stammenden romanhaften Fridthjofssaga ist nicht zu trauen, wenn sie einen Balderstempel *Baldrshagi* am Sognefjord als ein großes Gebäude, eine Friedensstätte schildert, in der viele Götter, am höchsten aber Balder, verehrt worden seien. So streng hätten die Heiden die Heiligkeit der Stätte genommen, daß dort weder Mensch, noch Tier irgend ein

Leid geschehen sei und Mann und Weib sich allen Umgangs darin enthalten hätten. Und in der Tat weiß eine der eingestreuten älteren Liedstrophen von einem vertraulichen Verkehr zwischen Fridthjof und Ingebjörg in Baldrshagi, durch den sich Balder, der Schutzherr des Landes, verletzt fühlte. In der Umgebung liegen noch ein Baldersgrov und ein Baldersvold. Doch sind diese Namen wahrscheinlich jünger als die Fridthjofssage. Geringer noch als in Norwegen sind die Spuren Balders in Schweden. Dagegen hat Dänemark reichere Erinnerungen an ihn und sogar an seinen Bruder Höđ, die schon Saxo kannte (S. 396). Hadersleben in Schleswig und Bollersleben liegen nah bei einander. In England gab es im 8. Jahrhundert Baldheresberge, in Deutschland ist der Doppelname Balder und Phol mehrfach in Ortsnamen bezeugt, doch darf man sich nicht auf das im 7. Jahrhundert im Moselgau bezeugte Baldebrunno berufen. Schon im 8. Jahrhundert kommt in Süddeutschland Pholesouwu vor, dann Pholesbrunno in Thüringen und andere Phol-Ortschaften.

Ein Sohn Balders war Forseti, der seines Vaters Richterwürde weiterführte, und zwar in aller Milde. Er suchte die Rechtshändel durch friedliche Vergleiche zu endigen. In seinem glänzenden Saale Glitnir stand der beste Richterstuhl für Götter und Menschen. In Norwegen kennt man den Hof Forsetelund d. h. Forsetehain. Man fühlt sich versucht, seinen Namen als Vorsitzer, nämlich des Gerichts, zu deuten, aber ein Appellativum Forseti fehlt der altnordischen Sprache, sowie auch der friesischen ein Forsite. Darum ist es auch bedenklich, die friesische Insel Fosites- oder Fosetesland d. h. Helgoland mit dem nordischen Gotte Forseti in Verbindung zu bringen, doppelt bedenklich, weil in allen Anführungen des Inselnamens das r fehlt. Jedenfalls war auch Foseti ein Gott, der auf Helgoland ein Heiligtum hatte, in dem sogar Menschenopfer dargebracht zu sein scheinen. Da sprudelte ein von heiligem, unantastbarem Vieh umweideter Quell, aus dem man nur schweigend schöpfen durfte.

Außer Thor und Balder und dessen Brüdern hat Odin noch einige andere Söhne, von denen Heimdallr als ein dem lichten Balder in seinem Grundzug ähnlicher Gott den Vortritt haben möge. Doch haben sich beide nach sehr verschiedenen Richtungen hin entwickelt. Der Name Heimdalls d. h. des über die Welt Leuchtenden fällt sofort als Kompositum auf, da doch den großen altgermanischen Gottheiten ein einfacher Name zukommt. Der Gott verrät sich dadurch schon als ein jüngeres Gebilde, das denn auch nicht einmal dem ganzen nordischen Volke, sondern nur der isländisch-norwegischen Dichtkunst bekannt gewesen zu sein scheint. Von einem Kultus keine Spur. Gleich Balder ein Lichtgott, teilt Heimdall mit diesem die Bezeichnung des glänzendsten Asen, und wenn er am Rande der Erde von neun Meerriesenschwestern geboren wird, scheint er der aus dem Meer aufsteigende Tag zu sein, dem etwa die Haupteigenschaften des griechischen Sonnengottes, des Helios, beigelegt wurden. Denn wie dieser ist er der Wächter der Götter, und wie dieser Alles nicht nur sieht, sondern auch hört, so sieht auch jener nicht nur nachts wie tags hundert Rasten weit, sondern er hört auch das Gras auf der Erde und die Wolle auf den Schafen wachsen. Er ist auch unermüdlich wie Helios, denn er bedarf weniger Schlafs als ein Vogel. Gulltanni Goldzahn mag er auch als Morgengott heißen, wie ja auch bei uns die Morgenstunde Gold im Munde hat. Sein Roß hieß Gulltoppr, Goldzopf.

Diesem leuchtenden Gott hat man die farbenprächtigste Himmelserscheinung, den Regenbogen, in besondere Hut gegeben und zwar in seiner dreifachen Form, als Brücke, als Trinkhorn und als Blashorn. Die Götterbrücke hat er zu bewachen vor den Riesen, die über sie ins Götterreich hereinbrechen wollen. So wohnt er mit feuchtem Rücken am Rande des Himmels in den Himinbjörg trinklustig, wie es nach indogermanischer Auffassung der Regenbogen selber ist. Er stößt ins Horn, so daß man es in allen Heimen hört, wenn mit dem Erscheinen des Regenbogens

Unwetter losbricht. Da der Regenbogen sich auch über die Unterwelt und deren Fluß Gjöll schwingt, so heißt er nicht nur Gjallarbrücke, sondern auch Gjallarhorn.

Heimdalls Mythus ist zerrissen und durchweg späten Ursprungs. Als Thor in Brauttracht zum Riesen Thrym fahren will, rät ihm Heimdall, sich mit Freyjas Halsband Brisingamen zu schmücken. Um dieses Halsband, die schöne Meerniere, kämpft mit ihm am Singastein Loki in Robbengestalt, Loki, dem Heimdall in seinem letzten Strauß in der Götterdämmerung unterliegt, vielleicht durch sein eigenes Schwert „Haupt". Warum gerade er nach dem eddischen Rigsliede unter dem keltischen Namen *Rígr* d. i. König zur Erde herabsteigt, um die drei Stände der Menschen, den der Knechte und der Freien und der Jarle, zu gründen, ist nicht recht klar. Demgemäß heißen in der Völuspa die Menschen „Heimdalls Söhne". Dunkel ist auch im Hyndlulied seine urzeitliche Einzigburt, seine Ernährung mit der Erde Kraft, der See und dem Sühnblut und seine Bezeichnung als des reichsten Friedensfürsten der Völker. Spielen nicht in dieses Lichtgottes wie in jenes Lichtgottes Balder geheimnisvolle Christusvorstellungen hinein? Offen zeigt sich christlicher Einfluß, wenn Heimdall in der Völuspa, gleich dem apokalyptischen Engel mit der Posaune, mit seinem Hornstoß den Untergang der Welt ankündigt.

Für einen Sohn Odins galt auch B r a g i, der Gott des Bragr d. h. der Dichtkunst. Zuerst heißt der Dichtergott Odin selber Bragi, dann aber wird Bragi zu seinem Thulr oder Sprecher und zu seinem Sohn. In den Eireksmal ist er neben Odin bereits eine Hauptperson in Walhall, wo er die gefallenen Krieger willkommen heißt, doch wohl, um sie dann auch durch ein Preislied zu feiern. Als die Götter den Riesen Aegir glänzend bewirteten, saß Bragi neben ihm und erzählte ihm den Ursprung der Skaldenkunst. Nur der Spötter Loki verschonte auch ihn nicht bei dem Gastmahl, das Aegir wiederum den Asen gab, mit dem Schimpfwort Feigling. Breitbärtig, weise, beredt und der Dichtkunst mächtig war er aber der beste aller Skalden.

Von seiner Zunge kam die Runenweisheit, deren die Dichter bedurften, und sein Name ging auf den ältesten menschlichen Skalden, den Böddason, über. Bragis Gattin ist Iđun, die wir weiter unten kennen lernen werden.

Nicht zu Odins Sippe gehört Ullr, bei Saxo Ollerus, aber er ist ihm wesensverwandt und greift feindlich in seinen Wirkungskreis ein. Deutet sein Name, der vom gotischen Vulthus Herrlichkeit abgeleitet wird, auf eine frühere höhere Stellung, die er jedoch immer nur in einem Teil des Nordens einnahm? Er ist aber kein lichter Gott, sondern vielmehr das düstere winterliche Gegenstück zu Odin, eine Art Winterodin. Wie der winterliche Waldgott Höđr und der Sommergott Balder mit wechselndem Erfolge um die Herrschaft ringen, so auch Oller und Odin, von deren Kampf wir oben vernommen haben (S. 377). Nach seinem Siege nennt sich Oller selber Odin. Ullr ist mit wenigen, aber sicheren Strichen gezeichnet als Jagd- oder Bogengott, der auf Schnee- oder auf Schlittschuhen dahinsaust gleich der Sturmriesin Skađi. Selbst über das Meer geht er auf einem schildförmigen Knochen, der Ulls Schiff heißt und ihm den Beinamen Schildgott gegeben hat. Er wohnt in düsteren Eibentälern, weil die Eibe das beste Holz zum Bogen lieferte, weil der Eibenbogen die beste Jagdwaffe war, die schon in den würtembergischen Totenbäumen von Oberflacht gefunden worden ist und deren sich der deutsche Bauer noch im Fastnachtsspiel rühmte. Aber die Eibenbehausung paßt für dieses dunkle Wesen auch wegen ihrer düstern Nadeln; so war ein irisches Eibental durch seine Gespenster berüchtigt. Wie Odin ist er ein tüchtiger Krieger, den man gern im Zweikampf anruft, vielleicht weil im Norden der Winter besonders zu solchem, nicht zum Massenkampf benutzt wurde. Man schwor bei seinem Ringe. In Schweden scheinen mehrere Orte nach ihm benannt zu sein.

Als Reisegefährte Odins und Lokis oder Lóđurs erscheint mehrmals Hoenir, den viele für einen halb verschollenen alten und einst mächtigen Gott halten, der aber wohl nur ein willkürliches, in sich haltloses, widerspruchsvolles Machwerk der Skalden ist. Sein unaufgeklärter Name und seine Beinamen, der „schnelle As“, der „Langfuß“ und der „Aurkonungr oder Nässekönig“, widerstehen alle einer sichern Deutung. Im Mythus spielt er bald den hehren Schöpfer, der den ersten Menschen ihr Bestes gibt, nämlich Seele und Geist, bald läuft er als bedeutungsloser Begleiter neben Odin her, bald wird er, von Wuchs stattlich, aber von Geist schwach, von den Asen den Wanen als Geisel zugeschoben und zeigt sich unter diesen bald als einen Mann, der weder andern, noch sich zu raten weiß. Nach der Völuspa fanden Odin, Hoenir und Lóđur einst Ask und Embla unvermögend und schicksalslos am Lande, aber Odin gab ihnen Atem, Hoenir Seele und Lodur Beweglichkeit, Gebärde und frische Farbe. Diese Dreiheit ist wesentlich der schaffenden Dreieinigkeit des christlichen Mythus von der Menschenschöpfung nachgebildet, wie sich weiter unten zeigen wird. — Ebenso rätselhaft erscheint Hoenir beim Friedensschluß zwischen den Asen und den Wanen. Jene gaben gegen Frey und Njörđ den Hoenir als Geisel, einen großen und schönen Mann, und mit ihm den Klügsten, Mimir. In Wanenheim machte man Hoenir sofort zum Häuptling; er erwies sich aber bei Entscheidungen sehr beschränkt, sobald Mimir ihm nicht zur Seite stand. Die betrogenen Wanen enthaupteten in ihrem Zorne Mimir und schickten seinen Kopf den Asen zurück. — Endlich wird nach der Völuspa Hoenir im neuen Paradiese den Loszweig kiesen, und die Söhne zweier Brüder werden Windheim bewohnen. Immer tieferes Dunkel lagert sich über den Gott. — Auch seine Wanderungen mit Odin und Loki im Thjazimythus und in der Vorgeschichte des Nibelungenhorts (S. 233) bringen kein Licht, so wenig, wie das Auftreten derselben Dreizahl in einem neueren färöischen Märchenliede: ein Bauer, der im Brettspiel seinen Sohn an einen Riesen verloren hat, ruft nach einander Odin, Hoenir und Loki an. Der erste versteckt den Knaben als Gerstenkorn mitten im Acker in eine Ähre, der zweite als

Feder in das Nackengefieder eines Schwans, der dritte als Körnchen im Rogen eines Fisches. So entrinnt er jedesmal dem nachstellenden Unhold, bis Loki diesen totschlägt.

Nur die von der Völuspa erzählten zwei Hoenirgeschichten können vielleicht aus dem christlichen Mythus etwas Licht empfangen.

Die Reihe der Götter beschließt füglich der „schweigsame" Gott Viđarr, der Waldherr, der in dem busch- und grasreichen Lande Wiđi wohnt. Er wird Sohn der Thorsfreundin Grîđ (S. 232) genannt. Bei Aegirs Göttergelage räumt er auf Odins Befehl seinen Sitz dem Loki ein und schenkt ihm ein. Deshalb verschont ihn allein von allen Gästen Loki mit seiner Lästerzunge. Sein rätselhaftes Dasein geht ganz in seiner Rachetat auf. Er springt in Wiđi von seinem Rosse, um kühn seinen Vater Odin zu rächen, den der Fenriswolf verschlungen hat. Er tritt dem Untier in den Unterkiefer mit einem Eisenschuh oder einem Lederschuh, der aus den von den Menschen weggeworfenen Lederflicken zusammengesetzt ist. Dann stößt er ihm durch den Rachen sein Schwert ins Herz, faßt den Oberkiefer und reißt ihm die Kiefer auseinander. Nach dem Weltbrand wohnt der Bluträcher Odins mit Vali, dem Bluträcher Balders, im Heiligtum der Götter. Volle Erklärung dieser Tat Widars kann nur aus christlicher Anschauung gewonnen werden.

Neuntes Kapitel.

Die einzelnen Göttinnen.

Im Seelenglauben trat das weibliche Geschlecht hinter dem männlichen zurück, ist er doch am innigsten verknüpft mit dem leitenden Manne, dem Hausvater. Dagegen herrschen unter den Alpdrucksgeistern Mädchen und Frauen vor, sie erscheinen durchaus gleich angesehen im Elfen- und Riesenreich, und in der Gruppe der höheren Dämonen sind sie den Männern fast überlegen. In der germanischen Götterwelt offenbart die geringere Zahl und die schwächere Ausgestaltung der weiblichen Gottheiten eine gewisse Rückständigkeit derselben. Darin aber gleicht ihre Entwicklung der der Götter, daß auch sie aus dem Dämonentum und zwar überwiegend aus dem elfischen aufsteigen. Aus den altgermanischen Gabien, den gütigen Geberinnen, erhebt sich gewaltig die nordische Gefjon, aus der Schar der weißen Frauen, der Berchten, Holden und Huldren tritt eine königliche hervor und zwar im Norden eine mehr jungfräuliche und eine reife Frau, jene dem Wanengeschlecht (S. 362) und diese dem Asenstamme angehörig. Schon diese nur dem Norden eigene Spaltung der Hauptgöttin in zwei Gestalten, sowie die im Norden durchweg skaldische, im Süden durchweg volkstümliche Überlieferung empfiehlt eine gesonderte Darstellung der nord- und der südgermanischen Göttinnen. An der Spitze

der nordischen Göttinnen

steht Frigg. Sie heißt althochdeutsch *Friia,* langobardisch *Frea,* angelsächsisch *Fríg,* in deutschen Mundarten *Fru Fricke*, *Frien* u. s. w., was dem sanskritischen *Príja* entspricht und die Geliebte, die Gattin, das Weib bedeutet. Nach ihr, nicht nach Freyja, heißt etwa seit dem 3. Jahrhundert n. Chr. der römische Dies Veneris, ahd. *Frîatag,* altnord. *Frjadagr,* unser *Freitag.* Frigg ist die Tochter Fjörgyns und die Gattin Odins. Vielleicht galt sie früher für Thors Frau, wie sie noch nach jüngerem schwedischen Volksglauben als Gattin den Thor auf seinen Fahrten begleitet. Frigg ist als Wolken- und Erdgöttin die Königin der Asen und Asinnen und die Mutter des edelsten Gottes, Balders. Sie bewohnt die prächtigen Fensalir, die weiten Wolkensäle, und teilt mit Odin den Himmelsthron, die Hliđskjalf. Sie kennt zwar wie die Nornen die Schicksale der Menschen, aber sie verkündet sie nicht selber. Dem schwedischen Volksglauben gilt sie für eine fleißig spinnende Hausfrau, deren Friggerocken oder Friggespindel man im Orionsgürtel erkennt. An ihrem Tage, dem Freitag, muß das Spinnrad ruhen, weil dann Frigg darauf spinnt. In Norwegen zeigt sie sich noch bäuerlicher: Stor Frigg geht mit elfischem Vieh. Ob sie sich zum Fluge wie Freyja eines Falkengewandes bedient, ist unsicher. Ihre Mitgöttinnen bilden eine Art Gefolge, das die verschiedenen Seiten ihres Wesens darstellt. *Sága,* die Seherin (?), trinkt mit Odin am Sinkebach (S. 381), *Eir,* die Schonerin, Pflegerin, ist die kundigste Ärztin, der Jungfrau *Gefjon,* der Geberin, dienen die unvermählt Gestorbenen, die gleichfalls jungfräuliche *Fulla* oder Fülle, durch wallendes Haar und goldene Kopfbinde ausgezeichnet, hütet Friggs Schmuckkästlein und Schuhzeug. Sie ist die besondere Vertraute und darum auch in Grimnismal die Botin ihrer Herrin. Der Frigg aber an Würde zunächst steht die Vanadís oder Wanenfrau *Freyja. Sjöfn,* die Verliebtheit, lenkt den Sinn der Männer wie Weiber zur Liebe. Die milde, gutherzige *Lofn,* die Erlauberin, erwirkt von Allvater oder von Frigg die Erlaubnis zu solchen Ehen, die vorher verboten waren. *Vár,* die Vertragsgöttin, achtet auf die Eide und Verträge zwischen Weibern und Männern und rächt deren Bruch. *Vör,* die Vorsicht, ist klug und vielerfahren, so daß ihr kein

Ding verborgen bleiben kann. *Syn,* die Einsprecherin, weigert Unbefugten den Eintritt in die Haustüre und erhebt bei Gericht Einsprache. *Hlín,* die Schützerin, ist zur Wächterin derer gesetzt, die Frigg vor Gefahr behüten will. *Snotra,* die Kluge, ist weise und von feinem Benehmen. *Gná* reitet als Botin der Frigg auf Hófvarpnir, dem Hufwerfer, durch Luft und Meer in die verschiedenen Weltheime. *Sól* die Sonne und *Bil* der Mond, eigentlich die Mondphase, schließen die lange Reihe.

Diese 16 Göttinnen sind zum größten Teil nie Volksgöttinnen, sondern nur poetische Personifikationen gewisser höherer Eigenschaften und Tätigkeiten der Frigg gewesen. Sie offenbaren uns aber, welche Züge im Skaldenkreise für götterwürdig, für würdig der Natur der ersten Göttin galten. Ein milder, gerechter Sinn waltet in ihnen vor: Kranke und Liebende, glücklich wie unglücklich Liebende, die Ehe und der Haus- und Gerichtsfriede stehen unter ihrem Schutz. Vorsicht, Klugheit und Anstand werden ihr nachgerühmt, als Saga schaut sie in die ferne Zukunft. Zu den entlegensten Gegenden bringt Gna ihre Befehle. Sonne und Mond scheinen ihr untergeben. Und zwei dieser ihr verbundenen Göttinnen, um von der Wanin Freyja hier abzusehen, *Fulla* und *Gefjon,* sind ihr seit Alters, in der vorskaldischen Zeit, als bereits selbständigere Persönlichkeiten beigegeben. Denn Volla erscheint als die vertraute Gefährtin der Fria auch schon nach dem zweiten Merseburger Zauberspruche auf deutschem Boden, um Balders Fohlen heilen zu helfen; außerdem noch Sinthgunt und Sunna, von denen die letzte sicher jener Sól, die andre vielleicht der Bil entspricht (S. 392). Auch noch eine andre Nachricht bestätigt die Vertrautheit der Frigg und Fulla: die mit ihrem Balder zur Hel gefahrene Gattin Nanna gibt dem nach Asgard zurückreitenden Hermod nicht nur ein Kopftuch als Gabe für ihre Schwiegermutter Frigg mit, sondern sie denkt auch freundlich an deren Freundin Fulla, für die sie einen goldenen Fingerring hinzufügt.

In der G e f j o n (S. 237) tritt Frigg als gütige Geberin auf.

Nach ihrem Hauptmythus ist sie eine fahrende Frau asischer Abkunft, der der schwedische König Gylfi zum Lohn für die Unterhaltung, die sie ihm durch ihre Künste bereitet hat, so viel Ackerland verspricht, als sie mit vier Ochsen in einem Tage und einer Nacht umpflügen kann. Sie spannt vier Ochsen, ihre eignen Söhne, ein, die sie in Riesenheim einem Riesen geboren hatte. Nun pflügte sie aus Schweden ein großes Stück Land heraus, das die Ochsen ins Meer schleppten. Das ist die fruchtbare dänische Insel Seeland. Mit Recht heißt sie also Gefjon, denn sie ist eine Landgeberin der Dänen. Ganz ähnlich versprach König Jarbas der fahrenden Frau (femina errans) Dido so viel Pfugland, als sie mit einer Ochsenhaut umgeben könnte, worauf sie dieselbe in schmale lange Riemen zerschnitt. Aber auch die spätere deutsche Ortssage hat im Norden wie im Süden Deutschlands das Andenken an die gütige göttliche Landgeberin festgehalten, von deren Wohltat die urkundliche Geschichte nichts weiß. Gräfin Gertrud von Rochenstain erhielt von ihren Söhnen so viel Land zur Stiftung des zwischen Ulm und Augsburg gelegenen Klosters Wettenhausen zugesagt, als sie innerhalb eines Tags umpflügen könnte. Da schaffte sie einen ganz kleinen Pflug, barg ihn in ihrem Busen und umritt ein weites Gebiet, das der Stiftung zufiel.

In Baden kennt man in Berghaupten bei Gengenbach, in Lahr, in Kenzingen, im Vierdörferwald, in Herbolzheim und in Staufen ein waldschenkendes Fräulein von Geroldseck, von Uesenberg und von Staufen. Bekannter ist die Witwe des letzten Grafen von Lesum, Emma, die 1032 den Bremern so viel Weideland schenkte, als ein in der Stadt lebender Zwerg in einem Tage umkriechen konnte, die sogen. Bürgerweide. Das Pflügen wird in diesen Überlieferungen vergessen oder auch in eigentümlicher Weise mit einem Ritte verbunden. In den verwandten Sagen Englands herrscht der Ritt vor, den eine gütige Gräfin, sei's von Mercia, sei's von Hereford, nackt durch Coventry oder St. Briavels ausführt, um von ihrem Gemahl, der das fordert, Zollfreiheit oder das Holzrecht im nahen Walde für die Einwohner zu erlangen. Die Geschichte wird zum Jahr 1057 erzählt, ihr Andenken wurde zu Pfingsten durch einen Umzug eines Mädchens im ungefähren Kostüm der Gräfin gefeiert, wie man in Deutschland zu derselben Zeit einen nackten laubumhüllten Knaben umführte und ins Wasser warf, um den für Acker und Weide nötigen Frühlingsregen zu erwecken. So wird auch die Gräfin eine freigebige Frühlingsgöttin gewesen sein und daher den Namen Godiva oder eigentlich Godgifu, göttliche Gabe oder Geberin, getragen haben; nackt, weil Nacktheit gleich dem Pflugziehen und Wassersturz nach altem Glauben Fruchtbarkeit erzeugte.

So ist aus den altgermanischen Gabien (S. 213) die nordische Gefjon geworden, aus denselben und den ihnen wesensverwandten Wald-, Acker- und Weidefräulein die mit dem Pflug im Frühling umziehende Berchta oder Holda, an deren Stelle dann später eine hohe Frau, wie jene adeligen Frauen Deutschlands und die nackte Reiterin, die englische Gräfin Godgifu, trat. Überall schwebt milde Frauengüte eines höheren weiblichen Wesens über der heimischen Flur.

Gefjon wird von Loki beschuldigt, aus Habgier Buhlerei getrieben zu haben, aber Odin warnt ihn vor ihrem Grimm, denn sie wisse die Weltgeschicke gerade so gut wie er selber. Beide Züge werden auch ihrer Herrin Frigg zugeteilt. Aus Goldgier gibt diese sich einem Diener Odins hin, sowie sie mit dessen Brüdern Wili und Wé buhlt. Sie überlistet auch nach der Langobardensage ihren Gemahl, um ihren Schützlingen, den Winilern, den Sieg zuzuwenden. Sie erscheint aber auch als rührend besorgte Mutter, wenn sie alle Wesen vereidigt, ihren Sohn Balder nicht zu verletzen, und wenn sie weinend Hermod zur Hel sendet, um Balder wiederzuholen.

Von einem Kultus der Frigg ist wenig bekannt. Selbst Flüche, Schwüre und Minnetrunksrufe, die oft Freyja erwähnen, richten sich nie an sie. Nur der Merseburger

Zauberspruch zeigt ihre heilende Tätigkeit, und nach einem eddischen Liede hilft sie mit Freyja kreißenden Frauen. Auch von Kinderlosen wurde sie angefleht, und die Wurzel des Friggjargrases, der Orchidea odoratissima, wird unter das Kissen gelegt, um Liebeslust zu wecken.

In Friggs Gefolge nimmt Freyja den ersten Rang, überhaupt eine gesonderte Stellung ein. Denn sie allein ist in dieser Göttinnenschar nicht eine Asin, sondern eine Wanin oder Vanadís, Njörđs Tochter und Freys Schwester (S. 363). Sie allein hat außer ihrem klaren Hauptnamen, welcher Frau d. h. Herrin bedeutet, noch vier andre meist dunkle: *Mardöll*, etwa die Meerglänzende, *Hörn*, *Gefn*, wahrscheinlich das Meer, und *Sýr*. Sie allein hat einen Gemahl namens *Óđr,* dem sie eine Tochter *Hnoss* und eine zweite *Gersemi* schenkt. Sie scheint eine späte dichterische Nachbildung der Frigg zu sein, die nur in Norwegen und Island bekannt war. Schönheit und Liebeslust sind die Haupteigenschaften dieser nordischen Venus, aber sie nimmt sich auch der Toten an. Schön ist sie auch im Weinen (grátfagra). Götter, Riesen und Zwerge trachten nach ihrem Besitz; Loki wirft ihr sogar vor, daß sie mit allen Asen und Alfen gebuhlt habe. Sie heißt Odins Geliebte; die Riesen Smiđ, Hrungnir und Thrym (s. oben) begehren sie von den Göttern als Lohn oder Lösegeld, die Zwerge erlangen durch ihre Kunstwerke ihre höchste Gunst, und im Hyndlulied schweift sie nachts nach Männern umher. Der christliche Skalde Hjalti schalt sie eine Hündin, wie Odin einen Hund. Sie begünstigt der Menschen Liebe und Liebeslied und hilft ihnen gern. So reitet sie zur Riesin Hyndla, damit ihr Liebling Ottar von ihr Auskunft über seine Vorfahren erhalte. Sie treibt zuerst unter den Asen Zauber. Sie kommt heran wie ihr Bruder Frey auf dem Wolkenschiffe Skíđblađnir oder auf einem Eber, Hildisvíni, oder sie rauscht im Falkengewande durch die Luft. Aber sie fährt auch in einem mit Katzen bespannten Wagen oder reitet als Valfreyja zur Schlacht hinab, um sich die Hälfte der Gefallenen in ihren sitzräumigen Saal Sessrýmnir in Folkwang zu holen. Auch schenkt sie ganz walkürenhaft dem Riesen Hrungnir in Walhall Bier ein. Die Tochter des Skalden Egil sehnt sich lebensmüde nach dem Nachtmahl bei Freyja.

Der köstlichste Besitz der Göttin ist das *Brisingamen*, das Halsband der Brisinge, wahrscheinlich der Regenbogen, mit dem sich auch in andern indogermanischen Mythen die Wolkenfrau schmückt. Als Loki ihr zumutet, als Braut zu dem Riesen Thrym zu fahren, damit Thor seinen Hammer wieder bekomme, da schnaubt sie zornig, daß die Burg bebt und das Halsband zerspringt. Das hatte sie aber, wie sie Odins Geliebte war, bei den vier Zwergen Alfrigg, Berlingr, Dvalinn und Grerr gesehen, und sie verlangte darnach. Sie verkauften es ihr, nachdem sie jedem eine Nacht gegönnt hatte. Nun befahl Odin dem Loki, ihr das Halsband zu stehlen. Loki schlüpfte als Fliege in ihr Schlafgemach, veranlaßte als Floh die Schlummernde durch einen Stich zu einer Wendung des Halses und nahm ihr das Band, um es Odin zu überbringen. Freyja erhielt ihren Schmuck von Odin nur gegen das Versprechen zurück, zwei gleich mächtige Könige in einen unaufhörlichen Kampf gegen einander zu hetzen. Nach einer andern Dichtung rang Heimdall dem Räuber Loki die schöne Meerniere, jenes Halsband, wieder ab (S. 409).

Nach einem schwerlich heimischen, etwas sentimentalen Mythus wird Freyja von ihrem Gemahl Óđr, der sonst ganz unbekannt ist, verlassen. Er zieht weite Wege fort von ihr, und sie bleibt zurück und weint rotgoldene Tränen; dann rafft sie sich auf, um ihn unter verschiedenen Namen bei unbekannten Völkern aufzusuchen. Ihre Töchter heißen Hnoss Schmuck und Gersimi Kleinod. Diese Geschichte klingt an die christliche Legende von der Seele an, die, als Braut Christi gedacht, ihm nicht nur im babylonischen Tränental nachweinte, sondern auch durch viele unbekannte Völker nachpilgerte, um endlich, mit ihm vereint, den goldenen Schmuck des Gehorsams zu gewinnen.

Auch Freyjas Kultus wird selten erwähnt; nur schwor man häufig bei ihr und trank ihr bei Festen Minne zu. Ihr Liebling Ottar rötete mit Stierblut ihren Steinaltar so häufig, wie es heißt, daß die Steine verglasten. In der Kindsnot riefen Frauen sie und Frigg an.

Iđunn d. h. die sich wieder Verjüngende, ist eine jugendliche Frigg-Freyja und gilt für eine Göttin der ewigen Jugend. Sie gleicht etwa der attischen Pandrosos, der allbeträufelnden Göttin des Wachstum bringenden Frühlingsregens. Als Spenderin erquickenden Nasses heißt sie daher Ölgefn, die Biergeberin, und birgt in ihrem Kasten goldne Äpfel, die sonnigen Sommertage. Einst entführte sie der Sturmriese Thjazi nach seinem Thrymheim Sturmheim. Da alterten selbst die Götter dahin, bis sie Loki zwangen, Iđunn wieder nach Asgard zurückzuholen. Und Loki raubte sie denn auch dem Riesen in Freyjas Falkenhemd, und die Götter durchdrang ein neues Leben. Sinnig gaben sie die Skalden dem Bragi zur Gemahlin, dessen ewig junge Dichtkunst nicht nur die Einherjar, sondern auch die wieder aufgelebten Götter geistig erquicken mochte.

Die deutschen Göttinnen.

Den drei nordischen, mehr oder minder von den Skalden stilisierten Göttinnen Frigg, Freyja und Iđunn tritt nun eine Reihe deutscher Göttinnen durchweg naturfrischerer Art gegenüber, von denen doch auch manches Band wieder zu ihren nordischen Schwestern hinüberläuft.

Keine Gottheit der Deutschen hat auf Tacitus einen tieferen Eindruck gemacht als unsere älteste Hauptgöttin Nerthus, d. h. „die Mutter Erde“. Von sieben Völkerschaften, die im östlichen Schleswig und in dessen Nachbarlanden wohnten, wurde sie gemeinsam verehrt und zwar in dem stillen abgelegenen Haine einer Insel des Ozeans, wo ihr ein mit einer Gewandung bedeckter Wagen geweiht war. Nur der Priester durfte ihn berühren. Wenn er erkannte, daß die Göttin in ihrem Heiligtum zugegen war, so zogen sie Kühe auf ihrem Wagen hinaus, und der

Priester begleitete sie. Dann gab es frohe Tage, überall in den festlichen Ortschaften wird sie gastlich aufgenommen. Keine Fehde, alle Waffen ruhen, heiliger Friede herrscht weit und breit, bis der Priester die durch die Freude der Sterblichen gesättigte Göttin dem Heiligtum zurückgibt. Alsbald werden ihr Wagen und die Tücher und die Gottheit selber in einem See gebadet. Die dabei hilfreichen Knechte verschlingt derselbe See. Ein geheimnisvoller Schrecken umgibt das, was nur die dem Tode Geweihten sehen.

Nerthus, die früher nach einer schlechten Lesart Hertha genannt wurde, bedeutet die Mächtige, Kräftige und ist ein südgermanisches Femininum zu dem nordischen Masculinum Njörđ (S. 363), mit dem sie auch die Haupteigenschaft, die befruchtende, teilt. Eben diese Eigenschaft, dann ihre Frühlingsfahrt auf rinderbespanntem Wagen und ihr und ihres Wagens und ihrer Tücher Bad erinnerten Tacitus an die römische Terra mater, die phrygische große Göttermutter Kybele, und ihre auch auf ihren Wagen und ihre Geräte sich erstreckende Waschung. Unter dem Ozean ist hier die Ostsee und unter der Insel ein der Küste nahe gelegenes Eiland zu verstehen. Die Göttin zog aus, wenn ihr Priester, wahrscheinlich im Grünen des Hains und Blühen der ersten Blumen, ihre Gegenwart merkte. Sie war eine Frühlingsgöttin. Sie suchte aber schwerlich alle jene Völkerschaften auf ihrer Wagenfahrt auf, sondern begrüßte nur die auf die Insel zur gemeinsamen Verehrung herübergekommenen Vertreter derselben und etwa noch die Ortschaften des nächsten Umkreises. Jubel, Tänze und Festmähler begrüßen auch später den Maikönig oder die Maikönigin oder beide, wenn sie, mit dem ersten Grün geschmückt, in die Dörfer kommen unter frohem Jubel der Menge. Auch wurde, um dem sprossenden Acker das befruchtende Naß zu sichern, im Frühling oder in der Dürre ein Mädchen gleich der Nerthus, auf ihrem Gefährt, dem ersten Pflug oder der ersten Egge, in den Bach, Fluß oder Teich gezogen oder das Gefährt mit Wasser begossen.

An andern Orten wurde ein Bursche, der „Wasservogel“, laubverhüllt nach seinem Frühlingseinritt ins Wasser geworfen. Das erinnert an das Schicksal der in den See gestoßenen Nerthusdiener, das vielleicht früher wirklich ein Menschenopfer war oder von Tacitus als solches mißverstanden wurde. Überall blicken aus diesen verwandten phrygisch-römischen, alt- und neugermanischen Bräuchen die naiven Züge eines Regenzaubers hindurch, der den Vertreter der Pflanzenwelt in entscheidender Zeit mit dem Wasser in unmittelbarste Verbindung setzen sollte, um dadurch auf sie das Himmelswasser herabzuziehen.

Eine andere Hauptgöttin, die von einem Teil der Sueven verehrt wurde, nennt Tacitus gleich nach den drei großen germanischen Göttern Wodan, Donar und Tiu und vergleicht sie der römischen Isis, denn ihr Attribut war ein leichtes Schiff. „Schiff der Isis“ hieß in Rom ein berühmter Aufzug der Fruchtbarkeit spendenden Göttin, die während der Kaiserzeit auch am Niederrhein beliebt wurde. In Köln wurde ihr altverehrtes Bild später sogar in die St. Ursulakirche eingemauert und die keltische Fruchtgöttin *Nehalennia* auf Walcheren ganz wie die Isis dargestellt mit einer Flügelhaube, mit Früchten im Schoß oder im Fruchtkorb oder im Füllhorn, mit einem Hund, ihren Fuß auf einen Schiffssteven setzend. Aber das bei den Sueven auffällige Schiff ist als echt germanisch anzusehen, wie denn auch bei den Sueven in ihren späteren Sitzen, in Ulm und in anderen Orten, ein Umzug mit Schiffen oder Schiffschlitten neben jener Wagen- und Pflugfahrt im Beginn der wärmeren Jahrszeit herging.

Die dritte taciteische Göttin ist Tanfana, wahrscheinlich wiederum eine Göttin der Fruchtbarkeit. Als die Marsen ihr zu Wintersanfang im Jahr 14 n. Chr. fröhlich ein Opfer, wahrscheinlich ein Erntedankopfer, brachten, wurden sie von Germanicus überfallen und das Heiligtum ihrer Göttin zerstört.

Unter drei Namen, in verschiedenen Formen tritt uns in verschiedenen Landschaften zu Tacitus' Zeit, wie es scheint, immer dieselbe Göttin entgegen, die namentlich im Frühling und im Herbst gefeiert wurde, dort, um ihren Segen für die Flur zu erbitten, hier, um für den erhaltenen Segen zu danken. Es ist wiederum die Wolken-, die Regengöttin, die solches vermag. Eine ähnlich nutzbringende Göttin wird die Dea Hludana gewesen sein, der bei Münstereifel, Xanten und Beetgum Steine gesetzt worden sind, an letztem Ort von westfriesischen Fischereipächtern.

Diesen Göttinnen der Römerzeit kommt an Alter am nächsten die angelsächsische Eostra. Nach dem hochgelehrten Angelsachsen Beda, der um 700 lebte, hatte der Eosturmonat, der April, von einer Göttin *Eostre* den Namen, der man in dieser Zeit Feste gefeiert hätte. Dagegen scheint zu streiten, daß unter den uns überlieferten zahlreichen Monatsnamen kein einziger anderer von einem Götternamen hergenommen ist. Auch war der Ostermonat eine gute Bezeichnung für den Passahmonat, weil nach altkirchlicher Bestimmung Ostern erst gefeiert werden durfte, wenn die Frühlingsgleiche eingetreten, die Sonne wieder zum genauen Ostpunkt zurückgekehrt war. Dafür spricht hinwieder, daß die Inder eine Ushas, die Griechen eine Eos, die Römer eine Aurora, die Litauer eine Auszra, d. h. eine „leuchtende" Göttin der Morgenröte kannten, der eine germanische Austro wohl entsprechen würde. Wie die indische Ushas sich zu einer Göttin des Frühlingslichtes erweiterte, so konnte auch die deutsche Ostara zu einer Frühlingsgöttin werden. Und an schönen Sagen der Osterjungfer fehlt es in späterer Zeit nicht, wie sich weiter unten zeigen wird.

In der großen angelsächsischen Ackerbuße (S. 33) wird eine Eorđan Môthor Erdenmutter und die Folde Fira Môthor, die Erde der Menschen Mutter, um Wachstum und Gedeihen der Saaten angerufen, aber beide werden unter dem Schutz des Christengottes gedacht, sodaß ihr Heidentum sehr zweifelhaft ist.

Ein volleres Bild der deutschen Hauptgöttin gewinnen wir erst aus größtenteils jüngerer Volksüberlieferung, ein zwar im Laufe vieler christlicher Jahrhunderte vielfach entstelltes, aber in seiner bäuerlichen Einfachheit dennoch echtes. Frau Holle oder Frau Holda heißt sie vorzugsweise in Mitteldeutschland und in einzelnen Landschaften Österreichs und in Siebenbürgen, sie ist dann auch noch durch Grimms Märchen weiterhin im Volke bekannt geworden. Ihr entspricht in einem großen Teil Süddeutschlands bis nach Thüringen hinein Frau Berchta. Unter den Namen Fru Freen, Frien, Frick oder Fru Gode oder Fru Harke erscheint sie im Nordosten von Schleswig, in Pommern und Mecklenburg bis zum Nordrande des Harzes und noch unter anderen Namen anderswo. Auch die weiße Frau wird sie genannt. Einige neuere Mythologen verweigern ihrem Urbild mit Unrecht den Rang einer alten Göttin wegen ihrer späten urkundlichen Bezeugung und wegen ihres oft so gespenstischen, häßlichen und harten Auftretens. Und doch fehlt es weder an einigen älteren Zeugnissen, noch an deutlichen Merkmalen eines höheren Wesens.

Die nordische Hauptgöttin Frigg heißt altdeutsch *Frea* und *Frija,* neudeutsch *Fru Freen*, *Fru Frien* und in traulicher Diminutivform *Fru Freke* und *Fru Frick.* Nach der nordischen Dichtung sitzt Frigg neben Odin wie eine Königin auf dem Himmelsthron und weiß ihren Lieblingen selbst gegen den Willen ihres Gemahls den Sieg zu verschaffen. Sie hilft aber auch den Frauen in der Kindsnot und ist umgeben von der kundigsten Ärztin Eir, der Füllespenderin Fulla und der Landspenderin Gefjon. Nach dem nordischen Volksglauben führt sie Spindel und Rocken. Fast alle diese Züge kehren auf ihrem deutschen Gegenbilde wieder, das sogar weit älter bezeugt ist. Denn in die ersten Jahrhunderte christlicher Zeitrechnung muß die Übersetzung des fünften Wochentags, des römischen Dies Veneris, durch Freitag zurückgehen. Ebenso hoch reicht die Stammsage der Langobarden hinauf, nach der diese Sieg und Namen ihrer Göttin Frea verdanken, wobei sie ihren Gemahl überlistete (S. 372). Im 5. Jahrhundert brachten die Angelsachsen Wodan und Frea nach Britannien hinüber. Im Merseburger Zauberspruch bespricht Frija als Ärztin den verrenkten Fuß des Balderpferdes und hat sogar dieselbe Vertraute bei sich wie die nordische Frigg, nämlich Volla. Und wie Frigg im Norden, hütet Fru Frick oder Fru Freen in der Ukermark und am Nordharz die Spinnarbeit. Wie im Norden am Freitag, duldet sie hier namentlich in ihrer Umzugszeit kein Spinnen und besudelt faulen Spinnerinnen den noch nicht abgesponnenen Flachs am Rocken. Offenbar versteht auch der aus Anhalt, dem niedersächsisch-obersächsischen Grenzlande, gebürtige Historiker Eccard um 1750 das Spinnen unter dem Beruf, wegen dessen zu seiner Zeit die Niedersachsen die Freke, die Obersachsen die Holda verehrten. Denn auch Holda straft auf ihrem Gebiete die Trägheit der Mägde im Spinnen auf dieselbe strenge Weise. Noch in einem andern Hauptpunkte stimmen die beiden überein. Die alte Frick der Ukermark, des Teufels Großmutter, tobt oft nachts mit ihren großen Hunden umher, denen Feuer aus Maul und Nase fliegt. So gleicht sie der Holda, nach der als der Führerin ums Jahr 1000 abergläubisches Volk ein weibliches Dämonenheer, das in bestimmten Nächten auf Tieren daherritt, Holda nannte, nach einer Handschrift sogar Frigaholda. Ganz gleichartig ist *Frau Berchte,* die als Domina Perchta zuerst im 13. Jahrhundert beglaubigt ist. Es ist möglich, daß sie ihren Namen der Verdeutschung ihrer Hauptumzugszeit, der Epiphaniennacht (5./6. Jan.) durch die „giper(c)hta Na(c)ht“ d. i. die glänzende Nacht verdankt, wie Frau Luz oder Frau Faste dem Lucien- und dem Fastentag. Aber ihr Mythus bestand schon vorher und kann nicht aus dem Namen eines Tags erwachsen sein, der nicht einmal in alten Kalendern vorkommt.

Wie von den genannten drei Wesen, wird in der Mark von *Frau Harke* erzählt, sie ziehe in den Zwölfnächten und beschmutze den Mägden, die vor Neujahr nicht abgesponnen, den Wocken. Und wie Eccard die Freke, verglich der älteste Berichterstatter Samuel Walther um 1732 Frau

Harke deshalb mit der Frau Holla. Die wiederum einstimmenden Zeugnisse über die schleswig-holsteinische, mecklenburgisch-pommersche, altmärkische Fru *Gaude* oder *Wode*, die auch bei ihrem Zwölftenumzug die trägen Spinnerinnen straft, stammen freilich erst aus dem 19. Jahrhundert.

Der Zusammenhang der Fru Freen oder Frick mit der altgermanischen Göttin Frija-Frigg ist unverkennbar und hebt die andersnamigen Wesen gleicher Art, die sie in andern Landschaften vertreten, zu göttlichem Range empor. Solchem erscheinen auch die andern Namen: Holda die Gütige und Berchta die Glänzende durchaus angemessen, zumal sie von dem ehrenden Titel „Frau“ oder „Domina“, also Herrin, begleitet zu werden pflegen. In vielen Sagen gilt sie auch demgemäß als Führerin ganzer Geisterschwärme, die aus Heimchen d. h. Seelen Verstorbener, aus Schrätlein, Zwergen und gewissen Frauen bestehen und aus dem wilden Heer. Namentlich im letzten Falle nimmt sie ganz die hohe Stelle Wodans ein, ja ihre Erscheinung übertrifft noch die seinige an Feierlichkeit, wenn ihr in Thüringen wie ein Vorbote der alte treue Eckart voranzieht. Am deutlichsten spricht aber für ihre Göttlichkeit der reiche Sagenkranz, der auch die weiße Frau mit umfaßt. Sie trägt allerdings bald derbe, ja garstige und groteske, bald aber auch mildere und edlere Züge, wie sie einer Bauerngöttin zukommen, die ursprünglich ein wechselndes Wetterwesen war, das aus dem Elfentum, aus den elfischen Holden und Unholden, Berchten und Berchteln einer früheren Zeit hervorwuchs.

Ihr demgemäß noch mit manchen dämonischen Zügen durchsetzter Mythus durchlief, wie der unsrer Hauptgötter, die verschiedenen Jahreszeiten. Schon ist sie uns bekannt geworden als rauhe Stürmerin während der Zwölfnächte, aber sie fängt anderswo schon im Spätherbst an zu toben und setzt das bis in die Fasten fort, weshalb sie auch im Südwesten *Frau Faste* heißt. Bei Luther hat Hulda eine Potzennase; ihr süddeutsches Gegenstück ist die Butzenbercht, die wilde Bercht mit der langen oder eisernen Nase. Über diese wunderliche Nase klärt das Kinderlied auf: „Regen, Regen, bleibe weg mit deiner langen Nase"! Im Regen also hat Frau Holda oder Berchta eine Nase, die unaufhörlich läuft. Mutter Gauerken kommt in einer rabenschwarzen Wolke, die auseinander platzt. Im Schneegestöber schüttelt Frau Holle ihre Betten aus oder schlägt ihr weißes Kleid auseinander. Mit Wind und Regen fährt die Göttin von den Alpen bis zur See in die Spinnstuben, um die noch nicht abgesponnenen Rocken zu verwirren und zu besudeln. Frau Holle im Harz, die Hollefrau in Thüringen, Frau Faste im Elsaß streckt plötzlich ihre Hand den faulen Spinnerinnen durchs Fenster oder wirft Spindeln hinein. So sehr liegt ihr das Spinnen am Herzen, daß sie in Schlesien die Spillahole die Spindelholle heißt. Auch die Butzenbercht ruft mit geschwärztem Gesicht und wirrem Haar Drohworte ins Haus, aber wirft auch Äpfel und Nüsse hinein. In Thüringen wünscht Frau Holla zu Weihnacht dem dick umwundenen Rocken: „So manches Haar, so manches gute Jahr". Wenn sie aber am hl. Dreikönigstage wieder umkehrt und sieht noch Flachs daran, so spricht sie: „So manches Haar, so manches böse Jahr". Nicht nur die Mägde haben sie zu fürchten, sondern auch die Knechte, die Wagen und Pflug draußen gelassen und nicht zur Zwölftenfeier in die Scheune genommen haben. In Bayern, Österreich und Thüringen hält Frau Percht auf den Festbrauch dieser Zeit, tüchtig zu schmausen, sonst schneidet sie den Leuten den Bauch auf oder tritt sie wie ein Alp, eine Stempe, im Schlafe. Sie kommt aber häufig nicht allein, sondern wie der wilde Jäger, mit großem Gefolge, selten mit sanfter Musik, meist unter Hörnerschall, Hundegebell und Tiergeschrei. Dem Menschen, der dabei spricht, dreht Holle den Hals um oder haut ihm, wie auch Perchta, ein Beil in die Schulter. Berchta blendet auch und verwirrt den Verstand. Selten reitet sie und zwar auf einem Schimmel oder dreibeinigen Pferde, aber häufig fährt Perchta, Holle und auch Frau Gauden in einem schweren

Wagen, der auf einem Kreuzweg zerbricht und für dessen Ausbesserung sie einen Bauern mit den dabei abgefallenen Spänen belohnt, die sich in Gold verwandeln. Überhaupt erweist auch während der Zwölften Berchta Güte, namentlich den Fleißigen und Dankbaren und den artigen Kindern. In Bayern ließen im 15. Jahrhundert viele während dieser Nächte allerlei Speisen und Wein und Wasser nebst Löffeln, Messern u. s. w. für die Perchta mit ihrer Schar auf den Tischen stehen, damit sie das Gedeihen im Hause und die verschiedenen Arbeiten fördere. Man legte damals in Bayern auch eine Pflugschar unter den Berchtentisch, doch wohl, damit Frau Berchta sie segne. Zu Weihnacht läßt die untersteiermärkische Perchta die Kinder beten und schlägt sie mit der Rute oder schenkt ihnen Nüsse und Äpfel. Ein Abglanz ihrer Güte ruht auf dem weißgekleideten verschleierten Mädchen, das als Christkindle in Baden, der Rheinpfalz, Thüringen und im Voigtlande die Kinder beschenkt. Der goldne Wagen, auf dem in den Adventspielen das Christkind vom Himmel kommt und seine Gaben bringt, erinnert an jenen Wagen der Perchta, Holle und Gauden, der die goldnen Späne hinterläßt. Er erinnert aber auch an den Wagen der Nerthus, die auf ihm segnend im Frühling durchs Land fährt. Um so mehr, als der zerbrochene und wieder ausgebesserte Wagen in Thüringen als ein zerbrochner Pflug dargestellt wird, für dessen Ausbesserung der Bauer gleichfalls mit goldnen Spänen belohnt wird. Mit diesem Pfluge aber ackerte die thüringische Frau Perchta unter der Erde und streute den besten Samen aus, wenn droben die Leute ihre Felder bestellten. Ihre Heimchen aber mußten inzwischen die Felder bewässern. Wenn aber Perchta am Perchtenabend, am Vorabend des heil. Dreikönigsfestes, das Land verläßt, so schleppen und schieben ihre Kleinen den schweren Ackerpflug in die Fähre, die sie unter lautem Wehklagen ans andere Saalufer bringt. So fährt auch die märkische Frau Harke mit ihrem Volke über die Elbe, in gleicher Weise den Fährmann mit Gold belohnend. Zwar fehlt ihr der Pflug, aber sie wird durch einen andern Zug als Woltäterin des Ackers gekennzeichnet, sie verpflanzt die kleinen märkischen Rüben in die Umgegend. Diese Gestalten nähern sich den landschenkenden Fräulein anderer deutschen Gegenden und der nordischen Gefjon, die mit dem Pfluge eine ganze Landschaft abpflügt (S. 416).

Das wechselnde Wetter, namentlich des Frühlings, bildet das Leitmotiv einer ganzen Reihe von anderen Gestaltungen dieser Göttin. So heißt es im Harze ausdrücklich, daß Frau Holle vor Witterungswechsel wäscht, und es gibt ander Wetter, wenn die lausitzische Wasserfrau spinnt oder bleicht. Jene trägt schwarz gekleidet zwei Eimer ohne Boden oder schöpft weißgekleidet in zwei hellen Eimern Wasser in ein bodenloses Faß. Ähnlich wäscht sich und schöpft die niedersächsische weiße Frau. Frau Holle weint nachts auf den drei Brotsteinen bei Andreasberg ihrem Manne bittre Tränen nach, und wenn die Sonne durch den Regen scheint, kämmt die weiße Jungfer auf dem Fra Hullestein am Main ihr Haar oder hält Frau Holle Kirmeß. Frau Holla badet im Frauhollenbad am hessischen Meißner und in Thüringen; dort trug die Jugend der benachbarten Dörfer am zweiten Ostertag Blumensträuße in ihre Höhle.

Die schönste Blüte ihres Frühlingsmythus ist die deutsche Sage von der Erlösung der weißen Frau, die im Norden ihren höchsten Ausdruck in der Werbung von Frey-Skirnir um Gerđ und von Svipdag um Menglöđ gefunden hat (S. 273. 364). Den Hintergrund aller dieser Darstellungen bildet der eindrucksvolle Szenenwechsel des ersten Lenzgewitters. Im Norden befreit der Gott oder Held mit dem „Verderbenszweig“ oder „Zauberzweig“, dem Blitz, unter vielen Gefahren die Sommerwolkenfrau, die in ihrem Goldsaal von der wetterleuchtenden Waberlohe umgeben ist und von grimmigen Hunden bewacht wird. Er befreit sie im ersten Frühlingsgewitter aus der dunklen Winterhaft der Riesen. In Deutschland ist der Mythus aus der Himmelsluft auf die Erde herabgesunken und ist eine Ortssage geworden, die sich an zahlreiche stille Waldberge oder tiefe Höhlen oder verfallene Burgen heftete und sie noch mit geheimem Zauber umgibt. Nun ist der Held der Sage ein junger Bauer oder Hirte und die Heldin ein Burgfräulein. Sie heißt gewöhnlich die weiße Frau, trägt also denselben Namen, mit dem auch die Frau Berchta und Frau Holda bezeichnet wird; aber man nennt sie auch die Burgfrau, die verwunschene oder verfluchte Jungfer, die Osterfrau oder Schlüssel- oder Flachsjungfer. Sie wohnt in einem Schatzberg, der an hohen Festen, zu Advent, Weihnacht und Ostern oder alle sieben Jahre von Gold und Silber schimmert. Aber im Frühjahr sehnt sie sich heraus und erscheint sich badend, kämmend, Wasser schöpfend, meist bei warmem Sonnenschein, alle Jahre oder alle sieben Jahre zu Ostern oder am 1. Mai, zuweilen auch zu Johanni, um erlöst zu werden. Auf Mut und Besonnenheit kommt es an, jenen Schatz zu heben, diese Frau zu erlösen. Ein Schäfer findet eine Wunder-, Glücks-, blaue Blume, die auch wohl gelb, rot, weiß ist und Schlüssel-, Maiblume, Rose, Lilie heißt, oder die sich im Bach waschende Osterjungfrau zu Osterrode am Harz bricht sie ihm. Die Blume tönt beim Pflücken gewaltig und verwandelt sich auch wohl in eine wunderschöne Kerze oder in einen Schlüssel.

Mit der Blume oder dem Schlüssel oder einer Springwurzel öffnet er die zu ihrem Schatz führende eiserne Pforte und steckt die Blume an seinen Hut. Aber als er nun in der Höhle seine Taschen gefüllt und voll Erstaunens über die Kostbarkeiten seinen Hut abgelegt hat, geht er ohne diesen fort, nicht achtend auf den Warnruf: „Vergiß das Beste nicht,“ und bei seinem Austritt schlägt ihm die eiserne Tür beinah die Ferse ab. Alles ist im Nu verschwunden und der Pfad nimmermehr zu finden. — Aber ein schwereres Wagnis wird von dem gefordert, der die weiße Frau erlösen will. Er muß ihr, von Todesnöten umdrängt, ohne zu sprechen, drei Küsse geben. Sie trägt meistens einen goldnen Schlüssel oder ein Schlüsselbund am Gürtel oder einen feurigen Schlüssel oder eine feurige

Schlange im Munde, dazu ein Licht in der Hand. Erst ganz schwarz, dann halb schwarz, halb weiß, wechselt sie, je näher der Erlöser seinem Ziele, dem Kusse, kommt, Farbe und Gestalt und verwandelt sich ähnlich der Thetis, als Peleus sie umarmte, hinter einander in drei grausige Tiere, in einen Bären, einen glühenden Ochsen und häufig in eine feurige Schlange. Sie liegt aber auch wohl als feurige Schlange auf einer flammenumgebenen, mit Lärm heranrollenden Truhe, mit einem Goldschlüssel im Munde, und schwarze, feuerschnaubende Hunde hüten ihren Schatz. Zwei Küsse wagt der zum Erlösungswerk Erkorene, aber vor dem dritten schrickt er schreiend zurück, und klagend, oft unter heftigem Sturm oder Knall, verschwindet sie. Sie läßt dann wohl eine Nuß oder Eichel fallen, damit daraus der Baum aufwachse, der das Holz für die Wiege des zukünftigen Schatzhebers oder ihres zukünftigen Erlösers liefern wird.

In diesen zahlreichen Sagen, deren Alter freilich kaum über das Jahr 1520 hinauf bezeugt werden kann, wird ganz ähnlich wie in jenen altnordischen Liedern von Frey und Svipdag der Kampf des Blitzes mit der schreckhaft leuchtenden Wetterwolke des Frühjahrs dargestellt, nur daß er in der deutschen Überlieferung ein trauriges, in der nordischen ein freudiges Ende findet. Denn nach dieser vereinigt sich der Gott mit der Befreiten im grünenden Haine Barri, oder diese begrüßt ihren Befreier mit ihrem Kuß und dem Versprechen, ihr ganzes Leben mit ihm zu verbringen. Dort aber verschwindet die Erlösungsbedürftige meist unbefreit mit lauter Klage, doch nicht immer ohne die Hoffnung auf ein freilich sehr spätes Heil. Das Motiv von diesem Heil, das ihr aus einem später heranwachsenden Baume werden soll, scheint einer christlichen Adamslegende entlehnt zu sein. Adam sendet seinen Sohn zum Paradies, der von dort den Zweig holt, der zuletzt zum Erlösungsholze, zu dem Kreuze Christi, wird. Aber der Kern unsrer Sage besteht aus echt germanischem Naturmythus. Die Zauberrute, die den nordischen Befreier als Blitzträger kennzeichnet, stellt sich in Deutschland als eine wunderbar aufleuchtende und mächtig tönende Blume dar, und die Waberlohe kehrt in allerlei Flammenerscheinungen wieder, auch das Schatzhaus mit seinen gräulichen Hofhunden fehlt nicht.

Diese in der Natur so rührige vielnamige Göttin übte einen um so stärkeren Einfluß auch unmittelbar auf das häusliche Leben aus, je seßhafter die Germanen wurden, und sie galt auch noch in der christlichen Zeit, oft mit der Maria verschmolzen, als Hüterin der Ehe, der Hausarbeit und des Ackerbaues. Frau Holle bringt den Menschen die neugeborenen Kinder aus ihrem Brunnen, woraus sie nach späterem Glauben die Hebamme holt, die auch wohl als Opfer ein Geldstück in den Kindlesbrunnen wirft. All der hilflosen verstorbenen Kleinen, die später als ungetaufte der christliche Himmel ausschloß, nimmt sich Frau Holle und Frau Berchta mütterlich an, stillt sie und zieht mit diesen Heimchen freundlich umher, wobei diese ihr beim Pflügen durch das Wässern des Erdreichs helfen. Sie hält es auch zu Zeiten für gut, mit ihnen über einen Fluß in ein ander Land überzusetzen. Aber zu unartigen Kindern kommt sie als schreckhafte Kinderscheuche. Wachsen die Kinder zu Mädchen heran, so überwacht sie namentlich deren wichtigste Hausarbeit, das Spinnen, segnet und belohnt die fleißigen, bedroht und straft die faulen Spinnerinnen in den Zwölfnächten oder den Fasten, in der Rast- oder Abschlußzeit dieser Arbeit (S. 328). Sie heißt auch Flachsjungfer (S. 430), die Aussaat und Wachstum des Flachses fördert und ihn in der Sonne ausbreitet. Nur Frauen dürfen ihn in der Oberpfalz säen, nur am alten Festtag der Göttin, am Freitag, säet man ihn in der Grafschaft Mark. Sprangen im elsässischen Obersulzbach die Männer und Frauen am Fastnachtsdienstag beim Tanzen, an dem keine Jungfrau, kein Jüngling teilnehmen durfte, hoch empor, so gabs im nächsten Sommer ein schönes Hanffeld. Aber auch anderer Feldfrucht gab sie Gedeihen, deshalb ging sie hinter dem Pfluge her, deshalb wurde der Berchta eine Pflugschar unter ihren Festtisch gelegt (S. 428), deshalb wurden oft durch Weiber oder Lediggebliebene zu Neujahr oder in den Fasten oder zu Frühlingsanfang ein Pflug oder eine Egge umgeführt oder ins Wasser gezogen und auch wohl ein Feuer auf diesen Ackergeräten angezündet, als ob man das Frühlingsgewitter mit seinem befruchtenden Regen und Blitzen nachahmen wollte. Ja es wurde im Eisfeldischen am Obersten d. h. am Dreikönigstag Frau Holle oder in Schwaben zur Fastnacht Frau Faste verbrannt, begraben oder ertränkt. Man wünschte eine neue jugendfrische, eine aus dem Winter wieder auferstandene Göttin, die den Acker segnete. Schon in den Fasten sagte Frau Holt im Venusberg die Ernte voraus, und bei der Ernte ließ man im Göttingischen die letzte Handvoll Frucht auf dem Acker für Fru Holle stehen. Tobte Fru Gaur mit ihren Hunden übers Feld, so gab es zehnfache Roggenernte. Noch 1712 sammelten sich niedersächsische Hausleute um die letzten Halme mit dem Rufe: „Fru Gaue, holet ju Fauer (Futter)", und man nannte diesen Halmbusch von der Aller bis nach Mecklenburg hinein Vergodendeel d. i. Frau Goden Teil. Es treten aus den Überlieferungen drei Festzeiten der Hauptgöttin hervor. Die der Zwölfnächte (S. 428) wurde noch vor kurzem hie und da in Tirol beobachtet in altertümlicher Weise: man legte am obersten Tag, dem Perchtentag, in der Gönacht vom 5. zum 6. Januar für Frau Perchtl Kücheln auf den Tisch oder gar aufs Dach. Die Deutschungarn aber, die aus Franken stammen, ließen den Rest der festlichen Mohnspeise zu Weihnachten als Fru Holden Teil in der Schüssel, gerade wie jene Niedersachsen ihren Frau Goden Teil auf dem Felde. In den Fasten oder im Frühlingsanfang wurde die Göttin besonders durch Tanzen und Pflugumziehen geehrt; im Herbst fiel ihr ein Teil der Ernte zu. Wir dürfen dabei dort an die jubelvolle Umfahrt der Nerthus, hier an das Tanfanagelage der Marsen denken. Uralte Festgefühle durchzucken noch heute das Landvolk.

Zehntes Kapitel.

Das Christentum in der nordischen Mythologie.

Der germanische Mythenbau steht jetzt vor uns, freilich durch weit klaffende Lücken entstellt, aus verschiedenartigem, bald nordischem, bald deutschem Gestein zusammengesetzt und in den Stilen verschiedener Zeiten und Stände aufgeführt. So lückenhaft ist die heimische heidnische Überlieferung, daß man sagen darf, sie beginne erst in dem Zeitpunkte, wo das germanische Heidentum zu bestehen aufhört. Nur landfremde Römer und glaubensfremde Mönche wissen schon früher davon zu berichten. Die heimische Überlieferung aber zerfällt in zwei große Hauptmassen, eine überwiegend skaldische nordische und eine überwiegend volkstümliche gemeingermanische. Darin spiegelt sich der scharfe Gegensatz der Stände wieder, der die germanische Staatsverfassung und Gesellschaft beherrscht. Es gab eine Bauernmythologie und eine Adelsmythologie.

Beiden zugrunde aber liegt dieselbe Entwicklung: aus den ältesten niederen Formen des Seelen-, Alp- und Dämonenglaubens erheben sich nach und nach höhere Gestalten, und Götter bilden den krönenden Abschluß. Aber die übermenschlichen Wesen des Bauernglaubens wahren sich fast alle noch den Zusammenhang mit den Naturkräften, selbst die Götter, und behaupten sich gerade dadurch sogar gegenüber dem Andrang der geistigeren Mächte des Christentums lange, lange Zeit. Der Glaube der großen Masse war in seinem Mythus, wie Kultus vorzugsweise Naturreligion, die aber schon seit unvordenklicher Zeit sich zu festumrissenen und menschlich gearteten Gestalten erhoben hatte. Dagegen huldigte der gottentstammte

Adel vorzugsweise den Göttern einer geistigeren Art, wie sie namentlich die Priester und die Hofsänger veredelten. Zu dem schlichten, oft derben, aber durchweg keuschen, sinnigen und oft poetischen Bauerngeist gesellte sich ein kriegerischer, kühner, höher strebender Heldensinn, von dem wir die schönsten Proben in manchen aus der Wikingerzeit hervorgewachsenen Eddaliedern haben. So begann allmählich eine Geistesreligion sich zu entwickeln. Aber erst im Werden begriffen, erwies sie sich beim Zusammenstoß mit dem Christentum viel haltloser und erlag diesem weit schneller als jener alte robuste Volksglaube. Ihre höchste Leistung war, doch wohl nur im Norden, die Herstellung einer durch Verwandtschaft und Schicksal leidlich fest verbundenen Götterordnung, in der jeder Gott sein Amt hatte, vom König herab bis zum Hofdichter und zur Kammerfrau. Aber die Vorstellungen vom Jenseits schwankten beim Volk, wie bei den Großen hin und her und waren durchweg sinnlicher Natur, ja das Familienleben wurde in Walhall zugunsten des Kampf- und Freudelebens mit den Walküren unterdrückt. Noch viel ungenügender wurden die noch ferner liegenden Fragen nach dem Anfang, dem Verlauf und dem allerletzten Ende der Dinge und der Menschheit beantwortet. Es fehlte die Weisheit einer hochgebildeten, sinnenden Priesterschaft, sowie die anregende Fülle einer städtischen Kultur. Man brachte es zu vielen einzelnen runden Personenmythen und bildete daraus hie und da Mythengruppen. Aber man hatte nicht das Zeug zur Schaffung eines zusammenhangenden, wohlgegliederten Weltmythus.

Mit dieser aus den Quellen geschöpften Charakteristik unserer Mythologie steht in schroffem Widerspruch die Völuspa, die Weissagung der Seherin, das großartigste und meistumstrittene Gedicht der Liederedda, das, obgleich absichtlich dunkel gehalten und in Einzelheiten ungedeutet, seine Hauptgedanken und seine ganze Grundidee vollkommen verständlich vorträgt. Es behandelt in einem vornehmen Überblick das denkbar erhabenste Thema, die

Geschichte der Welt von ihrem äußersten Anfang bis zu ihrem äußersten Ende, ja darüber hinaus bis zu ihrer Erneuerung. Woher dieser kühne Ideenwurf, diese tiefgründige Weisheit? Konnte solche Raum und Zeit gewaltig umspannende Spekulation, deren Ausgestaltung eine vielhundertjährige Vorarbeit voraussetzt, wie eine Offenbarung aus der soeben gezeichneten zerstückelten, doch noch so unreifen germanischen Mythenwelt plötzlich hervorbrechen? Solche Wunder trugen sich in der nationalen Entwicklung der heidnischen Mythologie nicht zu. Es muß eine fremde Macht eingegriffen haben, die diese weiten Sprünge ermöglichte, die eine neue ganz andersartige Gedankenwelt in den alten Mythus einließ.

Die Heimat jener religiösen Spekulationen über den Anfang und das Ende der Dinge und ihren tieferen Sinn war das Morgenland; die Kirche stellte in all diese Weltbegebenheiten mitten hinein Christus, seinen Vergangenheit und Zukunft versöhnenden Kreuzestod. Seit dem Anfang des 3. Jahrhunderts faßten die christlichen Weltgeschichten die Schöpfung, die Erlösung, die Wiederkunft Christi, das tausendjährige Reich und das Ende der Welt als die Hauptpunkte des göttlichen Heilsplans auf. In vielerlei Formen wurde diese Lehre in den letzten Jahrhunderten des ersten Jahrtausends im Norden bekannt, die einfachste, beliebteste Form war die sogenannte Summe der Theologie, eine Predigt, die in volkstümlicher Weise jene ganze große Heilsgeschichte den Gemeinden öfters in Erinnerung brachte. So stieß sie auch auf das nordische Skaldentum.

In der Völuspa rinnen nun wie in einem Becken die beiden maßgebenden geistigen Strömungen des Nordens in der Zeit der inneren Abkehr vom Heidentum zum Christentum zusammen. Ihr Verfasser steht zwischen einer neuen Glaubenslehre und einer alten technischen Schulung. Jene führte ihm großartige, aber fremde Begriffe in Hülle und Fülle zu, diese nötigte ihn, nach Skaldenart die Begriffe, auch die fremdesten, durch die altgewohnten mythologischen Wendungen und Namen zu umschreiben.

Nicht nur christliche Einzelheiten, sondern auch ganze Gedichte christlichen Inhalts wurden in heidnischen Stil gekleidet. Ähnliches geschah auch in Südeuropa. So stückte die Dichterin Proba Faltonia im 4. Jahrhundert ihre lateinische Darstellung der wichtigsten Ereignisse des alten Testaments von der Schöpfung bis zur Sintflut und des neuen Testaments bis zur Himmelfahrt aus lauter virgilianischen Versen und Versteilen zusammen. So sklavisch beugte sie sich vor dem heidnischen Stilmuster, daß sie bei ihrer Schilderung der Kreuzigung nicht einmal das Wort „Kreuz" zu brauchen wagte.

Die nordischen Künstler und Dichter hielten gleichfalls an ihren alten Figuren fest. Auf einem echt christlichen Denkmal, dem zweiten cumberländischen Gosforthkreuz, angelt der Gott Thor in des Riesen Ymir Gesellschaft aus dem Schiff heraus nach dem Midgardswurm (S. 239). Der Künstler wollte mit Thor bereits Christus bezeichnen, wie dieser nach mittelalterlicher Anschauung mit dem Angelhaken des Kreuzes den Drachen oder Leviathan oder Teufel fängt. Daher wurde diese echt heidnische Szene auf dem heiligsten christlichen Symbol, dem Kreuz, angebracht. Wiederum heißt Christus in einem nordischen ihm gewidmeten Preisliede des 10. Jahrhunderts der Besieger der Bergriesen und hat am Nornenbrunnen seinen Sitz. Um dieselbe Zeit verherrlichten zwei Dichter den Einzug der christlichen Könige Erich Blutaxt und Hakon des Guten in das Heidenparadies der Walhall, wo jener von den Göttern Odin und Bragi, dieser von den Walküren festlich empfangen wird. Solche innere Widersprüche kümmerten die Skalden nicht; sie standen im zwingenden Banne ihrer von Geschlecht auf Geschlecht vererbten poetischen Stilistik und nordischen Anschauungsweise. Auch fremde Stoffe rein weltlichen Inhalts mußten sich dieser skaldischen Umstilisierung unterwerfen, wie z. B. die deutsche Nibelungensage. Nicht nur werden ihr nordische Helden, wie Helgi, einverleibt, nicht nur wird das milde Rheinland, der alte Schauplatz, in eine Landschaft wilder Eis- und Schneeberge verwandelt, über die Brunhild jeden Abend voll böser Gedanken dahinschreitet, sondern es wird auch durch eine eigens hinzuerfundene Vorgeschichte des Nibelungenschatzes das Geschlecht Siegfrieds mit dem nordischen Göttermythus verknüpft und Odin zum Lenker des Schicksals des Helden erhoben.

So haben sich die nordischen Dichter den größten germanischen Sagenstoff zu eigen gemacht, zu ewigem Ruhme; so desgleichen das höchste Erzeugnis der christlichen Weltanschauung, die Heilslehre. Schon Primin (S. 19) verkündigte sie den Alemannen am Bodensee, und Karl der Große ließ sie in eine Musterpredigt verarbeiten, in eine Summa der Theologie, die die Geistlichen seines Reichs den Gemeinden von Zeit zu Zeit einzuprägen hatten, damit jeder Christenmensch erführe, was ihm zu wissen notwendig sei. Auch die Dichter des Abendlands bemächtigten sich des eindrucksvollen Stoffes. In den Hauptpunkten übereinstimmend, drangen diese prosaischen und poetischen Summen mit ihren vielerlei Änderungen und Erweiterungen der biblischen Überlieferung in den Norden vor und ließen namentlich, wenn wieder einmal die Furcht vor dem Untergang der Welt die Gemüter ergriff, zum Schlusse die gewaltigen Klänge der Offenbarung des Johannes erdröhnen.

Die Summa begann mit der sechstägigen Schöpfung durch die ewige Dreieinigkeit, die sich bei ihrem letzten und würdigsten Werke, der Erschaffung des ersten Menschenpaars, besonders macht- und liebevoll erwies. Ihm wird das Paradies mit seinem verhängnisvollen Baume zur Wohnung angewiesen. Es begibt sich der Sündenfall, dessen Hauptschuld der Eva zugemessen wird, dessen eigentlicher Urheber aber der erfolglos nach Gottgleichheit trachtende rachsüchtige Fürst der aufrührerischen und deshalb gestürzten Engel ist. Die von Eva auf die Erde gebrachte Sünde fordert Strafgerichte heraus, so die Zerstörung des frevelhaften babylonischen Turmbaues und die Verwirrung der Sprachen. Endlich erscheint der Herr, der auch das Pfand Gottes heißt, am Kreuz; aus seiner Seitenwunde vergießt er das sühnende Wasser und das erlösende Blut. Er fährt zur Hölle, ersteht auf und schwebt gen Himmel. Das jüngste Gericht kündet sich durch mancherlei Vorzeichen an, das erste und eigenartigste ist das Erscheinen des größten Bösewichts, des Antichrists. Dann folgen Sünde und Krieg der Menschen. Die ganze Welt gerät in Aufruhr, fünf Dämonen stürmen gegen die Himmelsmächte an, auch die Heidengötter gehen zu grunde. Finsternis bricht herein, in Flammen steht die Welt. Da sieht der Prophet einen neuen Himmel und eine neue Erde auftauchen. Ein neues glückliches Leben beginnt, das neue Jerusalem erglänzt von Gold und Edelstein heller als die Sonne. Der Allmächtige kommt zum großen Gericht.

Und nun folge sofort das in der Völuspa aufgefangene Spiegelbild: Das Gedicht beginnt nach einer zweistrophigen Einleitung mit der sechsaktigen Schöpfung, deren letztes Werk, die Erschaffung des ersten Menschenpaars, von drei Göttern, mächtigen und liebevollen, vollzogen wird. Dann erhebt sich ein Schicksalsbaum vor uns; ein Weib, das sich vergangen hat, wird aus dem Himmel verstoßen und bringt bösen Zauber auf die Erde hinab. Ihr Vergehen hängt zusammen mit dem Krieg, den die Wanen, weil sie göttergleich sein wollten, gegen die Götter führten. Ein großer Bau, den ein frevelhafter Riese aufführt, wird hier nur rätselhaft angedeutet, ist uns aber sonst bekannt. Thor fährt dazwischen, und alle Verträge und Reden gehen auseinander. Dann steigt ein heiliger Baum auf mit dem Pfande Walvaters, von dem sich Wasser in einem Falle ergießt, und der blutige Balder wird nach einigen dunklen Strophen sichtbar. Hölle und Paradies werden mit heidnisch-christlichen Farben geschildert. Das Kommen des Weltuntergangs eröffnet die Erscheinung des größten Bösewichts, der später Surtr heißt. Sünde und Krieg der Menschen; die ganze Welt gerät in Aufruhr, fünf Dämonen stürmen gegen die Götter. Diese fallen. Sonnenfinsternis, Untergang und Brand der Welt. Da sieht die Prophetin eine neue

Erde aus dem Meere tauchen. Ein neues glückliches Leben beginnt. Schöner als die Sonne erglänzt das goldgedeckte Edelsteinhaus, und der Allmächtige kommt zum großen Gericht. Der noch einmal aufsteigende Drache versinkt auf alle Zeit.

So überraschend diese Gleichung auch wirken mag, überzeugen wird sie erst, wenn man ihre einzelnen Glieder prüft und das eigentümliche Umbildungsverfahren erkennt, dem der skaldische Dichter seine christliche Vorlage unterzogen hat. Er kleidet zunächst das Ganze in die Form der Weissagung einer Wölva oder Seherin:

1. Um Gehör bitte ich alle heiligen Menschenkinder,
Hohe und niedere Söhne Heimdalls.
Du willst, daß ich, Walvater, genau erzähle
Die alten Geschichten der Menschen, deren ich von Anfang gedenke.

2. Ich gedenke der Riesen, der früh geborenen,
Die einst mich erzeugt hatten,
Ich gedenke der neun Heime, der neun Binnenwohnungen,
Des herrlichen Maßbaums bis hinab unter die Erde.

Was ist hier aus der meist armseligen nordischen Wölwa geworden, die zur Julzeit bei den Bauern von Hof zu Hof umherzog, um ihnen gegen Lohn die Witterung und den Ausfall der nächsten Ernte, Familienereignisse und etwa noch Krieg oder Frieden vorauszusagen (S. 307)? Unsere Wölwa wendet sich an das ganze Menschengeschlecht als Vollstreckerin des Willens Gottes, demgemäß sie die alten Geschichten der Menschen von Uranfang erzählen soll. Sie ist eine Urriesin und kennt alle Räume der Welt bis ins Innerste der Erde. Solch ein gewaltiges Seherweib ist nur einmal geschaffen worden, im alexandrinischen Judentum, das neben Gott die schöpferische Weisheit oder Sapientia als ein himmlisches Geisteswesen, ein allwissendes Weib, kühn einsetzte. Sie wurde dem ganzen Abendlande bekannt durch die hellenistischen Schriften des alten Testaments: die Sprüche Salomonis, das Buch der Weisheit und Jesus Sirach. Ihre hochheilige Natur übertrug der Dichter der Völuspa auf das dürftige Zauberweib seiner Heimat. Denn alle die großartigen Züge unsrer Wölwa sind bereits in der Sapientia vorgebildet. Diese ruft: „Höret mich, ihr Menschensöhne. Der Herr hat mich gehabt im Anfang seiner Wege. Ich bin eingesetzt von Ewigkeit, von Anfang der Erde". Sie ist die Gehilfin Gottes, die seinen Willen ausführt, sie kennt die Gedanken der Menschen und den Anfang der Zeiten. Ja sie lebte mit den „Giganten" zusammen, die „von Anfang bestanden". Sie kennt die Ordnung des Erdkreises und mißt die Höhe des Himmels, die Breite der Erde und die Tiefe des Abgrunds. Das meint auch unsre Wölwa mit ihren neun Heimen und Binnenwohnungen und dem herrlichen Maßbaum. Nach christlicher Anschauung nahm man 9 Himmel für die 9 Engelchöre an und dem entsprechend 9 Höllenwelten, und wiederholt wird das Kreuz der herrliche Baum und das Maß genannt, und als ein kosmischer Baum aufgefaßt, dessen Wipfel zu den Himmeln strebe, dessen Zweige sich über die ganze Erde ausbreiten und dessen Wurzel unter der Erde bis in die Hölle hinabdringe.

Nun folgt die Schöpfung:

3. Der Beginn war's der Zeiten, in dem Ymir wohnte,
Nicht war Sand, noch See, noch kühle Wogen,
Erde gab es nicht, noch Himmel oben:
Ein Abgrund war der Abgründe, aber Gras nirgend.

4. Zuvor erhoben Scheiben Bors Söhne,
Die (dann) den herrlichen Midgard schufen.
Die Sonne schien von Süden auf des Saals Steine:
Da ward der Grund begrünt von grünem Kraute.

5. Die Sonne schlang von Süden her, die Gefährtin des Mondes,
Ihre rechte Hand um den Himmelsrand.
Die Sonne wußte nicht, wo sie Wohnungen hätte,
Der Mond wußte nicht, was für Kraft er hätte.
Die Sterne wußten nicht, wo sie ihre Stellen hätten.

6. Da gingen alle Berater auf die Gerichtsstühle,
Die hochheiligen Götter, und berieten darüber.
Der Nacht und dem Neumond gaben sie Namen,

Benannten den Morgen und Mittag,
Nachmittag und Abend, die Jahre darnach zu zählen.
7. Die Asen trafen sich auf dem Iđafelde,
Die Altar und Tempel hoch aufbauten.
Sie legten Essen an, schmiedeten Gold,
Schufen Zangen und fertigten Geräte.
8. Sie spielten Brett im Garten und waren heiter,
— Es war ihnen kein Mangel an Gold —
Bis drei Riesenmädchen kamen,
Sehr übermächtige, aus Riesenheim.
9. Es gingen alle Berater auf die Gerichtsstühle,
Die hochheiligen Götter, und berieten darüber,
Wer von den Zwergen das Volk schaffen solle
Aus Brimirs Blut und aus Blaens Gebeinen.
10. Da war Mótsogner der ausgezeichnetste
Aller Zwerge, aber Durenn der andre;
Die Zwerge machten viele Menschenkörper
In der Erde, wie Durenn sagte.
11—16 geben eine Zwergnamenliste.
17. Bis drei kamen aus diesem Geschlechte
Mächtige und gütige Asen nach Hause;
Sie fanden am Lande die wenig vermögenden,
Schicksalslosen Ask und Embla.
18. Atem hatten sie nicht, noch Geist,
Noch Blut, noch Gebärde, noch gute Farben;
Atem gab Odin, Geist gab Hoener,
Blut gab Lothor und gute Farben.

Niemand wird auf den ersten Blick in diesem rätselhaften, seltsamen Berichte ein Abbild der biblischen Schöpfungsgeschichte, der Genesis, erkennen, höchstens eine gleiche Anzahl und eine gleichartige Reihenfolge ihrer Hauptakte von der uranfänglichen Leere bis zur Erschaffung des ersten Menschenpaars unsicher durchschimmern sehen. Erst wer die skaldische Formengebung, in welche die Vorgänge eingehüllt sind, abgestreift hat und vieler anderer mittelalterlichen Fassungen des Schöpfungsberichtes, welche Züge der weitbekannten platonischen Schöpfungslehre aufgenommen hatten und von der biblischen Genesis mehr oder minder abwichen, eingedenk ist, wird unter dem heidnischen Schein das alttestamentliche Urbild wiederfinden.

Die wüste, leere Erde und den mit Finsternis bedeckten Abgrund des Anfangs übersetzt unser Dichter ganz verständlich durch die Worte: „Nicht war Sand, noch See, noch kühle Wogen, noch war Erde, es war ein Abgrund der Abgründe, ein *Gap Ginnunga*". Und diesem erhabenen Bilde fügt er den fast kleinlichen Zug ein: „aber Gras war nirgend", gerade so wie der christliche Dichter der angelsächsischen Genesis zu derselben Bibelstelle hinzufügt: „die Erde war da noch von Gras ungrün", was heißen soll: „Erde war noch nicht und Gras grünte nicht". So weit steht also die Völuspaschilderung ganz im Banne der christlichen Genesisdarstellung.

Aber *Ymer?* Trotz seinem heidnischen Riesennamen, der vielleicht den Rauscher bedeutet, ist auch er aus dem Genesistexte der biblischen Vulgata hervorgewachsen. Sie spricht nämlich nicht kurzweg vom Abgrund oder Abyssus, sondern von einer Facies, einem Antlitz, des Abgrunds, woraus man schon im frühen Mittelalter einen Riesenkopf machte. Diese Personifizierung war so beliebt, daß Karl der Große in den sogen. Karolinischen Büchern, die von der Bilderverehrung handeln, als schriftwidrig verbot, den uranfänglichen Abgrund in menschlicher Figur darzustellen. Aber sein Verbot drang nicht durch. Noch im 11. und 12. Jahrhundert wird der Abyssus des zweiten Genesisverses auf einer Elfenbeintafel im Berliner Museum, auf einer Illustration der französisch-lateinischen Bibel von Noailles und auf einer Mosaik von Monreale als ein Riesenkopf dargestellt, der einen Wellenberg durchbricht. Der nordische Urriese der Völuspa ist also doch auch nur ein Auswuchs der Genesisauslegung.

Auch fast alles, was wir aus anderen Stellen der Liederedda und aus der Prosaedda von diesem Urriesen erfahren, stammt nicht aus dem heimischen Mythus, sonders aus der Lehre der mittelalterlichen Theologie von der

Urmaterie. Den Abgrund erklärten viele Theologen für das häßliche Bild der formlosen Materie, die der schaffende Gott schon im Anfang vorgefunden habe. Dagegen setzten andre in den Anfang das Nichts. Der oft heftige Widerstreit dieser Lehrmeinungen bewog Snorre, im Sinne der strengeren Orthodoxie den Vers der Völuspa:

Der Beginn war's der Zeiten, da Ymir wohnte

zu verwandeln in:

Der Beginn war's der Zeiten, da Nichts war.

Der ganze Roman von Ymirs Geburt, Leben und Tod verdankt seine Herkunft der abendländischen Philosophie. Nach Snorre strömten zwölf Flüsse, die *Elivágar*, bevor die Erde geschaffen war, aus dem kalten nördlichen *Niflheim*, dem Nebelheim, in dessen Mitte der Brunnen *Hvergelmir*, der Rauschekessel, lag. Sie erstarrten in ihrem Laufe zu Eis, das immer höher im *Ginnungagap* übereinander wuchs, worin nun Feuchtigkeit und Wind entstand. Aus dem südlichen lichten und heißen *Múspellsheim,* dem Feuerheim, flogen Funken herüber, sodaß das Ginnungagap lau und windlos wurde. Der Hauch der Hitze brachte das Eis zum Tröpfeln, und die Kraft des Hitzesenders belebte die Tropfen zum ersten Wesen von Menschengestalt. Das hieß *Ymir,* aber bei den Reifriesen *Aurgelmir*, das rauschende Naß, oder *Örgelmir*, der gewaltige Rauscher. — Diese Kosmogonie fröstelt einen echt nordisch an, aber auch sie ist fremd und entstammt dem Timaeus Platos, der in der lateinischen Übersetzung und Erläuterung des Chalcidius schon seit dem frühen Mittelalter eifrig gelesen wurde. Nach Platos Theorie, die weithin das Mittelalter beherrschte, erstarrt ein die vier Elemente wild vermengender Strom zwischen dem kalten, feuchten Erdelemente und dem heißen, trocknen Feuer zu Eis. Nach der Erdseite hin bildet sich zwischen Kälte und Hitze das kalte, aber feuchte Wasser, nach der Feuerseite hin die warme, feuchte Luft. Der formlose Urstoff wird also jetzt zuerst zur Form, und zwar durch die „Kraft des Schöpfers", die Virtus des Opifex. Also auch hier eine zwischen Kälte und Hitze vereisende

Strömung, ein Entstehen der zwei jüngeren Elemente Wasser und Luft aus dem Zusammenstoß zweier älterer; auch hier eine Verwandlung des Formlosen in eine Form, auch hier ein unmittelbares Eingreifen einer höheren Macht, um dies zu bewirken. Nur dadurch unterscheidet sich Snorre von Plato, daß er dieser geformten Materie einen Personennamen gibt und zwar denselben, den die Völuspa der von ihm als das Nichts bezeichneten formlosen Materie gab, nämlich Ymir.

Aus dem tropfenden Reif entstand auch eine Kuh *Auđhumla*, die mit der Milch ihres Euters Ymir, sich selber aber durch das Ablecken salziger Eisblöcke nährte. Infolgedessen trat der Körper eines Mannes nach und nach daraus hervor, des mächtigen, schönen *Buri*, der (ohne Weib) einen Sohn *Borr* zeugte, der „Erzeuger" den „Erzeugten". Dem Borr schenkte die Riesentochter *Bestla* die drei Söhne *Odin*, *Vili* und *Vé*. Die nährende, leckende Riesenkuh mag noch ein altes Bild der die Gletscher umlagernden Wolke sein, die unten Leben schafft; der Erzeuger aber und der Erzeugte entsprechen dem Genitor und dem Genitus der Christologie, sowie Odin, Vili und Vé d. i. Gott, Wille und Heilig der mittelalterlichen Trinitätslehre, wonach die drei Personen u. a. auch als Gott, Wille (Voluntas) und heiliger Geist bezeichnet wurden.

Wie Auđhumla nach Snorre die Ahnfrau der Götter und die Amme Ymirs ist, so ist nach den Vafthrudnismal Ymir oder Aurgelmir der Vater des sechshäuptigen Riesen *Thrúdgelmir*, den sein einer Fuß mit dem andern erzeugte, während unter seinem Arme ein Mann und ein Weib hervorwuchsen. Dies scheint ein verzerrtes Abbild des Urriesen der durch Irenäus im Abendland bekannt gewordenen fantastischen Ophitenlehre, der aus sich heraus sechs Söhne, die sechs Haupttugenden, hervorbringt und Adam sowohl als auch Eva das Leben schenkt.

Und um die Gelmirgenealogie hier verabschieden zu können, sei noch bemerkt, daß der Sohn Thrudgelmirs *Bergelmir* ist, der in den Vafthrudnismal bei der Sintflut in einen Kasten gelegt, nach Snorre diesen aber mit Weib und Kind besteigt und dadurch gerettet wird. Wer kann darin Noah verkennen, der ja auch zu dem Riesengeschlechte gehört? Fast möchte man in Bergelmir einen Berggelmir vermuten, so genannt, weil er auf dem Berge Ararat landete.

In dieser Erzählung ist die Sintflut aus dem Blute Ymirs, den die Götter erschlagen haben, entstanden. Nach einer andern zerstückeln die Götter den Urriesen und bilden aus seinem Fleisch die Erde, aus seinen Knochen das Gebirge, aus seinem Schädel den Himmel, aus seinem Schweiß die See, aus seinem Haare den Baum, aus seinen Brauen den Midgard und aus seinem Gehirn die Wolken. Ähnliche Listen von Vergleichungen des Mikrokosmos mit dem Makrokosmos, des Menschen mit der Welt, haben allerdings auch weit entfernte Völker aufgestellt, aber genau übereinstimmende finden wir doch nur in den kirchlichen Schriften des Mittelalters. Selbst deren auffällige Vergleichung der Wolken mit den Gedanken kehrt hier in den aus dem Hirn, dem Sitz der Gedanken, geschaffenen Wolken wieder.

Wie sehr diese ganze Vorgeschichte der Schöpfung, auch wo sie von der Genesis weit abweicht, von Gedanken und Motiven der christlichen Theologie durchsetzt ist, zeigt zum Schlusse noch der folgende kleine Zug. Snorre wirft bei seiner Ymircharakteristik plötzlich die höchst überraschende Frage auf: „War Ymir ein Gott?“ und bekommt die Antwort: „Wir halten ihn durchaus nicht für einen Gott, denn er war böse, wie alle seine Nachkommen.“ Diese ernste ethische Frage hatte dem volkstümlichen Riesentum gegenüber keinen Sinn, aber sie versetzt uns plötzlich wiederum mitten in die christliche Gedankenwelt. Denn seit Plato bis auf den heutigen Tag war man geneigt, in der Urmaterie, die doch Ymir vertritt, das Grundböse zu erkennen.

Kehren wir zur Völuspa zurück! Den eigentlichsten ersten Schöpfungsakt der biblischen Genesis, die Scheidung des Lichts von der Finsternis, überging unser Dichter, vielleicht mit dem stillen Einwande, daß das Licht doch erst möglich gewesen, nachdem die Sonne geschaffen worden sei. Darum ließen auch manche christliche Genesisdichter die Lichtschöpfung weg.

Die nächsten drei Schöpfungsakte, den zweiten, dritten und vierten, vollzieht die Gottheit nach den Strophen vier bis sechs der Völuspa genau in der biblischen Reihenfolge: Himmel, Erde und Gestirne. Die Götter erheben die Himmel, schaffen die Erde und bestimmen nach einer Beratung den Gestirnen ihre Bahnen und Zeiten. Der Dichter schließt sich bald mehr an den Genesistext an, bald mehr an dessen theologische Erklärung. So drückt er das Firmament der Genesis durch „Scheiben" aus, wie es die Kirchenväter nach der mittelalterlichen Sphärentheorie durch himmlische Sphären, Zirkel und Kreise übersetzten. Und Gott nannte weiter das Trockne Erde, und die Erde ließ aufgehen Gras und Kraut. So wird in der Völuspa die Erde geschaffen, und um das Trockne auszudrücken, läßt der Dichter vorgreifend hier schon die Sonne auf sie, die mit einem Saalbau verglichen wird, herabscheinen, sodaß sie mit grünem Kraute begrünt wird. Zum vierten machte Gott, nach der Bibel, zwei große Lichter, ein großes Licht, das den Tag regiere, und ein kleines Licht, das die Nacht regiere, dazu auch Sterne. Und diese Lichter scheiden Tag und Nacht und geben Zeichen, Zeiten, Tage und Jahre. So kommen in der Völuspa hinter einander die Sonne, der Mond und die Sterne zum Vorschein, und die Götter geben ihnen Namen und Zeiten, die Jahre danach zu zählen.

Offenbar sind die Gegenstände dieser drei Schöpfungsakte dieselben, aber die Schöpferzahl ist eine verschiedene, mußte eine verschiedene sein, da die mythisierende Darstellungsmanier des im Polytheismus wurzelnden Skaldentums an die Stelle des einen Gottes mehrere, *Bors Söhne* (S. 445), um so unbedenklicher rückte, als ja auch die kirchliche Lehre die Schöpfergewalt auf mehrere göttliche Personen verteilte. Es sind also heidnische Scheingötter; den echten Heidengöttern war eine Schöpferkraft nicht gegeben und überhaupt den Germanen eine Schöpfungslehre, eine Kosmogonie, fremd. Tacitus ließ kein Wort darüber fallen, denn die von ihm berichtete Herleitung der Ingvaeonen, Herminonen und Istvaeonen von drei Söhnen des Mannus, der wieder ein Sohn des erdgeborenen Tuisco war, ist nur eine Stammheroensage, keine Kosmogonie. Sechs Jahrhunderte später erkannte der kluge Bischof Daniel von Winchester als Kernschaden des deutschen Heidenglaubens den Mangel einer Lehre von der Schöpfung durch die Gottheit (S. 24), und wenn die heidnischen Nordleute in ihren ausführlichen Debatten mit den Missionaren die Gewalt Thors und Odins über Unwetter und Ungeheuer, über das Gedeihen des Ackers und den Sieg in der Schlacht stolz rühmten, so wagten sie doch nie, obgleich von ihren Gegnern förmlich dazu gereizt, die Schöpferkraft ihrer Götter zu behaupten. Man hat also nicht nur das Recht, sondern sogar die Pflicht, die schaffenden Götter der Völuspa als bloße poetische Ersatzfiguren der christlichen Gottheit aufzufassen.

Aber wie ist weiterhin die Hochzimmerei und die Goldschmiedekunst der Götter samt ihrem heiteren Brettspiel zu erklären? Die Partie der Genesis 1, 31 bis 2, 2 bot dafür das Leitmotiv: „Gott sah an alles, was er gemacht hatte, und siehe, es war sehr gut. Also wurden vollendet die Himmel und die Erde und ihr ganzer Schmuck, und Gott ruhete". Die christlichen Angelsachsen nannten den Himmel ein „Hochgezimmer", und als er und die Erde fertig waren, jubelten in ihrer Genesis die Engel, „denen kein Mangel an irgend etwas war", und hielten ein Gelage. So zimmerten die nordischen Götter den Himmel hoch wie ein Heiligtum und schmiedeten Gold, „an dem ihnen kein Mangel war" (für den Sternenschmuck), und erfreuten sich am Brettspiel. Die selige Ruhe, die Gott nach der Vollendung Himmels und der Erden empfindet, wird vom angelsächsischen Genesisdichter ebenso frei ausgemalt, wie vom nordischen Völuspaverfasser. Dort jubeln die Engel und halten, frei von allem Mangel, ein Gelage, hier schmieden die Götter, frei von allem Mangel, schönen Schmuck und ergötzen sich mit Spiel. Ein eigentlich heidnisches Motiv ist auch hier ganz ausgeschlossen, denn der echtnordische Glaube versagte seinen Göttern nicht nur die schöpferische Tätigkeit überhaupt, sondern auch insbesondere alles Bauen und Schmieden. Mit diesen Künsten sind nur Zwerge und Riesen vertraut. Wenn dann plötzlich drei mächtige Riesenweiber erscheinen d. h. die Nornen, so sind wir überrascht. Doch auch dieser Zug, die Verknüpfung des Schicksals mit der Schöpfung der Sterne, kehrt in der mittelalterlichen Kosmogonie wieder: Chalcidius fand das Schicksal in den neugeschaffenen Sternen und zwar dreigeteilt in die drei Parzen Atropos, Clotho und Lachesis.

Noch überraschender ist nun die folgende Mitteilung, daß eine Götterversammlung Zwerge beauftragt, Menschenformen in Erde aus Wasser und Gestein zu bilden, da doch die Genesis als fünftes Werk die Schöpfung der Tiere schildert. Hier folgt der Dichter völlig der platonischen Schöpfungsgeschichte. Denn darnach werden von einer Götterversammlung die niederen Götter und Dämonen, die der nordische Verfasser Zwerge nennt, beauftragt, die Formen sterblicher Wesen aus den Elementen zu bilden.

Alsbald kehrt der Verfasser mit der Schilderung des sechsten Schöpfungsaktes zu der biblischen Vorlage und ihrer mittelalterlichen Auslegung zurück. Die Krone des ganzen Schöpfungswerkes ist auch in der Völuspa das erste Menschenpaar. Die Worte Gottes in der Genesis: „Lasset uns Menschen machen" wurden von den Kirchenvätern schon früh auf die Dreieinigkeit gedeutet, und so greifen auch in der Völuspa drei Götter das Werk an und zwar durch dieselben zwei Eigenschaften getrieben, ihre Macht und ihre Güte. Der dreieinige Gott findet einen Erdenkloß, dem er den lebendigen Odem in die Nase bläst, so daß der Mensch eine lebendige Seele wird. Diese Gaben verteilt die christliche Auslegung auf die drei göttlichen Personen, so daß Gottvater den Atem, Gottsohn die Seele und der heilige Geist die bewegliche Lebenskraft spendet.

So finden die drei nordischen Götter unvermögend und schicksalslos jene von den Zwergen aus Erde gemachten Körper und verleihen ihnen dieselben Gaben in derselben Verteilung. Und sie tragen die frei erdichteten Namen *Ask* und *Embla,* die den gleichen Stabreim bilden wie Adam und Eva. Daß die erste Person der Dreieinigkeit mit dem Namen des höchsten nordischen Gottes Odin bezeichnet wurde, ist fast selbstverständlich, wie ihn auch Snorre als *Hár* den Hohen neben die beiden anderen Namen der christlichen Dreieinigkeit *Jafnhár* Ebenhoch und *Thriđi* den Dritten setzt. Verunglückt dagegen ist die Umtaufung der beiden andern Schöpfer in *Hoenir* und *Lóþor,* denn jener ist ein höchst unbedeutender Gott (S. 410) und dieser ein völlig unbekanntes, wohl nur für diese Stelle erfundenes Wesen.

Der dritte Abschnitt der Völuspa besteht aus den Strophen 19—26:

19. Eine Esche weiß ich stehen, sie heißt Yggdrasill;
Ein hoher Baum, mit glänzendem Naß begossen,
Von da kommen die Tautropfen, die in die Täler fallen,
Er steht immer grün über dem Urđarbrunnen.

20. Von da kommen Mädchen, vielwissende,
Drei aus dem Saal (See), der unter dem Wipfel steht.
Urd nannten sie die eine, die andre Werdandi,
—.sie schnitten ins Scheit ein — Skuld die dritte.
Sie setzten die Satzungen, sie erkoren das Leben
Den Kindern der Menschen, das Schicksal der Männer.

21. Dieses Volkskriegs gedenke ich als des ersten in der Welt,
Als sie Gollweig mit Geren stießen
Und sie in der Halle des Hohen brannten,
Dreimal brannten, die dreimal Geborne;
Oft, unselten; dennoch lebt sie noch.

22. Heiþr nannten sie sie, wo immer sie in die Häuser kam,
Eine wohlkundige Wölwa: sie rüstete Zauberwesen aus,
Zauberte, wo sie konnte, zauberte sinnbetörend,
Immer war sie die Lust böser Weiber.

23. Da gingen alle Berater auf die Gerichtsstühle,
Die hochheiligen Götter, und berieten darüber,
Ob die Asen Abgabe zahlen sollten,
Oder alle Götter Opfer haben.

24. Odin schleuderte und schoß ins Volk,
Das war jener erste Volkskrieg in der Welt,
Gebrochen wurde der Ringwall der Asenburg,
Die kampfkühnen Wanen waren imstande, die Felder zu zerstampfen.

25. Da gingen alle Berater auf die Gerichtsstühle,
Die hochheiligen Götter, und berieten darüber,
Wer die ganze Luft mit Unheil gemischt hätte
Oder dem Riesengeschlecht Ods Mädchen gegeben.

26. Thor allein schlug zu, von Zorn bezwungen,
Er sitzt selten, wenn es sich darum handelt.
Zertreten wurden die Eide, die Worte und Schwüre,
Alle feierlichen Verträge, die zwischen ihnen fuhren.

Der Erschaffung des Menschen folgt auch in der Genesis das Bild eines Baums des Lebens, der nach der Apokalypse an beiden Seiten des Flusses mit dem krystallhellen Lebenswasser steht und das ganze Jahr hindurch Frucht und Laub trägt. Mit ihm verschmolz der Dichter die heidnische hohe Weltesche, die bei den Skalden Odins Roß d. i. *Yggdrasill* hieß (S. 293). Aber auch des Genossen des paradiesischen Lebensbaumes scheint er sich dabei erinnert zu haben, des schicksalvollen Baumes der Erkenntnis, und darum die drei Schicksalsweiber an seinen Stamm gesetzt zu haben, wenn ihm hier nicht eine ältere volkstümliche Nornenszenerie vorschwebte (S. 253). Ob nicht auch die Namen der drei Nornen *Vergangenheit, Gegenwart und Zukunft* den drei lateinischen Parzennamen Praeteritum, Praesens und Futurum, die wir bei den Gelehrten des Mittelalters z. B. Isidor finden, nachgebildet worden sind? (S. 261.)

Und nun entrollt sich das Schicksal der Welt. Es beginnt in der Völuspa wie in der Bibel mit der Verschuldung eines Weibes, die hier wie dort auf eine noch ältere Verwicklung, einen Krieg, zurückdeutet. Denn nach der Kirchenlehre erhoben sich Luzifer und andere treulose Engel gegen Gott, weil sie ihm gleichgestellt sein wollten, zum „primum bellum civile“, zum ersten Volkskrieg. Sie wurden aber aus dem Himmel gestoßen, worauf sich Satanas rächte durch die Versuchung der Eva zum Sündenfall. Die lichten Engel verwandelt der Dichter in die lichten Wanen (S. 362), die gleich den andern Göttern durch Opfer geehrt sein wollen. Darüber bricht der erste Volkskrieg aus. Die angelsächsische Genesis schildert, wie nun des Himmels Hochkönig zornig gegen die Aufrührer die Hände erhebt, auf einer ihrer 48 Miniaturen schleudert er sogar, von seinen Engeln umgeben, ein Bündel Pfeile gegen sie. So schießt in der Völuspa Odin ins Volk hinein. Dennoch gelang es nach der romanhaften Darstellung des Engelsturzes z. B. durch Honorius von Augustodunum, den meuterischen Engeln, einen Palast des Allmächtigen zu zerstören. So brechen auch in der Völuspa die Wanen den Burgwall der Asen.

Dieses Volkskriegs gedenkt also die Seherin mit Recht, als sie den Sündenfall schildern will. Denn die mit Geren gestoßene, in der Halle des Hohen dreimal gebrannte, dreimal geborene, noch lebende *Gollweig*, Goldgetränk (?) ist keine andere als Eva, wie sie die kirchenväterliche Deutung darstellte. Sie wird nach Ambrosius durch drei vergiftete Pfeile d. h. drei Versuchungen des Teufels getroffen, die von andern Kirchenvätern auch drei feurige Gere genannt wurden. Das geschah im Paradiese, das hier die Halle des Hohen heißt. Ob sie dreimal geboren genannt wird, weil sie erstens zugleich mit und in Adam, dann aus seiner Rippe, endlich auf Erden gleichsam noch einmal geboren wurde, bleibe dahingestellt. Auf Erden lebt sie noch heute als *Heiðr,* Heitere, Strahlende fort, die durch ihre Schönheit bezaubert, immer die Lust böser Weiber.

Den Sinn der zwei folgenden Strophen 25 und 26 kann man nur erraten, wenn man sich erinnert, daß mit dem

Riesengeschlecht insbesondere der riesige Baumeister *Smiđr* gemeint sein muß, der eine große Burg den Göttern baute und dafür Ođs Mädchen d. i. Freyja zum Lohn erhalten sollte, bis Thor dazwischen fuhr, den Vertrag brach und den Baumeister erschlug. Die Anspielungen auf einen alten Heidenmythus (S. 234) haben hier den Sinn der christlichen Heilslehre fast verdrängt, die hier als einen der durch die Sünde der Menschen herbeigeführten Hauptakte den Bau des Turms zu Babel vorführt. Dieser Bau galt auch den Kirchenschriftstellern als ein Bau der bösen Giganten, den Gott zerstört, und die auffällig breite Ausführung der Störung der Eide, Worte, Schwüre und Verträge hatte zur geheimen Ursache die andere Bedeutung Babels, die der Störung, der Verwirrung der Sprachen.

27. Sie weiß Heimdalls Horn verborgen
Unter dem aethergewohnten heiligen Baume,
Wasser sieht sie sich ergießen in feuchtem Falle
Aus dem Pfande Walvaters: wißt ihr noch weiteres?

28. Allein saß sie draußen, als der Alte kam,
Der schreckliche der Asen und sah ihr ins Auge.
„Wonach fragst du mich, wie versuchest du mich?
Alles weiß ich, Odin, wo du das Auge verbargst“.

29. Ich weiß Odins Auge verborgen
In jenem berühmten Mimisbrunnen,
Met trinkt Mimir jeden Morgen
Vom Pfande Walvaters: wißt ihr noch weiteres?

30. Heervater schenkte Ringe und Halsbänder,
Ich empfing weise Kunden und Zauberkünste.
Ich sah weit und breit über alle Welten.
— — — — — — — — — — — — — — —

31. Ich sah die Walküren weither gekommen,
Fertig zum Ritt ins Heldenvolk.
Skuld hielt den Schild, Skögul war die andre,
Guđr, Hildr, Göndul und Geirskögul.
Nun sind gezählt die Mädchen Herjans (Odin),
Die Walküren fertig zum Ritt auf die Erde.

32. Ich sah dem Balder, dem blutigen Gotte,
Odins Sohne, das Schicksal verborgen.
Gewachsen stand hoch über der Flur
Der zarte und sehr schöne Mistelzweig.
33. Es wurde aus dem Baumstamm das sehr zart erscheinende,
Aber gefährliche Unglücksgeschoß: Höđer ergriff es zum Schießen.
[Balders Bruder wurde alsbald davon getragen,
Da übernahm Odins Sohn, eine Nacht alt, die Rache,
34. Wusch seine Hände nicht, noch kämmte er sein Haupt,
Bevor man auf den Scheiterhaufen trug Balders Feind.]
Aber Frigg beweinte in ihren Fensälen
Das Weh der Walhall: wißt ihr noch weiteres?
35. Gebunden sah ich liegen unter dem Kesselhaine
Die unheilbrütende Gestalt, den widerwärtigen Loki.
Da sitzt Sigyn, doch nicht um ihren
Mann sehr erfreut: wißt ihr noch weiteres?

In diesen dunklen Strophen tritt die Wölwa mit Fug und Recht wieder in den Vordergrund. Die Schöpfung samt den ersten sündigen Störungen der neu geschaffenen Welt liegen hinter ihr. Ihr drängt sich jetzt etwas Wichtigeres, Schwereres, Persönlicheres auf. Sie hat ein zentrales Ereignis zu verkünden, das voll Schmerz und Kampf Vergangenheit, Gegenwart und Zukunft verbindet. Es birgt das tiefste Mysterium in sich, das das furchtbarste Strafgericht nach sich zieht. Dies Mysterium stellt sich ihr in drei Gesichten vor, immer deutlicher, immer beängstigender.

Sie weiß *Heimdalls* Horn, sie weiß *Odins* Auge, sie weiß *Balders* Schicksal verborgen. Das alles weiß sie aber nicht aus dem nordischen Mythus, wenn sie sich auch der Sprache desselben bedient, sondern aus dem christlichen Ideenkreise und zwar aus demjenigen, der den Mittel- und Kernpunkt der Heilslehre, den Kreuzestod des Gottessohnes Christus, umgibt. Von dem seltsamen Versteck des Hornes Heimdalls unter einem in den Äther ragenden heiligen Baum ist im nordischen Mythus nichts bekannt, auch nicht die leiseste Anspielung. Dagegen nannten zahlreiche

Kirchenschriftsteller, auch angelsächsische und nordische Dichter, das Kreuz den „heiligen Baum" und rühmten von ihm, daß sein oberer Teil gen Himmel blicke, also äthergewohnt sei. Seine Äste oder Arme wurden von ihnen Hörner genannt. Den in der Tiefe der Erde verborgenen unteren Teil, das untere Horn, hebt hier die Wölwa besonders hervor, denn dieses unsichtbare „Profundum" des Kreuzes wurde auf die unerforschlichen Gerichte Gottes gedeutet, von denen zu reden sie sich ja gerade hier anschickt. Das Wächterhorn Heimdalls (S. 408) hat hier nichts zu schaffen, es ist hier eine bloße mythologische Kenning oder Umschreibung eines christlichen Begriffs.

Wie tief aber die Wölwa aus der christlichen Ideenwelt schöpft, das lehren auch ihre unmittelbar folgenden Worte: „Wasser sieht sie sich ergießen in feuchtem Falle (forse) vom Pfande (veđ) Walvaters." Schon im Epheserbrief und weiterhin überall in der kirchlichen Literatur heißt das „Pfand" der Erlösung durch sein Blut der Sohn Gottes, der Gekreuzigte, aus dem sich nach dem Lanzenstich des römischen Soldaten durch eine Seitenwunde Blut und Wasser ergießen, auf manchen alten Bildern in einem förmlichen Falle. Noch im 16. Jahrhundert sagt ein nordisches geistliches Gedicht: „Uns wuschest du, o Christus, mit dem Falle (fossi) deines Blutes."

In ihrer zweiten Vision sieht die Wölwa Odins Auge im Mimisbrunnen verborgen; Met trinkt Mimir jeden Morgen aus dem Pfande Walvaters. Die altmythischen Begriffe Odins Auge und der Mimisbrunnen sind hier, wie soeben Heimdalls Horn, der Darstellung christlicher Ideen dienstbar gemacht. Denn die Kirchensprache faßte auch wohl in der Dreieinigkeit Gott als das Auge, Christus als den Brunnen, den heiligen Geist als das daraus fließende Wasser auf. Und da Christus hier von neuem das „Pfand Gottes" heißt, so gilt er für das verpfändete Auge, das im Brunnen verpfändete, im Brunnen des heiligen Geistes. Bedeutet vielleicht der tägliche Trunk Mimirs aus diesem Pfande den täglichen Opfertrunk des Messe haltenden

Priesters? Denn es heißt z. B. bei Honorius, ohne Zweifel nach älteren Auslegern: Wegen des der Kirche übergebenen „Pfandes" nimmt der Priester mit der Weihe des heiligen Geistes täglich Brot und Wein, das Fleisch und Blut Christi. Dieses nannte der Angelsachse Älfric auch kurzweg Pfand, mit dem gleichen Ausdruck, wie es die Wölwa „wedd" nennt. Schon Snorre ahnte die neue Bedeutung des Mimisbrunnens, indem er ihn den Brunnen der göttlichen Weisheit (vísindi) nannte. Doch gestehen wir gern, daß diese dunkle Partie noch sehr der Aufhellung bedarf, die sie aber schwerlich aus der Natursymbolik empfangen wird.

Die Wölwa sieht diese rätselhaften Bilder nach der Sitte der heidnischen Wölur draußen in der Einsamkeit, wobei ihr der Zaubergott Odin durch Gaben verschiedener Art Hilfe leistet. So ausgerüstet sieht sie das letzte, das traurigste Bild, das der wilde Ritt von Walküren ankündigt. Krieg ist die Losung auf der Erde, wie im Himmel, zwischen den Guten und den Bösen. Und nun tut der Dichter einen Meistergriff. Er setzt den lichten der beiden altgermanischen Dioskurenbrüder, den Sommergott *Balder* (S. 405), an die Stelle des lichten Christus und beläßt zwar noch dessen dunklen Bruder *Hödr*, der ihn mit der Mistel, dem Wintersymbol, erlegt, aber er macht zum eigentlichen Urheber des Todes Balders den unheilvollen Dämon *Loki*, den Saxo noch gar nicht in diesem Mythus kennt. So wurde Loki zu einer Art Teufel, der ja der eigentliche Urheber des Todes Christi war, und mußte sich die weitere Verchristlichung gefallen lassen, daß er für seine Untat in der Hölle gebunden wurde. Der Baldermythus mag auch schon, da er den Untergang eines glänzenden Lichtgottes zum Inhalt hatte, einen schwermutsvollen, auch die andern Götter beunruhigenden oder gar erschütternden Charakter gehabt haben; aber die das Schicksal des Weltalls entscheidende Zentralbedeutung des Todes Balders kann nur der des Todes Christi nachgebildet sein. Wie es in der Apokalypse 19, 11 heißt: „Ich sah den König aller Könige, den Herrn aller Herren, angetan mit einem Kleide, das mit

Blut besprengt war, und ich sah das Tier, und mit ihm den falschen Propheten, und lebendig wurden diese beide in den feurigen Pfuhl geworfen, der mit Schwefel brennt", so heißt es in der Völuspa: „Ich sah dem Balder, dem blutigen Gotte, sein Schicksal verborgen und ich sah gebunden liegen unter dem Haine der heißen Sprudel die unheilbrütende Gestalt, den widerwärtigen Loki." Die weinende Mutter Gottes aber wird durch die weinende Mutter Balders, Frigg, ersetzt. Beide Schilderungen des Todes des lichtesten Wesens, Balders wie Christi, bereiten die Ankunft des jüngsten Gerichts vor.

36. Ein Strom fällt von Osten her durch Gifttäler.
Mit Schneiden und Schwertern: der Grausige heißt er.
— — — — — — — — — — — — — — — — —
— — — — — — — — — — — — — — — — —

37. Es stand nördlich auf den Finsterfeldern
Ein Saal aus Gold des Geschlechtes Sindris,
Aber ein anderer stand zu Unkühlheim,
Der Biersaal des Riesen, der Brimer heißt.

38. Einen Saal sah sie stehn, der Sonne unerreichbar,
An den Leichenstränden; nordwärts wendet sich die Tür.
Es fielen Gifttropfen herein durch die Lichtlöcher,
Geflochten ist der Saal aus Schlangenrücken.

39. Sie sah da waten schwere Ströme
Meineidige Männer und Mörder,
Und den, der eines Anderen Frau verführt.
Da sog Niđhögg die Leichen der Abgeschiedenen,
Der Bösewicht zerriß die Männer: wißt ihr noch weiteres?

Diese Bilder der Unterwelt muten uns auf den ersten Blick unchristlich, nordisch genug an: der Waffenfluß, der aus den östlichen Frösttälern strömt, der Goldsaal der Zwerge, der Biersaal des Riesen und der Saal der Hel mit seinem Schlangendach. Die Sünder waten durch Ströme, Leichen werden von einem Drachen ausgesogen oder vom Bösewicht zerrissen. Aber gegen altheidnische Herkunft spricht, daß alle diese Unterweltsbilder, abgesehen etwa von dem Waffenfluß, kaum im altnordischen Glauben nachgewiesen werden können, zumal nicht die Hel als Qualort der Sünder. Dagegen bieten die christlichen Quellen zahlreiche gleiche Vorstellungen dar, z. B. wird in der aus dem 4. Jahrhundert stammenden paulinischen Apokalypse, die seit dem 9. Jahrhundert vielfach übersetzt und bearbeitet wurde, Paulus in die goldtorige Stadt der Seligen, ins mehr als Gold glänzende Land der Sanftmütigen, endlich in die Stadt Gottes mit ihren Honig-, Milch-, Öl- und Weinflüssen versetzt. Daraus machte der nordische Dichter einen Goldsaal der Zwerge und einen Biersaal des Riesen. Darauf schaute Paulus den finstern Ort der Verdammten mit dem „bestrafenden" Strom, in dem die Ehebrecher waten, und einen feurigen Strom, in dem die Diebe und Mörder gepeinigt werden. Einem dieser Sünder kriechen Würmer aus dem Munde. In der Vision Karls III. um 900 stehen die Räuber und Raufer in einem metallenen, also wirklich „schweren", Strom, und Schlangen packen sie von den Ufern her an. Wie nach der Offenbarung des Johannes der Drache, die alte Schlange, im Abgrund gefesselt liegt, so haust auch in der Völuspa der Drache tief in der Unterwelt.

Der christliche Einfluß erscheint in dieser Strophengruppe vollends sieghaft durch die Stellung, die ihr im Gedankengange des Gedichts angewiesen ist. Die Schilderung des Paradieses und der Hölle eröffnet die eigentliche Darstellung des jüngsten Gerichts, wie auf den alten Wandbildern der Kirche und den Miniaturen der Evangeliarien Italiens und Deutschlands unter dem Gerichtsbilde häufig Hölle und Paradies nebeneinander stehen, und Predigten und Gedichte des Mittelalters vor der Schilderung des Gerichts diese beiden Welten vorführen.

40. Ostwärts saß die Alte im Eisenwalde
Und gebar da Fenris Gezücht.
Es wird von allen vornehmlich ein Gewisser
Des Gestirns Verschlinger in Unholdsgewande.

41. Er füllt sich mit dem Fleische getöteter Männer,
Er rötet der Götter Sitz mit rotem Blute.

Schwarz werden die Sonnenscheine die folgenden Sommer
über,
Die Wetter werden alle übelgesinnt. Wißt ihr noch weiteres?
42. Es saß da auf dem Hügel und schlug die Harfe
Der Riesin Hirte, der frohe Eggther,
Über ihm sang im Vogelwalde
Ein schönroter Hahn, der Fjalar heißt.
43. Es sang über den Asen Gullinkambi,
Der weckt die Männer in Heervaters Hause,
Aber ein andrer singt unter der Erde unten,
Ein rußroter Hahn, in den Sälen der Hel.
44. Laut bellt Garm vor Gnipahellir,
Die Fessel wird zerreißen, aber der Wolf rennen!
Viel weiß ich der Kunden, vorwärts sehe ich weiter
Über der Götter Untergang, den gewaltigen der siegmächtigen.

Man hat die im Eisenwalde d. h. im unermeßlichen Walde sitzende Alte für eine Waldriesin erklärt, die im östlich gelegenen Riesenheim wohnte. Aber nirgendwo erscheint in der heidnischen Überlieferung der Osten als Brutstätte besonders bösartiger Wesen, und vollends über deren schlimmstes gibt sie keine Auskunft, weder über dessen Charakter, noch über dessen Auftreten in einem so entscheidenden Zeitpunkt der Erzählung. Dagegen stellen uns die Offenbarung des Johannes und die im Mittelalter außerordentlich beliebte *Antichristlegende* jene beiden abschreckenden Persönlichkeiten, Mutter wie Kind, dicht vor dem Einbruch der Weltkatastrophe vor Augen. In der Wüste fern im Osten sitzt das furchtbare Weib, die Mutter aller Gräuel auf Erden, die Behausung der Teufel und das Behältnis aller unreinen Geister, die „alte, wüste Babilonie", wie es oft im Mittelalter heißt. Die unermeßliche Wüste, deren Begriff den Germanen weiter ablag, wird hier, wie auch in andern Wiedergaben der Antichristlegende, ein unermeßlicher Wald genannt. In ihrer Wildnis gedeihen namentlich Drachen und Würmer aller Art, und mit dem Teufel gebiert sie als schlimmstes Kind, als omnium nequissimus, den größten Bösewicht, den Antichrist, der das menschliche Geschlecht verderben wird, und zwar in des „Teufels Form", also in Unholdsgewande. Aus dem Osten dringt er vor und übt dieselben Frevel aus, wie der Sohn der Eisenwälderin. Nach Jerusalem kommend tötet und erwürgt er alle Gläubigen und dringt in den heiligen Tempel Jehovas, um dort seinen Sitz aufzuschlagen. Er erfüllt nun Christi evangelische Prophezeiung, daß der Antichrist große Zeichen und Wunder tun wird und daß Sonne und Mond den Schein verlieren und die Sterne vom Himmel fallen und die Kräfte der Himmel sich bewegen werden. Auch heißt es in der Antichristlegende: „Die Lüfte wird er mit Winden erregen."

Die auch die Sommer über übelgesinnten Wetter, die in der Völuspa zu den Vorzeichen des Weltuntergangs gehören, werden in den Vafthrudnismal, einem andern der Völuspa ungefähr gleichaltrigen eddischen Gedichte, und in der Prosaedda als der *Fimbulvetr* d. h. der große, furchtbare Winter bezeichnet. Und auch diese beiden nordischen Berichte zeigen sich durchaus abhängig von der Antichristlegende. Denn der Antichrist kehrt die Ordnung der Natur um, erregt die Lüfte durch Winde und vielfache Störungen. Diese schreckliche Plage wird drei und ein halbes Jahr in der ganzen Welt dauern, nach andern Theologen drei Jahre. Die Prosaedda aber beschreibt jenen Winter so: „Da treibt Schnee aus allen Ecken, großer Frost ist da und scharfe Winde, und die Sonne nützt nichts. Da fahren drei Winter zusammen, und ist kein Sommer dazwischen". Also auch hier dieselbe dreijährige Frist furchtbaren Wetters. Ferner: als der Antichrist gebietet, daß Feuer vom Himmel herabfalle, fliehen viele Menschen in die Einsamkeit. So verbergen sich nach der Prosaedda zwei Menschen in *Hoddmimisholt* während dem Feuer, das Surtr auch vom Himmel reißt, und Surtr, der Schwarze, ist auch weiterhin beim Ansturm auf die Himmelsmächte mit dem Antichrist identisch. Jene beiden Menschen *Líf* und *Lífthrasir* d. h. Leben und Lebenswünscher haben Morgentau zur Speise, und davon nähren sie ihr Leben. So fliehen z. B. nach dem Kirchenschriftsteller Lactanz die Menschen vor dem Antichrist in die Einsamkeit, da fällt von Gott der Morgentau seines Segens, und Gott spendet allen reichliche und unschuldige Nahrung.

Den zwei folgenden Strophen 42. 43 ist kein bestimmterer, tieferer mythischer Sinn abzugewinnen. Der Harfenschlag *Eggthers* und die Schreie der drei Hähne scheinen auf die Entscheidung vorbereiten zu sollen, wie das Gebell des Hundes und das Loskommen des Wolfes in der 44. Strophe. Der letzte Zug entstammt wohl wieder der christlichen Überlieferung: schon im 8. Jahrhundert hört ein Christ als Zeichen des Weltuntergangs, wie die Scylla und ihre jungen Hunde vor der Hölle nicht aufhören, zu bellen; und in der Apokalypse wird vor dem jüngsten Gericht ein Tier los, der Drache oder die alte Schlange oder Teufel und Satanas genannt. Nun überblickt die Wölva den gewaltigen Untergang der Götter (*Ragna røk*), das Weltende, das in ein paar andern Liedern auch Götterdämmerung (*Ragna røkkr*) genannt wird d. h. ebenfalls Untergang der Götter, etwa wie die Christen des Mittelalters das jüngste Gericht den Finis oder die Consummatio mundi, das Ende oder den Untergang der Welt, nannten, oder auch die Vespera mundi, den Abend der Welt.

45. Brüder werden sich schlagen und einander zu Tötern werden,
Schwesterkinder werden die Sippe brechen.
Arg ist es in der Welt: großer Ehebruch,
Beilalter, Schwertalter, Schilde werden zerspalten,
Windalter, Wolfsalter, bevor die Welt zusammenstürzt,
Kein Mensch wird des andern schonen.

46. Es spielen Mims Söhne, aber der Maßbaum entzündet sich,
Beim Schall des alten Gjallarhorns.
Laut bläst Heimdall, das Horn ist in der Luft:
Odin redet mit Mims Haupt.

47. Es bebt Yggdrasils Esche, die emporragende,
Es stöhnt der alte Baum, aber der Riese kommt los!
Alle fürchten sich auf den Unterweltswegen,
Bevor Surts Blutsfreund ihn verschlingt.

48. Was ist bei den Asen, was bei den Elfen?
Es tost ganz Jötunheim, die Asen sind auf der Dingstatt,
Es ächzen die Zwerge vor den Steintoren,
Der Felswand kundig. Wißt ihr noch weiteres?

49. wiederholt Strophe 44.

Der Dichter überläßt sich in der 45. Strophe dem Zuge der biblischen Schilderung der Vorzeichen des Weltuntergangs. So heißt es im Marcusevangelium 13, 12: Es wird ein Bruder überantworten den andern zum Tode und der Vater den Sohn, und die Söhne werden sich gegen die Eltern erheben und werden sie töten. Und schon Jesaias 9, 19 verkündet, daß im Zorn des Herrn kein Mensch des andern schonen wird. Ehebruch wird nicht erwähnt, aber nach Marcus wird man, bevor alles zu Ende geht, hören von Kriegen und Kriegsgeschrei, und Erdbeben werden geschehen, und es wird teure Zeit sein. Das meinen jene Schwertalter, Wind- und Wolfsalter.

Nur kurze Zeit bedient sich der Dichter einer einfacheren, unverhüllten Ausdrucksweise, um in den nächsten Strophen wieder ganz in den skaldischen Rätselton zu verfallen. Aber wie dunkel er klingt, biblische Anschauungen von den Vorgängen vor dem Weltuntergang, nicht heidnische, klären uns über den Sinn auf. Nach Matthaeus 24, 29 werden nach der Trübsal derselben Zeit die Kräfte des Himmels sich bewegen. Und alsdann wird erscheinen das Zeichen des Menschensohnes im Himmel. Und er wird senden seine Engel mit hellen Posaunen. Die Bewegung der Himmelskräfte, die auf die vom heiligen Geist belebten Engel gedeutet wurden, übersetzt der Dichter durch das Spiel der Söhne Mimirs, in dem wir schon oben den heiligen Geist vermutet haben. Das Zeichen des Herrn, des Gekreuzigten, das bei den Angelsachsen das leuchtende Zeichen, der leuchtende Baum und insbesondere als Vorzeichen des Gerichts auch bei Berthold von Regensburg das „leuchtende" heißt, wird der sich entzündende Maßbaum genannt und auch hier wie oben mit dem Gjallarhorn in unmittelbare Verbindung gesetzt. Hier aber ist dieses nicht mehr verborgen, sondern erschallt laut wie ein Heerhorn in die Luft gleich den Posaunen der Engel, die den Kampf verkünden. Gottvater und der heilige Geist, Odin und Mimir, bereden sich mit einander, wie sie beide nach den Kirchenschriftstellern dem Gottsohne beim Gerichte beistehen.

Zwischen heidnischem Ausdruck und christlichem Inhalt bewegen sich auch die folgenden Strophen. Freilich ist Yggdrasils Esche, die heidnische Weltesche, ein Abbild des Alls, die beim Beginn des allgemeinen Zusammenbruchs ganz natürlich erbebt und alle Wesen der Welt, die Riesen wie die Menschen, die Asen wie die Zwerge, in Aufregung versetzt. Aber ein paar intimere Züge des Baumes stammen doch von Ezechiel Kap. 31 und Jesaias 14. 26. 31, wo sie den Sturz Assurs mit dem Sturz eines gewaltigen Baumes vergleichen. Denn die Völker erschrecken, da sie ihn fallen hören, da er hinuntergestoßen wird mit denen, so in die Grube fahren. Und als der Herr die gewaltige Rute Babel zerbricht, da erweckte er die Giganten. Nach Ezechiel fällt der Assurbaum in die Hand des Mächtigsten, der mit ihm machen wird, was er will. Er rottet ihn aus. Das ist wahrscheinlich Surts Blutsfreund, der ihn verschlingt, nämlich das Feuer (S. 460). Die Aufregung der Riesen, Götter und der felswandkundigen Zwerge, die in den Bergtoren vor Angst stöhnen, entspricht der Angst der Könige, der Gewaltigen, der Freien und der Knechte, die nach der Apokalypse Kap. 6 vor dem Gericht in den Höhlen und Steinen der Berge sich verbergen.

In die apokalyptische Bahn lenken dann auch die folgenden Strophen ein.

50. Hrym fährt von Osten her, hält den Schild vor.
Die Weltschlange windet sich im Riesenzorne,
Der Wurm drängt die Wogen. Aber der Adler kreischt,
Der schnabelfahle zerreißt die Leichen: Naglfar kommt los.

51. Ein Schiff fährt von Norden her: kommen werden der Hel
Leute über die See, aber Loki steuert.

Die tollen Gesellen fahren alle mit dem Wolfe,
Mit denen der Bruder Byleipts in der Fahrt ist.
52. Surtr fährt von Süden her mit dem Reiserverderben:
Es glänzt von dem Schwerte die Sonne der Schlachtgötter.
Steinberge schlagen zusammen, aber die Bergriesinnen stürzen.
Die Männer betreten den Helweg, aber der Himmel spaltet sich.
53. Dann kommt der Hlin zweiter Harm heran,
Als Odin auszieht, mit dem Wolf zu kämpfen,
Aber der Töter Belis, der leuchtende, gegen Surtr:
Dann wird fallen der Frigg Geliebter.
54. Es kommt der große Sohn Siegvaters,
Vidar, zu kämpfen mit dem Leichentier,
Es läßt dem Sohne Hvethrungs dringen
Das Schwert ins Herz: so ist der Vater gerächt.
55. Es kommt der herrliche Sohn der Hlothyn:
Es übergähnt die Luft der Erdumgürter von unten,
— — — — — — — — — — — — — — — — — —
Es geht Odins Sohn dem Wurm zu begegnen.
56. Er erlegt im Zorne den Schützer Midgards,
Alle Menschen werden die Heimstatt räumen!
Neun Schritte geht der Sohn der Fjörgyn
Kaum noch von der Schlange, die die Schandtat nicht kümmert.
57. Die Sonne beginnt zu verfinstern: die Erde sinkt ins Meer,
Es fallen vom Himmel die heitern Sterne,
Es rast Dampf und Feuer:
Es spielt die hohe Hitze bis zum Himmel selbst.
58. = 44. 49.

Die Völuspa zählt fünf dämonische Angreifer auf: *Hrym,* die *Schlange, Loki* mit den Helsöhnen, den Wolf *Freki* und *Surtr,* die Apokalypse im 20. Kapitel Mors und Infernus, dazu im 16. drei andre, den Drachen, die Bestia und den Pseudopropheten oder Antichrist, also auch fünf. Hrym scheint ein Schiffer, dem das aus den Nägeln der Toten zusammengesetzte Schiff *Naglfar* gehört, und der vielleicht auch dem Namen nach mit dem antiken Ch(a)rón verwandt ist. Er vertritt den apokalyptischen Tod, der im Mittelalter trotz des weiblichen Geschlechts der Mors durchweg als Mann vorgestellt wurde. Ihm ist in der Apokalypse, wie in der mittelalterlichen Malerei und Dichtung, der Infernus, der Höllenfürst, zugesellt, gleich wie in der Völuspa Loki, der mit seinen Höllenleuten über die See fährt. Und wenn in der Apokalypse das Meer und der Tod und die Hölle ihre Toten herausgeben, so zerreißt hier ein Adler, der Hrym, die Wogenschlange und Loki begleitet, die auf dem Meer treibenden Toten. Den drei andern Gottesfeinden der Apokalypse: dem Drachen, der Bestia dem Antichrist entsprechen aufs beste der Wurm, der Wolf und Surtr. Hier vollendet sich unsere obige Gleichung Surtr-Antichrist. Surtr fährt mit dem Reiserverderben d. h. mit Feuer daher, oder, wie Snorre es ausdrückt, er reitet an der Spitze der Söhne Muspells d. h. des Feuers, brennendes Feuer vor sich und hinter sich, gegen ein sonnenleuchtendes Schwert, und der Himmel klafft. So geht eine unauslöschliche Flamme vor dem Antichrist her, vom Himmel fällt ein Schwert, und der Himmel öffnet sich in der Mitte.

Nun hebt der Kampf an. Der Antichrist überwindet nach der Legende den Apollo, Jupiter und Mercurius, wie in der Völuspa drei Götter besiegt werden, die aufs genaueste nach der gangbaren lateinischen Auslegung jenen römischen Göttern entsprechen. Denn Odin, der Geliebte der Frigg oder Hlin (S. 415), ist gleich Mercur, der Töter Belis, d. i. der milde lichte Frey (S. 365) gleich dem Lichtgotte Apoll und der herrliche Sohn der Hlothyn d. i. Thor gleich Jupiter. Doch weichen die beiden Kampfschilderungen darin erheblich von einander ab, daß der Antichrist alle drei überwindet, während in der Völuspa dem Surtr nur Frey erliegt. Aber nach der Apokalypse Kap. 16 versammeln sich mit dem Antichrist am großen Tage Gottes auch gerade jene beiden tierischen Dämonen, der Drache und die Bestia, auf dem Schlachtfeld Armageddon, das in Vafthrudnismal Vígriðr Kampfplatz heißt, zum Streite.

Nun mußte der Drache dem alten Drachenschläger des altnordischen Mythus, dem Thor, entgegengestellt werden und die Bestia als Wolf, als Fenriswolf, dem Odin. Eine schlimmere Ungereimtheit ergibt sich aber daraus, daß Odin, der durch das ganze übrige Gedicht hin den Christengott der christlichen Heilslehre wiedergibt, an dieser Stelle dem Ansturm des Antichrists erliegt wie ein Heidengott. Ein solcher uns unerträglicher Widerspruch ist aber in allen derartigen ernsten und gewaltsamen Travestieen fast unvermeidlich. Er ist aber kaum stärker, als wenn die Skalden Christenkönige feierlich in Walhall von heidnischen Göttern empfangen lassen oder Christus im Kampfe mit Riesen und am Nornenbrunnen sitzend darstellen (S. 437). Daß aber der Dichter wirklich, dem Druck der Antichristlegende nachgebend, jene Götter erliegen und dem Tode verfallen sein ließ, daß er wirklich hierin einem christlichen Vorbilde folgte, geht klar daraus hervor, daß keiner von ihnen zu der herrlich erneuten Welt zurückkehrt, sondern nur die beim letzten Kampf unbeteiligten, die noch stärker christianisierten, wie Balder, oder solche bedeutungslose Wesen, wie Hoenir. Wie hätte ein wirklich heidnischer Dichter es übers Herz bringen können, seinen alten Göttern Odin, Thor und Frey die neue Herrlichkeit zu verschließen und statt ihrer andere jüngere, im Kult ganz nichtige Götter darin einzuführen?

Die Schilderung der Naturstörungen in der 57. Strophe schließt sich wieder an die Apokalypse Kap. 6, denn es heißt dort: „Da ward ein großes Erdbeben, und die Sonne ward schwarz wie ein härener Sack. Und die Sterne des Himmels fielen auf die Erde. Der Himmel entwich, und alle Berge und Inseln wurden bewegt aus ihren Örtern. Nach 2. Petrus 3, 7 werden die Himmel und die Erde dem Feuer vorbehalten für den Tag der Gerichte, und nach Apokalypse 20 fällt verzehrendes Feuer vom Himmel auf die dämonischen Angreifer.

59. Sie sieht aufsteigen zum andern Male
Die Erde aus dem Meer frisch und grün.

Sturzbäche fallen: der Adler fliegt darüber,
Der auf dem Gebirge Fische jagt.
60. Es finden sich die Asen auf dem Idafelde
Und reden vom mächtigen Erdumspanner
Und gedenken da der großen Ereignisse
Und Fimbultys alter Runen.
61. Da werden wieder die wundersamen
Goldnen Bretter im Grase sich finden,
Die sie vor Zeiten gehabt hatten.
— — — — — — — — — — — — — — — —
62. Ungesät werden die Äcker tragen,
Alles Übels Besserung wird werden; Balder wird kommen
Hödr und Balder bewohnen Hropts Siegeshallen,
Herrlich die Schlachtgötter. Wißt ihr noch weiteres?
63. Dann kann Hoenir den Loszweig kiesen
— — — — — — — — — — — — — — — —
Und die Söhne der zwei Brüder bewohnen
Das weite Windheim. Wißt ihr noch weiteres?
64. Einen Saal sieht sie stehen schöner als die Sonne,
Mit Gold bedeckt, auf Gimlee:
Da sollen treue Scharen hausen
Und ewiglich Freude genießen.
65. Es kommt der Mächtige zum gewaltigen Gericht,
Der Starke von oben her, der über alles herrscht.
66. Es kommt der düstre Drache fliegend,
Die gleißende Schlange unten von den Finsterbergen:
In seinem Gefieder trägt er, — das Feld überfliegt er, —
Nidhögg die Leichen: nun wird er versinken.

Nach dem Kampf und dem Brande fährt die Völuspa im Ton der Apokalypse Kap. 21 fort, wo es heißt: „Ich sah einen neuen Himmel und eine neue Erde.“ Ob der fischjagende Adler, der dann über Wasserfällen fliegt, eine tiefere Bedeutung hat, ist unsicher. Aber wie vor der Ankunft des jüngsten Tages nach 2 Petrus 3 die Frommen sich zu heiligen Unterhaltungen versammeln und im neuen Himmel und auf der neuen Erde nach Jesaias 65 die vorige Angst vergessen wird und nach der Apokalypse dann der

Herr spricht: „Ich bin das A und O“, so unterhalten sich nun die Asen auf dem Idafelde, in der neuen Welt, ruhig von dem sie früher so beängstigenden Erdumspanner, der Midgardsschlange, und gedenken jener alten Runen (A und O) des Herrgottes.

Jesaias prophezeit weiter: „Sie werden sich ewiglich freuen . . . und sie werden Häuser bauen und bewohnen; sie werden Weinberge pflanzen und derselben Früchte essen. Sie sollen nicht pflanzen, daß ein anderer esse.“ Und nach Ezechiel 36 will der Herr sich wieder zu den Bergen Israels wenden und sie ansehen, daß sie bebaut und besäet werden. Die christliche Theologie ging weiter. Honorius z. B. sagt: „Dann wird die verfluchte Erde gesegnet und keine Arbeit und kein Schmerz mehr sein“. So werden sie in der Völuspa ewiglich Freude genießen, Höđer und Balder Häuser bewohnen und die Äcker ungesät Früchte tragen. Balder wird kommen und alles Übel bessern. Wenn Balder in seiner Siegeshalle dem Christus entspricht, den die Angelsachsen gern den Siegesherrn nannten, so mag hier Höđer, der Kampfgott, den streitbaren Erzengel Michael bedeuten, der als Verwalter des Paradieses im Mittelalter für die Herbergen tüchtiger Krieger im Himmel sorgte.

Außer Christus und Michael sind nach der Apokalypse auch Henoch und Elias in den letzten Kampf mit den dämonischen Mächten verwickelt. Sie kommen dabei um, werden aber nach der Apokalypse neu belebt. Wie sie dem alten Paradiese angehörten als die zwei einzigen Menschen des alten Testaments, so auch dem neuen. Als alttestamentlicher Heros hat namentlich Henoch für die Juden in der neuen Welt zu sorgen. Nach der berühmten Vision Ezechiels Kap. 37 (vergl. 47, 14) fährt ein aus vier Winden herzugekommener Wind über ein weites Totenfeld und weckt die Toten zu neuem Leben. Dann werden die Wohnsitze des neuen Jerusalems unter die Söhne der beiden lange getrennten Stämme Israel und Juda wie unter Brüder verteilt durch ein Losholz. Das Mittelalter übertrug diese

Verteilung dem Henoch. Der Völuspadichter verwandelte dessen Namen in den für einen skandinavischen Mund leichter aussprechbaren nordischen Götternamen Hoenir. So enträtselt sich der Sinn der Worte: „Dann kann Hoenir den Loszweig kiesen, und die Söhne der zwei Brüder bewohnen das weite Windheim."

Und nun wird das himmlische Jerusalem geschildert fast genau mit den apokalyptischen Zügen. Es bedarf der Sonne nicht, seine Häuser sind von Gold, seine Mauern von Edelstein. Darum heißt es bei den Kirchenschriftstellen die gemmata et aurea Jerusalem. So nennt die Wölwa hier den Saal der neuen Welt schöner als die Sonne, mit Gold bedeckt und mit halbfremdem Worte Gimle d. h. Gemmenheim, Edelsteinheim. Im neuen Jerusalem wohnen nach christlichen Quellen Gottes Trautfreunde, um mit ihm in Ewigkeit zu genießen, gerade wie die treuen Scharen in der Völuspa im Edelsteinheim.

Endlich kommt nach Matthaeus Kap. 24 des Menschen Sohn in den Wolken des Himmels mit großer Kraft und Herrlichkeit zum Gericht, und in der Völuspa kommt der Mächtige zum gewaltigen Gericht, der Starke von oben her, der über alles herrscht.

Zuletzt erhebt sich noch einmal der Drache aus der Hölle mit Toten im Gefieder, um dann zu versinken. So wird der in den Abgrund geworfene Drache der Apokalypse Kap. 20 nach tausend Jahren der Gefangenschaft noch einmal los, aber nur eine kleine Zeit.

So endet das ernsteste, erhabenste Gedicht des alten Nordens mit gewaltigen, trostreichen Akkorden. Immer freier durchbricht in der Schlußpartie der Strom der christlichen Gedanken die Dämme der Heidensprache und führt nur noch ein paar heidnische Namen, aber keine heidnische Mythen mehr mit sich. Wie sollte die darüber schwebende Hoffnung auf eine letzte Gerechtigkeit und einen ewigen Frieden anderswoher als aus einem Christenherzen aufsteigen? Man sieht, wie der neue Glaube den alten fast vollends überwältigt.

Wie die Geistlichen des Mittelalters so gern die Ereignisse und Personen des neuen Testaments in denen des alten vorgebildet wiederfanden, weil dem Neuen etwas tief ausgebildetes Altes vorangegangen war, so suchte der noch immer auf seinen alten Glauben und seine alte Kunst stolze nordische Skalde für die neuen christlichen Heilswahrheiten gewisse Vorbilder in der alten Fundgrube seiner Dichtung, in der heimischen Mythologie. Hatten doch die starken Götter Odin und Thor manche Züge mit Gottvater gemein und der jung sterbende Balder mit dem Heiland! Und, was noch wichtiger war, die poetische Sprache fühlte sich stark genug, mit ihren mythologischen Bildern auch die christlichsten Gedanken zu umschreiben! Je tiefer der Dichter nicht nur aus der Bibel und ihren Erläuterungen, sondern auch aus anderen christlichen Schriften fremde Weisheit, auch allerlei christliche Mythen schöpfte, desto williger fügte sich das alte Nordlandstum der „neuen Summe der Theologie“. So bietet uns denn die Völuspa die goldenen Früchte des Christentums in der silbernen Schale der Skaldendichtung dar, schön geschichtet nach altheiliger Ordnung. Sie ist demnach wohl ein Kunststück, nicht aber ein Kunstwerk ersten Ranges, weil ihr die Haupttriebfeder eines solchen gebricht, die innere Wahrheit. Dem Mythologen aber klingt sie wie ein Gruß des siegreichen christlichen Geistes an das versinkende Heidentum.

Anmerkungen.

Allgemeine Werke über Germanische Mythologie.

Grimm, Jakob. Deutsche Mythologie. 1. Aufl. 1835. 4. Aufl. in 3 Bänden, m. Nachträgen aus Grimms Nachlaß, hrsg. v. E. H. Meyer 1875—1878.
Müller, Wilh. Geschichte u. System der altdeutschen Religion 1844.
Petersen, N. M. Nordisk Mythologi. 1. Aufl. 1849, 2. Aufl. 1863.
Simrock, Karl. Handbuch der deutschen Mythologie. 1. Aufl. 1853, 6. Aufl. 1887.
Petersen, Henry. Om Nordboernes Gudedyrkelse og Gudetro i Hedenold 1876.
Meyer, E. H. Germanische Mythologie 1891.
Mogk, E. Germanische Mythologie in Pauls Grundriß der Germ. Philologie 1, 982. 1891. 2. Aufl. 3, 230. 1898.
Golther, W. Handbuch der germanischen Mythologie 1895.

Dazu:

Mannhardt, W. Germanische Mythen 1858.
— — Wald- u. Feldkulte 1875/77.
— — Mythologische Forschungen (Quellen u. Forschungen 51) 1884.
Much, R. Der germanische Himmelsgott 1898.
Kauffmann, F. Balder 1902.

Erstes Kapitel: Die Quellen der germanischen Mythologie.

(Seite 1—67.)

S. 3. Caesar: Baumstark, Urdeutsche Staatsalterthümer S. 828. v. Inama-Sternegg, Deutsche Wirthschaftsgeschichte. Much in ZfdA. 36, 1892, 97. Gegen v. Sybel, Königthum S. 66 Müllenhoff, Deutsche Alterthumskunde 4, 31.

Die gallische Religion: Mommsen, Römische Geschichte 5, 94.

S. 4. Sol, Luna, Vulcanus bei Ennius u. Varro: Preller, Römische Mythologie[3] 1, 66.

Bojocalus: Tacitus Annal. 13, 55.

S. 5. Die Mondfinsterniß bei Fulda: Rochholz Naturmythen S. 237.

Vesta, Palilien, Vulcanalien: Preller, Röm. Mythologie[3] 2, 167. 1, 417. 2, 151.

S. 6. Vellejus Paterculus, Histor. Rom. 2, 107.
S. 7. Vgl. Riese, Die Idealisirung der Naturvölker 1875.
S. 8. Secretum in Tacitus' dialogus de oratoribus c. 12, secretum grande in Symmachus' Relation über den Victoriaaltar (Pertz, Mon. Germ. Hist. Auctores antiqui VI. 1, 280).
S. 9. Burgus m.: Corp. Inscr. Lat. III no. 8. 3653, burgum n. CIL. VIII no. 4799 im 2. Jahrhundert und bei Vegetius.

Die germanische Trias: Mars, Hercules, Mercurius folgt auf einem Remagener Inschriftsteine auf J. O. M. (Jovi Optimo Maximo) et Genio loci. Vgl. übrigens die Viergöttersteine des 2. u. 3. Jahrh. in Obergermanien Haug, Westdeutsche Zeitschr. 10, 9. 125. 295 und die Wochengöttersteine Haug a. O. 9, 17. 52 ff.

S. 11. Priestergewalt: Nitzsch, Geschichte d. deutsch. Volks[2] 1, 48.

Die gelegentlich germanische Religionssachen erwähnenden römischen u. griechischen Schriftsteller s. E. H. Meyer, German. Mythologie S. 21.

Über die römischen Inschriftsteine: Brambach, Corpus inscriptionum Rhenanarum; Corp. inscr. Latinarum 7. Band: Britannien; die Bonner Jahrbücher u. die Westdeutsche Zeitschrift f. Geschichte u. Kunst.

Die wichtigeren der lateinischen Inschriften des Rheinlands u. Britanniens sind folgende:

Alagabiae Much, der altgermanische Himmelsgott S. 74.

Alaisiagae Beda et Fimmilena, Westd. Zeitschr. 3, 120. 287. 5, 321. Zeitschr. f. d. Philol. 22, 257. 24, 433. 456. Paul-Braune Beitr. (PBB) 16, 201. Ztschr. f. deutsches Altert. (ZfdA.) 36, 310. vgl. Bursian-Müllers Jahresber. 25, 1891, 462. ZfdA. 42, 193.

Alateivia PBB. 17, 168.

Burorina dea auf Walcheren CJRh. no. 46. Zeuss, Celt. Grammatik 734. 774. Kern, Germ. Woorden 324.

Coventina Quellgöttin in Northumberland. Hübner, Römische Weltherrschaft in Westeuropa S. 58.

Gabiae s. Alagabiae.

Garmangabi deae um 250 bei Durham vgl. Beilage z. Allgem. Zeitung 1893 no. 243. ZfdA. 38, 195. PBB. 20, 256.

Haeva, Heva ZfdPhil. 24, 304. 461. Bonner Jahrb. 42, 1867, 115. ZfdA. 39, 51.

Hariasa dea CJRh. no. 314 zu Köln a. d. J. 187 vgl. ZfdA. 36, 308. Roschers, Mythol. Lexikon 1, 1828: Hariasa.

Harimella dea bei Middleby i. Schottland CJL. 7, 1063. Bonner Jahrb. 57, 29. ZfdA. 36, 44.

Hercules Barbatus in Brohl ZfdA. 35, 325. N. Heidelberger Jahrb. 5, 55.

Hercules Magusanus PBB. 15, 553.

Hercules Malliator bei Obernburg a. Main. N. Heidelberger Jahrb. 5, 55.

Hercules Saxanus PBB. 18, 106. H. Saxo ZfdA. 35, 388.

Hludana, Hludena ZfdPhil. 23, 129. 24, 457. PBB. 18, 134. Westd. Zeitschr. VIII. Korresp. 2. 223.

Jupiter Tanarus ZfdA. 35, 372.

Mars Halamardus ZfdA. 35, 388.

Mars Thingsus s. Alaisiagae.

Mars, Hercules, Mercurius = Tiu, Donar, Wọdan. N. Heidelberger Jahrb. 5, 46.

Matres, Matronae Bonner Jahrb. 63, 1. Z. d. Vereins f. Volkskunde 2, 24. ZfdA. 35, 315.

Meduna s. Vercana.

Mercurius Hanno ZfdA. 35, 207. ZfdPh. 24, 145.

Mercurius Leudisio ZfdA. 35, 391.

Nehalennia ZfdPhil. 24, 289. 459. PBB. 16, 210. ZfdA. 31, 208. 35, 324. Z. f. österr. Gymn. 47, 1000.

Noreia (Isis) N. Heidelb. Jahrb. 5, 47.

Requalivahano ZfdA. 35, 374. 36, 310. PBB. 16, 347. 17, 157. Bonner Jahrb. 81, 81.

Sandraudiga dea CJRh. no. 132. ZfdA. 35, 389.

Vagdavercustis CJRh. no. 67. 191. ZfdPhil. 24, 460. ZfdA. 35, 393. 36, 314. Kern in den Verslagen en mededeelingen d. k. Akad. Amsterdam 1874, 344.

Vercana ZfdA. 31, 358. V. et Meduna CJRh. no. 709, vgl. Zeuss, Celt. Grammatik 725.

Vihansa bei Tongern s. Nederlandsche Spectator 1874 und ZfdA. 36, 310.

Viradesthi CJL. 7, 1073, Bonner Jahrb. 57, 25, doch vgl. Müllenhoff, Deutsche Altertumskunde 2, 194 ff.

Viroddis CJRh. no. 1726 vgl. Zeuss, Celt. Gramm. 827. Müllenhoff, Deutsche Altertumskunde 2, 194. Bekker in den Beitr. z. vergleich. Sprachforschung 4, 164.

S. 13. Über die Keltenschiffahrt u. die Bataver auf der römischen Rheinflotte s. Mommsen, Röm. Gesch. 3, 217. 5, (118). 121.

S. 14. Über den Einfluß der römischen Kultur auf die deutsche, s. Kluge im Grundriß der german. Philologie[1] 1, 308.

S. 15. Ara Ubiorum: Mommsen a. a. O. 5, 105.

S. 17. Athanarich bei Sozomenos Hist. eccles. 6, 37. Radagais bei Orosius, Hist. adv. paganos 7, 37, 5. Über Chlodovechs Bekehrung s. Hauck, Kirchengeschichte Deutschlands 1, 107.

S. 18. Vita S. Vedasti c. 7 bei v. Schubert, die Unterwerfung d. Alamannen 205 vgl. Bossert in den Würtemb. Vierteljahrsheften NF. 1, 1892, 295.

S. 19. Über Columban s. Jonas v. Bobbio, Vita S. Columbani Migne, Patrologia Latina 82. Bd. vgl. J. Grimm, DM. 1, 47. 67. 89. Columbans Ode in Migne, Patrologia latina 80, 292. — Dicta Abbatis Priminii (sic!) in Caspari, Kirchengeschichtliche Anecdota 1, 149. Nur Primin, nicht Pirmin kann nach Thurneysen irisch sein.

S. 22. Über Edwins Bekehrung s. Beda, Hist. ecclesiastica 2, 13.

S. 23. Das friesische Heidentum: Hauck a. a. O. 2, 311. v. Richthofen, Über die friesische Rechtsgeschichte. — Taufen durch einen dem Jupiter, nach Hauck Wuotan, opfernden Priester seien ungiltig, schreibt Gregor III. an Bonifaz um 732 in Jaffé Biblioth. 3, 91, über Totenopfer und die Januarcalenden Jaffé a. a. O. 102. 104. 115. — Die Vitae Willibrordi, Bonifacii, Liudgeri in Pertz, Monumenta Bd. II u. XXIII.

S. 24. Daniels Anweisung bei Jaffé a. a. O. 71.

S. 26. Taufgelöbniss u. Indiculus s. Leitzmann in Paul-Braune's Beiträgen 25, 567.

S. 27. Über den Aberglauben der Sachsen zu Unwans u. Vizelins Zeit Adam v. Bremen 2, 33. 46. 3, 55. Helmold Chron. Slav. 1 c. 47.

S. Martins Teufelskampf b. Sulpicius Severus, Vita Martini c. 22.

S. 28. Anses Jordanes Getica c. 13. Wodan als Ahne b. Beda, Hist. eccles. 1, 15 vgl. Grimm DM. 3, 377. Ranke, Englische Geschichte 1, 50. Merovech's Abstammung Hist. Franc. epitom. c. 9. ZfdA. 6, 432.

S. 29. Über Burkhards Verhältniss zum sogen. Canon episcopi Rohde, Psyche S. 375. — Der Brief Gregors d. Gr. abgedruckt z. B. in Pfannenschmid, Germ. Erntefeste 531.

S. 30. Über die Umfahrten der Holda oder Bertha, die Beschüttung des Herdklotzes, die Tische der Schicksalsschwestern, die Jagd der Hindin oder Kalbe s. Bilfinger, das germanische Julfest (Stuttgart. Gymnasialprogramm 1901).

Am Neujahrstag wurde auf den Western Islands ein in eine Kuhhaut Gekleideter mit Stockschlägen ums Haus getrieben. Calendis Januariis vestiuntur pellibus pecudum bei Du Cange vgl. Brand-Ellis, Popular Antiquities 1890. 1, 8.

S. 31. Über den Anteil der Kirche an der Entwicklung der Segensformeln s. Schönbach, Analecta Graeciensia 1893 S. 2 u. Benedictionsformeln in Grimald, Liber sacrament. 112. 118. 120 ff. 125. Gerbert, Monumenta veteris liturgiae Alamannicae II 110 ff. 125. 132 ff. vgl. Hauck a. a. O. 1, 690 ff.

S. 32. Cloveshoe s. Pfannenschmid. German. Erntefeste 53. Brand-Ellis, Popular Antiquities 1, 1890, 203.

Der größte Merseburger Zauberspruch lautet in Grimms D. M.[4] 2, 1030:

Phol ende Uuodan vuorun zi holza.
dû uuart demo Balderes volon sîn vuoz birenkit.
thû biguolen Sinthgunt, Sunnâ erâ suister,
thû biguolen Frîa, Vollâ erâ suister,
thû biguolen Uuodan, sô hê uuola conda,
sôse bênrenki, sôse bluotrenki,
sôse lidirenki:
bên zi bêna, bluot zi bluoda,
lid zi geliden, sôse gelîmidâ sîn.

D. h. Phol und Wodan ritten zu Walde.
Da ward dem Pferde Balders sein Fuß verrenkt.
Da besprach ihn Sinthgunt und ihre Schwester Sunna,
Da besprach ihn Frîa und ihre Schwester Volla,
Da besprach ihn Wodan, wie er es wohl konnte,
So Beinverrenkung, wie Blutverrenkung,
wie Gliederverrenkung:
Bein zu Beine, Blut zu Blute,
Glied zu Gliedern, wie sie zusammenfügt sein mögen.

Der Idisispruch u. der Siegweiberspruch stehen o. S. 270, in der Originalsprache in Grimms D.M.[4] 2, 1039. 1, 358. vgl. Cockayne, Leechdoms 1, 384.

Verwandt mit dem andern Spruch gegen Faerstice (Milzstiche?), dessen Fassung in Cockayne, Leechdoms 3, 54 etwas abweicht, scheint ein Segen wider das Geschoss v. J. 1675 Alemannia 17, 342. — Tiermaledictionen: v. Amira, Tierstrafen u. Tierprocesse (Mittheil. d. Instituts f. oesterreichische Geschichtsforschung 12, 1891, 529. 560 ff.) vgl. Mannhardt, Germ. Mythen S. 368. — Der ags. Neunkräutersegen b. Hoops, Altengl. Pflanzennamen S. 55.

S. 35. Über die Runensteine mit den Þorsinschriften s. Sophus Müller, Nordische Altertumskunde 2, 281, den Jellingestein 2, 248.

S. 37. Sögur: Finnur Jónsson, den oldnorske og oldislandske Litteraturshistorie 2, 1, 187. R. Meißner, die Strengleikar S. 6. Heinzel in d. Sitzungsber. d. Wiener Akad. 1880, S. 107.

Charakteristik der Fornaldarsögur Olrik, Kilderne til Saxe's Oldhistorie 1, 7.

S. 39. Hjörleif Landnamabok S. 33 ff. Auðr, Unnr s. Landnamab. S. 36. Laxdælasaga c. 7 (Kålund S. 15).

S. 40. Thorgeirs Zurückgezogenheit erinnert an den Schlaf, dem ein Ire, nachdem er sich am Opferstier gesättigt, sich hingiebt, damit ein Traum ihm den zu wählenden König bezeichne, oder an den 2—9 tägigen Schlaf eines irischen Dichters, in dem er träumt, was zu wissen notwendig ist s. d'Arbois de Jubainville, cours de la littérature celtique 1, 152, 248.

S. 43. Skaldendichtung: F. Jónsson a. a. O. 1, 321.

S. 44. Germanische Lehnwörter und Sagenelemente in der ältesten irischen Heldensage s. Zimmer, ZfdA. 32, 196, 267, 290. 33, 129. 35, 1. Mogk, Kelten und Nordgermanen im 9. und 10. Jahrhundert. Über den Einfluß irischer Sprache, Sage und Kunst auf die altnordische Bugge, Studien über die Entstehung der nordischen Götter- und Heldensagen (übers. v. Brenner) S. 5, 30, 157, 542. Soph. Müller Aarb. f. nord. Oldkyndigh. 1880, 290 u. Altnord. Alterthumskunde 1, 313. 2, 271, 282. Edzardi Paul-Braune's Beitr. 5, 570. 6, 273. 13, 228 vgl. Sievers in Pauls Grundriß[1] II. 1, 884. Sars, Udsigt over den norske historie 1, 167. Steenstrup, Normannerne 2, 123,

S. 45. Das Ynglingatal: Bugge, Bidrag til den aeldste skalde digtningshistorie 1894. Gering, Zeitschr. f. deutsche Philol. 28, 125.

S. 47. Neidstange: Charakteristisch ist der Unterschied der volkstümlichen Verwünschungsformel Egils (Egilssaga c. 57) von ihrer skaldischen Fassung (c. 56). In jener bietet er einfach die Landwichter, in dieser zu gleichem Zwecke die „goð", die „rögn", d. h. die Götter auf, Odin, den Landás (Thor), Frey und Njörð.

S. 49. Die ältere Edda: Jessen i. d. Zeitschr. f. deutsche Phil. 3, 1 ff. Müllenhoff, Deutsche Altertumskunde V. Bugge, Studien u. s. w. F. Jónsson a. a. O. 1, 9. Ausgaben v. Bugge 1867. Hildebrand 1876. Symons, 1. Götterlieder 1888, 2. Heldenlieder 1901. Glossar zu den Liedern der Edda v. Gering[2] 1896. Vollständiges Wörterbuch z. d. L. d. Edda 1. A—K v. Gering. Übersetzungen v. Simrock u. v. Gering.

Märchenmotive: v. d. Leyen, das Märchen in den Göttersagen der Edda 1899.

S. 51. Über den christlichen Charakter des Runatals Bugge, Studien 317. E. H. Meyer, Völuspa 23. Detter, Zeitschr. f. deutsches Altert. 36, 4.

S. 52. Rigsthula u. Hyndlulied werden, obgleich nicht in den eigentlichen Eddahandschriften enthalten, mit zur Edda gerechnet wegen ihres Charakters.

S. 53. Edda Snorra Sturlusonar (mit lateinischer Übersetzung) I.—III. Bd. Kopenhagen 1848—1887. Müllenhoff, D. Altert. 5, 166. Wilken, Untersuchungen zur Snorra Edda 1878.

S. 55. Saxo Grammaticus, Historia Danica (mit Noten) v. Müller-Velschow 1839—1858. Gesta Danorum v. Holder 1886. Olrik, Kilderne til Saxes Oldhistorie 1892, 1894.

S. 59. Berthold v. Regensburg: J. Grimm, Kleine Schriften 4, 326, 330, 361. Schönbach, Studien z. Geschichte der altdeutschen Predigt II. (1900).

S. 60. Nicolaus v. Jauer: Franz, Der Magister Nic. Magni de Jauer, insbesondere S. 154 ff. Panzer, Bayer. Sagen 2, 256. Thomas v. Haselbach: Schönbach in d. ZdV. f. Volksk. 13, 3.

S. 61. Hexenwahn vgl. Wuttke, Deutscher Volksaberglaube[3] 150. Fastnachtsspiele hg. v. Keller (Bibl. d. liter. Vereins 2. Stuttgart. Bd. 28—30, 40). Hahnentanz 40 no. 67, 89. Kuhn, Westf. S. 2, 127. ZdV. d. Volkskunde 3, 12 vgl. Schmeller, Bayer. Wörterb. 1, 1114. Fastnachtsbär Meier, Sagen a. Schwaben 371, 373. Morris dancers Brand-Ellis, Popular Antiquities 1, 247. Pflugumführen a. a. O. 1, 505. Mannhardt, Wald- und Feldkulte 1. (Register.) ZdV. f. Volkskunde 3, 370.

S. 62. Das Wälzen: Mannhardt a. a. O. 1, 481. Myth. Forschungen 340. — Über das Mythische in Robin Hood Wolfskehl, Germ. Werbungssagen. — Elfenleich Hyltén-Cavallius, Wärend och Wirdarne 1, 253. — Tord vgl. Bugge og Moltke Moe, Torsvisen 1897.

S. 63. Neubauer, die Sage vom ewigen Juden[2] 1893. Der alte Fritz u. Napoleon Birlinger, Volkstümliches a. Schwaben 1, 50. — Luther: Kolde, Luther 1, 17, 33. Luthers Tischreden 1593, S. 197, 205, 209, 213, 215.

S. 64. Lutherische Kirchenordnungen: Pfannenschmid, Germ. Erntefeste (an vielen Stellen).
Der englische Maibaum, Maypole: Brand-Ellis a. a. O. 1, 238.

S. 65. Boemus, Frank u. Naogeorgus: Vogt in d. ZdV. f. Volkskunde 3, 369.

S. 66. Das Landgebot des Herzogs Maximilian in Bayern: Panzer, Bayer. Sagen 2, 264 vgl. den Auszug in der Zeitschr. für deutsche Kulturgeschichte N. F. 2, 92.

Zweites Kapitel: Der Seelenglaube.

(Seite 68—127.)

Tylor, Primitive culture 1872. Lippert, Die Religionen der europäischen Culturvölker 1881. Christentum, Volksglaube und Volksbrauch 1882. Rohde, Psyche. Lang, Myth, Ritual and Religion 1884.

S. 71. Seele im Kopfe: Zingerle, Sitten in Tirol[2] 52, 54.

S. 72. Altn. geisa u. s. w.: Indogerm. Forschungen 5, 12. Das griech. θυμός wird von Plato Cratylos p. 419 ἀπὸ τῆς θύσεως καὶ ζέσεως τῆς ψυχῆς hergeleitet; es ist mit „Dunst" verwandt, das ahd. auch Sturm bedeutet. Die Dunstseele (S. 74) Laistner, Nebelsagen 128. Grimm, D. Sagen 1, no. 249. Wuttke § 750. Mitteil. d. Schles. Gesellsch. f. Volksk. 1, 12. Psyche Rauch, Schatten Ilias 23, 100. Odyssee 11, 207. 10, 495. vgl. Rohde, Psyche 3, 22, 433, 692. Seele als Sturm Brand-Ellis, Popular Antiquities 1890, 3, 68. Wuttke § 756. Hans Sachs Mitteil. d. Schles. Gesellsch. 1, 5.

S. 73. Dachziegelabheben: Lammert, Volksmedicin 103. Witzchel, Sagen a. Thüringen 2, 261. Im (wütenden Heer) Muetisheer, Birlinger, Volkstüml. a. Schwaben 1, 37.

S. 74. Harpyien: Od. 20, 63, 77 vgl. 1, 241. 14, 371. Bhûtas: Caland, Totenverehrung b. einigen indogerm. Völkern 22.

Auswandern der Seele: Plin. Hist. Nat. 7, 52. Grimm, D. Sagen no. 433, 461. Liebrecht, Gervasius v. Tilbury 114. Panzer, Bayer. Sagen 2, 195.

S. 75. Flammen auf Gräbern: Egilssaga 228. Gullþorrissaga 47. K. Maurer, Isländ. Volkss. 1, 153.

Irrlichternamen u. -sagen: Grimm, DM.[4] 2, 764. 3, 279. Kuhn-Schwartz, Nordd. S. 426. Wuttke § 762. Rochholz, Aargauer S. 1, 45, 48. ZdV. f. Volksk. 3, 174. Brand-Ellis 1888, 3, 395.

S. 76. Franzosen: Zeitschr. f. deutsche Kulturgesch. N. F. 2, 541.

Pitaras als Vögel: Sacred books of the East 4, 268 vgl. Leist, Arisches Jus Gentium 204, Arisches Jus Civile 207. — Seelenvögel bei den Griechen: G. Weicker, der Seelenvogel in der alten Litteratur u. Kunst 1903.

Seelen-Kibitze, Wildgänse, crickets, weiße Tauben s. Rochholz, Aarg. S. 2, 44. Deutscher Glaube 1, 147. Jahrb. d. Ver. f. nord. Sprachforschung 1877, 145. Birlinger, A. Schwaben 1, 282. Brand-Ellis 1888, 3, 189. Wolf, Beiträge 1, 246.

Paulus Diaconus: H. Langobardorum 5, 34.

S. 77. Heroen, Seelen in Schlangengestalt: Roscher, Mythol. Lexicon 1, 2466, 2491. Rohde, Psyche 112, 149, 223, 234, vgl. B. Schmidt, Volksleben d. Neugriechen 1, 184, 187. Die römischen Geniusschlangen: Preller, Röm. Myth. 2, 195, 203. P. Schwarz, Menschen und Tier im Aberglauben d. Griechen und Römer. Celler Progr. 1888, 44. Hopf, Tierorakel 189. Dio Cassius 41, 14, vgl. Horat. Od. 3, 27, 5.

S. 78. Litth. Schlangen: Usener, Götternamen 86, 91.

Tomptorma: Hyltén-Cavallius, Wärend och Wirdarne 2, Tit. LVIII. Olaus Magnus, Hist. gentium septentrion. 3, 1, 21, 301.

S. 78/79. Lechrain-, Fricktal-, Bayreuther- und andere Hausschlangen: Leoprechting, Aus d. Lechrain 77. Rochholz, Deutscher Glaube und Brauch 1, 146. 2, 111. Lammert, Volksmedicin 99, vgl. Birlinger, A. Schwaben 1, 107. ZdV. f. Volksk. 4, 82, 456. Wolf, Beiträge 2, 244. Wuttke, D. Volksaberglaube § 57.

S. 79. Der Schlangenhof u. Kind mit Schlange um den Hals: Baader, Volkss. a. Baden no. 98, 106.

Seelen unter der Schwelle, auf dem Herde: ZdV. f. Volkskunde 3, 47. Wuttke § 750.

S. 80. Müemelein-Wiesel u. Unke: Schmeller, Bayr. Wb.[2] 1, 1599. Muhme Kröte: Rochholz, D. Glaube, 2, 111. Nicolaus v. Dinkelsbühl b. Panzer, Bayer. S. 2, 353. Alemannia 11, 37. Muma aus Numina verschrieben? Franz, Nicolaus v. Jauer 171 ff.

Wieselnamen: Frisch' Wörterbuch, Panzer a. a. O. 2, 353. Rhein. Mus. 44, 156. Wuttke § 170. Grimm, DM. 264, 944, 949. ZdV. f. Volksk. 3, 389. Katze Wieselersatz: Hehn, Kulturpflanzen 374. Griech. Wiesel- und Galinthiassage: P. Schwarz a. a. O. 42. Panzer a. a. O. 360. Roscher Lex. s. v. Galinthias.

S. 80/81. Kröten in Italien: Gubernatis, Die Tiere in der indogerm. Mythologie (übers. v. Hartmann) 629, 633, in Deutschland Wuttke § 155, 763. Zeitschr. f. deutsche Mythol. 1, 7, 362. 2, 54. Baader, Volkssagen a. Baden no. 108. Neue Volkss. a. Baden no. 91.

S. 81. Antike Mäuse: P. Schwarz a. a. O. 42, germanische Wuttke § 60, 168, 273. ZdV. f. Volksk. 3, 50. Die Lorscher und Hameler Sage. Wolf, Beitr. 1, 172. Mäusen pfeifen: Liebrecht, Volkskunde 332.

Die h. Gertrud: E. H. Meyer, Germ. Myth. 64, 177, vgl. ZdV. f. Volksk. 2, 199, S. Kakukabilla.

S. 82. Heros als Wolf: Rohde, Psyche[1] 180. Bär, Wolf, Seehunde, Almtiere: E. H. Meyer, Germ. Myth. 65. ZdV. f. Volksk. 1, 427. 2, 15. 3, 170. Alemannia 19, 134. Thiele, Danske Folkesagn 3, 51. Verwandlungen in andre Tiere: Hertz, Werwolf S. 19.

S. 83. Dorftiere: Rochholz, Aargauer Sagen 2, 71.

Werwolf: Hertz, Werwolf 1862. Zeitschr. f. deutsche Myth. 1, 5. Wuttke, D. Volksaberglaube § 407 f. Mannhardt, Germ. Mythen 633 f. Indischer Menschentiger: Vâjasaneyi-Samhita 30, 8. Çatapatha Brahmana 13, 2, 4, 2.

S. 84. Kveldulfr: Egilsaga c. 27. — 3, 7, 9 Jahre in Wolfsleib: Jahn, Volkssagen a. Pommern 383, 386, vgl. Hertz a. a. O. 28, 108, 112. Grimm, D. Myth.[4] 2, 916.

S. 85. Werwolf in den Zwölfnächten geboren: E. H. Meyer, Germ. Myth. § 143. — Zusammengewachsene Augenbrauen: Grimm, D. Mythol.[4] 2, 918. 3, 133.

Entzauberung des Werwolfs: Hertz a. a. O. 84 ff. Wuttke, § 408. Jahn, Volkssagen a. Pommern 384, 387.

Gefroren: Müllenhoff, Schlesw.-holst. Sagen 231.

Werwolf v. Epprath: Ennen, Gesch. d. Stadt Köln 4, 761.

S. 86. Zeus Lykaios: Müller, Mythol. d. griech. Stämme 2, 79, 99.

Kalikantsaren: B. Schmidt, Neugriech. Volksleben 144.

Russische Weihnachten in Wolfspelzen: Wolf, Zeitschr. f. deutsche Mythol. 4, 196 vgl. Hertz 114, 117.

Berserker: Du Chaillu, the Viking Age 2, 423. Berserkrgangr: Fritzner, Oldnord. Ordbog s. v.

S. 87. Berserker und Kämpen: Müllenhoff, D. Altertumskunde 5, 315, 326. Das Gesetzbuch Grágás I. 23 straft Berserkrgang.

S. 88. Bär u. Wolf werden friedlos gelegt in den Gulathingslög 94 u. im Sachsenspiegel II. 61 § 2.

S. 89. Werwolf Wiedergänger: Jahn a. a. O. 381. Hertz a. a. O. 88 f., 109, 129. Rußwurm, Eibofolke 2, 201, 264. Rückkehr der Toten am 3. oder 9. Tage: Wuttke § 747. Über die neunjährige Sühnzeit d. Griech., die Ennaëteris: Rohde, Psyche 503, 579.

König Johann ohne Land: Hertz 110.

Dionysoskultus: Rohde, Psyche 301.

S. 90. Wacht- oder Hausbaum: Mannhardt, Wald-- und Feldkulte 1, 39, 44, 51, 59.

Koberstein: Vorstellungen von dem Fortleben menschlicher Seelen in der Pflanzenwelt 1849. Weimar. Jahrb. 1, 72, 479.

S. 91. Absterben der Natur an der Mordstätte: Böckel, Hess. Volkslied XCI. Wuttke § 741.

Distel u. Dorn: Jahn, Pomm. Sagen 398.

S. 92. Geister i. d. Kleidung d. Lebens Brand-Ellis a. a. O. 3, 69. Die Höllenkraft solcher Geister kennt auch Petrons Satyricon: fortis tamquam Orcus.

S. 93. Indische Wiedergänger: Indische Studien 15, 353. Oldenberg, Religion des Veda 60. Kinder Blutsauger a. a. O. 569. Fußfessel indischer Leichen: Zimmer, Altind. Leben 402. Kyros: Xenophons Kyropaedie 8, 7, 18.

S. 94. Die ἄωροι u. die ἡρώων ἔφοδοι: Rohde, Psyche 166. 177. 373. 522. 651. 654. Hesiod. Erga 113. 252. Plato, Phaedon 80. 113. vgl. Roscher, Mythol. Lexicon 1, 2477. Heroen beim Zaubern: Jahrb. f. Philol. Suppl. 16, 792.

Namen der Wiedergänger. E. H. Meyer, Germ. Myth. § 94. Wuttke § 754. Brand-Ellis a. a. O. 3, 228. Gonger: Müllenhoff, Schlesw.-holst. S. 183.

S. 95. Bahrgericht mittelalterlichen Ursprungs: Lehmann in d. Germanist. Abh. z. 70. Geburtstag K. Maurers 1893, Christensen, Baareprøven. 1900. Älteren Ursprungs: Brunner, Deutsche Rechtsgeschichte 2, 683. Vgl. noch Baechtold, Roman. Forsch. 5, 225. Schönbach, Stud. z. Gesch. d. altdeutschen Predigt 2, 115. Brand-Ellis 1888. 3, 229. Birlinger, A. Schwaben 2, 470. ZdV. f. Volkskunde 6, 208. 284.

Umgehende Ermordete Wuttke § 754. Brand-Ellis a. a. O. 3, 67. Verbrecher auf der Flutgrenze begraben Gulaþingslög § 24. Grettissaga c. 19 vgl. Lex. Frison. (M. Germ. 3, 696).

S. 96. Hylja hrae: E. H. Meyer, Germ. Myth. S. 71, vgl. Wuttke § 740. Wolfdietrich Str. 578 (DHB. 3, 148). Umgehende Selbstmörder: H.-Cavallius, Wärend 1, 439. 472.

S. 97. Totenhilfen: Eyrbyggja Saga c. 33. 50. Njalssaga c. 98.

Geldabfindung: Rohde, Psyche 282. 367. Lippert, Christentum u. Volksglaube 401. Haut ums Haupt schlagen, belg á oder yfir höfuđ Eyrb. S. c. 20. Laxd. S. c. 37. Fas.[2] 2, 66. Leichen durch ein Mauerloch, Paul, Grundriß[1] II. 2, 227. Birlinger, A. Schwaben 1, 86. Indonesien: Schurtz, Urgeschichte d. Kultur 567. Die griech. νόμιμα, νομιζόμενα für die Toten Rohde, Psyche 22. 200. 282. 627, vgl. Oldenberg, Religion d. Veda 488.

S. 97. Hilde: Skaldskaparm, c. 50. Saxo Grammat. 5, S. 238. Andre Geisterschlachten: Praetorius, Weltbeschreibung 196. Meier, Schwäb. Sagen 1, 123.

S. 98. Vigahrapp: Laxdaela Saga C. 17. 24. Die Humse: Birlinger, Volkstüml. a. Schwaben, 1, 283 vgl. Wuttke § 747. Wortbrüchige: Wackernagel, Kl. Schriften 2, 407. Jahrb. f. Gesch. v. Elsaß-Lothr. 1892, 14.

Grettir: Z. f. d. Phil. 30, 54.

S. 99. Seelenwanderung: Storm im Arkiv f. nord. filol. 9, 199.

S. 100. Lenorensage: Wackernagel Kl. Schriften 2, 399. Jahn, Volkss. a. Pommern S. VIII. Schröer, SB. d. Wiener Akad. 60, 235. Erich Schmidt, Charakteristiken 225.

S. 101. Braut auf dem Kreuzweg: Wuttke § 749. Wackernagel, Kl. Schriften 2, 413.

Wöchnerin: Wuttke § 748. Birlinger, Volkst. a. Schwaben 1, 475. Kind im nassen Totenhemd: Grimm, Märchen no. 106. Wuttke § 728. — Gliederabschneiden, μαχαλισμός: Rohde, Psyche 253. Herzausreißen, Festnageln: B. Schmidt, Neugriech. Volksleben 167. 171. Pfählung und Kopfabschneiden und andre Abwehrmittel: Hertz, Werwolf 110. Maurer, Isländ. Sagen 57. Lyncker, Hess. Sagen no. 192. mit Verbrennen Grohmann, Abergl. a. Böhmen 1, 191. — Beschwörungen kommen z. B. vor in Baader, Volkss. a. Baden no. 119. 128. — Mit Steinen, Reisig bewerfen: altn. grýta i hel, dysja, kasja Fritzner, Ordbog u. in Schweden H.-Cavallius, Wärend 1, 486. Andre Belege in Kauffmanns Balder 257. Gehört hieher das lignum insuper impositum der Lex Bajuv.? s. Lindenschmitt, Handb. d. deutschen Altertumskunde 1, 126. Wuttke § 738. 740. Zu Tacitus' Germ. c. 27 vgl. Seneca Ep. 99, 24 Baumstark. Ausführliche Erläut. z. Germania 1, 731.

S. 103. Burchard v. Worms bei Grimm, D. Myth.[4] 3, 406 ff. Gallée, Sporen van indogermaansk ritueel in germaansche lijkplechtigheden 1901. S. 1 ff. — Wecken im Sterbehause: Jahrb. f. Gesch. v. Elsass-Lothr. 1892, 13. Herdfeuerlöschen: Leist, Altarisches Jus Gentium S. 198, in Griechenland: Preuner, Hestia S. 474, in Persien: Kägi, die Neunzahl b. d. Ostariern S 9, in Deutschland: Wuttke, D. Volksabergl. § 737.

Leichenwache: Kuhn, Westf. S. 2, 48. Zingerle, Sitten in Tirol[2] 49. E. H. Meyer, Bad. Volksleben. S. 588. Jahrb. d. Ver. f.

niederd. Sprachforsch. 1877, 150, im Norden: Paul, Grundriß[1] II. 2, 227. Verbote: Montanus, Deutsche Volksfeste. S. 91.

S. 104. Korn ins u. aufs Grab: Gallée, Sporen S. 6.

Leiche mit den Füßen voran hinausgetragen: Z. d. Ver. f. Volksk. 11, 153. Lippert, Volksglauben u. Christenthum S. 386.

Patroklos: Ilias 19, 212.

Nicht höher als die Kniee: Gallée, Sporen S. 8. Abwehr durch Eisen: Rohde, Psyche S. 52, durch andre Mittel: Wuttke, D. V. § 723. 729. 737.

S. 105. Rewestroh: Wuttke § 729. 739. Gallée, Sporen van indogermaansk ritueel S. 8.

Leichenweg: Z. d. Ver. f. Volksk. 11, 155. Gallée S. 10.

Totenklage: Jordanes, Getica c. 30. 41. Paulus Diaconus 2, 28, in Siebenbürgen: Z. d. Ver. f. Volksk. 4, 18, in Griechenland: Rohde, Psyche 204 vgl. Z. f. deutsche Philologie 24, 227.

S. 105 ff. Totenbestattung, deutsche Lindenschmitt, Handbuch d. deutschen Alterthumsk., nordische S. Müller, Nordische Altertumskunde, übers. v. Jiriczek 1897/98, griechische Rohde, Psyche 31. 209. 696. 698. — Opferbrandstellen s. Müller a. a. O. 1, 99. Lindenschmitt 130. Rohde, Psyche 31. 33. Weinhold SB. d. Wien. Akad. Phil.-hist. Kl. 1858. 29, 121 ff. Das Königreich Würtemb. 1, 129.

S. 107. Altindische Bestattung: M. Müller i. Z. d. deutschen Morgenländ. Gesellschaft 9, 5. Schrader, Indiens Literatur u. Cultur S. 41. Oldenberg, Religion des Veda S. 584.

S. 108. Attischer Leichenbrand: Dietrich. Nekyia S. 46. Deutscher L.: J. Grimm, Kleinere Schriften 2, 211.

Das salische Gesetz: Lex Salica 55, 1. 2.

S. 109. Sächsischer Leichenbrand: Monum. Germ. Leges. sect. II 1, 9. Beowulf 2802. 3137.

Nordische Leichenbrände: Bugge, Studien 1, 242. Harald Hilditönn: Saxo VIII. 391 vgl. mit Fornaldar Sögur 1, 387.

S. 110. Um gute Zeit = til árs: Fornmanna Sögur 10, 212.

Bornholmer Gräber: S. Müller, Nord. Altertumsk. 2, 285, vgl. 255.

S. 111. Grabhügelsagen: Olrik, Sakse's Oldhistorie 2, 281.

Schiffsbestattungen: S. Müller a. a. O. 2, 257 ff.

Skyld: Beowulf V. 28 ff.

Berner Totenschiff: Mathesius, Sarepta 1562. Bl. 23.

Das Schiffsgrab bei Gokstad: S. Müller a. a. O. 258.

Ibn Fadlân: Brunner in der Zeitschr. der Savignystiftung 32 (19), 115 ff.

S. 112. Ein seeländisches Bronzegefäß: S. Müller a. a. O. 1, 471.

100 kleine Goldboote: S. Müller a. a. O. 1, 431.

S. 113. Pferd u. Rind als Totenbeigaben: Brunner a. a. O. 125 ff. ZdV. f. Volksk. 11, 406 ff.

Draumakvaeđi: Zeitschr. f. deutsche Mythol. 4, 420.

S. 114. Godeskalk: Müllenhoff, Deutsche Altertumsk. 5, 114.

Helschuh Helskór: Tvaer sögur af Gisla (1849) S. 241 vgl. ZdV. f. Volksk. 4, 424. 11, 455.

Totenteil: Brunner a. a. O. 107 ff.

S. 115. Mitbestattung der Frau: Flateyjarbok 1, 88, des Blutbruders: Brunner a. a. O. 137.

P. Zacharias an Bonifaz: Jaffé, Bibliothek 3 no. 66.

S. 116. Reliquienverehrung: Usener, Götternamen 251.

Vergötterung Erichs: Vita S. Ansgarii c. 23. Islendinga Sögur 1, 47, 291.

Gunzenlê u. Birtinlê: Uhland, Schriften 8, 600.

Blomsholm: Du Chaillu, Vikingsage 1, 369.

Gelage u. s. w. auf Kirchhöfen und in Kirchen: Pfannenschmid, Weihwasser S. 74. E. H. Meyer, Germ. Mythologie § 72. E. Martin in den Gött. Gel. Anz. 1893. S. 126. Lammert Volksmedizin S. 110.

Tröstelbier u. s. w. vgl. den Trostbecher nehmen, die Hüülgrütte Heulgrütze, das Leid vertrinken: Am Urquell. 1890. N. F. 1, 113. ZdV. f. Volksk. 4, 189.

S. 117. Erfiöl: Pauls Grundriß[1] II. 2, 227. Gulaþingsl. 23, 122. Du Chaillu, Vikingage 2, 47 vgl. Fornaldarsögur 1, 231, 227. Guđrunar hvöt 8. Nordengl. arval, arvil Brand-Ellis 1890. 2, 237. Rückkehr der Toten zum Leichenschmaus, Wuttke, Deutscher Volksaberglaube § 747. Bavaria 2, 237. Schönwerth, Oberpfälz. S. 2, 281. ZdV. f. Volksk. 11, 19. Indisches Erb- und Totenmahl: Caland, Totenverehrung 2. Manu's Gesetze Sacr. Books of the East 25, 354.

S. 118. Brosamen: Usener, Götternamen 249. Indogermanische Totenfeier: Caland, Totenverehrung b. einigen der indogerm. Völker 1888. Kaegi, Neunzahl 10 ff.

Perideipnon: Rohde, Psyche 213, 699. Silicernium: Kaegi, Neunzahl 6. Circumpotatio: Cicero de legibus 2, 24, 60. Das griech. und röm. Jahrstotenopfer: Rohde, Psyche 215. Caland a. a. O. 76. Der Dreißigste: Homeyer, der Dreißigste. Schmeller, Bayr. Wb.[2] 1, 983, 562, 1116. Kaegi, Neunzahl 10. Schönbach, Hartmann v. Aue 45.

S. 119. Dreiahnen bei Indern, Griechen, Römern und etwa noch den Iren: Leist, Altarisches Jus civile 1, 47, 194, 212, 232, 461, bei Indern Kaegi 6. Caland 3, 7. Indischer Mütterkult: Caland 36, 43. Beschüttung mit Reis, Nüssen: Mannhardt, Myth. Forsch. 354 ff., 361. Ahnendienst b. d. Hochzeit: Weber, Ind.

Stud. 5, 207, 217, 394. Ludwig, Rigveda III. Bd. 473. Winternitz, Denkschr. d. Wien. Akademie. Phil. hist. Classe 40, 40. Dunkle u. späte Zeit der ind. Totenfeier Caland 12, 13, 42 ff. 47. Sacr. B. of the East 2, 139, 252. „Gehet fort, ihr Väter": Caland 21. Oldenberg, Religion des Veda 553. — Drittväter, Tritopatores: Leist a. a. O. 195. Rohde 226. Beschüttung mit Früchten: Mannhardt a. a. O. 363. Die ἀποφράδες Tage und die Anthesterien: Rohde 215, 216. „Aus der Türe, ihr Seelen": Roscher, Mythol. Lex. s. v. Keren Sp. 1148. — Parentalia: Caland 74 ff. Preller, Röm. Myth. 2, 98. Lemuria: Preller 2, 118. Manes exite paterni: Ovids Fasten 5, 421. Totenspeisung im Mittelalter am 18. Februar: Burckhardt, Cultur d. Renaissance 484.

S. 120. Arme Seelen: Wuttke § 752. Zingerle, Sitten in Tirol[2] no. 1124. Tanfana: Zeitschr. f. d. Altert. 23, 23. Gemeinwoche: Pfannenschmid, Germ. Erntefeste 165, 485. Zeitschr. f. Volkskunde 11, 195.

S. 121. Seelenempfang in Schweden u. Norwegen: Hyltén-Cavallius, Wärend 1, 176, 493. Storaker, Folkesagn 55.

Petri Stuhlfeier: Lippert, Christenthum 596. Kuhn, Westf. Sagen 2, 119. E. H. Meyer, Bad. Volksleben 78. Jahn, Deutsche Opferbräuche 94, 115. Usener, Religionsgesch. Unters. 1, 267.

S. 122. Totengedächtniß bei der schwedischen Hochzeit Hyltén-Cavallius, Wärend 1, 170, bei der deutschen v. Leoprechting, A. d. Lechrain 243. Z. f. deutsche Mythol. 1, 398. Birlinger, A. Schwaben 2, 249. Schönwerth, Oberpfälz. Sagen 1, 102. E. H. Meyer, Bad. Volksleben 296. Beschüttung des Paares, Mannhardt, Myth. Forsch. 358. — Helgafell: ZdV. f. Volksk. 12, 206.

Gilde: v. Amira in Pauls Grundriß[1] 2, 2, 147.

S. 124. Hellirûna: Grimm DM. 2, 1028. Wuttke § 773.

Wecken der Toten: Storm Ark. f. nord. filol. 9, 199.

S. 125. Bautastein: S. Müller s. v. (Ch)aristado h. e. stapplus: L. Sal. tit. 339. L. Bajuvar. tit. 19 C. 8. Rebrett: E. H. Meyer, Bad. Volksleben S. 597. Z. f. Volksk. 8, 205.

Drittes Kapitel: Der Alpglaube.

(S. 128—143).

S. 128. Laistner, das Rätsel der Sphinx 1889. Roscher, Ephialtes 1900. Wuttke, Deutscher Volksaberglaube § 228. 402—405. 419.

Hofmann Otto's IV.: Liebrecht, Gervasius v. Tilbury 39.

S. 130. Ephialtes: Roscher a. a. O. Inuus, Incubus: Roscher a. a. O. 44. 59. 60. Aitvars, Leeton: Usener, Götternamen 85. 107.

Namen des Alps: Kuhn, Westf. S. 2, 22. Kluge, Etymologisches Wörterbuch s. v. Alp. Z. d. Volksk. 3, 445. Mâr fem: Fromm. Mundarten 3, 273. 5, 521. Alem. D(T)oggeli Drückerlein: ZfdA. 13, 44. Trempe, Stempe: Grimm, DM. 1, 230. 3,90. ZfdPhil. 4, 83.

S. 132. Truden-, Alp- u. Marenfuß: E. H. Meyer, Germ. M. 58. Beschwörung des Trudenkopfs, Alps, Schrättele's, Bettzaierle's, der Elbin v. Leoprechting 26. Grimm, DM.[4] 2, 1042. ZfdMyth. 4, 113. Meier, Schwäb. Sagen 172. 177. Wuttke § 228. Kuhn, Nordd. Sagen S. 461. Indische Beschwörung: Z. f. vgl. Sprachforschung 13, 118.

Alpdrücken, -reiten: Grimm, DM.[4] 1, 384. 3, 133. Brem.-nieders. Wb. s. v. Moor. Kuhn, Westf. S. 2, 22. Zäumen: E.H. Meyer, Germ. M. 77. W. Müller, Mittelhochd. Wb. 1, 24. Baader, Bad. Volkssagen 57. 307.

Alp auf Pferden: Wuttke § 402. Faye, Norske Folkes.[2] 76. Zingerle, Sagen a. Tirol 426. Panzer 1, 88 Thiele, Danske Folkes. 3, 190; auf Geißen u. Schweinen Laistner 2, 175. v. Leoprechting 11; auf Bäumen: Laistner 1, 306. Wuttke § 403.

S. 133. Alp als Schatten: Laistner 2, 307, Sonnenstrahl: Frommann, Mundarten 6, 204, Zugwind: Mitteil. d. schles. Gesellsch. f. Volksk. 1, 8. Abendmahren: Laistner 2, 318. Habergeiß: Laistner, 2, 220. 251. Mannhardt WFK. 2, 181.

S. 134. Alp als Aal und andere Tiere: Laistner 1, 90. 2, 1. 9. 63. 172. Wuttke § 402. Kuhn, Nordd. S. 520. Strackerjan, Oldenburg. S. 1, 375.

S. 135. Befreiungs-, Abwehrmittel: Laistner 1, 50 ff. 184. 2, 346. Kuhn, Westf. Sagen 257. Wuttke § 256. Schmeller B. Wb.[2] 1, 649.

Sieb: ZdV. f. Volksk. 4, 382. Quarkkäse: Lippert, Volksglaube u. Christent. 179.

S. 136. Schuhopfer: Schmeller a. a. O. ZdV. f. Volksk. 2, 5.

Bett ins Wasser: Laistner 1, 196. Messer u. dgl.: v. Leoprechting 11. Wuttke § 419 ff. 713. Bock: E. H. Meyer, Bad. Volksleben 370. Indisches Bockshorn: E. H. Meyer, Indogerm. Mythen 1, 17. 90. 169. — Marrabeschwörung: ZdV. f. Volksk. 2, 5. 3, 445.

S. 137. Schuhpaar: ZdV. f. Volksk. 2, 5. Schratten-, Toggistein: Laistner 2, 77. 174. Hexenkräuter: Fundgruben 1, 327. 358. ZdV. f. Volksk. 3, 445. Wuttke § 127. Menschenkot: Wuttke § 403.

Menschen, Seelen werden Alpe: Wuttke § 405. Gervasius v. T. III p. 86. Laistner 1, 104.

S. 138. Törin: Krainz, Mythen u. Sagen a. d. steir. Hochland no. 310. Maretakken vgl. marhrísla Snorra Edda 2, 483.

S. 139. Galluswoche: Laistner 2, 354.

S. 140. Müllerburschensage: Laistner 1, 56 vgl. 2, 2.

Drückende Nachtwandlerin: Wuttke § 405 f. Mitteil. d. schles. Gesellschaft f. Volksk. 1, 8. Grohmann, Sagen a. Böhmen S. 212. Laistner 1, 105.

S. 141. Dat lopend Rad: Strackerjan, Oldenburg. Sagen 1, 235.

S. 142. Walriderske: Strackerjan a. a. O. 1, 387. Doggi: Vonbun, Beiträge S. 42. Kuhn, Nordd. S. S. 14. Laistner a. a. O. 1, 110.

S. 143. Småland: Grimm DM.[4] 1, 382.

Schwanweiber: Laistner a. a. O. 1, 117. Examinator a. a. O. 1, 44.

Viertes Kapitel: Die Elfen.

(Seite 144—225.)

S. 146. Ribhu von rabh greifen: Bergaigne, la religion védique 2, 408; dagegen zu griech. ἀλφ-, lat. alb-, germ. alb-glänzend gezogen: Wadstein, Alfer ok Ölvor (Uppsalastudier S. 152).

S. 147. Gefallene Engel: Zingerle, Sagen a. Tirol 39. Mannhardt, Wald- u. Feldkulte 1, 111. Wicht: Laistner, Rätsel d. Sphinx 2, 403.

S. 148. Elfinnen, Apsaras, Nymphen-Neraiden: E. H. Meyer, Indogerm. Mythen 1, 183. Mannhardt, WFK. 2, 204.

Apsaras in Schwanform: Rigv. 10, 95. 1, 183 ff. v. Schroeder, Griech. Götter u. Heroen 1, 32 ff. Weber, Indische Streifen 1, 16. Revue celtique 2, 287. Nymphenarten: Nägelsbach, Homer. Theologie[3] 89 f. Griech. Schwanjungfrauen: v. Schroeder a. a. O. 1, 39 ff.

S. 149. Ihre Schönheit: E. H. Meyer a. a. O. 1, 184, neugriech. 186, nord. Fornald. Sögur 1, 387. Im Drama hat die Apsaras Urvasi einen Schleier.

Ribhucharakteristik: Anzeiger f. d. A. 13, 31. Bergaigne, Religion védique 2, 409 f.

S. 150. Verehrung von Naturgegenständen: Grimm, D. Myth. 82 ff., 484 ff., dazu: ξυλολάτρας διὰ τοῦτο τοὺς Γερμανοὺς ἀποκαλεῖ Νικήτας ὁ Παφλαγών Polites, Melete 1, 131. Die älteren Konzils- u. Kapitularienbeschlüsse bis auf Karl d. Gr. zusammengestellt von Gröber in der Festschrift f. Weinhold 1893, S. 5.

S. 151. Stein-, Wald- u. Wasserfallopfer auf Island: Landnamabok 3, 17. 5, 5.

Das jüngere Christenrecht: vgl. Grágás II. 210.

Englische Elfen: Percy Reliques of ancient english poetry ed. Schröer S. 697 ff.

S. 154. Gefallene Engel s. S. 147. Ungewaschene Kinder der Eva auch in Island: Arnason, Islenzkar Thjoðsögur 1, 5, 99. Sirenen: Dietrich, Nekyia 220.

S. 155. Alpschoß im J. 1618: Schmeller, Bayr. Wb.[2] 2, 479. Für Blitz auch Blickschoß: Osterspiel v. Muri in Kürschner, Deutsche Nationalliteratur 14, 242.

Êsa-, ylfa-, hägtessangescot: Grimm, D. Myth.[4] 2, 1039. Hexensegen v. 1675: Alemannia 17, 242. Mannhardt, WFK. 1, 66 ff.

Elverod: Danmarks gamle Folkeviser 3, 810.

Pilwiz in Wolframs Willehalm 324, 6.

Das Handbeil der Hexe: Baader, Volkss. a. Baden 377.

Tiroler Hagelsteine: Zeitschr. f. Volksk. 4, 108 vgl. Finnball in Aasens Ordbog.

S. 156. Wünschelrute schützt vor Blitz: Zeitschr. f. Volksk. 11, 11.

S. 157. Mythus von den Meisterschmieden: Edda 1, 340.

S. 159. Hesiod in seiner Theogonie 139, 504, 853. Apollodor Bibl. 1, 1, 3 (2, 1).

S. 160. Ribhus Panzerschmiede: Rigv. 3, 34, 9. Alberich Panzerschmied W. Grimm, DHS.[2] 220. Elfenfürst Wieland: Völundarkv. 13.

S. 161. Spiralornamentik: Müller, Nord. Altertumsk. 1, 294.

S. 163. Vier Zwerge: Edda 1, 50, 314.

Gustr in der Liederedda: Reginsmál 5.

S. 164. Pilwiz bei Wolfram: s. oben zu S. 155. Berthold: Schönbach, Studien z. Geschichte der altdeutschen Predigt 2, 18.

Pilwiz westslavisch u. lithauisch: Zeitschr. f. österr. Gymn. 1858, S. 400. Usener Götternamen 98. Wind ein Bock: E. H. Meyer, Indogerm. Myth. 1, 169.

S. 166. Elfvalek: Hyltén-Cavallius, Wärend 1, 253.

S. 167. Geigerstein: Stöber-Mündel, Elsäss. S. 2, 119.

S. 168. Melusine: Laistner, Rätsel d. Sphinx 1, 199 ff. Rochholz, Aarg. S. 1, 44.

S. 170. Elfträd: Wadstein, Uppsalastudier 157.

S. 171. Rosengärten: E. H. Meyer, Verh. d. Philologenversamml. in Leipzig 1873. S. 194.

Mit den Rosengärten stehen nicht in einer Linie die Artushöfe, Tafelrunden, Graalsspiele vgl. Zimmermann, Bauernkrieg 2, 579. Mannhardt, WFK. 1, 370 f., 379. Ein Apfelgarten der Unterirdischen a. d. Aller: Kuhn u. Schwartz, Nord. S. no. 292. — „Hier lieg ich im Rosengarten": Hörmann, Grabschriften u. Marteln 1890. Böckel, Deutsche Volksl. a. Oberhessen S. XVIII.

S. 172. Über die deutschen Rosenarten: Schleiden, Rose 195, 199. Inseln der Seligen bei den Iren: Zimmer, ZfdA. 33, 273 ff. vgl. Edw. Schröder, S. Brandan S. XI.

S. 173. Zwergsagen am besten bei Grimm, DS. 1 no. 29 ff. Rochholz, Aarg. S. 1, 264 ff. Zwerge in Steinen: Edda 2, 428. — Wie der Schwick: Rochholz, Aarg. S. 1, 267, 331.

S. 174. Nibelung heißt zwar nicht im Nibelungenliede Zwerg, aber im Siegfriedslied, und auch dort ist der Zwerg Alberich in seiner Söhne Dienst.

Fjalar und Galar: Edda 1, 216. 2, 295. — Kocks Deutung der Namen Són und Bođn auf „Kochen oder Brauen" und „Einladung" (Indogerm. Forsch. 10, 109) ist sehr unsicher.

S. 175. Fint som ett Vättasmide: Hyltén-Cavallius, Wärend 1, 266. Welanđes smiđđe: ZfdA. 12, 263. — Schwedischer Bergschmied: Grimm, DM.[4] 1, 379. Westfälische Zwergschmiedesagen: Anz.fdA. 13, 28. Kuhn, Westf. Sagen 1, 42, 64. Liparischmied: Roscher, Mythol. Lex. Hephaestos 2073.

S. 176. Bergmönch: Kuhn u. Schwartz, Nordd. S. 194 ff., der alte Fritz 163. Die badischen Sagen: Baader 1, 17. 2, 10 u. Mitteilungen aus Öflingen u. Oberschwörstadt.

S. 177. Aschestreuen: Rochholz, Aarg. S. 1, 268.

S. 178. Goldemer: Gobelinus, Cosmodrom aet. VI. c. 70. Zimmerische Chron. 3, 84. Kuhn, WS. 1, 136. — Kochende u. backende Zwerge: Kuhn, WS. 1, 131. Kuchengeschenke der Unterirdischen: Kuhn, Westf. S. 1, 368. Selberthan: Mannhardt, WFK. 1, 94. Rochholz, Aarg. S. 1, 267, 330. Kuhn u. Schwartz, Nordd. S. No. 111.

S. 179. Kleidergeschenk: Kuhn, WS. 1, 158. Burkh. v. Worms, Grimm, DM.[4] 3, 408.

S. 180. Erdmännledachs: Kuhn, NS. S. 482. WS. 1, 326. Rochholz, Aarg. S. 1 no. 81, 96. Schmitz, Eifelssagen 78. E. H. Meyer, Badisches Volksleben 176. — Windlöcher mit Dampf: Laistner, Nebels. 16 f.

S. 182. Frau v. Alvensleben: Grimm, DS. 1 no. 68. — Nixenhandtuch: Pröhle, Harzsagen 250. Die isländischen Sagen bei Arnason, Islenzkar Thjođsögur 1, 15 ff.

S. 183. Das Flachsgeschenk der Zwerge: Kuhn u. Schwartz, Nordd. S. 243. — Zwerge auf Menschenhochzeiten: Kuhn u. Schwartz, Nordd. S. 243. Zwerghochzeit: Grimm, DS. 1 no. 31. Die schönen isländischen Sagen: Arnason.

S. 184. Die Fahrtage: Arnason 1, 105 vgl. Anz.fdA. 1, 105. Bilfinger, d. germanische Julfest 44.

Hirtensage: Arnason 1, 126. Kreuzweg i. d. Christnacht: E. H. Meyer, Bad. Volksleben 481.

S. 185. Hildensage: Arnason 1, 110. „Tag, Tag": Arnason 1, 118.

S. 186. Die Mühlensage: Laistner, Rätsel d. Sphinx 2, 4, 15. Pröhle, Harzsagen[2] 110.

S. 187. Fehmöme: Strackerjan, Oldenb. S. 1, 399 ff. „Möme is dood!": Kuhn, WS. 1, 159, 246. Panzer, Beitr. 1, 13. Mannhardt, WFK. 2, 149.

345. Norweg. Huldremädchen mit dem Trinkhorn vor dem Berg: Zeitschr. f. Volksk. 8, 14 (s. u.).

S. 189. Die köstliche isländ. Liebessage: Arnason 1, 67.

S. 191. Für den Waldelfenabschnitt ist Mannhardt, Wald- und Feldkulte, maßgebend, doch nicht in der Grundanschauung. Vgl. insbes. WFK. 1, 74, 154. Hyltén-Cavallius, Wärend 1, 277 ff. — Got. skohsl, Ungeheuer wohl zu altnord. skógr, Wald, PBB. 18, 155.

S. 192. Rigveda 10, 146. In Str. 5, 3, 4 folge ich Ludwig. Grassmann übersetzt: „Wenn sie von süßer Frucht gezehrt, geht sie zur Ruh, wie ihr's beliebt!"

S. 193. Rockertweible: Baader, Bad. S. 1 no. 158.

S. 194. Leinewandnebel: Mannhardt, WFK. 1, 112. — Burkhart v. Worms: Grimm, DM.[4] 3, 409. — Rauhe Else: Wolfdietr. B. Str. 308. Amersbach, Licht- u. Nebelgeister. Baden-Baden 1901, S. 19. — Hohler Rücken: Mannhardt, WFK. 1, 121, 147.

S. 195. Wildfrauenkirche: Westdeutsche Zeitschr. Korresp. 9, 1890, 12. — Eckenlied: Str. 161 ff. — Hödr u. die Waldmädchen: Bugge, Studien 1, 94. Olrik, Saxe's Oldhistorie 1, 145.

S. 197. Der vom Saligfräulein bezauberte Hirte: Mannhardt, WFK. 2, 102 ff. Dryadenhafter Geist: Mannhardt a. a. O. 1, 34 ff.

S. 198. Berauschung des wilden Mannes: Mannhardt a. a. O. 1, 113. 2, 150 ff. Giannini, l'uomo selvaggio 1890 vgl. ZdV. f. Volksk. 1, 411. — Pan: Mannhardt, WFK. 2, 134 vgl. Pausan. 2, 32, 5.

S. 199. Beerenmann, Beerenfrau: E. H. Meyer, Bad. Volksleben 120. — Nykr: Edda 2, 122. — Neck als Wasserpferd: Hyltén-Cavallius 1, 250.

S. 200. Wassermann als Pferd: ZdV. f. Volksk. 11, 204. — Brunnengubbe: Hyltén-Cavallius 1, 253, 255. — Deutsche Wasserelfen: Wuttke, D. Volksaberglaube § 54 ff.

S. 201. Wasser- u. Quellenkultus: Pfannenschmid, Weihwasser 86. Weinhold, Verehrung der Quellen in Deutschland 1898 (Abh. d. Berliner Akademie). — Römische Münzen in deutschen Heilbrunnen: Preller, Röm. Mythol.[3] 2, 144. Weinhold a. a. O. 57 ff. Bonner Jahrbücher 84, 56 ff. — Coventina s. S. 472.

S. 203. Marbendill: Arnason a. a. O. 1, 133 f. — Würmsee: Schmeller, Bayr. Wb.[2] 1, 321. — Katzhütte: Witzschel, Sagen a. Thüringen 2, 250. — Einmauern von Kindern: Wuttke § 440.

S. 204. Der schlesische Wassermann: ZdV. f. Volksk. 11, 203. — Strömkarl u.s.w.: Grimm, DM.[4] 1, 408. Hyltén-Cavallius, Wärend 1, 25, 251. Faye, Norske Folkesagn 57.

S. 206. Pilatusberg: Mittheil. d. antiq. Gesellschaft in Zürich 12, 1859, 159 ff. Simplicissimus vgl. Amersbach, Aberglaube u.s.w. bei Grimmelshausen, Progr. v. Baden-Baden 1891. S. 20.

S. 207. Bräute in der Brandung in der Hervararsaga. — Mälarkühe:

Afzelius, Volkssagen (Ungewitter) 2, 308. Seekühe, Elfenkühe: Arnason 1, 134 f. Hyltén-Cavallius 1, 252.

S. 208. Γέλως Gelächter ist das Geplätscher auch in Oppians Halieut. 4, 334.

S. 209. Seegespenst: Jonas Lie's Novelle, der Hellseher. — Der Dränger: ZfdA. 7, 426.

Feldelfin: Mannhardt, WFK. 1, 77 ff., 107, 410, 610 ff.

S. 211. „Den drei Jungfrauen“: Panzer, Beitr. 1, 60. Krumine: Usener, Götternamen 281. Glückshämpfli: E. H. Meyer, Bad. Volksleben 426, 430. Gloso: Mannhardt a. a. O. 210.

Meridianus daemon: Gregor v. Tours, Mirac. 5. Mart. 4, 36. Caesar v. Heisterbach vgl. Roscher, Mythol. Lex. s. v. Meridianus daemon. Ennungermohr: Annal. d. hist. V. f. d. Niederrh. 52, 9, 44, 53. Zeitschr. des Aachener Geschichtsver. 14. 85. Zeitschr. f. Volksk. 4, 1892, 121. Witzschel, Thür. S. 1, 208. Gottschee: E. H. Meyer, D. Volksk, 231 vgl. Kuhn, WS. 2, 135, 353. Auch im badischen Klettgau und in der Wetterau kennt man die Mittagsfrau, die auch von den Slaven gefürchtet wurde.

S. 212. Kornkind: Mannhardt, Myth. Forsch. 351. Rochholz, Aarg. S. 1, 344. E. H. Meyer, Bad. Volksleben 429. Skeáf: ZfdA. 7, 413. Schainichen: Jahn, D. Opferbräuche 182. Kurche: Usener, Götternamen 280. Holzfräulein u. Schauerjungfern: U. Jahn, D. Opferbräuche 182 f.

S. 213. Erntemai: Mannhardt WFK. 1, 190 f. Gabiae, Alagabiae: Much, der germ. Himmelsgott 74. Usener a. a. O. 90.

Hauselfen, Kobolde: die nord. ZdV. f. Volksk. 8, 1, 130, 264. Oddr: Hoensaþorissaga c. 10.

S. 214. Seelenkobolde: Wuttke, D. Volksabergl. § 755. Köhler, Volksbräuche im Voigtlande 476. Zeitschr. f. d. Mythol. 2, 144.

S. 215. Kodranstein: Kristnisaga c. 2. Thorvaldss. c. 3 vgl. ZdV. f. Volksk. 8, 269.

S. 216. Huldremädchen: s. zu S. 187 vgl. Olaus Magnus, de gentibus septentrionalibus 19 c. 12.

S. 217. Niedersächs. Bauernhaus vgl. Crome, Hof u. Hufe 42. Steppchen: ZdV. f. Volksk. 13, 66.

S. 218. Poppele: Baader, Badische Sagen no. 5, Neugesammelte bad. S. no. 2. Meier, Schwäb. Sagen 76. — Hinzelmann: Grimm, DS. no. 76.

S. 220. Den Hintern zeigen: ZdV. f. Volksk. 11, 426. Zigeuner: Wislocki, Zigeuner S. 377.

S. 221. Felices dominae bei Berthold: Schönbach, Stud. z. Geschichte der altdeutschen Predigt 2, 18 ff. Dominae nocturnae bei Wilh. v. Paris: Grimm, D. M.[4] 1, 237 ff. Franz, Nicolaus v. Jauer 171 ff. Puppen: ZdV. f. Volksk. 10, 99. 418. Pilbisbaum a. a. O. 13, 6.

S. 222. Neujahrsopfer: Grimm, DM.[4] 3, 401. 406 (lapidibus l. panibus). Römische Sitte: Bilfinger, das germanische Julfest 1901. S. 50. Alholde: Brand-Ellis, Popular Antiquities 1890. 1, 9. Hahnjörs: Vogt, Schlesische Weihnachtsspiele 104.

S. 224. Hexen: Wuttke, D. Volksabergl.[3] § 209 ff. Stubaihexen: ZdV. f. Volksk. 3, 172.

S. 225. Der Tote im Elfenland: ZdV. f. Volksk. 3, 276. Helgafell: Eyrbyggjasaga c. 4. Trollenberg: Wigström, Folkdigtn i Skåne 132. 225.

Fünftes Kapitel: Die Riesen.

(Seite 226—248.)

S. 226. Weinhold, die Riesen des germanischen Mythus 1858. Riesenstammbäume: Uhland, Thor 30. Much, d. germanische Himmelsgott 224 vgl. Anzeiger f. d. A. 26, 96.

S. 227. Fornjótr wird von Kock (Indogerman. Forschungen 10, 103) als Fornþjótr der alte Heuler gedeutet und Hlér mit Κλέος Ruf in Verbindung gebracht. Wellenmädchen: Bugge, Studien 265. Die Kinder des Riesen Snaer heißen Þorri, Fönn, Drífa, Mjöll.

S. 228. Pflegesöhne der Riesen: Olrik, Sakses Oldhistorie 1, 40. Lügensagen: Z. f. deutsche Philol. 26, 5. 8. Riese Doner: Z. f. d. A. 42, 186.

S. 229. Hüne: Much, der german. Himmelsgott 22. Hengjankjapta Edda 1, 260. Paul-Braune, Beiträge 14, 42.

S. 230. Menschenfresser im Märchen. ZdV. f. Volksk. 3, 194. Rinderschinder: E. H. Meyer, Bad. Volksleben 367.

S. 231. Die Pferde Wind, Blitz u. Gedanke: Euphorion 1, 49, im Dr. Faust: Laistner, Nebelsagen 187. 322.

S. 234. Fasolt: Zupitza Proleg. de carmine Eckio 29. Ein Wettersegen Grimm, DM.[4] 3, 494. Aber Mermeut, der in einem ältern Segen angerufen wird a. a. O. S. 493, ist der orientalische Hageldämon Mermeoth Brinkmann, Rhein. Museum 1899, 110, wonach meine Germ. M. § 193 zu verbessern ist. — Svađilfari: Noreen Ynglingatal S. 205 geht auf schwed. sveđja, ahd. swedan mit Rauch verbrennen, mhd. swadem, ags. svađul Rauch zurück.

S. 235. Straßburger Münster: Stöber-Mündel, Elsäss. Sagen 2, 231. Suttungr = Suþ-Þungr schwer vom Brau: Noreen, Ynglingatal 205. Altisländ. Gramm.[2] § 186. — Mecklenburger Wind: Z. f. Volksk. 5, 435.

S. 236. Skađi u. Skadinavia ZfdA. 36, 126. Noreen, Ynglingatal 218.

S. 237. Die finnische Sampo- (altn. Sambú Ordnung?) mühle Comparetti, Kalevala 231 f. PBB. 18, 551. Reichtums- u. Salzmühle versinkt ins Meer Asbjörnsen u. Moe, Norweg. Volksmärchen 2, 182 ff. Der Skalde ist Snaebjörn: Edda 1, 328. Givrinarhol Z. f. V. 2, 6 Liebrecht, Volksk. 317. Gefjon s. u. die Göttinnen.

S. 240. Gríđr: ihre „gránstóđ", ihre Schaar grauer Rosse, bedeutet ein Rudel Wölfe Helgi Hundingsab. 2, 25. — Das Riesenspielzeug: Grimm, D. M.[4] 1, 440. 3, 157. Das Riesenmädchen u. der Flachs: Müllenhoff, Schlesw.-holstein. S. no. 376. Anm.

S. 242. Thor schleudert usw.: Uhland, Thor 179 vgl. Müllenhoff, D. Altert. 5, 353.

S. 243. Atlas, der Achsenträger: Vergil. Aen. 4, 482. Roscher, Mythol. Lex. 1, 705.

Utgarđaloki: Edda 1, 142. Bugge im Morgenbladet Christiania. 1891 no. 262. v. d. Leyen, das Märchen i. d. Göttersagen d. Edda 40.

S. 245. Thorkills zwei Fahrten: Saxo Grammat. 8, 286. 292.

S. 246. Údainsakr: Bezzenberger, Beiträge 13, 41 vgl. Rydberg, Undersökningar 1, 235.

S. 247. Einen älteren Riesenkultus nimmt Weinhold an.

Riesenspielzeug: Stöber-Mündel, die Sagen d. Elsasses 2, 59.

Sechstes Kapitel: Höhere Dämonen.

(Seite 249—282.)

S. 251. Das Wort Nornen führt Schade, Altdeutsches Wb. 1, 657 auf *norhni Verknüpfung zurück vgl. Siebs in d. Zeitschr. f. Volksk. 3, 388. Parca: Curtius, Grundzüge[5] 166.

S. 252. Die Schepfen sind zu gewinnen aus Schepfer beim Marner, dem Minnesinger. — Die bayrischen drei Schwestern: Panzer, Beiträge z. deutschen Mythologie Bd. 1 u. 2.

S. 253. Die Nornen stammen ab von Asen, Alfen u. Zwergen: Fafnismál 13.

S. 254. Helgi's Geburt: Helgakv. Hundingsb. 1, 1 ff.

Die Jungfernrast: ZdV. f. Volksk. 2, 323.

Die spätlateinischen Parzennamen: Isidor, Etymol. 8, 11, 92.

S. 255. Fides, Spes u. Caritas: Montanus, Vorzeit von Cleve u. Mark 1, 55. Stöber-Mündel. Sagen d. Elsasses 2, 26. Der Dreischwesterbrunn auf d. Rigi: Lütolf, Sagen aus d. Fünforten 295.

Vyrdstäf: Guthlâc 1325.

S. 256. In der Auffassung der Helginornen schließe ich mich, obgleich zweifelnd, Bugge, Edda S. 408a u. Fritzner s. v. ey an.

nauđgönglur: Fafnism. 12.

S. 257. Glückstisch, tabula fortunae: Tille, Yule and Christmas 107 ff. Bilfinger, d. german. Julfest 50.

S. 259. Die Moiren: B. Schmidt, Neugriech. Volksleben 1, 210.

Polites, Melete 208. Thumb Z. f. Volksk. 2, 123. Roscher, Mythol. Lex. s. v. Moiren.

S. 260. Die Bucheintragung ist nach Dieterich, Nekyia 127 f. jüdisch u. wurde durch die lateinische apokalyptische Literatur auch nach Deutschland verbreitet vgl. ZfdA. 6, 149.

Die drei bretonischen Feen: Polites a. a. O. 215.

S. 261. Die Moiren singen Vergangenheit, Gegenwart u. Zukunft: Plato's Republik 614 b. vgl. Dieterich, Nekyia 115.

S. 262. Albae, hilares, benignae, laetae u. nigrae, durae, invidiosae, malae, ferreae parcae: Klausen, die Parzen oder Fata S. 249 ff. Matribus Parcis: Preller, Röm. Mythologie[3] 1, 194.

Fylgja, Hamingja: Fritzner, Ordbog s. v. vgl. hamr u. hugr Rieger in d. ZfdA. 42, 277. Usener, Götternamen S. 296. Roscher, Mythol. Lexicon, 1, 1616.

S. 264. Erik Glipping: Bugge, Studien 1, 186.

S. 265. Helgi's u. Heðins Fylgjur: Helgi Hjörvardss. Prosa hinter V. 35.

S. 266. Folgedach: Paul-Braune, Beitr. 16, 559.

Iskios: B. Schmidt, Neugriech. Volksleben 181.

S. 267. Weihnachtsschatten: Wuttke, Deutscher Volksaberglaube § 314. Doppelgänger: Wuttke D. V. § 322.

S. 268. Kampfweiber, Schildmädchen, Walküren: Müllenhoff, D. Altertumsk. 4, 205. Golther in d. Abhandl. d. bayr. Akad. 1888. 18, 2, 401. Olrik, Sakses Oldhistorie 1, 52.

S. 269. Hothers Waldfrauen: Saxo Gramm. 3, 112.

S. 271. Das Walkürenlied steht in der Njalssaga c. 157.

S. 274. Alaesiagen s. S. 274. 472.

S. 275. Loki: Weinhold in d. ZfdA. 7, 1. C. Meyer, Loki u. sein Mythenkreis 1880. Kock in d. Indogerm. Forschungen 10, 90.

S. 276. Es „wetterlacht" ist volksetymologisch entstellt aus es „wetterleicht" ZdV. f. Volksk. 2, 191. Ἑστία, Ἥφαιστος γελᾷ Roscher Mythol. Lex. 1, 2608. De Düwel höddt sin Schap: ZdV. f. Volksk. 5, 436.

S. 280. Mimessjö: Arvidsson. Svenska Forns. 2, 311 ff.

Siebentes Kapitel: Das Götterleben und der Götterdienst.

(Seite 283—337.)

S. 285. Gott bedeutet nach Kluge's Etym. Wb. das Wesen, das angerufen oder dem geopfert wird. Asu: Fick, Etymol. Wb.[3] 3, 18. — Die ältere Annahme eines Zusammenhangs der Vanir mit altsächs. vanumo licht scheint mir richtiger als die Erklärung derselben als Wassergötter vom altind. vánam Wasser oder als Waldgötter vom altind. vana Wald PBB. 15, 522. 18, 174.

S. 287. Götterliebe: Nägelsbach, Nachhomer. Theologie S. 58.

S. 288. Regnator omnium Deus: Tac. Germ. c. 39 vgl. Baumstark, Ausführl. Erläut. z. Germania 2, 158.

S. 290. Drei griechische Schwurgötter: Preller, Griech. Myth.[3] 1, 86. 366. Zeus der Hauptschwurgott: Nägelsbach, Homer. Theol.[3] 215—220.

S. 291. Snorre's Götterlisten in der Edda 1, 82. 115. 208. 230—68. 304—320. 556.

S. 293. Märchenzüge an Yggdrasill: v. d. Leyen, d. Märchen in den Göttersagen d. Edda 15 ff.

Kormak u. Maelduin: Zimmer ZfdA. 33, 266. 279. 157.

S. 294. Víngolf Weinhalle oder Vingolf freundliche Halle oder unwahrscheinlicher Halle der Liebenden: ZfdA. 36, 32. Libes: Strabo 7, 4 (c. 292).

S. 296. Priester: Baumstark, Erläuterungen z. Germania 1, 364. Urdeutsche Staatsaltertümer 201. 252. 261.

S. 298. Priester der verschiedenen Stämme: Nitzsch, Gesch. d. deutschen Verfassung[2] 1, 118. 162. 189. 221. Eigentempel vgl. Stutz, die Eigenkirche 1895. Gesch. des kirchlichen Beneficialwesens 89 ff.

S. 299. Die Godenwürde: Maurer Z. f. d. Ph. 4, 125, die angelsächsischen Priester: Pauli, Aelfred 166.

S. 302. Gottesurteile: Brunner, D. Rechtsgeschichte 2, 400.

S. 304. Ođin gegen Sigmund u. Harald: Olrik, Sakses Oldhistorie 2, 85.

S. 306. Pferdegewieher: ZdV. f. Volksk. 11, 410.

Westfälische Vorgesichte: Kuhn, Westf. Sagen 1, 204. Erbliche Weissagekunst in der Völsungasaga S. 89 u. in der Njalssaga c. 85.

S. 307. Völur, Völvur: Maurer, Bekehrung d. norweg. Stammes 1, 202. 445. 479. 2, 133. 146. 408.

S. 308. Liodarsâza: Tille, Yule 96. 101.

S. 309. Färöern: ZdV. f. Volksk. 2, 13.

Gossensasser Dachreiter: ZdV. f. Volksk. 4, 109.

Zauber: Gering, Weissagung u. Zauber S. 10.

S. 310. Alphabet verhacken vor dem ersten Schulgang: E. H. Meyer, Bad. Volksleben 109.

S. 311. Wîh: Sievers in Paul-Braune Beitr. 10, 511.

Haruc: zu latein carcer? Kögel im Anz. f. d. Altert. 19, 7. Steinhaufen: S. Müller, Nord. Altertumsk. 2, 180.

S. 312. Irminsûl: Mannhardt, Wald- u. Feldkulte 1, 303.

Ringwälle als Tempel: E. H. Meyer, Germ. Mythol. 56.

Tempel an Kreuzwegen: Dünzelmann in d. Jahrb. f. class. Philol. XX. Suppl. 87, 141.

S. 314. Sächsische Tempel: Nitzsch, Gesch. d. d. Verfassung[2] 1, 222 vgl. Zfd. Mythol. 3, 77. — Friesentempel: Hauck, Kirchengesch. Deutschlands 2, 311. Vita Liudgeri 1, 8. 14.

Hof: Heyne, Deutsche Hausaltertümer 1, 13. Beschreibung eines Hofs: Eyrbyggjasaga c. 4. Kjalnesingasaga c. 2 (Islend. Sögur 2, 402).

Ringeide: ZfdA. 17, 428. Brunner, Deutsche Rechtsgeschichte 2, 429. Pauli, König Alfred 116. –

S. 315. Bär u. Wolf überall friedlos: Gulathingsbok 94. Vgl. Sachsenspiegel II 61 § 2.

Hofshelgi: Egilssaga c. 49.

S. 316. Tempelschätze: Flateyjar b. 1, 320. Heimskr. c. 65 (S. 176). Floamanna S. c. 20. 21. vgl. Aarb. 1890, 216.

S. 317. Opferfunde: S. Müller a. a. O. 1, 430. 439. 2, 145 (Caesar, Bell. gall. 6, 17). 172. 177.

S. 318. Römische Götterbilder: S. Müller a. a. O. 2, 87. 180. Nordische Götterbilder: H. Petersen, Nordboernes Gudedyrkelse S. 33 ff.

S. 319. Ehrlose: Tac. Germ. c. 6. — Die beiden Thorstein: Harđarsaga (Isl. Sög. 2, 109). Kjalnes. S. c. 4.

S. 320. Das friesische Loosen: Hauck, Kirchengesch. 2, 327. Glum: F. Jonsson, Litteraturhist. 1, 237.

S. 322. Tänze in den Kirchen: Tille, Yule 125. Binterim, Denkwürdigk.[2] II. Wettspiele: ZdV. f. Volksk. 3, 1.

Tierfiguren: Höfler ZdV. f. Volksk. 9, 444. Bd. 11 u. 12.

S. 323 ff. Opferzeiten: Tille, Geschichte der deutschen Weihnacht 1893. Yule and Christmas 1899. Pfannenschmid, Germ. Erntefeste 1878. U. Jahn, Deutsche Opferbräuche 1884. Bilfinger, Untersuchungen über die Zeitrechnung der alten Germanen. 1. u. 2. Band (Stuttgarter Gymnasialprogr. 1889. 1901).

Lehrreich ist der Einklang und die Verschiedenheit auch der gegenwärtigen festlichen Bräuche in den verschiedenen Landschaften. Man vergleiche z. B. die braunschweigischen in Andree's Braunschw. Volkskunde mit den von Mogk in Robert Wuttke's Sächsischer Volkskunde, von Alois John in seinem Buch über Oberlohma und von mir im Bad. Volksleben zusammengestellten sächsischen, egerländischen und badischen Festbräuchen.

S. 325. Martins- u. Michaelstag: U. Jahn, D. O. 229—250.

Klausenbröte u. -zelten: Höfler in d. ZdV. f. Volksk. 12, 80 vgl. Bilfinger a. a. O. 2. Band.

S. 326. Weihnachts- u. Julfest: Tille a. a. O. Vogt, Schlesiens volkstümliche Überlieferungen 1, 93 ff. Bilfinger a. a. O.

Jul von altn. jól, angels. gehhol, geohhol, lat. joculus: Kluge in den Englischen Studien 9, 311.

Epiphanientag: ZdV. f. Volksk. 13, 5.

S. 329. Spurcalia u. spurci dies: Indiculus 3 u. die Homilia de sacrilegiis ed. Caspari § 17.

S. 331. Märzfeld: Kauffmann ZfdPhil. 31, 454.

S. 334. Notfeuer: Wuttke, D. Volksaberglaube 93. Feilberg, Dansk Bondeliv[2] 181.

S. 335. Deutsche Menschenopfer: Müllenhoff, DA. 2, 153. 182. 4, 215; nordische Lyngby in der Tidskr. f. Philologie 10, 115 f. Petersen, Nordboernes Gudedyrkelse 25.

S. 337. Einmauern lebendiger Menschen: Wuttke, D. Volksaberglaube § 440.

Achtes Kapitel: Die einzelnen Götter.

(Seite 338—433.)

Tiwaz, Tius, Ziu, Týr (Seite 338—347).

S. 338. Tiwaz: Much, der germanische Himmelsgott 1898.

S. 339. Cyuuari: Much a. a. O. S. 4.

S. 340. Κεραυνός = Zeus: Max. Mayer, Giganten u. Titanen 108 ff.

S. 343. Tenctern: Tacitus Histor. 4, 64 vgl. Bugge, Studien 1, 344. Gardereiter Equites singulares: Zangemeister, Neue Heidelberger Jahrbücher, 5, 46. Möller i. d. Ztschr. f. deutsche Wortforsch. 4, 110.

Thingsus: Much a. a. O. S. 5.

S. 344. Erchtag: Much a. a. O. 7.

S. 345. Fenriswolf: Edda 1, 105. 180. Laistner, Nebelsagen 30. v. d. Leyen, Märchen i. d. Göttersage der Edda 28.

S. 346. Týr u. Garmr nur in der Edda 1, 198, nicht i. d. Völuspa.

Garmr: Much a. a. O. 32.

Nuada: Much a. a. O. 29.

S. 347. Behemoth-Leviathan: Hiob 40 u. 41. E. H. Meyer, Völuspa 151.

Thunaraz, Donar, Thór (Seite 347—362).

S. 348. Thor in Irland: Bugge im Morgenbladet. Christian. 3. Mai 1891.

S. 349. Fjörgyn: Much a. a. O. 16.

Hlóđyn-Hludana: Kauffmann in PBB. 18, 134.

Móđi u. Magni erben Thors Hammer: Vafþruđn. 51.

S. 348. Die schwedischen mit Thor zusammengesetzten Personen- u. Ortsnamen: Lundgren, Hednisk Gudatro 41. 62. — Saxo (Holder 630). — Holy mawle: ZfdA. 5, 72. Kuhn, Westf. S. 1, 106.

S. 356. Thors Hammer auf Grabsteinen: Petersen, Gudedyrkelse 58. ZfdPhil. 33, 565.

Donarszeichen in Hausmarken: Homeyer, Haus- u. Hofmarken 146. 152.

S. 357. Das Nephritbeil: Usener, Götternamen 288.

S. 358. 360. Donnerstag: Rochholz, die Donnerstagsfeier i. Taschenbuch d. histor. Gesellsch. d. Kantons Aarau 1862, 176 f. Aber warum glaubten auch die Corsen, daß die am Donnerstag Spinnenden Unheil treffen werde? ZdV. f. Volksk. 11, 470. — Thorsbjerg: Du Chaillu, The Viking age 2, 196. Sophus Müller, Nord. Altertumsk. 2, 141.

S. 359. Segen des 16. Jahrhunderts: Schönbach in den Analecta Graecensia S. 32.

Thor macht den Boden fruchtbar: Flateyjar Bok 1, 388.

S. 360. Rogel: ZdV. f. Volksk. 1, 69.

S. 361. Cloveshoe: Pfannenschmid, Germ. Erntefeste 53. Harald Schönhaar: Flateyjar B. 1, 507.

Frey (Seite 362—367).

S. 362. Zeus, Helios, Apollon: Maxim. Meyer, Giganten u. Titanen S. 65. 79.

Uppsala: Müllenhoff, Deutsche Altertumskunde 2, 5.

S. 366. árhaugr: Fornaldars. 2, 132.

Namen von Freysörtern: Rosenberg, Nordb. Aandeliv 1, 76.

Wodan-Oðin (S. 367—391).

S. 369. Gautr: PBB. 20, 29.

S. 371. Rabenbefrager: Hrafnfreistaðr Edda 1, 240. — Draupnir: Müllenhoff, Deutsche Altertumsk. 4, 642.

S. 373. Keilförmige Schlachtordnung: v. Peucker, d. deutsche Kriegswesen der Urzeit 2, 206. Müllenhoff, D. A. 4, 180.

S. 375. Nachtjäger: Veckenstedt, Wend. Sagen S. 40.

S. 384. Württemberg: W. Hertz i. Königr. Württemberg 2, 136.

S. 388. Wetzmarken: Krause, Tuiskoland 371 vgl. Z. f. Ethnol. 15, (209), (243).

S. 389. Martin: Schönbach, Analecta Graeciensia S. 33. Wiener Hundsegen u. seine spätere Verwandlung aus einem Hirten- in einen Jägersegen: Martin in d. ZfdPhil. 24, 226.

Balder (Seite 391—407).

S. 391. Balder: Niedner in der ZfdA. 41, 305. 42, 229. 43, 101. vgl. Döhring, Kastors u. Balders Tod im Archiv f. Religionswissenschaft 5, 38. 97. Kauffmann, Balder-Mythus u. Sage 1902. Balder der Glänzende: Edw. Schröder ZfdA. 35, 237. Much, der germanische Himmelsgott 66.

S. 392. Können: E. H. Meyer, Bad. Volksleben S. 562.

S. 394. Dioskurenkult: Roscher, Lex. d. Mythol. 1, 1166. 1170. Widerstreit der dänischen u. der norwegischen Sage: Olrik, Sakses Oldhistorie 17. Kauffmann a. a. O. 83.

S. 395. Saxo's Bericht bei Saxo III S. 110.

S. 397. Prosaedda 1, 173.

S. 400. Die Verwundung durch einen übersehenen Gegenstand: v. d. Leyen, Märchen in der Edda 22.
Baldrs Draumar oder Vegtamskviða: Bugge's Edda 135.

S. 401. Das Weinen der Natur: Bugge Studien 1, 59. Tauthränen: Much, der germanische Himmelsgott 68.

S. 403. Die Sage von der scheintoten weißen Frau: Chr. Petersen, Pferdeköpfe 37 ff.

S. 407. Spuren in Schweden: Lundgren, Hednisk Gudatro i Sverge 77. — Baldheresberge: Kemble Cod. diplom. 92 a. 744. Pholesouwa usw.: Grienberger in d. ZfdPhil. 27, 453.

Neuntes Kapitel: Die einzelnen Göttinnen.

(Seite 413—433.)

Die nordischen Göttinnen (Seite 413—420).

S. 413. Frena oder Frina setzt W. Hertz im Kgr. Würtemberg 2, 189 als schwäbische Namen der Fria, Frea an und findet sie wieder in Fru Frein im alten Schwabengau am Harz.

S. 415. Syn: Gering in d. ZfdPhil. 26, 149. 464.

S. 416. Landschenkende Frauen in Wettenhausen: Grimm, D. S. no. 532, in Baden: Alemannia 19, 149, in Bremen: Buchenau, die freie Hansestadt Bremen[3] 134.

S. 417. Godiva: Weinhold, zur Geschichte des heidn. Ritus 19.

Die deutschen Göttinnnen (Seite 420—433).

S. 420. Nerthus: Mannhardt, Wald- u. Feldkulte 1, 567. 2, 295. 299.

S. 423. Eostre: Kluge in seiner Zeitschrift f. deutsche Wortf. 2, 42.

S. 424. Einige neuere Mythologen: z. B. Mogk u. Golther, vgl. Schwartz in d. ZdV. f. Volksk. 9, 1. 123. 305.

S. 425. Eccard: s. Eccard, de origine German. 2, 398. 1750.
Samuel Walther: Singularia Magdeburgica 1732, S. 767.
Epiphaniennacht: Mannhardt, WFK. 2, 185.

S. 428. Berchtentisch: F. Vogt, Schlesische Weihnachtsspiele 95.

Weißgekleidetes Mädchen: F. Vogt a. a. O. 107. 109. E. H. Meyer, Bad. Volksleben 64.

Goldner Wagen: F. Vogt a. a. O. 111.

S. 431. Über das J. 1520 hinauf: Grimm, Deutsche Sagen No. 13.

Legende von Adam: W. Meyer, die Kreuzholzsage in den Abh. d. bayr. Akademie 16, 116.

S. 432. Kindlesbrunnen: E. H. Meyer, Bad. Volksleb. S. 11. Obersulzbach: Jahrb. f. Gesch., Sprache u. Litt. v. Elsaß-Lothr. 1892, 1.

Zehntes Kapitel: Das Christentum in der nordischen Mythologie.

(Seite 434—470.)

S. 435. Völuspa: Müllenhoff, Deutsche Altertumskunde 1883. 5, 3—157. Bugge, Studien über die Entstehung der nordischen Götter- u. Heldensagen (übersetzt von Brenner 1889 an vielen Stellen). E. H. Meyer, Völuspa 1889.

S. 440. Die Wölwa u. die Schöpfung: Meyer, die eddische Kosmogonie 1891.

S. 459. Antichrist: Maßgebend war für die Entwicklung seiner Legende Adsos Libellus vom Antichrist um 950, auf dem auch Albwins ein halbes Jahrhundert jüngerer Antichrist (ZfdA. 10, 265) ganz beruht Wattenbach, Deutschlands Geschichtsquellen 2, 112. Das reichste Legendenmaterial brachte Malvenda, de Antichristo. Romae 1604.

S. 461. Scylla: Jaffé, Biblioth. rerum german. 3, 307.

S. 462. Crux splendida: Schönbach, Grazer Handschr. lateinisch-deutscher Predigten 67.

S. 463. Bei der Übersetzung der 51. Strophe folge ich der einleuchtenden Textverbesserung Bugges, die auch Sijmons in seiner Eddaausgabe aufgenommen hat, und lese „von Norden“ u. „der Hel“ statt „von Osten“ u. „Muspells“. Die Leute oder Söhne Muspells können nicht von dem im Feuer daherfahrenden Surtr der nächsten Strophe getrennt werden, wie die Snorra Edda dartut, und auf Feuer scheint auch das Wort Múspell hinzudeuten (vgl. S. 444), so unklar es ist. Es heißt in einem christlichen bayrischen Gedicht des 9. Jahrhunderts vom Weltuntergange múspilli, vor dem am Sühntage, der mit Feuer heimsucht, kein Verwandter dem andern zu helfen vermag. Ferner lautet es im altsächsischen Heljand 79, 24. 133, 4 mût- oder mûdspelli: seine Macht fährt über die Menschen, das Ende dieser Welt; es kommt in düsterer Nacht wie ein Dieb. Das Wort, von dem kaum der zweite Teil spell mit einiger Sicherheit als Rede, Botschaft, Weissagung erklärt werden kann, der erste Teil mu, mud, mut aber rätselhaft bleibt, mag schon heidnisch gewesen sein und ein großes Feuer bedeutet haben. In den uns vorliegenden christlichen Quellen, zu denen wir nun auch in gewissem Sinne die Völuspa rechnen dürfen, dient es überall als ein Glied einer christlichen Vorstellungsreihe mit dem Begriff des letzten großen Feuers, des Weltbrands. Nach Snorre bezeichnet es außerdem das erste große Feuer, das Urfeuer der Schöpfung, das christliche Philosophen von Plato übernommen hatten.

S. 464. Str. 54: Hvethrungssohn ist der Fenriswolf, dessen Bestrafung durch Viđar S. 346 berichtet ist.

S. 470. Die Völuspaforschung ist zu einem befriedigenden Abschluß noch nicht gekommen; sie schwankt zwischen den beiden entgegengesetzten Ansichten, die Müllenhoff im Jahre 1883 und der Verfasser dieses Buches im Jahre 1889 ausgesprochen haben, unsicher hin und her. Mein hochverehrter Lehrer Müllenhoff sagte: „Die Völuspa ist ganz aus dem nordischen oder spezieller norwegischen Heidentum hervorgegangen und der letzte reine Abschluß einer Weltansicht, deren Grundzüge wir auch in dem gemeinsamen germanischen Altertum erkennen". Dem gegenüber sehe ich mich gezwungen zu der Behauptung: „Die Völuspa ist ganz aus der nordischen Skaldendichtung hervorgegangen und gibt in der skaldischen Mythensprache die Gedanken der christlichen Heilslehre wieder, deren Grundzüge dem reinen germanischen Heidentum völlig fremd waren". Ich nenne hier den um das Gedicht so hochverdienten Bugge nicht, weil er mehr die Einzelpartieen als die Gesamtheit des Inhalts beurteilt.

Die Mehrzahl der neueren Germanisten nimmt den Kern des Gedichts als heidnisch an, gibt aber hie und da christlichen Einfluß zu. Sie überschätzt die geistige Leistungsfähigkeit des nordischen Heidentums und verkennt den eigentümlichen Charakter seiner Grundzüge; sie unterschätzt die durchgreifende Kraft des Christentums und läßt die mythologische Vielgestaltigkeit seiner Heilslehre unbeachtet. Das fühlen nun auch einige der neuesten Forscher heraus und nähern sich deshalb, wenn auch widerstrebend, meiner Ansicht, daß dem Ganzen der Völuspa ein großes fremdes Muster zugrunde liege.

Der sehr konservative dänische Literarhistoriker Finnur Jónsson (den oldnorske og oldislandske Litteratursbistorie 1, 134. 1894) meint: „Der Verfasser der Völuspa beabsichtigte, seiner Gegenwart die heidnische Lehre rein und unverfälscht darzustellen und besonders die letzte Zeit hervorzuheben, die Wiedergeburt und das damit verbundene Leben, um zu beweisen, daß die heidnische

Lehre in dieser Hinsicht keineswegs zurückstände hinter der neuen Lehre, dem Christenglauben, der sich stetig mehr vordrängte. Dem wollte sein Gedicht entgegenarbeiten". Ein so weites Entgegenkommen habe ich von F. Jónsson kaum erwartet. Denn auch ihm ist der Völuspadichter kein naiver, unbefangener Heide, der eine ganz unabhängig nordische Weltanschauung darlegte, wie Müllenhoff annahm, sondern er kannte die Christenlehre und fühlte sich von ihr bedrängt; er kannte sie so genau, daß er ihren einzelnen Hauptdogmen gleichwertige Heidendogmen gegenüberzustellen suchte. Bei solcher Tendenz — das wird Jónsson zugeben müssen — lief derselbe offenbar große Gefahr, sich in seiner Widerlegung vom festen Gedankengange der Christenlehre leiten zu lassen, dann aber auch besonders wertvolle Stücke des Christenglaubens mehr oder minder gewaltsam für den Heidenglauben in Anspruch zu nehmen, um dem Gegner gewachsen zu sein. So wäre dann allerdings die ganz christliche Reihenfolge der Hauptgedanken erklärbar; so erklärte sich auch, warum das zukünftige Leben, in scharfem Gegensatz zu dem kriegerischen Walhalltreiben, mit so sanften Friedensfarben gemalt erscheint. Also auch Jónsson gesteht schüchtern zu, daß die Völuspa im Ganzen, wie in Einzelheiten, unter dem Einfluß der überwältigenden christlichen Ideen stand.

Ihm schließt sich der Holländer Chantepie de la Saussaye (the religion of the Teutons 1902. 1, 202. 353) an und zwar mit weiteren Zugeständnissen. Der Völuspadichter ist zwar auch ihm ein Heide, aber er hat nicht nur von der christlichen Idee der Wiedergeburt der Welt, sondern auch von denen der Schöpfung, der Schuld und des Gerichts gehört und hätte sein Gedicht nicht ohne das Vorbild eines christlichen Entwurfs vom Weltdrama schaffen können. Doch er arbeitete mit heidnischem Material diesen Entwurf aus, und zwar, wie es de la Saussaye scheint, sich selber nicht bewußt eines Unterschieds zwischen den heidnischen und den christlichen Elementen. Aber als eine überlegte und künstliche Nachahmung christlicher Dogmen dürfe man die Völuspa nicht auffassen. — Meine wichtigsten zwei Behauptungen, daß das Gedicht nach einem christlichen Entwurfe und zwar mit heidnischem Material gearbeitet sei, werden also gern übernommen. Aber die dritte Behauptung de la Saussayes, daß ein sich des Unterschieds zwischen heidnischen und christlichen Gedanken nicht bewußter Confusionarius ein mehr als sechzigstrophiges Gedicht von folgerichtigem Ideengange und kunstvoll durchgeführter Mischung eines wesentlich christlichen Inhalts mit einer wesentlich heidnischen Form zu sicherem Ziele zu führen vermocht hätte, wird wohl wenig Glauben finden. Es wird also wohl meine

Ansicht bestehen bleiben, daß ein seiner Kunst wohl bewußter und mit christlichen Ideen wohl vertrauter Dichter wahrscheinlich des 11. Jahrhunderts den großartigsten christlichen Stoff skaldisch d. h. mit mythologischer Ausdrucksweise und geeigneten Orts mit heidnischem Mythenmaterial verarbeitete.

Daß der Völuspa etwas Fremdes zugrunde liege und daß dieses durch altnordische Mythenbilder dargestellt werde, gibt jetzt auch Kauffmann (Balder 1902. S. 304) zu und stimmt mit mir auch in der Annahme eines bewußt komponierenden Dichters überein. Aber das Fremde findet er nicht in jenem großartigen lebensvollen christlichen Heilsplan, sondern in dem ziemlich leeren und farblosen Weltenjahr der antiken Philosophie, das mit einem Weltbrande schließt, um ein neues glücklicheres Weltenjahr heraufzuführen. Auf der Mittagshöhe des alten Weltenjahrs werde Balder zum Opfer gebracht, um neues Leben im Asenkreise zu wirken, bis die Wirkung sich erschöpft und das Brandopfer der Götterdämmerung als durchgreifendste Lustration nötig wird. Auf diesen m. E. sich von dem Gedicht weit entfernenden Gedankenflügen vermag ich nicht K. zu folgen.

Meine Auslegung des Gedichts mag Vielen gekünstelt erscheinen, aber das fällt wohl nicht ihr, sondern der skaldischen Dichtart zur Last. Gewiß habe ich nicht jede dunkle Einzelheit aufgeklärt; ich bin zufrieden, wenn ich nach dem Urteil des Lesers die Hauptzüge richtig aufgefaßt habe.

Die obigen Anmerkungen zitieren öfter, als mir lieb ist, meine eigenen früheren Schriften, weil ich in diesen manche im neuen Buche kurz ausgesprochene Mitteilung ausführlicher begründet habe.

Berichtigungen.

S. 24. Winton lies Winchester.
S. 27. Wuotansopfer lies Donarsopfer vgl. S. 23 u. Anm. (S. 474).
S. 96 Z. 13 von oben Todesstrafe lies Strafe von 12 Schilling.
S. 162. Alvit lies Alvitr.
S. 174. Oðrörir lies Oðroerir.
S. 232. im Göttermythus lies S. 243.
S. 241. Eldr Feuer u. Funafeng Funkenfang lies Eldir u. Fimafengr.
S. 243 Z. 6 von oben die lies der.
S. 448 Z. 5 von oben Tuisto lies Tuisco.

Register.